国家出版基金项目
NATIONAL PUBLICATION FOUNDATION

当代淮河流域经济开发史

朱正业　孙语圣　杨立红　等　著

中国科学技术大学出版社

内容简介

淮河流域地跨河南、安徽、江苏、山东、湖北五省,承东启西,连接南北,在中华文明的形成和发展过程中发挥着十分重要的作用。淮河流域地理位置优越、交通便利、文化底蕴深厚、市场潜力巨大,在全国改革发展大局中具有重要的战略地位。深入探讨当代淮河流域经济开发史具有重要的历史意义和现实价值,将促进实现淮河流域经济的协调和可持续发展。本书基于档案、方志、年鉴、统计、汇编和报刊等大量文献资料,以历史学方法为基础,综合运用经济学、社会学等理论方法,将流域经济开发置于当代中国经济发展的宏观视野下,从环境和基础、农业、工业、交通运输业、商业、城市、财政金融业等方面,对当代淮河流域的经济开发作了系统深入的考察,弥补了学界对此领域研究的薄弱与不足,为当今淮河流域经济的发展提供有益的借鉴与参照。

图书在版编目(CIP)数据

当代淮河流域经济开发史/朱正业等著. —合肥:中国科学技术大学出版社,2023.7
国家出版基金项目
ISBN 978-7-312-05643-7

Ⅰ.当… Ⅱ.朱… Ⅲ.淮河流域—地方经济—经济史 Ⅳ.F129

中国国家版本馆CIP数据核字(2023)第046549号

当代淮河流域经济开发史
DANGDAI HUAIHE LIUYU JINGJI KAIFA SHI

出版	中国科学技术大学出版社 安徽省合肥市金寨路96号,230026 http://press.ustc.edu.cn https://zgkxjsdxcbs.tmall.com
印刷	合肥华苑印刷包装有限公司
发行	中国科学技术大学出版社
开本	787 mm×1092 mm 1/16
印张	30
字数	708千
版次	2023年7月第1版
印次	2023年7月第1次印刷
定价	180.00元

目 录

绪 论 /001
 一、本研究的意义 /002
 二、相关概念的界定 /002
 三、淮河流域的行政区划 /004
 四、学术史回顾 /015
 五、研究内容 /028

第一章 当代淮河流域经济开发的环境与基础 /030
第一节 淮河流域的自然地理 /031
 一、地形、地质与土壤 /031
 二、气候 /032
第二节 淮河流域的水系 /034
 一、淮河干流 /035
 二、淮河支流 /037
 三、沂沭泗河水系 /039
第三节 近代淮河流域经济的发展 /041
 一、近代淮河流域经济发展的背景 /041
 二、近代淮河流域的自然资源 /044
 三、近代淮河流域的经济开发 /051

第二章 当代淮河流域的农业 /057
第一节 当代淮河流域农业的产区分布与历史演进 /058
 一、产区分布 /058
 二、历史演进 /068

第二节 当代淮河流域农业的发展 /081
　　一、农业新品种 /081
　　二、农业机械化 /101
　　三、农业发展成效 /114
第三节 当代淮河流域农业自然灾害与应对 /122
　　一、灾害分布 /122
　　二、灾害状况 /129
　　三、灾害应对 /143

第三章 当代淮河流域的工业 /151

第一节 当代淮河流域工业的历史演进 /152
　　一、改革开放前的工业 /152
　　二、改革开放后的工业 /163
第二节 当代淮河流域工业的发展 /172
　　一、国家战略选择与淮河流域工业发展 /172
　　二、轻、重工业与手工业的发展 /181
　　三、煤炭工业的个案研究 /194
第三节 当代淮河流域工业发展的影响 /205
　　一、推动农村经济发展 /205
　　二、促进城镇化 /212
　　三、造成生态环境恶化 /219

第四章 当代淮河流域的交通运输业 /228

第一节 当代淮河流域的铁路建设与运输 /229
　　一、铁路建设 /229
　　二、优化运力配置 /236
　　三、应对集中客流 /239
　　四、提高服务质量 /245
　　五、货物运输 /253
　　六、货运营销 /259
第二节 当代淮河流域的公路建设与运输 /269
　　一、国家干线 /269
　　二、省内干线与支线 /275
　　三、交通工具 /285
　　四、客货运输 /291

第三节　当代淮河流域的水路建设与运输　/299
　　一、航道与港口建设　/299
　　二、航运业的发展　/322
　　三、船舶修造业的发展　/343
第四节　当代淮河流域的航空建设与运输　/359
　　一、机场建设　/359
　　二、航线航班　/362
　　三、航空运输　/368

第五章　当代淮河流域的商业、城市与财政金融　/374
第一节　当代淮河流域商业的变迁　/375
　　一、商业体制的变迁　/375
　　二、市场主体多元与扩展　/380
　　三、消费需求增长与结构升级　/392
　　四、进出口贸易增速趋强　/399
第二节　当代淮河流域城市的发展　/405
　　一、市政建设与市貌　/405
　　二、楼房建设　/418
　　三、邮电通信　/423
　　四、商业市场　/425
第三节　当代淮河流域的财政金融与经济发展　/427
　　一、财政金融体制的演变　/427
　　二、财政与经济发展　/431
　　三、金融与经济发展　/436

余论　/450
　　一、淮河流域经济变迁的时空特征　/451
　　二、淮河流域经济开发的制约因素　/452
　　三、淮河流域经济开发的历史省思　/453

参考文献　/457

后记　/471

绪 论

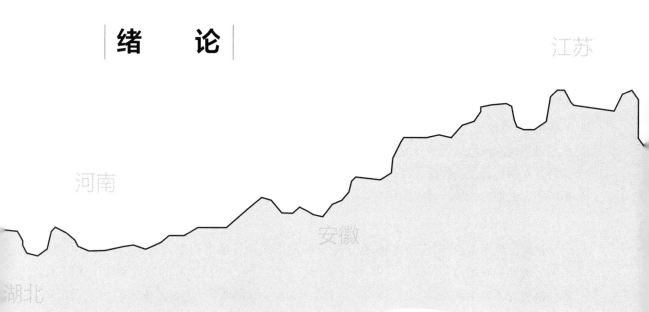

淮河流域位于我国东中部，地跨河南、安徽、江苏、山东和湖北五省，是中华文明的发祥地之一。淮河流域具有自然和社会的多重过渡性特征，是我国重要的粮油棉产区与能源基地，在我国经济发展全局中占有十分显著的位置。

一、本研究的意义

(一) 学术意义

长期以来,尤其是20世纪80年代以来,学界重视选择某一空间作为研究对象,关注区域的转换问题,区域史研究逐渐成为中国史研究的一种趋势。学界也利用自身学科优势对淮河流域进行研究,并取得了丰富的成果。就淮河流域经济开发史而言,代表性成果有王鑫义主编的《淮河流域经济开发史》(古代)和吴春梅等著的《近代淮河流域经济开发史》,这两本著作系统地考察了淮河流域从远古到中华人民共和国成立前经济变迁的状况。① 但有关当代淮河流域经济开发与变迁的研究,至今尚无专著面世。已有的当代淮河流域经济开发的成果,还比较分散、零碎,对某些专题少有问津,对年鉴、档案等资料的挖掘利用还很不够。本书以当代淮河流域经济开发为切入点,将其置于中国经济发展的宏观视野下,全面系统地探讨其发展历程及其特征,不仅可以弥补学界对此领域问题研究的薄弱与不足,而且还可以拓展和深化淮河流域经济史的研究。

(二) 现实意义

淮河流域承东启西,连接南北,在中华文明的形成和发展进程中具有举足轻重的作用。淮河流域地处我国南北气候过渡带,位于黄河与长江之间。凭借独特的地理和区位优势,流域经济得到了较早开发,历史上曾有"走千走万,不如淮河两岸"之说。南宋时由于黄河夺淮,使淮河入海无路,入江不畅,淮河流域成为"大雨大灾,小雨小灾,无雨旱灾"的灾害频发区。伴随着中国经济重心自北向南从黄河流域、淮河流域向长江流域和江南一带转移,淮河流域在全国的经济地位逐步下降。时至今日,淮河流域作为夹在长三角经济区与京津冀经济区之间的"经济谷地"的现状仍未改变。2018年11月,经国务院批准,国家发展和改革委员会正式公布《淮河生态经济带发展规划》(以下简称《规划》),淮河生态经济带自此上升为国家战略。根据《规划》,淮河生态经济带范围涉及25个地市和4个县(市),具体包括:江苏的淮安市、盐城市、宿迁市、徐州市、连云港市、扬州市、泰州市;山东的枣庄市、济宁市、临沂市、菏泽市;安徽的蚌埠市、淮南市、阜阳市、六安市、亳州市、宿州市、淮北市、滁州市;河南的信阳市、驻马店市、周口市、漯河市、商丘市、平顶山市和南阳市桐柏县;湖北的随州市随县、广水市和孝感市大悟县。淮河流域范围与淮河生态经济带基本上是重合的。通过本研究,全面系统考察当代淮河流域经济开发与变迁,可以为实现流域经济的可持续发展提供有益的借鉴与思考。

二、相关概念的界定

农业,是指利用植物和动物的生活机能,通过人工培育以取得农产品的社会生产部门。②

---

① 王鑫义.淮河流域经济开发史[M].合肥:黄山书社,2001;吴春梅,张崇旺,朱正业,等.近代淮河流域经济开发史[M].北京:科学出版社,2010.

② 辞海编辑委员会.辞海[M].上海:上海辞书出版社,2000:458.

一般有广义和狭义之分。广义的农业,包括种植业、林业、畜牧业、渔业、副业五种产业形式;狭义的农业指种植业,包括粮食作物、经济作物、蔬菜作物、绿肥作物、饲料作物、园艺作物等的生产活动,通常指粮、棉、油、糖、麻、丝、烟、茶、果、药、杂等作物的生产。其中粮食生产占据主要地位。本书讨论的农业,限定为狭义上的种植业,主要指粮食作物和经济作物的生产活动。

工业,是指采掘自然物质和对工农业生产的原材料进行加工或再加工的社会生产部门。它为国民经济其他部门提供生产资料和消费资料,为人民提供日用工业品。工业可分为轻工业和重工业。轻工业,是主要生产消费资料的各工业部门的总称,如纺织工业、食品工业、造纸工业、文教用品工业等;重工业,是对主要生产生产资料的各工业部门的总称,大致分为燃料工业、冶金工业、机械工业、电力工业、建筑材料工业、化学工业等。轻工业的大部分产品是生活消费品,也有一部分用于生产方面,如工业用的织物和纸制品等。重工业产品的大部分用以满足生产需要,少部分供生活消费之用,如生活用的电力、煤炭等。[1]

手工业,是指依靠手工劳动、使用简单工具的小规模工业生产。手工业开始从属于农业,主要表现为家庭手工业。随着第二次社会分工的出现,手工业脱离农业,成为独立的个体手工业,后又进一步发展为资本主义简单协作的手工业作坊和工场手工业。中国手工业历史悠久,行业多,分布广,在国民经济中占有重要地位。[2] 本书讨论的工业,既包括机器工业,也包括手工工业。

交通,是各种运输和邮电通信的总称,即人和物的转运输送,语言、文字、符号、图像等的传递播送。[3] 交通运输业是指使用运输工具将货物或者旅客送达目的地,使其空间位置得到转移的业务活动,包括铁路运输、公路运输、水路运输、航空运输和管道运输五种方式。本书讨论的交通业,并不包括邮电通信,主要涉及运输方面,包括铁路运输、公路运输、水路运输、航空运输四种方式。

商业,亦称"贸易",为从事商品流通的国民经济部门,分为对外贸易(对外商业)和国内贸易(国内商业)。国内商业又分为批发商业和零售商业。商业是联结工业同农业、城市同乡村、生产同消费的桥梁和纽带。其主要职能是进行商品的收购、销售、调运和储存,任务是为生产、为消费服务。[4] 本书讨论的商业,包括商业所有制、商业体制、市场主体、消费需求、消费结构、进出口贸易等。

城市,也叫城市聚落,是以非农业产业和非农业人口集聚形成的规模较大的居民点。人口较稠密的地区称为城市,一般包括住宅区、工业区和商业区并且具备行政管辖功能。城市的行政管辖功能可能涉及较其本身更广泛的区域,其中有居民区、街道、医院、学校、公共绿地、写字楼、商业卖场、广场、公园等公共设施。[5] 本书研究的城市,主要涵盖城市规划、市政建设、市容管理、城市面貌、房屋建设、邮电通信、商业市场等。

---

[1] 辞海编辑委员会.辞海[M].上海:上海辞书出版社,2000:537,1355.
[2] 辞海编辑委员会.辞海[M].上海:上海辞书出版社,2000:1545.
[3] 辞海编辑委员会.辞海[M].上海:上海辞书出版社,2000:425.
[4] 辞海编辑委员会.辞海[M].上海:上海辞书出版社,2000:436.
[5] 中国社会科学院语言研究所.现代汉语词典[M].5版.北京:商务印书馆,2005:176.

财政,是国家为实现其职能,在参与社会产品的分配过程中与各方面发生的分配关系,表现为政府的收支活动。财政收入主要包括税收收入、非税收入和债务收入;财政支出通常按政府职能分类,包括国防支出、行政支出、文化教育卫生支出、经济建设支出、社会保障与福利支出、债务支出等。财政收支对国民经济的生产、交换、分配和消费都会产生影响。①本书研究的财政涉及财政体制、财政收入、财政与经济发展。

金融,是指货币的发行、流通和回笼,贷款的发放和收回,存款的存入和提取,汇兑的往来以及证券交易等经济活动。②本书讨论的金融,涉及金融体制、金融体系、金融与各业发展。

三、淮河流域的行政区划③

淮河流域作为一个地理单元,其范围主要是依据淮河水系来确定的。历史上,淮河水系是不断变迁的,其范围也发生了相应变化。然而,到了近代,淮河水系变化不大,淮河流域的地理范围相对固定。目前,学界对淮河流域范围的界定基本是一致的。即淮河流域地处我国东中部,介于长江和黄河两流域之间,位于东经 $111°55'\sim121°20'$、北纬 $30°55'\sim36°20'$,流域西起桐柏山、伏牛山、东临黄海,南以大别山、江淮丘陵、通扬运河及如泰运河南堤与长江分界,北以黄河南堤和沂蒙山脉与黄河流域毗邻,流域面积为 27 万平方千米,其中淮河水系面积为 19 万平方千米,沂沭泗河水系面积为 8 万平方千米。④

行政区划是国家为了便于行政管理而分级划分的区域。淮河流域地跨河南、安徽、江苏、山东、湖北五省⑤,历史时期流域各省的行政区划是不断变动的。为了便于对当代淮河流域范围有一个清晰的认识,我们先对淮河流域在晚清民国时期的行政建置及其变动情况作一简要介绍。⑥

(一)晚清民国时期

1. 晚清时期

清代的地方行政区划实行省、府(直属州)、县(州)三级建置,全国行政建置先后作了两次变动:一次是 1820 年,另一次是 1908 年。淮河流域涉及河南、安徽、山东、江苏、直隶五省,其中除直隶省大名府的东明县外,河南省有汝州、许州、光州 3 个直隶州 12 个县,及河

---

① 辞海编辑委员会.辞海[M].上海:上海辞书出版社,2000:1730.
② 中国社会科学院语言研究所.现代汉语词典[M].5 版.北京:商务印书馆,2005:707.
③ 本书所述的淮河流域行政区域遵循下列规则:以县级政区为基本单元,其辖地全部属于淮河流域的,径直列入。另外,其县级治所及部分辖地属于淮河流域的,也被列入。而其部分辖地属于但县级治所不属于淮河流域的,则不列入。书中所考察的淮河流域,也遵循这一规则。同时,按照当时的行政隶属关系来划分。
④ 水利部治淮委员会《淮河水利简史》编写组.淮河水利简史[M].北京:水利电力出版社,1990;水利部淮河水利委员会《淮河志》编纂委员会.淮河综述志[M].北京:科学出版社,2000;王鑫义.淮河流域经济开发史[M].合肥:黄山书社,2001;吴春梅,张崇旺,朱正业,等.近代淮河流域经济开发史[M].北京:科学出版社,2010.
⑤ 湖北省虽有部分辖地属于淮河流域,但其面积小(仅有 1 410 平方千米),且没有一个县级治所属于淮河流域。根据本书所遵循的行政区域规则,湖北省不作为考察对象,本书只考察河南、安徽、江苏、山东四省。
⑥ 谭其骧.中国历史地图集[M].北京:中国地图出版社,1987;周振鹤.中国行政区划通史:中华民国卷[M].上海:复旦大学出版社,2007;丁文江,等.中国分省地图[M].上海:上海申报馆,1948;金擎宇.中国分省新地图[M].上海:亚光与地学社,1948;吴春梅,张崇旺,朱正业,等.近代淮河流域经济开发史[M].北京:科学出版社,2010.

南、卫辉、归德、开封、汝宁、南阳、陈州 7 个府 44 个州县;安徽省有泗州、六安 2 个直隶州 4 个县,及颍州、凤阳 2 个府 14 个州县;江苏省有海州直隶州 2 个县,及徐州、淮安、扬州 3 个府 21 个州县;山东省有济宁州直隶州 3 个县,及曹州、兖州、沂州 3 个府 22 个州县,具体如表 0.1 所示。①

表 0.1 淮河流域行政区划表(一)

省名	府州名	下辖地区
河南	汝州	县 4 个:鲁山、宝丰、郏县、伊阳(今汝阳)
	许州	县 4 个:长葛、襄城、临颍、郾城
	光州	县 4 个:光山、固始、商城、息县
	河南府	县 1 个:登封
	卫辉府	县 1 个:考城(今兰考)
	归德府	州 1 个:睢州(今睢县);县 7 个:商丘、宁陵、柘城、鹿邑、虞城、夏邑、永城
	开封府	州 2 个:郑州、禹州;县 13 个:祥符(今开封)、陈留(今开封)、荥阳、荥泽(今荥阳)、密县(今新密)、杞县、新郑、中牟、尉氏、通许、鄢陵、兰仪(今兰考)、洧川(今尉氏)
	汝宁府	州 1 个:信阳州;县 8 个:汝阳、正阳、上蔡、西平、遂平、确山、新蔡、罗山
	南阳府	县 3 个:叶县、桐柏、舞阳
	陈州府	县 7 个:淮宁(今淮阳)、扶沟、太康、西华、商水、项城、沈丘
安徽	泗州	县 3 个:五河、天长、盱眙(今属江苏省)
	六安州	县 1 个:霍山
	颍州府	州 1 个:亳州;县 6 个:阜阳、颍上、霍邱、蒙城、太和、涡阳
	凤阳府	州 2 个:宿州、寿州(今寿县);县 5 个:凤阳、灵璧、怀远、定远、凤台
江苏	海州	县 2 个:赣榆、沭阳
	徐州府	州 1 个:邳州;县 7 个:铜山、萧县(今属安徽省)、砀山(今属安徽省)、丰县、沛县、睢宁、宿迁
	淮安府	县 6 个:山阳(今淮安)、桃源(今泗阳)、安东(今涟水)、清河(今淮阴)、盐城、阜宁
	扬州府	州 2 个:泰州、高邮州;县 5 个:江都、甘泉(今扬州)、宝应、兴化、东台
山东	济宁州	县 3 个:金乡、鱼台、嘉祥
	曹州府	县 7 个:菏泽、定陶、郓城、巨野、城武(今成武)、曹县、单县
	兖州府	县 8 个:滋阳(今兖州)、汶上、宁阳、曲阜、泗水、滕县(今滕州)、邹县(今邹城)、峄县(今枣庄)
	沂州府	州 1 个:莒州(今莒县);县 6 个:兰山、郯城、费县、沂水、蒙阴、日照

---

① 吴春梅,张崇旺,朱正业,等.近代淮河流域经济开发史[M].北京:科学出版社,2010:2-3.

2. 民国时期

中华民国成立后,中央政府对行政区划作了全国性的调整:一是保留清代的省、县;二是将省下的府、州、厅改置为县;三是继续保留"道",但将其由清代以监察职能为主的机构,转变为完全的行政机构,作为介于省、县间的行政单位。地方行政区划实行省、道、县三级制。其中位于淮河流域的有河南、安徽、山东、江苏、直隶五省,除直隶省大名道的东明县外,河南省有开封、河洛、汝阳3个道51个县;安徽省有淮泗道20个县;江苏省有淮扬、徐海2个道24个县;山东省先有济宁、胶东2个道,后重新调整,有兖济、琅琊、曹濮3个道,共25个县。同时,流域各省新置或改置一些县,也废除一些县,具体如表0.2所示。①

表0.2 淮河流域行政区划表(二)

省名	道名	下辖地区
河南	开封道	县37个:开封、陈留(今开封)、杞县、通许、尉氏、洧川(今尉氏)、鄢陵、中牟、兰封(今兰考)、考城(今兰考)、禹县(今禹州)、密县(今新密)、新郑、商丘、宁陵、鹿邑、夏邑、永城、虞城、睢县、柘城、淮阳、商水、西华、项城、沈丘、太康、扶沟、许昌、临颍、襄城、郾城、长葛、郑县(今郑州)、荥阳、荥泽(今荥阳)、河阴(今荥阳)
	河洛道	县5个:临汝(今汝州)、鲁山、郏县、宝丰、伊阳(今汝阳)
	汝阳道	县9个:桐柏、确山、信阳、罗山、潢川、光山、固始、息县、商城
安徽	淮泗道	县20个:凤阳、定远、凤台、怀远、灵璧、寿县、宿县(今宿州)、阜阳、颍上、太和、霍邱、蒙城、涡阳、亳县(今亳州)、六安、霍山、泗县、五河、天长、盱眙(今属江苏省)
江苏	淮扬道	县12个:淮阴、淮安、泗阳、涟水、阜宁、盐城、江都、东台、兴化、泰县(今泰州)、高邮、宝应
	徐海道	县12个:铜山、丰县、沛县、萧县(今属安徽省)、砀山(今属安徽省)、邳县(邳州)、宿迁、睢宁、东海、灌云、沭阳、赣榆
山东	兖济道	县12个:济宁、滋阳(今兖州)、曲阜、宁阳、汶上、泗水、邹县(今邹城)、滕县(今滕州)、峄县(今枣庄)、金乡、嘉祥、鱼台
	琅琊道	县7个:临沂、日照、郯城、莒县、沂水、费县、蒙阴
	曹濮道	县6个:菏泽、曹县、单县、城武(今成武)、定陶、巨野、郓城

南京国民政府建立后,宣布取消"道"建置,实行省、县两级管理。淮河流域涉及河南、安徽、山东、江苏、河北五省100多个县,其中河北省仅有东明1个县。此间,流域所属县也有一些变动,或新增一些县,或废除一些县,或新增后又废除,或合并一些县,或裁县设市等。至1948年,河南省有57个县(1948年10月,郑县、开封解放,设立郑州市、开封市),安徽省有24个市县,江苏省有26个市县,山东省有25个县,具体如表0.3所示。②

---

① 吴春梅,张崇旺,朱正业,等.近代淮河流域经济开发史[M].北京:科学出版社,2010:3-4.
② 吴春梅,张崇旺,朱正业,等.近代淮河流域经济开发史[M].北京:科学出版社,2010:5-6.

表0.3 淮河流域行政区划表(三)

省名	下 辖 地 区
河南	县57个:荥阳、郑县(今郑州)、开封、中牟、兰封(今兰考)、考城(今兰考)、民权、陈留(今开封)、通许、宁陵、睢县、虞城、夏邑、永城、商丘、柘城、鹿邑、太康、淮阳、西华、商水、扶沟、杞县、鄢陵、尉氏、洧川(今尉氏)、长葛、鲁山、宝丰、许昌、襄城、郾城、舞阳、漯河、临颍、禹县(今禹州)、密县(今新密)、新郑、登封、西平、郏县、项城、临汝(今汝州)、确山、正阳、叶县、遂平、汝南、新蔡、桐柏、罗山、息县、潢川、光山、固始、商城、经扶(今新县)
安徽	市1个:蚌埠;县23个:亳县(今亳州)、太和、阜阳、颍上、临泉、涡阳、蒙城、宿县(今宿州)、灵璧、怀远、凤台、泗县、五河、凤阳、定远、嘉山(今明光)、天长、寿县、霍邱、六安、霍山、立煌(今金寨)、盱眙(今属江苏省)
江苏	市2个:徐州、连云(今连云港);县24个:萧县(今属安徽省)、砀山(今属安徽省)、铜山、丰县、沛县、邳县(邳州)、睢宁、宿迁、赣榆、东海、灌云、沭阳、泗阳、淮阴、淮安、涟水、阜宁、宝应、盐城、高邮、兴化、东台、江都、泰县(今泰州)
山东	县25个:菏泽、定陶、曹县、单县、巨野、嘉祥、济宁、郓城、鱼台、金乡、宁阳、城武(今成武)、峄县(今枣庄)、滕县(今滕州)、邹县(今邹城)、滋阳(今兖州)、曲阜、泗水、费县、临沂、蒙阴、日照、郯城、莒县、沂水

(二)中华人民共和国时期[①]

中华人民共和国成立后,地方行政区划的范围大致沿用近代的省级设置。新中国成立初期,由于历史原因和行政管理的需要,曾保留、新建一些行署区(当时为一级地方区划)、省、直辖市、地区。地方行政区划带有战争年代军政合一的性质。即在战争时期设立的各大局的基础上,设立各大区人民政府或军政委员会,分管数省、市、区,是省级以上最高地方行政区划。在战争期间各省分治的基础上设立的行署区,是比省低一级的二级地方行政区划。随着社会经济建设的开展,各省市政府的相继成立,原有的军政合一的地方区划逐步被取消。

当时,全国设有六大行政区。淮河流域涉及的行政区有华北行政区、华东行政区、中南行政区。华北行政区下辖平原省等,华东行政区下辖山东省及皖南、皖北、苏南、苏北等行署区,中南行政区下辖河南、湖北等省。1949年,淮河流域的行政区划大致如下:

(1) 平原省

1949年8月,以冀鲁豫解放区的地域为基础,又析河南、山东、河北三省的部分地区组建平原省,隶属华北人民政府,治新乡市。下辖菏泽、湖西2个专区15个县,具体如表0.4所示。

[①] 唐涌源.建国后淮河流域行政区沿革[J].淮河志通讯,1985(2):12-26;张明庚,张明聚.中国历代行政区划[M].北京:中国华侨出版社,1996;陈潮.中国行政区划沿革手册[M].北京:中国地图出版社,2000;河南省地方史志编纂委员会.河南省志:区域建置志[M].郑州:河南人民出版社,1994;安徽省地方编纂委员会.安徽省志:建置沿革志[M].北京:方志出版社,1999;江苏省地方志编纂委员会.江苏省志:地理志[M].南京:江苏古籍出版社,1999;山东省地方史志编纂委员会.山东省志:建置志[M].济南:山东人民出版社,2003.

表 0.4 平原省淮河流域行政区划表

专区名	下 辖 地 区
菏泽专区	县8个:菏泽、定陶、曹县、东明、南旺(今嘉祥)、梁山、鄄城、郓城
湖西专区	县7个:单县、城武(今成武)、金乡、鱼台、复程(今曹县)、巨野、嘉祥

(2) 河南省

河南省省会为开封市,辖郑州、开封2个省辖市,分设郑州、陈留、商丘、许昌、淮阳、信阳、潢川、南阳、洛阳9个专区66个市县。具体如表0.5所示。

表 0.5 河南省淮河流域行政区划表

专区名	下 辖 地 区
郑州专区	县6个:荥阳、成皋(今荥阳)、新郑、登封、密县、郑县(今郑州)
陈留专区	县9个:陈留(今开封)、开封、中牟、尉氏、通许、杞县、兰封(今兰考)、考城(今兰考)、洧川(今尉氏)
商丘专区	市1个:朱集(今商丘);县7个:商丘、宁陵、睢县、民权、柘城、虞城、夏邑
许昌专区	市2个:许昌、漯河;县13个:许昌、郏县、禹县(今禹州)、临汝(今汝州)、宝丰、鲁山、长葛、襄城、叶县、舞阳、郾城、临颍、鄢陵
淮阳专区	市1个:周口;县8个:淮阳、鹿邑、太康、扶沟、西华、商水、项城、沈丘
信阳专区	市2个:信阳、驻马店;县8个:信阳、确山、遂平、西平、上蔡、汝南、新蔡、正阳
潢川专区	县7个:潢川、光山、罗山、固始、息县、商城、新县
南阳专区	县1个:桐柏
洛阳专区	县1个:伊阳(今汝阳)

(3) 皖北行署区

皖北行署于1949年4月设立,管辖范围包括解放初期的江淮行署区、皖西行署区、豫皖苏行署区中的皖属部分,以及永城、萧县、砀山、盱眙、泗洪等县。后又不断进行调整,如将宿东、宿西两县和宿城市合并设立宿县;将六安市和六合县合并设立六安县;将寿合、寿县两县并建寿县。又先后撤销寿六、金东、金北、金固霍等县(办事处),将所属区域并入原有的县。

皖北行署区驻合肥市,辖蚌埠市与淮南矿区,分设阜阳、宿县、六安、滁县4个专区32个市县,具体如表0.6所示。

表 0.6 皖北行署区淮河流域行政区划表

专区名	下 辖 地 区
阜阳专区	市3个:阜城(今阜阳)、界首、亳城(今亳州);县9个:阜阳、太和、亳县(今亳州)、涡阳、蒙城、凤台、颍上、临泉、阜南
宿县专区	市1个:宿城(今宿州);辖县9个:宿县(今宿州)、灵璧、泗县、五河、怀远、砀山、萧县、永城(今属河南省)、泗洪(今属江苏省)
六安专区	县5个:六安、霍山、金寨、寿县、霍邱
滁县专区	县5个:定远、凤阳、嘉山(今明光)、炳辉(今天长)、盱眙(今属江苏省)

(4) 苏北行署区

1949年4月至6月,江苏全境相继解放。为了适应苏北、苏南两个新解放区不同的工作基础和任务,以长江为界将江苏省划分为苏北、苏南两个行署区。同时,将萧县、砀山县划归皖北行署区;徐州市、新海连市和丰县、沛县、华山县、铜北县(1949年析铜山县北境置)、铜山县(1952年一度撤销)、邳县、东海县、赣榆县划入山东省。

苏北行署区原驻泰州市,后移驻扬州市,直辖淮北盐区,分设泰州、淮阴、盐城、南通4个专区28个市县,具体如表0.7所示。

表0.7 苏北行署区淮河流域行政区划表

专区名	下 辖 地 区
泰州专区	市2个:扬州、泰州;县5个:泰县、高邮、兴化、宝应、江都
淮阴专区	县10个:淮阴、灌云、新安(今新沂)、邳睢(今邳州)、沭阳、宿迁、睢宁、涟水、淮宝(今淮安)、泗阳
盐城专区	县9个:盐城、射阳、建阳(今建湖)、阜宁、滨海、涟东(今涟水)、淮安、东台、台北(今大丰)
南通专区	县2个:如东、海安

(5) 山东省

山东省省会为济南市,辖徐州市和鲁中南行政区。鲁中南行政区分设滨海、沂蒙、台枣、尼山、泰西5个专区。山东省共有40个市县、2个办事处。具体如表0.8所示。

表0.8 山东省淮河流域行政区划表

市、专区名	下 辖 地 区
徐州市	县1个:铜山(今属江苏省)
滨海专区	市1个:新海连;县8个:临沂、临沭、竹庭(今赣榆)、莒南、郯城、东海、日照、莒县
沂蒙专区	县6个:沂水、蒙阴、莒沂(今沂水)、沂南、沂源、蒙山(今费县)
台枣专区	县12个:峄县(今枣庄)、费县、苍山(今兰陵)、临城(今枣庄)、麓水(今滕州)、赵镈(今兰陵)、兰陵、铜北(今徐州,今属江苏省)、华山(今丰县,今属江苏省)、沛县(今属江苏省)、丰县(今属江苏省)、邳县(今邳州,今属江苏省);办事处2个:枣庄、湖区(今枣庄)
尼山专区	市1个:济宁;县9个:济北(今济宁)、平邑、白彦(今平邑)、滋阳(今兖州)、滕县(今滕州)、凫山县(今滕州)、泗水、曲阜、邹县(今邹城)
泰西专区	县2个:汶上、宁阳

可见,1949年的行政划区受战争环境所形成的格局的影响,层级多,设立市县较为混乱。这不利于和平时期政权建设与政区治理,行政划分调整势在必行。

为了解决战争时期遗留下来的党政不分、军政关系密切的问题,使行政管理体制更好地服务于经济恢复和经济建设的需要,中央人民政府对行政区、省、直辖市等进行了撤销、合并、降格。1952 年，先后改设 6 大行政区，作为中央政府的派出机构，使省、直辖市、自治区成为最高的一级地方行政区划。在省级区划中，将皖南、皖北行署区恢复为安徽省，将苏南、苏北行署区恢复为江苏省，撤销平原省，将原属山东省的各县全部划归山东省，将原属河南省的市县及曾属河北省的东明等县划归河南省。1954 年，中央政府撤销 6 大行政区委员会，各省、自治区、直辖市改由中央直辖。至此，新中国的地方行政区划基本稳定。就淮河流域所在的河南、安徽、江苏、山东四省而言，行政区划的主要演变情况如下：

（1）河南省

1950 年，改汝南县为汝南市。析商丘县城关镇置商丘市。

1951 年，撤销汝南市，改为汝南县。朱集市和商丘市合并为商丘市。汝南县析置平舆县，设谷熟办事处（今虞城县）、郸城办事处、淮滨办事处。

1952 年，撤销周口市，改为周口镇，划入商水县。撤销信阳市，改为信阳镇，划入信阳县。撤销驻马店市，改为驻马店镇，划入确山县。撤销郑县，划入郑州市及新郑、中牟二县。永城县由安徽省划入河南省。撤销谷熟办事处、郸城办事处、淮滨办事处，分别设立谷熟县、郸城县、淮滨县。

1953 年，将周口镇改为周口市，驻马店镇改为驻马店市，信阳镇改为信阳市。

1954 年，撤销成皋县，划入荥阳县。撤销洧川县，划入长葛县。撤销谷熟县，划入商丘、虞城二县。考城、兰封二县合并为兰考县。

1957 年，叶县、宝丰县析置平顶山市。撤销陈留县，划入开封县。

1958 年，撤销驻马店市，改设为镇，划归确山县。撤销周口市，改设为镇，划归商水县。

1959 年，伊阳县更名为汝阳县。

1963 年，将东明县划入山东省。

1986 年，许昌、漯河二市升格为省辖市。

（2）安徽省

1950 年，撤销阜城、亳城二市，分别划入阜阳县、亳县。阜南办事处改为阜南县。设立宿城市。宿县析置宿西县，后改为濉溪县。

1951 年，撤销淮南矿区办事处，设立淮南市。恢复界首市。

1952 年，将永城县划入河南省。撤销皖北、皖南行署，组建安徽省。

1952 年，将萧县、砀山县划入江苏省。

1953 年，撤销界首市，设立界首县。撤销宿城市。

1955 年，将安徽省泗洪县、盱眙县划入江苏省。将江苏省萧县、砀山县划入安徽省。

1958 年，寿县划为安丰、寿县二县。

1959 年，撤销安丰县，并入寿县。濉溪、萧县二县析置濉溪市。

1959 年，撤销萧县、砀山县，合并组建萧砀县。撤销界首、太和县，合并组建首太县。撤销濉溪县，并入濉溪市。寿县、霍邱二县析置安丰县。将炳辉县复名为天长县。

1961 年，撤销萧砀县，恢复萧县、砀山县。撤销首太县，恢复界首、太和县。撤销安丰县，分别划入寿县、霍邱县。恢复濉溪县。

1964 年，寿县、定远、肥东、肥西四县析置长丰县。阜阳、涡阳、凤台、蒙城四县析置利辛县。宿县、灵璧、五河、怀远四县析置固镇县。

1971年,将濉溪市更名为淮北市。

1975年,设立阜阳市。

1978年,设立六安市。

1979年,设立宿州市。

1986年,撤销亳县,设立亳州市。

1989年,撤销界首县,设立界首市。

1992年,撤销阜阳市、阜阳县,合并为阜阳市。撤销六安市、六安县,合并为六安市。撤销宿州市、宿县,合并为宿州市。

1993年,撤销天长县,设立天长市。

1994年,撤销嘉山县,设立明光市。

1996年,撤销阜阳地区和县级阜阳市,设立地级阜阳市。

(3) 江苏省

1950年,撤销淮宝县,并入淮安、淮阴、宝应三县。涟东县撤销,并入涟水县。

1951年,析淮阴县城区置清江市,析东台县城郊置东台市。建阳县更名为建湖县,台北县更名为大丰县。

1953年,撤销苏北、苏南二行署区,江苏恢复建省。撤销邳睢县,并入邳县和睢宁县。撤销华山县,并入丰县、沛县和砀山三县。撤销淮北盐区,并入新海连市。撤销铜北县,恢复铜山县。1949年曾划入山东省的徐州市、新海连市与赣榆、东海、邳县、铜北、华山、沛县、丰县7个县,以及划入皖北行署区的萧县、砀山二县重新划归江苏省。

1955年,萧县、砀山二县划归安徽省,原划入安徽省的泗洪和盱眙二县,划归江苏省。

1956年,泗洪、泗阳、淮阴、盱眙四县析置洪泽县。析江都县西境置邗江县。

1957年,灌云、涟水二县析置新安办事处,翌年改为灌南县。

1958年,撤销邗江县,并入扬州市。撤销淮阴县,并入清江市,将清江市更名为淮阴市。撤销泰州市和泰县,合并为泰州县。

1960年,析宝应县的宝应湖西地区置金湖县。

1961年,新海连市更名为连云港市。

1962年,撤销泰州县,恢复泰州市和泰县。析扬州市原邗江县辖区复置邗江县,由兴化县析置兴东县。

1964年,淮阴市更名为清江市,恢复淮阴县。撤销兴东县,并入兴化县。

1966年,析滨海县废黄河、中山河以北地区置响水县。

1983年,改清江市为淮阴市,改盐城县为盐城市,把淮阴、盐城、扬州提升为省辖市。宿迁县改建宿迁市,由东台县改建东台市,由兴化县改建兴化市,由淮安县改建淮安市。

(4) 山东省

1950年,撤销鲁中南行政区。新海连市和东海县合并设立新海县,后恢复新海连市。撤销赵传县,并入苍山县。撤销麓水县,并入白彦县。撤销枣庄办事处,并入峄县。撤销湖区两个办事处,辖区各还原属。撤销济宁县,恢复济宁市。将竹庭县更名为赣榆县。

1951年,撤销济北县,改设济宁县。恢复东海县。

1952年,撤销平原省,原属山东省划归山东。撤销铜山县。撤销蒙山县。临城更名为薛城。将徐州市及丰县、沛县、华山、铜北、新海连市、赣榆、东海、邳县等市县划归江苏省。

1953年,撤销莒沂县,分别划入沂水、莒县、沂源三县。撤销兰陵县,分别划入峄县、苍山等县。撤销白彦县,分别划入滕县、峄县、邹县、平邑四县。撤销南旺县,分别划入嘉祥、梁山二县。以南四湖湖区为基础,设立微山县。

1954年,济宁市升格为省辖市。

1956年,撤销鱼台县,划入金乡县。撤销凫山县,分别划入滕县、济宁、邹县、微山县。撤销薛城县,分别划入滕县、微山县。撤销临沭县,分别划入莒南、郯城、临沂县。撤销复程县,分别划入单县、曹县。

1958年,撤销定陶县,分别划入成武、菏泽二县。撤销济宁县,分别划入济宁市和微山县。撤销嘉祥县,分别划入济宁市和郓城、巨野、金乡三县。撤销滋阳县,划入曲阜县。撤销临沂县,设立临沂市。撤销沂南县,分别划归沂水、蒙阴、莒县三县和临沂市。城武县更名为成武县。

1960年,撤销峄县,设立枣庄市。撤销菏泽县,设立菏泽市。

1961年,恢复沂南、临沭、定陶、嘉祥四县。设立兖州县。枣庄市升格为省辖市。

1963年,撤销菏泽市,恢复菏泽县。撤销临沂市,恢复临沂县。将河南省东明县划入山东省。

1964年,恢复鱼台县。

1965年,恢复济宁县。

1983年,撤销济宁地区,将济宁市升级为省辖市。撤销济宁县,并入济宁市。

1985年,撤销日照县,设立日照市。

1986年,撤销曲阜县,设立曲阜市。

1988年,撤销滕县,设立滕州市。

1989年,日照市升级为地级市。

1992年,撤销兖州县,设立兖州市。撤销邹县,设立邹城市。

1994年,撤销临沂地区和县级临沂市,设立地级临沂市。

总之,淮河流域四省的行政区划经过调整、恢复、再调整、再恢复,各级区划和管理体制日趋合理,日益完善。

经过新中国成立初期的几次调整及其他一系列微调,行政区划已从适应战时条件过渡到逐步适应社会主义建设时期行政管理和经济建设的需要。当然,在调整过程中,也存在一些问题,如部分市、专区、县的变动过于频繁,部分专区、县打乱了历史形成的稳定的区划格局,甚至打乱了一些自然地理和经济区的界限,违背了自然和区划规律。

改革开放以来,为了适应经济发展与现代化建设的需要,充分发挥城市的中心职能和辐射带动作用,开始了地县改市、以市带县体制的建设过程。起初,有条件的地区改地级市,有条件的县改县级市或市辖区,以地级市管县(县级的市、市辖区),即实行所谓地改市、市带县的行政建置体制,到后来,所有地区全部改为地级市,越来越多的县改为县级市或市辖区。

经过60年的行政区划调整与变革,淮河流域行政区划基本稳定。至2009年,淮河流域河南、安徽、江苏、山东四省的行政区划大致如下[①]:

(1) 河南省

河南省淮河流域涉及11个地级市81个县级行政区划单位,其中包括24个市辖区、10个县级市、47个县,具体如表0.9所示。

表0.9 河南省淮河流域行政区划表

市　名	下　辖　地　区
郑州市	区5个:惠济、中原、金水、二七、管城;市4个:荥阳、登封、新密、新郑;县1个:中牟
开封市	区5个:龙亭、顺河、鼓楼、禹王台、金明;县5个:杞县、通许、尉氏、开封、兰考
商丘市	区2个:睢阳、梁园;市1个:永城;县6个:民权、睢县、宁陵、柘城、虞城、夏邑
许昌市	区1个:魏都;市2个:禹州、长葛;县3个:许昌、鄢陵、襄城
平顶山市	区4个:新华、卫东、石龙、湛河;市2个:舞钢、汝州;县4个:宝丰、叶县、鲁山、郏县
漯河市	区3个:源汇、郾城、召陵;县2个:舞阳、临颍
周口市	区1个:川汇;市1个:项城;县8个:扶沟、西华、商水、沈丘、郸城、淮阳、太康、鹿邑
驻马店市	区1个:驿城;县8个:西平、上蔡、平舆、正阳、确山、汝南、遂平、新蔡
信阳市	区2个:浉河、平桥;县8个:罗山、光山、新县、商城、固始、潢川、淮滨、息县
洛阳市	汝阳县
南阳市	桐柏县

(2) 安徽省

安徽省淮河流域涉及9个地级市45个县级行政区划单位,其中包括19个市辖区、3个县级市、23个县,具体如表0.10所示。

表0.10 安徽省淮河流域行政区划表

市　名	下　辖　地　区
宿州市	区1个:埇桥;县4个:砀山、萧县、灵璧、泗县
淮北市	区3个:杜集、相山、烈山;县1个:濉溪
阜阳市	区3个:颍州、颍东、颍泉;市1个:界首;县4个:临泉、太和、阜南、颍上
亳州市	区1个:谯城;县3个:涡阳、蒙城、利辛
蚌埠市	区4个:龙子湖、蚌山、禹会、淮上;县3个:怀远、五河、固镇
淮南市	区5个:大通、田家庵、谢家集、八公山、潘集;县1个:凤台

---

① 区划地名网(行政区划网). 2009年河南省行政区划[EB/OL]. (2011-06-30)[2023-02-12]. http://www.xzqh.org/html/show/ha/15155.html;区划地名网(行政区划网). 2009年安徽省行政区划[EB/OL]. (2011-06-03)[2023-02-12]. http://www.xzqh.org/html/show/ah/24900.html;区划地名网(行政区划网). 2009年江苏省行政区划[EB/OL]. (2012-08-27)[2023-02-12]. http://www.xzqh.org/html/show/js/5844.html;区划地名网(行政区划网). 2009年山东省行政区划[EB/OL]. (2010-11-05)[2023-02-12]. http://www.xzqh.org/html/show/sd/11450.html.

续表

市　名	下　辖　地　区
六安市	区2个:金安、裕安;县4个:寿县、霍邱、金寨、霍山
滁州市	市2个:明光(嘉山)、天长;县2个:凤阳、定远
合肥市	县1个:长丰

（3）江苏省

江苏省淮河流域涉及8个地级市51个县级行政区划单位,其中包括20个市辖区、8个县级市、23个县,具体如表0.11所示。

表0.11　江苏省淮河流域行政区划表

市　名	下　辖　地　区
徐州市	区5个:鼓楼、云龙、九里、贾汪、泉山;市2个:新沂、邳州;县4个:丰县、沛县、铜山、睢宁
连云港市	区3个:连云、新浦、海州;县4个:赣榆、东海、灌云、灌南
宿迁市	区2个:宿城、宿豫;县3个:沭阳、泗阳、泗洪
淮安市	区4个:清河、楚州、淮阴、清浦;县4个:涟水、洪泽、盱眙、金湖
盐城市	区2个:亭湖、盐都;市2个:东台、大丰;县5个:响水、滨海、阜宁、射阳、建湖
扬州市	区3个:广陵、邗江、维扬;市2个:高邮、江都;县1个:宝应
泰州市	区1个:海陵;市2个:兴化、姜堰
南通市	县2个:海安、如东

（4）山东省

山东省淮河流域涉及7个地级市44个县级行政区划单位,其中包括13个市辖区、4个县级市、27个县,具体如表0.12所示。

表0.12　山东省淮河流域行政区划表

市　名	下　辖　地　区
菏泽市	区1个:牡丹;县8个:曹县、单县、成武、巨野、郓城、鄄城、定陶、东明
济宁市	区2个:市中、任城;市3个:曲阜、兖州、邹城;县7个:微山、鱼台、金乡、嘉祥、汶上、泗水、梁山
枣庄市	区5个:市中、薛城、峄城、台儿庄、山亭;市1个:滕州
临沂市	区3个:兰山、罗庄、河东;县9个:沂南、郯城、沂水、苍山、费县、平邑、莒南、蒙阴、临沭
日照市	区2个:东港、岚山区;县1个:莒县
泰安市	县1个:宁阳
淄博市	县1个:沂源

总之,淮河流域是按照水系划分的自然单元,与行政单元实际上并不重合。在行政区划

隶属流域关系上较为复杂,涉及多个市县区域,特别是部分属于流域的,不是根据所属面积的大小来判断,而是根据市县的治所是否属于流域来确定。

四、学术史回顾

中华人民共和国成立后,淮河流域在我国的经济社会发展中处于十分重要的地位。学界十分重视当代淮河流域经济开发与变迁的研究,或致力于资料的搜集整理工作,或从总体上进行考察,或对相关问题进行专题探讨。下面对当代淮河流域经济开发与变迁的研究现状进行综述。

(一)资料整理

资料的搜集与整理是学术研究的一项基础性工作。详细地占有资料,在科学史观的指导下,对文献资料加以鉴别、分析、评判,从中得出符合客观实际的结论,是历史研究的基本方法。

1. 资料汇编

受各种因素的影响,散藏各处的有关当代淮河流域文献资料长期得不到整理,查阅利用十分不便。新中国成立以来,淮河流域各省档案馆及相关部门陆续对部分档案资料进行整理。如河南省档案馆等整理《中共河南省委、河南省人民政府重要文件选编(1949—1954)》,安徽省档案馆等整理《中共皖北皖南区委文件选编(1949—1951)》《中共安徽省委文件选编(1952—1965)》,江苏省档案馆等整理《苏北行政区(1949—1952)》等。①

淮河流域各省政府及相关部门不定期组织编纂的资料汇编,主要以图、文、表的形式,记述了本省各领域经济发展的历程和成就,如《河南改革开放30年》《安徽五十年》《巨大的变化 辉煌的成就:江苏改革开放30年》《江苏四十年》《江苏五十年》《奋进的历程 辉煌的成就:山东改革开放30年》《奋进的四十年:山东分册》《新中国五十年:山东卷》等。② 尤其是各省编写的各省60年资料汇编,是全面反映1949年至2009年各省经济和社会发展成就的史料性工具书,正好与本研究的时段重合。其中河南省统计局、国家统计局河南调查总队编《河南六十年(1949—2009)》分为统计图、综合篇、经济篇、社会篇、地区篇和资料篇六个部分;安徽省人民政府编《安徽60年》分为综合篇、行业篇、市级篇、历史资料、统计资料五个部分;安徽省历史学会编《安徽六十年(1949—2009)》介绍了安徽60年来在制度变革、经济发展、城镇建设、人民生活等方面的历史变化过程;江苏省统计局、国家统计局江苏调查总队编

---

① 河南省档案馆,等.中共河南省委、河南省人民政府重要文件选编:1949—1954[Z].河南省档案馆;安徽省档案馆,等.中共皖北皖南区委文件选编:1949—1951[Z].安徽省档案馆;安徽省档案馆,等.中共安徽省委文件选编:1952—1965[Z].安徽省档案馆;江苏省档案馆,等.苏北行政区:1949—1952[Z].江苏省档案馆.

② 河南省统计局,国家统计局河南调查总队.河南改革开放30年[M].北京:中国统计出版社,2008;安徽省人民政府.安徽五十年[M].北京:中国统计出版社,1999;江苏省统计局,国家统计局江苏调查总队.巨大的变化 辉煌的成就:江苏改革开放30年[M].北京:中国统计出版社,2008;江苏省统计局.江苏四十年[M].北京:中国统计出版社,1989;《江苏五十年》编辑委员会.江苏五十年[M].北京:中国统计出版社,1999;山东省统计局.奋进的历程 辉煌的成就:山东改革开放30年[M].北京:中国统计出版社,2008;山东省统计局.奋进的四十年:山东分册[M].北京:中国统计出版社,1989;山东省统计局.新中国五十年:山东卷[M].北京:中国统计出版社,1999.

《数据见证辉煌:江苏60年》分为综合篇、地区篇、资料篇三个部分;山东省统计局编《辉煌山东60年》包括统计图、发展综述和统计资料三个篇章。① 此外,淮河流域一些市编写的资料汇编,记述了本市各领域经济发展的历程和成就,如宿州市人民政府编《宿州五十年》、徐州市统计局等编《数字看徐州30年巨变》等。②

淮河流域各省相关部门组织编写的省情系列丛书,主要介绍本省国民经济与社会发展情况。如安徽省人民政府办公厅编《安徽省情》、中共山东省委研究室编《山东省情》,除概述本省历史、地理等基本情况外,集中反映新中国成立以来,特别是改革开放以来本省国民经济和各条战线的发展现状。③

2. 年鉴资料

年鉴是按年度连续出版的资料性工具书,汇辑一年内的重要时事、文献和统计资料,全面系统反映该地自然、政治、经济、文化、社会等方面的发展变化情况。年鉴所收集的材料主要来源于当年的政府公报、国家重要报刊的报道和统计部门的数据。通过年鉴,可检阅该地各部门各行业的发展情况,以及政府颁布的重要法规文献和逐年可比的统计数据资料。年鉴大体分为综合性年鉴、专门性年鉴、统计年鉴等。

(1) 综合性年鉴类

① 省级年鉴。省级年鉴反映的是各省的经济社会等方面的发展变化情况,为研究各省经济提供丰富资料。《河南年鉴》由河南省政府办公厅主管、河南省地方史志编纂委员会主办,由河南年鉴编辑部负责编辑出版工作,1984年创刊。④《安徽年鉴》由安徽省人民政府主管、安徽省地方志办公室主办,由《安徽年鉴》编辑委员会负责编辑出版工作,1984年创刊,1984—1987年称为《安徽经济年鉴》,1988年改名为《安徽年鉴》。⑤《江苏年鉴》由江苏省人民政府办公厅主管、江苏省地方志编纂委员会办公室主办,其前身为创刊于1986年的《江苏经济年鉴》,自1991年起更名为《江苏年鉴》。⑥《山东年鉴》由山东省人民政府主办、山东省地方史志办公室承编,1987年创刊。⑦

② 市县区年鉴。市县区年鉴反映各市县区的经济社会等方面的发展变化情况,可为研究市县区经济提供丰富资料。如河南省的市级年鉴有《开封年鉴》《驻马店年鉴》《漯河年鉴》

---

① 河南省统计局,国家统计局河南调查总队.河南六十年:1949—2009[M].北京:中国统计出版社,2009;安徽省人民政府.安徽60年[M].北京:中国统计出版社,2009;安徽省历史学会.安徽六十年:1949—2009[M].合肥:合肥工业大学出版社,2009;江苏省统计局,国家统计局江苏调查总队.数据见证辉煌:江苏60年[M].北京:中国统计出版社,2009;山东省统计局.辉煌山东60年[M].北京:中国统计出版社,2009.
② 宿州市人民政府.宿州五十年[M].北京:中国统计出版社,1999;徐州市统计局,国家统计局徐州调查队.数字看徐州30年巨变[M].北京:中国统计出版社,2009.
③ 安徽省人民政府办公厅.安徽省情:1949—1985[M].合肥:安徽人民出版社,1987;中共山东省委研究室.山东省情[M].济南:山东人民出版社,1986.
④ 河南年鉴编辑部.河南年鉴:1984—2010[Z].河南年鉴编辑部.
⑤ 安徽经济年鉴编辑部.安徽经济年鉴:1984—1988[Z].安徽经济年鉴编辑部;安徽年鉴编辑部.安徽年鉴:1989—2010[Z].安徽年鉴编辑部.
⑥ 江苏经济年鉴编辑部.江苏经济年鉴:1986—1991[Z].江苏经济年鉴编辑部;江苏年鉴编辑部.江苏年鉴:1992—2010[Z].江苏年鉴编辑部.
⑦ 山东年鉴编辑部.山东年鉴:1987—2010[Z].山东年鉴编辑部.

《商丘年鉴》《平顶山年鉴》等①,县区级年鉴有《舞钢市年鉴》《宝丰年鉴》《长葛年鉴》《新密年鉴》《许昌县年鉴》等②。安徽省的市级年鉴有《阜阳年鉴》《亳州年鉴》《宿州年鉴》《淮北年鉴》《淮南年鉴》《蚌埠年鉴》等③,县区级年鉴有《濉溪年鉴》《宿州市埇桥年鉴》等④。江苏省的市级年鉴有《扬州年鉴》、《淮安年鉴》(2000年前为《淮阴年鉴》,2001年后改为《淮安年鉴》)、《徐州年鉴》、《宿迁年鉴》、《连云港年鉴》、《盐城年鉴》等⑤,县区级年鉴有《新沂年鉴》《响水年鉴》《姜堰年鉴》《高邮年鉴》《金湖年鉴》《灌南年鉴》《江都年鉴》《涟水年鉴》《建湖年鉴》《大丰年鉴》《滨海年鉴》《海州年鉴》《如东年鉴》《射阳年鉴》《宝应年鉴》《兴化年鉴》《宿豫年鉴》《赣榆年鉴》《东台年鉴》《盐都年鉴》《邗江年鉴》《广陵年鉴》等⑥。山东省的市级年鉴有《枣庄年鉴》《临沂年鉴》《菏泽年鉴》等⑦,县区级年鉴有《鄄城年鉴》《郓城年鉴》《滕州年鉴》《泗水年

---

① 开封年鉴编纂委员会. 开封年鉴:1993—2010[Z]. 开封年鉴编纂委员会;驻马店地方史志办公室. 驻马店年鉴:1994—2010[Z]. 驻马店地方史志办公室;漯河市史志档案局. 漯河年鉴:1999—2010[Z]. 漯河市史志档案局;商丘市地方史志办公室. 商丘年鉴:1999—2010[Z]. 商丘市地方史志办公室;平顶山市地方史志办公室. 平顶山年鉴:2000—2010[Z]. 平顶山地方史志办公室.

② 舞钢市地方史志办公室. 舞钢市年鉴:1991—2010[Z]. 舞钢市地方史志办公室;宝丰县地方史志办公室. 宝丰年鉴:1997—2010[Z]. 宝丰县地方史志办公室;长葛市地方史志办公室. 长葛年鉴:2005—2010[Z]. 长葛市地方史志办公室;中共新密市委史志办公室. 新密年鉴:2007—2010[Z]. 中共新密市委史志办公室;许昌县地方史志办公室. 许昌县年鉴:2002—2010[Z]. 许昌县地方史志办公室.

③ 阜阳市地方志办公室. 阜阳年鉴:1998—2010[Z]. 阜阳市地方志办公室;亳州市地方志办公室. 亳州年鉴:2002—2010[Z]. 亳州市地方志办公室;宿州市地方志办公室. 宿州年鉴:1999—2010[Z]. 宿州市地方志办公室;淮南年鉴编委会. 淮南年鉴:1999—2010[Z]. 淮南年鉴编委会;淮北市地方志编纂委员会. 淮北年鉴:2000—2010[Z]. 淮北市地方志编纂委员会;蚌埠市地方志办公室. 蚌埠年鉴:2005—2010[Z]. 蚌埠市地方志办公室.

④ 濉溪县地方志办公室. 濉溪年鉴:2001—2012[Z]. 濉溪县地方志办公室;宿州市埇桥区地方志办公室. 宿州市埇桥年鉴:2005—2012[Z]. 宿州市埇桥区地方志办公室.

⑤ 扬州市地方志编纂委员会. 扬州年鉴:1991—2010[Z]. 扬州市地方志编纂委员会;淮安市志办公室. 淮安年鉴:1995—2010[Z]. 淮安市志办公室;徐州市史志办公室. 徐州年鉴:1999—2010[Z]. 宿迁年鉴编纂委员会. 宿迁年鉴:1999—2010[Z]. 宿迁年鉴编纂委员会;连云港市地方志办公室. 连云港年鉴:1999—2010[Z]. 连云港市地方志办公室;盐城市地方志办公室. 盐城年鉴:1998—2010[Z]. 盐城市地方志办公室.

⑥ 新沂市史志办公室. 新沂年鉴:2006—2010[Z]. 新沂市史志办公室;响水县地方志编纂委员会办公室. 响水年鉴:2001—2010[Z]. 响水县地方志编纂委员会办公室;姜堰年鉴编纂委员会. 姜堰年鉴:2000—2010[Z]. 姜堰年鉴编纂委员会;高邮市地方志年鉴编纂委员会. 高邮年鉴:1991—2010[Z]. 高邮市地方志年鉴编纂委员会;金湖县地方志办公室. 金湖年鉴:1996—2010[Z]. 金湖县地方志办公室;灌南县地方志办公室. 灌南年鉴:1997—2010[Z]. 灌南县地方志办公室;扬州市江都区地方志编纂委员会. 江都年鉴:2000—2010[Z]. 扬州市江都区地方志编纂委员会;涟水县地方志办公室. 涟水年鉴:1998—2010[Z]. 涟水县地方志办公室;建湖县地方志办公室. 建湖年鉴:1999—2010[Z]. 建湖县地方志办公室;大丰年鉴编纂委员会. 大丰年鉴:2000—2010[Z]. 大丰年鉴编纂委员会;滨海县地方志办公室. 滨海年鉴:2001—2010[Z]. 滨海县地方志办公室;连云港市海州区地方志编纂委员会. 海州年鉴:2000—2011[Z]. 连云港市海州区地方志编纂委员会;如东年鉴编纂委员会. 如东年鉴:2000—2011[Z]. 如东年鉴编纂委员会;射阳县地方志办公室. 射阳年鉴:2006—2010[Z]. 射阳县地方志办公室;宝应年鉴编纂委员会. 宝应年鉴:2002—2010[Z]. 宝应年鉴编纂委员会;兴化年鉴编纂委员会. 兴化年鉴:2002—2010[Z]. 兴化年鉴编纂委员会;宿迁市宿豫区地方志编纂委员会办公室. 宿豫年鉴:2002—2010[Z]. 宿迁市宿豫区地方志编纂委员会办公室;连云港市赣榆区党史地方志办公室. 赣榆年鉴:2004—2010[Z]. 连云港市赣榆区党史地方志办公室;东台市党史地方志办公室. 东台年鉴:2004—2010[Z]. 东台市党史地方志办公室;盐都年鉴编纂委员会. 盐都年鉴:1998—2010[Z]. 盐都年鉴编纂委员会;扬州市邗江区地方志编纂委员会. 邗江年鉴:2004—2010[Z]. 扬州市邗江区地方志编纂委员会;扬州市广陵区档案局. 广陵年鉴:2005—2010[Z]. 扬州市广陵区档案局.

⑦ 枣庄市地方史志办公室. 枣庄年鉴:1993—2010[Z]. 枣庄市地方史志办公室;临沂市地方史志办公室. 临沂年鉴:1997—2010[Z]. 临沂市地方史志办公室;菏泽市地方史志办公室. 菏泽年鉴:1999—2010[Z]. 菏泽市地方史志办公室.

鉴》《莒南年鉴》《兰山年鉴》《沂水年鉴》等①。

(2) 专门性年鉴

专门性年鉴,内容涵盖农业、工业、交通、商业、城市、金融、水利等方面的统计数据,全面反映各行业的发展情况。农业农村类年鉴有《山东农业统计年鉴》《江苏农业统计年鉴》《河南农村统计年鉴》《安徽农村经济统计年鉴》等②;工业类年鉴有《安徽工业经济统计年鉴》《山东工业统计年鉴》等③;交通类年鉴有《江苏交通年鉴》《郑州铁路年鉴》《连云港港年鉴》等④;城市类年鉴有《河南城市统计年鉴》《山东城市统计年鉴》等⑤;金融类年鉴有《河南金融年鉴》《山东金融年鉴》等⑥。

(3) 统计年鉴类

① 省级统计年鉴。省级统计年鉴内容涵盖各省历年经济社会发展的统计数据,全面反映各省国民经济和社会的发展情况,如《河南统计年鉴》《安徽统计年鉴》《江苏统计年鉴》《山东统计年鉴》等⑦。

② 市县区统计年鉴。市县区统计年鉴内容涵盖各市县区历年经济社会发展的统计数据,全面反映各市县区国民经济和社会的发展情况,如河南省有《平顶山统计年鉴》《漯河统计年鉴》《开封统计年鉴》《郑州统计年鉴》等⑧,安徽省有《淮北统计年鉴》《淮南统计年鉴》《阜

---

① 鄄城县史志办公室. 鄄城年鉴:1997—2010[Z]. 鄄城县史志办公室;郓城县史志办公室. 郓城年鉴:1999—2010[Z]. 郓城县史志办公室;滕州市地方志办公室. 滕州年鉴:1997—2010[Z]. 滕州市地方史志办公室;泗水县地方史志编纂委员会. 泗水年鉴:1992—2010[Z]. 泗水县地方史志编纂委员会;莒南县地方史志编纂委员会办公室. 莒南年鉴:2000—2010[Z]. 莒南县地方史志编纂委员会办公室;兰山区地方史志办公室. 兰山年鉴:1996—2010[Z]. 兰山区地方史志办公室;沂水县史志办公室. 沂水年鉴:2007—2010[Z]. 沂水县史志办公室.

② 河南省农村社会经济调查队. 河南农村统计年鉴:1991—2005[M]. 北京:中国统计出版社;安徽省农业委员会,安徽省统计局. 安徽农村经济统计年鉴:2005—2007[M]. 合肥:黄山书社;江苏省统计局,江苏省农林厅. 江苏农业统计年鉴:1995—2000[Z]. 江苏省统计局;山东省统计局,山东省农业厅. 山东农业统计年鉴:1992—1998[Z]. 山东省统计局.

③ 安徽省经济委员会,安徽省统计局. 安徽工业经济统计年鉴:2004—2008[Z]. 安徽省经济委员会,安徽省统计局;山东省统计局. 山东工业统计年鉴:1991—2004[Z]. 山东省统计局.

④ 江苏交通年鉴编辑部. 江苏交通年鉴:2001—2010[M]. 北京:中国铁道出版社;郑州铁路局史志编纂委员会. 郑州铁路年鉴:1985—2010[M]. 北京:中国铁道出版社;连云港港年鉴编辑委员会. 连云港港年鉴:1991—2010[M]. 徐州:中国矿业大学出版社.

⑤ 河南省城市社会经济调查队. 河南城市统计年鉴:1990—2001[M]. 北京:中国统计出版社;山东省统计局,山东省城市社会经济调查队. 山东城市统计年鉴:1987—2003[M]. 北京:中国统计出版社.

⑥ 河南金融年鉴编委会. 河南金融年鉴:1995—2009[M]. 郑州:中州古籍出版社;山东金融年鉴编委会. 山东金融年鉴:1949—2010[M]. 北京:中国财政经济出版社.

⑦ 河南省统计局,国家统计局河南调查队. 河南统计年鉴:1986—2010[M]. 北京:中国统计出版社;安徽省统计局,国家统计局安徽调查队. 安徽统计年鉴:1989—2010[M]. 北京:中国统计出版社;江苏省统计局. 江苏统计年鉴:1986—2010[M]. 北京:中国统计出版社;山东省统计局,国家统计局山东调查队. 山东统计年鉴:1984—2010[M]. 北京:中国统计出版社.

⑧ 平顶山市统计局. 平顶山统计年鉴:1989—2010[M]. 北京:中国统计出版社;漯河市统计局,国家统计局漯河调查队. 漯河统计年鉴:1994—2010[M]. 北京:中国统计出版社;开封市统计局. 开封统计年鉴:1997—2010[M]. 北京:中国统计出版社;郑州市统计局,国家统计局郑州调查队. 郑州统计年鉴:1999—2010[M]. 北京:中国统计出版社.

阳统计年鉴》等①,江苏省有《盐城统计年鉴》《徐州统计年鉴》《连云港统计年鉴》等②,山东省有《临沂统计年鉴》《济宁统计年鉴》《菏泽统计年鉴》《日照统计年鉴》等③。

3. 方志资料

方志,是指全面记载某一地域某一时期的自然、社会、政治、经济、文化等方面情况的文献,是研究一个地区的重要史料来源。方志所指的地方,既可以是某个行政区域,如省域、市域、县域等,也可以是一个地理概念,如江河流域等。20世纪80年代以来,全国各地先后成立了修志机构,开始编纂中华人民共和国成立后的志书。至2010年,首轮志书编纂工作已全面完成,部分地区第二轮志书编纂工作已经完成。就淮河流域而言,主要完成首轮志书编纂工作,兹介绍如下:

(1) 省级方志资料

河南省地方史志编纂委员会编写的"河南省志系列丛书"中,有"地貌山河志""农业志""纺织工业志""食品工业志""烟草工业志""煤炭工业志""电力工业志""石油工业志""化学工业志""机械工业志""电子工业志""铁路交通志""公路交通志""内河航运志""邮电志""商业志""城乡建设志""金融志""水利志"等。④

安徽省地方志编纂委员会编写的"安徽省志系列丛书"中,有"自然环境志""农业志""煤炭工业志""电力工业志""石油化工志""冶金工业志""机械工业志""电子工业志""轻工业志""烟草志""纺织工业志""建材工业志""军事工业志""交通志""邮电志""商业志""城乡建

---

① 淮北市统计局.淮北统计年鉴:1993—2010[Z].淮北市统计局;淮南市统计局.淮南统计年鉴:2002—2010[Z].淮南市统计局;阜阳市统计局.阜阳统计年鉴:1993—2010[Z].阜阳市统计局.
② 盐城市统计局,国家统计局盐城调查队.盐城统计年鉴:1991—2010[M].北京:中国统计出版社;徐州市统计局,国家统计局徐州调查队.徐州统计年鉴:1996—2010[M].北京:中国统计出版社;连云港市统计局,国家统计局连云港调查队.连云港统计年鉴:1998—2010[M].北京:中国统计出版社.
③ 临沂市统计局.临沂统计年鉴:1989—2010[M].北京:中国统计出版社;济宁市统计局,国家统计局济宁调查队.济宁统计年鉴:1984—2010[Z].济宁市统计局;菏泽市统计局.菏泽统计年鉴:1994—2010[Z].菏泽市统计局;日照市统计局.日照统计年鉴:1991—2010[M].北京:中国统计出版社.
④ 河南省地方史志编纂委员会.河南省志:地貌山河志[M].郑州:河南人民出版社,1994;河南省地方史志编纂委员会.河南省志:农业志[M].郑州:河南人民出版社,1993;河南省地方史志编纂委员会.河南省志:纺织工业志[M].郑州:河南人民出版社,1993;河南省地方史志编纂委员会.河南省志:食品工业志[M].郑州:河南人民出版社,1995;河南省地方史志编纂委员会.河南省志:烟草工业志[M].郑州:河南人民出版社,1995;河南省地方史志编纂委员会.河南省志:煤炭工业志[M].郑州:河南人民出版社,1991;河南省地方史志编纂委员会.河南省志:电力工业志[M].郑州:河南人民出版社,1991;河南省地方史志编纂委员会.河南省志:石油工业志[M].郑州:河南人民出版社,1997;河南省地方史志编纂委员会.河南省志:化学工业志[M].郑州:河南人民出版社,1997;河南省地方史志编纂委员会.河南省志:机械工业志[M].郑州:河南人民出版社,1995;河南省地方史志编纂委员会.河南省志:电子工业志[M].郑州:河南人民出版社,1995;河南省地方史志编纂委员会.河南省志:铁路交通志[M].郑州:河南人民出版社,1991;河南省地方史志编纂委员会.河南省志:公路交通志[M].郑州:河南人民出版社,1991;河南省地方史志编纂委员会.河南省志:内河航运志[M].郑州:河南人民出版社,1991;河南省地方史志编纂委员会.河南省志:邮电志[M].郑州:河南人民出版社,1991;河南省地方史志编纂委员会.河南省志:商业志[M].郑州:河南人民出版社,1993;河南省地方史志编纂委员会.河南省志:城乡建设志[M].郑州:河南人民出版社,1993;河南省地方史志编纂委员会.河南省志:金融志[M].郑州:河南人民出版社,1992;河南省地方史志编纂委员会.河南省志:水利志[M].郑州:河南人民出版社,1994.

设志""金融志""水利志"等。①

江苏省地方志编纂委员会编写的"江苏省志系列丛书"中，有"地理志""农业志""轻工业志""纺织工业志""电子工业志""冶金工业志""机械工业志""石油工业志""化学工业志""煤炭工业志""电力工业志""建材工业志""乡镇工业志""交通志""邮电志""商业志""城乡建设志""金融志""水利志"等。②

山东省地方史志编纂委员会编写的"山东省志系列丛书"中，有"自然地理志""农业志""轻工业志""纺织工业志""烟草志""电力工业志""煤炭工业志""冶金工业志""石油工业志"

---

① 安徽省地方志编纂委员会. 安徽省志：自然环境志[M]. 北京：方志出版社，1999；安徽省地方志编纂委员会. 安徽省志：农业志[M]. 北京：方志出版社，1998；安徽省地方志编纂委员会. 安徽省志：煤炭工业志[M]. 合肥：安徽人民出版社，1993；安徽省地方志编纂委员会. 安徽省志：电力工业志[M]. 合肥：安徽人民出版社，1993；安徽省地方志编纂委员会. 安徽省志：石油化工志[M]. 合肥：安徽人民出版社，1992；安徽省地方志编纂委员会. 安徽省志：冶金工业志[M]. 北京：方志出版社，1998；安徽省地方志编纂委员会. 安徽省志：机械工业志[M]. 合肥：安徽人民出版社，1996；安徽省地方志编纂委员会. 安徽省志：电子工业志[M]. 北京：方志出版社，1999；安徽省地方志编纂委员会. 安徽省志：轻工业志[M]. 北京：方志出版社，1998；安徽省地方志编纂委员会. 安徽省志：烟草志[M]. 北京：方志出版社，1998；安徽省地方志编纂委员会. 安徽省志：纺织工业志[M]. 北京：方志出版社，1993；安徽省地方志编纂委员会. 安徽省志：建材工业志[M]. 合肥：安徽人民出版社，1996；安徽省地方志编纂委员会. 安徽省志：军事工业志[M]. 合肥：安徽人民出版社，1996；安徽省地方志编纂委员会. 安徽省志：交通志[M]. 北京：方志出版社，1998；安徽省地方志编纂委员会. 安徽省志：邮电志[M]. 合肥：安徽人民出版社，1993；安徽省地方志编纂委员会. 安徽省志：商业志[M]. 合肥：安徽人民出版社，1995；安徽省地方志编纂委员会. 安徽省志：城乡建设志[M]. 北京：方志出版社，1998；安徽省地方志编纂委员会. 安徽省志：金融志[M]. 北京：方志出版社，1999；安徽省地方志编纂委员会. 安徽省志：水利志[M]. 北京：方志出版社，1999.

② 江苏省地方志编纂委员会. 江苏省志：地理志[M]. 南京：江苏古籍出版社，1999；江苏省地方志编纂委员会. 江苏省志：农业志[M]. 南京：江苏古籍出版社，1997；江苏省地方志编纂委员会. 江苏省志：轻工业志[M]. 南京：江苏科技出版社，1996；江苏省地方志编纂委员会. 江苏省志：纺织工业志[M]. 南京：江苏古籍出版社，1997；江苏省地方志编纂委员会. 江苏省志：电子工业志[M]. 南京：江苏古籍出版社，1999；江苏省地方志编纂委员会. 江苏省志：冶金工业志[M]. 南京：江苏古籍出版社，1994；江苏省地方志编纂委员会. 江苏省志：机械工业志[M]. 南京：江苏人民出版社，1998；江苏省地方志编纂委员会. 江苏省志：石油工业志[M]. 北京：方志出版社，2000；江苏省地方志编纂委员会. 江苏省志：化学工业志[M]. 北京：方志出版社，1999；江苏省地方志编纂委员会. 江苏省志：煤炭工业志[M]. 南京：江苏科技出版社，1999；江苏省地方志编纂委员会. 江苏省志：电力工业志[M]. 南京：江苏科技出版社，1994；江苏省地方志编纂委员会. 江苏省志：建材工业志[M]. 北京：方志出版社，2002；江苏省地方志编纂委员会. 江苏省志：乡镇工业志[M]. 北京：方志出版社，2000；江苏省地方志编纂委员会. 江苏省志：交通志：公路篇[M]. 南京：江苏古籍出版社，2001；江苏省地方志编纂委员会. 江苏省志：交通志：航运篇[M]. 南京：江苏古籍出版社，2001；江苏省地方志编纂委员会. 江苏省志：交通志 铁路篇[M]. 北京：方志出版社，1996；江苏省地方志编纂委员会. 江苏省志：邮电志[M]. 南京：江苏人民出版社，1997；江苏省地方志编纂委员会. 江苏省志：商业志[M]. 南京：江苏人民出版社，1999；江苏省地方志编纂委员会. 江苏省志：城乡建设志[M]. 南京：江苏人民出版社，2008；江苏省地方志编纂委员会. 江苏省志：金融志[M]. 南京：江苏人民出版社，2000；江苏省地方志编纂委员会. 江苏省志：水利志[M]. 南京：江苏古籍出版社，2001.

"化学工业志""机械工业志""电子工业志""交通志""铁路志""商业志""金融志""水利志"等。①

（2）地市、县区方志等资料

各省的地市、县区地方志编纂委员会先后编写了地区志、市志、县志、区志等，介绍当地的经济开发与变迁情况。如河南地市级方志有《信阳地区志》《周口地区志》《许昌市志》《平顶山市志》《商丘地区志》《郑州市志》《漯河市志》《驻马店地区志》《开封市志》等。② 安徽地市级方志有《淮南市志》《淮北市志》《蚌埠市志》《阜阳地区志》《宿县地区志》等。③ 江苏地市级方志有《徐州市志》《连云港市志》《淮阴市志》《宿迁市志》《盐城市志》《扬州市志》等。④ 山东地市级方志有《枣庄市志》《济宁市志》《日照市志》《临沂地区志》《菏泽地区志》等。⑤ 各县区方志及部分乡镇志、村志等，品种繁多，数量巨大，不一而足。

此外，还有各市县区相关机构编纂的专门志，如环境志、地理志、建设志、土地志、粮食志、水利志、水务志等。

（3）"淮河志"系列

水利部淮河水利委员会编纂的"淮河志"系列，包括《淮河综述志》《淮河治理与开发志》

---

① 山东省地方史志编纂委员会.山东省志：自然地理志[M].济南：山东人民出版社，1996；山东省地方志编纂委员会.山东省志：农业志[M].济南：山东人民出版社，2000；山东省地方史志编纂委员会.山东省志：轻工业志[M].济南：山东人民出版社，1993；山东省地方史志编纂委员会.山东省志：纺织工业志[M].济南：山东人民出版社，1995；山东省地方史志编纂委员会.山东省志：烟草志[M].济南：山东人民出版社，1993；山东省地方史志编纂委员会.山东省志：电力工业志[M].济南：山东人民出版社，1991；山东省地方史志编纂委员会.山东省志：煤炭工业志[M].济南：山东人民出版社，1997；山东省地方史志编纂委员会.山东省志：冶金工业志[M].济南：山东人民出版社，1998；山东省地方史志编纂委员会.山东省志：石油工业志[M].济南：山东人民出版社，1996；山东省地方史志编纂委员会.山东省志：化学工业志[M].济南：山东人民出版社，1993；山东省地方史志编纂委员会.山东省志：机械工业志[M].济南：山东人民出版社，1994；山东省地方史志编纂委员会.山东省志：电子工业志[M].济南：山东人民出版社，1995；山东省地方史志编纂委员会.山东省志：交通志[M].济南：山东人民出版社，1996；山东省地方史志编纂委员会.山东省志：铁路志[M].济南：山东人民出版社，1993；山东省地方史志编纂委员会.山东省志：商业志[M].济南：山东人民出版社，1997；山东省地方史志编纂委员会.山东省志：金融志[M].济南：山东人民出版社，1996；山东省地方史志编纂委员会.山东省志：水利志[M].济南：山东人民出版社，1993.

② 信阳地区地方史志编纂委员会.信阳地区志[M].北京：生活·读书·新知三联书店，1992；周口地区地方史志编纂办公室.周口地区志[M].郑州：中州古籍出版社，1993；许昌市地方志编纂委员会.许昌市志[M].天津：南开大学出版社，1993；平顶山市地方志编纂委员会.平顶山市志[M].郑州：河南人民出版社，1994；商丘地区地方志编纂委员会.商丘地区志[M].北京：生活·读书·新知三联书店，1996；郑州市地方史志编纂委员会.郑州市志[M].郑州：中州古籍出版社，1998；漯河市地方史志编纂委员会.漯河市志[M].北京：方志出版社，1999；驻马店地区地方史志编纂委员会.驻马店地区志[M].郑州：中州古籍出版社，2001；开封市地方史志编纂委员会.开封市志[M].北京：北京燕山出版社，2004.

③ 淮南市地方志编纂委员会.淮南市志[M].合肥：黄山书社，1998；淮北市地方志编纂委员会.淮北市志[M].北京：方志出版社，1999；蚌埠市地方志编纂委员会.蚌埠市志[M].北京：方志出版社，1995；阜阳地方志办公室.阜阳地区志[M].北京：方志出版社，1996；宿县地方志编纂委员会.宿州地区志[M].北京：中国人民大学出版社，1995.

④ 徐州市地方志编纂委员会.徐州市志[M].北京：中华书局，1994；连云港市地方志编纂委员会.连云港市志[M].北京：方志出版社，2000；淮阴市地方志编纂委员会.淮阴市志[M].上海：上海社会科学出版社，1995；宿迁市地方志编纂委员会.宿迁市志[M].南京：江苏人民出版社，1996；盐城市地方志编纂委员会.盐城市志[M].南京：江苏科学技术出版社，1998；江苏省扬州市地方志编纂委员会.扬州市志[M].北京：中国大百科全书出版社，1997.

⑤ 枣庄市地方史志编纂委员会.枣庄市志[M].北京：中华书局，1993；济宁市地方志编纂委员会.济宁市志[M].北京：中华书局，2002；日照市地方志编纂委员会.日照市志[M].北京：齐鲁社，1994；临沂地方史志编纂委员会.临沂地区志[M].北京：中华书局，2001；菏泽地区地方史志编纂委员会.菏泽地区志[M].济南：齐鲁书社，1998.

《淮河规划志》《淮河水利管理志》等①,涉及当代淮河流域经济变迁方面的资料,为当代淮河流域经济开发研究提供了参照。

4. 报纸资料

报纸是以刊载新闻和时事评论为主的定期发行的出版物,是大众传播的重要载体。报纸资料是重要的史料来源,如中央级的《人民日报》《光明日报》《经济日报》,淮河流域各省级的《河南日报》《安徽日报》《新华日报》《大众日报》,各地市级报纸等也登载了当代淮河流域经济建设方面的报道。

(二)研究成果

新中国成立第二年,即1950年夏,淮河泛滥,殃及河南、安徽、江苏三省,大量农田被淹,广大灾民流离失所。中央政府对治淮工作高度重视,召开治淮会议,发布《关于治理淮河的决定》,对治淮工作进行全面部署。根据毛泽东"一定要把淮河修好"的指示,各项治淮工程在全流域展开。新闻媒体对淮河流域十分关注,撰写大量有关水灾、抗灾及农业收成的报道,如20世纪50年代《新华社新闻稿》登载《治淮委员会举行会议确定消除淮河流域内涝方针》《淮河流域小麦丰收》《黄河、淮河流域农民克服困难 冬小麦播种接近结束》《大批防汛物资调往淮河流域》《今年在黄河、淮河流域平原等旱作地区推广的双铧犁大部分发挥了作用》《去年受灾区淮河流域和华北地区小麦收成一般较好,已基本战胜灾荒》《淮河流域人民展开防汛战斗》等。② 与此同时,学界也开始重视淮河流域的研究,主要成果有吕炯等《淮河流域的水灾和旱灾》、胡焕庸《淮河》和《淮河的改造》、陈桥驿《淮河流域》等。③

为了加强对淮河流域水资源的综合规划、治理开发、统一调度和工程管理,1950年治淮委员会成立。后历经变迁,至1990年更名为水利部淮河水利委员会。会刊为《治淮》,于1952年创刊。该刊除关注流域水利发展的重大问题外,也登载一些经济建设方面的论文,如《淮河流域综合开发的探讨》《淮河流域经济开发与环境地质工作刍议》《关于淮河流域农业开发问题》《抓住时机 综合治理:再谈淮河的农业问题》《淮河流域经济发展与水污染趋

---

① 水利部淮河水利委员会《淮河志》编纂委员会.淮河综述志[M].北京:科学出版社,2000;水利部淮河水利委员会《淮河志》编纂委员会.淮河治理与开发志[M].北京:科学出版社,2004;水利部淮河水利委员会《淮河志》编纂委员会.淮河规划志[M].北京:科学出版社,2005;水利部淮河水利委员会《淮河志》编纂委员会.淮河水利管理志[M].北京:科学出版社,2007.

② 新华通讯社.治淮委员会举行会议确定消除淮河流域内涝方针[J].新华社新闻稿,1952(925—955):288-289;新华通讯社.淮河流域小麦丰收[J].新华社新闻稿,1954(1483):19;新华通讯社.黄河、淮河流域农民克服困难冬小麦播种接近结束[J].新华社新闻稿,1955(1971):8-9;新华通讯社.大批防汛物资调往淮河流域[J].新华社新闻稿,1956(2196):11;新华通讯社.今年在黄河、淮河流域平原等旱作地区推广的双铧犁大部分发挥了作用[J].新华社新闻稿,1956(2390):14;新华通讯社.去年受灾区淮河流域和华北地区小麦收成一般较好,已基本战胜灾荒[J].新华社新闻稿,1957(2565):22-23;新华通讯社.淮河流域人民展开防汛战斗[J].新华社新闻稿,1957(2598):9.

③ 吕炯,等.淮河流域的水灾和旱灾[Z].中国科学院地球物理研究所,1951;胡焕庸.淮河[M].上海:开明书店,1952;胡焕庸.淮河的改造[M].上海:新知识出版社,1954;陈桥驿.淮河流域[M].上海:春明出版社,1952.

势分析》《淮河流域乡镇工业水污染与防治对策》等。① 此外,学界推出一系列研究成果,如《淮河流域治理综述》《淮河特点与治淮战略》《解放后淮河中游的治理》等。②

一直到20世纪末,有关当代淮河流域经济开发史方面的研究成果相对较少且较为简单,研究领域主要集中于水利和灾害方面。21世纪以来,相关的研究成果日益增多。目前,有关古代淮河流域经济开发史、近代淮河流域经济开发史的著作已经公开出版,对研究当代淮河流域的经济开发具有重要的参考价值。③ 但是,有关当代淮河流域经济开发史的著作尚付阙如。近年来,学界从农业、工业、交通运输业、商业与城市、淮河治理等方面对当代淮河流域经济开发与变迁进行了考察。④

1. 当代淮河流域经济史综合性研究

新中国成立后,淮河流域经济在曲折中不断向前发展。有关淮河流域经济方面的整体性研究成果,宋豫秦等《淮河流域可持续发展战略初论》总结了淮河流域工业、农业、城镇、交通等方面的发展变迁状况,分析了流域内突出的人地矛盾问题,从可持续发展的角度探讨未来淮河流域的发展路径。⑤ 程必定等《淮河流域经济发展与社会、资源、环境相协调的战略模式》认为,淮河流域经济、社会、资源、环境相协调发展战略,应该是"推行两大战略,构建一个板块"的战略模式。"两大战略"是大治淮战略和支柱产业深度综合开发战略,"一个板块"是将行政上分属四省的淮河流域逐步整合可持续发展的"经济板块"。⑥

有关淮河流域各省经济史的研究成果,胡悌云《当代河南经济史纲》叙述了新中国成立后河南省经济建设的历程和经验。⑦ 黄岳忠《当代安徽经济概论》勾画出安徽当代经济的发展轨迹和现状特征,剖析安徽经济发展的历史经验与教训、面临的发展机遇与挑战。⑧ 储东涛《当代江苏经济史》分为经济结构变迁转型、经济体制变革创新与建设更加美好江苏三部分,对1949年至2009年江苏的经济发展进行了全面梳理。⑨ 逄振镐等《山东经济史(现代卷)》,以党的十一届三中全会为界,突出改革开放后山东经济发展的成就,揭示经济发展着力解决的问题。⑩ 王国华《山东经济40年透视》以山东经济40年的发展历程为对象,勾勒了

---

① 李伯星.淮河流域综合开发的探讨[J].治淮,1985(5):6-9;李明朗,郭新华.淮河流域经济开发与环境地质工作刍议[J].治淮,1986(5):21-23;向茂森.关于淮河流域农业开发问题[J].治淮,1990(2):24-25;向茂森.抓住时机 综合治理:再谈淮河的农业问题[J].治淮,1992(3):21-22;徐宗道,崇梅.淮河流域经济发展与水污染趋势分析[J].治淮,1995(1):32-33;徐宗道,崇梅.淮河流域乡镇工业水污染与防治对策[J].治淮,1995(9):6-8.
② 王祖烈.淮河流域治理综述[Z].水电部治淮委员会淮河志编纂办公室,1987;徐乾清.淮河特点与治淮战略[J].中国水利,1991(2):5-7;朱来常.解放后淮河中游的治理[J].安徽史学,1995(1):81-89.
③ 王鑫义.淮河流域经济开发史[M].合肥:黄山书社,2001;吴春梅,张崇旺,朱正业,等.近代淮河流域经济开发史[M].北京:科学出版社,2010.
④ 曹冰冰,朱正业.近十余年来淮河流域经济开发研究述评[J].阜阳师范学院学报(社会科学版),2017(4):1-6.
⑤ 宋豫秦,等.淮河流域可持续发展战略初论[M].北京:化学工业出版社,2003.
⑥ 程必定,林斐,俞世伟.淮河流域经济发展与社会、资源、环境相协调的战略模式[J].管理世界,2000(1):201-202,211.
⑦ 胡悌云.当代河南经济史纲[M].北京:当代中国出版社,1999.
⑧ 黄岳忠.当代安徽经济概论[M].合肥:安徽人民出版社,2004.
⑨ 储东涛.当代江苏经济史:1949—2009[M].南京:江苏人民出版社,2009.
⑩ 逄振镐,江奔东.山东经济史:现代卷[M].济南:济南出版社,1998.

山东经济建设所取得的成绩。① 有关淮河流域各省当代史中涉及经济方面的内容,如《当代中国的河南》《当代中国的安徽》《当代安徽概览》《中国发展全书(安徽卷)》《当代安徽简史》《安徽通史·新中国卷》《江苏通史·中华人民共和国卷》《当代江苏简史》《当代山东概览》等,叙述了新中国成立后各省经济发展的历程及其成就。②

2. 当代淮河流域农业研究

淮河流域农业发展条件优越,是我国重要的商品粮棉油基地,素有"江淮熟,天下足"的美誉,涉及当代农业发展的成果较多。有关当代农业生产关系、生产结构方面,贾滕《解放初期国家对农业生产的介入与推动:以淮河流域商水县为例(1949—1953)》探讨了新中国成立初期党和政府通过进行土地改革、推动互助合作、发放农贷、兴修水利等措施介入农业生产,对农村生产资料和生产关系进行调整,从而促进了流域农业的发展。③ 赵胜《1949年、1950年皖北农村的灾荒与副业生产》考察了1949年、1950年皖北农村的灾荒与农副业生产情况,指出党和政府为度灾将灾民组织起来发展纺织、榨油、磨粉等农副业生产,虽然副业生产中的经营模式仍存在较多问题,但确实为皖北灾民度荒发挥了重要作用。④

有关淮河流域农业生产、可持续发展等问题,高军波等《1990—2012年淮河流域粮食生产的时空演进及驱动机制》认为,受科学技术应用、国家政策倾斜及水资源等因素的影响,淮河流域粮食总量呈持续增长趋势,粮食生产重心逐渐南移,空间分布呈聚集性特征并渐趋稳定。⑤ 尤飞等《淮河流域农业发展问题与对策研究》分析了淮河流域农业发展所面临的主要问题,认为当前淮河流域农业发展的重大问题主要是基础设施薄弱、面源污染严重、政策的激励和约束不足,并提出发展的思路和对策建议。⑥ 万伦来等《淮河流域农业可持续发展的研究:基于安徽淮河流域的经验证据》从经济、社会、生态三个方面对流域农业可持续发展能力进行了评析,认为流域农村社会、农业生态的可持续发展问题突出,建议合理利用农村资源、加大基础设施投入、优化农村产业结构。⑦ 朱正业、杨立红考察了淮河流域农业新品种问题,在《1949—1978年淮河流域农作物产区与新品种引育推广》中指出,淮河流域农作物受气候、地形、土壤等因素的影响,分布具有不同的特点。新中国成立以来,淮河流域的种子事

---

① 王国华.山东经济40年透视[M].济南:山东人民出版社,1989.
② 《当代中国的河南》编辑委员会.当代中国的河南[M].北京:当代中国出版社,2009;《当代中国》丛书编辑部.当代中国的安徽[M].北京:当代中国出版社,1992;汪石满.当代安徽概览[M].北京:当代中国出版社,2002;杜诚,季家宏.中国发展全书:安徽卷[M].北京:国家行政学院出版社,1997;侯永.当代安徽简史[M].北京:当代中国出版社,2001;陆勤毅,李修松.安徽通史:新中国卷[M].合肥:安徽人民出版社,2011;杨颖奇,贾轸,唐文起.江苏通史:中华人民共和国卷[M].南京:凤凰出版社,2012;刘定汉.当代江苏简史[M].北京:当代中国出版社,1999;山东省地方史志办公室.当代山东概览[M].北京:当代中国出版社,2011.
③ 贾滕.解放初期国家对农业生产的介入与推动:以淮河流域商水县为例 1949—1953[J].郑州大学学报(哲学社会科学版),2009(6):168-172.
④ 赵胜.1949年、1950年皖北农村的灾荒与副业生产[J].农业考古,2014(4):167-170.
⑤ 高军波,刘彦随,张永显.1990—2012年淮河流域粮食生产的时空演进及驱动机制[J].水土保持通报,2016(3):179-185,192.
⑥ 尤飞,罗其友.淮河流域农业发展问题与对策研究[J].农业环境与发展,2012(6):8-11.
⑦ 万伦来,麻晓芳,方宝.淮河流域农业可持续发展的研究:基于安徽淮河流域的经验证据[J].生态经济,2008(3):84-87.

业有了很大发展,虽然也经历曲折,但总体上,淮河流域新品种不断引进选育创新,推动了品种更新换代。同时,新品种不断推广应用,种植面积日益扩大。这些都有助于提高农作物产量,改善农产品品质,提高农业经济效益。[①]

3. 当代淮河流域工业研究

淮河流域虽地处我国东中部,资源丰富,交通便利,但现代工业发展却长期处于"重工业不重,轻工业太轻"的尴尬境地。新中国成立后,淮河流域工业发展较快,但相对于其他东部沿海地区,现代工业仍然较为落后。在政府发展工业的政策与措施,流域轻、重工业的发展历程方面,王成《当代安徽淮河流域工业发展研究:以年鉴、方志等史料为中心》重点分析了改革开放后淮河流域公有制企业、非公有制企业、乡镇企业的发展变迁状况及流域内轻、重工业的发展模式,认为流域内轻工业发展多样,重工业发展不均衡,民营经济力量薄弱,工业发展使区域生态环境恶化。[②] 有关工业可持续发展、工业结构布局及工业发展路径方面,万伦来《淮河流域矿产资源开发、生态环境演变与新型工业化道路研究》探究了流域经济、社会、生态三大系统的交互作用,重点论述了矿产资源的开发对流域生态环境系统的影响,提出依托高科技化、信息化、低碳化等路径走新型工业化道路。[③] 万伦来等《安徽淮河流域工业化实证研究》认为虽然流域内大部分地区工业化进程加快,但工业整体水平低、结构与空间布局不合理,提出应大力实施城镇化战略、优化空间结构与空间布局、增加科技投入等,走可持续发展之路。[④] 李鸿昌等《对淮河流域工业发展的思考》与孙瑛《对淮河流域工业可持续发展的思考》认为流域内不合理的工业发展模式必然带来生态环境问题,提出必须认识到经济发展与环境保护的突出矛盾,从运用新技术新工艺、加强政府管理、征收排污税等方面实现淮河流域工业的可持续发展。[⑤] 林斐《淮河流域资源型工业的发展战略》对流域资源型工业进行分析,概括食品、纺织、能源、建材等资源型工业的特征,认为未来应重点推行流域内资源型工业的综合开发。[⑥] 任志安等《大气环境、工业能源消费与工业结构优化:来自淮河流域38个地级市的经验证据》认为流域内工业多是以能源消费作为其经济增长的主要动力,经济环境发展不协调,空间差异性大,提出采取发展主导产业及新兴产业、强化政府作用、建立内部产业协调机制等措施,调整工业结构,转变经济发展方式。[⑦]

4. 当代淮河流域交通运输业研究

新中国成立初期,淮河流域交通设施十分落后。经过努力,流域交通事业有了较大的发展。王学鹏等《淮河流域整体开发战略的考察》探讨了流域内包括沿海高速、京沪高速、京广

---

① 朱正业,杨立红. 1949—1978年淮河流域农作物产区与新品种引育推广[J]. 阜阳师范大学学报(社会科学版),2021(6):1-10.
② 王成. 当代安徽淮河流域工业发展研究:以年鉴、方志等史料为中心[D]. 合肥:安徽大学,2014.
③ 万伦来. 淮河流域矿产资源开发、生态环境演变与新型工业化道路研究[M]. 北京:经济管理出版社,2013.
④ 万伦来,胡志华,昂小刚. 安徽淮河流域工业化实证研究[J]. 华东经济管理,2007(7):9-14.
⑤ 李鸿昌,高万青. 对淮河流域工业发展的思考[J]. 经济经纬,2000(7):36-43;孙瑛. 对淮河流域工业可持续发展的思考[J]. 治淮,2004(4):24-25.
⑥ 林斐. 淮河流域资源型工业的发展战略[J]. 地域研究与开发,2000(7):40-43.
⑦ 任志安,徐业明. 大气环境、工业能源消费与工业结构优化:来自淮河流域38个地级市的经验证据[J]. 工业技术经济,2014(6):3-16.

高速等纵向公路和宁西、宁信等横向高速,京沪、京广、京九等纵向铁路和横向"亚欧大陆桥",以及纵跨山东、江苏两省的京杭大运河和淮河干支流的主要通航河段等基础设施建设的发展情况,提出实施交通优先发展战略。① 马会《河南省综合交通运输体系规划研究》提出包括河南淮河流域建立公路网、铁路网、航空网、内河航道网等全方位的综合交通网络优化方案。② 杨金客《淮河流域航空运输业的发展与变迁(1949—2009)》认为,改革开放前,受历史因素的影响,社会经济发展迟缓,淮河流域的航空运输业较为落后。改革开放后,随着社会经济的快速发展,淮河流域各地市航空运输业在机场建设、航线航班数量、客货运载能力等方面有了长足的进步。③

5. 当代淮河流域商业与城市研究

新中国成立后,随着国家对资本主义工商业改造的完成及供销合作商业体制的确立,淮河流域内的商业和一大批中小城市发展起来。改革开放以来,我国确立了多种所有制共同发展的经济体制,进一步促进了流域商业、城市的发展。在商业贸易方面,马永辉《1949—1966年苏北农村集市贸易变迁》叙述了苏北农村集市贸易的演进过程,分析了苏北农村集市贸易变迁的背景及影响因素,认为农村集市贸易变迁对苏北农村经济的发展有重大影响。④ 孙语圣《改革开放以来淮河流域的商业市场与消费研究》认为,改革开放后淮河流域的商业市场主体日趋多元,消费需求增长动力逐渐强劲,市场建设不断向多元化和专业化发展,形成了多层次、多类别的商品交易体系。⑤ 在城市发展及城市化进程方面,王义民等《论淮河流域城镇体系空间结构的演变》认为,由于淮河水系紊乱,导致城镇发育缓慢,中心城市难以形成,新中国成立后,淮河水系处于混沌期,区域中心城市处于演化的初级阶段,城镇体系形成仍需较长时间。⑥ 郇恒飞《淮河流域新型城镇化水平的空间差异及其影响因素分析》以流域31个地级市为研究对象,从人口、经济、生活和环境四个方面构建了新型城镇化水平的综合评价指标体系,认为流域新型城镇化发展水平存在较强的空间依赖性。⑦ 孙语圣《新中国成立60年来淮河流域城市的市政建设:以若干地市为代表的考察》认为,新中国成立后,淮河流域各地市的城市发展迎来了难得的机遇,城市面貌逐步得到改善,城市规划开始编制并落实,道路、楼房、供排水、照明、绿化等市政建设有了不少起色。淮河流域城市的市政建设与同时期的政治环境、经济实力、科学技术、文化审美等因素紧密相关。⑧

---

① 王学鹏,刘朝臣.淮河流域整体开发战略的考察[J].改革,2005(8):53-57.
② 马会.河南省综合交通运输体系规划研究[D].北京:中央民族大学,2016.
③ 杨金客.淮河流域航空运输业的发展与变迁:1949—2009[J].中国石油大学学报(社会科学版),2020(4):87-94.
④ 马永辉.1949—1966年苏北农村集市贸易变迁[D].北京:中共中央党校,2005.
⑤ 孙语圣.改革开放以来淮河流域的商业市场与消费研究[J].安徽农业大学学报(社会科学版),2019(3):61-69.
⑥ 王义民,高军波,颜俊.论淮河流域城镇体系空间结构的演变[J].信阳师范学院学报(自然科学版),2013(2):254-258.
⑦ 郇恒飞.淮河流域新型城镇化水平的空间差异及其影响因素分析[J].资源开发与市场,2014(12):1429-1433,1412.
⑧ 孙语圣.新中国成立60年来淮河流域城市的市政建设:以若干地市为代表的考察[J].阜阳师范学院学报(社会科学版),2019(3):1-9.

6. 当代淮河流域治理研究

新中国成立后,各级政府对淮河的治理与开发非常关注。新中国大规模的治水事业,也是从治理淮河开始的。该方面的成果主要从淮河流域环境与发展、淮河治理、灾害救助及治淮方略等方面展开。中国工程院编《淮河流域环境与发展》和《淮河流域环境与发展问题研究:综合卷》涉及淮河流域的自然环境、生态环境保护及人类活动等问题研究,探讨了淮河治理与流域可持续发展路径。① 肖幼等《淮河治理与开发》分析了淮河流域治理与开发的现状,认为必须将治理与开发相结合,从整体上推动流域经济发展。② 王瑞芳《从点到面:新中国成立初期的淮河治理》认为,治淮工程经历了从点的治理到点线结合的治理,再扩展到面的治理的过程,不仅修建了众多的大中型水库,提升了拦蓄洪水的能力,而且整治了淮河干支流,提高了防洪泄洪能力,有效地遏制了淮河水患。③ 高峻《论建国初期对淮河的全面治理》探讨了新中国成立初期中央政府对水患严重的淮河流域开展的治理工作,认为治淮工程取得了显著的成就和弥足珍贵的经验。④ 施立业等《建国初期(1949—1957)淮河流域水灾救治研究》指出,针对新中国成立初期淮河流域水灾,新中国政府采取一系列措施全力救灾,初步构建了淮河流域防洪工程体系。⑤ 吴春梅等《新中国治淮方略演进研究》认为,新中国对淮河的治理,从提出"蓄泄兼筹"的治淮方针到贯彻"节水优先、空间均衡、系统治理、两手发力"的新时代治水思路,从关注行蓄洪区群众生产生活到脱贫攻坚,从治理污染到建设淮河生态经济带,对治理的规律性认识不断深化,治理方略不断演进,为探索河流治理、流域生态经济带建设、推动人与自然和谐发展等积累了宝贵经验。⑥

总之,近年来,学界有关当代淮河流域经济开发史的研究取得了较为丰硕的成果,我们从中可以了解到当代淮河流域经济开发与变迁的状况以及经济开发的路径和经验教训。已有成果内容涵盖流域内的农业、工业、交通运输业、城市、商业、治理与开发等多个方面,在研究的广度和深度上值得肯定。但是也存在一些问题和不足,主要表现为:一是研究时段方面,既往的研究成果明显偏重于改革开放之后,而改革开放前,尤其是"文革"时期的研究成果相对较少。二是研究领域方面,各个专题研究存在不平衡现象,有些专题研究较为系统,如流域的治理与开发问题一直是学界关注的热点;而有些专题却较少问津,如商业贸易、财政金融等方面的研究成果明显偏少且不够系统。三是研究视角方面,已有的研究成果或从历史学方面探讨某一具体现象,或偏重于水利方面,或偏重于从经济学方面来研究流域的发展问题,缺乏对流域经济开发轨迹和变迁脉络的多视角整体性呈现。四是资料挖掘利用方面,由于年鉴、方志资料相对零碎,档案资料查找不便,已有的成果对文献资料的挖掘利用还很不够。

---

① 中国工程院.淮河流域环境与发展[M].北京:高等教育出版社,2014;中国工程院淮河流域环境与发展问题研究项目组.淮河流域环境与发展问题研究:综合卷[M].北京:中国水利水电出版社,2016.
② 肖幼,王艳.淮河治理与开发[J].水利发展研究,2001(1):32-35.
③ 王瑞芳.从点到面:新中国成立初期的淮河治理[J].中共党史研究,2016(9):44-54.
④ 高峻.论建国初期对淮河的全面治理[J].当代中国史研究,2003(5):78-88.
⑤ 施立业,刘长生.建国初期(1949—1957)淮河流域水灾救治研究[J].安徽大学学报(哲学社会科学版),2008(6):132-137.
⑥ 吴春梅,程春晖.新中国治淮方略演进研究[J].当代中国史研究,2022(1):79-96,159.

因此,学界需要不断努力,采用新视角,开辟新领域,挖掘新资料,共同推动当代淮河流域经济开发史的研究进一步向前发展,这对于当前淮河流域的经济建设和发展具有十分重要的意义。

五、研究内容

本书在充分占有资料的基础上,从淮河流域的环境和基础,农业,工业,交通运输业,商业、城市与财政金融业等方面,对当代淮河流域的经济开发与变迁作了全面系统的研究。

内容主要分为五个部分,具体安排如下:

第一章,当代淮河流域经济开发的环境与基础。一个区域的经济开发离不开地理环境和已有的经济基础。当代淮河流域经济开发受多种因素的影响,既有自然环境方面,也有历史积淀方面;既有积极的因素,也有消极的因素。自然生态环境包括地形地貌、气候、河流水系等多个方面。淮河流域近代经济发展为当代淮河流域经济的开发奠定了重要的基础。

第二章,当代淮河流域的农业。淮河流域是我国重要的粮、棉、油主产区之一。流域气候、土地、水资源等条件适宜发展农业生产。在地域上,淮河流域的粮食作物与经济作物分布具有不同的特点。新中国成立后,尤其是改革开放以来,淮河流域进行了一系列的农业改革。采用新种子和实行机械化是推动淮河流域农业发展的重要因素。淮河流域建立了较为健全的良种引育和推广机制,实现了农业机械化,提高了农业生产率。经过各方的共同努力,淮河流域农业生产能力大幅提升,农业生产结构不断优化,农业科技水平日益提高,农业产业化加快推进,农业经济得到全面发展。但是,自然灾害是制约淮河流域农业发展的重要因素。在中央政府的领导下,淮河流域地方政府采取一系列措施,积极应对农业灾害,取得了显著成效。

第三章,当代淮河流域的工业。淮河流域具备发展工业的资源基础,然而由于起步晚,发展缓慢,其历史起点较低。新中国成立后,中央及淮河流域各省政府创建了一批现代工矿企业,为工业的发展奠定了基础。改革开放后,形成了国有企业、非公有制企业多种所有制并存发展的格局,构建了相对完整的工业体系。总体来看,淮河流域煤炭、电力、建材、食品加工、酿酒等工业较新中国成立以前有了很大的发展。然而,由于缺少工业发展极和长期稳定的政策支撑等,工业发展总体水平与沿海地区相比还有一定的差距。工业的发展加速了农村经济结构调整,有效地促进了城镇化进程,但是,工业的发展也给经济社会带来了一系列问题,在生态环境方面付出了沉重的代价。

第四章,当代淮河流域的交通运输业。新中国成立后,尤其是改革开放后,流域运输市场日趋活跃,公路和水路运输一统天下的格局被打破。铁路与民航运输发展迅速,客货运输稳步上升。由于综合运输能力的提高,无论是货物运输还是旅客运输,均由原来的卖方市场转化为买方市场,各种运输方式在有限的运输市场中展开了激烈竞争,公路运输部门由坐等客货源变为千方百计寻求客货源;铁路运输部门也一改"铁老大"的作风,不断提高服务质量,优化运力配置与运输组织,加强客货营销运营,想方设法拓展市场份额;航运部门与铁路、公路部门加强协作,大力开展联运,同时抓住旅游业不断升温的契机,着力打造内河旅游客运;民航部门不断完善机场服务设施,拓展航班航线,提供快捷优质的服务。

第五章,当代淮河流域的商业、城市与财政金融。商业方面,经过"三大改造"后,国营商业的主导地位得以确立和巩固,集体合作商业得到显著发展,个体商业趋于灭亡;改革开放后,淮河流域的商业体制发生了巨大的变化,尤其是个体商业迅猛发展,消费结构升级不断加快,淮河流域各地市社会消费品零售总额增长迅速。城市建设方面,改革开放前,淮河流域城市面貌较之以往得到一定程度的改观,城市道路普遍得到改造,公共交通事业也发展起来,自来水逐步推广到千家万户,道路绿化、园林建设及环境卫生事业有了长足的进步;改革开放后,淮河流域各城市发展进入快车道,社会经济活力增强,商业繁荣。财政金融方面,改革开放后,随着市场经济体制的确立,用于经济建设的财政支出占比下降明显,财政支出更多投向民生事业。淮河流域金融业加大对各行各业的资金支持力度,金融体系日趋完善。

第一章
当代淮河流域经济开发的环境与基础

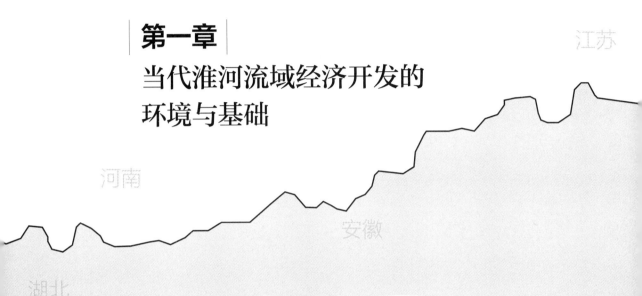

一个区域的经济开发离不开地理环境和已有的经济基础。当代淮河流域经济开发受多种因素的影响,既有自然环境因素,也有历史积淀因素。淮河流域的地形地貌、地质土壤复杂多样,气候四季分明,水系发达,支流众多,这对淮河流域经济开发影响巨大。近代淮河流域的经济发展为当代淮河流域的经济开发奠定了重要的基础。

第一节
淮河流域的自然地理

淮河流域地处我国南北过渡带,西部以嵩山、外方山、伏牛山和洛河、汉江为界;北部以黄河南堤、废黄河和汶河、泗河、沂河、沭河为界;南面以桐柏山、大别山、淮南丘陵和长江流域分界;东面直达黄海。淮河流域的自然环境复杂多样,涉及地形、地质、土壤、气候等诸多方面。[①]

一、地形、地质与土壤

地形地貌,即地球表面的各种形态,是指地势高低起伏的变化。地质泛指地球的性质和特征,包括地壳中岩石的种类、成分、分布和结构。土壤是地球陆地的表面,是覆盖在地壳最外围的一层土质,由矿物质、有机质、水、空气和生物组成。

(一)地形地貌

在漫长的历史演变过程中,由于地壳运动和江河湖海的风化侵蚀作用,淮河流域的地形地貌复杂多样。根据地势和海拔高程,流域地形可分为山地、丘陵、平原三种。其中山地位于淮河流域的西部、西南部和东北部,占流域总面积的17%,即北起河南登封,向南经过汝州、鲁山、确山至信阳一线,该线以西为淮西山地区;西起河南省的桐柏、信阳,向东经光山至安徽省的六安,该线以南为淮南山地区,主要包括西面的桐柏山区和东面的大别山区。丘陵分布零散,占流域总面积的17.5%,即淮西山地区以东,郑州、新郑、叶县、正阳一线以西,是淮西丘陵区;淮河以南,淮南山地区以北,高宝湖以西,是淮南丘陵区。淮河流域地貌的主体是平原,分布广泛,层次较明显,平原区占流域总面积的65.5%,即淮河以北,淮西丘陵区以东,洪泽湖以西,是淮北平原区;废黄河以南,洪泽湖、高宝湖以东,长江以北,是淮南平原区。[②]

[①] 陈桥驿.淮河流域[M].上海:春明出版社,1952;胡焕庸.淮河的改造[M].上海:新知识出版社,1954;河南省地方志编纂委员会.河南省志:地貌山河志[M].郑州:河南人民出版社,1994;山东省地方志编纂委员会.山东省志:自然地理志[M].济南:山东人民出版社,1996;安徽省地方志编纂委员会.安徽省志:自然环境志[M].北京:方志出版社,1999;江苏省地方志编纂委员会.江苏省志:地理志[M].南京:江苏古籍出版社,1999;水利部淮河水利委员会《淮河志》编纂委员会.淮河综述志[M].北京:科学出版社,2000.

[②] 水利部淮河水利委员会《淮河志》编纂委员会.淮河综述志[M].北京:科学出版社,2000:1.

（二）地质

从地层上看，淮河流域的地层可分为华北、扬子、秦岭三个一级地层区，沿六安—信阳—确山—栾州一线以北为华北地层区，以南为秦岭地层区。南部以郯庐断裂为界，沿洪泽湖—泗阳—连云港一线向东北延伸，西北部为华北地层区，东南部为扬子地层区。

从地质构造上看，淮河流域在漫长的地质历史中经历了多次构造活动，形成了较为复杂的地质构造。由于不同地区的地质构造类型和发展特征差异较大，根据沉积建造、岩浆活动及构造旋回诸特征，可将流域划分成中朝准地台、秦岭褶皱区、扬子准地台等若干个构造单元。

（三）土壤

一般而言，淮河流域南部多为黄棕壤，北部多为棕壤和褐土，东部多为棕壤和潮棕壤，西部多为褐土和潮褐土。具体来说，由于地形地貌不同，淮河流域土壤的种类分布也有很大的差别。山区丘陵的土壤类型，以棕壤、褐土为主，而平原区土壤种类较多，黄泛平原区主要为潮土和部分盐土，淮北平原区主要为砂姜黑土，淮南平原区主要为黄棕壤、黄褐土、水稻土，里下河平原区主要为潜育、潴育性水稻土和沼泽土，滨海平原区主要为盐土和各种脱盐的潮土。

从土壤分布来说，淮河以北，雨量较少，蒸发较强，土中含钙比较重；淮河以南，雨量较多，渗透较大，土中含钙较少。淮河以北地区，主要属于黄河的冲积土；淮河以南地区，主要属于淮河和长江的冲积土。

二、气候

淮河流域气候特点是四季分明。以淮河干流和苏北灌溉总渠为南北分界线，淮河流域南部属于亚热带湿润季风气候区，北部属于暖温带半湿润季风气候区，流域自南向北形成了亚热带北部向暖温带南部过渡的气候类型。

（一）季风

淮河流域季风影响显著。冬季盛行东北季风，夏季盛行西南季风，春秋两季为东北季风与西南季风的相互转换变化时期，它们转换变化的迟早、强弱和维持时间的长短直接支配着淮河流域四季降水的多寡。

东北风与西南风的进退，形成四季的明显差异。淮河流域季风气候的主要特点是：冬季寒冷少雨雪；夏季炎热，雨水集中，易发生洪涝灾害；春秋气温适中，降水分布不均，干旱时有发生。[1]

（二）降水

淮河流域是我国南北气候的过渡地带，淮河以南地区的气候接近长江流域，淮河以北接近黄河流域。淮河流域降水量的大小、雨季时间介于长江与黄河之间。降水量分布状况大

---

[1] 水利部淮河水利委员会《淮河志》编纂委员会. 淮河综述志[M]. 北京：科学出版社，2000：18-19.

致是由南向北递减,山区多于平原,沿海大于内陆。

从降水量的地区分布看,淮河流域降水量在地区上分布很不均衡,流域以年降水量800毫米作为等值线,此线以南大于800毫米,属于湿润区;此线以北小于800毫米,属于半湿润区。淮南及苏北地区全年降水量为800~1000毫米,沿淮地区为700~800毫米,淮北地区为500~700毫米。① 淮河流域降水分布总的趋势是:南部大,北部小;沿海大,内陆小;山丘大,平原小。

从降水量的年内分配看,淮河流域降水量年内分配极不均衡,夏季(6—8月)降水量占全年降水量的53%。汛期(6—9月)降水量占全年降水量的63%,从10月到次年5月的降水量,仅占全年降水量的37%。② 淮河流域梅雨的特点,就是降水量集中在夏季,其他各季降水量较少。如淮阴夏季平均降水量为498毫米,占全年降水量的55%,再加上9月份降水量为118毫米,合计616毫米,占全年降水量的70%;而从10月到次年5月的降水量,只占全年降水量的30%。③

从降水量的年际变化看,受季风气候的影响,淮河流域年际间降水量变化幅度较大。年均降水量只代表一般的情形,实际上有的年份降水量较多,有的年份降水量稀少。据统计,淮河流域1954年降水量为1 185毫米,1966年降水量为578毫米,1954年降水量是1966年的2.1倍。④ 如蚌埠,年均降水量为654毫米,1921年降水量为1 318毫米,1922年降水量为376毫米,1921年降水量是1922年3.5倍多。又如淮阴,年均降水量为897毫米,1921年降水量为1 405毫米,1913年降水量为375毫米,1921年降水量是1931年的3.7倍多。⑤

从降水量的集中程度看,淮河流域汛期易出现灾害性的暴雨,有时一天降水量为200~300毫米;有时连续多天降水,多达400~500毫米。1915年7月31日,江苏邳县一天降水量达513毫米,相当于它年均降水量684毫米的75%,比它最小年降水量398毫米还多30%。1950年6月26日起,连续降大雨三次,第一次是6月26日至30日,第二次是7月2日至6日,第三次是7月7日至16日,结果酿成豫东、皖北的大水灾。根据记录,安徽涡阳这20天的降水量为623毫米,与它年均降水量646毫米相差不大。蚌埠20天降水量达到年均降水量654毫米的80%。⑥

降水量分布影响到农作物的分布,淮河以南,特别是平原地区,由于雨水多,便于灌溉,主要是稻米作物;淮河以北,由于雨水少,灌溉不便,主要生产小麦、大豆、高粱、玉米、芝麻、花生等旱粮作物。

(三) 气象灾害

气候与灾害的形成密切相关,主要表现为两个方面:一是造成淮河流域发生旱灾。当北方大陆寒性高压特强,太平洋高压不显,将会造成东亚地区的普遍性干旱;如果太平洋高压中心过于南移或偏北,使得锋带移至北方或者南方,淮河流域将出现干旱。在淮北地区,干旱的次数一般多于涝灾的次数,某些年份降水量特别少。如1922年,亳县年降水量仅有143

---

① ③ ⑤ 胡焕庸. 淮河[M]. 上海:开明书店,1952:14.
② ④ 水利部淮河水利委员会《淮河志》编纂委员会. 淮河综述志[M]. 北京:科学出版社,2000:30.
⑥ 胡焕庸. 淮河[M]. 上海:开明书店,1952:16-17.

毫米;1932年,亳县年降水量只有311毫米。① 二是导致淮河流域发生水灾。当太平洋西部高压较强时,高压中心北移,这时北方高压不显著,我国西北大陆如有寒潮南下,常常产生气旋,东行至淮河流域滨海地带,受北太平洋高压所阻,就在淮河流域产生连续暴雨。或是当太平洋方向高压和北方高压很强时,中间产生一个低压槽,如果西北方向有强烈的寒潮南下,淮河流域也多暴雨。

降水量的多寡影响淮河水位的变化,进而造成水旱灾害的发生。淮河流域各地降雨,多数发生在汛期,其他时间降水量较少。淮河涨水也发生在汛期,尤其是7月和8月,水位比较高,有时在5月或10月也会出现高水位。如果降水量较多,河水暴涨,就会酿成水灾。一旦降水区域较广,各河同时并涨,洪水宣泄不及,更容易造成水灾。如1866年、1931年和1954年,淮河全水系发生特大水灾。如果降水量较少,又会造成旱灾。如1966年之后淮河干流多次断流,1978年持续干旱达200多天。②

总之,在淮河流域山地,降水量较多,河流常常发水。山地坡度陡,雨水蒸发、渗透少,大量雨水流入河里,河槽无法容纳,造成水灾。同时,山区的水量大,流得快,把山坡的泥沙冲入河里,淤塞河床,也易造成灾害。但是,一旦雨停,河水下落很快,如遇几天不下雨,河水枯竭,又会引起旱灾。而在丘陵区,坡度比较平缓,冲刷较少,河流的涨落幅度也较小。

在平原区,豫东、皖北与苏北地区有所不同。豫东和皖北地区海拔在20~50米,西北较高,东南较低,淮河北岸的支流从西北流向东南。该地区降水量较少,在400~600毫米,又因气候干燥,蒸发量较大,该地区一般旱年多于水年。历史上淮北地区的水灾,主要受黄河南泛的影响,以及因淮河支流和干流被黄河泥沙淤塞而形成。苏北地区海拔很低,在3~5米,湖塘池沼较多。在淮河下游,洪泽湖、高邮湖以及运河等水位一般都高于地面。当淮水上涨,堤防失守,该地大部分地区都会被大水淹没。③

第二节
淮河流域的水系

由于历史上黄河曾夺淮入海,淮河流域分为淮河与沂沭泗河两大水系。以废黄河为界,废黄河以南为淮河水系,以北为沂沭泗水系,有京杭运河、淮沭新河和徐洪河贯通其间。淮河介于长江与黄河之间,是我国七大江河之一。淮河发源于河南省桐柏县西部的桐柏山,干

---

① 胡焕庸.淮河[M].上海:开明书店,1952:18.
② 水利部淮河水利委员会《淮河志》编纂委员会.淮河综述志[M].北京:科学出版社,2000:42.
③ 胡焕庸.淮河的改造[M].上海:新知识出版社,1954:9-10.

流流经河南、安徽、江苏等省。淮河北岸地势高,支流较多,主要有洪汝河、沙颍河、西淝河、涡河、从浍河、新汴河、奎濉河等;南岸支流有白露河、史灌河、淠河、东淝河、池河等。①

一、淮河干流

淮河干流河道,全长 1 000 千米。② 根据其地形和河道特征,分为上游、中游、下游三部分。

从桐柏山源头到豫皖两省交界的洪河口为上游,流域面积 3.06 万平方千米,河长 364 千米,落差 174 米,占总落差的 88.78%,河道平均比降为 0.48‰。

从洪河口到洪泽湖出口处的中渡(三河闸)是淮河的中游,河长 480 千米,流域面积 12.74 万平方千米,落差仅 16 米,占总落差的 8.16%,河道平均比降为 0.03‰。淮河中游以正阳关为中界,分洪河口到正阳关和正阳关到洪泽湖中渡(三河闸)两个河段。其中洪河河口到正阳关河段长 142 千米,淮河进入洪河口后,坡降骤趋平缓,落差 5.4 米;正阳关到洪泽湖中渡(三河闸)河段长 338 千米,落差 10.6 米。

从洪泽湖出口处的中渡(三河闸)到三江营是淮河的下游,流域面积 3.2 万平方千米,长约 150 千米,落差 6 米,占总落差的 3.06%,河道平均比降为 0.04‰。③

(一)淮河上游

淮河源出至固庙寨始具河形,固庙寨有一个大禹庙,庙旁有口井,称作"淮源井"。"淮源井"也是纳入许多小溪伏流而来的,井以上,河道很窄,井以下,河道才逐渐开阔。自固庙寨东行至桐柏县城;从桐柏县再东经信阳县北,在长台关和京汉铁路相交。淮河从长台关到息县,河身行在两岗之间,岗近则河窄,岗远则河宽。从息县再向东行,仅南岸尚有低岗,北岸已入平原地区。

淮河再东行,到洪河口。洪河口是淮河北岸支流洪河入淮处,淮河在洪河口以上称为上游。洪河口以上,淮河南北岸都属河南省。从洪河口以下,淮河北岸属安徽省。淮河在洪河口汇洪河以后,水量始大。④

上游的支流,大都从南岸以接近平行的流向自西南向东北汇入干流,如浉河、小潢河、竹

---

① 陈桥驿. 淮河流域[M]. 上海:春明出版社,1952;胡焕庸. 淮河的改造[M]. 上海:新知识出版社,1954;山东省地方志编纂委员会. 山东省志:水利志[M]. 济南:山东人民出版社,1993;河南省地方志编纂委员会. 河南省志:水利志[M]. 郑州:河南人民出版社,1994;安徽省地方志编纂委员会. 安徽省志:水利志[M]. 北京:方志出版社,1999;水利部淮河水利委员会《淮河志》编纂委员会. 淮河综述志[M]. 北京:科学出版社,2000;江苏省地方志编纂委员会. 江苏省志:水利志[M]. 南京:江苏古籍出版社,2001;安徽省水利志编辑室. 安徽河湖概览[M]. 武汉:长江出版社,2010;《中国河湖大典》编纂委员会. 中国河湖大典:淮河卷[M]. 北京:中国水利水电出版社,2010.
② 关于淮河干流的长度,一般认为全长 1 000 千米,但具体数据也稍有差别。据《安徽省志·淮河志》统计,淮河干流总长 994 千米,其中上游河长 364 千米,中游河长 480 千米,下游河长 150 千米(安徽省地方志编纂委员会办公室. 安徽省志:淮河志 1986—2005[M]. 北京:方志出版社,2016:77-78.)另据《江苏省志·水利志》统计,淮河干流总长 1 012 千米,其中上游河长 364 千米,中游河长 490 千米,下游河长 158 千米(江苏省地方志编纂委员会. 江苏省志:水利志[M]. 南京:江苏凤凰教育出版社,2017:11.)。
③ 安徽省地方志编纂委员会办公室. 安徽省志:淮河志 1986—2005[M]北京:方志出版社,2016:77-78;江苏省地方志编纂委员会. 江苏省志:水利志[M]南京:江苏凤凰教育出版社,2017:11.
④ 胡焕庸. 淮河的改造[M]. 上海:新知识出版社,1954:12.

竿河、寨河、潢河、白露河等。这段河流穿行于山地与丘陵之间,具有山溪性河流特征,河道比降较大。水流湍急,洪水暴涨暴落。①

(二) 淮河中游

从洪河口东行56千米到三河尖,淮河从此以下,南北岸都属安徽省。在三河尖附近,淮河南岸有支流史河流入淮河。淮河从三河尖以下,在颍上、霍邱两县之间经过,过润河集,东行到正阳关,河长104千米。淮河此段,两岸湖泊很多,南岸有霍邱的霍西湖、霍东湖、姜家湖与孟家湖等,北岸有邱家湖、唐垛湖等。

淮河中游素以正阳关为界。正阳关附近,北有颍河,南有淠河。颍河流域面积最广,遍及河南北部和中部,历史上曾是黄泛入淮的主要通道。由于黄泛时期黄河河水的顶托和倒灌,正阳关以上的淮河干流淤塞严重。淠河发源于大别山区,由于上游雨量多,淠河常常发大水。正阳关附近由于颍河、淠河同时入淮,因此淮河水量增加很多,再加上黄泛的影响,河槽日浅,水位日高。

淮河在怀远县西南汇茨河,在怀远县东汇涡河。淮河过蚌埠,西北有北淝河,再向东行至五河县城。除淮河外,还有浍河、沱河、漴河、潼河等。淮河在浮山北面,分出一支流叫窑河,向东在双沟附近和淮河干流汇合。汇合过双沟后,南行至花园嘴,右岸有池河汇女山湖和七里湖的水,流入淮河。②

淮河北岸主要支流有洪汝河、沙颍河、西淝河、涡河、北淝河等,支流都沿着从西北向东南这个倾斜面平行流向淮河,除洪汝河和沙颍河发源于伏牛山外,其余大都发源于黄河南堤下。淮河南岸为江淮丘陵地区,主要支流有史河、淠河、东淝河、池河等。淮河上中游干支流形成一个不对称的羽状水系,淮北面积大于淮南。支流入淮口,多以湖泊洼地存在,沿淮干流两侧,还有一连串的湖泊洼地,这些大都是黄泛时淤塞淮河干流河床后,抬高淮河洪水水位,造成内水难排而形成的。这些湖洼大都成为淮河的行蓄洪区。

淮河中游以正阳关为中界,发源于河南山丘区的大小支流及淮北主要支流,大都在正阳关以上汇集于淮河,故有"七十二水入正阳"之说。③

(三) 淮河下游

淮河从三河向东流,先经宝应湖,再南流至高邮湖、邵伯湖等,在六闸附近流入运河。运河从淮阴到瓜洲的一段,称作里运河,曾经是淮河和长江的纽带,现成为淮水入江的通道。淮水出洪泽湖后,先经三河到高宝湖东出,横过运河,再经芒稻河等在三江营流入长江。

运河在邵伯以南,经扬州,在瓜洲入江。运河由于河身很窄,不能容纳淮河来水。淮水在六闸以南,穿过运河,然后分成支流,向东南流出,从北向南,有通扬运河、金湾河、太平河、凤凰河、新河等。其中除通扬运河继续东行,维持扬州到南通的航运以外,其他四条河,南行不远,先并为芒稻河、廖家沟,再南行并为一条河,叫沙头河,在三江营流入长江。

---

① 安徽省地方志编纂委员会办公室.安徽省志:淮河志 1986—2005[M]北京:方志出版社,2016:77.
② 胡焕庸.淮河的改造[M].上海:新知识出版社,1954:13-16.
③ 安徽省地方志编纂委员会办公室.安徽省志:淮河志 1986—2005[M]北京:方志出版社,2016:77-78.

淮河下游大都借道湖泊洼地,也无较大支流汇入。其支流大都源短流急,规模不大。①

淮河水系是全国各大水系中支流较多的一条河流,而且分布比较集中。干流北侧诸支流大部分发源于豫西山地和黄河南堤平坡地,支流较长,流域面积也较大。由于雨量较小,流量反不及南方支流多。其中较大的河流有沙颍河、涡河和洪汝河等。沙颍河上游地势陡峻,支流密布,每当暴雨来临,流速快,冲刷力强,土壤侵蚀严重。干流南侧各支流多发源于大别山区,虽长度较短、流域面积较小,但由于山区坡度大,雨量多,雨水蒸发、渗透少,大量河水流进河槽,易于暴涨暴落。较大的支流有浉河、史河、淠河等。

邓拓(笔名邓云特)曾对淮河易发水灾的原因作了分析:"淮河,发源于桐柏山北,有支流20余处,长短容量各不相同,但都归入淮水。自黄河夺取淮水故道,把浑浊的泥沙带入淮河以后,历时既久,河沙沉积,河床便逐渐淤塞。后来,黄河又改道,留给淮河的,就是那已被淤塞的旱路。如遇大雨,河身就不免漫溢,而各支流又要灌入,因此,水灾的形成就是很自然的事了。"②水利部治淮委员会在其所编写的《淮河》中也指出:"12世纪以来,黄河屡次夺淮,大量泥沙淤塞了淮河入海尾闾,扰乱了淮河水系,造成淮河流域经常性的水旱灾害。"③

二、淮河支流

淮河上中游支流众多。南岸支流发源于大别山区及江淮丘陵区,源短流急,有史河、淠河等。北岸支流主要有洪汝河、沙颍河、西淝河、涡河、浍河、沱河等。

(一)洪汝河

洪汝河是洪河与汝河汇合后的总称,是淮河上游第一条大支流。洪汝河发源于豫西伏牛山,流域面积为12 303平方千米。④ 洪河到西平县北与京汉铁路相交,到新蔡县东与汝河汇合。洪河本干在班台以上称为小洪河,班台以下称大洪河。班台以下洪河分道两股,在河南、安徽两省边界王家坝附近注入淮河。

洪汝河主要由小洪河和汝河构成,径流量比较丰富。小洪河发源于舞阳县境,上游有滚河和港河两支,到西平县合水镇相会,流经上蔡、平舆至新蔡。上游为山区,洪水来势凶猛,中下游河道窄浅,排水能力弱,两岸坡水不易排出,常积涝成灾。汝河分南汝河和北汝河,南汝河上游称沙河,发源于泌阳县境,在遂平县以上,河槽较大,并能漫坡下泄。遂平以下,河槽逐渐变小,每逢洪水流量稍大时,易向南北漫决,引起灾害。洪汝河流域降水量年际变化大,历来水旱灾害比较频繁。

(二)沙颍河

沙颍河为淮河的最大支流,河长为624千米,流域面积为36 641平方千米。⑤ 因上游分为颍河、沙河两支,在周口市汇合后称为沙颍河。颍河源出河南省登封县嵩山西南,经登

---

① 安徽省地方志编纂委员会办公室.安徽省志:淮河志 1986—2005[M].北京:方志出版社,2016:78.
② 邓云特.中国救荒史[M].影印本.上海:上海书店,1984:77.
③ 水利部治淮委员会.淮河[Z].水利部治淮委员会,1958:1.
④ 水利部淮河水利委员会《淮河志》编纂委员会.淮河综述志[M].北京:科学出版社,2000:104.
⑤ 水利部淮河水利委员会《淮河志》编纂委员会.淮河综述志[M].北京:科学出版社,2000:106.

封县南、禹县以北,在临颍县南穿过京汉铁路,再东行到周口附近,先汇茨河,再汇泉河,在正阳关对岸的颍口,流入淮河。沙河发源于鲁山县西的尧山,到襄城东南汇北汝河,东行至漯河与京汉铁路相交,在周口市西汇入颍河。北汝河源出嵩县西南,经汝州、襄城汇入沙河。沙颍河两岸支流多,支流变迁较大,主要有颍河、北汝河、浬河、双洎河、贾鲁河、泉河等。

贾鲁河发源于荥阳西南的大周山,经郑州和中牟的北面,转向南流,经朱仙镇,汇西来的双洎河,在周口和颍河相合。贾鲁河因为和黄河南堤很近,历代黄河向南决口,往往由贾鲁河、颍河流入淮河。

沙颍河流域洪涝灾害一直较为严重。各支流中以颍河灾情最为严重,上游来水峰高量大,河道不敷宣泄,支流淤塞,坡水不能入槽,且干流受沙河顶托倒灌,洪水在美公渠的刘坡、宋岗一带,清潩河的平宁城、稻池一带,清流河的夏宁庄、陶城等地,漫淹成灾。

(三) 涡河

涡河为淮河第二大支流,源出于开封市姜寨乡郭厂村,河长为408千米,流域面积为15 905平方千米。[①] 涡河水系跨越河南中牟、尉氏、通许、杞县、兰考、开封、睢县、柘城、鹿邑、宁陵、商丘、民权、郸城、扶沟等地,安徽亳州、涡阳、蒙城,至怀远县城北入淮河。惠济河是涡河的一个支流,发源于开封市北,流经杞县、睢县、柘城、鹿邑,至安徽注入涡河。

涡河水系发源于黄河大堤以南的坡水区,地貌属于黄河冲积平原,地势平坦,由西北向东南倾斜。河流年径流量不大,但径流年际变化大,年内分配很不均,历史上流域多次受黄泛影响,特别是1938年花园口决口,黄河泛滥达9年之久。因黄河淤塞,坡缓流长,河道浅平,主要干支流的排泄能力不高,易发生旱涝灾害。

(四) 西淝河

淝河,有东、西、南、北四条,其中东、西、北淝河都注入淮河,西、北淝河在淮河以北,分别在凤台和五河县的沫河口注入淮河。东淝河在淮河以南,经瓦埠湖在淮南八公山境内入淮。

西淝河介于颍河与涡河之间,发源于河南省太康县马厂集,称清水河,在王河口入安徽省境之后称西淝河。西淝河自亳州市淝河镇东南,流经亳州、太和、涡阳、利辛、颍上,至凤台县峡山口入淮。全长为154千米,流域面积为3 853平方千米。[②]

西淝河上段地处淮北平原,地势平坦,西北高、东南低。下段沿岸有较多的湖泊洼地,呈岗洼交替的地貌形态,地形总体呈东北高西南低的趋势。

(五) 浍河、沱河

浍河发源于河南省商丘市东关庄集,干流上游位于河南省境内的部分称东沙河,东南向流经夏邑、永城,进入安徽省濉溪县境,在濉溪县临涣镇右纳包河后,流经宿州、固镇县城,于固镇县九湾汇入怀洪新河香涧湖。浍河自源头至九湾,全长为211千米,流域面积为4 850

---

① 水利部淮河水利委员会《淮河志》编纂委员会.淮河综述志[M].北京:科学出版社,2000:113.
② 水利部淮河水利委员会《淮河志》编纂委员会.淮河综述志[M].北京:科学出版社,2000:116.

平方千米。① 浍河河道上中游比降陡,河槽深窄,下游河道比降平缓,河槽宽浅。沟洫纵横交错,断面上下不一,下游沿河地势较高,内地多洼地池沼,地下水又较高,一遇较大降雨,多积水成涝。

沱河发源于商丘市刘口集西南朱楼村,流经虞城、夏邑、永城,至王庄入安徽濉溪县境。大部东流入唐河,少部南分沱河入洪河。洪河东南流至宿州城郊,一由运粮河入浍河,一经宿州北郊绕道入沱河,至五河县入淮。沱河全长为192千米,流域面积为4 500平方千米。② 该地区降雨集中,径流集中,由于黄泛的影响,排水沟河大部分偏浅,排水能力低,历史上涝灾严重。

(六) 淠河、史河

淠河古名批水、白沙河。淠河源流有东西两支,东支称东淠河,为淠河干流;西支称西淠河。两河在六安西河口处汇流后称为淠河,北流至正阳关入淮河。淠河全长为253千米,流域面积为6 000平方千米,地跨岳西、霍山、金寨、六安、霍邱、寿县等地。③ 淠河水系有众多支流,东淠河较大支流有漫水河、黄尾河,西淠河较大支流有燕子河。西河口以下淠河无较大支流汇入。

淠河流域地处安徽省西部,淮河中游右岸,大别山北麓。流域东侧与东淝河流域接壤,并以江淮分水岭为界与长江水系的丰乐河、杭埠河相邻,南达江淮分水岭与长江水系的巴水、浠水、皖河为邻,西面是淮河水系的安阳、汲河,北抵淮河。淠河中上游为山区,河流比降大,洪水灾害多发生在中下游地区的汛期。

史河古称决水,是淮河南岸大支流之一。发源于安徽金寨县西南的牛山,经金寨西,北行入河南固始县,在固始县城北汇灌河,到三河尖南,汇阳泉河,同入淮河。

史河流域东部自上而下依次与淠河、汲河、沣河水系相邻,西接白露河水系,南以大别山为界与长江流域的举水、巴河接壤。河道全长为220千米,流域面积为6 720平方千米。④ 史河流域大部分地区位于山区,雨量大,流量也大。

三、沂沭泗河水系

沂沭泗河水系位于淮河流域东北部,北起沂蒙山脉,西至黄河右堤,东临黄海,南以黄河故道与淮河水系为界,地跨山东、江苏、河南、安徽四省。沂沭泗河水系由沂河、沭河、泗河组成,多发源于沂蒙山区,京杭运河南北穿过。流域面积约为8万平方千米,大多属于江苏、山东两省。

沂沭泗河水系于黄河夺淮600余年后北徙至渤海入海,是沂沭泗河脱离淮河干流,经多年变迁而成。习惯上,沂沭泗河水系一直作为淮河流域的一部分。⑤

---

①② 水利部淮河水利委员会《淮河志》编纂委员会.淮河综述志[M].北京:科学出版社,2000:121.
③ 安徽省水利志编辑室.安徽河湖概览[M].武汉:长江出版社,2010:25.
④ 安徽省水利志编辑室.安徽河湖概览[M].武汉:长江出版社,2010:13.
⑤ 《中国河湖大典》编纂委员会.中国河湖大典:淮河卷[M].北京:中国水利水电出版社,2010:162.

（一）泗河

泗河，古称泗水。泗河自源头至流经南四湖，汇集蒙山西部及湖西平原各支流后，经韩庄运河、中运河、骆马湖、新沂河于灌河口燕尾港入海，全长约为159千米，地跨泗水、曲阜、兖州、邹城、微山、宁阳等地，流域面积为2 338平方千米。泗河曾是淮河下游最大的支流。由于黄河夺泗、夺淮，河床淤高，泗河在济宁至徐州北张谷山间阻滞成南四湖。张谷山至徐州间的泗河淤废成平陆，徐州以下泗河演变成废黄河。

泗河位于山东省南四湖东侧，北与大汶河水系相接，南与独流入湖水系相邻。泗河流域上游为山区丘陵，中游为山前平原，下游为滨湖洼地。地势东北高、西南低。历史上泗河洪泛灾害频繁。①

（二）沂河

沂河，原名沂水，又名大沂河，发源于山东省沂源县的鲁山南麓，南流经沂源、沂水、沂南、临沂、苍山、郯城等地，在江苏省邳县入骆马湖，全长为331千米，流域面积为11 820平方千米。沂河原在古邳入泗水，受黄河夺泗、夺淮影响，沂水入泗受阻，在马陵山西侧阻滞成骆马湖。运河开通后入运河，骆马湖以上洪水除小部分经运河下泄外，大部分洪水经六塘河、灌河入海。新中国成立后，开挖了新沂河，洪水主流经新沂河入海。主要支流有东汶河、蒙河、白马河等。

沂河纵贯鲁南、苏北，南北狭长。鲁山、沂山横亘北缘，西依蒙山与泗运水系为邻，东部为其屋山、羽山、马陵山。地形西北高、东南低。从河源至跋山水库，大部分为山区，层峦叠嶂；以下至东汶河口，多为丘陵及高地；东汶河口以下向平原过渡；临沂以下进入平原。②

（三）沭河

沭河，名沭水，俗名茅河。原为直接入淮河的支流，经黄河夺泗及河道演变，今沭河源自沂山南麓，南流经山东省沂水、莒县、莒南、临沂、临沭、郯城和江苏省东海、新沂等地，于新沂市口头村入新沂河。全长为300千米，流域面积为6 400平方千米。

沭河源出沂水县沂山南麓，西距沂河20千米，与沂河平行南流。在临沭县大官庄分为两支：一支向东为新沭河，于江苏临洪口入黄海；另一支为老沭河，南下经山东省郯城县、江苏省新沂市汇入新沂河。

沭河两岸地形北高南低。袁公河口以上为山区，袁公河口至大官庄，左岸为低山丘陵，右岸在西野埠以上为低丘高地，西野埠以下为冲积平原。沭河上游大部分为丘陵山区，支流众多，源短流急，加之流域内降水集中，每逢山洪暴发，下流河道宣泄不及，易于溃决成灾。③

总之，淮河流域水系发达，支流众多，河网密布，水力资源丰富。一方面，为农业生产提供丰沛的水源，为流域经济开发创造了条件；另一方面，由于黄河夺淮，河道淤塞，水流不畅，造成流域灾害不断，严重制约了流域经济的发展。

---

① 《中国河湖大典》编纂委员会. 中国河湖大典·淮河卷[M]. 北京：中国水利水电出版社，2010：163.
② 《中国河湖大典》编纂委员会. 中国河湖大典·淮河卷[M]. 北京：中国水利水电出版社，2010：193.
③ 《中国河湖大典》编纂委员会. 中国河湖大典·淮河卷[M]. 北京：中国水利水电出版社，2010：208.

第三节
近代淮河流域经济的发展

早在远古时期,淮河流域就留下了早期人类的足迹。考古发掘表明,距今六七千年前,流域内的原始经济已经发展到了相对成熟的阶段。自夏代以来,淮河流域真正开始了经济开发的进程。淮河流域经济开发大致可分为两个阶段:一是南宋黄河夺淮前,淮河流域经济发展较快,在国家中的社会经济地位日益提高。二是南宋黄河夺淮后,淮河流域自然灾害频繁,经济发展十分缓慢,在国家社会经济中的地位不断下降。总体而言,淮河流域经济是不断地向前发展的,淮河流域古代经济开发为近代淮河流域经济的发展奠定了重要的基础。①

一、近代淮河流域经济发展的背景

鸦片战争后,西方列强迫使中国签订了一系列不平等条约,中国逐步被纳入世界经济体系之中。为适应形势的变化,晚清、民国政府出台了一些促进经济发展的政策和措施,但同时经济发展又受多种因素的制约。

(一) 晚清时期

鸦片战争失败后,清政府被迫签订不平等的条约,向资本主义世界开放,中国面临"千年未有之变局"。在经济上主要表现为:一是外国商品大量涌入中国。1864 年,中国商品的进口总值达 4 621 万海关两,到 1894 年升至 16 210 万海关两,增长 2.5 倍。② 二是外国在华投资设厂。截至 1894 年,外国在中国的投资总额为 2 亿~3 亿美元。③ 外国资本先后在中国设立了 191 家工业企业。④

伴随着商品经济的发展以及外来文明的示范作用,清政府内部一些有识之士主张学习西方先进技术,以借法自强,从此开启了中国近代工业化的进程。自 1861 年创办安庆内军械所始,到 1890 年,清政府共创办江南制造总局、福州船政局、金陵制造局、天津机器局及湖北枪炮厂等军事企业达 24 个之多。⑤ 19 世纪 70 年代,在"欲求强,必先求富"思想的指导下,清政府又创办了一批民用企业。从 1872 年轮船招商局始,到 1894 年,共创办民用企业

---

① 吴春梅,张崇旺,朱正业,等. 近代淮河流域经济开发史[M]. 北京:科学出版社,2010.
② 杨端六,侯厚培,等. 六十五年来中国国际贸易统计[Z]. 中央研究院社会科学研究所,1931:表 1.
③ 吴承明. 帝国主义在旧中国的投资[M]. 北京:人民出版社,1955:35.
④ 汪敬虞. 十九世纪西方资本主义对中国的经济侵略[M]. 北京:人民出版社,1983:282.
⑤ 张国辉. 洋务运动与中国近代企业[M]. 北京:中国社会科学出版社,1979:24.

达 27 家之多。① 与此同时,民间资本兴办近代工矿业的活动也日益活跃。自 19 世纪 70 年代至甲午战争前,中国商办工矿企业近 170 家。②

甲午战争后,随着民族危机空前严重,民间关于设厂救国、保护华商、发展民族实业的呼声不断高涨。1895 年,清政府发布有关"恤商惠工"的上谕,决定痛除积弊,实行变革。如 1896 年,要求各省设立商务局,各省以下的府州县设立通商公所。1898 年,在中央设立农工商总局和铁路矿务总局,鼓励商办铁路与矿业,准许民间招商集股开矿。此外,还提倡私人办实业、奖励发明创造、创办国家银行等。近代中国经济得到进一步发展,尤其是民间资本成为经济发展的主要动力。1895—1900 年,中国新设工矿企业 120 多家,其中商办 107 家,官办、官督商办企业 15 家。商办企业资本额占总资本额的 83.3%,而官办、官督商办企业的资本额仅占 16.7%。③

20 世纪初,清政府决定实行"新政",以满足社会各界的制度需求。清末新政涉及经济方面的内容,主要包括:

① 设立经济行政部门。1903 年,清政府在北京正式设立商部,作为统辖全国工商实业的最高机构,其宗旨是振兴商务实业。1906 年,商部又扩展为农工商部。各省也相继设立劝业道等工商机构,初步建立了从中央到地方的垂直式工业管理系统。

② 制定和颁布一系列经济法规。在颁布的经济法规中,有的是保障工商业者权益,如《公司律》《破产律》等;有的是奖励发展工商业,如《奖励公司章程》《改订奖励公司章程》《奖给商勋章程》《华商办理实业爵赏章程》等。

(二) 北京政府时期

中华民国建立后,在"振兴实业""实业救国""实业建国"思潮的影响下,北京政府制定了一系列鼓励民族工业发展的经济法规,内容涵盖工商业、农业、交通业、金融业及经济社团等多个方面。④ 其中包括:

① 对企业和企业家权益的保护。如《公司条例》和《商人通例》,规定了法人代表的资格和条件,明确了公司受国家法律保护的法人地位,这有助于维护公司信用和保障投资者权益。

② 保护、扶持工业中的各种合法活动。如《公司注册规则》规定了集股企业的注册登记制度,有益于中国近代公司制度的形成和规范化;《暂行工艺品奖励章程》废除设厂专利的垄断权,鼓励并保护发明者的合法利益;《公司保息条例》对投资者的收益提供保障,为企业融资创造条件;《矿业条例》与《矿业注册条例》表现出轻地主之权、重矿商利益,旨在鼓励民间投资矿业。

此间,推动中国经济发展的因素还有:

① 第一次世界大战的影响。第一次世界大战为中国民族工业的发展提供了难得的机

---

① 许涤新,吴承明. 中国资本主义发展史:第 2 卷[M]. 北京:人民出版社,1990:380-381.
② 许涤新,吴承明. 中国资本主义发展史:第 2 卷[M]. 北京:人民出版社,1990:452.
③ 杜恂诚. 民族资本主义与旧中国政府:1840—1937[M]. 上海:上海社会科学院出版社,1991:33.
④ 下文有关民国时期法规的具体内容,可参见:蔡鸿源. 民国法规集成[M]. 合肥:黄山书社,2001.

遇，使得中国的生存压力与市场空间顿时变得缓和、宽松。

② 中国人民的抵制洋货运动。自 1911 年中华国货维持会成立后，全国各地成立了类似的组织。其宗旨是"提倡国货，发展实业，改进工艺，推广贸易"①，这对民族企业的产品扩大市场、减少市场压力有一定的作用。

正是在政府的鼓励和支持下，全国各地的工商界纷纷设厂开矿，掀起了兴办实业的热潮。1912—1920 年，中国新增万元以上工矿企业 1 048 家，创办资本总额约 2.3 亿元。② 这 9 年间，中国工业年均增长率达 13.4%。③

（三）南京国民政府时期

南京国民政府成立后，为治理整顿经济秩序，促进经济发展，先后制定和修订了一系列的经济法规。法规数量之多，涉及范围之广，大大超过晚清时期和北洋政府时期。

1. 制定和颁布经济法规和政策

南京国民政府颁布的经济法规中，有的是规范公司制度及工厂组织，有的是奖励技术发明，还有的是鼓励民营工商矿业，等等。如《公司法》对有关股份有限公司方面作了较大的修订；《工厂法》涉及童工和女工、工作时间、工资、契约、工人福利、工厂安全与卫生设备及工厂会议等方面，目的是协调劳资关系，改善工人的地位和待遇④；《矿业法》进一步明确国家矿产的勘探、开采、纳税等权限，规范矿商、矿工的权益；《奖励工业技术暂行条例》对技术发明创造予以奖励；《小工业及手工业奖励规则》和《工业奖励法》奖励和扶持民营企业，提倡企业改良和采用先进工艺。此外，还制定了统一财政、整顿税务、币制改革等政策，这些法规和政策的颁布和实施，有力地推动了经济的发展。

2. 设立工商管理组织机构

为建立统一的新式工商管理机构，1927 年南京国民政府设立实业部，统筹全国工商实业。1928 年实业部改称工商部，1931 年又将工商部与农矿部合并为实业部，作为管理全国工矿农商等实业行政事务的最高机构。同时，还陆续设立一些专门机构管理经济事务。1928 年成立建设委员会，作为负责经营国有事业的最高机构；1931 年成立经济委员会，负责全国的经济事业；1935 年成立资源委员会，主管国家所有的工矿业。

随着南京国民政府对政策法规的制定和颁布，以及工商管理组织机构的调整，中国经济得到了快速的发展。1928 年至 1936 年，中国工业年均增长率达 8.4%。而 1912 年至 1949 年整个民国时期，年平均增长率为 5.6%。⑤

在中央政府的支持下，淮河流域地方政府也先后设立相关的组织管理机构，并制定和颁布了一系列的法规和政策，这为近代淮河流域经济的发展创造了有利的环境。当然，近代淮

---

① 潘君祥. 近代中国国货运动研究[M]. 上海：上海社会科学院出版社，1998：6.
② 杜恂诚. 民族资本主义与旧中国政府：1840—1937[M]. 上海：上海社会科学院出版社，1991：106-107.
③ 许涤新，吴承明. 中国资本主义发展史：第2卷[M]. 北京：人民出版社，1990：858.
④ 朱正业，杨立红. 南京国民政府《工厂法》述论[J]. 广西社会科学，2007(7)：93-97；朱正业，杨立红. 试论南京国民政府《工厂法》的社会反应[J]. 安徽大学学报（哲学社会科学版），2007(6)：72-76.
⑤ 刘佛丁. 中国近代经济发展史[M]. 北京：高等教育出版社，1999：137.

河流域经济发展受多种因素的制约,其成效在一定程度上大打折扣。

二、近代淮河流域的自然资源

淮河流域的西部南部山峦起伏,北部东部平畴千里。淮河流域地形多样,气候分明,土壤资源丰富,耕地集中,河流密布,湖泊星罗,这些自然特点有利于淮河流域农作物的生产。同时,复杂的地质条件蕴藏着丰富的煤炭等矿产资源。

(一) 农产资源

宗受于在《淮河流域地理与导淮问题》中指出,流域地势西起北岭,东尽于海,北自泰山,南至淮阳山脉,中皆平原。其气候、雨量、河流、土质皆适宜于生产,为世界最大之农区。[①] 淮河流域一直以来都是中国的重要粮食产区,即使到了近代,这里农产品资源丰富,种类繁多。农作物大致分为粮食作物和经济作物,包括小麦、水稻、棉花、烟叶、茶叶、玉米、高粱、甘薯、花生、芝麻、豆类等。

1. 粮食作物

水稻、小麦、高粱、玉米等粮食作物除满足人们的生活需求外,还可以成为工业生产的基本原料。以苏北地区为例,1930年,各县水稻年产量达540万吨。[②] 该地区尤其盛产小麦,铜山县小麦面积位居江苏省之首,达235万亩[③]以上,赣榆、邳县、泰县、江都、高邮、淮安、泗阳、萧县、丰县等均在100万亩以上。大麦耕种面积比小麦少,阜宁、盐城均达100万亩以上,灌云、涟水、兴化、东台、淮安达60万亩以上。[④] 根据《江苏省鉴》,1933年淮河流域江苏部分县麦田面积如表1.1所示。

表1.1 1933年淮河流域江苏部分县麦田面积调查统计表

县名	面积(亩)	县名	面积(亩)	县名	面积(亩)	县名	面积(亩)
江都	1 882 587	高邮	1 630 000	萧县	1 581 200	盐城	1 526 198
宝应	1 196 889	淮安	2 109 225	丰县	1 163 000	东台	1 008 000
淮阴	1 088 103	泗阳	1 609 000	沛县	863 200	邳县	1 099 000
宿迁	568 000	睢宁	888 000	沭阳	1 865 750	东海	1 212 000
铜山	2 743 000	灌云	1 502 000	赣榆	1 695 000	阜宁	1 631 012
砀山	1 079 020	兴化	1 445 067	涟水	1 514 100	泰县	1 521 000

注:麦田面积包括小麦、大麦及裸麦。
资料来源:赵如珩.江苏省鉴[M].上海:上海大文印刷所,1935:58-59.

由表1.1可知,铜山麦田耕种面积最大,达274万亩以上;其次是淮安,达210万亩以

---

① 宗受于.淮河流域地理与导淮问题[M].南京:南京钟山书局,1933:4.
② 柳肇嘉.江苏人文地理[M].上海:上海大东书局,1930:15. 注:原资料为9 000万石。现根据民国时期1石约等于60公斤进行换算。下同。
③ 1亩约等于666.7平方米。
④ 赵如珩.江苏省鉴[M].上海:上海大文印刷所,1935:59-60.

上;江都、宝应、淮阴、砀山、高邮、泗阳、灌云、兴化、萧县、丰县、沭阳、赣榆、涟水、盐城、东台、邳县、东海、阜宁、泰县等19个县麦田面积在100万亩以上,只有宿迁、睢宁、沛县等3县麦田面积低于100万亩。

1931年淮河流域江苏部分县麦子产量如表1.2所示。

表1.2 1931年淮河流域江苏部分县麦子产量统计表

县名	产量(万吨)	县名	产量(万吨)	县名	产量(万吨)	县名	产量(万吨)
江都	13.95	铜山	11	赣榆	2.44	萧县	10.96
宝应	6.9	砀山	2.73	涟水	11.25	丰县	2.94
高邮	7.2	沛县	4.3	盐城	4.84	邳县	3.36
淮安	8.24	沭阳	6	东台	13.74	东海	9.3
淮阴	2.97	灌云	0.24	泗阳	3.84	阜宁	0.81
宿迁	5	泰县	0.6	睢宁	3.42	兴化	2.4

资料来源:赵如珩.江苏省鉴[M].上海:上海大文印刷所,1935:66-67.

由表1.2看出,淮河流域江苏24个县中,江都县产量最高,达13.8万吨以上,其次是东台,产量达13.2万吨以上;江都等8个县年产量在6万~12万吨;淮阴等13个县年产量在0.6万~6万吨;灌云县产量最低,只有0.24万吨。

2. 油料作物

淮河流域是豆类、花生、芝麻等油料作物的集中生产地。在淮河流域河南,1925年,开封花生种植面积占耕地面积的31%,陈留占35%,通许占33%,睢县占26%。[1] 在淮河流域山东,大豆、花生、芝麻种植面积大,产量多。其中,大豆分布于曲阜、汶上、临沂、蒙阴、巨野、曹县、单县等21个县。1930年淮河流域山东部分县大豆产量如表1.3所示。

表1.3 1930年淮河流域山东部分县大豆产量统计表

县名	产量(万吨)[2]	县名	产量(万吨)	县名	产量(万吨)
滋阳	1.14	汶上	2.47	蒙阴	0.72
曲阜	1.63	峄县	0.48	菏泽	0.22
宁阳	0.44	济宁	0.5	曹县	0.36
邹县	1.14	金乡	2.1	单县	2.48
滕县	0.03	嘉祥	0.56	定陶	1.25
泗水	0.23	郯城	0.22	巨野	4.07
日照	0.07	临沂	1.71	成武	0.003

资料来源:山东省实业厅.山东农林报告[Z].山东省实业厅,1931:附表2。

---

[1] 章有义.中国近代农业史资料:第2辑[M].北京:生活·读书·新知三联书店,1957:236.
[2] 原资料以担为单位。现根据民国时期1担约等于50公斤进行换算。下同。

据统计,1933年,山东省各县花生种植面积平均为46 329亩。① 而淮河流域山东21个县花生种植面积平均为65 015亩,远高于全省平均数。从花生年产量看,以曲阜、邹县、滕县、郯城、沂水、日照为多。其中莒县产量最大,达2万吨以上。具体如表1.4所示。

表1.4 1933年淮河流域山东部分县花生种植及产量统计表

县名	面积(亩)	产量(万吨)	县名	面积(亩)	产量(万吨)	县名	面积(亩)	产量(万吨)
滋阳	2 390	0.08	临沂	120 912	0.73	曹县	70 623	0.88
曲阜	44 800	1.34	郯城	90 000	1.35	单县	120 000	0.9
宁阳	19 000	0.95	费县	14 468	0.25	定陶	4 200	0.03
邹县	55 000	1.1	蒙阴	100 000	1.5	巨野	110 000	0.5
滕县	100 000	1.5	莒县	183 547	2.02	郓城	30 000	0.38
峄县	2 500	0.09	沂水	151 153	1.66	鄄城	13 500	0.09
济宁	80	0.000 8	菏泽	63 152	0.79	日照	70 000	1.72

资料来源:实业部国际贸易局.中国实业志:山东省:第5编[Z].实业部国际贸易局,1934:192-197.

再如芝麻,在山东省37个县中,淮河流域单县种植面积最大,产量最多,分别为80 000亩、0.16万吨;其次是菏泽,种植面积和产量分别为42 927亩、0.097万吨。②

3. 其他经济作物

河南信阳一带、安徽六安一带都是中国重要的产茶区。皖西地区的自然条件适宜茶叶种植,茶田面积较大,产量较多。1940年,六安的茶田面积和茶叶产量分别为114 580亩、0.17万吨;霍山分别为66 017亩、0.11万吨;立煌(今金寨)分别为92 612亩、0.12万吨。③

河南许昌一带、安徽凤阳一带是中国烟叶的重要产地。1915年后,许昌、襄城等地烟草种植日益普遍。据统计,许昌一带烟农为137 000户,共932 000余人,种植面积达370 000余亩。种植面积最大的是襄城,烟农竟占农户的63.4%。④ 据1919年《安徽省六十县经济调查简表》,淮河流域安徽有16个县种植烟草,其中凤台烟草种植面积最大,达66 000亩,而凤阳年产量最高,达0.31万吨。⑤

淮河流域也是棉花的主产区之一。近代以来,随着国内外市场的需求增大,植棉者日益增多,河南郑州是当时中国棉花中心市场之一。1936年淮河流域河南部分县棉田面积如表1.5所示。

---

① 实业部国际贸易局.中国实业志:山东省:第5编[Z].实业部国际贸易局,1934:191.
② 实业部国际贸易局.中国实业志:山东省:第5编[Z].实业部国际贸易局,1934:372.
③ 安徽省政府统计委员会.安徽省二十九年度统计年鉴[Z].安徽省政府统计委员会,1940:84.
④ 刘世永,解学东.河南近代经济[M].开封:河南大学出版社,1988:92.
⑤ 王鹤鸣,施立业.安徽近代经济轨迹[M].合肥:安徽人民出版社,1991:119-121.

表 1.5 1936 年淮河流域河南部分县棉田面积统计表

县名	面积(亩)	县名	面积(亩)	县名	面积(亩)	县名	面积(亩)
郑县	189 447	杞县	32 799	鄢陵	20 160	舞阳	3 800
荥阳	36 242	睢县	2 614	中牟	1 028	遂平	13 300
尉氏	3 349	宁陵	30 753	商丘	914	西平	11 200
新郑	12 641	扶沟	50 388	柘城	12 000	确山	41 800
禹县	2 433	通许	4 202	虞城	2 238	汝南	58 600
临汝	2 208	西华	24 421	永城	12 942	正阳	42 000
登封	3 186	陈留	397	夏邑	47 628	息县	33 500
宝丰	1 480	兰封	18 130	鹿邑	76 585	固始	5 500
太康	419	民权	16 363	密县	2 602	商城	1 470
淮阳	1 550	洧川	1 830	临颍	1 150	郾城	23 200

资料来源：全国经济委员会棉业统制委员会. 河南棉业[Z]. 全国经济委员会棉业统制委员会，1936：7-10.

由表 1.5 可以看出，在淮河流域河南 40 个县中，郑县棉田面积最大，达 18 万多亩。21 个县棉田面积在 1 万亩以上，19 个县棉田面积在 1 万亩以下。

(二) 矿产资源

淮河流域复杂多样的地质特征，蕴含着丰富的矿产资源。矿产资源品种繁多，可分为能源矿产、金属矿产、非金属矿产三类。其中能源矿产有煤炭、石油、天然气等；金属矿产主要有金、银、铜、铁、铅、锌等；非金属矿产有大理石、花岗岩、石灰岩、瓷土、石膏、金刚石、硫铁矿、磷矿、岩盐、重晶石等。

根据赖继光《中华矿产一览表》、顾琅等《中国矿产志》有关全国矿产资源的记载，淮河流域矿产资源如表 1.6 所示。

表 1.6 淮河流域矿产资源分布表

矿 名		山 东	江 苏	安 徽	河 南
金属矿	金矿	沂州府沂水县、兰山县、莒州		凤阳府	光州光山县
	银矿	沂州府兰山县、蒙阴县、莒州		泗州天长县、凤阳府炉山、怀远县	汝宁县、罗山县、南阳府桐柏县、光州光山县
	铜矿	兖州府峄县、沂州府莒州	淮安府盐城县、徐州府铜山县、扬州府	泗州天长县	光州光山县、开封府禹州、汝宁府信阳州、汝州鲁山县、河南府登封县

续表

矿 名		山 东	江 苏	安 徽	河 南
金属矿	铁矿	兖州府峄县、沂州府莒州	徐州府铜山县、淮安府盐城县、海州	泗州天长县、六安州霍山县、颍州府	光州光山县、商城县,开封府禹州、大騩山,汝宁府信阳州、罗山县,河南府登封县,汝州
	铅矿		徐州府铜山县	颍州府霍邱县	南阳府桐柏县、开封府密县、光州光山县、汝宁府罗山县
	汞矿	沂州府蒙阴县			
	锌矿				汝宁府罗山县
	锡矿	兖州府峄县、沂州府莒州			汝州
	铝矿	沂州府沂水县、莒州			
非金属矿	煤矿	沂州府兰山县、郯城县、莒州,兖州府峄县	徐州府铜山县、萧县,扬州府	凤阳府凤阳县、寿州、宿州、蜈蚣山、泗州天长县	开封府禹州、汝州鲁山县
	水晶	沂州府、兖州府	徐州府宿迁县、海州赣榆县		
	白砂		海州、徐州府宿迁县		
	陶土		徐州府萧县、铜山县		
	盐	沂州府莒州	淮安府盐城县、海州		
	碱		徐州府铜山县	凤阳府寿州	
	硝		海州、淮安府	凤阳府寿州	
	明矾			凤阳府	南阳府舞阳县

资料来源:顾琅,等.中国矿产志[M].上海:上海文明书局,1907:44-62;赖继光.中华矿产一览表[M].北京:北京文明书局,1912:214.

由表1.6可知,近代淮河流域开采的矿产至少有17种,其中金属矿类有金、银、铅、汞、铜、铁、锡、铝等9种,非金属矿有煤、水晶、白砂、陶土、盐、碱、硝、明矾等8种。具体分布如下:金矿分布于5个州县,银矿分布于10个州县,铜矿分布于11个州县,铁矿分布于16个州县,铅矿分布于6个州县,汞矿分布于1个州县,锌矿分布于1个州县,锡矿分布于3个州县,铝矿分布于2个州县,煤矿分布于14个州县,水晶矿分布于4个州县,白砂矿分布于2个州县,陶土矿分布于2个州县,盐矿分布于3个州县,碱矿分布于2个州县,硝矿分布于3个州县,明矾矿分布于2个州县。

淮河流域各县的矿产资源分布也较为广泛。据黄著勋《中国矿产》等统计,淮河流域的矿产至少分布于30多个县,如表1.7所示。

表1.7 淮河流域各县矿产资源分布表

省 名	县 名	矿 产 名	县 名	矿 产 名
江苏	铜山	煤、铁	阜宁	盐
	萧县	煤	盐城	盐
	东海	煤、水晶	东台	盐
	赣榆	金矿	灌云	盐
安徽	六安	铁	怀远	煤
	霍山	铁	宿县	煤
山东	宁阳	煤、瓷土	费县	铁、煤
	峄县	铁、煤	莒县	金、铁
	临沂	煤	沂水	金
	郯城	煤	日照	盐
河南	禹县	煤	信阳	铜、铁、石墨
	密县	煤	桐柏	铅、石墨
	荥阳	煤	确山	石墨
	临汝	煤	罗山	银、铅
	鲁山	煤	光山	银、铅
	宝丰	煤	商城	铅、石墨

注:按照当时的行政区划。
资料来源:黄著勋.中国矿产[M].上海:上海商务印书馆,1930:附录;柳肇嘉.江苏人文地理[M].上海:上海大东书局,1930:28.

表1.7所列矿产有煤、盐、铁、瓷土、金、铜、银、铅、石墨、水晶等10类,广泛分布于淮河流域,其中江苏有8个县,安徽有4个县,山东有8个县,河南有12个县。

依据清末民初的各种调查,山东的矿产资源分布于全省各地88处,其中位于淮河流域的矿产就有50处,达一半以上,具体如表1.8所示。

表 1.8 淮河流域山东矿产资源分布表

矿产名	分布州县	所在地区	矿产名	分布州县	所在地区
煤	峄县	枣庄	铁	费县	
		韩家岭		沂水	山店子
		山家林			东里
		大日林		峄县	裘家山
		南安成			东马山
		齐村			安城
		陇子		沂州	城外
	蒙阴	汶南	金	沂水	红石桥
		玉皇山		宁阳	冈山
		房山		莒州	野泉
	沂州	南乡			新村沟
	沂州、郯城间	临头			满堂坡
	郯城	汤家庄		曲阜	九仙山
	沂州、费县间	凌河	银	莒州	白马岭
		李家庄		滕县	胡岭山
	费县	砑坑		曲阜	凤凰山
	费县、泰安间	五岩庄			九仙山
		固城		蒙阴	封山
	莒州	杨家庄		宁阳	冈山
		于家庄	铜	曲阜	九仙山
	宁阳	磁窑村		宁阳	冈山
	滕县	灵山店		峄县	葛峄山
	邹县			沂水	桃花洞
铅	莒州	七宝山	钻石	沂州	府北山
	沂水	王庄			
	沂州	唐林			

资料来源:张玉法.中国现代化的区域研究:山东省 1860—1916[Z].台湾研究院近代史所,1982:507-519.

由表 1.8 可知,淮河流域山东的矿产有煤、金、银、铅、铁、铜及钻石 7 类,其中煤分布于 10 个州县 23 处,铅分布于 3 个州县 3 处,铁分布于 4 个州县 7 处,金分布于 4 个州县 6 处,银分布于 5 个州县 6 处,铜分布于 4 个州县 4 处,钻石分布于 1 个州县 1 处。

淮河流域蕴藏着丰富多样的农作物资源与矿产资源,为淮河流域经济开发提供了充足的原材料。

三、近代淮河流域的经济开发[①]

淮河流域的历史既记录着富饶和繁荣,也记录着灾害和苦难。淮河流域的经济历经曲折而不断向前发展。近代淮河流域经济开发涉及农业、工业、交通运输业、商业、城市与金融业等方面,为当代淮河流域的经济开发创造了条件。

(一) 农业

淮河流域是中国传统的农业区域。晚清以来,随着全国农业改革的展开,淮河流域的农业改革得以启动。农业改革不仅包括各级农业机构的建立、农业法规政策的颁布,还包括农会和合作社的应运而生、经营方式的转变等。随着农业改革的推进,淮河流域的农业开始了由传统向近代的转变。

1. 传统农业的改造

鸦片战争后,中国被强行卷入世界一体化进程之中。到19世纪末,随着"振兴实业"的提出,有识之士提出了"兴农学"的主张,要求运用近代科学技术对传统农业进行改造。

淮河流域传统农业的改造主要表现为以下三个方面:

一是建立专门负责农业改革与发展的机构。如建立旨在对农业进行宏观规划的管理机构,以及中央一级综合性或专业性的农业研究机构等。

二是进行农事试验与农业推广,这是农业改造的重点。主要包括:① 良种引进与培育试验。淮河流域的良种试验不仅包括国外优良品种的引进与培育,也包括对国产品种的改良,以及抗病虫害试验等方面,涉及小麦、棉花、大豆等。② 良种推广。主要有小麦优良品种的推广、棉花优良品种的推广等,淮河流域良种的推广视各地的气候、土壤等因素而定。③ 病虫害的防治。淮河流域是病虫危害较重的地区,社会各界意识到病虫害防治的重要性,普遍加强对病虫害防治技术的研究。如江苏省立棉作试验场,育成"青茎鸡脚棉第三号",叶形如"鸡脚",抗卷叶虫害力强;改良"鸡脚洋棉",叶形如"鸡脚",不易受卷叶虫害[②],颇适应在盐垦区种植,成为盐垦区推广的主要棉种。④ 土壤检测与化学肥料的使用。目的是对土壤成分进行检测,进而确定各种肥料的使用,以改良农业生产,提高农业生产水平。

三是农田水利的兴修与技术改进。具体包括:第一,加强行政管理,成立专门的水利工程委员会,对水利事业进行规划与实施。第二,注重农业灌溉,加强农田水利基本建设,同时采用新式灌溉工具。第三,加强淮河干支流堤坝建设,预防灾害发生。

2. 近代农业组织的出现

19世纪末,随着对传统农业的改造,提升农产品竞争力的需要,以及西方的影响,淮河流域各省开始出现了新的农业组织——农会和合作社,以及新型经营方式——垦殖公司。

1907年,农工商部奏请在各省设立农务总会与分会,并制定《简明农会章程》,规定农会的主要业务有:一是协助各级机构进行农业改革,包括土地、种子、肥料的改良,以及病虫害

[①] 吴春梅,张崇旺,朱正业,等.近代淮河流域经济开发史[M].北京:科学出版社,2010.
[②] 曾济宽.苏省农业推广办理经过及今后计划[J].农业推广,1936(11):114-117.

防治、农村教育等;二是自办事业,如设立陈列所、展览会等。面对农村经济的衰退趋势,在农村组织合作社,加强农民之间的合作,得到社会各界的重视。合作社作为一种新型的农业组织应运而生。合作事业的发轫与推进离不开金融的支持,淮河流域有各种类型的农业金融组织,主要包括中国农民银行及各省地方银行、农民借贷所等。进入20世纪,在对传统农业进行技术改造的同时,一种新的生产方式——垦殖公司开始出现。淮河流域各省都建立了这种新的农业公司,但影响较大的还是苏北盐垦公司。独特的地理环境造就了苏北的垦殖事业。苏北垦殖公司将垦区内的农业种植作为棉纺织业的一环开展经营,根据棉纺织业发展的实际需要,不断对棉花品种进行改良。

3. 农产品商品化和农村市场

鸦片战争以来,随着自然经济逐步解体、外国资本主义对各地农产品的不断掠夺、民族资本经营的一批近代企业需要农产品,这些都刺激了农业商品化的发展,于是淮河流域农产品商品化程度日益提高。具体表现为:

其一,经济作物种植的专业化趋势。农业生产种植结构出现了前所未有的调整与变化,"往昔种高粱及豆子之地亩,多改种花生、棉花、烟叶,此系为人所共见",而"出口货之增多,未始不由此"。[①]

其二,粮食商品化程度的提高。经济作物种植面积的扩大,促使社会对粮食需求量增加,淮河流域有大批粮食开始从生产过剩地区流向不敷地区,粮食商品化进程大大加快。而近代城市的发展,以及粮食加工业,特别是酿酒业的兴盛,都促进了淮河流域粮食商品化程度的加深与扩大。

其三,畜牧、水产等副业的商品化发展。随着淮河流域的农业生产日益服从于市场的需要,畜牧、水产等在内的副业商品化得到了发展。

农村商品市场涉及市场内部结构、市场网络、集市贸易、庙会市场等。在各种因素的影响下,近代淮河流域农村市场的内部结构产生了一些新变化,如商品结构的变化、流通结构的变化、市场主体结构的变化、价格结构的变化等。近代淮河流域集市的发展主要表现为集市数量增多、开市频率提高和专业集市的兴盛。庙会是市集、市镇之外的农村另一种商品交易形式。近代淮河流域庙会市场交易异常活跃,庙会已为浓厚的商业气息所充斥。淮河流域传统农村市场体系走向解体,并不断重新组合,商品市场的层次性日趋明显,产地市场、中转市场、中心市场以及专业市场、集散市场等农村市场网络逐步形成。

(二) 工业

近代以降,随着国内外市场的扩大,淮河流域传统工业或沿着原有的路径扩大再生产,或采用新设备进行机器生产。近代淮河流域手工业与机器工业是并行存在的,它们之间既是竞争关系,又是互补关系。煤炭工业作为淮河流域的一项支柱产业,在全国占有重要的地位。

1. 传统手工业的嬗变

鸦片战争以来,受各种有利条件的助推,淮河流域手工业发展呈现新的变化,其中部分

---

① 青岛市档案馆.帝国主义与胶海关[M].北京:档案出版社,1986:306.

手工行业在原有基础上继续发展。在淮河流域手工业发展过程中,各级政府和社会各界发挥了重要的作用。如设立相关组织机构,颁布相关的法规政策,推动了近代淮河流域手工业的发展。

近代淮河流域的手工业门类较多,主要包括制茶、榨油、酿造、织造土布等。淮河流域手工业在发展的同时,因受兵燹匪患、自然灾害、国外商品输入、农村经济衰败等外部因素的制约,以及规模狭小、经营分散、技术设备落后、生产率低下、缺乏市场竞争力等自身因素的影响,发展缓慢,甚至停滞。

2. 新式工业的产生与发展

淮河流域近代工业起步较晚,发展缓慢,但是,淮河流域新式机器工业的出现,起到示范和辐射作用,对淮河流域经济的发展产生一定的影响。总体而言,近代淮河流域企业使用机器作动力的较少,工业化程度较低。在纺织、食品加工、制烟等近代企业中,也存在着传统的手工生产。

鸦片战争后,由于西方机织品的大量涌入,淮河流域的纺织业出现了不同的发展路径。一部分纺织作坊仍沿着原有的发展路径,采用手工生产方式扩大规模等,这种模式发展相对缓慢。一部分作坊经历了从手工作坊到手工工场,再到机器工厂的发展道路,发展相对较快。制烟业、榨油业、酿造业在西方现代工业的冲击下,开始购置机器扩大生产,从而实现从手工生产向机器生产的过渡。同时,淮河流域电力工业开始起步,并逐步得到发展。

淮河流域煤炭资源储量丰富,为我国主要煤炭基地之一。在近代各种矿产资源的开发中,煤炭资源的开发成效最为显著。甲午战争后,清政府对矿业政策做了重要调整,一定程度地鼓励发展私营采矿业,有条件地允许外资逐步进入矿产部门。民国以降,中央政府进一步完善了矿业法规。与此同时,淮河流域各省政府也颁行了一系列的政策方案,如安徽省政府颁布了《安徽矿业建设方案》《安徽矿业之新规划》等[①],这些政策法规的出台有利于煤炭业的发展。

淮河流域煤炭分布情况大致如下:在山东,主要集中于枣庄、兖州与济宁一带;在安徽,主要集中于淮南、淮北、宿州一带;在江苏,主要分布于徐州地区;在河南,主要分布于平顶山、许昌与郑州以西地区。近代淮河流域逐渐形成了中兴煤矿、徐州煤矿、淮北煤矿及淮南煤矿等规模较大的煤矿。煤炭业的发展主要表现在经营管理制度的创新、生产设备更新、资本规模扩大等方面。

近代淮河流域工业发展呈现出发展与迟滞双重面相。尽管推动因素与阻碍因素之间相互牵制、相互抵消,但还是缓慢地向前发展。近代淮河流域工业的发展,主要表现为:其一,从原材料上看,淮河流域工业以资源开发型为主,如淮河流域是中国重要的农产品生产基地,农产品资源十分丰富,为食品加工业提供了充足的原料。同样,淮河流域丰富的煤炭储量,为煤炭工业的发展创造了条件。其二,从交通条件上看,随着京汉、津浦、陇海等铁路的通车,以及省道、县道等主干公路的修建,淮河流域交通环境得到明显改善,淮河流域工业布

---

① 官矿局.十八年度安徽矿业建设方案[J].安徽建设月刊,1929(8):1-13;建设厅.安徽矿业之新规划[J].安徽建设月刊,1931(28):215-256.

局基本以便利的交通线为主要依据,一批工业企业纷纷向铁路沿线转移。其三,从产品销售看,淮河流域工业产品绝大多数是为了满足当地人民的生产与生活需要,也有部分产品销往周边地区及通商口岸,还有少部分产品出口至海外。

(三)交通运输业

鸦片战争后,随着国门的被迫打开,以机械为动力的新式交通开始兴起,淮河流域的交通运输亦随之发生变化。

1. 航运业的变迁

淮河流域河流纵横,湖荡棋布,水运资源丰富,形成了一个以淮河干流为主体、覆盖整个流域的庞大水运网络,为近代淮河流域航运业的发展提供了便利。

从19世纪中叶开始,在列强炮艇保护下的轮运业,逐渐由中国沿海、沿江向内河延伸,淮河流域航运业亦被悄然卷入这一潮流之中。一些小轮公司陆续创办,并不断增辟新航线,淮河流域初步形成以主要城市为中心的小轮航运网络。如蚌埠,1933年有大小轮船公司17家。[①] 轮船的出现,打破了淮河流域长期以来以木帆船为主要水上运输工具的传统运输格局,为淮河流域航运业发展注入了活力。为维护航权,加强对航运的管理,民国时期从中央政府到淮河流域地方政府都设立了航政管理机构,并颁行了相关的航运章程与法规,使淮河流域航运管理趋于规范化。同时,航业公会在淮河流域部分地区相继建立,有效遏制了行业间的恶性竞争,维护了行业的共同利益。为适应淮河流域经济与航运业进一步发展的需要,一批具有近代化性质的港埠应运而生。

在轮运业兴起与漕运废止的双重冲击下,淮河流域木帆船运输业渐趋萧条。面对挑战,木帆船业扬长避短,充分发挥自身小巧灵活、成本低廉、可在滩多水浅的支流航行等优势,在两淮盐运、商贸运输与支流短途客运等方面仍然发挥着不可替代的作用。

2. 公路体系的构建

民国建立后,新式道路逐步取代了旧有驿道。此种新兴之道路,初称"汽车路",后改称公路。南京国民政府成立后,淮河流域各省相继成立了主管公路建设与运输的机构。在中央政府的督建和豫、皖、苏、鲁四省政府的努力下,淮河流域公路从无到有,突破省界,彼此联络,基本形成了以主要城市为中心向外辐射的公路网络。随着淮河流域民族工商业发展步伐的加快,商旅往来和物资流通日益活跃,一批以经营汽车运输为业的汽车公司开始出现。同时,为物资集散和流通服务的传统城镇短途运输业获得了新的发展空间。

经过南京国民政府近十年的建设,淮河流域公路由萌芽时期的互不连贯状态,发展成为以济宁、临沂、徐州、扬州、蚌埠、阜阳、郑州、开封等主要城市为中心向外辐射的放射状公路体系,公路覆盖范围明显扩大,诸如独山、时村、石婆店等边远山区都通了公路。

3. 铁路的筹建

铁路作为以机械提供动力的新型运输方式,是社会经济由传统向近代演进的强大动力。从晚清政府到南京国民政府,都对铁路建设给予高度重视,不仅设立了专门机构,还制定了

---

① 安徽省政府秘书处.安徽省概况统计[Z].安徽省政府秘书处,1933:235-236.

一系列关于铁路修建与管理的法律规章。在中央政府的主导下,几经周折,京汉、津浦、陇海三条贯穿淮河流域的铁路干线及淮南铁路先后建成通车,将淮河流域与全国各地紧密联系为一个整体。

淮河流域铁路的通车运行,不仅改变了淮河流域的交通运输结构,还对淮河流域社会经济的发展产生了重要影响。受惠于铁路运输的便利与价格低廉,农产品与工矿产品的销量倍增,一些市场前景较好的农作物在铁路经行地区大规模种植,一些工矿企业在铁路沿线地区建立并不断发展,大量货流被铁路所吸引,以水运为主的传统交通运输格局受到一定程度的冲击。

(四) 商业、城市与金融业

近代以来,随着外国资本主义对华商品和资本的输出,民族工业的发展和交通运输方式的改进,以及中央和淮河流域地方政府对商业的重视,淮河流域的商业有了新的发展和进步。以铁路、公路为主的淮河流域新商路取代以水运为主的传统商路而成为主导,相应地推动了淮河流域传统商路城市的衰退和新商路沿线城市的兴起。同时,淮河流域广大内陆地区的中小城市以及淮河流域城市金融业,也在缓慢地向前发展。

1. 商业的发展和进步

19世纪末20世纪初,在中央政府振兴商务的背景下,淮河流域安徽、江苏、河南、山东各地方政府也采取了一些相应的促进商务发展的措施,主要有:一是对中央振兴商务政策予以贯彻实施,相应成立地方商务管理机构,执行中央促进商务发展的政策。二是兴办商业学校或普通学校加设商业课,以传播商务知识,培养地方商业人才。三是制定颁布有关整顿和规范、促进地方商务发展的法规和章程。四是积极参加各种商品展览会,设立商品陈列所。

随着这些"恤商"政策的实施,淮河流域的商业得到了进一步发展,主要表现为:一是茶叶、粮食、皮货、中药材、京货杂货业、绸缎绸布业等传统商业继续发展,并出现了向近代转型的趋势。二是淮河流域各地不断产生诸如经营煤油、西药、洋糖、香烟为主的新式商业。清末民初,会馆或公所由于地域、行帮界限很严,组织又较为松散,愈来愈不能适应商业交往与竞争的需要。于是,一种跨乡籍、跨行业,实行各业商人联合的商会组织便在淮河流域产生。民国时期出现的淮河流域同业公会,是由清末的行业会馆、公所组织转化而来的。

2. 商路变迁与城市的兴衰

20世纪以来,随着交通的发展,淮河流域商路发生了重大变迁,逐渐形成了以陆路运输为主、水路运输为辅的商路格局。一方面,以铁路以及众多的省道、县道公路为主干的新商路崛起;另一方面,淮河流域传统水运商路逐渐衰微,但因其运价相对低廉,运力仍在不断提升,并融入了近代淮河流域商路网络系统而成为其不可分割的组成部分。

商路的变迁导致传统商路城市如宿迁、淮阴、淮安、扬州、临淮关、正阳关、朱仙镇、亳州等日趋衰落,而位于新商路沿线的众多中小城市如郑州、驻马店、连云港、蚌埠等,则由于交通区位的优势而得到了迅速发展,海州(今连云港市)、郑州、济宁(有津浦铁路兖济支线通过)、徐州、蚌埠纷纷自开为商埠。同时,由于近代因素的渗透,传统行政中心城市如省会城市——开封和大量的县治城市的经济功能逐渐得到了增强,开始了缓慢的城市近代化进程;

而一些交通条件便利且农副产品商品化程度较高的地区,则出现了众多的市镇,这些市镇或因商而兴,或因铁路、公路、轮运线的开辟而起,或因工矿业的兴办而得以发展。

3. 金融业的缓慢发展

近代淮河流域金融业的发展主要体现在货币的发行和流通以及资金融通机构的建立方面。票号是清末出现的金融机构,在淮河流域比较少,只有开封等少数地方有票号的分号。近代淮河流域的典当业依照其性质的不同,可分为典当、押店、质店、代步、小押店等。主要是规模和资本的大小以及经营项目上有差别,典当资本较为雄厚,押店较典当规模小。淮河流域钱庄业之所以得到了一定程度的发展,原因不仅在于国内外贸易的发展,还在于上海金融中心的辐射带动,淮河流域各地钱庄或直接或间接地仰赖上海金融业的调剂。在淮河下游一带,清江浦、扬州皆是区域金融中心。江苏的淮河以北及沿淮地区钱业行市以清江浦行市为标准,苏中多以扬州或镇江行市为标准,"洋价银厘,以扬、镇为标准,每日各赴钱业公所规定一次"[①]。

近代淮河流域社会经济相对落后,大型区域性乃至全国性的工商业城市无多,淮河流域河南、安徽、江苏、山东四省的省会,除了河南省会开封在淮河流域,其他三省省会都不在淮河流域。因此,淮河流域的新式银行业发展的一个重要特点是域内自办的银行较少,多是全国性银行和地方银行的分支机构。而大银行建立分支机构都是选择在交通方便、商业贸易相对发达的城市。故淮河流域银行的发展也多限于县级以上的城市,而不能像典当、钱庄之类的传统金融机构能深入广大的乡村市镇。

一个地域的自然环境与其经济发展密切相关。淮河流域的地形地貌、地质土壤和水系对于淮河流域经济开发的影响巨大。同时,历史是不断延续和向前发展的。近代中国各级政府出台的政策法规、区域的资源禀赋为淮河流域农业、工业、交通运输化、商业、城市和金融业的发展创造了条件。近代淮河流域经济发展为当代淮河流域的经济开发奠定了重要的基础。

---

① 陈时泌.淮扬道区淮安县实业视察报告书[J].江苏实业月志,1919(2):56-62.

第二章
当代淮河流域的农业

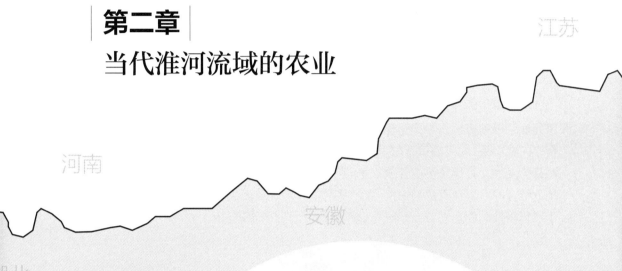

淮河流域在我国农业生产中占有重要的地位。淮河流域平原面积广阔,气候、土地、水资源等条件优越,适宜发展农业生产,是我国重要的粮、棉、油主产区之一。淮河流域的粮食作物与经济作物分布具有不同的特点。中华人民共和国成立后,尤其是改革开放以来,淮河流域进行了一系列的农业改革。农业新种子和农业机械化是淮河流域农业发展进程中出现的新元素,是推动淮河流域农业发展的重要因素。淮河流域建立了比较健全的良种引育和推广体系,通过引进、选育、推广等方式不断更新更换良种。同时,使用各种动力机械开展农业生产,实行农业机械化,从而提高劳动生产率。在中央的领导下,经过人民的共同努力,淮河流域农业发展取得了巨大的成就。受自然因素、人为因素的影响,淮河流域又是灾害频发的地区。农业对灾害的反应最为敏感,自然灾害对农业的影响也最大。中央政府与淮河流域地方政府采取各种措施,积极应对农业自然灾害,取得了显著成效。

第一节
当代淮河流域农业的产区分布与历史演进

淮河流域的种植作物包括粮食作物和经济作物。淮河以南地区以种植水稻为主,淮河以北地区以种植旱作为主。棉花、茶叶、烟叶、花生、油菜籽、芝麻等经济作物分布各有特点。新中国成立后,淮河流域开展了土地改革和农业基本建设,不断改善农业生产条件,农业生产持续发展。特别是改革开放以来,淮河流域在农村实行以家庭联产承包为主的责任制和统分结合的双层经营体制,并在农产品购销体制等方面进行变革,极大地调动了广大农民的生产积极性和创造性,使农业进入健康、快速的发展轨道。

一、产区分布

淮河流域东西长约 700 千米,南北宽约 400 千米,流域面积为 27 万平方千米。淮河流域的粮食作物以淮河为分界线,淮河以南地区以种植水稻为主,淮河以北地区以种植小麦、大豆、红薯、玉米、谷子等旱作为主。其中小麦与稻谷是淮河流域粮食作物的主要支柱,小麦和稻谷的产量约占淮河流域粮食产量的 2/3。[1] 淮河流域经济作物包括棉花、茶叶、烟叶、花生、油菜籽、芝麻等,分布呈现不同特点。

(一)粮食作物的产区分布

粮食作物一般包括谷类作物,如稻谷、小麦、大麦、玉米、谷子、高粱等;薯类作物,如甘薯、马铃薯等;豆类作物,如大豆、蚕豆、豌豆、绿豆、小豆等。淮河流域的粮食作物主要有水稻、麦子、玉米、高粱、甘薯、大豆等。

1. 麦子的产区分布

麦子主要分布于淮河以北地区,是淮河流域粮食作物的重要支柱,种植面积最大。1949年,淮河流域小麦种植面积为 11 674 万亩,此后淮河流域小麦种植面积基本维持在 10 000 万亩以上,如表 2.1 所示。

---

[1] 水利部淮河水利委员会《淮河志》编纂委员会. 淮河综述志[M]. 北京:科学出版社,2000:223.

表 2.1　1949—1991 年部分年份淮河流域小麦种植面积统计表

单位:万亩

年份	全流域	流域内			
		河南	安徽	江苏	山东
1949	11 674	3 496	3 500	2 363	2 315
1978	9 533	3 465	2 256	2 030	1 782
1983	10 793	3 561	2 538	2 665	2 029
1988	11 378	4 147	2 635	2 332	2 264
1989	11 571	4 222	2 650	2 436	2 263
1990	11 767	4 287	2 698	2 482	2 300
1991	11 128	4 284	2 699	1 836	2 309

资料来源:水利部淮河水利委员会《淮河志》编纂委员会.淮河综述志[M].北京:科学出版社,2000:223.

在淮河流域安徽,小麦产区分布于淮北平原、江淮丘陵与大别山区。1987年,淮北平原种植面积为 2 103.02 万亩,占全省种植面积的 70.59%。其中淮南、淮北、阜阳、宿县、六安、蚌埠 6 个地区种植面积为 2 359.22 万亩,占全省种植面积的 79.18%。阜阳种植面积最大,达 1 112.42 万亩,占全省种植面积的 37.34%。[①] 大麦种植面积在淮河以北地区分布最广,约占全省种植面积的 50%。1951 年,淮北大麦种植面积为 290.7 万亩,占全省种植面积的 47.5%。随着农作物结构的调整,大麦种植面积趋于下降。具体如表 2.2 所示。

表 2.2　1951—1987 年部分年份安徽淮北和江淮地区大麦分布状况表

年份	总面积（万亩）	淮河以北		江淮之间	
		面积(万亩)	占全省比例	面积(万亩)	占全省比例
1951	611.82	290.70	47.52%	241.08	39.40%
1966	323.06	166.49	51.54%	134.95	41.77%
1978	107.81	58.20	53.98%	42.34	39.27%
1987	196.82	85.59	43.49%	100.79	51.21%

资料来源:安徽省地方志编纂委员会.安徽省志:农业志[M].北京:方志出版社,1998:93.

由表 2.2 可知,大麦种植面积下降明显,淮北地区大麦种植面积减少 205.11 万亩,下降 70.56%;江淮地区大麦种植面积减少 140.29 万亩,下降 58.19%。

在淮河流域江苏,麦区主要分为淮北小麦区、沿海大麦区和里下河麦作区。淮北小麦区在苏北灌溉总渠以北,包括徐州、连云港两市全部及淮阴市的淮北各县和盐城市响水县全部,滨海、阜宁两县渠北各乡。[②] 沿海大麦区位于东部沿海,西以范公堤为界,北至灌溉总

[①] 安徽省地方志编纂委员会.安徽省志:农业志[M].北京:方志出版社,1998:59-60.
[②] 江苏省地方志编纂委员会.江苏省志:农业志[M].南京:江苏古籍出版社,1997:150-151.

渠,包括盐城市所属各县的堤东部分和南通市的如东县一部分。其中,盐城市沿海地区种植面积为150万～200万亩,而如东一个县,大麦面积达80万亩。① 里下河麦作区,种植面积为650万～700万亩,包括兴化、高邮、宝应、泰县、江都、建湖、盐城、阜宁、东台、大丰、金湖、洪泽、淮安等县的全部或一部分。另外,还有丘陵麦区,包括淮阴市的盱眙县,以及扬州市的邗江、高邮县的丘陵地区。②

在淮河流域河南,小麦分布于豫东地区,包括平原地区的开封、商丘、许昌、漯河、周口等,以及黄河两侧的新郑、中牟、通许、杞县、兰考、民权等地。另外,还分布于豫南区,包括驻马店和信阳。③

在淮河流域山东,大麦种植最集中的地区为临沂地区南部和东部各县,其次为南四湖周围和菏泽地区东南部各县,鲁中的宁阳也是重点分布县。其中日照和莒南大麦面积在15万～20万亩。④

2. 水稻的产区分布

水稻主要分布于淮河以南地区。早期主要种植单季稻,后稳步发展双季稻。1949年,淮河流域水稻种植面积为1 718万亩,1978年后,淮河流域水稻种植面积迅速扩大,超过3 000万亩,其中1990年达到3 867万亩,比1949年增加1.25倍,具体如表2.3所示。

表2.3 1949—1991年部分年份淮河流域水稻种植面积统计表

单位:万亩

年份	全流域	流域内			
		河南	安徽	江苏	山东
1949	1 718	220	278	1 100	120
1978	3 181	503	848	1 667	164
1983	3 491	507	875	1 984	127
1988	3 540	510	998	1 937	94
1989	3 841	539	1 219	1 976	107
1990	3 867	544	1 165	2 027	130
1991	3 674	560	1 059	1 899	156

资料来源:水利部淮河水利委员会《淮河志》编纂委员会.淮河综述志[M].北京:科学出版社,2000:223.

在淮河流域安徽,淮北地区水稻面积为211.33万亩,主要分布在沿河两岸和机电井灌区;皖西地区水稻种植面积为187.85万亩,占该区耕地面积的85.5%;江淮地区也种植水稻。⑤

在淮河流域江苏,里下河稻区包括灌溉总渠以南、通扬运河以北、京杭运河以东、通榆河

---

① 江苏省地方志编纂委员会.江苏省志·农业志[M].南京:江苏古籍出版社,1997:151.
② 江苏省地方志编纂委员会.江苏省志·农业志[M].南京:江苏古籍出版社,1997:152.
③ 河南省农业区划委员会种植专业组.河南省种植业区划[Z].河南省农业区划委员会种植专业组,1986:70-72.
④ 山东省地方史志编纂委员会.山东省志·农业志 上册[M].济南:山东人民出版社,2000:384.
⑤ 安徽省地方志编纂委员会.安徽省志·农业志[M].北京:方志出版社,1998:36.

以西的地区。20世纪50年代,平均水稻种植面积为1 007.97万亩;70年代,平均水稻种植面积为1 036.9万亩;80年代,平均水稻种植面积为1 016.32万亩。另外,还有淮北稻区,即包括淮河以北(即灌溉总渠以北)的地区。①

在淮河流域河南,水稻主要集中于南部,包括淮河以南的信阳市、信阳县、罗山、光山、潢川、固始、商城、新县、桐柏等9个县市,1984年播种417万亩,是河南省最大的稻区。淮河以北的息县、淮滨、正阳、确山、汝南等地也种植水稻。②

在淮河流域山东,1952—1957年,日照年平均种植水稻在万亩以上,郯城和日照年平均种植旱稻达4万亩以上,莒南种植旱稻在2万亩以上。1958年以后,旱稻逐渐消失,水稻逐渐扩种。20世纪60年代至80年代,水稻主要分布于南四湖和东平湖的滨湖洼地、沂沭河中下游平原。其中滨湖洼地和沂沭河中下游从1958年开始发展,80年代各占全省水稻种植面积的1/3以上。③

3. 玉米的产区分布

在淮河流域安徽,20世纪50年代初,灵璧、泗县、嘉山等县玉米种植面积较大。1953—1957年,淮北地区逐步发展成为安徽省玉米的主要产地。1956年,阜阳、宿县两专区玉米种植面积为373.76万亩,占全省玉米种植面积的45.6%。70年代,阜阳、宿县两专区年平均玉米种植面积占全省玉米种植面积的60%以上。④

在淮河流域江苏,徐淮玉米区包括徐州、连云港两市全部,淮阴市的宿迁、沭阳、泗阳、灌南、涟水、淮阴、淮安的全部,泗洪、盱眙和金湖的一部分,盐城市的响水、滨海的全部和阜宁的大部分,是江苏省主要的玉米产区。1952年,该区种植面积为583万亩,1956年达到700万亩,1978年减为346万亩,1984年为400万亩。沿海玉米区是仅次于徐淮地区的主要玉米产区,包括盐城市的射阳、大丰、东台的大部及盐城县的一部分,以及南通市的如东。⑤ 丘陵山区玉米区,包括淮阴市的盱眙、泗洪两县的西部丘陵山区。⑥

在淮河流域河南,玉米主要分布于豫东平原区,包括周口全部,商丘、开封的大部,郑州、许昌、平顶山、驻马店的东部平原,共43个县(市),种植玉米820万亩,占全省玉米种植面积的33%。豫南区,包括信阳的全部,以及新蔡、正阳、西平、遂平、确山、桐柏的大部、舞钢和舞阳的南部、叶县的南部等。⑦

在淮河流域山东,1949年,鲁南地区种植玉米最少,种植面积为24.8万亩,仅占全省的1.7%。1990年,玉米普及鲁南地区,种植面积为450.9万亩,占全省的12.5%。⑧

4. 高粱的产区分布

在淮河流域安徽,高粱主要产区在淮北平原,包括阜阳、宿县、蚌埠、淮北等地市。该区

---

① 江苏省地方志编纂委员会. 江苏省志:农业志[M]. 南京:江苏古籍出版社,1997:115-117.
② 河南省农业区划委员会种植专业组. 河南省种植业区划[Z]. 河南省农业区划委员会种植专业组,1986:82.
③ 山东省地方史志编纂委员会. 山东省志:农业志 上册[M]. 济南:山东人民出版社,2000:321-322.
④ 安徽省地方志编纂委员会. 安徽省志:农业志[M]. 北京:方志出版社,1998:81-82.
⑤ 江苏省地方志编纂委员会. 江苏省志:农业志[M]. 南京:江苏古籍出版社,1997:219.
⑥ 江苏省地方志编纂委员会. 江苏省志:农业志[M]. 南京:江苏古籍出版社,1997:220.
⑦ 河南省农业区划委员会种植专业组. 河南省种植业区划[Z]. 河南省农业区划委员会种植专业组,1986:77.
⑧ 山东省地方史志编纂委员会. 山东省志:农业志 上册[M]. 济南:山东人民出版社,2000:299-300.

高粱年播种面积占全省高粱播种面积的85%左右,尤其是阜阳地区种植面积常年占全省的50%以上;江淮区,包括六安地区也是高粱的重要产地。①

在淮河流域江苏,分市比较,淮阴市高粱播种面积最大,为14.62万亩。分县比较,泗洪县播种面积最大,为8.58万亩。②

在淮河流域山东,高粱种植很普遍,播种面积仅次于小麦、大豆,主要分布在鲁西黄泛平原、黄河三角洲以及鲁中、鲁南的涝洼和丘陵。③

在淮河流域河南,高粱主产区多分布在京广铁路以东、淮河以北的平原易涝区。据统计,1957年种植面积20万亩以上的有永城、虞城、商丘、夏邑、柘城、太康、鹿邑、郸城、商水、上蔡、平舆、新蔡、正阳、确山等14个县。④ 随着生产结构的调整,70年代高粱的种植面积下降十分明显。1985年种植面积20万亩以上的有周口、驻马店、商丘等3个地区,具体如表2.4所示。

表2.4 1950—1985年部分年份淮河流域河南高粱种植面积统计表

单位:万亩

地　市	1950年	1955年	1965年	1975年	1985年
商丘	242.1	257.6	172.3	43.6	20.6
开封(含郑州、开封市)	172.9	142.3	158.5	56.9	8.6
许昌(平顶山市)	101.1	89.5	73.9	14.5	16.5
周口	181.2	191.0	134.1	45.1	30.5
驻马店	178.3	206.9	155.3	48.6	25.8
信阳	68.0	69.0	60.0	7.0	2.8

说明:此表按1979年底行政区划统计。
资料来源:河南省地方史志编纂委员会.河南省志:农业志[M].郑州:河南人民出版社,1993:141.

由表2.4可以看出,1950年,淮河流域河南高粱种植面积为943.6万亩,1985年,种植面积为104.8万亩,减少838.8万亩。

5. 甘薯的产区分布

在淮河流域安徽,甘薯产区主要分布于淮北地区,包括阜阳、阜南、颍上、凤台、利辛、太和、临泉、界首、涡阳、蒙城、亳县、砀山、萧县、濉溪、宿县、灵璧、泗县、怀远、五河、固镇等县市。全区甘薯产量占全省甘薯总产量的80%。甘薯与麦子、玉米、大豆、高粱等作物轮作换茬。其次在江淮地区,包括凤阳、定远、嘉山、天长、长丰、寿县、六安、金寨、霍邱、霍山等县市。该区以麦茬甘薯居多,有与油菜等夏收作物接茬,也有与高粱、黄豆、芝麻、豇豆、爬豆、绿豆等夏种作物间作套种。⑤

在淮河流域江苏,淮北薯区包括徐州市的铜山、丰县、沛县、睢宁、邳县、新沂等县市,连

---

① 安徽省地方志编纂委员会.安徽省志:农业志[M].北京:方志出版社,1998:89.
② 江苏省地方志编纂委员会.江苏省志:农业志[M].南京:江苏古籍出版社,1997:237.
③ 山东省地方史志编纂委员会.山东省志:农业志 上册[M].济南:山东人民出版社,2000:365.
④ 河南省地方史志编纂委员会.河南省志:农业志[M].郑州:河南人民出版社,1993:142.
⑤ 安徽省地方志编纂委员会.安徽省志:农业志[M].北京:方志出版社,1998:71.

云港市的赣榆、东海、灌云等县,淮阴市的淮阴、泗阳、宿迁、沭阳、涟水、灌南等县市的全部,泗洪、洪泽、淮安等县的灌溉总渠以北部分,以及盐城市的响水县全部和滨海、阜宁的渠北部分。① 通扬高沙土薯区包括扬州市的江都、泰县,南通市的如东县全部。宁镇扬丘陵薯区包括盱眙县全部和金湖、高邮、邗江等县部分或大部。②

在淮河流域河南,新中国成立初期,甘薯栽种很普遍,一般县占耕地面积的10%~20%。20世纪50年代后期至1978年前,以驻马店、周口、商丘、许昌、开封等地较多。1978年后甘薯面积逐渐减少。③

在淮河流域山东,甘薯主要分布于山丘岭坡地、平原河滩高地和高坡地,尤以鲁中南较贫瘠干旱的丘陵、低山种植最多。20世纪50年代至80年代,鲁中南甘薯占全省的比例稍呈上升趋势。④

6. 大豆的产区分布

在淮河流域安徽,大豆产区主要分布于淮北地区,种植面积占全省种植面积的80%~90%,是安徽省大豆的主产区。产区包括淮北北部的萧县、砀山、亳县等,淮北中部的宿县、淮北市、濉溪、泗县、灵璧、固镇、蒙城、涡阳、利辛、太和、阜阳、界首等,淮北南部的五河、怀远、颍上、阜南、凤台、嘉山、定远、凤阳、寿县、霍邱、淮南、蚌埠等。另外,江淮丘陵区的长丰、六安、天长、金寨、霍山等县市也种植大豆。⑤

在淮河流域江苏,淮北区包括整个徐州市、连云港市,盐城市的响水、滨海两县,淮阴市的大部,该区为全省主要大豆产区,种植面积约为400万亩,占全省种植面积的80%左右。江淮区包括扬州市、盐城市的大部、淮阴市的一部分也种植大豆。⑥

在淮河流域山东,大豆分布较集中的产区为菏泽地区,其次为临沂地区南部、南四湖外围。1990年,种植面积超过50万亩的地市依次为菏泽、济宁、临沂。其中,菏泽种植面积最大,为135.53万亩。⑦

在淮河流域河南,大豆主要分布于豫中东平原区,包括商丘、周口、许昌、开封、平顶山5个地市和中牟、新郑2个县。另外,还分布于淮北平原区,包括驻马店地区和息县、淮滨、信阳3个县。1955年,全省种植面积50万亩以上的有11个县,其中10个县位于淮河流域,包括虞城、夏邑、永城、鹿邑、郸城、沈丘、确山、上蔡、汝南、新蔡等。⑧

除大豆类以外,还有杂豆类,包括绿豆、红豆、豌豆、蚕豆、芸豆等,种植面积不太稳定。在淮河流域安徽,杂豆生产集中于淮北主产区、江淮次产区,但总的趋势是逐年减少。⑨ 在淮河流域山东,1952—1957年,绿豆种植面积在3万亩以上的县有金乡、济宁、嘉祥、峄县、滕

---

① 江苏省地方志编纂委员会.江苏省志:农业志[M].南京:江苏古籍出版社,1997:226.
② 江苏省地方志编纂委员会.江苏省志:农业志[M].南京:江苏古籍出版社,1997:227.
③ 河南省地方史志编纂委员会.河南省志:农业志[M].郑州:河南人民出版社,1993:109-110.
④ 山东省地方史志编纂委员会.山东省志:农业志 上册[M].济南:山东人民出版社,2000:340.
⑤ 安徽省地方志编纂委员会.安徽省志:农业志[M].北京:方志出版社,1998:75.
⑥ 江苏省地方志编纂委员会.江苏省志:农业志[M].南京:江苏古籍出版社,1997:233.
⑦ 山东省地方史志编纂委员会.山东省志:农业志 上册[M].济南:山东人民出版社,2000:355.
⑧ 河南省地方史志编纂委员会.河南省志:农业志[M].郑州:河南人民出版社,1993:119.
⑨ 安徽省地方志编纂委员会.安徽省志:农业志[M].北京:方志出版社,1998:95.

县、菏泽、成武、苍山等;1956—1957年,小豆种植面积在5 000亩以上的县有郓城、菏泽、金乡、滕县等。① 在淮河流域河南,1952年,蚕豆种植面积在信阳地区有近4万亩;1953年,扁豆种植面积在许昌地区有43万亩,郑州地区有12万亩,信阳地区有19万亩,商丘地区有16万亩;绿豆以黄河以南种植较多,1985年商水种植面积有10万亩以上。20世纪80年代以后小豆主要分布于信阳等地的丘陵山地,豇豆主要分布于周口、驻马店等地。②

(二)经济作物的产区分布

经济作物按其用途可分为纤维作物、油料作物、糖料作物、饮料作物、嗜好作物等。就淮河流域而言,经济作物具体包括棉花、花生、油菜籽、芝麻、茶叶、烟叶等。

1. 棉花的产区分布

在淮河流域安徽,淮北棉区,1949年植棉118万亩,占全省棉田面积的47.3%。1987年植棉151.88万亩,占全省棉田面积的45%,比1949年增加27.8%。③

在淮河流域江苏,淮北棉区,包括丰县、沛县、邳县、铜山、睢宁县、连云港市郊区、灌云、灌南、沭阳、泗阳、涟水、响水县的全部,东海县、宿迁、淮安、泗洪、滨海、阜宁县的部分,棉花种植面积为224.51万亩,占全省棉田面积的27.54%。④ 里下河棉区,包括兴化市、宝应县全部,高邮、江都、泰县、阜宁、建湖县、盐城市郊区大部分,大丰县、东台市、金湖县少部分,棉花种植面积为146.36万亩,占全省棉田面积的16.48%。⑤

在淮河流域山东,20世纪80年代,鲁西南、鲁南棉区为重点分布区域。鲁西南棉区,包括济宁市、菏泽地区;鲁南棉区,包括临沂地区南部及枣庄市共8个县(市、区)。⑥

在淮河流域河南,豫东平原棉区是种植棉花的重要区域,包括黄河以南、淮河以北、京广线以东的平原地区,棉田面积占全省的38%。⑦ 1987年,郑州、开封、平顶山、许昌、漯河、商丘、周口、驻马店、信阳等地市棉花种植面积为618.6万亩,具体如表2.5所示。

表2.5 1987年淮河流域河南棉花种植面积分布表

单位:万亩

地区	种植面积	地区	种植面积	地区	种植面积
郑州市	15.1	开封市	125.6	平顶山市	2.3
许昌市	32.1	漯河市	1.9	商丘地区	141.5
周口地区	251.2	驻马店地区	35.7	信阳地区	13.2

资料来源:河南省地方史志编纂委员会.河南省志:农业志[M].郑州:河南人民出版社,1993:156.

---

① 山东省地方史志编纂委员会.山东省志:农业志 上册[M].济南:山东人民出版社,2000:371,374.
② 河南省地方史志编纂委员会.河南省志:农业志[M].郑州:河南人民出版社,1993:128-131.
③ 安徽省地方志编纂委员会.安徽省志:农业志[M].北京:方志出版社,1998:104-105.
④ 江苏省地方志编纂委员会.江苏省志:农业志[M].南京:江苏古籍出版社,1997:165.
⑤ 江苏省地方志编纂委员会.江苏省志:农业志[M].南京:江苏古籍出版社,1997:164-165.
⑥ 山东省地方史志编纂委员会.山东省志:农业志 上册[M].济南:山东人民出版社,2000:391-392.
⑦ 河南省地方史志编纂委员会.河南省志:农业志[M].郑州:河南人民出版社,1993:150.

2. 油菜的产区分布

在淮河流域安徽,淮北平原区种植油菜少则数千亩,多则十几万亩,集中在阜南、阜阳、临泉、颍上等少数县份,占全省油菜面积的 2%～3%。阜阳地区 1973 年油菜播种面积为 15.05 万亩,阜阳、宿县两地区 1977 年播种油菜 30.14 万亩。改革开放后,淮北地区油菜种植面积占全省油菜种植面积的 22.4%。江淮丘陵区改沤种油,油菜种植面积占全省油菜种植面积的 34.9%,具体如表 2.6 所示。

表 2.6 安徽各大农区油菜种植面积分布比例年份抽样调查表

农 区	1957 年		1977 年		1987 年	
	面积(万亩)	占全省比例	面积(万亩)	占全省比例	面积(万亩)	占全省比例
淮北平原	8.11	3.03%	4.39	1.56%	322.72	22.39%
江淮丘陵	44.67	16.69%	84.51	30.10%	502.51	34.86%
皖西山区	22.54	8.41%	11.63	4.14%	42.21	2.93%
沿江圩区	134.54	50.23%	139.86	49.81%	477.46	33.12%
皖南山区	58.00	21.64%	40.39	14.39%	96.60	6.70%
全省合计	267.86	100.00%	280.78	100.00%	1441.50	100.00%

资料来源:安徽省地方志编纂委员会.安徽省志:农业志[M].北京:方志出版社,1998:120.

由表 2.6 可知,1987 年与 1957 年比较,安徽油菜种植面积总体增加较大,但产区分布变化不大。淮北平原油菜种植面积占全省油菜种植面积由 3.03% 增至 22.39%,江淮丘陵油菜种植面积占全省油菜种植面积由 16.69% 增至 34.86%;而沿江圩区油菜种植面积占全省油菜种植面积由 50.23% 降至 33.12%,皖南山区油菜种植面积占全省油菜种植面积由 21.67% 降至 6.70%。

在淮河流域江苏,淮北油菜区包括苏北灌溉总渠以北的整个淮北农业区。新中国成立初期,全区油菜种植面积为 20 万亩左右,占全省油菜种植面积的 10% 左右;1980 年为 35.5 万亩,占全省油菜种植面积的 13.4%。1987 年,全区油菜种植面积为 178 万亩,比 1980 年增加 4 倍,其中种植面积超过 15 万亩的有睢宁、淮阴、涟水、盱眙、泗阳 5 个县。里下河油菜区,20 世纪 70 年代末,全区油菜种植面积为 30 多万亩,80 年代以来发展较快,1987 年全区油菜种植面积为 50 多万亩,比 1980 年增加了一倍多。其中种植面积最大的是兴化市,面积为 19 万亩,其次是高邮县,面积为 15.5 万亩,第三是宝应县,面积为 10.16 万亩。[1]

在淮河流域河南,北方小油菜分布于商丘、柘城、夏邑、永城、虞城、宁陵、荥阳、宝丰等地,南方油白菜分布于新县、固始、信阳、潢川、光山、罗山等地。[2]

在淮河流域山东,新中国成立后至 20 世纪 70 年代,油菜种植集中于菏泽地区,种植面

---

[1] 江苏省地方志编纂委员会.江苏省志:农业志[M].南京:江苏古籍出版社,1997:195,197.
[2] 河南省地方史志编纂委员会.河南省志:农业志[M].郑州:河南人民出版社,1993:167.

积占全省总面积的95%。70年代末,开始向济宁、枣庄、临沂等地市扩展。①

3. 花生的产区分布

在淮河流域安徽,淮北地区,1985年花生种植面积为94.55万亩,占全省花生种植面积的45.7%。灵璧、泗县、宿县、固镇、五河、怀远、利辛、涡阳、濉溪等9个县种植面积较大,合计67.94万亩。其中宿县、灵璧、泗县、固镇、五河、怀远等6个县种植面积分别为10万亩左右。江淮丘陵地区,1985年花生种植面积为96.31万亩,占全省花生种植面积的46.5%。定远、凤阳、嘉山、长丰等县种植面积较大,其中定远县种植面积为20万亩左右。②

在淮河流域江苏,徐淮丘陵花生区于20世纪80年代后逐渐成为江苏省最大的花生产区,种植面积为90万~100万亩,占全省花生种植面积的50%~60%。全省共有8个花生生产重点县,该区就有5个,即东海、赣榆、泗洪、新沂、盱眙。徐淮废黄河两岸平原花生区,种植面积较大的有涟水、宿迁、睢宁、铜山等县。③

在淮河流域河南,花生主要分布于豫东地区,其他地区也有种植。主要有:一是黄河冲积平原花生区,包括京广铁路以东、沙颍河以北的广大平原,种植面积占全省的60%以上;二是豫南浅山、丘陵花生区,包括淮南地区,种植面积占全省的20%左右;三是淮北平原花生区,位于淮河以北、沙颍河以南,西接伏牛山区,种植面积占全省的5%以上。④

在淮河流域山东,花生主要产区分布于鲁中南丘陵地区,1990年,莒南县花生种植面积为30万~40万亩。⑤

4. 芝麻的产区分布

在淮河流域安徽,淮北平原区芝麻的种植面积占全省种植面积的2/3~4/5。1957年93.09万亩,占全省的70.23%;1977年61.82万亩,占全省的67.14%;1987年206.43万亩,占全省的85.49%。该区临泉县芝麻种植面积为25万~30万亩,不仅在全省各县中名列前茅,在全国种植芝麻县中也居于首位。江淮丘陵区芝麻种植面积占全省的5%~12%。⑥

在淮河流域江苏,芝麻主要集中于淮北地区。1955年,徐州地区种植芝麻18.25万亩,居全省首位;淮阴地区种植芝麻14.35万亩,居全省第二位。20世纪80年代以来,芝麻种植面积超过8 000亩的有淮阴、徐州、扬州和盐城等市,其中淮阴市种植面积最大,一般为5万~7万亩,1982年曾达到11.59万亩;1987年还有3.18万亩,仍居全省首位。80年代后期芝麻种植面积超过0.3万亩的有盱眙、东台、铜山、大丰、泗洪、泰县、射阳等县。⑦

在淮河流域河南,芝麻的主产区在驻马店、南阳、商丘、周口、许昌一带,包括豫东北平原

---

① 山东省地方史志编纂委员会.山东省志:农业志 上册[M].济南:山东人民出版社,2000:446.
② 安徽省地方编纂委员会.安徽省志:农业志[M].北京:方志出版社,1998:129-130.
③ 江苏省地方志编纂委员会.江苏省志:农业志[M].南京:江苏古籍出版社,1997:206-207.
④ 河南省地方史志编纂委员会.河南省志:农业志[M].郑州:河南人民出版社,1993:163-164.
⑤ 山东省地方史志编纂委员会.山东省志:农业志 上册[M].济南:山东人民出版社,2000:422.
⑥ 安徽省地方志编纂委员会.安徽省志:农业志[M].北京:方志出版社,1998:126.
⑦ 江苏省地方志编纂委员会.江苏省志:农业志[M].南京:江苏古籍出版社,1997:212-213.

区、淮北平原区、淮南产区等。①

在淮河流域山东,芝麻种植面积最大的是菏泽地区,其次是济宁地区。20世纪60年代后又逐渐向枣庄市扩展。80年代后期,主要产区仍然是菏泽、济宁地区。②

5. 茶叶的产区分布

在淮河流域安徽,大别山茶区主要集中于六安地区,涉及六安、金寨、霍山等县。1987年,六安县茶园面积为32 197亩,金寨为64 909亩,霍山为46 666亩,霍邱为1 302亩。此外,长丰、天长、定远、凤阳、嘉山、寿县等地也种植茶叶。③

在淮河流域山东,东南沿海茶区包括日照、莒南、莒县、临沭等市县,鲁中南茶区包括沂水、沂南、蒙阴、费县、苍山、郯城、枣庄等市县。④

在淮河流域河南,茶叶生产适宜区为新县、光山、罗山、商城、信阳、固始、桐柏等县(市);次适宜区为确山、息县、叶县、鲁山、西平、遂平等县。⑤

6. 烟草的产区分布

在淮河流域江苏,1949年,烟草主要分布于徐州、淮阴地区,盐城地区亦有少量种植。徐州地区种烟3.36万亩,占全省烟田面积的57.3%;淮阴地区种烟2.11万亩,占全省烟田面积的37.15%;盐城地区种烟2 100亩,占全省烟田面积的3.7%。其中,烟草种植面积较大的县有新沂、沭阳,达8 000亩以上,睢宁、邳县、铜山为5 000亩左右,宿迁、赣榆、盱眙为3 000亩左右,其余县均为1 000~2 000亩。20世纪60年代中后期,烟草种植仍集中于徐淮地区。1967年,徐州、淮阴两地区种烟面积为18.21万亩,占全省烟田面积的99.5%,其中徐州地区种烟14.31万亩,占全省烟田面积的78.15%。1980年,淮阴、泗洪、铜山3个县的烟田面积占全省烟田面积的83.2%。1983年后,主产县更加集中,仅泗洪县种烟面积就有2.06万亩,占全省烟田面积的56.7%。⑥

在淮河流域河南,1983年,烤烟最适宜区有登封、密县、新郑、汝阳、临汝等县;烤烟适宜区有许昌、襄城、长葛、郏县、禹县、叶县、宝丰、鲁山、舞阳、郾城、临颍、西平、遂平、舞钢等县市。⑦ 其中许昌地区是河南省烟草主产区。1957年许昌地区种烟面积为115.6万亩,占全省烟田面积的71%。其中长葛、许昌、郏县、襄城、禹县、临颍、郾城等县种烟面积在5万亩以上。1985年,宝丰、叶县、临汝、郏县、登封、襄城、禹县、许昌、临颍、郾城、舞阳等县种烟面积在7万亩以上。⑧ 1987年淮河流域河南地市烟草种植面积分布如表2.7所示。

---

① 河南省地方史志编纂委员会.河南省志:农业志[M].郑州:河南人民出版社,1993:159.
② 山东省地方史志编纂委员会.山东省志:农业志 上册[M].济南:山东人民出版社,2000:442.
③ 安徽省地方志编纂委员会.安徽省志:农业志[M].北京:方志出版社,1998:142.
④ 山东省地方史志编纂委员会.山东省志:农业志 上册[M].济南:山东人民出版社,2000:533.
⑤ 河南省地方史志编纂委员会.河南省志:农业志[M].郑州:河南人民出版社,1993:187.
⑥ 江苏省地方志编纂委员会.江苏省志:农业志[M].南京:江苏古籍出版社,1997:243-244.
⑦ 河南省地方史志编纂委员会.河南省志:农业志[M].郑州:河南人民出版社,1993:177.
⑧ 河南省地方史志编纂委员会.河南省志:农业志[M].郑州:河南人民出版社,1993:181-182.

表 2.7 1987 年淮河流域河南烟草种植面积分布表

单位:万亩

地　区	面积	地　区	面积	地　区	面积
郑州市	14.77	开封市	0.11	平顶山市	60.06
许昌市	41.19	漯河市	25.79	商丘地区	10.01
周口地区	25.76	驻马店地区	17.06	信阳地区	0.97
河南全省	294.69				

资料来源:河南省地方史志编纂委员会.河南省志:农业志[M].郑州:河南人民出版社,1993:179.

由表 2.7 可以看出,1987 年,淮河流域河南烟草种植面积为 195.72 万亩,占河南全省烟草种植面积的 66.42%。其中平顶山市烟草种植面积最大,达 60.06 万亩,其次是许昌市,烟草种植面积为 41.19 万亩。

总之,淮河流域农作物的分布受自然条件的影响很大。一般情况下,农作物生长需要热量、水分、光照等自然条件。同时,地形、土壤、水源与农作物生长密切相关。可以说,农作物的种类不同,对自然条件的要求也有很大不同,这在一定程度上决定了农作物的自然分布。当然,自然条件中的各种因素影响农作物的程度差异,也会使一些农作物出现分布集中或零散的现象。

二、历史演进

中华人民共和国成立以来,淮河流域农业生产虽历经曲折,但总的来说发展较快。以改革开放为界可分为前后两个重要时期。从新中国成立到 1978 年,淮河流域经历土改和农业社会主义改造时期、"大跃进"和三年调整时期、"文革"时期;1978 年改革开放后,淮河流域从高度集中的计划经济体制开始向充满活力的社会主义市场经济体制转变。

(一)改革开放前农业的历史演进

新中国成立后,中央把恢复和发展农业生产作为中心任务。实行土地改革和社会主义改造,促进了农业生产的较快发展,"大跃进"和"文化大革命"又使农业生产遭受挫折。

1. 土地改革和农业社会主义改造时期

新中国成立后,实行土地改革,变封建土地所有制为农民土地所有制。《中华人民共和国土地改革法》指出,废除地主阶级封建剥削的土地所有制,实行农民的土地所有制,借以解放农村生产力,发展农业生产,为新中国的工业化开辟道路。[1] 同时,中央政府还颁布了发展农业生产的决定。如《关于一九五一年农林生产的决定》提出,为保证农业增产的完成,必须贯彻合理的农业税和价格、兴修水利等政策[2];《关于一九五二年农业生产的决定》提出,农业

---

[1] 中共中央文献研究室.建国以来重要文献选编:第 1 册[M].北京:中央文献出版社,1992:336.
[2] 中共中央文献研究室.建国以来重要文献选编:第 1 册[M].北京:中央文献出版社,1992:29-30.

生产的基本方针是,集中力量提高单位面积产量。粮食必须大量增产,绝不能减少其播种面积。① 华东军政委员会第三次全体委员会议决定,凡土地分配业已完成地区,应该深入进行检查,切实保护农民在土地改革中的胜利果实,及时组织群众生产;凡土地分配尚未完成地区,应在春耕期中暂时停止土地改革的进行,将未了事项放在春耕紧张时期之后,利用农事空隙继续贯彻,务期不误农时,及时春耕以利生产。②

淮河流域各省政府按照《中华人民共和国土地改革法》的要求,实施土地改革,土地改革分批分次,逐步推进。如在淮河流域河南,从1949年冬开始至1952年冬季结束,土地改革分三批开展。第一批进行土改的县有郑县、成皋、禹县、临汝、伊阳、襄县、郏县、宝丰、叶县、鲁山等10个县。1950年春,第二批进行土改的县有开封、荥阳、商丘、睢县、长葛、鄢陵、许昌、临颍、淮阳、郾城、舞阳、项城、上蔡、西平、遂平、平舆、汝南、新蔡、确山、正阳、潢川、光山、新县、陈留等24个县。冬季又开展第三批土改的县有虞城、夏邑、宁陵、柘城、考城、兰封、民权、杞县、通许、太康、扶沟、尉氏、中牟、洧川、新郑、密县、登封、鹿邑、沈丘、西华、商水、桐柏、息县、固始、商城、罗山、信阳等27个县,以及开封、郑州、商丘、洛阳、周口、漯河6个市郊区。③ 在安徽、江苏,1951年底,85%的农业人口地区已完成土地分配,土地改革进入结束阶段。在土地业已分配的地区,有步骤地、有计划地进行检查和总结工作。④

至1952年,淮河流域土地改革顺利完成。通过土地改革,废除了地主阶级的土地所有制,农民分得土地。如在苏北地区,贫雇农占有土地的占比由原来的18%上升到49%;地主家庭每个成员也各得一份土地,约占总面积的2%。⑤ 土地改革调动了广大农民的生产积极性,促进了农业生产的恢复和发展。1952年与1949年比较,粮食产量与农业产值都有大幅度增长。如在六安,粮食产量增长27.2%。⑥ 在苏北,徐州市粮食产量增长30.48%,农业产值增长20.68%⑦;连云港市粮食产量增长56.03%,农业产值增长57.06%⑧;淮阴市粮食产量增长24.51%,农业产值增长33.00%⑨;盐城市粮食产量增长33.54%,农业产值增长36.80%⑩;宿迁市粮食产量增长27.09%,农业产值增长26.57%⑪。苏北地区农民1952年的购买力比1950年提高35%。⑫

土地改革后,为了把以生产资料私有制为基础的个体经济,改造为以生产资料公有制为基础的合作经济,中央政府决定对农业进行社会主义改造,走农业合作化道路。农业合作化运动可以分为农业生产互助组、初级农业生产合作社、高级农业生产合作社三个阶段。淮河

---

① 中共中央文献研究室.建国以来重要文献选编:第3册[M].北京:中央文献出版社,1992:75.
② 关于检查华东土地改革工作的决议 档案号:15-2(长期)[Z].濉溪县档案馆.
③ 河南省地方史志编纂委员会.河南省志:农业志[M].郑州:河南人民出版社,1993:47.
④ 关于结束土改及争取1951年年底全部完成土改的指示 档案号:J017-2-10[Z].萧县档案馆.
⑤ 江苏省地方志编纂委员会.江苏省志:农业志[M].南京:江苏古籍出版社,1997:60.
⑥ 安徽省人民政府.安徽60年[M].北京:中国统计出版社,2009:365.
⑦ 江苏农村经济50年编辑委员会.江苏农村经济50年:1949—1999[M].北京:中国统计出版社,2000:255,257.
⑧ 江苏农村经济50年编辑委员会.江苏农村经济50年:1949—1999[M].北京:中国统计出版社,2000:400,402.
⑨ 江苏农村经济50年编辑委员会.江苏农村经济50年:1949—1999[M].北京:中国统计出版社,2000:430,432.
⑩ 江苏农村经济50年编辑委员会.江苏农村经济50年:1949—1999[M].北京:中国统计出版社,2000:470,472.
⑪ 江苏农村经济50年编辑委员会.江苏农村经济50年:1949—1999[M].北京:中国统计出版社,2000:615,617.
⑫ 江苏省地方志编纂委员会.江苏省志:农业志[M].南京:江苏古籍出版社,1997:60.

流域各地根据中央要求,对农业进行社会主义改造。1950年3月,鲁山县马楼村建立了河南省黄河以南第一个常年互助组。在发展互助组的同时,试办初级农业生产合作社。1951年冬,鲁山县马良乡的辛自修合作社开始试办。① 1951年5月,原是一个常年互助组的沭阳县赵甫亚农业合作社,成为江苏省第一个试办的初级农业生产合作社。② 1954年,滨海县试办康庄高级农业生产合作社,取消土地分红,主要生产资料归社所有。这是江苏省举办的第一个高级农业生产合作社。③ 农业生产互助组积极发展,群众办社热情高涨,要求参加农社的户数日益增多,农业合作化运动逐步走向高潮,从而推动了农业生产和农业建设。在安徽,1951年,临泉县组织20 679个互助组177 862户,占总户数的88.9%,参加劳动力438 905人,占总劳力数的90.3%。④ 1954年,萧县互助组发展8 000多个,农业生产合作社发展到255个。⑤ 1954年5月,阜阳地区试办653个农业社,加上老社71个,全区共有724个农业社;10月,新办1 492个社;11月,新办2 149个社。⑥ 1955年,亳县已有540个农业生产合作社。⑦ 在河南商水,1953年,有常年互助组527个25 031户、临时互助组10 525个41 417户,农户数占全县农户数的51%;1954年,有农业生产合作社35个774户、常年互助组3 740个28 183户、临时组7 144个44 653户,农户数占全县农户数的64.5%;1955年,有农业生产合作社125个3 103户、常年互助组4 819个39 137户、季节性互助组5 706个27 990户,农户数占全县农户数的65.6%。⑧

其间,淮河流域先后发生洪涝灾害,淮河流域各级政府组织民众抗洪排涝,开展生产救灾。1950年7月间,淮河流域洪水泛滥,沿淮被淹27县2市,受灾人口1 000万,受灾田亩3 100万亩。⑨ 其中,濉溪县被淹秋禾734 695亩,占全部秋禾1 956 607亩的37.5%,减产达53 729 000公斤,占计划产量166 353 125公斤的32%。⑩ 灾后动员民众兴修水利,改善农业设施,促进了农业技术改造和农田水利基本建设。如里下河地区将31万亩一熟沤田改造成稻麦两熟田,淮北地区进行了大面积盐碱地的改良。盐城专区完成了旱改水59万亩、籼改粳80万亩,推行棉麦套作面积达125万亩。⑪ 针对淮北和沿淮地区多灾低产的状况,安徽省政府提出"农业三项改革"办法,即:一是在经常遭受旱涝灾害的地区,改变季节收成比重;二是改种高产作物、耐水作物,改变某些作物的播种方法;三是改变广种薄收的习惯,采取深耕细作的办法进行耕种。推广"农业三项改革"办法以来,粮食作物、高产作物、耐水作物的种

---

① 河南省地方史志编纂委员会.河南省志:农业志[M].郑州:河南人民出版社,1993:50.
② 江苏省地方志编纂委员会.江苏省志:农业志[M].南京:江苏古籍出版社,1997:64.
③ 江苏省地方志编纂委员会.江苏省志:农业志[M].南京:江苏古籍出版社,1997:67.
④ 关于秋耕秋种各种的总结报告 档案号:J01-2-14[Z].亳州市谯城区档案馆.
⑤ 萧县1954年农林业生产工作总结 档案号:J017-1-2[Z].萧县档案馆.
⑥ 关于互助合作会议情况的报告 档案号:J01-2-92[Z].亳州市谯城区档案馆;对目前农业生产互助合作工作的指示 档案号:J01-2-92[Z].亳州市谯城区档案馆;关于当前互助合作的指示 档案号:J01-2-92[Z].亳州市谯城区档案馆.
⑦ 关于春季生产和救灾工作的综合报告 档案号:J01-1-73[Z].亳州市谯城区档案馆.
⑧ 1954年春季生产总结及布置夏收夏种小麦参观评比和选种工作的报告 档案号:J01-1-88[Z].商水县档案馆;总路线贯彻以来的经济工作 档案号:J01-1-113[Z].商水县档案馆.
⑨ 皖北生产救灾工作报告 档案号:15-2(长期)[Z].濉溪县档案馆.
⑩ 濉溪县第五届各界人民代表会议对今冬本县各项工作的决议(草案) 档案号:15-1(永久)[Z].濉溪县档案馆.
⑪ 江苏省地方志编纂委员会.江苏省志:农业志[M].南京:江苏古籍出版社,1997:66.

植面积和产量都有所扩大。① 1954年,萧县扩大秋季耕种面积,实行间种、混种和套种的面积达461 473亩,改种和扩种高产作物及耐水、耐旱作物达73万亩。② 1955年,亳县共夏收粮食104 459 043公斤,超额完成原计划产量77 650 411.5公斤的34.52%。③

通过社会主义改造,基本实现了由个体所有制向集体所有制的转变。从土地改革到农业合作化,农业生产得到较大发展,农作物产量创新中国成立以来最高水平。1956年,菏泽市粮食产量为134万吨,比1952年增产13.6%。④ 1957年,淮北市粮食产量为2.38亿公斤,比1949年增产1.13亿公斤;棉花产量为1 885万公斤,是1949年的42倍。⑤ 1957年,盐城市粮食产量为112.59万吨,比1952年增长22.05%⑥;淮阴市粮食产量为72.40万吨,比1952年增长34.02%⑦;宿迁市粮食产量为63.87万吨,比1952年增长33.62%⑧。

2. "大跃进"与"文化大革命"时期

1958年,全国开始"大跃进"和人民公社化运动。由于在所有制变革上急于过渡和生产建设上急于求成,违背了经济规律,阻碍了农业的发展。同时,片面强调发展重工业,在人力、物力、财力上"排挤"了农业,甚至在农忙季节,大批农村劳动力被无偿抽调"大炼钢铁",地里成熟的庄稼收不上来。这种既脱离实际又急躁冒进的做法,加上严重的自然灾害,使得农业连续大幅度地减产。1962年粮食产量、农业产值与1957年相比,淮阴市粮食产量减少26.54万吨,农业产值减少28 306万元⑨;盐城市粮食产量减少20.6万吨,农业产值减少22 730万元⑩;宿迁市粮食产量减少20.48万吨,农业产值减少25 280万元⑪;徐州市农业产值减少5 486万元⑫;连云港市农业产值减少6 329万元⑬。济宁市1958—1961年农业生产连续四年下降,农业产值分别比1956年下降18.5%、23.2%、33.0%、33.5%,农民收入也分别减少15.5%、26.3%、34.0%、24.4%。⑭

从1961年开始,淮河流域各级政府认真贯彻中央"调整、巩固、充实、提高"的方针,以及《关于农村人民公社改造条例(修正草案)》和《进一步巩固人民公社集体经济、发展生产的决定》,对人民公社进行调整,实行以生产队为基本核算单位。同时,正确处理农"轻"重的关系,组织各行各业支援农业生产,适当调减粮食征购任务,提高农产品收购价格,增加农业生产投入,改善农田水利等基础设施。经过调整,农业生产不断恢复和发展。济宁市1965年

---

① 安徽省地方志编纂委员会. 安徽省志:农业志[M]. 北京:方志出版社,1998:5.
② 关于1956年上半年推行"三改"工作总结的报告 档案号:J035-2-4[Z]. 萧县档案馆.
③ 1955年度春、夏季农业生产计划完成情况的检查报告 档案号:J01-1-72[Z]. 亳州市谯城区档案馆.
④ 山东省统计局. 辉煌山东60年[M]. 北京:中国统计出版社,2009:162-163.
⑤ 安徽省人民政府. 安徽60年[M]. 北京:中国统计出版社,2009:322.
⑥ 江苏农村经济50年编辑委员会. 江苏农村经济50年:1949—1999[M]. 北京:中国统计出版社,2000:470.
⑦ 江苏农村经济50年编辑委员会. 江苏农村经济50年:1949—1999[M]. 北京:中国统计出版社,2000:430.
⑧ 江苏农村经济50年编辑委员会. 江苏农村经济50年:1949—1999[M]. 北京:中国统计出版社,2000:615.
⑨ 江苏农村经济50年编辑委员会. 江苏农村经济50年:1949—1999[M]. 北京:中国统计出版社,2000:430,432.
⑩ 江苏农村经济50年编辑委员会. 江苏农村经济50年:1949—1999[M]. 北京:中国统计出版社,2000:470,472.
⑪ 江苏农村经济50年编辑委员会. 江苏农村经济50年:1949—1999[M]. 北京:中国统计出版社,2000:615,617.
⑫ 江苏农村经济50年编辑委员会. 江苏农村经济50年:1949—1999[M]. 北京:中国统计出版社,2000:257.
⑬ 江苏农村经济50年编辑委员会. 江苏农村经济50年:1949—1999[M]. 北京:中国统计出版社,2000:402.
⑭ 山东省统计局. 辉煌山东60年[M]. 北京:中国统计出版社,2009:99.

农业增加值为 2.5 亿元,比 1962 年增长 22.2%,年均增长 6.9%。[①] 菏泽市 1965 年粮食产量为 99 万吨,比 1962 年增加 36 万吨;棉花产量为 3.7 万吨,比 1962 年增加 3.1 万吨。[②] 盐城市 1965 年农业产值比 1962 年增长 59%,年均增长 17%,粮食产量增长 38%,年均增长 11%。[③]

"文革"时期,正常的经济发展秩序被打乱,农业生产被弱化,各项行之有效的政策措施被中断。在生产上,片面强调抓粮食生产,忽视经济作物和多种经营,农业结构比例失调,经济效益低下;在分配上,以平均主义代替按劳分配,"大锅饭"现象严重。这严重挫伤了农民的生产积极性,致使农业经济遭受严重挫折。其间,中央政府提出"整顿"的方针和措施,广大农民对破坏生产的举措予以抵制,坚持农业生产,开展农田水利建设,粮食产量稳定增长,农业经济形势也一度好转。

总之,改革开放前,淮河流域农业在曲折中不断发展。从粮食产量来看,1949 年,淮河流域水稻产量为 30.4 万吨,小麦产量为 116.1 万吨;1978 年,淮河流域水稻产量为 195.8 万吨,小麦产量为 272.7 万吨,分别增长 5.44 倍和 1.35 倍。[④] 1950—1976 年部分年份淮河流域的粮食产量如表 2.7 所示。

表 2.7　1950—1976 年部分年份淮河流域粮食产量统计表

年份	总产量(万吨)	单产量(公斤/亩)	年份	总产量(万吨)	单产量(公斤/亩)
1950	1 576	50.7	1963	1 397	51.4
1951	1 929	59.5	1965	2 123	80.4
1957	2 104	62.8	1966	2 302	89.2
1958	2 146	71.1	1975	3 556	146.3
1961	1 546	55.4	1976	3 943	161.6
1962	1 603	57.1			

资料来源:水利部淮河水利委员会《淮河志》编纂委员会.淮河综述志[M].北京:科学出版社,2000:224.

由表 2.7 可知,1950—1976 年,淮河流域粮食总产量、单产量虽间有下降,但总体是不断增加的。1950 年粮食产量为 1 576 万吨,1976 年增至 3 943 万吨,增长 1.5 倍。1950 年单产量为 50.7 公斤/亩,1976 年单产量增至 161.6 公斤/亩,增长 2.2 倍。

(二)改革开放后农业的历史演进

1978 年党的十一届三中全会决定,把工作重心转移到经济建设上来,在农村实行以家庭联产承包为主的责任制和统分结合的双层经营体制,废除人民公社体制,增加农业投入,加强农业技术的推广和应用。通过调整和改革,极大地调动了广大农民的积极性和创造性,

---

[①] 山东省统计局.辉煌山东 60 年[M].北京:中国统计出版社,2009:99.
[②] 山东省统计局.辉煌山东 60 年[M].北京:中国统计出版社,2009:163.
[③] 江苏省统计局,国家统计局江苏调查总队.数据见证辉煌:江苏 60 年[M].北京:中国统计出版社,2009:296.
[④] 水利部淮河水利委员会《淮河志》编纂委员会.淮河综述志[M].北京:科学出版社,2000:223.

促进了农业生产力的发展。淮河流域各级政府认真贯彻全会精神,采取了一系列政策措施,注重改善农业结构,提高农业产量,为农业生产创造更大的空间,实现农业增长方式从数量增长到质量和效益增长的转变,淮河流域农业经济进入了持续增长的新时期。

1. 20 世纪 90 年代前

党的十一届三中全会以来,中共中央为发展农业生产,制定了一系列的方针、政策,并做了实现农业现代化的部署。1979 年,中共中央颁布《关于加快农业发展若干问题的决定》,提出首要任务就是要集中精力使目前还很落后的农业尽快得到迅速发展。只有加快发展农业生产,逐步实现农业现代化,才能使占我国人口 80%的农民富裕起来,也才能促进整个国民经济的蓬勃发展。① 1980 年印发《关于进一步加强和完善生产责任制的几个问题》。1983 年,印发《关于当前农村经济政策的若干问题的通知》,强调联产承包责任制和各项农村政策的推行,促进农业从自给半自给经济向着较大规模的商品生产转化,从传统农业向着现代农业转化。② 1985 年,中共中央颁布《关于进一步活跃农村经济的十项政策》,提出改革农产品统派购制度,大力帮助农村调整产业结构等。③ 此外,中共中央还多次发布文件,强调农业在国民经济中的基础地位,确立以家庭承包经营为基础的统分结合双层经营体制,肯定联产承包责任制性质,改革人民公社体制,强调农村商品生产,取消农副产品统购统派制度等。

淮河流域是我国农村改革的发源地。以凤阳县小岗村于 1978 年实行的"大包干到户"为开端,揭开了中国农村经济改革的序幕。从此,包产到户、包干到户等多种形式的家庭承包经营责任制逐步推开,调动了广大农民的生产积极性,提高了科学种田的自觉性。

稳定发展粮食、棉花生产,对于推动农业经济持续、稳定、协调发展具有重要意义。淮河流域各省政府根据中央有关文件精神,对稳粮增棉作出了若干规定。如江苏省政府先后出台《关于鼓励发展粮食、棉花生产若干政策的规定》《关于鼓励发展粮食、棉花生产的有关政策规定》《关于发展粮棉生产若干政策措施的通知》等,提出积极扶持发展粮棉生产,增加对农业的投入,对于农业技术承包、开发性农业等问题也作了规定。④ 安徽省政府出台《关于实行农业技术承包责任制的若干暂行规定》,涉及承包单位和人员、承包形式、承包内容、承包范围和期限、承包合同、奖赔办法、组织领导等方面⑤;出台《关于大力发展开发性农业的决定》,提出要加快农村经济发展和脱贫致富,必须在稳定发展粮食生产、加快发展乡镇企业的同时,花大气力抓好开发性农业。⑥

淮河流域的农村改革,解放和发展了农村生产力,促进了农业的发展,尤其是粮食生产的发展。20 世纪 80 年代以来,中央在全国重点投资建设的商品粮基地县有 169 个,而淮河

---

① 中共中央文献研究室.三中全会以来重要文献选编:上[M].北京:人民出版社,1982:177.
② 中共中央文献研究室.三中全会以来重要文献选编:上[M].北京:人民出版社,1982:616.
③ 中共中央文献研究室.十一届三中全会以来重要文献选读:下册[M].北京:人民出版社,1987:805-806.
④ 江苏经济年鉴编辑委员会.江苏经济年鉴:1987[M].南京:南京大学出版社,1987:165-166;江苏经济年鉴编辑委员会.江苏经济年鉴:1988[M].南京:南京大学出版社,1988:112;江苏经济年鉴编辑委员会.江苏经济年鉴:1989[M].南京:南京大学出版社,1989:70.
⑤ 安徽经济年鉴编辑委员会.安徽经济年鉴:1985[M].合肥:安徽人民出版社,1985:110-111.
⑥ 安徽经济年鉴编辑委员会.安徽经济年鉴:1985[M].合肥:安徽人民出版社,1985:424.

流域占 49 个,约占 30%。其中,江苏省有 12 个:铜山、睢宁、邳县、东海、淮阴、沭阳、涟水、泗洪、金湖、响水、高邮、宝应;安徽省有 15 个:长丰、五河、濉溪、阜阳、临泉、太和、涡阳、蒙城、阜南、萧县、天长、凤阳、六安、寿县、霍邱;山东省有 12 个:枣庄市辖区、济宁市辖区、郯城、兖州、鱼台、金乡、苍山、菏泽市、定陶、成武、单县、东明;河南省有 10 个:杞县、尉氏、临汝、禹县、虞城、扶沟、商水、郸城、淮阳、商丘。① 1989 年,全国(市)县粮食产量排序前 100 名中,淮河流域内有 37 个,占 1/3 以上。其中,江苏省有 21 个:兴化市、铜山县、沭阳县、东海县、邳县、盐城市辖区、高邮县、淮安县、睢宁县、射阳县、东台县、如东县、宝应县、涟水县、阜宁县、盱眙县、泗洪县、建湖县、宿迁市、江都县、沛县;安徽省有 11 个:宿县、怀远县、灵璧县、寿县、亳州市、定远县、涡阳县、濉溪县、霍邱县、天长县、六安县;山东省有 3 个:枣庄市辖区、临沂市、滕州市;河南省有 2 个:太康县、商水县。②

1989 年,淮河流域粮食产量为 6 647 万吨,占全国的 1/5;棉花产量为 106 万吨,占全国的 1/4;油料产量为 250 万吨,占全国的 1/5。人均粮食占有量达 463 公斤,较全国人均粮食占有量多 100 公斤,为国家提供的商品粮占全国商品粮的 1/5。③ 同年,淮河流域内各种粮食产量占总产量的比例分别为小麦 44%、水稻 22%、薯类 14%、玉米 12%、大豆 4%、其他 4%。即小麦、水稻、薯类、玉米这四种作物产量占总产量的 90% 以上,是淮河流域的主要粮食作物。淮河流域内各省的粮食增长速度不同,以江苏省为最快。江苏省 1989 年粮食产量较 1949 年增长了 4.92 倍,年平均增长率为 4.4%,从占流域产量的 24.8% 上升到 31%。④ 1985—1990 年淮河流域粮食产量如表 2.8 所示。

表 2.8　1985—1990 年淮河流域粮食产量统计表

年份	总产量(万吨)	单产(公斤/亩)	年份	总产量(万吨)	单产(公斤/亩)
1985	6 106	249.5	1988	6 122	247
1986	6 378	246	1989	6 647	264.8
1987	6 547	259	1990	6 485	264.1

资料来源:水利部淮河水利委员会《淮河志》编纂委员会.淮河综述志[M].北京:科学出版社,2000:224.

由表 2.8 可以看出,1985—1990 年,淮河流域粮食产量虽有增减,但总体上是不断增加的。1985 年为 6 106 万吨,1990 年增至 6 485 万吨,增加了 379 万吨。亩产也是不断增加的,1985 年为 249.5 公斤,1990 年增至 264.1 公斤,增加了 14.6 公斤。

小麦和水稻是淮河流域的最主要粮食作物。1978—1990 年部分年份淮河流域水稻和小麦产量如表 2.9 所示。

---

① 水利部淮河水利委员会《淮河志》编纂委员会.淮河综述志[M].北京:科学出版社,2000:225.
② 水利部淮河水利委员会《淮河志》编纂委员会.淮河综述志[M].北京:科学出版社,2000:226.
③ 水利部淮河水利委员会《淮河志》编纂委员会.淮河综述志[M].北京:科学出版社,2000:217.
④ 水利部淮河水利委员会《淮河志》编纂委员会.淮河综述志[M].北京:科学出版社,2000:224.

表 2.9　1978—1990 年部分年份淮河流域水稻和小麦产量统计表

年份	水稻产量(万吨)					小麦产量(万吨)				
	全流域	流域内				全流域	流域内			
		河南	安徽	江苏	山东		河南	安徽	江苏	山东
1978	195.8	30.5	39.5	116.7	9.14	272.7	104.2	47.9	71.7	49.5
1983	285.5	35.8	65.9	173.7	10.0	507.5	173.3	98.6	139.2	96.4
1988	1 450	141	385	891	33	2 585	870	552	642	521
1989	1 729	206	505	973	44	2 709	983	542	629	555
1990	1 732	234	520	919	59	2 599	922	500	660	516

资料来源:水利部淮河水利委员会《淮河志》编纂委员会.淮河综述志[M].北京:科学出版社,2000:223.

由表 2.9 可知,1978—1990 年,淮河流域水稻和小麦产量增长较快。1978 年水稻产量为 195.8 万吨,1990 年达 1 732 万吨,增长约 7.85 倍,其中江苏产量最大,其次是安徽,再次是河南,山东产量最少;1978 年小麦产量为 272.7 万吨,1990 年达 2 599 万吨,增长约 8.53 倍,其中河南产量最大,其次是江苏,山东、安徽产量相对较少。

2. 20 世纪 90 年代后

20 世纪 90 年代,我国农业经济进入了一个新的发展阶段,但也出现一些亟待解决的问题。在发展社会主义市场经济的新形势下,必须强化农业的基础地位,深化农村经济体制改革,积极调整农业结构。在总结农业改革和发展的基本经验的基础上,1991 年,中共中央颁布《关于进一步加强农业和农村工作的决定》,要求:继续调整农村产业结构,促进农村经济全面发展;抓紧实施科技、教育兴农的发展战略;较大幅度地增加农业投入,加快发展农用工业等。[①] 1993 年,中共中央、国务院颁布《关于当前农业和农村经济发展的若干政策措施》,提出:稳定、完善以家庭联产承包为主的责任制和统分结合的双层经营体制;深化粮食购销体制改革;积极发展高产优质高效农业等。[②] 1998 年,中共中央颁布《关于农业和农村工作若干重大问题的决定》,强调:长期稳定以家庭承包经营为基础、统分结合的双层经营体制;深化农产品流通体制改革,完善农产品市场体系;加快以水利为重点的农业基本建设,改善农业生态环境;依靠科技进步,优化农业和农村经济结构。[③] 同年,国务院颁布《关于进一步深化粮食流通体制改革的决定》和《关于深化棉花流通体制改革的决定》,其中《关于进一步深化粮食流通体制改革的决定》规定:转换粮食企业经营机制,实行政企分开;合理划分中央和地方的粮食事权,全面落实粮食省长负责制;完善粮食储备体系,实行储备和经营分开;建立和完善政府调控下市场形成粮食价格的机制;积极培育粮食市场,促进粮食有序流通。[④]《关于深化棉花流通体制改革的决定》规定:拓宽棉花经营渠道,减少流通环节;完善储备棉

---

① 中共中央文献研究室.改革开放三十年重要文献选编:上册[M].北京:中央文献出版社,2008:605-614.
② 中共中央文献研究室.十四大以来重要文献选编:上[M].北京:人民出版社,1996:481-484.
③ 中共中央文献研究室.十五大以来重要文献选编:上[M].北京:人民出版社,2000:561-567.
④ 中共中央文献研究室.十五大以来重要文献选编:上[M].北京:人民出版社,2000:345-351.

管理体制,实行储备与经营分开;推行公证检验制度,加强对棉花质量的监督管理;培育棉花交易市场,促进棉花有序流通;调整优化棉花生产布局,努力提高棉花单产。①

淮河流域各省先后出台扶持农业的政策措施,继续调整农业生产结构,推行粮食等主要农产品的流通体制改革,放开粮食购销价格,为农业经济发展注入新的强大动力。1990年,安徽省委、省政府批转省农经委《关于当前农村工作若干政策问题的意见的报告》强调:稳定和完善家庭联产承包责任制,现行土地承包办法不变;要不断完善统分结合的双层经营体制,有条件的地方可以成立村合作经济组织。② 为了稳定和完善农村家庭联产承包责任制,保护农业承包合同双方的合法权益,1993年,安徽省人大常委会通过《安徽省农业承包合同管理条例》。③ 1991年,江苏省委、省政府颁布《关于恢复和发展农村经济的若干意见》,提出加强以粮食为重点的农业生产,农业生产总的布局要确保粮食,稳定油料,压缩杂粮,适当扩棉。粮食生产在淮北实行"四改",即继续发展旱改水、低改高、春改夏和单改套。④ 1994年,江苏省委、省政府颁布《关于发展农业和农村经济的政策规定》,规定:稳定和完善以家庭联产承包为主的责任制及统分结合的双层经济体制;推进和完善粮食、棉花、茧丝流通体制改革;加快农业结构调整步伐,发展优质、高产、高效农业;多渠道增加对农业的投入;加快农业资源开发步伐;积极推进土地使用制度改革。⑤ 1998年,江苏省政府颁布《关于进一步深化粮食流通体制改革的实施意见》,指出按照实行政企分开、中央和地方责任分开、经营和储备分开、新老财务挂账分开、完善价格机制的"四分开一完善"原则,全面深化粮食流通体制改革。⑥

正是得益于中央的领导及淮河流域各级政府的积极推动,淮河流域农业经济得到快速发展,尤其粮食生产取得了显著成绩。1990年与1999年江苏、河南、山东三省淮河流域粮食产量如表2.10所示。

表2.10 1990年与1999年淮河流域粮食产量对照表

单位:万吨

地 域	城 市	1990年	1999年
淮河流域江苏	徐州市	399.00	418.96
	连云港市	233.38	280.98
	淮安市	300.12	363.28
	盐城市	405.00	537.38
	扬州市	238.65	252.57
	宿迁市	236.93	341.29
	合 计	1 813.08	2 194.46

---

① 中共中央文献研究室.十五大以来重要文献选编:上[M].北京:人民出版社,2000:646-649.
② 安徽年鉴编辑委员会.安徽年鉴:1991[M].合肥:安徽人民出版社,1991:438.
③ 安徽年鉴编辑委员会.安徽年鉴:1994[Z].安徽年鉴社,1994:474.
④ 江苏年鉴编辑部.江苏年鉴:1992[M].南京:南京大学出版社,1992:126.
⑤ 江苏年鉴编委会.江苏年鉴:1995[Z].江苏年鉴杂志社,1995:633-636.
⑥ 江苏年鉴编委会.江苏年鉴:1999[Z].江苏年鉴杂志社,1999:566.

续表

地域	城市	1990年	1999年
淮河流域河南	郑州市	154.17	152.08
	开封市	154.46	208.02
	平顶山市	132.19	156.59
	许昌市	178.16	262.21
	漯河市	95.01	141.96
	商丘市	236.54	415.52
	信阳市	300.12	343.91
	周口市	422.58	587.20
	驻马店市	338.70	409.41
	合　计	2 011.93	2 676.90
淮河流域山东	枣庄市	139.48	170.87
	济宁市	328.70	431.73
	临沂市	365.73	453.45
	菏泽市	273.50	416.19
	日照市	109.81	88.35
	合　计	1 217.22	1 560.59

资料来源：江苏省统计局，国家统计局江苏调查总队.巨大的变化　辉煌的成就：江苏改革开放30年[M].北京：中国统计出版社，2008：270-271；河南省统计局，国家统计局河南调查总队.河南改革开放30年[M].北京：中国统计出版社，2008：238-239；山东省统计局.奋进的历程　辉煌的成就：山东改革开放30年[M].北京：中国统计出版社，2008：290-292.

由表2.10可知，1999年与1990年相比，在淮河流域江苏，徐州、连云港、淮安、盐城、扬州、宿迁等6市粮食产量都有增加，1990年6市粮食产量为1 813.08万吨，1999年增至2 194.46万吨，增加了381.38万吨；在淮河流域河南，除郑州粮食产量略有下降外，开封、平顶山、许昌、漯河、商丘、信阳、周口、驻马店等8市粮食产量都有增加，1990年9市粮食产量为2 011.93万吨，1999年增至2 676.90万吨，增加了664.97万吨；在淮河流域山东，除日照市粮食产量有所下降外，枣庄、济宁、临沂、菏泽等4市粮食产量都有增加，1990年5市粮食产量为1 217.22万吨，1999年增至1 560.59万吨，增加了343.37万吨。

21世纪以来，我国农业改革进入深化期。"三农"工作由"基础地位"再度提升到"重中之重"。随着农村经济的发展，农业结构调整步伐加快，农业投入日益加大，农业生产条件不断改善，农业机械化水平逐年提高，农田水利等基础设施建设进一步加强。加上取消农业税，实行以粮食直补、农资综合补贴、良种补贴和农机补贴为主的各种农业补贴，极大地调动了广大农民生产的积极性。

为了推动农业的发展，中共中央和国务院出台了一系列有关农业改革的政策和意见。如在农村税费改革方面，2000年颁布《中共中央、国务院关于进行农村税费改革试点工作的通知》①;在粮食、棉花流通体制改革方面,2001年颁布《关于进一步深化棉花流通体制改革的意见》《关于进一步深化粮食流通体制改革的意见》②,2004年颁布《关于进一步深化粮食流通体制改革的意见》③,2006年颁布《关于完善粮食流通体制改革政策措施的意见》等④;在农村、农业改革发展方面,2003年发布《关于做好农业和农村工作的意见》⑤,2004年发布《关于进一步加强农村工作提高农业综合生产能力若干政策的意见》⑥,2007年发布《关于切实加强农业基础建设进一步促进农业发展农民增收的若干意见》⑦,2008年发布《关于推进农村改革发展若干重大问题的决定》⑧,2009年发布《关于加大统筹城乡发展力度进一步夯实农业农村发展基础的若干意见》等⑨。2004—2009年,中央连续6年发出关于加强"三农"工作的"一号文件",积极发展现代农业,加快农业基础建设,大幅度增加农业补贴,促进农业稳定发展。

淮河流域各省按照中央要求,不断深化农村、农业改革,进一步加大支持"三农"力度,制定了加快农业改革的诸多政策措施。如在江苏省,2000年,发布《关于加快农业结构调整的意见》,指出加快农业结构调整,是实现农业增效、农民增收的根本途径。对加快农业结构调整的重点是:突出改善品质,优化农业生产结构;大力发展农产品加工业,优化农业产业结构;积极发展优势产业、特色产品,优化农业区域结构。⑩ 2003年,发布《关于全面推进农业产业化经营的意见》,强调:加快调整农业产业结构,优化农业区域布局;大力发展农产品加工业,培育壮大农业产业化经营的龙头;建立健全农产品市场体系,搞活农产品流通。⑪ 2004年,发布《关于促进农民增加收入若干政策的意见》,指出调整农业结构,促进农业增效。具体要求:推进优势农产品产业带建设;扶持龙头企业发展;提升农产品质量安全水平;加快农业科技创新;稳定和提高粮食综合生产能力。⑫ 2006年,颁布《关于积极推进城乡统筹发展加快建设社会主义新农村的若干意见》,要求进一步加快产业结构调整步伐,进一步解放和发展农村生产力。具体意见有:统筹推进城乡产业结构调整;加快建设现代高效农业;放手发展农村民营经济;引导农村工业集聚发展;大力发展农村服务业。⑬ 在安徽省,2003年,制定《关于进一步加快发展农业产业化经营的实施意见》,在此基础上,省政府于2005年提出农业产业化"121强龙工程",以培育壮大农业产业化龙头企业,加速推进农业产业化进程。2008年,在"121强龙工程"全面完成的基础上,又及时启动了农业产业化"532"提升行动,以

---

① 中共中央文献研究室.十五大以来重要文献选编:中[M].北京:人民出版社,2001:1144.
② 中共中央文献研究室.十五大以来重要文献选编:下[M].北京:人民出版社,2003:1943;中共中央文献研究室.十五大以来重要文献选编:下[M].北京:人民出版社,2003:1950.
③ 中共中央文献研究室.十六大以来重要文献选编:中[M].北京:中央文献出版社,2006:86.
④ 中共中央文献研究室.十六大以来重要文献选编:下[M].北京:中央文献出版社,2008:467.
⑤ 中共中央文献研究室.十六大以来重要文献选编:上[M].北京:中央文献出版社,2005:128.
⑥ 中共中央文献研究室.十六大以来重要文献选编:上[M].北京:中央文献出版社,2005:517.
⑦ 中共中央文献研究室.十七大以来重要文献选编:上[M].北京:中央文献出版社,2009:133.
⑧ 中共中央文献研究室.十七大以来重要文献选编:上[M].北京:中央文献出版社,2009:668.
⑨ 中共中央文献研究室.十七大以来重要文献选编:中[M].北京:中央文献出版社,2011:337.
⑩ 江苏年鉴编委会.江苏年鉴:2001[Z].江苏年鉴杂志社,2001:491.
⑪ 江苏年鉴编委会.江苏年鉴:2004[Z].江苏年鉴杂志社,2004:523.
⑫ 江苏年鉴编委会.江苏年鉴:2005[Z].江苏年鉴杂志社,2005:526.
⑬ 江苏年鉴编委会.江苏年鉴:2007[Z].江苏年鉴杂志社,2007:506.

进一步提高农业产业化水平。①

淮河流域是全国率先进行农村税费改革的试点地。涡阳县新兴镇于1992年12月20日发布《涡阳县新兴镇人民政府布告》,决定于1993年开始试点税费改革。② 新兴镇由此成为"全国农业税费改革第一镇"。之后,农村税费改革试点在全国范围内逐步推开。农村税费改革是新中国成立50年来我国农村继土地改革、实行家庭联产承包经营之后的又一重大改革,是从根本上理顺国家、集体、农民三者利益关系,切实减轻农民负担的治本之策,是增加农民收入、保护农村生产力、促进国民经济持续快速健康发展的有效途径。税费改革试点后,农民负担明显减轻。太和县从1994年开始在全县范围内进行农业税费改革的试点。1994年,除去农业"两税"后,人均负担22元,占农民人均纯收入的3.7%,减轻农民负担1 017.4万元。③ 1991—1993年,全县农民负担平均水平占人均收入的12.06%。1994—1996年,农民负担的平均水平占人均纯收入的4.8%,前后三年相比,农民负担减少1亿多元。仅1996年午季就减轻农民负担1 753万元。④ 2000年,蚌埠市全市农业税和农业税附加总量为21 521万元,较省核定的1997年农民负担25 288万元减负3 767万元。⑤ 其中,固镇县农民负担比税费改革前减轻2 285万元,降低30%。⑥ 怀远县农民承担的农业税为9 415.4万元,人均为87.99元,地均为50.12元,达到了公平税赋。⑦

淮河流域还对种粮农户实行直接补贴、良种补贴、农机具购置补贴、农资综合补贴。农业机械配套率大大提高,农作物机收、机播面积年年增加,农机化作业率显著提高。小麦、稻谷、大豆等大宗农作物机械作业面积大大增加。农业机械化水平的提高,不仅减轻了农业劳动强度,还大幅度提高了农业劳动生产率。

淮河流域各级政府大力发展现代农业,农业基础地位不断稳固。尤其是高度重视粮食生产,扩大粮食播种面积,粮食产量年年提高。如宿州是一个农业大市,全市紧紧围绕粮食增产、农业增效、农民增收、农村稳定,全面落实各项支农惠农政策,大力发展现代农业,加快推进宿州从农业大市向农业强市跨越。2008年,粮食总产达到365.37万吨,是1999年的1.1倍,亩均产量从1999年的158公斤上升到195公斤。⑧

从粮食产量来看,在淮河流域河南,郑州市,2000年粮食产量为158.69万吨,2007年增至164.40万吨;开封市,2000年为202.47万吨,2007年增至239.02万吨;平顶山市,2000年为140.28万吨,2007年增至189.41万吨;许昌市,2000年为248.90万吨,2007年增至265.12万吨;漯河市,2000年为108.60万吨,2007年增至156.47万吨;商丘市,2000年为406.33万吨,2007年增至570.19万吨;信阳市,2000年为365.82万吨,2007年增至531.48万吨;周口市,2000年为532.35万吨,2007年增至685.07万吨;驻马店市,2000年为

---

①⑧ 安徽人民政府.安徽60年[M].北京:中国统计出版社,2009:63.
② 涡阳县新兴镇人民政府布告[Z].涡阳县档案馆.
③ 关于太和县1994年农业税费改革试点工作总结报告[Z].太和县档案馆.
④ 关于我县农业税费改革情况和继续完善改革的设想的报告[Z].太和县档案馆.
⑤ 对完善我市农村税费改革政策的几点建议 档案号:J016-003-1370-004[Z].蚌埠市档案馆.
⑥ 安徽省固镇县积极推行农村税费改革,减轻农民负担2 285万元 档案号:J005-003-0041-065[Z].蚌埠市档案馆.
⑦ 2000年工作总结及2001年工作安排 档案号:129-2000-Y-05[Z].怀远县档案馆.

369.89万吨,2007年增至606.84万吨。① 在淮河流域江苏与淮河流域山东,2008年与2000年比较,粮食产量也有很大的提高。淮河流域江苏、淮河流域山东粮食产量如表2.11所示.

表2.11 2000年与2008年淮河流域粮食产量对照表

单位:万吨

地 域	城 市	2000年	2008年
淮河流域江苏	徐州市	319.50	389.34
	连云港市	207.03	320.12
	淮安市	302.61	424.74
	盐城市	479.01	603.03
	扬州市	225.16	269.40
	宿迁市	292.06	352.46
	合 计	1 825.37	2 359.09
淮河流域山东	枣庄市	130.44	180.03
	济宁市	413.76	416.94
	临沂市	384.49	432.97
	菏泽市	352.96	505.02
	日照市	114.80	106.35
	合 计	1 396.45	1 641.31

资料来源:江苏省统计局,国家统计局江苏调查总队.数据见证辉煌:江苏60年[M].北京:中国统计出版社,2009:446-447;山东省统计局.辉煌山东60年[M].北京:中国统计出版社,2009:376-378.

由表2.11可知,2008年与2000年相比,在淮河流域江苏,徐州、连云港、淮安、盐城、扬州、宿迁等6市粮食产量都有增加,2000年6市粮食产量为1 825.37万吨,2008年增至2 359.09万吨,增加了533.72万吨;在淮河流域山东,除日照市粮食产量有所下降外,枣庄、济宁、临沂、菏泽等4市粮食产量都有增加,2000年5市粮食产量为1 396.45万吨,2008年增至1 641.31万吨,增加了244.86万吨。

总之,淮河流域是我国传统的农业产区。新中国成立后,淮河流域进行土地改革,对农业进行社会主义改造,加强农田水利基本建设,为农业的快速发展奠定了基础。尤其是改革开放后,实行家庭联产承包责任制,以及国家逐步放开粮食经营和价格控制政策,大幅度调高主要农产品收购价格,粮食生产连年丰收。进入21世纪后,中央和淮河流域各级政府对农业采取"多予、少取、放活"政策,加大财政支持力度,取消农业税,实行粮食直补、农资综合补贴等多项政策,给淮河流域农业发展注入前所未有的活力。淮河流域大力发展现代农业和特色农业,推进农业现代化,调整优化农业结构,农业经济得到全面发展。可以说,从"大

---

① 河南省统计局,国家统计局河南调查总队.河南改革开放30年[M].北京:中国统计出版社,2008:238-239.

包干",到农村税费改革,淮河流域一次次率先而行,引领全国,未来淮河流域的农业经济将展现蓬勃生机,呈现稳定、持续、协调发展的新局面。

第二节
当代淮河流域农业的发展

中华人民共和国成立以来,淮河流域农业发展过程中出现了一系列的新元素,这些新元素是推动淮河流域农业发展的重要原因。其中,包括引育和推广农业新品种,增加良种覆盖率,提高农作物产品产量和品质,优化农业产业结构,推进农业区域化布局;实行农业机械化,改善生产经营条件,提高劳动生产率,增加农业单位面积产量。尤其是改革开放后,中央及各级政府加大对农业的支持力度,包括实施良种补贴和农机具购置补贴,即对农民选用优质农作物品种和购买农机具给予一定的资金补贴,鼓励和支持农民积极使用优良作物种子和新式农机具。淮河流域农业发展中的新元素,不仅给农业生产带来了新变化,而且提高了农业的经济效益和生态效益,进一步促进了农业的健康、稳定、快速发展。经过各方的共同努力,淮河流域农业生产能力大幅提升,农业生产结构不断优化,农业科技水平日益提高,农业产业化加快推进,农业经济得到全面发展。

一、农业新品种

种子是重要的农业生产资料,种子质量不仅关系到农作物的产量和品质,而且还对整个农业生产效果产生影响。新中国成立以来,淮河流域的种子事业有了很大发展,种子繁育推广机构和队伍不断发展壮大,通过引进、选育、推广等方式更新更换品种,建立了比较健全的良种繁育和推广体系,推动了淮河流域农业的发展。以改革开放为界,淮河流域种子事业大体经历前后两个阶段。

(一) 改革开放前的农业新品种

新中国成立初期,淮河流域各级政府根据农业部《五年良种普及计划草案》,贯彻实施"以国营农场为基地,以农业生产合作社为核心,带动互助组及农民普遍开展选换良种,有计划地收购推广良种,培育新品种与发动群众选种留种"的方针,重点工作是新品种的引进、选育和推广。各省设立农作物种子推广机构,良种面积逐年扩大。由于"大跃进"的错误影响,种子工作秩序紊乱,种子混杂现象严重,产量和品质都受到严重影响。"三年整顿"期间,各省、地市、县逐步恢复行政、技术、经营三位一体的种子管理机构。"文化大革命"开始后,淮河流域种子管理机构撤销,种子工作再次陷入混乱局面。"文革"后期,种子管理经营机构逐步恢复,继续选育新品种,有计划引进优良品种,新品种的供应数量和质量都有较大提高,推动新品种推广工作的开展。

1. 新品种引进

新中国成立前,淮河流域引进的农作物品种主要来自国外。新中国成立后,为了促进农业的发展,淮河流域各省政府及相关部门针对本地实际,开始引进国内育成的新品种。淮河流域新品种的引进,既有从域外的引进,也有域内的相互引进。如粮食作物品种,有的从日本等国外引进,有的从流域外北京、天津、广东、湖南、贵州等省市引进,有的从流域内河南、山东、安徽、江苏等省引进。经济作物品种,既有从美国引进的棉花品种,也有从流域外上海、广东、福建、浙江、四川、湖北等省市引进的品种,还有流域内各省之间相互引进的品种。

(1) 粮食作物品种引进

① 水稻。在河南,20世纪50年代中后期,引进国内早、中籼稻高秆抗稻瘟病品种,主要有胜利籼、中农4号等;60年代至70年代,自广东、广西引入珍珠矮、南京11号、广选3号等矮秆品种。[1] 在山东,1958—1966年,从天津、江西、江苏引进10多个品种;60年代末,从北京、天津、辽宁、陕西、福建及日本引进30多个品种;1976年后,引进南方籼型的组合南优2号、汕优63和东北粳型的组合黎优57等[2],其中鱼台、郯城、临沂、莒县等县从湖南引进南优2号等进行试验示范和繁殖制种,郓城县在海南育种期间也从湖南、贵州等省引进并在海南繁殖籼稻杂交亲本。[3] 在江苏,20世纪50年代,引进银坊、亲森5号、元子2号、国光、卫国、北京粳、银粳等一批早粳品种,引进桂花球、南特号等粳籼稻良种,取代生产上早期应用的一些籼稻品种;60年代至70年代,引进广陆矮4号、农虎6号、二九青、原丰早、京引15、矮脚南特、二九南系统;70年代后期,引进中籼桂朝2号、闽桂2号、中粳苏协粳、晚粳秀水04、南优3号、汕优2号、汕优3号等组合。[4]

② 小麦。在江苏,1950年,引进碧蚂1号、碧蚂3号、碧蚂4号、石家庄407、内乡5号、阿夫、吉利、阿勃、早洋麦、济南2号等,其中,阿夫与吉利麦都比南大2419、矮粒多增产10%;1966年后,从山东引进济南8号、济南13、泰山1号,从河南引入博爱7023、豫春2号,其中济南8号、博爱7023产量比阿夫增产5%~14.4%。[5]

③ 甘薯。在河南,20世纪60年代,引进华北166、华北553等品种,由于产量不稳、切干率低、不耐贮藏等原因而未推广;70年代,引进宁薯1号、南京92(南京红)、宁薯2号、丰收白、丰薯1号等,其中徐薯18表现高抗根腐病,平均比胜利百号鲜薯增产34.9%,薯干增产46.8%。[6] 在安徽,1951年,引入胜利百号山芋,比本地山芋增产30%~80%;50年代后期至70年代初,先后引进华北117、华东51-93、华东51-16、华北52-45、徐州新大紫、栗子香、

---

[1] 河南省地方史志编纂委员会.河南省志:农业志[M].郑州:河南人民出版社,1993:94-95.
[2] 山东省地方史志编纂委员会.山东省志:农业志 上册[M].济南:山东人民出版社,2000:326.
[3] 山东省地方史志编纂委员会.山东省志:农业志 上册[M].济南:山东人民出版社,2000:1048.
[4] 江苏省地方志编纂委员会.江苏省志:农业志[M].南京:江苏古籍出版社,1997:333-334.
[5] 江苏省地方志编纂委员会.江苏省志:农业志[M].南京:江苏古籍出版社,1997:334.
[6] 河南省地方史志编纂委员会.河南省志:农业志[M].郑州:河南人民出版社,1993:111-112.

丰薯1号、丰收黄、烟薯1号、宁薯1号、丰收白等,但胜利百号一直占主导地位;由于胜利百号在长期栽培过程中逐渐退化,产量下降,并严重感染根腐病,为寻求替代品种,1976年引进徐薯18,表现高抗根腐病,同胜利百号相比,增产50%左右。① 在山东,20世纪50年代,引进华北农科所育成的华北117、北京169、北京553、华北52-45等;60年代后,引进一窝红、南京92和徐薯18等,其中一窝红于1964年引入,高产、优质、耐肥耐瘠,出干率高,但因不抗根腐病被逐步淘汰,南京92于1970年前后引入,高产、优质、抗病。②

④ 大豆。在河南,20世纪60年代中后期,引进徐州地区农科所培育的徐州302、徐州421、徐州424等,这些品种一般比当地农家品种增产20%左右;70年代中后期,周口地区农科所引进跃进5号,驻马店地区种子站引进鄂豆2号等。③ 在安徽,20世纪60年代,从南京大学引进133-3、493-1,从山东农科所引进齐黄1号、莒选23、济南1号等;70年代,引进良种更多,有从江苏引进的北海花、徐豆1号、徐豆2号、徐州424,有从山东引进的特选1号、齐黄5号、跃进4号,有从中国农林科学院油料研究所引进的鄂豆2号,科系4号、16号、30号等。④

⑤ 玉米。在江苏,引进品种集中于20世纪70年代以后,主要有烟三6号、烟三10号、掖单2号,以及中单2号、丹玉6号、双跃3号、双跃150号、新单1号、新三1号、华傲单交、郑单1号、郑单2号、聊玉5号、沪单5号、丹玉13等。⑤

(2) 经济作物品种引进

① 花生。在河南,1956年,由山东引进伏花生在郑州、开封、许昌、信阳等地进行试种,1962年后各地大量引调;1962年,引进四川德阳县农家品种罗江鸡窝,在旱薄地种植产量较高;70年代,引进徐州68-4、天府3号新品种。⑥ 在山东,1967年,由江苏省调进油果花生进行试种、繁殖;1968年,从广东省引进白沙1016,从江苏省引进徐州68-4。经过试种,增产明显,其中徐州68-4比伏花生和晚熟大花生增产20%左右。⑦

② 茶叶。在河南,20世纪60年代初期,信阳地区雷山茶叶试验场最先从湖南引进湘波绿,从安徽引进祁门槠叶种,从陕西引进紫阳种,从福建引进佛手、梅占、铁观音,从浙江引进鸠坑,从贵州引进苔茶;70年代,引进适宜生产的有湘波绿、祁门槠叶种、紫阳种、鸠坑种、福鼎大白、龙井43等。这些品种比普通种产量提高20%~30%。⑧

③ 棉花。在安徽,20世纪50年代,引进美国岱字棉15号;60年代,引进洞庭1号、鄂光棉等;70年代,先后引进美国的岱字棉16号、江苏的徐州142,以及上海的沪棉204、沪棉479等,其中岱字棉16号主要在江淮棉区种植,徐州142主要在淮北棉区种植。⑨

---

① 安徽省地方志编纂委员会. 安徽省志:农业志[M]. 北京:方志出版社,1998:72.
② 山东省地方史志编纂委员会. 山东省志:农业志 上册[M]. 济南:山东人民出版社,2000:343-344.
③ 河南省地方史志编纂委员会. 河南省志:农业志[M]. 郑州:河南人民出版社,1993:120-121.
④ 安徽省地方志编纂委员会. 安徽省志:农业志[M]. 北京:方志出版社,1998:79.
⑤ 江苏省地方志编纂委员会. 江苏省志:农业志[M]. 南京:江苏古籍出版社,1997:334-335.
⑥ 河南省地方志编纂委员会. 河南省志:农业志[M]. 郑州:河南人民出版社,1993:165.
⑦ 山东省地方史志编纂委员会. 山东省志:农业志 上册[M]. 济南:山东人民出版社,2000:1044.
⑧ 河南省地方史志编纂委员会. 河南省志:农业志[M]. 郑州:河南人民出版社,1993:188.
⑨ 安徽省地方志编纂委员会. 安徽省志:农业志[M]. 北京:方志出版社,1998:110.

2. 新品种选育

新中国成立后,为了解决当时种子方面普遍存在的混杂退化现象,淮河流域各级政府从抓选种工作入手,选择适合本地种植的优良品种。选种工作由田间片选发展到田间穗选,或在穗选田里再穗选;由临时选定种子田发展到建立固定的种子田,使选种的数量越来越多,质量越来越高。如蒙城县,1955年选了小麦种696万公斤,可播种93万亩,占全县小麦总面积的52%。1964年,阜阳、宿县两个主要产麦区建立正式的和临时的种子田86万多亩,六安专区建立种子田5.6万亩。①

在发动群众选种的同时,积极培育新的品种。20世纪50年代开始,通过建立良、原种场及在国营农场、有条件的生产队建立良种繁殖基地,培育原种和繁殖良种。在安徽,1956年,淮北农区试验站育成宿县647,蒙城县麦豆原种场先后育成大豆良种蒙庆1号、2号、6号、13号、312号等,阜阳地区农科所先后育成阜豆2号,阜阳244、335等。与此同时,广大农民群众也选育出一些良种,如蒙城县农民育成陈寨大豆,阜南县农民育成友谊2号,利辛县农民育成曙光1号,亳县农民育成亳县大豆等。②

(1) 粮食作物品种选育

① 小麦。在河南,1950年,根据当地评选出的农家良种确定地块单收留种,就地组织群众串换调剂;1952年,各地在评选农家良种的基础上,组织农民再次进行评选鉴定,确定当家品种,如豫东的葫芦头、靠山红,中南部的红芒白、蚰子头、望水白及徐州438、开封124、金大2905等;1954年,省内科研部门杂交育成郑州24、郑州14等品种③;1962—1972年,杂交育种由单交方式发展到复交方式,先后育成郑州808、郑州17、郑州683、郑州722、郑州741、郑州3号、郑州6号等品种;1973年,育成7023、郑州761、百泉41等品种④。在江苏,20世纪50年代,选育出望麦15、徐州6号和徐州8号等品种;60年代,育成徐州15和淮麦11,以及徐州14、扬麦4号、泗阳117、宁麦6号、宁丰、徐州17等。其中,1967年,扬州地区农业科学研究所从阿夫小麦中育成扬麦1号;1978年,从扬麦1号中育成扬麦2号、扬麦3号。⑤ 在安徽,1950—1978年,选育的小麦品种有19种。具体情况如表2.12所示。

表2.12 1950—1978年淮河流域安徽选育的小麦新品种情况表

品 种	育成时间	选育单位和个人	选 育 方 法
阜阳4号	1950年	前安徽农业试验站	南大2419×胜利麦
怀远1号	1951年	怀远县常坟红旗公社周士扬	单穗选育
蒙丰8号	1963年	蒙城县麦豆原种场	阿夫系统选育
新宿6号	1964年	宿县专区农科所	引进612×阿夫后代选育

---

① 安徽省地方志编纂委员会.安徽省志:农业志[M].北京:方志出版社,1998:225.
② 安徽省地方志编纂委员会.安徽省志:农业志[M].北京:方志出版社,1998:79.
③ 河南省地方史志编纂委员会.河南省志:农业志[M].郑州:河南人民出版社,1993:79.
④ 河南省地方史志编纂委员会.河南省志:农业志[M].郑州:河南人民出版社,1993:81.
⑤ 江苏省地方志编纂委员会.江苏省志:农业志[M].南京:江苏古籍出版社,1997:336-337.

续表

品　种	育成时间	选育单位和个人	选 育 方 法
65-A	1965 年	阜阳专区良种场	阜阳 4 号系统选育
蒙丰 15	1965 年	蒙城县麦豆原种场	阿夫变异株选育
阜阳 13 号	1967 年	阜阳专区良种场	欧柔系统选育
新宿 7 号	1967 年	宿县专区农科所	安徽 3 号×安徽 8 号
凤台 1 号	1970 年	凤台县水稻原种场	毛颖阿夫选育
阜阳 74	1970 年	阜阳专区农科所	引进 54405×欧柔后代选育
宿麦 173	1970 年	宿县小麦原种场	引进 65(14)品系中选育
颍州 1 号	1970 年	阜阳县良种场	54405×欧柔后代选育
宿麦 2 号	1972 年	宿县小麦原种场	阿夫系统选育
新梁 1 号	1972 年	阜阳县新华梁庄农科队	丰产 3 号×毛颖阿夫
阜文 1 号	1973 年	阜阳地区农科所	V 80×五爪麦
马塘 1 号	1974 年	嘉山石坝公社马塘队	单穗选育
马场 2 号	1977 年	亳县城父公社马城科研组	郑引 1 号变异株选育
宿麦 1 号	1978 年	宿县小麦原种场	引进 65(14)品系中选育
阜阳 1 号	1978 年	阜阳地区农科所	南大 2419×胜利麦

资料来源:安徽省地方志编纂委员会.安徽省志:农业志[M].北京:方志出版社,1998:248-250.

② 水稻。在河南,20 世纪 50 年代中后期,育成青胜籼、马尾籼等品种;60—70 年代,育成信矮 1 号、信矮 2 号、光矮 6 号等矮秆品种。[1] 在江苏,20 世纪 50 年代,选育出桂花黄和苏稻 1 号,杂交育成通粳 671 和南京 1 号;60 年代和 70 年代,选育出竹系 26、苏粳 2 号、武农早、泗稻 5 号、盐粳 2 号、农桂早 3-7、南京 11 号,以及杂交选育的通粳 7 号等品种。[2] 在山东,20 世纪 70 年代,鱼台县良种场选育出鱼农 1 号,山东农学院杂交育成山农 13,临沂水稻站杂交选育出临稻 3 号,以及糯系 6 号、红胜糯、莒 258、莒 1613 等品种。[3] 其中,1976 年,莒县农科所率先进行籼稻杂交种南优 2 号栽植试验。[4] 在安徽,1976 年,双季早稻选育的二九青、先锋 1 号、朝阳 1 号、珍圭 51、圭陆矮等留作种用。[5]

③ 玉米。在河南,20 世纪 50 年代初期,评选出金皇后、白马牙、黄马牙、鹅翎白、七吡糙、干白顶、二黄糙等农家良种,同时育种单位开始杂交种的选育。如 1951 年,选育出混选 1 号品种;1962 年,选育出新双 1 号,比原来的品种增产 10.8%～30.4%;1965 年,选育出新单 1 号品种,比新双 1 号增产 2.8%～29.7%;1973—1975 年,选育出郑单 2 号、豫农 704、博单

---

[1] 河南省地方史志编纂委员会.河南省志:农业志[M].郑州:河南人民出版社,1993:94-95.
[2] 江苏省地方志编纂委员会.江苏省志:农业志[M].南京:江苏古籍出版社,1997:336-337.
[3] 山东省地方史志编纂委员会.山东省志:农业志　上册[M].济南:山东人民出版社,2000:326.
[4] 山东省地方史志编纂委员会.山东省志:农业志　上册[M].济南:山东人民出版社,2000:1048.
[5] 关于认真做好水稻选留种工作的联合通知　档案号:0093-002-0001-011[Z].淮南市档案馆.

1号等单交种。① 在江苏,新中国成立初,从农家种中评选出金黄后、白马牙、林素山等优良品种;20世纪50年代中期至60年代初期,育成淮杂1号、徐杂1号、徐杂4号等杂交种,与地方品种相比,一般增产10%～15%;60年代中期至70年代后期,杂交种育种逐渐转变为双交种、三交种育种,育成宿双1号、宿双2号、淮双1号等,一般增产10%～15%。② 在山东,20世纪50年代,评选出金皇后、红骨头、白马牙、安东黄马牙、华东2号、小粒红、大粒红等农家品种。莒南、泰安等地的农业科研机构、农场、农业合作社选育出杂交品种泰杂2号、齐玉24、齐玉25、齐玉26等,杂交品种比当地品种增产显著。同时,开展玉米自交系的选育,如双跃3号、双跃4号、双跃35号、双跃80号、双跃150号等双交种。1968年后,开始选育三交种和单交种,如烟三6号、烟三10号、华威单交、华傲单交等。③

④ 大豆。在河南,20世纪50年代,评选出的农家品种包括:豫中、豫东平原的早、中熟品种紫花糙、牛毛黄、铁角黄、小茧壳、小青豆、牛毛青、糙黑豆、大籽黑豆,晚熟品种天鹅蛋、大籽黄、里外绿;淮北平原的早、中熟品种二糙平顶式、黄毛豆、七月半,晚熟品种平顶式、九月青。其中,表现较好的有牛毛黄、铁角黄、平顶式。70年代中后期,省农林科学院选育出早丰1号、郑州135、郑州126,商丘地区农科所选育出商7608等。④ 在江苏,1954—1958年,华东农业科学研究所评选出适合淮北地区种植的品种有647、节节王、软条枝、小油豆、豌豆团、豌豆沙等;60年代,徐州、淮阴等地农业科研单位和农业高等院校,从地方品种中系统选出58-161、徐州301、徐州302等品种。⑤ 在山东,1957年,山东省农科所与滕县、沂水、泰安等专区农场评选出适宜于鲁西南地区种植的牛毛黄、铁角黄、耀角黄等地方良种。同时,系统选育一批新品种,如1952年育成定名的新黄豆,1956年育成的莒选23,1962年育成定名的齐黄1号,1966年育成的丰收黄,1969年育成的跃进5号,1970年育成的向阳1号,1971年育成的文丰5号、文丰7号,1973年育成定名的兖黄1号,1977年育成的鲁豆1号,1978年育成的齐黄21号等。⑥ 在安徽,1964—1978年,选育的大豆品种有16种。具体情况如表2.13所示。

表2.13 1964—1978年淮河流域安徽选育的大豆新品种简况表

品　　种	育成时间	选育单位和个人	选　育　方　法
宿县647	1975年	前宿县农事试验场	从"平顶五"中系统选育
友谊2号	1964年	阜南会龙公社吴同林	小白花糙系统选育
济南1号选系	1968年	界首县种子站	济南1号系统选育
阜豆2号	1972年	阜阳地区农科所	a-射线处理齐黄1号品种
五河大豆	1972年	五河县龙泽湖麦豆原种场	从五河大白壳中系统选育

---

① 河南省地方史志编纂委员会. 河南省志·农业志[M]. 郑州:河南人民出版社,1993:102-103.
② 江苏省地方志编纂委员会. 江苏省志·农业志[M]. 南京:江苏古籍出版社,1997:221.
③ 山东省地方史志编纂委员会. 山东省志·农业志　上册[M]. 济南:山东人民出版社,2000:1039-1040.
④ 河南省地方史志编纂委员会. 河南省志·农业志[M]. 郑州:河南人民出版社,1993:120-121.
⑤ 江苏省地方志编纂委员会. 江苏省志·农业志[M]. 南京:江苏古籍出版社,1997:234.
⑥ 山东省地方史志编纂委员会. 山东省志·农业志　上册[M]. 济南:山东人民出版社,2000:358-360.

续表

品 种	育成时间	选育单位和个人	选育方法
阜豆 4 号	1973 年	阜阳地区农科所	徐豆 1 号×56-161
皖豆 1 号	1974 年	安徽农科院作物所	徐豆 1 号×六合青豆
阜阳 335	1976 年	阜阳地区农科所	58-161×徐州 424 后代选育
亳县大豆	1978 年	亳县王楼公社刘仰	从商品粮大豆中系统选育
陈寨大豆	1972 年	蒙城县三义公社陈寨大队	从天鹅蛋中系统选育
蒙庆 1 号	1972 年	蒙城县麦豆原种场	单株选育
蒙庆 2 号	1972 年	蒙城县麦豆原种场	蒙庆 15×蒙庆 313
蒙庆 6 号	1972 年	蒙城县麦豆原种场	蒙庆 15×蒙庆 312
蒙庆 312	1972 年	蒙城县麦豆原种场	杂交育成
蒙庆 13	1972 年	蒙城县麦豆原种场	杂交育成
曙光 1 号	1972 年	利辛县高皇公社刘殿勋	单株选育

资料来源：安徽省地方志编纂委员会.安徽省志：农业志[M].北京：方志出版社，1998：253-254.

⑤ 高粱。在河南，20 世纪 50 年代后期，评选出一批产量高、籽粒大、综合性状较好、利用价值高的农家优良品种，如睢县大青秸、鹿邑歪头、太康高粱、民权大青节和独角虎等；60 年代和 70 年代前期，选育出郑杂 3 号、开杂 1 号、开杂 2 号等杂交品种；70 年代后期，商丘地区农科所选育出豫粱 1 号（商粱 3 号）、商粱 2 号，比原有品种增产 15%以上。[1] 在安徽，1970 年，萧县种子站从原新 1 号 A×忻粮 52 中杂交高粱；1974 年，利辛、凤台等县农民从胜利百号育成群选 1 号；1977 年，蒙城楚村朱集农科队从 3197A×北部高粱后代中育成朱集 477；1977 年，阜阳地区农科所从 74-5×丰薯 1 号中育成阜 201。[2]

⑥ 甘薯。在江苏，20 世纪 50 年代中期至 60 年代初期，华东农业科学研究所、徐州和淮阴等地农业科学研究所育成华东 51-93、华东 51-16 等，这些品种品质较好，但丰产性、适应性不理想；70 年代，育成徐薯 18、粟子香、丰薯 1 号、新大紫、南京 92、宁薯 1 号、宁薯 3 号、宿迁 1 号、丰收白、淮 85、淮薯 3 号等品种。[3]

（2）经济作物品种选育

① 棉花。在江苏，20 世纪 50 年代，系统选育出徐州 209、长绒 3 号、华东 2 号等，杂交选育出南通 11、新棉 4 号等；60 年代，从岱字 15 中选育出泗棉 1 号，以及选育出徐州 142 号、徐州 287、徐州 68-58、徐州 1818 等品种。[4] 在安徽，1965 年，萧县棉花原种场从岱字 15 号单株中选育出萧县 107；1966 年，萧县棉花原种场从岱字 15 号单株中选育出萧县 171。[5]

② 油菜。在江苏，1954 年之前，以白菜型油菜品种为主，辅以少量的芥菜型品种。白菜

---

[1] 河南省地方史志编纂委员会.河南省志：农业志[M].郑州：河南人民出版社，1993：142.
[2] 安徽省地方志编纂委员会.安徽省志：农业志[M].北京：方志出版社，1998：253-254.
[3] 江苏省地方志编纂委员会.江苏省志：农业志[M].南京：江苏古籍出版社，1997：228.
[4] 江苏省地方志编纂委员会.江苏省志：农业志[M].南京：江苏古籍出版社，1997：336-337.
[5] 安徽省地方志编纂委员会.安徽省志：农业志[M].北京：方志出版社，1998：251.

型品种主要有涟水大菜籽、兴化油菜,芥菜型品种有涟水小油菜等;1955—1975 年,白菜型品种与甘蓝型品种并存,以白菜型品种为主,如兴化县以胜利油菜为母本、兴化油菜为父本,杂交育成垛田 1 号,这是江苏选育的第一个甘蓝型油菜新品种;1976 年之后,甘蓝型品种与白菜型品种并存,以甘蓝型早中熟品种为主,如淮阴地区农业科学研究所育成淮油 6 号,扬州地区农业科学研究所育成扬油 1 号,沛县农业科学研究所育成沛选 170,睢宁县农业科学研究所育成睢油 1 号品种,这些品种多为早中熟种。①

3. 良种推广

在引进、选育新品种的同时,淮河流域各级政府还加强新品种的推广工作,建立和完善县有良种场,社有种子队,生产大队、生产队有种子田的三级良种推广体系。在各方的共同努力下,淮河流域新品种推广工作取得了显著的成效。农作物推广的品种既有本地选育的新品种,也有引进的品种。品种的推广也在不断升级换代或更替变化之中。

(1) 粮食作物品种推广

① 水稻。在安徽,1953 年,推广双季稻种,其中双季早稻有六十子、五十子、南特号,双季晚稻有小红稻、小冬稻、红须粳等;20 世纪 60 年代,早稻推广良种为莲塘早、矮脚南特、矮南早 1 号,晚稻推广良种为浙场 9 号、老来青、农垦 58,中稻推广品种为珍珠矮、广场矮;1970 年后,早稻推广品种主要有矮南早 1 号、二九南 1 号、二九青、圭陆矮 8 号、先锋 1 号、广陆矮 4 号,实现早稻早、中、晚熟品种配套。双晚稻推广武农早、沪选 19、当选晚 2 号、早熟农垦等早熟晚稻。② 在江苏,至 1954 年,水稻良种基本取代农家地方土种;1955 年后,开始大面积推广良种。如里下河稻区,20 世纪 50 年代,以早籼稻、早熟中籼稻为主;60 年代,早稻缩小到 35%,中熟中籼稻扩大到 30%,晚稻达到 30%,中稻达到 50%。③ 如淮北稻区,20 世纪 50—60 年代中期,以中稻为主,早、中、晚熟合理配置;60—70 年代中期,杂交稻种植面积占水稻面积的 50% 左右,中部和南部占 60%~70%,其中宿迁达到 95% 左右。常规中籼稻推广以南京 11 号为主,桂朝 2 号、淮稻 1 号、盐籼 156 占有一定的面积;粳稻推广主要有泗稻 8 号、农垦 57、黄金优、苏协粳、徐稻 2 号等。④

② 小麦。在河南,20 世纪 50 年代,推广农家良种,但产量低;60 年代,推广的杂交品种有郑州 808、郑州 17、郑州 683、郑州 722、郑州 741、郑州 3 号、郑州 6 号、开中 70-18、驻麦 1 号、信阳 12 等;70 年代,推广郑州 761、百泉 41 等,陕西省育成的矮丰 3 号、小偃 4 号等也陆续大面积推广,与已经推广的阿夫、丰产 3 号等品种相互配合使用。⑤ 在安徽,1950 年推广南大 2419,1956 年推广碧蚂 1 号,1957 年南大 2419 和碧蚂 1 号成为当家品种,种植面积分别为 740.55 万亩、651.3 万亩。1959—1961 年,南大 2419、碧玛 1 号、矮立多等品种种植面积下降,阿夫、阿勃、吉利麦等新品种逐步推广,到 60 年代后期阿夫麦成为当家品种。⑥ 在江苏,新中国成立初,推广徐州 438、碧蚂 1 号、碧蚂 4 号、中农 28 等品种。1951 年,碧蚂 1 号

---

① 江苏省地方志编纂委员会. 江苏省志:农业志[M]. 南京:江苏古籍出版社,1997:198-199.
②⑥ 安徽省地方志编纂委员会. 安徽省志:农业志[M]. 北京:方志出版社,1998:260.
③ 江苏省地方志编纂委员会. 江苏省志:农业志[M]. 南京:江苏古籍出版社,1997:116.
④ 江苏省地方志编纂委员会. 江苏省志:农业志[M]. 南京:江苏古籍出版社,1997:119.
⑤ 河南省地方史志编纂委员会. 河南省志:农业志[M]. 郑州:河南人民出版社,1993:80-81.

在淮阴地区种植面积达234万亩。至1956年,淮北地区秆锈病流行,碧蚂1号因高感秆锈病而被淘汰。1957年后,引进推广抗锈品种石家庄407、早洋麦、吉利、阿夫、华东6号等品种。60年代后期至70年代前期,重点推广徐州6号、8号、14号,济南2号、5号、8号、9号。其中在淮阴地区,1969年,济南2号种植面积达188.5万亩;1974年,徐州14种植面积达196万亩。70年代中期,开始推广泰山1号、4号,徐州17,武麦1号,郑州761,泗阳117,扬麦1、2、3号等品种,至70年代后期,淮北地区基本上以泰山1号当家。① 在山东,新中国成立初,主要推广徐州438、泗水三八、碧蚂1号、碧蚂4号等;1962年,开始重点推广钱交麦、早洋麦;1964年,普遍推广抗锈高产的济南2号等品种;1973年,大面积推广具有抗病、抗倒伏、抗干热风、高产且品质好的泰山1号,以及泰山4号、泰山5号、济宁3号、郓农29等。②

③ 玉米。在河南,1951年,推广混选1号、南杂5号品种;1953年,混选1号、金皇后、白马牙、鹅翎白、黄马牙五大品种种植面积占玉米良种种植面积的1/3;1962年,推广新双1号、洛阳85、维尔42、维尔156等双杂交种,更换杂交种百杂6号、南杂5号和农家种干白顶等;1965年,推广新单1号新品种,逐步取代新双1号等品种;1973—1975年,推广郑单2号、豫农704、博单1号等单交种,弥补新单1号高感矮花叶病的缺点。③ 在安徽,新中国成立后,大力推广玉米地方良种黄火燥、外来品种金皇后,1957年,黄火燥、金皇后种植面积都达30万亩以上;1965年前后,推广的国产杂交种双跃3号取代从罗马尼亚引进的杂交种。④ 在江苏,新中国成立初,推广金黄后、白马牙、林素山等地方品种;20世纪50年代中期至60年代初期,推广淮杂1号、徐杂1号、徐杂4号等品种,与地方品种相比,一般增产10%～15%;60年代中期至70年代后期,推广的综合杂交种、品种间杂交种逐步转变为宿双1号、宿双2号、淮双1号等双交种、三交种,与综合杂交种、品种间杂交种相比,双交种和三交种一般增产10%～15%。⑤

④ 高粱。在安徽,20世纪50年代,淮北地区种植面积较大的品种有黄罗伞、骡子尾、披头伞、西河柳、白眼猴、黑柳子、黑壳秫秫,淮南地区有红高粱、白高粱和大红袍等;60年代中期,开始推广杂交高粱。⑥ 在山东,1950年,开始推广打锣锤、竹竿青等地方良种;20世纪60年代,推广良种有打锣锤、竹竿青、牛心、香高粱、多穗高粱、秋高粱等,临沂、菏泽专区农科所还推广遗杂5号、遗杂2号、遗杂7号等。⑦

⑤ 甘薯。在河南,1950年,推广胜利百号,胜利百号比当地农家品种平均增产1.14倍,60年代后已普遍种植;70年代,推广宁薯1号、南京92、宁薯2号、丰收白、丰薯1号,以及郑颖红、郑红4号、郑红5号、郑红9号、郑红20号、许薯1号等新品种,用以代替退化的胜利

---

① 江苏省地方志编纂委员会.江苏省志:农业志[M].南京:江苏古籍出版社,1997:155-156.
② 山东省地方史志编纂委员会.山东省志:农业志 下册[M].济南:山东人民出版社,2000:1037-1038.
③ 河南省地方史志编纂委员会.河南省志:农业志[M].郑州:河南人民出版社,1993:102-103.
④ 安徽省地方志编纂委员会.安徽省志:农业志[M].北京:方志出版社,1998:261.
⑤ 江苏省地方志编纂委员会.江苏省志:农业志[M].南京:江苏古籍出版社,1997:221.
⑥ 安徽省地方志编纂委员会.安徽省志:农业志[M].北京:方志出版社,1998:89-90.
⑦ 山东省地方史志编纂委员会.山东省志:农业志 下册[M].济南:山东人民出版社,2000:1044-1045.

百号。① 在安徽,1954年,开始推广胜利百号,胜利百号比农家品种增产30.3%以上,1955年,胜利百号种植面积占甘薯种植面积的90%,到70年代中期,逐渐退化,产量下降;1977年,开始推广高产高抗根腐病和食用兼工业用的新品种徐薯18。② 在江苏,新中国成立初,以推广大红袍、小白藤等品种为主;50年代中期至60年代初期,推广胜利百号及华东51-93、华东51-16等品种;70年代,推广的品种有粟子香、丰薯1号、新大紫、南京92、宁薯1号、宁薯3号、宿迁1号、丰收白、淮85、淮薯3号等,这些品种的丰产性一般优于胜利百号,尤其是徐薯18,具有适应性广、抗逆性强、高抗根腐病等优点,70年代后期开始大面积推广。③

⑥ 大豆。在河南,20世纪50年代,推广农家良种有牛毛黄、铁角黄、平顶式等;60年代中后期,推广徐州地区农科所培育的徐州302、徐州421、徐州424等品种,1969年,驻马店地区推广的紫大豆面积达200多万亩,占大豆面积的70%以上;70年代中后期,推广早丰1号、郑州135、郑州126、商7608、跃进5号、鄂豆2号,以及徐豆4号、徐豆2号等品种,这批品种比原有品种增产10%以上。④ 在安徽,1956年,在宿县、灵璧、固镇、泗县、阜阳、蒙城、嘉山等县推广淮北农区试验站育成的宿县647,在蒙城、凤台、长丰、太和等县推广蒙城县麦豆原种场育成的蒙庆1号、2号、6号、13号、312号等,其中蒙庆6号推广面积达10万亩以上;1974年,推广省农科院作物所育成的皖100-1品种。与此同时,推广农民群众选育的一些良种,如蒙城农民选育的陈寨大豆,曾在阜阳、宿县、滁县等地区推广32万多亩;阜南县农民育成的友谊2号,推广面积曾达22万亩。⑤

(2) 经济作物品种推广

① 油菜。在安徽,1952年,开始推广甘蓝型品种,至1957年甘蓝型品种种植面积占油菜面积的2.93%;20世纪60年代,推广胜利52、胜利青梗等中晚熟甘蓝型油菜品种和油冬儿、稀水白等白菜型品种;70年代,推广甘蓝型品种7034、7055、106、202-23,滁油1号,上海24,军农1号等和白菜型品种武油1号。⑥ 由于甘蓝型品种高产、抗病,种植面积连续扩大。

② 花生。在河南,1956年,推广开封一撮秧、长垣一把抓、濮阳二糙等地方品种,在郑州、开封、许昌、信阳等地推广由山东引进的伏花生;1962年,在豫东等地推广四川德阳县农家品种罗江鸡窝,山东伏花生和罗江鸡窝在不同地区分别成为60年代的当家品种;70年代,推广开农27、开农8号、濮阳837、濮阳263、杨庄133、杨庄206等品种,以及徐州68-4、天府3号新品种。⑦ 在安徽,1957年,推广站花生、大花生、二洋花生,种植面积达15万亩以上;1959年,推广较早熟的山东伏花生,很快发展成为当家品种;70年代,推广白沙1016、徐州68-4等品种。⑧

③ 棉花。在河南,1953年,推广大斯棉、斯字棉,基本淘汰亚洲棉;1956年,推广从江

---

① 河南省地方史志编纂委员会.河南省志:农业志[M].郑州:河南人民出版社,1993:110-111.
② 安徽省地方志编纂委员会.安徽省志:农业志[M].北京:方志出版社,1998:262.
③ 江苏省地方志编纂委员会.江苏省志:农业志[M].南京:江苏古籍出版社,1997:228.
④ 河南省地方史志编纂委员会.河南省志:农业志[M].郑州:河南人民出版社,1993:120-121.
⑤ 安徽省地方志编纂委员会.安徽省志:农业志[M].北京:方志出版社,1998:79.
⑥⑧ 安徽省地方志编纂委员会.安徽省志:农业志[M].北京:方志出版社,1998:263.
⑦ 河南省地方史志编纂委员会.河南省志:农业志[M].郑州:河南人民出版社,1993:165.

苏、上海引进的岱字棉 15 号良种,到 1963 年基本普及,代替大斯棉和斯字棉;1964 年以后,在豫南推广湖南的洞庭 1 号;1974 年,在豫东推广河南 79、河南 70、河南 69 等新品种。① 在安徽,20 世纪 50 年代初,推广的陆地棉德字 531,其产量不及斯字棉,1958 年,斯字棉 2B 因产量不如岱字棉 15 号而被淘汰,岱字棉 15 号逐步普及;60 年代中期至 70 年代中期,原种 1~5 代种子因退化严重,产量下降,逐步被徐州 142、光叶岱字棉等取代。② 在江苏,1956 年,开始推广岱字棉 15 号,比斯字棉增产皮棉 11.83%;1970 年,开始推广国内自育品种,逐步更换岱字棉 15 号。③

(二) 改革开放后的农业新品种

改革开放以来,由于农业上实行家庭联产承包责任制,淮河流域种子事业得到新的发展。淮河流域建立健全省、地、县三级种子机构,开展种子现代化建设工作。一方面,从美国、墨西哥等国外引进,也从国内北京、陕西、辽宁、福建、云南等省市引进,域内河南、山东、安徽、江苏等省之间也相互引进;另一方面,对小麦、水稻、玉米、大豆等粮食作物,以及棉花、油菜、茶叶、烟草等经济作物进行新品种的培育。经过努力,淮河流域逐步构建综合配套的良种繁育推广体系,使农业新品种引育、推广工作迈上新台阶。

1. 新品种引育

改革开放以来,为了促进农业的发展,淮河流域各省政府及相关部门针对本地实际,在引进一些农作物新品种的同时,加大对水稻、小麦、棉花、玉米、甘薯、油菜、大豆、花生、芝麻等农作物新品种的培育。

(1) 粮食作物品种引育

① 小麦。在河南,1980 年后,引入墨西哥矮秆、软粒春小麦品种,如叶考拉、沙瑞克、波塔姆、他诺瑞、拜尼莫等;陆续引进郑引 1 号及陕西省育成的矮丰 3 号、小偃 4 号等;培育出郑州 761、百泉 41 等品种。④ 在江苏,20 世纪 80 年代以来,淮北地区引育的品种有济南 13、淮麦 11、博爱 74-22、泗阳 936、扬麦 5 号、徐州 21、淮麦 12,以及鲁麦 7 号、陕农 7859、枣庄 20-24 等;淮南地区里下河地区农业科学研究所等杂交成扬麦 5 号,成为主体品种,与扬麦 3 号、扬麦 4 号并存。⑤ 在山东,1979 年,开始引种济南 13 号、山农辐 63 品种,比泰山 4 号、泰山 1 号增产。⑥ 至 2005 年,引育的品种主要有 PH82-2-2、烟农 15 号、济麦 17 号、济麦 20 号、烟农 19 号、淄麦 12 号、山农优麦 2 号等。⑦

② 大麦。在河南,1981 年,由江苏引入大麦品种,在黄泛区农场建立二棱大麦(早熟 3 号)种子生产基地;1984 年,驻马店地区农业科学研究所选育驻选二棱大麦,命名为豫大麦 1

---

① 河南省地方史志编纂委员会. 河南省志·农业志[M]. 郑州:河南人民出版社,1993:152-153.
② 安徽省地方志编纂委员会. 安徽省志·农业志[M]. 北京:方志出版社,1998:261.
③ 江苏省地方志编纂委员会. 江苏省志·农业志[M]. 南京:江苏古籍出版社,1997:181.
④ 河南省地方史志编纂委员会. 河南省志·农业志[M]. 郑州:河南人民出版社,1993:81.
⑤ 江苏省地方志编纂委员会. 江苏省志·农业志[M]. 南京:江苏古籍出版社,1997:156.
⑥ 山东省地方史志编纂委员会. 山东省志·农业志 下册[M]. 济南:山东人民出版社,2000:1038.
⑦ 山东省地方史志编纂委员会. 山东省志·农业志 1991—2005[M]. 济南:山东人民出版社,2014:103.

号,该品种高产、稳产、抗病、早熟。① 在江苏,20世纪80年代,淮北地区原有的农家品种已全部淘汰。1983年,引进高抗黄花叶病的苏引麦1号。② 大麦以矮早三为主,搭配海安大麦、通麦5号、6号等,裸大麦仍种海麦1号、如东1号等。

③ 水稻。在河南,1979年后,在信阳、驻马店、郑州等地先后建立水稻原种场,进行良种培育;80年代初,从外地引入桂潮2号、红南、国际稻24等,这些品种虽然高产,但不抗白叶枯病,米质普遍较差;1985年,引进密阳23、杨稻1号、杨稻2号及杂交稻汕优6号、汕优63等优质高产良种。③ 在江苏,1978—1987年,杂交育成桂花糯、武糯1号、复虹糯6号、紫金糯等品种。淮北稻区以籼稻为主,主要是籼型杂交稻,常规中籼仍然以南京11号为主,桂朝2号、淮稻1号、盐籼156占有一定的比例;粳稻主要有泗稻8号、农垦57、黄金优、苏协粳、徐稻2号等。④ 在山东,1980年,主要品种为农垦57;1982年后,主要品种有京引119、京引153、农垦57、鱼农1号、秦爱旱稻、鲁粳1号、徐稻2号等;1990年,主要品种有京引119、徐稻2号、中国91、农垦57、临稻1号。在种植常规稻的同时,开始试种杂交水稻,并引进丰锦A×C57、D56、A×C57等杂交组合。⑤ 1991年以来,山东省水稻研究所先后培育出多个优质、高产水稻新品种(系),2005年主导品种有临稻4号、圣稻301、临稻10号、阳光200、香粳9407等。⑥

④ 玉米。在河南,1983—1984年,选出产量较高的商单3号、开单2号、郑单5号、洛单4号,并引入烟单14、烟单15、丹玉11、掖单2号、丹玉13等一批高产新品种。⑦ 在江苏,20世纪70年代末至80年代前期,引进一批优良单交种,主要有丹玉6号、鲁原单4号、中单2号等,育成皋单1号、皋单2号和苏玉2号等。80年代中后期,先后育成苏玉1号、鲁原单4号等紧凑型单交种。⑧ 在山东,1979年,单交种品种主要有鲁原单4号、鲁宁1号、鲁单3号、鲁玉6号及从外省引进的丹玉6号、中单2号等。1985年,杂交种主要有鲁玉3号、鲁玉2号、中单2号、鲁原单4号、丹玉6号、丰单1号、鲁玉6号、鲁宁1号、丹玉13号等。⑨ 到1990年,紧凑型品种主要有烟单14号、鲁玉1号、鲁玉2号、鲁玉3号、鲁玉7号、鲁玉10号、掖单4号等。从外地引进的良种有黄早4、MO17、Va35、E28、获白等。⑩ 2005年,引育的主要品种有郑单958、费玉3号、费玉4号、鲁单8010、鲁单8011等。⑪

⑤ 大豆。在江苏,20世纪80年代初期,育成的新品种有苏北的徐豆135、徐豆1号、徐豆3号、徐豆7号、淮豆1号、灌豆1号等,江淮的南农493-1、苏协19-154-1、苏豆1号等。其

---

① 河南省地方史志编纂委员会.河南省志:农业志[M].郑州:河南人民出版社,1993:88.
② 江苏省地方志编纂委员会.江苏省志:农业志[M].南京:江苏古籍出版社,1997:334.
③ 河南省地方史志编纂委员会.河南省志:农业志[M].郑州:河南人民出版社,1993:95.
④ 江苏省地方志编纂委员会.江苏省志:农业志[M].南京:江苏古籍出版社,1997:119.
⑤ 山东省地方史志编纂委员会.山东省志:农业志 下册[M].济南:山东人民出版社,2000:1048.
⑥ 山东省地方史志编纂委员会.山东省志:农业志 1991—2005[M].济南:山东人民出版社,2014:107.
⑦ 河南省地方史志编纂委员会.河南省志:农业志[M].郑州:河南人民出版社,1993:103-104.
⑧ 江苏省地方志编纂委员会.江苏省志:农业志[M].南京:江苏古籍出版社,1997:221.
⑨ 山东省地方史志编纂委员会.山东省志:农业志 下册[M].济南:山东人民出版社,2000:1040.
⑩ 山东省地方史志编纂委员会.山东省志:农业志 上册[M].济南:山东人民出版社,2000:309.
⑪ 山东省地方史志编纂委员会.山东省志:农业志 1991—2005[M].济南:山东人民出版社,2014:106.

中,徐豆135耐旱抗涝,产量较高。① 在山东,1980年,主要品种有向阳1号、齐黄1号等;1985年,主要品种有跃进5号、向阳1号、东懈1号;1990年,主要品种有鲁豆4号、鲁豆2号、鲁豆5号、跃进5号、鲁豆7号、鲁豆6号和东懈1号②;1990—2005年,主要品种有鲁豆4号、鲁豆10-12号、齐黄26-28号、齐黄31号、高丰1号、菏豆12号、菏豆13号、山宁12号等③。

(2) 经济作物品种引育

① 棉花。在河南,1980年,引进岱字棉16,但产量一般;1981年,省农科院选育无毒棉(无酚棉)豫1号新品种。④ 在江苏,20世纪80年代,由于棉枯病蔓延和棉黄萎病的发展,先后从陕西引进陕3563、416、401,从河南引进86-1、中521和兼抗枯黄萎病的中棉所12号等;引进常规棉有鲁棉1号、中棉所10号、冀棉8号等。⑤ 1980年,育成泗棉2号,亩产籽棉238.8公斤,皮棉94公斤;1982年,育成抗病棉盐棉48,比86-1原种增产籽棉15.9%~25.6%,增产皮棉13.5%~26.3%;1986年,杂交育成苏棉3号。⑥ 在山东,20世纪90年代前期,品种以中棉所12号、16号为主;90年代后期,省内育成品种有鲁棉9-14号、德夏棉1号、GK-12、鲁棉研15-25号、山农丰抗6号、鲁RH-1、W8225等,国内育成引进品种有中棉所12-13号、16-17号、19号、28-30号、38-41号、45号及SGK321、标杂A1等,国外育成省内引进品种有新棉33B和DP99B,均由美国岱字棉公司选育。⑦

② 油菜。在江苏,20世纪80年代初,扬州地区农业科学研究所育成扬油1号,沛县农业科学研究所育成沛选170,睢宁县农业科学研究所育成睢油1号等品种;1985年,培育出一些单双低油菜新品种,如淮阴农业科学研究所培育的淮油12号。⑧

③ 茶叶。在河南,20世纪80年代,引进品种有湘波绿、祁门楮叶种、紫阳种、鸠坑种、福鼎大白、龙井43等。这些品种比普通种产量提高20%~30%,质量提高1~2级。1985年,信阳地区茶叶试验场选育出豫绿1号、早芽1号、早芽2号、信阳10号,品质优良,具有抗性强、发芽早等特点。⑨

④ 烟草。在江苏,20世纪70年代以来,烟草大部分品种从山东、河南、云南等省引进,如从河南引进徐金4号、潘元黄、净叶黄、小叶黄、千斤黄,从山东引进单育1号,从云南引进红花大金元等。先是以千斤黄、长勃黄为当家品种,后又以许金4号、潘元黄、净叶黄为主要品种。80年代中期,引进中烟15、中烟14、NC82、NC89等品种,以及引进美国品种斯佩特G28和G140。⑩

---

① 江苏省地方志编纂委员会.江苏省志:农业志[M].南京:江苏古籍出版社,1997:234.
② 山东省地方史志编纂委员会.山东省志:农业志 下册[M].济南:山东人民出版社,2000:1042.
③ 山东省地方史志编纂委员会.山东省志:农业志 1991—2005[M].济南:山东人民出版社,2014:111.
④ 河南省地方史志编纂委员会.河南省志:农业志[M].郑州:河南人民出版社,1993:153.
⑤ 江苏省地方志编纂委员会.江苏省志:农业志[M].南京:江苏古籍出版社,1997:181.
⑥ 江苏省地方志编纂委员会.江苏省志:农业志[M].南京:江苏古籍出版社,1997:338.
⑦ 山东省地方史志编纂委员会.山东省志:农业志 1991—2005[M].济南:山东人民出版社,2014:116.
⑧ 江苏省地方志编纂委员会.江苏省志:农业志[M].南京:江苏古籍出版社,1997:199.
⑨ 河南省地方史志编纂委员会.河南省志:农业志[M].郑州:河南人民出版社,1993:188.
⑩ 江苏省地方志编纂委员会.江苏省志:农业志[M].南京:江苏古籍出版社,1997:244.

(3) 淮河流域市县品种引育

① 在安徽,如萧县,1982年,黄豆引入商丘197、跃进5号、徐豆2号等;甘薯引入徐薯18号;棉花繁育徐州514,引种中棉所10号;小麦引进百农3217、博爱7422、济南13和辐63,育成马场-19、萧农11号等。① 淮南市,2001年,引进日本丹波黑大豆试种成功;2003年,凤台县水稻原种场和凤台农科所分别选育的中粳糯"86120-5"、中粳"96-2"通过审定,正式定名"皖稻68""皖稻89"。② 利辛县,1997年,由县种子公司在丹凤乡、望疃镇、刘家集乡等地建立小麦良种繁育基地,县种子公司还引进3个示范品种,建立试验示范点11处,夏季全县生产小麦良种500多万公斤。在望疃、丹凤、中疃3个乡镇建立豫棉9号良种繁育基地,平均单产棉花62.5公斤,生产优质良种100多万公斤。③

② 在河南,如开封市,市农林科学研究所先后选育一些花生、小麦、大豆等新品种,这些新品种具有丰产性好、抗逆性强、适应性广等优点。1991年育成花生新品种豫花3号,1993年育成豫花5号,1997年育成豫花10号,1999年育成豫花12号;2000年育成大豆新品种开豆4号,育成小麦新品种开麦15号。④ 驻马店市,1995年,引进农作物新品种67个,筛选出适合区内不同生态类型区的优良品种8个。⑤ 漯河市,2000年,引进优秀小麦新品系37个进行试验示范,从中选出濮优-4、高优503、西农2208、郑优6号、郑州9023、淮阴9628等高产、抗逆性强的品种⑥;2005年,培育的小麦新品种有漯优7号、漯4518、漯9908等,玉米新品种有漯单9号、10号等,芝麻新品种有漯芝16号、18号等⑦。平顶山市,2004年,引进试验各类农作物新品种100多个,其中直接引进品种有豫农997、开麦14、新麦13、秦单5号、郑单19、东单60、浚单795、平豆99016-1等,自育品种有平豆99016-1、平豆1号、华盛2号等。⑧ 舞钢市,2002年,选育的小麦品种有豫麦47、内乡188、郑9023,玉米品种有农大108、豫玉22、豫玉25、豫玉27等。⑨

③ 在江苏,如扬州市,1992—1993年,引进29个粳稻新品种(系),选出一批适合扬州不同稻区种植的主体品种。里下河地区选用盐粳4号和盐粳187为主体品种,搭配种植盐粳1939和泗稻9号;通扬运河以南地区以武育粳3号为主体品种,搭配种植K33-50;丘陵地区以扬粳186为主体品种,扩大示范种植盐粳1439和关东125。⑩ 1995年,引进和选育新品种有杂交中籼特优63、中籼糯扬辐糯4号、大麦苏农21、花生泰花2号等。⑪ 盐城市,1997年,引进、试验、示范农作物新品种(系)12个,大宗农作物统一供种率达85.5%⑫;2000年,引进

---

① 萧县农业局1982年工作总结 档案号:J035-3-2[Z].萧县档案馆.
② 淮南年鉴编委会.淮南年鉴:2004[M].合肥:黄山书社,2004:66.
③ 利辛县地方志办公室.利辛年鉴:1998[Z].利辛县地方志办公室,1998:123.
④ 开封年鉴编纂委员会.开封年鉴:2001[M].北京:方志出版社,2001:105.
⑤ 驻马店地区年鉴编辑部.驻马店地区年鉴:1996[M].郑州:中州古籍出版社,1996:155.
⑥ 漯河市史志档案局.漯河年鉴:2001[M].北京:新华出版社,2001:262.
⑦ 漯河市史志档案局.漯河年鉴:2006[M].北京:光明日报出版社,2006:157.
⑧ 平顶山地方史志办公室.平顶山年鉴:2005[M].郑州:中州古籍出版社,2005:129-130.
⑨ 舞钢市地方史志编纂委员会.舞钢市年鉴:2003[M].北京:方志出版社,2003:173.
⑩ 扬州年鉴编纂委员会.扬州年鉴:1994[M].上海:中国大百科全书出版社上海分社,1994:149.
⑪ 扬州年鉴编纂委员会.扬州年鉴:1996[Z].江苏年鉴杂志社,1996:98.
⑫ 盐城市地方志编纂委员办公室.盐城年鉴:1998[M].北京:方志出版社,1998:156.

农作物新品种(系)275个,优质农产品比例由上年的25%提高到40%①。

④ 在山东,如菏泽市,2009年,试验新品种22个,其中大豆7个、玉米10个、花生1个、棉花1个、小麦3个;引进并选出新品种10余个,小麦有泰农18、良星99、矮抗58,玉米有京穗4号、5号,棉花有鲁棉研27、京棉45等。② 枣庄市,2009年,引进优质小麦新品种33个,有良星66、济麦22、泰农18等;引进玉米新品种80个,有郑单958、鲁单981、浚单20、枣玉8、谷育178等。③ 兖州市,1996—1999年,市农科所引进11个小麦新品系,进行试验示范;市良种场引进9个小麦新品系。④ 泗水县,2002年,重点引进花生新品种有花育16、花育17和丰花1号等,甘薯新品种有美引1号、2号和济薯15号、烟薯16号、农珍868、烟薯27等,小麦新品种有烟农19、烟辐188、淄麦12号、优麦3号、汉农5号等,玉米新品种有农大108、鲁单50、郑单958、鲁单981等。⑤ 沂水县,2004—2005年,引进农作物新品种60余个⑥;2006—2007年,引进新品种40余个⑦;2008—2009年,引进新品种50余个⑧。

2. 新品种推广

改革开放后,随着农业新品种引育工作的开展,淮河流域加快良种的推广工作,建立多层次的良种推广体系。淮河流域各级政府和相关部门采取一系列措施,立足于本地实际,对试验、示范效果良好的农业新品种进行推广。推广的品种既有小麦、水稻、甘薯、大豆、玉米等粮食作物品种,又有棉花、花生、油菜、茶叶等经济作物品种。

(1)粮食作物品种推广

① 小麦。在河南,20世纪80年代,引进一批产量高、品质好、适应性强的品种,种植面积迅速扩大。1987年,百农3217、博爱7023、宛7107、豫麦2号、郑引1号、豫麦7号、徐州21、西安8号、陕农7859、豫麦4号等品种推广面积达100万亩以上。⑨ 在安徽,1979年,丰产3号种植面积达657万亩,阿夫麦降至189万亩,推广的品种还有泰山1号、博爱7023、郑引1号、内乡5号、阜阳4号等。80年代,主要推广博爱7422、西安8号、宝丰7228、偃师9号、扬麦4号等稳产高产品种。1985年,博爱74-22种植面积达301.5万亩,偃师9号270万亩,扬麦4号142.05万亩,西安8号114万亩。⑩ 在山东,80年代推广的主要品种有:适于中高肥水的济南13号、鲁麦1号、鲁麦5号、鲁麦7号、鲁麦8号、烟农15;适于中肥水的山农辐63、鲁麦2号、鲁麦3号、鲁麦13号、晋麦21;适于低肥水的科红1号、秦麦3号;适于晚播的城辐752、鲁麦4号、鲁麦6号、鲁麦9号等。⑪

---

① 盐城市地方志编纂委员会办公室.盐城年鉴:2001[M].北京:方志出版社,2001:159.
② 菏泽市地方史志办公室.菏泽年鉴:2010[Z].菏泽市地方史志办公室,2010:69.
③ 枣庄市地方史志办公室.枣庄年鉴:2010[M].北京:长城出版社,2010:129.
④ 兖州市地方史志编纂委员会.兖州年鉴:1996—1999[M].香港:香港天马出版有限公司,2000:232.
⑤ 泗水县地方史志办公室.泗水年鉴:2003[Z].泗水县地方史志办公室,2003:159.
⑥ 沂水县地方史志办公室.沂水年鉴:2004—2005[M].济南:山东省地图出版社,2007:206.
⑦ 沂水县地方史志办公室.沂水年鉴:2006—2007[M].郑州:黄河出版社,2008:174.
⑧ 沂水县地方史志办公室.沂水年鉴:2008—2009[M].济南:山东省地图出版社,2010:183.
⑨ 河南省地方史志编纂委员会.河南省志.农业志[M].郑州:河南人民出版社,1993:82-83.
⑩ 安徽省地方志编纂委员会.安徽省志.农业志[M].北京:方志出版社,1998:261.
⑪ 山东省地方史志编纂委员会.山东省志.农业志 上册[M].济南:山东人民出版社,2000:284.

② 水稻。在河南,20世纪80年代,信阳地区由原来的一季春稻为主改为稻麦两熟,良种面积不断扩大。1986年,优质稻面积为195.75万亩,占全区稻田面积的44.1%,产量占稻谷产量的52.76%,平均亩产增产19.5%。① 在江苏,20世纪80年代,在里下河稻区,推广杂交稻高产良种,平均亩产比70年代增长53.8%②;在淮北稻区,以籼稻为主,主要是籼型杂交,杂交稻一般比常规中籼稻增产100公斤。淮北稻区的西北部和东部的杂交稻种植面积占水稻面积的50%左右,中部和南部占60%～70%。常规中籼仍然以南京11号为主,桂朝2号、淮稻1号、盐籼156占有一定的面积。③ 在山东,1979年开始,以推广黎优57等杂交粳稻为主④,主要集中在济宁、临沂、日照等南部湖区周边低洼地和菏泽等沿黄稻区。2000年,圣稻301等在黄淮海地区大面积推广。⑤

③ 甘薯。在河南,1979年,推广高产高抗根腐病的新品种徐薯18,平均比胜利百号鲜薯增产34.9%,薯干增产46.8%,适合山区、丘陵、平原春夏薯区种植。1982年,引入徐薯18原种(77-6)进行推广,适应性优于徐薯18。⑥ 在安徽,1979年,推广徐薯18,1981年种植面积为142.8万亩,1987年扩大到404.6万亩,占甘薯面积的50.8%。胜利百号于1987年减至61.9万亩,仅占甘薯面积的7.9%,降为搭配品种,搭配品种还有北京553和农家品种新大紫,1985年面积分别为22.5万亩和20万亩。⑦ 在江苏,1987年,主体品种中徐薯18面积最大,其次是胜利百号,再次是青农2号,宁薯2号面积最小。⑧ 在山东,1979年,徐薯18种植面积迅速扩展,成为推广面积最大的品种。推广面积较大的品种还有青农2号、烟薯1号、济薯1号、南京92、一窝红、丰收白、济薯5号、烟薯3号、莒薯2号等。1981年,开始推广鲁薯1号、鲁薯2号。1983年,徐薯18面积达到550万亩,占甘薯良种面积的41.4%。20世纪80年代后期,徐薯18面积继续扩大,胜利百号基本淘汰。1990年,主要推广品种仍为徐薯18,其次为丰收白、济薯1号、鲁薯2号、鲁薯3号、青农2号。⑨

④ 大豆。在河南,1979年,推广早丰1号、郑州135、郑州126、商7608、跃进5号、鄂豆2号等新品种,其中跃进5号为主要推广品种。80年代中期,示范推广豫豆2号、豫豆3号、豫豆7号、豫豆8号、豫豆5号、豫豆6号、鲁豆2号、中豆19等新品种,其中豫豆2号面积最大,其次是跃进5号和诱变30。按照不同生态类型区域,推广相应的品种,如豫中豫东平原中下等肥力地区推广郑州135、跃进5号等品种,中上等肥力地区推广豫豆2号、豫豆7号、豫豆6号等品种;淮北平原的中下等肥力地区推广鄂豆2号、郑州135、鲁豆2号等品种,中上等肥力地区推广中豆19、商丘7608、豫豆2号等品种。⑩ 在安徽,1979年,推广徐豆1号种植面积57万亩,以阜阳地区为主推广友谊2号22.5万亩。1981年,推广大豆良种面积347

---

① 河南省地方史志编纂委员会.河南省志:农业志[M].郑州:河南人民出版社,1993:95.
② 江苏省地方志编纂委员会.江苏省志:农业志[M].南京:江苏古籍出版社,1997:116.
③ 江苏省地方志编纂委员会.江苏省志:农业志[M].南京:江苏古籍出版社,1997:119.
④ 山东省地方史志编纂委员会.山东省志:农业志 下册[M].济南:山东人民出版社,2000:1048.
⑤ 山东省地方史志编纂委员会.山东省志:农业志 1991—2005[M].济南:山东人民出版社,2014:107.
⑥ 河南省地方史志编纂委员会.河南省志:农业志[M].郑州:河南人民出版社,1993:112.
⑦ 安徽省地方志编纂委员会.安徽省志:农业志[M].北京:方志出版社,1998:262.
⑧ 江苏省地方志编纂委员会.江苏省志:农业志[M].南京:江苏古籍出版社,1997:229.
⑨ 山东省地方史志编纂委员会.山东省志:农业志 下册[M].济南:山东人民出版社,2000:1041.
⑩ 河南省地方史志编纂委员会.河南省志:农业志[M].郑州:河南人民出版社,1993:121-122.

万亩,占大豆面积的31.4%,1985年增至650.77万亩,占大豆面积的67.2%。其中跃进5号、诱变30种植面积为531.6万亩,占大豆面积的54.9%。① 在江苏,20世纪80年代初期,徐豆135推广面积为30万~50万亩。1985年,大豆品种布局大体是:徐州地区以徐豆系统品种为主,淮阴地区淮豆1号、灌豆1号、诱变30等面积较大,江淮地区淮豆2号、4-1、19-15、通豆1号等品种的面积正在扩大。1987年,主体品种中诱变30面积最大,徐州135、灌豆1号面积次之。② 在山东,1980年,主要推广的品种向阳1号面积最大,占良种面积的26%。此后,推广的良种有鲁豆4号,以及鲁豆2号、鲁豆5号、跃进5号、鲁豆7号、鲁豆6号、东懈1号等,1985年良种面积占种植面积的85%,1990年占种植面积的88%。③ 1990—2005年,主要推广品种有鲁豆4号、鲁豆10-12号、菏豆12号、菏豆13号等。④

⑤ 玉米。在安徽,1982年,推广的良种有丹玉6号、固单1号和鲁原单4号,种植面积分别为49.95万亩、15.6万亩和16万亩。1987年,推广烟单14、单玉13、掖单2号和聊玉5号,其中烟单14、单玉13种植面积分别为103.54万亩、95.84万亩。⑤ 在江苏,20世纪70年代末至80年代前期,大面积推广优良单交种丹玉6号、鲁原单4号、中单2号等;80年代中后期,推广苏玉1号、鲁原单4号等紧凑型单交种。⑥ 在山东,80年代初至90年代,紧凑型单交种每亩可密植4 000~5 500株,比以往松散型单交种增加50%左右。到1990年,推广面积最大的自交系为北京育成的黄早4和美国引进的MO17。⑦ 2005年,高油玉米在兖州等地种植面积较大,品种有高油1号、高油115、莱阳97-9等;甜玉米主要分布在临沂等地,品种有甜单1号、甜单8号等;糯玉米主要产区在临沂等地,品种有紫香糯、黑糯97、丹顶糯、西星糯等。⑧

⑥ 谷子。在河南,20世纪70年代末80年代初,开始大面积推广郑谷2号、新农761、豫谷1号。其中豫谷1号最突出,为中上等肥力地的主要推广品种。⑨ 在山东,1979年后,推广面积居首位的是鲁谷3号,其次是柳条青,再次是地方品种大毛黄,其他面积较大的品种有鲁金1号、新农724夏谷、诸辐1号、杨村谷;1985—1990年,主要推广品种有豫谷1号、鲁谷4号、鲁谷5号、鲁谷6号、鲁谷7号、青到老、柳条青、聊玉1号等⑩;1991—2005年,推广品种有诸辐1号、鲁谷3-4号、鲁谷7-10号、金谷3号、豫谷5号、掖谷1号等,主导品种有济谷12号和济谷13号。⑪

(2) 经济作物品种推广

① 棉花。在河南,1981年,推广豫棉1号、河南79号、岱字棉16、中棉所7号、86-1等品

---

① 安徽省地方志编纂委员会.安徽省志:农业志[M].北京:方志出版社,1998:262.
② 江苏省地方志编纂委员会.江苏省志:农业志[M].南京:江苏古籍出版社,1997:234.
③ 山东省地方史志编纂委员会.山东省志:农业志 下册[M].济南:山东人民出版社,2000:1042.
④ 山东省地方史志编纂委员会.山东省志:农业志 1991—2005[M].济南:山东人民出版社,2014:111.
⑤ 安徽省地方志编纂委员会.安徽省志:农业志[M].北京:方志出版社,1998:262.
⑥ 江苏省地方志编纂委员会.江苏省志:农业志[M].南京:江苏古籍出版社,1997:221-222.
⑦ 山东省地方史志编纂委员会.山东省志:农业志 上册[M].济南:山东人民出版社,2000:309-310.
⑧ 山东省地方史志编纂委员会.山东省志:农业志 1991—2005[M].济南:山东人民出版社,2014:106.
⑨ 河南省地方史志编纂委员会.河南省志:农业志[M].郑州:河南人民出版社,1993:136.
⑩ 山东省地方史志编纂委员会.山东省志:农业志 下册[M].济南:山东人民出版社,2000:1046.
⑪ 山东省地方史志编纂委员会.山东省志:农业志 1991—2005[M].济南:山东人民出版社,2014:108.

种,1987年良种面积占棉田面积的79%。① 在安徽,1985年,徐州514推广142.65万亩,沪棉479推广30.45万亩,泗棉2号推广29.1万亩,中棉所10号推广19.5万亩,优质棉岱字棉16扩大18.9万亩。② 在江苏,1986年,推广泗棉2号、徐州514、徐州553、盐城48为优质棉基地主体品种,种植面积占棉田面积的45.21%。③ 在山东,1979年,推广具有出苗好、株型紧凑、结铃性强、适应性广、早熟高产等特点的鲁棉1号,基本淘汰岱字棉15号。1982年,推广鲁棉6号,更换鲁棉1号。④ 1984年,推广鲁棉2号、鲁棉3号、鲁棉4号、鲁棉5号、鲁棉6号等新品种,这些品种纤维品质明显好于鲁棉1号。1987年,重点推广抗病高产的中棉所12号,该品种不仅抗枯萎病,也耐黄萎病,而且高产优质,综合性状明显好于其他抗病品种。1990年,推广鲁棉9号、中棉所17号和早熟品种鲁棉10号、中棉所16号。⑤ 20世纪90年代末,重点推广抗虫棉,替换中棉所12号等常规品种,至2005年,国产抗虫棉种植面积占棉田面积的70%以上,基本取代国外品种。⑥

② 花生。在江苏,20世纪80年代,重点推广徐系1号、徐州68-4、海花1号、徐花3号、鲁花1号等品种。1985年,徐系1号的面积发展到91.1万亩,徐州68-4发展到18万亩左右,海花1号发展到36万亩左右,鲁花1号发展到14万亩,逐步淘汰伏花生等品种。⑦ 在山东,1980年,推广白沙1016和徐州68-4,面积分别为284万亩和105万亩。1981年,白沙1016和徐州68-4种植面积分别为298万亩和140万亩,占良种面积的34.6%和16.3%。1990年,良种面积占播种面积的98.2%,主要品种海花1号为265万亩,鲁花9号为127万亩,花37为124万亩,白沙1016为78万亩,花17为78万亩,鲁花10号为75万亩。⑧

③ 油菜。在河南,1981年,推广的南阳41、7818甘蓝型油菜面积占60%以上。1983年,在上蔡、汝南、平舆、项城、郸城、沈丘、许昌、叶县、柘城、临汝等县进行低芥酸油菜种子大面积示范推广。⑨ 在江苏,1979—1985年,甘蓝型品种与白菜型品种并存,以甘蓝型早中熟品种为主。由于甘蓝型油菜比白菜型具有适应性广、抗病性强、产量高等优点,特别是早中熟品种早熟高产,一般亩产100～150公斤,含油率达40%～41%,很快推广开来。推广面积较大的品种主要有宁油7号、淮油6号、扬油1号。1986年,推广淮油12号面积12万亩,该品种是该省培育的第一个低芥酸油菜新品种。⑩

④ 茶叶。在河南,推广的大宗茶叶有毛尖、炒青、烘青、新名茶。毛尖在1980年之前主要产于信阳市、信阳县、罗山县,1980年之后,光山、桐柏等县也开始批量生产。炒青茶主要分布于新县、光山等地,烘青主要分布于商城、固始等地,新名茶分布于商城、固始、新县、光

---

① 河南省地方史志编纂委员会.河南省志:农业志[M].郑州:河南人民出版社,1993:153.
② 安徽省地方志编纂委员会.安徽省志:农业志[M].北京:方志出版社,1998:261.
③ 江苏省地方志编纂委员会.江苏省志:农业志[M].南京:江苏古籍出版社,1997:183.
④ 山东省地方史志编纂委员会.山东省志:农业志 下册[M].济南:山东人民出版社,2000:1050.
⑤ 山东省地方史志编纂委员会.山东省志:农业志 下册[M].济南:山东人民出版社,2000:1051.
⑥ 山东省地方史志编纂委员会.山东省志:农业志 1991—2005[M].济南:山东人民出版社,2014:116.
⑦ 江苏省地方志编纂委员会.江苏省志:农业志[M].南京:江苏古籍出版社,1997:208.
⑧ 山东省地方史志编纂委员会.山东省志:农业志 下册[M].济南:山东人民出版社,2000:1044.
⑨ 河南省地方史志编纂委员会.河南省志:农业志[M].郑州:河南人民出版社,1993:168.
⑩ 江苏省地方志编纂委员会.江苏省志:农业志[M].南京:江苏古籍出版社,1997:199.

山、桐柏等地。①

(3) 淮河流域地市品种推广

① 在安徽,阜阳市,1995年,经营良种4 370万公斤,小麦统一供种3 000万公斤,比上年增加1倍,良种覆盖率达95%。② 宿州市,1982年,经销良种903.5万公斤,共推广优良品种600多万公斤,甘薯推广徐薯18,由上年的71万亩扩大到112.8万亩;大豆推广跃进5号、徐豆2号等143.22万亩,比上年扩大53.73万亩;小麦推广博爱74-22,玉米推广丹玉6号,棉花示范推广徐州514和中棉所10号,花生重点推广花28。③ 2000年,小麦主推皖麦38、济南17,玉米主推登海1号、鲁单50、农大108、豫玉22,油菜主推华杂3号、4号,大豆主推豫豆22等,良种覆盖率达97%。④ 淮北市,2003年,小麦主推皖麦38、皖麦46、郑9023、豫麦70、烟农19、济南17、皖麦19和周麦18,良种覆盖率达95%;油菜主推秦油2号、华杂4号、豫油4号;棉花主推国抗棉1号、淮杂2号;花生主推鲁花14号、海花1号;甘薯主推北京553、徐薯18等。⑤ 2007年,小麦良种覆盖率达99%以上。⑥ 淮南市,1979年,小麦推广丰产3号、阿夫、7623、郑引1号和泰山1号等,占小麦面积的95%⑦;1983年,小麦推广马场2号、高8、博爱74-22、扬麦3号等⑧;1986年,小麦推广高产稳产多抗的博爱74-22、博爱7023、马场2号、75(2)矮,杂交稻推广以汕优、威优6号为主,常规稻以皖引1号、3号为主,甘薯重点推广徐薯18,面积占80%以上,黄豆推广跃进5号、齐黄1号、徐豆2号,面积占85%⑨;1993年,旱地以推广马场2号、博爱74-22、内乡182、矮早781、郑州891为主,水田以推广扬麦5号、扬麦6号、扬麦168及8704为主⑩;2008年,以烟农19、皖麦50、皖麦52、郑麦9023为主的优质专用小麦种植面积达100万亩,占小麦总面积的66%,比上年提高10%⑪。亳州市,1981年,小麦推广博爱7023约30万亩,占总面积的25%;马场2号约18万亩,占15%左右;其他还有矮丰3号、博爱74-22、太山1号等。大豆重点推广跃进4号、跃进5号、徐豆2号、阜豆3号、丰收黄、济南1号,适合中上等肥力地块的有跃进5号、丰收黄、阜豆3号、阜阳335,适应中等肥力地块的有徐豆2号、大水牛皮、平顶四,适应肥力较差地块的有群选1号。⑫ 2008—2009年,小麦主推品种烟农19、皖麦38、皖麦38-96、连麦2号、西农979、皖麦50、皖麦52等,良种覆盖率达98%以上,优质率达85%;玉米主推鲁单981、郑单958、先玉335、中科4号、淮河10号;棉花主推皖棉26、皖棉25、皖杂8号、当杂1

---

① 河南省地方史志编纂委员会.河南省志:农业志[M].郑州:河南人民出版社,1993:188.
② 阜阳市地方志办公室.阜阳年鉴:1997[M].合肥:黄山书社,1998:110.
③ 关于印发1982年工作总结和1983年工作意见 档案号:J035-4-1[Z].萧县档案馆.
④ 宿州市档案局.宿州年鉴:2001[M].合肥:黄山书社,2001:62.
⑤ 淮北市地方志(年鉴)编纂委员会.淮北年鉴:2004[M].北京:方志出版社,2004:66.
⑥ 淮北市地方志(年鉴)编纂委员会.淮北年鉴:2008[M].合肥:黄山书社,2008:43.
⑦ 关于1979年农业生产情况的总结和1980年农业生产的初步设想 档案号:0093-001-0105-003[Z].淮南市档案馆.
⑧ 淮南市1983年夏粮生产技术总结 档案号:0093-001-0124-010[Z].淮南市档案馆.
⑨ 淮南市粮食生产现状剖析 档案号:0093-002-0077-004[Z].淮南市档案馆.
⑩ 1993年全市秋种工作意见 档案号:0093-002-0218-004[Z].淮南市档案馆.
⑪ 淮南市地方志办公室.淮南年鉴:2009[M].合肥:黄山书社,2009:45.
⑫ 1981年秋种工作总结 档案号:J057-2-54[Z].亳州市谯城区档案馆;对大豆生产情况的调查报告 档案号:J015-1-19[Z].亳州市谯城区档案馆.

号;大豆主推中黄13、齐黄26、徐豆9号、徐豆10号等。① 蚌埠市,2009年,小麦良种覆盖率达100%,优质率达72%,高产优质水稻、玉米、棉花种植面积不断扩大。②

② 在河南,商丘市,1998年,良种覆盖率达95%以上③;2006年,重点推广新麦18、周麦18、众麦1号、郑单958、鲁单981、浚单20等优质高产小麦、玉米品种,良种覆盖率达98%以上④;2009年,小麦和玉米良种覆盖率达99%以上,其中小麦良种覆盖率达100%⑤。开封市,2006年,发展优质专用小麦194万亩、优质棉花36万亩、优质玉米103.5万亩、优质水稻12万亩、优质花生65万亩,良种覆盖率达99%以上⑥;2009年,发展优质专用小麦393.4万亩、优质棉花40万亩、优质玉米120万亩、优质水稻14万亩、优质花生86万亩,良种覆盖率达100%⑦。漯河市,2007年,推广优质小麦新品种新麦19、周麦19、郑州9023,玉米新品种郑单958、豫玉22、农大108,以及芝麻、大豆新品种豫芝18、豫豆13等,良种覆盖率达98%以上。⑧ 驻马店市,2009年,小麦良种主推郑麦9023、西农979、豫麦70-36、矮抗58、郑麦366;玉米良种主推郑单958、浚单20、中科4号等,覆盖率达100%;花生良种主推远杂9102、驻华1号、豫花14等,覆盖率达80.9%;芝麻良种主推豫芝4号、豫芝8号、豫芝10号、中芝13等,覆盖率达100%;水稻良种主推豫粳6号、9优418等,覆盖率达100%;大豆良种以豫豆29、豫豆22、中黄13为主,覆盖率达100%;油菜良种主推秦优7号、华杂4号、丰油10号、绵油17、豫油5号等,覆盖率达100%。⑨

③ 在江苏,淮阴市,1994年,推广小麦品种鲁麦15、豫麦17、扬麦158等;推广玉米品种掖单12号、13号、51号,覆盖率达67.3%;推广油菜品种秦油2号,覆盖率达68.9%;推广花生品种鲁花9号、海花1号等,覆盖率达88.3%。⑩ 泰州市,1997年,小麦品种主推扬麦158,覆盖率达93%;大麦品种主推苏引麦2号等,覆盖率达90%以上;水稻品种以武育粳3号、5号和9325为主,覆盖率达80%以上,良种覆盖率达98%以上。⑪ 盐城市,1997年,良种覆盖率达95%以上⑫;2000年,小麦品种主推RF-1、烟辐188、优麦3号、堰展1号等,油菜品种主推宁杂1号、油研7号等⑬。徐州市,1997年,重点推广徐州24、徐州25等小麦品种,良种覆盖率达95%以上。⑭ 2009年,小麦重点扩大应用矮抗58、徐麦856、烟农19、淮麦20等,面积占74%;水稻重点推广徐稻3号、徐稻4号、镇稻99、Ⅱ优明86、Ⅱ优084等,粳稻达国优三级以上品种面积占85%,耐抗水稻条纹叶枯病品种面积占80%;玉米重点推广单958、

---

① 亳州市党史研究室,亳州市地方志编纂办公室.亳州年鉴:2010[Z].亳州市地方志编纂办公室,2010:172.
② 蚌埠市史志办公室.蚌埠年鉴:2010[M].合肥:黄山书社,2010:159.
③ 商丘年鉴编辑委员会.商丘年鉴:1999[M].北京:中华书局,1999:165.
④ 商丘年鉴编辑委员会.商丘年鉴:2007[M].北京:中国广播电视出版社,2007:258.
⑤ 商丘市地方史志办公室.商丘年鉴:2010[M].郑州:中州古籍出版社,2010:244.
⑥ 开封年鉴编纂委员会.开封年鉴:2007[M].北京:北京燕山出版社,2007:129.
⑦ 开封市地方史志办公室.开封年鉴:2010[M].北京:北京燕山出版社,2010:169.
⑧ 漯河市史志档案局.漯河年鉴:2008[M].北京:线装书局,2008:160.
⑨ 驻马店市地方史志办公室.驻马店年鉴:2010[M].北京:线装书局,2010:173-176.
⑩ 淮阴年鉴编纂委员会.淮阴年鉴:1995[M].上海:上海社会科学院出版社,1995:92.
⑪ 泰州年鉴编纂委员会.泰州年鉴:1998[M].北京:方志出版社,1998:105.
⑫ 盐城市地方志编纂委员会办公室.盐城年鉴:1998[M].北京:方志出版社,1998:156.
⑬ 盐城市地方志编纂委员会办公室.盐城年鉴:2001[M].北京:方志出版社,2001:159.
⑭ 徐州年鉴编纂委员会.徐州年鉴:1998[M].徐州:中国矿业大学出版社,1999:145.

苏玉 20、农大 108、苏玉 10、泰玉 2 号等，面积占 75% 以上。[1] 连云港市，2006 年，徐稻 3 号、徐稻 4 号、盐稻 8 号等优质抗条纹叶枯病品种覆盖率达 92.7%，优质强筋小麦烟农 19 播种面积占 80%。[2] 扬州，2002 年，小麦主推优质扬麦 10 号、11 号，种植面积占 42.1%；水稻主推优质早丰 9 号、广陵香粳、99-15、丰优香占等，种植面积占 45.2%；棉花主推高品质杂交品种科棉 1 号、中 29、GK-12、南抗 3 号等，种植面积占近 1/3，常规品种苏棉 9 号种植面积占 50% 以上。[3] 2004 年，小麦重点推广扬麦 11 号和扬麦 12 号，种植面积占 64.0%；油菜重点推广扬油 4 号、秦优 7 号、史力丰、油研 9 号等，良种覆盖率达 90% 以上。[4]

④ 在山东，临沂市，1996 年，粮、棉、油等主要农作物良种覆盖率达 95%[5]，1997 年，良种覆盖率达 98%[6]。枣庄市，2008 年，新品种的推广使主要农作物普遍高产，其中小麦最高亩产 695.9 公斤，玉米最高亩产 903.3 公斤，农作物良种覆盖率达 100%。[7] 菏泽市，2009 年，推广小麦、玉米、棉花等农作物新品种 850 多万亩，良种覆盖率达 90% 以上。[8]

新中国成立以来，淮河流域新品种不断选育创新，推动了品种更新换代，涌现出一批优良品种。同时，优良品种也不断推广应用，种植面积进一步扩大。这些都有助于提高农作物产量，改善农产品品质，提高农业经济效益。

二、农业机械化

农业机械化，指在种植业中使用拖拉机、播种机、收割机、排灌机、机动车等进行翻耕、播种、收割、灌溉、运输等各项作业，使全部生产过程主要依靠机械动力和电力，而不是依靠人力、畜力来完成的农业生产方式。实现农业机械化，可以节省劳动力，减轻劳动强度，提高劳动生产率，增强防御自然灾害的能力。

（一）改革开放前的农业机械化

1949 年以前，淮河流域农业生产工具一直比较落后。民国时期，也曾从美国、德国、日本等国家引进拖拉机、柴油机等动力机械用于农业生产，但只是在少数农场和少数地方零星使用，广大农民仍沿用简陋的传统农具。1949 年新中国成立后，在中央政府的领导下，淮河流域各级政府革新传统农具，推广新式农具，大力发展农业机械化。

1. 农机具发展

农业工具，是指农业生产使用非机械化的工具。农业工具包括耕地工具、播种工具、收获工具、灌溉工具等。就地域而言，淮河流域使用的农具，既有一般性特点，又有各自的适用范围与局限性。

---

[1] 徐州市史志办公室.徐州年鉴：2010[M].南京：江苏人民出版社，2010：138.
[2] 连云港市地方志办公室.连云港年鉴：2007[M].北京：方志出版社，2007：174.
[3] 扬州市地方志年鉴编纂委员会.扬州年鉴：2003[M].北京：新华出版社，2003：113-114.
[4] 扬州市地方志年鉴编纂委员会.扬州年鉴：2005[M].北京：新华出版社，2005：97.
[5] 临沂市地方史志办公室.临沂年鉴：1997[M].济南：齐鲁书社，1999：148.
[6] 临沂市地方史志办公室.临沂年鉴：1998[M].济南：齐鲁书社，2000：150.
[7] 枣庄市地方史志办公室.枣庄年鉴：2009[M].北京：长城出版社，2009：135.
[8] 菏泽市地方史志办公室.菏泽年鉴：2010[Z].菏泽市地方史志办公室，2010：66.

(1) 修复传统农具

新中国成立初期，淮河流域传统农具因长期战争而遭到严重破坏。为了恢复和发展农业生产，必须大力修复和增补农业生产工具。1950年起，淮河流域各省政府坚持以恢复补充和修理农民原有农具为主，发动农民群众互助互济，鼓励和扶持农民修复和增添各种急需的传统农具。1950—1952年三年恢复时期，淮河流域各级政府虽对修复和补充农业生产工具做出了很大努力，但由于原有基础较差，加之自然灾害频繁，农具缺乏情况依然十分严重。1953—1957年"一五"计划期间，各级政府继续大力修复和增补传统农具工作。至1957年底，淮河流域的传统农具基本满足农业生产的需要。1958—1960年"大跃进"期间，淮河流域传统农具再一次遭到严重破坏。仅安徽省农村的传统农具就比1957年减少30%以上，个别地区农具减少一半以上。① 1960—1962年，淮河流域各省相关部门除调拨钢材及竹、木头等材料外，还动员农民和工人积极投身各种传统农具的制作和修复之中。经过努力，传统农具基本恢复到"大跃进"前的水平。

(2) 改进传统农具

淮河流域各省政府不仅修复传统的农具，还决定建立农具厂，改进传统农具。改进后的农具比传统农具功效高、耕作质量好。皖北区委和皖北行政公署决定农具厂自1951年秋从当地招聘能工巧匠，先后改制成功铁弓犁（犁辕）、改良犁、改良耙、改良龙骨水车及布篷风力水车等农具。"一五"计划期间，有些农民自发地改进了一些旧式农具。如阜阳县插花区改制成能带水播种的耩子，嘉山县铁业社研制成功"白砂犁镜"（犁铧、犁面）和"白口铁犁镜"，阜阳县等制造轻便改良犁等。② 改进的传统农具，不仅包括耕作、插秧、脱粒、农副产品加工等工具，还包括水利施工和运输等工具。其间，淮河流域农村大规模兴修水利，大搞农田基本建设，各级政府支持和帮助农民改制大批水利施工工具和运输工具。"大跃进"开始后，为了推动农业改良，淮河流域各省成立农具改革办公室等相应机构，召开农具改革现场会，举办农具改革展览会，动员开展农具改革运动，并取得了一定的成效。但是，由于存在急躁冒进的情绪，加上"共产风""浮夸风"和瞎指挥等错误做法，改进的绝大多数农具中看不中用，有些原来使用性能可靠、坚固耐用的农具，不但没有改好，反而越改越坏，造成巨大的损失和浪费。

(3) 推广新式农具

在对传统农具进行修复和改进的同时，淮河流域各级政府还积极推广新式农具，如新式步犁、双轮双铧犁、马拉农具等，进行深耕细作。新式农具与传统农具相比，耕地深、细、匀，易于农作物发育成长，综合增产效果明显。据1957年统计，亳县几年来共推广新式农具8 363部，该年耕地150多万亩，占耕地面积的55%，每亩可增产6公斤。③

第一，推广新式步犁。新式步犁比传统的旧式犁操作既稳又轻，而且耕地又深又透，沟底平整、翻垡效果好，适合多种土壤耕地使用。1952年，皖北行署组织淮北及沿淮两岸的六安、霍邱、颍上、阜阳、涡阳、宿县、五河等县对新式步犁进行重点试验、示范。之后，转入边示

---

① 安徽省地方志编纂委员会.安徽省志:农业志[M].北京:方志出版社,1998:381.
② 安徽省地方志编纂委员会.安徽省志:农业志[M].北京:方志出版社,1998:385.
③ 亳县1957年农业技术推广工作总结 档案号:J057-1-6[Z].亳州市谯城区档案馆.

范边推广,到1953年底,在沿淮、淮北20多个县市共推广新式步犁6 249部。① 1954年,河南商水县根据计划推广步犁508部。② 为了推广新式步犁,一些农机科研所和农机厂根据当地土质及耕作条件,研制适合当地旱地、水田耕作使用的新式轻便步犁,如安徽省农机研究所研制出适合水田作业的"江淮1号步犁"和适合旱地耕作的"江淮2号步犁",阜阳县研制出轻便步犁等。③ 但是由于缺少零件、修理不便等原因,一些地区步犁使用率很低。1955年,灵璧、怀远、阜阳、颍上、嘉山、凤阳等县步犁使用率平均只有13%。④

第二,推广双轮双铧犁。由于双轮双铧犁耕地平稳,翻垡和碎土性能较好,节省人力畜力,增产效果也比较显著。淮河流域新式农具推广工作的重点由新式步犁逐步转向双轮双铧犁。1953年冬,宿县专区农场用双轮双铧犁耕种小麦,在同等条件下与旧式农具耕种的小麦相比,平均每亩增产14.9%。⑤ 1956年春,萧县计划推广双轮双铧犁1 600部,最终有2 148部推广到群众手里,超额完成计划34.3%。⑥ 同年,亳县共有双轮双铧犁7 285部,其中在秋种时使用7 246部,占99.5%,犁耕土地50余万亩,占秋种面积的22%。⑦ 1957年,亳县在秋种中使用双轮双铧犁耕地53万余亩,占秋种面积的25%。⑧ 为推广双轮双铧犁等新式农具,淮河流域各级政府不仅对生产厂家实行补贴,而且以专项贷款支持农业合作社使用双轮双铧犁。由于双轮双铧犁的优越性,试点地区的农业生产合作社和互助组的农民,自愿选购双轮双铧犁,但也受到田块小、道路窄、畜力弱、经济力量不足等因素的制约。

第三,推广马拉农具。畜力农具比传统农具耕得快又深、耙得平又碎、播种均匀、深浅一致、收割损失少,且可节省人力。1953年,安徽省农业厅购买了28套马拉农具,全部分配到淮河流域。其中4套分到宿县符北乡、阜阳县颍河乡、寿县九里乡、凤阳县卫东乡,成立4个马拉农具站。下余24套分到宿县、阜阳两专区的农场。每个马拉农具站配有畜力农具15件,包括双轮双铧犁6部、双轮单铧犁2部、圆盘耙1部、钉齿耙1部、谷物播种机1台、中耕除草机3台、摇臂收割机1台。⑨

2. 农业机械化

农业机械是指在种植业生产及农产品加工过程中所使用的各种机械,主要运用于农田建设、土壤耕作、种植和施肥、农田排灌、作物收获、农产品加工和农业运输等方面。

(1)拖拉机的使用

早在民国时期,淮河流域开始引进和使用拖拉机耕作农田。新中国成立后,淮河流域建立国营拖拉机站,推行农业机械化。拖拉机按功率分为大、中、小型三种。20世纪50年代,以大中型拖拉机为主,以国外引进为主;60年代,仍以大中型拖拉机为主,但以国产为主;70年代,以中小型拖拉机为主,以国产为主。

---

①③⑤ 安徽省地方志编纂委员会.安徽省志:农业志[M].北京:方志出版社,1998:382.
② 关于三秋工作会议的总结报告　档案号:J01-1-88[Z].商水县档案馆.
④ 关于灵璧、怀远、阜阳、颍上、嘉山、凤阳等县新式农具工作检查报告　档案号:J01-2-98[Z].亳州市谯城区档案馆.
⑥ 关于春季农具推广工作的总结　档案号:J035-3-3[Z].萧县档案馆.
⑦ 1956年秋种工作总结报告　档案号:J01-1-100[Z].亳州市谯城区档案馆.
⑧ 亳县1957年秋季作物丰产总结　档案号:J01-1-126[Z].亳州市谯城区档案馆.
⑨ 安徽省地方志编纂委员会.安徽省志:农业志[M].北京:方志出版社,1998:383.

拖拉机站的代耕代种，揭开了淮河流域农业机械化的序幕。新中国成立初期，淮河流域从国外引进拖拉机，从国内接收拖拉机，并将其分配到一些机械化农场。在河南，1951年，在西华建立国营黄泛区机械化农场。从复兴局接收拖拉机58台，联合收割机13台，机引犁、播种机、中耕机、拖车等农机138台，汽车2辆。本着边建场边生产的原则，开荒种地并使用联合收割机收麦。1953年，在西华建立国营拖拉机站，农业部分配给西华拖拉机站拖拉机4台。1954年，在郑州、襄县、汝南新建拖拉机站。1957年，在商丘、开封、荥阳建立拖拉机站，在许昌建立河南省八一农业机器拖拉机站。① 在安徽，1954年，在宿县、蒙城、怀远县曹老集、凤阳县门台子、濉溪县孙町集和阜阳县插花镇建立第一批6个国营拖拉机站。1955年，在萧县黄口镇建立国营拖拉机站。1956年，又在砀山县、蒙城县、六安县、凤阳县门台子等地建立拖拉机站。1957年，安徽定远县、河南许昌县建立的拖拉机站，是当时全国两个最大的拖拉机站。②

拖拉机站为农业生产互助组、农业生产合作社进行代耕代种。开展的作业项目有机耕、机耙、机播等。由于拖拉机耕得深、耙得碎又透、播种均匀、效率高，且代耕费用低，农业增产效果明显。据统计，一般机耕地比畜耕地增产20%～40%。③广大农民对机耕的需求越来越大，推动了农业合作运动的开展。如濉溪县孔町区太平、任集、孙町等3个乡，农民自发办起5个农业生产合作社，要求开展机耕；宿县城西区的农业生产合作社，自动把土地联成大片，要求开展机耕。④

这一时期，淮河流域农业机械的经营管理实行国有国营，为农业合作社代耕，收取机耕费。所使用的拖拉机和大型农业机械基本都是从苏联和东欧国家引进的。由于拖拉机保有量不多，分布地区有限，配套农具种类较少，农机作业项目以耕、耙和农田运输为主，机械化水平不高。但是，通过拖拉机站的代耕、代耙、代收，以及机耕面积的不断扩大，不仅可以解决部分地区人力畜力不足的困难，而且对于发展农业生产、促进增产增收产生了积极的影响。

1958年，根据中央的指示精神，淮河流域各省政府决定将国营拖拉机站的全部机器下放到拖拉机站服务的人民公社，归人民公社所有。此后，拖拉机大批下放。部分国营拖拉机站经过扩建、改建转为农机修配厂。国营拖拉机站的拖拉机下放给人民公社管理后，促进了农业机械化由点到面的扩展。至1959年底，淮河流域大多数县（市）有了拖拉机，部分人民公社办起社有社营拖拉机站。

拖拉机下放后，由于人民公社缺乏农机管理经验，机手技术水平低，使用机械不当，拖拉机的完好率不断下降，利用率低，事故多，损坏严重。如定远县八一公社1959年新买5台拖拉机，使用不到1个月，就全部损坏。⑤ 有的公社、大队对拖拉机的性能了解不够，购买的拖拉机不适合水田作业，在小块地上作业也很困难，机械效能得不到发挥，拖拉机工作效率低，机耕面积增长缓慢。

---

①③ 河南省地方史志编纂委员会.河南省志：农业志[M].郑州：河南人民出版社，1993：380.
② 安徽省地方志编纂委员会.安徽省志：农业志[M].北京：方志出版社，1998：389-390.
④ 安徽省地方志编纂委员会.安徽省志：农业志[M].北京：方志出版社，1998：390.
⑤ 安徽省地方志编纂委员会.安徽省志：农业志[M].北京：方志出版社，1998：391.

针对拖拉机使用过程中存在的一系列问题，淮河流域各级政府采取多种措施进行调整。

一是调整拖拉机站布局。一般而言，地形特点影响拖拉机完成工作量的大小。平原地区拖拉机完成工作量较大，山区完成工作量较小，淮河流域以平原为主，拖拉机完成的工作量较大。而在实际分配过程中，由于没有考虑到地形的特点，拖拉机站布局不合理，机站之间每台拖拉机完成的工作量悬殊。如在安徽，1961年，皖北的阜阳、宿县两个专区拖拉机的平均完成工作量要大于皖中的芜湖、安庆，且远大于皖南山区，皖中和皖南地区虽拖拉机保有量占全省一半以上，但其效能得不到充分发挥。1962年，安徽省决定对机站布局进行调整，充实皖北地区的机站。如撤销徽州专区5个机站，将19台拖拉机中的14台，连同附属农具全部调拨给宿县专区泗县机站；合肥市保留市站、撤销郊区分站，调出11台拖拉机，充实阜阳专区的颍上、凤台两站。另外，对分散在宿县"三八"公社等11个社营机站的36台拖拉机，亦由所在县拖拉机站收回使用管理，采取保证重点、固定地区、连片使用的办法为社队代耕。①

二是加强拖拉机站管理。1962年，淮河流域各省政府根据中央调整国民经济的方针，对拖拉机站的管理出台一系列政策措施，拖拉机站实行国家投资建站的"国有国营"为主和由公社投资建站的"社有社营"为辅的两种形式。河南省颁发《关于农业机械管理问题的若干规定（试行方案）》，要求从1962年开始，把1958年下放到公社经营管理的拖拉机收回由国家经营。随后又陆续将公社无力经营的社有社营拖拉机作价收归国营，到1964年，全省社营拖拉机站全部收归国营。地方国营拖拉机站在经济上独立核算，按国家规定标准收取机耕费，如有亏损，由县财政从支农资金中给予补贴。之后，为了解决拖拉机站和农业社、队两种所有制在生产过程中的矛盾，密切站、社关系，在太康、平舆、开封、杞县、西华等地的拖拉机站进行机车固定使用、人员亦工亦农的试点。② 经过整顿，改善了经营管理，提高了机具利用率，降低了作业成本。

"文化大革命"期间，淮河流域拖拉机虽然保有量增加，动力增长，而机耕面积不升反降。为扭转机耕面积下降的局面，淮河流域各省政府决定以集体经济为主发展农业机械化，将地方国营拖拉机站的农业机械陆续下放给当地人民公社，改为国有社营（国社合营），即拖拉机站交给人民公社管理使用，经济上自负盈亏，国家不再给予补贴。随着国营拖拉机站下放，许多人民公社自筹资金购买农业机械，建立"社有社营"拖拉机站，有些生产大队、生产队也自筹资金和贷款购买拖拉机，建立农机队、农机组，农机经营管理形式有"国有国营""国社合营""社队经营"等，以集体经营为主，使农业机械的所有权、经营权与使用权有机统一，基本解决了由国家包办农业机械化造成责权利不分的问题。"文革"时期，受多种因素的制约，农业机械虽有很大增加，但损坏也很严重。农业机械化工作出现了耗油量高、成本高、工作效率低、工时利用率低、拖拉机寿命短等问题。

"文化大革命"结束后，淮河流域各省政府认真贯彻中央关于基本实现农业机械化的

---

① 安徽省地方志编纂委员会. 安徽省志：农业志[M]. 北京：方志出版社，1998：392.
② 河南省地方史志编纂委员会. 河南省志：农业志[M]. 郑州：河南人民出版社，1993：385-386.

精神,成立"农机化领导小组",出台关于加快推进农业机械化的意见,颁布关于农业机械的管理办法等。淮河流域拖拉机保有量和动力不断增长,机耕、机耙、机播、机收面积不断增加。

(2) 排灌机械的使用

新中国成立后,淮河流域的排灌机械主要是民国时期遗留下来的,也有从官僚地主手中没收来的。从1951年起,淮河流域开始有计划、有步骤地建立排灌泵站,排灌面积日益增大。随着农业机械化的发展,逐步推广使用链条泵、离心水泵、深井泵、潜水电泵、水锤泵等动力水泵。1957年全国排灌机械会议召开之后,淮河流域排灌机械发展较快。如在河南,1959年,漯河市水泵厂率先研制生产BA型和SH型离心水泵,当年产量为438台。新郑喷灌机厂和驻马店喷灌机厂生产微型离心水泵,漯河市水泵厂和许昌机电厂等生产单级单吸离心水泵,漯河水泵厂等生产D型多级离心水泵。① 1964年,许昌机电厂最早研制适合北方缺水地区和丘陵地区使用的150JD型深井水泵,当年生产360台。1970年,郑州市水泵厂和新郑喷灌机厂相继生产深井水泵。深井水泵的出现,开始把排灌机械从平原推向丘陵山区。20世纪70年代初,作为河南第一家生产潜水电泵的企业郑州市潜水电泵厂,先后研制开发出多种型号的潜水电泵,并改进潜水电泵的性能,把叶轮由直片型改为扭曲型,使机械效率由62%提高到72%,该产品部分替代了离心泵和深井泵的使用。1974年,漯河市潜水泵厂研制生产出多型号产品,郑州市水泵厂、漯河市水泵厂、洛阳市水泵厂、商丘市水泵厂、许昌机电厂、开封联合收割机厂机电分厂等相继生产潜水电泵,潜水电泵发展到6个系列16种型号29个规格。同年,新郑喷灌机厂和扶沟县崔桥机械厂合作生产出河南第一代喷灌机,当年生产253台,1975年生产1 150台。②

在农田排灌机械建设中,淮河流域各省政府认真贯彻中央提出的"以小型为主,配套为主,社队自办为主"的方针,大大调动了社队集资兴办农田排灌机械的积极性。广大社队利用集体积累的资金和部分国家支农贷款,因地制宜兴建数以万计的小型农田排灌泵站、机电井和喷灌机械设备。同时,还集中投资兴建一批国有国营的中型机电排灌泵站和一些大型的综合水利工程。此间,社有社营、队有队营的小型固定式和移动式机电排灌泵站得到较大发展。在安徽,1963—1965年,凤台、怀远、五河等沿淮县市投资兴建一批中型机电排灌泵站。1969年后,茨淮新河的上桥与阚疃2座电灌泵站动工兴建。淮北平原地区十年九旱,地表水甚少,调运外水灌溉困难很大,但淮北平原浅层地下水较为丰富,开采容易。从1966年起,砀山、萧县、濉溪、涡阳、亳县等地的一些社队先后从外省引进大锅锥打井,提水浇灌农田,获得较好的收成。1969年以后,阜阳、宿县两个专区和淮北、蚌埠、淮南等22个县市有计划地组织打机电井抽水灌溉农田,掀起了打井高潮。③

---

① 河南省地方史志编纂委员会. 河南省志:机械工业志[M]. 郑州:河南人民出版社,1995:42-43.
② 河南省地方史志编纂委员会. 河南省志:机械工业志[M]. 郑州:河南人民出版社,1995:44-46.
③ 安徽省地方志编纂委员会. 安徽省志:农业志[M]. 北京:方志出版社,1998:406.

(3) 其他农具的使用

其一,机引农具。随着拖拉机的逐年增多,与拖拉机配套的田间作业机具也得到了相应的发展。如机引犁、圆盘耙、钉齿耙、播种机、中耕机、收割机等。机引农具与旧式农具相比,具有结构先进、效率高等优点。

20世纪50年代,淮河流域从国外引进拖拉机的同时,还从苏联、东欧等引进牵引式铧犁、圆盘耙、钉齿耙、条播机、点播机、中耕机、收割机、脱粒机等机引农具。50年代后期和60年代,拖拉机所需的各种配套农具逐渐实现国产化。淮河流域所需的各种大中型拖拉机配套机引农具,有的从外地农机厂购进,有的由本地农机厂生产。之后,随着农机业的发展,淮河流域建立多个农机厂,如驻马店农机厂、信阳机引农具厂、郏县农机修造厂、徐州农机厂、怀远农机厂、蒙城农机厂、霍邱农机厂、濉溪县农机厂、泗水机械厂、滕县农机修造厂等,生产各种拖拉机所需的配套机引农具,基本实现了自产自用。

其二,脱粒机械。脱粒机分为简式、半复式和复式三种。其中复式脱粒机最为先进,它设有完善的脱粒、分离和清选装置,不仅能脱粒、清选,还能把谷粒分出等级。另有脱粒扬场机,在脱谷场上把从农作物上脱下来的谷粒、碎秸秆、糠皮和颖壳等混杂物进行分离。脱粒机因其构造简单,制作成本低,先在国营农场使用,后推广到拖拉机站、人民公社和大的粮库使用。20世纪50年代,淮河流域国营农场开始使用脱粒机脱粒小麦、黄豆等农作物。至20世纪70年代,淮河流域农村使用脱粒机较为普遍。

20世纪50年代,淮河流域的一些水稻种植区自制及推广各种人力打稻机。由于打稻机踩踏费力,效率低,事故多,实际使用极少。60年代初,人力打稻机经过改进、完善、定型后,开始批量生产及推广。进入70年代,随着矮秆杂交水稻种植面积的不断扩大,农民对打稻机的需求量也逐渐增多。在发展人力打稻机的同时,机动脱粒机也得到了较快发展。淮河流域的阜南、濉溪、砀山、天长等县农机厂生产出小型动力脱粒机。①

其三,农用运输机械。20世纪50年代初,淮河流域已经有农用汽车和运输车。方邱湖、正阳关、西华等国营农场配备有载重汽车。农业合作化运动后,一些集体经济单位开始购买汽车。50—60年代,随着农业机械化的发展,国家投资购买的农用载重汽车在国营农场、国营拖拉机站使用。70年代,随着人民公社拖拉机站的发展,社、队拥有的农用载重汽车越来越多。

(二) 改革开放后的农业机械化

改革开放后,淮河流域农村开始全面推行家庭联产承包责任制。随着农村经济体制改革的深化,以及农业机械管理体制的改革,淮河流域农业机械化事业不断发展,形成了门类比较齐全的农机工业体系,各种农机总动力日益增加,农业机械化服务体系基本形成,服务领域进一步扩大。农机管理工作由过去单纯依靠政府推进机械化改为主要依靠农民推进机械化。1980年,安徽霍邱县陈嘴公社汪集大队诞生了全国第一个民办拖拉机站。② 淮河流域农业机械的数量迅速增加,农业机械化水平不断提高,机械化的范围逐步扩大,由过去基

---

① 安徽省地方志编纂委员会. 安徽省志:农业志[M]. 北京:方志出版社,1998:414.
② 安徽省地方志编纂委员会. 安徽省志:农业志[M]. 北京:方志出版社,1998:394.

本是单一耕作机械化向耕种收综合机械化发展。

1. 农业机械状况

改革开放以来,随着农业机械化、现代化水平的稳步提升,加上农机购置补贴资金和民间社会资金投入的拉动,淮河流域农业机械数量日益增多,农业机械总动力不断增加。

(1) 农业机械数量增多

农业机械是指在农作物生产及农产品加工过程中所使用的机械。具体包括播种机械、收割机械、脱粒机械、化肥深施机械、排灌动力机械、拖拉机等。

在安徽阜阳,1998年,大中型拖拉机达1 945台,小型拖拉机达18.2万台,比上年增加2.9万台,增长幅度为19%;配套机具由上年的27.8万部增至34.8万部,增长幅度为25%;农田水泵和喷灌机械分别增至6.9万台和20万台,比上年分别增加0.9万台和12.2万;播种机械、收割机械、脱粒机械分别增至5.1万台、4.3万台、5.8万台,增长幅度分别为13%、16%、16%。其中联合收割机由上年的372台增至504台,增长幅度为35%;化肥深施机械由上年的1.77万台增至2.3万台,增加0.53万台,增长幅度为30%,土壤深松机械由上年的276台增至350台;排灌动力机械达21万台,农用汽车达2 977辆,三轮农用车达9.4万辆。①

在河南商丘,2006年,农机固定资产总值达47.37亿元,比上年新增3.28亿元,增长7.4%。拖拉机拥有量达25.96万台,比上年新增0.58万台,增长2.3%。其中,大中型拖拉机为1.39万台,比上年新增0.12万台,增长9.4%;联合收割机为1.09万台,比上年新增0.17万台,增长18.5%。②

在山东菏泽,2009年,农机固定资产总值达60.5亿元,比上年增长8%。拖拉机总量达132 706台,其中大中型拖拉机为35 521台,同比增长8%;小麦联合收割机为15 055台,同比增长14%,玉米联合收割机为4 297台,同比增长75%;小麦免耕播种机为2 643台,同比增长46%,玉米免耕播种机为7 507台,同比增长25%。③

在江苏宿迁,2009年,变型拖拉机为23 004台,大中型拖拉机为1 085台,分别新增825台和220台;小型拖拉机近30万台,联合收割机为10 094台,新增476台;农作物秸秆还田机械为7 780台,新增4 272台;水稻插秧机为4 000多台,新增1 117台。④

(2) 农业机械总动力增加

农业机械总动力是指主要用于农业的各种动力机械的动力总和。包括耕作机械、排灌机械、收获机械、农用运输机械等,按功率折成瓦计算。

在淮河流域安徽,阜阳市,1996年农业机械总动力为369.1万千瓦⑤,2008年农机总动

---

① 阜阳市地方志办公室.阜阳年鉴:1999[M].合肥:黄山书社,1999:45.
② 商丘年鉴编辑委员会.商丘年鉴:2007[M].北京:中国广播电视出版社,2007:267.
③ 菏泽市地方史志办公室.菏泽年鉴:2010[Z].菏泽市地方史志办公室,2010:74.
④ 宿迁年鉴编纂委员会.宿迁年鉴:2010[M].北京:方志出版社,2010:161.
⑤ 阜阳市地方志办公室.阜阳年鉴:1997[M].合肥:黄山书社,1998:111.

力为520万千瓦①,是1996年的1.41倍。淮南市,1989年农业机械总动力为47.8万千瓦②,1992年农机总动力为56.6万千瓦③,1994年农机总动力为59.6万千瓦④,1995年农机总动力为65.35万千瓦⑤,1998年农机总动力为109万千瓦⑥,2009年农机总动力为165.3万千瓦⑦,2009年是1989年的3.46倍。宿州市,1998年农业机械总动力为261.58万千瓦⑧,2009年农机总动力为688.08万千瓦⑨,是1998年的2.63倍。淮北市,1999年农业机械总动力为126.27万千瓦⑩,2009年农机总动力为229.2万千瓦⑪,是1999年的1.82倍。亳州市,2001年农业机械总动力为366万千瓦⑫,2009年农机总动力为650.3万千瓦⑬,是2001年的1.78倍。蚌埠市,2004年农业机械总动力为374万千瓦⑭,2009年农机总动力为455.76万千瓦⑮,是2004年的1.22倍。

在淮河流域河南,开封市,1992年农业机械总动力为145.63万千瓦⑯,2009年农机总动力为659.12万千瓦⑰,是1992年的4.53倍。驻马店市,1992年农业机械总动力为175.25万千瓦⑱,2009年农机总动力为1 271.48万千瓦,是1992年的7.26倍。商丘市,1998年农业机械总动力为438.92万千瓦⑲,2009年农机总动力为1 093.91万千瓦⑳,是1998年的2.49倍。漯河市,1998年农业机械总动力为112万千瓦,2001年农机总动力为181万千瓦㉑,2009年农机总动力为244.6万千瓦㉒,2009年是1998年的2.18倍。平顶山市,1995年农业机械总动力为36.98万千瓦,1998年农机总动力为152.8万千瓦㉓,2009年农机总动力为337万千瓦㉔,2009年是1995年的9.11倍。

其中,一些县(县级市)农业机械总动力有了较大增加。宝丰县,1996年农业机械总动

---

① 阜阳市地方志办公室.阜阳年鉴:2009[M].合肥:黄山书社,2009:160.
② 淮南市农牧渔业局1989年工作总结　档案号:0093-002-0114-001[Z].淮南市档案馆.
③ 1992年工作总结和1993年工作计划　档案号:0093-001-0238-001[Z].淮南市档案馆.
④ 1994年工作总结和1995年工作计划　档案号:0093-001-0264-001[Z].淮南市档案馆.
⑤ 关于1995年全市农村经济情况及1996年工作打算的汇报　档案号:0092-001-0139-003[Z].淮南市档案馆.
⑥ 淮南年鉴编委会.淮南年鉴:1999[M].合肥:黄山书社,1999:229.
⑦ 淮南年鉴编委会.淮南年鉴:2010[M].合肥:黄山书社,2010:213.
⑧ 宿州市档案局.宿州年鉴:1999[M].珠海:珠海出版社,1999:85.
⑨ 宿州市地方志办公室.宿州年鉴:2010[Z].宿州年鉴编辑部,2010:22.
⑩ 淮北地方志(年鉴)编纂委员会.淮北年鉴:2000[M].北京:中国致公出版社,2000:212.
⑪ 淮北地方志编纂委员会.淮北年鉴:2010[M].合肥:黄山书社,2010:200.
⑫ 亳州市史志办公室.亳州年鉴:2002[M].合肥:黄山书社,2002:103.
⑬ 亳州市史志办公室.亳州年鉴:2010[Z].亳州史志办公室,2010:178.
⑭ 蚌埠年鉴编纂委员会.蚌埠年鉴:2005[M].合肥:黄山书社,2005:277.
⑮ 蚌埠市地方志编纂委员会.蚌埠年鉴:2010[M].合肥:黄山书社,2010:288.
⑯ 开封年鉴编纂委员会.开封年鉴:1993[M].郑州:河南人民出版社,1993:273.
⑰ 开封市地方史志办公室.开封年鉴:2010[M].北京:北京燕山出版社,2010:175.
⑱ 驻马店地区年鉴编辑部.驻马店地区年鉴:1993[M].郑州:河南人民出版社,1994:132.
⑲ 商丘年鉴编辑委员会.商丘年鉴:1999[M].北京:中华书局,1999:174.
⑳ 商丘市地方史志办公室.商丘年鉴:2010[M].郑州:中州古籍出版社,2010:252.
㉑ 漯河市史志档案局.漯河年鉴:2002[M].北京:中国文联出版社,2002:262.
㉒ 漯河市史志档案局.漯河年鉴:2010[M].北京:线装书局,2010:136.
㉓ 平顶山年鉴编纂委员会.平顶山年鉴:1999[M].郑州:中州古籍出版社,2000:139.
㉔ 平顶山市地方史志办公室.平顶山年鉴:2010[M].郑州:中州古籍出版社,2010:243.

力为 14.06 万千瓦[1],2009 年农机总动力为 40.23 万千瓦[2],是 1996 年的 2.86 倍。舞钢市,2000 年农业机械总动力为 10.7 万千瓦[3],2009 年农机总动力为 32.57 万千瓦[4],是 2000 年的 3.04 倍。许昌县,2002 年农业机械总动力为 42.47 万千瓦[5],2009 年农机总动力为 74.4 万千瓦[6],是 2002 年的 1.75 倍。

在淮河流域江苏,淮安市,1994 年农业机械总动力为 349.63 万千瓦[7],2009 年农机总动力为 371 万千瓦[8],是 1994 年的 1.06 倍。徐州市,1997 年农业机械总动力为 215.49 万千瓦[9],2009 年农机总动力为 548 万千瓦[10],是 1997 年的 2.54 倍。盐城市,1997 年农业机械总动力为 230 万千瓦[11],2009 年农机总动力为 495.5 万千瓦[12],是 1997 年的 2.15 倍。宿迁市,1998 年农业机械总动力为 198 万千瓦[13],2009 年农机总动力为 512.02 万千瓦[14],是 1998 年的 2.59 倍。

其中,一些县(县级市)农业机械总动力有了较大增加。高邮县,1990 年农业机械总动力为 27.76 万千瓦[15],2009 年农机总动力为 58.29 万千瓦[16],是 1990 年的 2.10 倍。金湖县,1995 年农业机械总动力为 32.87 万千瓦[17],2009 年农机总动力为 49.11 万千瓦[18],是 1995 年的 1.49 倍。江都市,1997 年农业机械总动力为 40.1 万千瓦[19],2009 年农机总动力为 56.07 万千瓦[20],是 1997 年的 1.40 倍。涟水县,1997 年农业机械总动力为 21.52 万千瓦[21],2009 年农机总动力为 67.02 万千瓦[22],是 1997 年的 3.11 倍。建湖县,1998 年农业机械总动力为 30.59 万千瓦[23],2009 年农机总动力为 38.73 万千瓦[24],是 1998 年的 1.27 倍。响水县,1999

---

[1] 宝丰年鉴编委会.宝丰年鉴:1997[Z].宝丰年鉴编委会,1997:253.
[2] 宝丰县地方史志办公室.宝丰年鉴:2010[M].郑州:中州古籍出版社,2010:202.
[3] 舞钢市地方史志编纂委员会.舞钢市年鉴:2001[M].北京:方志出版社,2001:135.
[4] 舞钢市地方史志办公室.舞钢市年鉴:2010[M].郑州:中州古籍出版社,2010:413.
[5] 许昌县地方史志办公室.许昌县年鉴:2002[M].郑州:中州古籍出版社,2002:207.
[6] 许昌县地方史志办公室.许昌县年鉴:2009—2010[Z].许昌县地方史志办公室,2010:158.
[7] 淮阴年鉴编纂委员会.淮阴年鉴:1995[M].上海:上海社会科学院出版社,1995:95.
[8] 淮安市地方志办公室.淮安年鉴:2010[M].北京:方志出版社,2010:34.
[9] 徐州年鉴编纂委员会.徐州年鉴:1998[M].徐州:中国矿业大学出版社,1999:143.
[10] 徐州市史志办公室.徐州年鉴:2010[M].南京:江苏人民出版社,2010:141.
[11] 盐城市地方志编纂委员会办公室.盐城年鉴:1998[M].北京:方志出版社,1998:154.
[12] 盐城市地方志办公室.盐城年鉴:2010[M].北京:方志出版社,2010:158.
[13] 宿迁年鉴编纂委员会.宿迁年鉴:1999[M].南京:江苏人民出版社,1999:124.
[14] 宿迁年鉴编纂委员会.宿迁年鉴:2010[M].北京:方志出版社,2010:161.
[15] 高邮年鉴编辑委员会.高邮年鉴:1991[M].南京:江苏人民出版社,1991:374.
[16] 高邮市地方志年鉴编纂委员会.高邮年鉴:2010[M].北京:方志出版社,2010:92.
[17] 金湖县地方志编纂委员会.金湖年鉴:1996[Z].中国县镇年鉴社,1996:134.
[18] 金湖县地方志办公室.金湖年鉴:2010[M].北京:线装书局,2010:121.
[19] 江都市地方志编纂委员会.江都年鉴:1998[Z].中国县镇年鉴社,1998:115.
[20] 江都市地方志办公室.江都年鉴:2010[M].扬州:广陵书社,2010:121.
[21] 涟水年鉴编纂委员会.涟水年鉴:1998[Z].涟水年鉴编纂委员会,1998:138.
[22] 涟水县地方志办公室.涟水年鉴:2010[Z].涟水县地方志办公室,2010:147.
[23] 建湖年鉴编纂委员会.建湖年鉴:1999[Z].建湖年鉴编纂委员会,1999:94.
[24] 建湖年鉴编纂委员会.建湖年鉴:2010[M].北京:方志出版社,2010:120.

年农业机械总动力为 20.93 万千瓦[1],2009 年农机总动力为 50.4 万千瓦[2],是 1999 年的 2.41 倍。姜堰市,1999 年农业机械总动力为 31.8 万千瓦[3],2009 年农机总动力为 33.79 万千瓦[4],是 1999 年的 1.06 倍。大丰市,1999 年农业机械总动力为 32.25 万千瓦[5],2009 年农机总动力为 64 万千瓦[6],是 1999 年的 1.98 倍。滨海县,1999 年农业机械总动力为 41.59 万千瓦[7],2009 年农机总动力为 69.18 万千瓦[8],是 1999 年的 1.66 倍。如东县,1999 年农业机械总动力为 55.34 万千瓦[9],2009 年农机总动力为 75.12 万千瓦[10],是 1999 年的 1.36 倍。宝应县,2000 年农业机械总动力为 31.29 万千瓦[11],2009 年农机总动力为 41.29 万千瓦[12],是 2000 年的 1.32 倍。兴化市,2001 年农业机械总动力为 76.24 万千瓦[13],2009 年农机总动力为 93.23 万千瓦[14],是 2001 年的 1.22 倍。宿豫县,2001 年农业机械总动力为 49.64 万千瓦[15],2009 年农机总动力为 55.8 万千瓦[16],是 2001 年的 1.12 倍。东台市,2003 年农业机械总动力为 64 万千瓦[17],2009 年农机总动力为 73.6 万千瓦[18],是 2003 年的 1.15 倍。

在淮河流域山东,枣庄市,1986 年农业机械总动力为 64.98 万千瓦,1988 年农机总动力为 74.96 万千瓦,1992 年农机总动力为 85.95 万千瓦[19],2009 年农机总动力为 248.66 万千瓦[20],2009 年是 1986 年的 3.83 倍。临沂市,1995 年农业机械总动力为 203.8 万千瓦[21],2009 年农机总动力为 813 万千瓦[22],是 1995 年的 3.99 倍。菏泽市,1998 年农业机械总动力为 394 万千瓦[23],2009 年农机总动力为 1 288 万千瓦[24],是 1998 年的 3.27 倍。

其中,一些县(县级市)农业机械总动力有了较大增加。滕州市,1991 年农业机械总动

---

[1] 响水年鉴编纂委员会.响水年鉴:1988—1999[M].北京:方志出版社,2001:180.
[2] 响水县地方志办公室.响水年鉴:2010[M].北京:方志出版社,2010:201.
[3] 姜堰年鉴编纂委员会.姜堰年鉴:1989—2000[M].北京:方志出版社,2000:72.
[4] 姜堰年鉴编纂委员会.姜堰年鉴:2010[M].北京:方志出版社,2010:82.
[5] 大丰年鉴编纂委员会.大丰年鉴:2000[M].北京:方志出版社,2000:89.
[6] 大丰年鉴编纂委员会.大丰年鉴:2010[M].北京:方志出版社,2010:134.
[7] 滨海年鉴编纂委员会.滨海年鉴:2000[M].南京:江苏古籍出版社,2001:126.
[8] 滨海年鉴编纂委员会.滨海年鉴:2010[M].南京:南京大学出版社,2010:127.
[9] 如东县委党史工作办公室,如东县地方志编纂委员会办公室.如东年鉴:2000[M].北京:方志出版社,2000:110.
[10] 如东年鉴编纂委员会.如东年鉴:2010[M].北京:方志出版社,2010:155.
[11] 宝应县地方志编纂委员会.宝应年鉴:2001[M].南京:江苏古籍出版社,2002:115.
[12] 宝应县地方志编纂委员会.宝应年鉴:2010[M].北京:方志出版社,2010:126.
[13] 兴化年鉴编纂委员会.兴化年鉴:2002[M].北京:方志出版社,2002:101.
[14] 兴化年鉴编纂委员会.兴化年鉴:2010[M].北京:方志出版社,2010:108.
[15] 宿豫年鉴编纂委员会.宿豫年鉴:2002[M].北京:方志出版社,2002:97.
[16] 宿迁市宿豫区地方志编纂委员会办公室.宿豫年鉴:2010[M].北京:方志出版社,2010:116.
[17] 东台年鉴编纂委员会.东台年鉴:2004[M].北京:方志出版社,2004:106.
[18] 东台市党史地方志办公室.东台年鉴:2010[M].北京:方志出版社,2010:154.
[19] 枣庄市地方史志编纂委员会办公室.枣庄年鉴:1993[M].济南:齐鲁书社,1993:203-204.
[20] 枣庄市地方史志办公室.枣庄年鉴:2010[M].北京:长城出版社,2010:135.
[21] 临沂市地方史志办公室.临沂年鉴:1995[M].济南:齐鲁书社,1997:168.
[22] 临沂年鉴编辑部.临沂年鉴:2010[M].北京:中华书局,2010:207.
[23] 菏泽地区地方志办公室.菏泽地区年鉴:1999[M].济南:齐鲁书社,1999:234.
[24] 菏泽市地方史志办公室.菏泽年鉴:2010[Z].菏泽市地方史志办公室,2010:74.

力为39.33万千瓦,1995年农机总动力为48.49万千瓦[1],2007年农机总动力为97.6万千瓦[2],2007年是1991年的2.48倍。莒南县,1995年农业机械动力为15.7万千瓦,1996年农机总动力为18.7万千瓦,1997年农机总动力为25.5万千瓦,1998年农机总动力为47.8万千瓦[3],2009年农机总动力为79.42万千瓦[4],2009年是1995年的5.06倍。泗水县,1997年农业机械总动力为16.4万千瓦[5],2009年农机总动力为32.37万千瓦[6],是1997年的1.97倍。兖州市,1999年农业机械总动力为38.3万千瓦[7],2009年农机总动力为59.36万千瓦[8],是1999年的1.55倍。沂水县,2005年农业机械总动力为78.8万千瓦[9],2009年农机总动力为82.31万千瓦[10],是2005年的1.04倍。

2. 机械化作业能力

在中央及淮河流域各省政府出台的农机购机补贴等惠农政策的影响下,淮河流域农业机械数量增长速度较快,农机装备不断优化。农业机械装备的增长,极大地促进了机械化综合作业能力的提高,推动了农业经济的发展。主要表现为两个方面:一是农机作业面积不断扩大,二是综合机械化水平进一步提高。

(1) 农机作业面积扩大

在淮河流域安徽,淮南市,1993年,机耕面积为127万亩,机播面积为35万亩,机收面积为45万亩[11];1995年,机耕面积为110万亩,机播面积增至50万亩,机收面积增至71万亩[12];2000年,机耕面积增至142万亩,机收面积增至142.7万亩[13]。亳州市,2001年,机耕面积为690万亩,机播面积为634.5万亩,机收面积为478.5万亩[14];2009年,机耕面积增至960万亩,机播面积增至1151.55万亩,机收面积增至883.95万亩[15]。淮北市,2006年,机耕面积为197.55万亩,机播面积为280.95万亩,机收面积为177.15万亩[16];2009年,机耕面积增至295.95万亩,机播面积增至373.5万亩,机收面积增至260.25万亩[17]。六安市,2001年,机耕面积为525万亩,机播面积为121万亩,机收面积为247万亩[18];2009年,机耕

---

[1] 滕州市地方史志编纂委员会办公室.滕州年鉴:1991—1995[M].济南:齐鲁书社,1997:206.
[2] 滕州市地方史志办公室.滕州年鉴:2008[M].济南:黄河出版社,2009:190.
[3] 莒南县地方史志办公室.莒南年鉴:1994—1998[M].济南:齐鲁书社,2000:202.
[4] 莒南县地方史志办公室.莒南年鉴:2007—2009[M].北京:中国文史出版社,2010:159.
[5] 泗水县地方史志编纂委员会.泗水年鉴:1997—1998[Z].济宁市新闻出版局,1999:200.
[6] 泗水县地方史志办公室.泗水年鉴:2010[Z].泗水县地方史志办公室,2010:206.
[7] 兖州市地方史志编纂委员会.兖州年鉴:1996—1999[M].香港:香港天马出版有限公司,2000:240.
[8] 兖州市地方史志办公室.兖州年鉴:2009[Z].兖州市地方史志办公室,2011:191.
[9] 沂水县地方史志办公室.沂水年鉴:2004—2005[M].济南:山东省地图出版社,2007:228.
[10] 沂水县地方史志办公室.沂水年鉴:2008—2009[M].济南:山东省地图出版社,2010:210.
[11] 1993年工作总结和1994年工作计划 档案号:0093-001-0256-001[Z].淮南市档案馆.
[12] 关于1995年全市农村经济情况及1996年工作打算的汇报 档案号:0092-001-0139-003[Z].淮南市档案馆.
[13] 淮南年鉴编委会.淮南年鉴:2001[M].合肥:黄山书社,2001:56.
[14] 亳州市史志办公室.亳州年鉴:2002[M].合肥:黄山书社,2002:103.
[15] 亳州市史志办公室.亳州年鉴:2010[Z].亳州市地方志编纂办公室,2010:178.
[16] 淮北市地方志(年鉴)编纂委员会.淮北年鉴:2007[M].合肥:黄山书社,2007:187.
[17] 淮北市地方志编纂委员会.淮北年鉴:2010[M].合肥:黄山书社,2010:200.
[18] 六安市地方志办公室.六安年鉴:2002[M].合肥:黄山书社,2002:28.

面积增至 1 247.21 万亩,机播面积增至 261 万亩,机收面积增至 837.98 万亩①。

在淮河流域山东,枣庄市,1986 年,机耕面积为 278.24 万亩,机播面积为 35.26 万亩,机收面积为 15.75 万亩;1992 年,机耕面积增至 281.38 万亩,机播面积增至 168.23 万亩,机收面积增至 119.56 万亩。②菏泽市,2006 年,机耕面积为 929 万亩,机播面积为 950 万亩,机收面积为 918 万亩③;2009 年,机耕面积增至 1 484 万亩,机播面积增至 1 128 万亩,机收面积增至 1 025 万亩。④

在淮河流域江苏,宿迁市,1998 年,机耕面积为 530 万亩,机收面积为 297 万亩,机播面积为 226 万亩⑤;2001 年,机耕面积增至 580 万亩,机收面积增至 470 万亩,机播面积增至 240 万亩⑥。

在淮河流域河南,商丘市,2009 年,机耕面积为 954.03 万亩,机播面积为 1 358.19 万亩,机收面积为 1 000.38 万亩,比上年分别增长 5.23%、12.19%、10.70%。⑦

(2) 综合机械化水平提高

在淮河流域江苏,连云港,1999 年,综合机械化水平为 73%⑧;2008 年,小麦机播率、机收率分别达 91.5%、99%,水稻机收率达 90%⑨。徐州市,1998 年,综合机械化水平为 66.2%⑩;2009 年,综合机械化水平达 79%,其中小麦机播率、机收率分别达 90%、98%,水稻机播率、机收率分别为 27.8%、93%⑪。盐城市,1998 年,机播率为 43.4%,机收率为 36.44%,综合机械化水平为 65.8%⑫;2009 年,机播率达 57.3%,综合机械化水平达 76.4%⑬。宿迁市,1998 年,小麦机收率为 75%,水稻机收率为 55%,小麦机播率为 60%,综合机械化水平为 65%⑭;2009 年,机播率、机收率分别达 82.2%、96%以上,综合机械化水平达 78%⑮。

在淮河流域山东,枣庄市,1986 年,小麦机播率、机收率分别为 16.4%和 7.3%;1992 年,小麦机播率达 78.24%⑯;2009 年,小麦基本实现全过程生产机械化,玉米机播率、机收率分别为 70%、38%⑰。临沂市,1995 年,小麦机耕率、机播率、机收率分别为 78.7%、52.7%、

---

① 六安市地方志办公室.六安年鉴:2010[M].合肥:安徽人民出版社,2010:32.
② 枣庄市地方史志编纂委员会办公室.枣庄年鉴:1993[M].济南:齐鲁书社,1993:204.
③ 菏泽市地方史志办公室.菏泽年鉴:2007[M].北京:长城出版社,2007:100.
④ 菏泽市地方史志办公室.菏泽年鉴:2010[Z].菏泽市地方志办公室,2010:74.
⑤ 宿迁年鉴编纂委员会.宿迁年鉴:1999[M].南京:江苏人民出版社,1999:124.
⑥ 宿迁年鉴编纂委员会.宿迁年鉴:2002[M].长春:吉林人民出版社,2002:126.
⑦ 商丘市地方史志办公室.商丘年鉴:2010[M].郑州:中州古籍出版社,2010:252.
⑧ 连云港年鉴编纂委员会.连云港年鉴:2000[M].北京:方志出版社,2000:176.
⑨ 连云港市地方志办公室.连云港年鉴:2009[M].北京:方志出版社,2009:165.
⑩ 徐州年鉴编纂委员会.徐州年鉴:1999[M].徐州:中国矿业大学出版社,1999:127.
⑪ 徐州市史志办公室.徐州年鉴:2010[M].南京:江苏人民出版社,2010:141.
⑫ 盐城市地方志编纂委员会办公室.盐城年鉴:1999[M].北京:方志出版社,1999:137.
⑬ 盐城市地方志办公室.盐城年鉴:2010[M].北京:方志出版社,2010:158.
⑭ 宿迁年鉴编纂委员会.宿迁年鉴:1999[M].南京:江苏人民出版社,1999:124.
⑮ 宿迁年鉴编纂委员会.宿迁年鉴:2010[M].北京:方志出版社,2010:161.
⑯ 枣庄市地方史志编纂委员会办公室.枣庄年鉴:1993[M].济南:齐鲁书社,1993:204.
⑰ 枣庄市地方史志办公室.枣庄年鉴:2010[M].北京:长城出版社,2010:135.

35.3%①;2009 年,小麦机收率达 97%,综合机械化水平达 78.1%,其中粮食机械化水平达 94%以上②。菏泽市,2006 年,玉米机收率为 10%③;2009 年,玉米机收率达 48.6%④。

在淮河流域河南,驻马店市,1992 年,机耕率为 28%,机播率为 46.27%⑤;2009 年,机耕率、机播率分别达 97.83%、90.56%⑥。商丘市,1998 年,机耕率为 82.5%,机械化半机械化播种率为 96%(其中机引播种机播种率为 59.3%),机收率为 70.5%⑦;2009 年,综合机械化水平达 71%,其中小麦机耕率、机播率、机收率分别达 99%、99%、98.85%⑧。

在淮河流域安徽,宿州市,1998 年,机耕率为 95%,综合机械化水平为 70%⑨;2009 年,机耕率达 99.9%,综合机械化水平达 80.1%⑩。亳州市,2001 年,机耕率为 91.5%,综合机械化水平达 75%⑪;2009 年,机耕率达 99%,综合机械化水平达 79%⑫。

三、农业发展成效

新中国成立后,淮河流域实行土地改革,进行农村社会主义改造,加强农田水利建设,尤其是改革开放后,实行联产承包责任制,提高农产品收购价格,为农业发展创造了条件。进入 21 世纪后,中央和淮河流域各省政府对农业采取"多予、少取、放活"政策,取消了农业税,在良种补贴、粮食直补、农机补贴以及小麦高产攻关、玉米振兴计划、现代农业项目等政策扶持和项目实施推动下,淮河流域农业发展取得了巨大的成效,主要表现为农业生产能力大幅提升,农业生产结构不断优化,农业科技水平明显提高,农业产业化加快推进。

(一)农业生产能力大幅提升

随着经济体制改革的不断深入与调整,农业生产条件日益改善,淮河流域的农业生产能力显著提升,主要农产品产量大幅增加。农产品产量的增加,不仅满足了食用的需要,还为工业生产提供了丰富的原材料。

在淮河流域河南,郑州市,1983 年粮食产量为 149 万吨,2008 年粮食产量增至 165.2 万吨。⑬ 开封市,棉花产量由 1949 年的 3 030 吨增至 2008 年的 76 535 吨,粮食产量由 1949 年的 41.08 万吨增至 2009 年的 253.5 万吨,油料产量由 1949 年的 2.93 万吨增至 2009 年的 42 万

---

① 临沂市地方史志办公室.临沂年鉴:1995[M].济南:齐鲁书社,1997:168-169.
② 临沂年鉴编辑部.临沂年鉴:2010[M].北京:中华书局,2010:207.
③ 菏泽市地方史志办公室.菏泽年鉴:2007[M].北京:长城出版社,2007:100.
④ 菏泽市地方史志办公室.菏泽年鉴:2010[Z].菏泽市地方史志办公室,2010:74.
⑤ 驻马店地区年鉴编辑部.驻马店地区年鉴:1993[M].郑州:河南人民出版社,1994:150.
⑥ 驻马店市地方史志办公室.驻马店年鉴:2010[M].北京:线装书局,2010:184.
⑦ 商丘年鉴编辑委员会.商丘年鉴:1999[M].北京:中华书局,1999:174.
⑧ 商丘市地方史志办公室.商丘年鉴:2010[M].郑州:中州古籍出版社,2010:252.
⑨ 宿州市档案局.宿州年鉴:1999[M].珠海:珠海出版社,1999:85.
⑩ 宿州市地方志办公室.宿州年鉴:2010[Z].宿州年鉴编辑部,2010:31.
⑪ 亳州市史志办公室.亳州年鉴:2002[M].合肥:黄山书社,2002:103.
⑫ 亳州市史志办公室.亳州年鉴:2010[Z].亳州市史志办公室,2010:178.
⑬ 河南省统计局,国家统计局河南调查总队.河南六十年[M].北京:中国统计出版社,2009:199.

吨。① 平顶山市,2008 年,粮食产量为 194.22 万吨,比 1949 年增长近 4.0 倍;单产 317.73 公斤,比 1949 年增长 5.4 倍;油料产量为 13.76 万吨,比 1949 年增长近 19 倍,年均增长 5.0%。② 许昌市,2008 年,粮食产量由 1949 年的 40.12 万吨提高至 270.73 万吨,平均亩产由 59.86 公斤提高至 428 公斤。③ 商丘市,2008 年,粮食亩产为 429.1 公斤,比 1950 年增加 380 公斤,比 1978 年增加 285.5 公斤;1978 年粮食产量为 165 万吨,2009 年粮食产量增至 594.6 万吨。④ 信阳市,2008 年,粮食产量为 561.21 万吨,是 1978 年的 2.8 倍,是 1949 年的 8.9 倍;油料产量为 65.13 万吨,是 1978 年的 18.9 倍,是 1950 年的 59.4 倍。⑤ 周口市,2008 年,粮食产量为 706.36 万吨,是 1950 年的 6.5 倍,是 1978 年的 3.04 倍;棉花产量为 18.73 万吨,油料产量为 32.99 万吨。⑥ 驻马店市,2009 年粮食产量为 661.7 万吨,是 1950 年的 81.0 万吨的 8.17 倍。⑦

在淮河流域安徽,淮北市,1957 年,粮食产量为 23.8 万吨,比 1949 年增产 11.3 万吨;棉花产量为 1 885 吨,是 1949 年的 4.2 倍。2008 年,粮食产量为 115.7 万吨,比 1978 年增长 2.4 倍;棉花为 6 054 吨,比 1978 年增长 1.6 倍;油料为 1.2 万吨,比 1978 年增长 2.6 倍。⑧ 2009 年,粮食产量为 121 万吨,比上年增长 4.6%。⑨ 亳州市,2008 年,粮食单产为 339.5 公斤,比 1949 年的 47.1 公斤增长 6.2 倍;总产为 414.9 万吨,比 1949 年的 59.7 万吨增长近 6 倍。⑩ 2009 年,粮食单产为 353.9 公斤,总产为 448.0 万吨,比上年分别增长 4.2% 和 8.0%。⑪ 宿州市,1949 年,粮食产量为 69.35 万吨,2008 年,粮食产量为 365.37 万吨,是 1949 年的 5.3 倍,是 1999 年的 1.1 倍,亩产从 1999 年的 158 公斤上升到 195 公斤。⑫ 2009 年,粮食产量为 380 万吨,比 2008 年增长 4%。⑬ 蚌埠市,2008 年与 1949 年相比,粮食产量由 24.9 万吨增加到 253.4 万吨,增长 9.2 倍;粮食单产由 36 公斤提高到 373.2 公斤,提高 9.4 倍。⑭ 2009 年粮食产量为 260 万吨以上⑮,比上年增长 2.6%。阜阳市,1978 年,粮食产量为 156.9 万吨,是 1949 年的 1.4 倍;粮食亩产为 120 公斤,是 1949 年的 2.1 倍。2008 年,粮食产量为 502.9 万吨,与 1978 年相比,增长 2.2 倍;棉花产量为 1.9 万吨,增长 76.4%;油

---

① 河南省统计局,国家统计局河南调查总队. 河南六十年[M]. 北京:中国统计出版社,2009:205;开封年鉴编纂委员会. 开封年鉴:2010[M]. 北京:北京燕山出版社,2010:169.
② 河南省统计局,国家统计局河南调查总队. 河南六十年[M]. 北京:中国统计出版社,2009:220.
③ 河南省统计局,国家统计局河南调查总队. 河南六十年[M]. 北京:中国统计出版社,2009:258.
④ 河南省统计局,国家统计局河南调查总队. 河南六十年[M]. 北京:中国统计出版社,2009:283;商丘市地方史志办公室. 商丘年鉴:2010[M]. 郑州:中州古籍出版社,2010:237.
⑤ 河南省统计局,国家统计局河南调查总队. 河南六十年[M]. 北京:中国统计出版社,2009:289.
⑥ 河南省统计局,国家统计局河南调查总队. 河南六十年[M]. 北京:中国统计出版社,2009:296.
⑦ 河南省统计局,国家统计局河南调查总队. 河南六十年[M]. 北京:中国统计出版社,2009:302;驻马店市地方史志办公室. 驻马店年鉴:2010[M]. 北京:线装书局,2010:171.
⑧ 安徽省人民政府. 安徽 60 年[M]. 北京:中国统计出版社,2009:322.
⑨ 淮北市地方志编纂委员会. 淮北年鉴:2010[M]. 合肥:黄山书社,2010:39.
⑩ 安徽省人民政府. 安徽 60 年[M]. 北京:中国统计出版社,2009:329.
⑪ 亳州市地方志编纂办公室. 亳州年鉴:2010[Z]. 亳州市地方志编纂办公室,2010:171.
⑫ 安徽省人民政府. 安徽 60 年[M]. 北京:中国统计出版社,2009:333.
⑬ 宿州市地方志办公室. 宿州年鉴:2010[Z]. 宿州年鉴编辑部,2010:29.
⑭ 安徽省人民政府. 安徽 60 年[M]. 北京:中国统计出版社,2009:339.
⑮ 蚌埠市史志办公室. 蚌埠年鉴:2010[M]. 合肥:黄山书社,2010:158.

料产量为10万吨,增长4.3倍。① 2009年,粮食单产为348.1公斤,总产为515.5万吨,比上年分别增长1%、2.5%。② 淮南市,2008年粮食产量为134.1万吨,比1949年增长6.9倍,比1978年增长3.7倍③;2009年粮食产量为137万吨,比上年增长2.2%。④ 六安市,1952年粮食产量为96.4万吨,比1949年增长27.2%。1978年粮食产量为183万吨,是1949年的2.4倍。2008年,粮食产量为437.4万吨,是1949年的5.8倍;油料产量为21.5万吨,比1949年增长17.1倍;棉花产量为1.1万吨,比1949年增长5.8倍。⑤ 2009年,粮食产量为450.2万吨,油料产量为22.1万吨,比上年分别增长2.9%、2.8%。⑥

在淮河流域江苏,连云港市,粮食产量自1984年以来一直稳定在200万吨以上,2008年达320.1万吨,相当于1949年的11.5倍。⑦ 淮安市,2008年,粮食产量为424.7万吨,油料产量为10.5万吨,分别是1978年的2.5倍和7.1倍。⑧ 2009年,粮食单产为6 819公斤每公顷,总产为440.69万吨,比上年分别增长1.8%、3.5%。⑨ 盐城市,2008年,粮食产量为603万吨,比1949年增长7.7倍;棉花产量为18.36万吨,比1949年增长24倍;油料产量为33.6万吨,比1949年增长40倍。⑩ 2009年,粮食产量为622.9万吨,比上年增长3.3%。⑪ 扬州市,1949—2008年,粮食产量由64.5万吨增加到269.4万吨,增长3.18倍;棉花产量由161吨增至6 024吨,增长36.4倍;油料产量由7 624吨增至79 533吨,增长9.4倍。⑫ 2009年,粮食产量为274.1万吨,比上年增长1.7%;油菜产量为7.9万吨,比上年增长4.4%。⑬ 泰州市,2008年,粮食产量为300.6万吨,是1949年的5.1倍;棉花产量为21 184吨,是1949年的65倍;油料产量为119 375吨,是1949年的4倍。⑭ 2009年粮食产量为310万吨,比上年增长3.1%。⑮ 宿迁市,2008年,粮食产量为352.5万吨,是1949年的9.1倍⑯;2009年,粮食产量为359.03万吨,比上年增长1.9%。⑰

在淮河流域山东,枣庄市,粮食亩产量由1949年的37.5公斤增至1978年的186公斤,增长4.0倍。2008年,粮食亩产量为440公斤,粮食总产量为180.0万吨,比1949年分别增长10.7倍、9倍,比1978年分别增长1.4倍、1.2倍;油料产量为11.7万吨,棉花产量为0.4

---

① 安徽省人民政府.安徽60年[M].北京:中国统计出版社,2009:345,347.
② 阜阳市地方志办公室.阜阳年鉴:2010[Z].阜阳市地方志办公室,2010:123.
③ 安徽省人民政府.安徽60年[M].北京:中国统计出版社,2009:354.
④ 淮南市地方志办公室.淮南年鉴:2010[M].合肥:黄山书社,2010:42.
⑤ 安徽省人民政府.安徽60年[M].北京:中国统计出版社,2009:365.
⑥ 六安市地方志办公室.六安年鉴:2010[M].合肥:安徽人民出版社,2010:24.
⑦ 江苏省统计局,国家统计局江苏调查总队.数据见证辉煌:江苏60年[M].北京:中国统计出版社,2009:283.
⑧ 江苏省统计局,国家统计局江苏调查总队.数据见证辉煌:江苏60年[M].北京:中国统计出版社,2009:288.
⑨ 淮安市地方志办公室.淮安年鉴:2010[M].北京:方志出版社,2010:27.
⑩ 江苏省统计局,国家统计局江苏调查总队.数据见证辉煌:江苏60年[M].北京:中国统计出版社,2009:298.
⑪ 盐城市地方志办公室.盐城年鉴:2010[M].北京:方志出版社,2010:154.
⑫ 江苏省统计局,国家统计局江苏调查总队.数据见证辉煌:江苏60年[M].北京:中国统计出版社,2009:303-304.
⑬ 扬州市地方志年鉴编纂委员会.扬州年鉴:2010[M].北京:新华出版社,2010:118.
⑭ 江苏省统计局,国家统计局江苏调查总队.数据见证辉煌:江苏60年[M].北京:中国统计出版社,2009:319.
⑮ 泰州市史志档案办公室.泰州年鉴:2010[M].南京:凤凰出版社,2010:212.
⑯ 江苏省统计局,国家统计局江苏调查总队.数据见证辉煌:江苏60年[M].北京:中国统计出版社,2009:326.
⑰ 宿迁年鉴编纂委员会.宿迁年鉴:2010[M].北京:方志出版社,2010:158.

万吨,比1949年分别增加11.5万吨、0.3万吨,比1978年分别增加10.7万吨、0.3万吨。① 2009年,粮食产量为182.71万吨,比上年增长1.5%。② 济宁市,2008年,粮食产量为416.9万吨,比1949年增长6.4倍,比1978年增长116.3%;棉花产量为16.6万吨,比1949年增长109.7倍;油料产量为28.4万吨,比1949年增长16.4倍。③ 2009年,粮食产量为456.2万吨,比上年增长9.4%。④ 菏泽市,粮食产量由1949年的75万吨,增至1978年的153万吨,增至2008年的505万吨;粮食每公顷单产由1949年的678公斤提高至2008年的11 370公斤;棉花产量为28.9万吨,是1949年的17.7倍,是1978年的12.8倍;油料产量为32.4万吨,是1949年的18.8倍。⑤ 2009年,粮食产量为559.3万吨,比上年增长10.75%。⑥ 日照市,2008年,粮食产量为106.4万吨,是1949年的2.9倍,是1978年的1.4倍;茶叶产量为5 985吨,是1998年的6.8倍。⑦ 临沂市,2008年,粮食产量为433万吨,比1949年增长3.7倍。⑧

(二)农业生产结构不断优化

这里的农业生产结构是指种植业生产结构,即各种农作物生产的比例关系,其中主要包括粮食作物和经济作物的比例关系。新中国成立以来,淮河流域各级政府把调整优化农业生产结构,作为加快农业经济发展的着力点。农业由单纯粮食生产向粮食生产、经济作物并重的生产格局转变。但总体上,1978年前,农业主要以粮食生产为主;1978年后,经济作物种植面积逐步扩大,经济作物占比持续上升。农业生产结构的不断调整和优化,保证了粮食作物与经济作物同步增长,促进了农业经济的发展。

在淮河流域山东,农业种植结构在稳定粮食生产的基础上逐步向非粮作物、经济作物倾斜。枣庄市,粮食作物面积与非粮作物面积的比例由1949年的96.0∶4.0调整为1978年的88.8∶11.2,2008年调整为67.1∶32.9。2008年经济作物种植占比比1949年增长28.9%,比1978年增长21.7%。⑨ 济宁市,1949年粮食播种面积占农作物播种面积的比例高达95%,1978年粮食作物播种面积占比仍达84.6%。2008年,粮食作物与经济作物播种面积比例调整为56∶44。⑩ 菏泽市,2008年,粮食作物占农作物播种面积的比例由1949年的91.1%,下降到2008年的60.8%。⑪ 2009年,农作物播种面积为2 221.8万亩,其中粮食作物与经济作物的比例为2.3∶1。⑫ 沂水县,2009年,高效经济作物面积达69万亩,粮食作

---

① 山东省统计局. 辉煌山东60年[M]. 北京:中国统计出版社,2009:77.
② 枣庄市地方史志办公室. 枣庄年鉴:2010[M]. 北京:长城出版社,2010:126.
③ 山东省统计局. 辉煌山东60年[M]. 北京:中国统计出版社,2009:102.
④ 临沂年鉴编辑部. 临沂年鉴:2010[M]. 北京:中华书局,2010:196.
⑤ 山东省统计局. 辉煌山东60年[M]. 北京:中国统计出版社,2009:165.
⑥ 菏泽市地方史志办公室. 菏泽年鉴:2010[Z]. 菏泽市地方史志办公室,2010:64.
⑦ 山东省统计局. 辉煌山东60年[M]. 北京:中国统计出版社,2009:123.
⑧ 山东省统计局. 辉煌山东60年[M]. 北京:中国统计出版社,2009:133.
⑨ 山东省统计局. 辉煌山东60年[M]. 北京:中国统计出版社,2009:77.
⑩ 山东省统计局. 辉煌山东60年[M]. 北京:中国统计出版社,2009:101.
⑪ 山东省统计局. 辉煌山东60年[M]. 北京:中国统计出版社,2009:165.
⑫ 菏泽市地方史志办公室. 菏泽年鉴:2010[Z]. 菏泽市地方史志办公室,2010:66.

物与经济作物的比例为1∶0.7。①

在淮河流域河南,在确保粮食生产稳定增长的基础上,种植结构逐步优化,特色优势农业发展成效突出。许昌市,粮食作物与经济作物的比例由1978年的83.9∶16.1调整为2008年的71.1∶28.9。②漯河市,粮食作物与经济作物的比例由1986年的81∶19调整到2008年的69.6∶30.4。③2009年,优质粮食面积达381.59万亩,占粮食总面积的97.1%。④信阳市,粮食作物与经济作物的比例由1978年的72.2∶11.8调整为2008年的66.9∶32.5。⑤宝丰县,2009年,重点推广优质中筋、强筋小麦,发展粮饲兼用型玉米。其中优质专用小麦面积为28万亩,优质专用玉米面积为15万亩,比2008年多推广4万亩。粮食作物与经济作物比例为64.5∶35.5。⑥新密市,2009年,优质粮面积达到25万亩,占粮食种植面积的一半以上。⑦

在淮河流域安徽,适当压缩粮食作物面积,提高质量,主攻单产,稳增总产,扩大经济作物面积,种植业结构进行改革,种植业向高产、优质、高效方向发展。阜阳市,1979年,种植业结构粮食占比下降,经济作物占比上升,两者比例由1949年的92∶8变化为86∶14。⑧淮南市,1984年,粮食作物面积由132万亩压缩到126万亩,经济作物面积由22万亩扩大到38万亩。粮食作物产值占比由76.8%降到71.4%,经济作物产值占比由23.2%增到28.6%。⑨淮北市,2008年,优质小麦面积为100万亩,粮食作物与经济作物比例由1978年的90.3∶9.7调整为64∶36。⑩

在淮河流域江苏,扬州市,粮食和其他作物的播种面积之比由1949年的9.5∶1调整到2008年的2.9∶1。⑪

(三)农业科技水平明显提高

农业科技主要是指用于农业生产方面的科学技术。农业科技是农业发展的第一推动力。实现农业的发展,主要依靠农业科技的进步与创新。新中国成立以来,特别是改革开放以来,淮河流域的农业技术取得了长足的进步,对于促进农业发展、实现农业现代化发挥了巨大作用。

在淮河流域江苏,徐州市,2009年,推广小麦精量半精量播种、稻棵套播麦、麦秸机械还田轻简稻作技术、水稻旱育秧、测土配方施肥、水稻精确定量栽培、玉米机械条播等一批实用新技术。⑫高邮市,2009年,推广应用的优质高效生产技术中,优中选优,主要推广新技术8

---

① 沂水县地方史志办公室.沂水年鉴:2008—2009[M].济南:山东省地图出版社,2010:183.
② 河南省统计局,国家统计局河南调查总队.河南六十年[M].北京:中国统计出版社,2009:257.
③ 河南省统计局,国家统计局河南调查总队.河南六十年[M].北京:中国统计出版社,2009:264.
④ 漯河市史志档案局,漯河市档案馆.漯河年鉴:2010[M].北京:线装书局,2010:125.
⑤ 河南省统计局,国家统计局河南调查总队.河南六十年[M].北京:中国统计出版社,2009:289.
⑥ 宝丰县地方史志办公室.宝丰年鉴:2010[M].郑州:中州古籍出版社,2010:191.
⑦ 中共新密市委史志办公室.新密年鉴:2010[M].北京:中共党史出版社,2010:116.
⑧ 安徽省人民政府.安徽60年[M].北京:中国统计出版社,2009:345.
⑨ 1984年工作总结和1985年工作打算 档案号:0092-001-0035-001[Z].淮南市档案馆.
⑩ 安徽省人民政府.安徽60年[M].北京:中国统计出版社,2009:322.
⑪ 江苏省统计局,国家统计局江苏调查总队.数据见证辉煌:江苏60年[M].北京:中国统计出版社,2009:304.
⑫ 徐州市史志办公室.徐州年鉴:2010[M].南京:江苏人民出版社,2010:138.

项,即水稻精确定量栽培技术、测土配方施肥新技术、机插稻配套栽培技术、麦套稻栽培技术、麦秸全量还田轻简稻作技术、专用小麦因种栽培技术、群体质量栽培高产栽培集成技术、品质调优栽培技术。① 灌南县,2009 年,推广水稻旱育秧简化育苗技术 40 万亩,其中推广塑盘抛秧及配套技术 25 万亩,并进行直播稻、水稻保优栽培、水稻抗倒技术等新技术的试验研究;推广稻套麦轻型栽培简化技术 30 万亩、小麦化控防倒技术 20 万亩;针对 80% 以上的主要农作物推广平衡施肥技术。② 建湖县,2009 年,水稻精确定量栽培技术示范面积达 37.05 万亩,稻田套播麦栽培技术已趋成熟;大力运用壮秧、扩行、减苗、精肥、控水等关键技术,面积达 49.95 万亩以上;实施群体质量栽培技术的面积占 75%,油菜试验示范直播栽培技术取得突破性进展,面积达 3.5 万亩。③

在淮河流域河南,平顶山市,2009 年,推广包衣种子 218.3 万亩,配方施肥 420 万亩,增施微肥 190 万亩,补钾 260 万亩,化学除草 330.7 万亩,农业新技术推广面积达 1 500 万亩次以上。④ 舞钢市,2009 年,棉花生产集成各项高产种植技术,优化棉田间套种植模式,大力推广营养钵育苗移栽、基质育苗移栽和地膜覆盖,使棉花霜前花率达 90% 以上,优质棉比例达 85% 以上,配方施肥面积达 80%。⑤

在淮河流域安徽,亳州市,2009 年,推广的农业技术有小麦科学播种技术、小麦测土配方施肥技术和氮肥后移技术、玉米迟收增产技术、玉米合理密植技术、玉米机械化播种和收获技术、玉米免耕机播秸秆覆盖技术、玉米测土配方施肥技术、大豆高产栽培技术、棉花高产栽培技术等,实现农业新品种和新技术的有机融合。⑥ 濉溪县,2009 年,推广农业实用技术 320 万亩次。实施巩固测土配方施肥项目,配方施肥面积为 260 万亩,推广配方肥 12 700 吨。万亩小麦高产创建示范片亩产达 604 公斤,万亩玉米高产创建示范区亩产达 662 公斤,万亩大豆高产创建示范区亩产达 192 公斤。⑦

在淮河流域山东,沂水县,2008—2009 年,推广农业新技术 15 项,各类农作物新技术试验示范 50 余处。大力推广秸秆还田技术和平衡施肥技术,累计推广秸秆还田 50.1 万亩,建立平衡施肥示范田 20 处。以稳氮、降磷、增施钾肥、补施微肥、增施有机肥为重点,累计推广面积 60 万亩。⑧

(四)农业产业化加快推进

农业产业化是加速农业现代化的有效途径。它以市场为导向,以经济效益为中心,推行产业化经营模式,促进传统农业向现代农业的转变。淮河流域通过兴办农产品生产和加工企业,培强农产品骨干龙头企业,推动农业产业化经营快速发展,使农业产业化水平不断提高。

---

① 高邮市地方志年鉴编纂委员会.高邮年鉴:2010[M].北京:方志出版社,2010:86.
② 灌南县地方志编纂委员会.灌南年鉴:2010[M].南京:江苏人民出版社,2010:184.
③ 建湖年鉴编纂委员会.建湖年鉴:2010[M].北京:方志出版社,2010:115.
④ 平顶山市地方史志办公室.平顶山年鉴:2010[M].北京:方志出版社,2010:231.
⑤ 舞钢市地方史志办公室.舞钢市年鉴:2010[M].郑州:中州古籍出版社,2010:286-287.
⑥ 亳州市地方志编纂办公室.亳州年鉴:2010[Z].亳州市地方志编纂办公室,2010:172.
⑦ 濉溪县地方志办公室.濉溪年鉴:2009—2010[Z].濉溪县地方志办公室,2012:71.
⑧ 沂水县地方史志办公室.沂水年鉴:2008—2009[M].济南:山东省地图出版社,2010:183-184.

在淮河流域河南,郑州市,2008年,扶持发展市级以上农业产业化龙头企业260家,建立各类农产品生产基地170万亩。① 其中新密市,2009年,新培育市级以上经营重点龙头企业7家,累计26家,包括河南省级1家、郑州市级18、新密市级7家。农产品加工型龙头企业年实现产值2.95亿元,农产品市场交易额达4.7亿元。② 开封市,2008年,农产品龙头加工企业采用"农户+基地+公司"的模式,实现分散的农户与国内外大市场有效结合。如在花生大县开封县,有以花生深加工为主的上禾集团、泰国正大饲料有限公司等。③ 平顶山市,建立一批优质专用小麦、优质玉米、优质烟叶、优质小杂粮种植基地,扶持华愚双汇、巨龙淀粉、梦想食品等农业产业化龙头企业。④ 2009年,市级以上重点龙头企业有96家,包括国家级1家、省级11家。农业产业化龙头企业固定资产为31亿元,年销售收入为83亿元。⑤ 许昌市,2008年,市级以上农业产业化龙头企业有107家,农产品加工企业有1 057家,获国家、省级名牌产品企业有16个。⑥ 其中许昌县,2009年,发展省级龙头企业6家、市级14家、县级2家。⑦ 商丘市,2008年,发展农业产业化国家重点龙头企业4家,省级重点龙头企业27家,市级重点龙头企业153家。⑧ 2009年,市级以上农业产业化重点龙头企业总资产为120.5亿元,固定资产为63.6亿元,销售收入为232.1亿元。农业产业化重点龙头企业中市级260家,省级57家。⑨ 漯河市,2009年,各类农业产业化经营组织发展到2 560个,近80%的农户不同程度地进入产业化经营体系。对原有61家市级龙头企业进行监测审核,除去被认定为省级重点龙头企业的14家企业和被淘汰的9家企业外,保留38家市级龙头企业,新培育47家市级龙头企业,市级龙头企业总数为85家。⑩

在淮河流域安徽,亳州市,2008年,农业产业化龙头企业发展到550家,较2000年增加2倍。拥有国家级龙头企业2家、省级25家、市级101家,分别较2000年增加2家、21家和97家;龙头企业销售收入为84亿元,较2000年增加69亿元,增长4.6倍;农产品加工产值为101亿元,较2000年增加70亿元,增长2.2倍。⑪ 阜阳市,2008年,规模以上农业产业化龙头企业有142家,其中国家级2家、省级13家、市级115家⑫;2009年,市级以上龙头企业达209家,其中国家级2家、省级19家、市级188家⑬。六安市,2008年,农业产业化龙头企业中国家级2家、省级35家、市级160家,其中年销售额10亿元以上龙头企业有2家,亿元以上龙头企业有30家,年农产品加工产值为181.8亿元⑭;2009年,规模以上农产品生产加

---

① 河南省统计局,国家统计局河南调查总队.河南六十年[M].北京:中国统计出版社,2009:199.
② 中共新密市委史志办公室.新密年鉴:2010[M].北京:中共党史出版社,2010:117.
③ 河南省统计局,国家统计局河南调查总队.河南六十年[M].北京:中国统计出版社,2009:206.
④ 河南省统计局,国家统计局河南调查总队.河南六十年[M].北京:中国统计出版社,2009:220.
⑤ 平顶山市地方史志办公室.平顶山年鉴:2010[M].北京:方志出版社,2010:231.
⑥ 河南省统计局,国家统计局河南调查总队.河南六十年[M].北京:中国统计出版社,2009:257.
⑦ 许昌县地方史志办公室.许昌县年鉴:2009—2010[M].北京:线装书局,2010:150.
⑧ 河南省统计局,国家统计局河南调查总队.河南六十年[M].北京:中国统计出版社,2009:283.
⑨ 商丘市地方史志办公室.商丘年鉴:2010[M].郑州:中州古籍出版社,2010:237.
⑩ 漯河市史志档案局,漯河市档案馆.漯河年鉴:2010[M].北京:线装书局,2010:125.
⑪ 安徽省人民政府.安徽60年[M].北京:中国统计出版社,2009:328.
⑫ 安徽省人民政府.安徽60年[M].北京:中国统计出版社,2009:347.
⑬ 阜阳市地方志办公室.阜阳年鉴:2010[Z].阜阳市地方志办公室,2010:123.
⑭ 安徽省人民政府.安徽60年[M].北京:中国统计出版社,2009:365.

工企业达 525 家,省级以上龙头企业有 37 家。年销售额 10 亿元以上龙头企业有 2 家,亿元以上龙头企业发展到 42 家①。宿州市,2008 年,粮食年加工能力超过 200 万吨,水果年加工能力超过 100 万吨;市级以上农业产业化龙头企业达 159 家,营销总收入为 160 亿元。② 蚌埠市,2008 年,国家级、省级农业产业化龙头企业有 21 家。③ 淮南市,2008 年,市级以上龙头企业有 36 家,其中国家级 1 家、省级 15 家。④ 淮北市,2009 年,规模以上企业具有年小麦加工 200 多万吨、面制品制造 15 万吨、饲料加工 150 多万吨的生产能力。省级农业产业化龙头企业有 12 家,市级龙头企业有 56 家。⑤

在淮河流域江苏,徐州市,2008 年,市级以上龙头企业有 123 家,实现销售收入 244 亿元。⑥ 盐城市,2008 年,农业产业化龙头加工企业发展到 91 家。⑦ 2009 年,新办年投资额在 500 万元以上的农业龙头企业(项目)有 69 家,总投资 33.66 亿元。新增规模龙头企业 86 家,总数达 996 家,其中销售收入超亿元的企业达 117 家。规模农业产业化龙头企业实现销售收入 480.15 亿元,比上年增长 13.1%。⑧ 扬州市,2009 年,销售额 500 万元以上的农产品加工企业有 336 家,年产值为 380 亿元。⑨ 兴化市,2009 年,国家级龙头企业有 1 家,省级龙头企业有 9 家,市级龙头企业有 14 家,实现销售 27.14 亿元、利税 2.43 亿元,分别比 2008 年增长 20.22%、18.28%。⑩ 宿迁市宿豫区,2009 年,农业产业化龙头企业有 22 家,其中国家级龙头企业 2 家、省级 2 家、市级 18 家,农业龙头企业年加工农产品能力为 12 万吨。⑪

在淮河流域山东,临沂市,2008 年,市级以上农业产业化龙头企业有 336 家⑫;2009 年,重点龙头企业有 389 家,其中市级 359 家、省级 27 家、国家级 3 家。⑬ 其中沂水县,2009 年有国家级龙头企业 1 家、省级 5 家、市级 32 家。⑭ 菏泽市,2009 年,规模以上农产品加工龙头企业有 600 家,其中市级农业产业化龙头企业有 181 家、国家级和省级有 23 家。⑮ 兖州市,2009 年,规模以上农产品加工企业有 58 家,市级以上农业产业化重点龙头企业有 29 家,其中国家级 1 家、省级 2 家。农产品加工企业销售收入为 40 亿元,超过 80%的农产品进入产业化经营。⑯

总之,淮河流域是我国实施鼓励东部率先、促进中部崛起发展战略的重要区域,在我国

---

① 六安市地方志办公室.六安年鉴:2010[M].合肥:安徽人民出版社,2010:24.
② 安徽省人民政府.安徽 60 年[M].北京:中国统计出版社,2009:334.
③ 安徽省人民政府.安徽 60 年[M].北京:中国统计出版社,2009:339.
④ 安徽省人民政府.安徽 60 年[M].北京:中国统计出版社,2009:354.
⑤ 淮北市地方志编纂委员会.淮北年鉴:2010[M].合肥:黄山书社,2010:39-40.
⑥ 江苏省统计局,国家统计局江苏调查总队.数据见证辉煌:江苏 60 年[M].北京:中国统计出版社,2009:251.
⑦ 江苏省统计局,国家统计局江苏调查总队.数据见证辉煌:江苏 60 年[M].北京:中国统计出版社,2009:298.
⑧ 盐城市地方志办公室.盐城年鉴:2010[M].北京:方志出版社,2010:154.
⑨ 扬州市地方志年鉴编纂委员会.扬州年鉴:2010[M].北京:新华出版社,2010:114.
⑩ 兴化年鉴编纂委员会.兴化年鉴:2010[M].北京:方志出版社,2010:104.
⑪ 宿迁市宿豫区地方志编纂委员会.宿豫年鉴:2010[M].北京:方志出版社,2010:112.
⑫ 山东省统计局.辉煌山东 60 年[M].北京:中国统计出版社,2009:134.
⑬ 临沂年鉴编辑部.临沂年鉴:2010[M].北京:中华书局,2010:197.
⑭ 沂水县地方史志办公室.沂水年鉴:2008—2009[M].济南:山东省地图出版社,2010:184.
⑮ 菏泽市地方史志办公室.菏泽年鉴:2010[Z].菏泽市地方史志办公室,2010:66.
⑯ 兖州市地方史志办公室.兖州年鉴:2009[Z].兖州市地方史志办公室,2011:176.

农业生产中占有举足轻重的地位。新中国成立以来,尤其是改革开放以来,淮河流域农业新品种的引育推广与农业机械化取得巨大的进步,农业发展取得巨大的成效,但是也出现了一些问题与不足。在生产上,农作物新品种引育普及程度较慢,经济作物的机械化程度较低,联合机械生产能力尚待提高;在管理上,管理队伍结构不合理,科研力量比较分散,农作物新品种与农业机械更新较慢等。因此,需要进一步扶持种子产业和农机产业,强化农业管理,健全种子引育推广体系和农业机械化服务体系。

第三节
当代淮河流域农业自然灾害与应对

淮河流域地处我国南北过渡地带,地理位置南北差异,气候复杂多变,降水量时空分布不均,尤其是雨量季节性变化明显。历史上黄河的长期夺淮,改变了淮河流域的地形地貌,破坏了淮河流域的干支流水系,降低了抵御各种灾害的能力。这些因素不仅使得淮河流域容易发生自然灾害,还造成水旱灾害交错现象时常出现,如春旱夏涝或秋涝冬旱,南涝北旱或北涝南旱。自然灾害影响到淮河流域社会经济的各个方面,其中受影响最大的是农业。中华人民共和国成立后,在中央政府的领导和大力支持下,淮河流域各省地方政府采取各种措施,积极应对农业自然灾害,取得了巨大的成就,逐步改变了"十年倒有九年荒"的局面。

一、灾害分布

新中国成立后,由于已有的水利工程抗灾能力不强,加上其他多种因素的制约,淮河流域各种自然灾害仍不断发生,大规模的灾害也时有出现。灾害分布包括年份分布、地域分布与灾种分布等。

(一)年份分布与受灾面积

淮河流域自然灾害种类繁多,其中洪涝和干旱是危害农业最大的两种自然灾害。就年份而言,《淮河综述志》记载,1949年至1991年的43年间,淮河流域每年都发生水灾;1949年至1990年的42年间,淮河流域每年都发生旱灾。根据各种年鉴统计,1990年至2009年20年间,淮河流域每年都有或大或小的灾害。根据受灾程度不同,农田面积分为"受灾面积""成灾面积"和"绝收面积"。受灾面积是指因灾减产一成以上的农作物播种面积,成灾面积是指因灾减产三成以上的农作物播种面积,绝收面积是指因灾减产八成以上的农作物播种面积。淮河流域每年发生的各种灾害,尤其是水灾和旱灾,造成农作物受灾面积十分严重。

1. 水灾年份与面积

1949—1991年的43年间,淮河流域成灾面积为11.07亿亩,其中有21年成灾面积达2 000万亩以上。年均成灾面积达2 575.2万亩,占全流域土地总面积的13%,占全国同期多年平均成灾4 718.5万亩的54.57%。① 当然,有的年份淮河流域成灾面积较大,达5 000万亩以上。如1956年淮河干支流多次出现大暴雨,淮河流域洪涝成灾面积为6 232.4万亩②;1991年,淮河流域持续多雨,河南、安徽、江苏三省农田成灾面积为5 954万亩,占耕地面积的30%。③

有的年份水灾地域比较集中,如1957年7月,沂沭泗河地区连续发生7次暴雨,山东临沂、济宁、菏泽等地成灾面积为2 455万亩④;1963年4—5月,淮河流域连续阴雨40余天,淮河中游午秋两季雨涝成灾面积为3 427万亩;1965年7月,苏北地区普降大雨,成灾农田面积为1 009.9万亩⑤。

1949—1991年淮河流域水灾成灾面积如表2.14所示。

表2.14　1949—1991年淮河流域水灾成灾面积统计表

单位:万亩

年份	成灾面积	年份	成灾面积	年份	成灾面积	年份	成灾面积
1949	3 383.4	1960	2 185.0	1971	1 451.8	1982	4 812
1950	4 687.4	1961	1 285.4	1972	1 532.9	1983	2 204.7
1951	1 631.1	1962	4 079.6	1973	765.9	1984	4 407.1
1952	2 244.5	1963	10 124.2	1974	1 987.9	1985	2 885
1953	2 011.7	1964	5 532.7	1975	2 765.7	1986	1 124.7
1954	6 123.1	1965	3 809.3	1976	739.9	1987	1 190
1955	1 918.0	1966	389.4	1977	515.6	1988	191.4
1956	6 232.4	1967	412.1	1978	428.4	1989	2 227.9
1957	5 453.9	1968	809.7	1979	3 794.5	1990	2 079
1958	1 412.4	1969	870.6	1980	2 489.1	1991	6 934.1
1959	312.5	1970	1 055.7	1981	242.3	合　计	110 734

资料来源:水利部淮河水利委员会《淮河志》编纂委员会.淮河综述志[M].科学出版社,2000:374-375.

由表2.4可知,1949—1991年,淮河流域发生较大洪涝灾害的年份主要有:1949年、1950年、1954年、1956年、1957年、1962年、1963年、1964年、1965年、1982年、1984年、

---

① 水利部淮河水利委员会《淮河志》编纂委员会.淮河综述志[M].北京:科学出版社,2000:295-296.
② 水利部淮河水利委员会《淮河志》编纂委员会.淮河综述志[M].北京:科学出版社,2000:300.
③ 水利部淮河水利委员会《淮河志》编纂委员会.淮河综述志[M].北京:科学出版社,2000:318-319.
④ 水利部淮河水利委员会《淮河志》编纂委员会.淮河综述志[M].北京:科学出版社,2000:314.
⑤ 水利部淮河水利委员会《淮河志》编纂委员会.淮河综述志[M].北京:科学出版社,2000:301.

1991年共12年,成灾面积均超过3 000万亩。具体分年代而言,20世纪50年代,成灾总面积为32 027万亩,其中1950年、1954年、1956年、1957年成灾面积达4 000万亩以上;20世纪60年代,成灾总面积为29 498万亩,其中1962年、1963年、1964年、1965年连续四年成灾面积达3 800万亩以上,而以1963年受灾最重,成灾面积超过1亿亩;20世纪70年代,成灾总面积为15 038.3万亩,以1979年为最重,达3 700万亩以上;20世纪80年代,成灾总面积为21 774.2万亩,其中1982年和1984年成灾面积达4 000万亩以上。

2. 旱灾年份与面积

1949—1990年的42年间,淮河流域成灾面积为75 895万亩,有14年成灾面积超过2 000万亩,年均成灾面积达1 807万亩。① 有的年份流域成灾面积较大,如1959年7—10月,淮河上、中、下游降雨普遍比常年少50%以上,出现多年少有的夏、秋连旱现象,全流域受旱成灾面积达5 971万亩。② 6—8月,山东平均降雨量为329.5毫米,比常年同期平均雨量542.4毫米减少39.3%,干旱持续100余天。7—8月,江苏汛期雨量少,特别是降雨在时间和地区上分布不平衡,一般降雨量仅有30毫米,占汛期总雨量的7%。6—10月,安徽平均降雨量为293.5毫米,比历年同期平均少234毫米。③

有的年份成灾地域比较集中,如1960年夏季,淮河及各支流月平均流量比多年平均流量明显偏少。淮河干流河南淮滨、安徽正阳关与蚌埠,以及江苏洪泽湖各站6—8月平均流量都比多年平均偏少八成以上。安徽六安、淮北、阜阳、宿县、六安等地旱灾较重。④

有的年份成灾地域比较分散,如1978年,淮河流域发生大旱,全流域成灾面积达4 098万亩。⑤ 淮河流域大部年降水量较常年偏少2~4成,皖、苏、豫等省有些雨量站年降水量是近30年的最小值。很多大中型水库蓄水降到死水位以下,大部分塘堰干涸,河溪断流。蚌埠闸上游来水量,只有多年均值的7%。淮河洪泽湖入湖水量约为正常年份的1/10,沂沭泗等入骆马湖水量比正常年份少六成。⑥ 1992年5月,淮河平均流量较常年偏少5~6成。6月底7月初,江苏主要灌溉水源的洪泽湖、骆马湖、微山湖和石梁河水库水位均降到死水位以下。5月8日至7月8日,山东省平均降水量较历年同期平均少84%,南四湖、东平湖水位处在死水位以下。全省受旱面积为6 023万亩,成灾3 624万亩,其中绝收804万亩。苏皖两省北部夏种开始就缺水干旱,皖北地区水稻仅种下406万亩,比原计划少115万亩。⑦

有些大旱灾在年份上较为集中,如1986年、1987年、1988年,淮河流域连续发生大旱,三年成灾面积分别为4 314万亩、2 109万亩、6 405万亩,累计成灾面积为1.3亿亩。⑧ 其中

---

① 水利部淮河水利委员会《淮河志》编纂委员会.淮河综述志[M].北京:科学出版社,2000:393.
② 水利部淮河水利委员会《淮河志》编纂委员会.淮河综述志[M].北京:科学出版社,2000:392.
③ 中华人民共和国统计局,中华人民共和国民政部.中国灾情报告:1949—1995[M].北京:中国统计出版社,1995:64.
④ 中华人民共和国统计局,中华人民共和国民政部.中国灾情报告:1949—1995[M].北京:中国统计出版社,1995:66.
⑤ 水利部淮河水利委员会《淮河志》编纂委员会.淮河综述志[M].北京:科学出版社,2000:394.
⑥ 中华人民共和国统计局,中华人民共和国民政部.中国灾情报告:1949—1995[M].北京:中国统计出版社,1995:68-69.
⑦ 中华人民共和国统计局,中华人民共和国民政部.中国灾情报告:1949—1995[M].北京:中国统计出版社,1995:77-78.
⑧ 水利部淮河水利委员会《淮河志》编纂委员会.淮河综述志[M].北京:科学出版社,2000:399.

1988年旱灾最严重,6月至8月中旬,淮河水量偏少7~8成,并出现"淮、沂并枯"的局面。[①]

1949—1990年淮河流域旱灾成灾面积与粮食减产情况如表2.15所示。

表2.15 1949—1990年淮河流域旱灾成灾面积与粮食减产统计表

年份	成灾面积（万亩）	减产粮食（亿公斤）	年份	成灾面积（万亩）	减产粮食（亿公斤）
1949	333	0.86	1971	426	1.90
1950	275	0.40	1972	980	5.00
1951	403	0.40	1973	1 365	6.00
1952	974	1.52	1974	1 476	6.50
1953	2 412	10.60	1975	346	1.50
1954	647	0.60	1976	2 924	16.90
1955	408	0.71	1977	2 661	20.50
1956	330	0.35	1978	4 098	31.90
1957	847	4.50	1979	1 681	7.80
1958	1 432	12.30	1980	473	2.90
1959	5 971	34.20	1981	2 337	13.90
1960	2 790	8.60	1982	1 736	12.60
1961	5 127	17.20	1983	1 785	17.00
1962	3 530	7.50	1984	647	3.20
1963	997	2.50	1985	1 718	15.90
1964	892	1.40	1986	4 314	33.90
1965	710	3.30	1987	2 109	23.40
1966	3 394	19.20	1988	6 405	82.70
1967	1 044	4.61	1989	3 014	30.90
1968	835	5.80	1990	857	20.70
1969	817	0.80	合 计	75 895	493.36
1970	375	0.91	年 均	1 807.02	11.75

资料来源:水利部淮河水利委员会《淮河志》编纂委员会.淮河综述志[M].北京:科学出版社,2000:393.

由表2.5可以看出,1949—1990年的42年间,淮河流域干旱成灾面积达75 895万亩,年均成灾面积为1 807.02万亩,粮食受灾减产达493亿公斤,年均减产11.75亿公斤。42年中,有22年成灾面积超过1 000万亩,有14年超过2 000万亩,其中1959年、1961年、1962年、1966年、1978年、1986年、1988年和1989年成灾面积超过3 000万亩;1959年、1961年和1988年成灾面积达5 000万亩以上。

---

① 中华人民共和国统计局,中华人民共和国民政部.中国灾情报告:1949—1995[M].北京:中国统计出版社,1995:73.

(二) 地域分布与灾种分布

淮河流域地跨河南、安徽、江苏、山东等省,流域整体面积是各省流域面积的聚合。现依据资料,将淮河流域安徽、淮河流域江苏、淮河流域河南农业灾害作一统计。

1. 淮河流域安徽

《安徽省志·气象志》记载,1950—1985年36年间安徽省每年都发生气象灾害。现依据资料上明确的地理区位和灾害种类,辑录出淮河流域安徽的农业气象灾害状况,如表2.16所示。

表2.16　1950—1985年淮河流域安徽农业气象灾害统计表

年份	水灾	雹灾	冻害	旱灾	风灾
1950	▲				
1951		▲			
1952	▲	▲			
1953		▲	▲	▲	
1954	▲				
1955		▲	▲		
1956	▲		▲		
1957		▲	▲		
1958		▲		▲	
1959		▲		▲	
1960			▲		
1961		▲		▲	
1962	▲				
1963	▲				
1964	▲	▲			▲
1965	▲				
1966				▲	▲
1967				▲	
1968	▲			▲	
1969	▲		▲		▲
1970	▲	▲			
1971		▲			▲
1972	▲				
1973		▲	▲		
1974		▲			
1975		▲			▲

续表

年份	水灾	雹灾	冻害	旱灾	风灾
1976				▲	
1977			▲		
1978				▲	
1979			▲		
1980	▲		▲		
1981					▲
1982	▲	▲			▲
1983				▲	
1984	▲		▲		▲
1985	▲			▲	▲

注：▲表示气象灾害。

资料来源：安徽省地方志编纂委员会.安徽省志：气象志[M].合肥：安徽人民出版社,1990：110-119.

由表 2.16 可知,1950—1985 年 36 年间,凡是安徽省发生的气象灾害中,安徽淮河流域都有发生。从灾种分布来看,首先是水灾最多,共有 16 年次;其次是雹灾,共有 15 年次;再次是冻害和旱灾,都有 11 年次;最后是风灾,共有 9 年次。发生一种灾害的年份最多,有 16 年,分别是 1950 年、1951 年、1954 年、1960 年、1962 年、1963 年、1965 年、1967 年、1972 年、1974 年、1976 年、1977 年、1978 年、1979 年、1981 年、1983 年;发生两种灾害的年份有 14 年,分别是 1952 年、1955 年、1956 年、1957 年、1958 年、1959 年、1961 年、1966 年、1968 年、1970 年、1971 年、1973 年、1975 年、1980 年;发生三种灾害的年份有 6 年,分别是 1953 年、1964 年、1969 年、1982 年、1984 年、1985 年。

2. 淮河流域江苏

《江苏省志·气象事业志》记载,1949—1992 年 44 年间,江苏省有 35 年发生气象灾害。现依据资料上明确的地理区位和灾害种类,将淮河流域江苏的农业气象灾害辑录出来,如表 2.17 所示。

表 2.17　1949—1992 年淮河流域江苏农业气象灾害统计表

年份	水灾	雹灾	冻害	旱灾	风灾
1949	▲				
1950	▲				
1953		▲			▲
1954	▲				
1955			▲		
1956	▲				▲
1958	▲			▲	

续表

年份	水灾	雹灾	冻害	旱灾	风灾
1959				▲	
1960	▲	▲			▲
1962	▲				▲
1965	▲				▲
1967				▲	
1969	▲		▲		
1970	▲				
1971	▲				▲
1972		▲			▲
1973		▲		▲	
1974	▲				
1975	▲				▲
1976					▲
1978				▲	
1979			▲	▲	
1980	▲				
1981		▲		▲	▲
1982	▲			▲	
1983	▲				▲
1984	▲				▲
1985	▲				
1986	▲			▲	
1988				▲	
1989	▲				▲
1990	▲				
1991	▲				
1992				▲	

注：▲表示气象灾害。
资料来源：江苏省地方志编纂委员会.江苏省志：气象事业志[M].南京：江苏科学技术出版社,1996:331-336.

由表2.17可知,1949—1992年44年间,江苏省发生的气象灾害有35年次,而江苏淮河流域有34年次。从灾种分布来看,34年间,水灾发生最多,共有22年次；风灾共有13年次,旱灾共有11年次；雹灾共有5年次；冻害共有3年次。发生一种灾害的年份有16年,分别是1949年、1950年、1954年、1955年、1959年、1967年、1970年、1974年、1976年、1978年、1980年、1985年、1988年、1990年、1991年、1992年;发生两种灾害的年份也有16年,分别是1953年、1956年、1958年、1962年、1965年、1969年、1971年、1972年、1973年、1975年、1979年、1982年、1983年、1984年、1986年、1989年;发生三种灾害的年份有2年,分别是1960年、1981年。

3. 淮河流域河南

根据《河南省志·气象志、地震志》有关重大灾害统计,在淮河流域河南,1949—1985年,发生重大雹灾最多,达18年次,分别是1951年、1953年、1954年、1956年、1957年、1959年、1962年、1963年、1967年、1969年、1970年、1971年、1972年、1974年、1979年、1980年、1984年、1985年;风灾次之,为15年次,分别是1957年、1961年、1963年、1965年、1966年、1967年、1969年、1970年、1974年、1977年、1979年、1980年、1982年、1984年、1985年;水灾再次之,为12年次,分别是1951年、1954年、1956年、1963年、1964年、1968年、1971年、1975年、1978年、1982年、1984年、1985年;旱灾为6年次,分别是1959年、1965年、1966年、1972年、1982年、1985年;冻害为4年次,分别是1953年、1958年、1960年、1963年。[①]

根据上述年份分布、地域分布与灾种分布的情况,可以看出淮河流域灾害频次很高,几乎每年都会发生大的灾害;灾害发生范围较广,几乎涉及各省淮河流域地区,有些灾害甚至是全流域性的;不同的年份不同的地域发生的灾害也有所不同,有些以单一种灾害为主,有些兼有多种灾害。

二、灾害状况

淮河流域农业自然灾害分为气象灾害和生物灾害等。气象灾害包括水灾、旱灾、雹灾、冻害、风灾等。其中冻害细分为寒潮、低温、霜、雪等,风灾细分为干热风、龙卷风、台风等。生物灾害包括病、虫、鼠、草等。

(一) 水灾

水灾包括洪灾和涝灾,河流漫溢或堤防溃决造成的水灾为洪灾;因降雨过多、长久不能排除的积水灾害为涝灾。洪水和内涝有所区别,一般洪水来势较猛,而涝水来势较弱。水灾不仅造成人畜伤亡、人口受灾和房屋损毁,而且还导致农作物淹损和收成减少等。

自黄河夺淮之后,淮河流域逐渐成为水灾频发的地区。新中国成立后,中央政府颁布了《关于治理淮河的决定》,毛泽东发出了"一定要把淮河修好"的伟大号召。各级政府积极开展治淮运动,洪涝灾害大为减轻,初步改变了"大雨大灾,小雨小灾"的状况。但是,水灾并没有从根本上消除,洪涝灾害几乎年年都会发生,对于淮河流域农业生产影响很大。

在淮河流域安徽,主要有:

1950年7月,连降暴雨、大暴雨,淮河水位猛涨,不少堤坝溃决,受涝农田有2 000多

---

① 河南省地方史志编纂委员会.河南省志:气象志、地震志[M].郑州:河南人民出版社,1993:91-130.

万亩。①

1952年8月,淮北地区因连降暴雨内涝严重,灵璧县黄桥乡豆类、花生等作物全部无收,玉米等仅收1~2成。②

1954年6—7月,淮北及淮河以南连降大面积暴雨。淮河发生特大洪水,不少堤岸溃决,大片农田被淹,淮河正阳关、蚌埠等地的水位都超过历史最高水位,农业生产损失严重。③ 阜阳地区共受淹土地为18 196 386亩,占耕地面积的73.5%,其中全淹无收为8 149 099亩,半淹与受浸为9 777 287亩。④

1956年3—8月,暴雨频繁,沿淮、淮北大部分地区5种5淹,个别地方7种7淹。阜阳地区秋季作物损失95%左右,部分地区几乎颗粒无收,受灾面积为2 650多万亩。⑤

1963年5月上旬,淮南市连续降雨,特别在8日、9日,雨量大且集中,受涝作物面积为18.4万余亩。⑥

1964年4月至5月中旬,阴雨连绵,沿淮、江淮丘陵有9次大到暴雨,低洼地区积水严重,农作物受渍,受灾作物为1 260多万亩,绝收和基本绝收近370万亩。⑦

1965年6—7月,沿淮、淮北出现5次大面积暴雨、大暴雨,受涝秋作物为1 600多万亩,其中,淹没无收或基本无收为800多万亩⑧。

1968年6—7月,沿淮、淮北出现4次较大面积的暴雨。淮河水位猛涨,王家坝水位超过1954年最高洪水位,受涝面积为340万亩。⑨

1969年6—7月,淮河以南不断出现暴雨、大暴雨,引起山洪暴发,洪涝严重。霍山县20座库容4万立方米的水库全部破坝,部分山头塌方,致使良田熟地变为沙滩,2.3万多亩水稻绝收。⑩

1972年7月,沿淮、淮北降特大暴雨。暴雨集中的界首、临泉、太和一带,平地积水1米左右,河水猛涨,沟口倒灌,阜阳地区淹没农田897.3万亩。⑪

1980年6月下旬,淮南市由于多雨,内涝接连发生,受涝面积为14.2万亩;7月上旬,又降暴雨,受涝面积增至20.9万亩;7月中下旬,复降大雨,受涝面积扩大至31.2万亩。⑫

1984年6月,阜阳等地普降暴雨,引起大面积洪涝,淹没大量农田。9月,淮北暴雨,中心在阜阳西郊,造成严重涝灾,成灾面积为568.1万亩。⑬

1985年10月,淮南市境内连续阴雨,雨日长达16天,以致田间积水严重,全市受涝面积为19.5万亩,庄稼普遍受渍,水稻出现倒伏、落粒、发芽,山芋霉烂,秋粮损失约1 000万

---

①② 安徽省地方志编纂委员会.安徽省志:气象志[M].合肥:安徽人民出版社,1990:110.
③⑤ 安徽省地方志编纂委员会.安徽省志:气象志[M].合肥:安徽人民出版社,1990:111.
④ 关于补种晚秋的总结报告 档案号:J01-2-63[Z].亳州市谯城区档案馆.
⑥ 关于农作物受涝情况的报告 档案号:0093-001-0034-013[Z].淮南市档案馆.
⑦⑧ 安徽省地方志编纂委员会.安徽省志:气象志[M].合肥:安徽人民出版社,1990:113.
⑨ 安徽省地方志编纂委员会.安徽省志:气象志[M].合肥:安徽人民出版社,1990:114.
⑩ 安徽省地方志编纂委员会.安徽省志:气象志[M].合肥:安徽人民出版社,1990:115.
⑪ 安徽省地方志编纂委员会.安徽省志:气象志[M].合肥:安徽人民出版社,1990:116.
⑫ 淮南市1980年防汛工作总结 档案号:0092-002-0035-007[Z].淮南市档案馆.
⑬ 安徽省地方志编纂委员会.安徽省志:气象志[M].合肥:安徽人民出版社,1990:119.

公斤。①

2002年，濉溪县种植业生产前期阴雨偏多，造成午季减产，农产品总量减少。全县粮食总产为79万吨，其中小麦总产为37.7万吨，同比减少15.4%。②

2003年，受持续洪涝灾害的影响，亳州市农作物产量大幅下降。全年粮食产量为222.71万吨，比上年下降25.7%；棉花产量为3.33万吨，下降42.0%；油料产量为9.10万吨，下降45.6%。③ 同年，由于阴雨寡照和洪涝灾害，阜阳市农作物遭受自然灾害累计面积达2560.5万亩，成灾面积为1339.2万亩，绝收面积为394.8万亩。全年粮食总产为214.8万吨，减少37.3%。④

2006年6月29日至7月4日，涡阳县连降大到暴雨，局部强暴雨，连日降雨造成部分地区大范围积水，农田积水平均为5至10厘米。全县受灾面积为2.6万公顷，绝收面积为0.6万公顷，农业经济损失2700万元。⑤

2007年7月，淮河流域普降大到暴雨，沿淮低洼地区内涝严重，给农业生产造成重大损失。淮南市农作物受灾面积为86.47万亩，成灾面积为64.40万亩，绝收面积为48.14万亩。⑥

在淮河流域江苏，主要有：

1950年7月，淮河流域连降大雨，部分堤坝漫决，邳县、新沂局部农田一片汪洋，涟水、灌云、沭阳受涝面积为665万亩。里下河兴化周山区被淹5.5万亩，扬州市瓜洲、霍桥被淹10万亩。⑦

1954年6—7月，淮河以南阴雨连绵，暴雨不断，洪泽湖水位超过历史最高水位，造成大面积洪涝，部分城乡一片汪洋，洪涝最重的扬州受涝640万亩，淮阴受涝748万亩。⑧

1969年7月，扬州地区连降大雨，里下河和沿江圩区全部围水，340万亩农田受涝，秋熟作物受灾严重。⑨

1972年7月，扬州地区普降大暴雨，受涝面积为339.4万亩。⑩

1962—1982年，江苏淮北东部（淮阴、新沂一线以东）有12～13年出现夏涝，平均10年6～7遇。徐州地区受灾面积超过250万亩的有3年，淮阴地区受灾面积超过300万亩的有4年。其中1974年7月，普降暴雨5天，徐州、淮阴两地受灾面积达1200万亩。⑪

2000年8月30日，特大水灾给响水县秋熟作物生产造成巨大损失。秋熟作物因灾绝收面积达20万亩以上，秋粮和棉花实际收获面积比上年减少25.68万亩，秋粮总产仅有16.35万吨，比上年减少13.61万吨，减幅45.42%，不含绝收田块。⑫

---

① 淮南市1985年农业生产形势及1986年农业生产计划 档案号：0092-002-0078-006[Z].淮南市档案馆.
② 濉溪县地方志办公室.濉溪年鉴：2001—2002[Z].濉溪县地方志办公室，2003：36.
③ 亳州市地方志编纂委员会办公室.亳州年鉴：2004[M].合肥：黄山书社，2004：302.
④ 阜阳市地方志办公室.阜阳年鉴：2004[M].合肥：黄山书社，2004：114.
⑤ 关于要求解决洪涝灾害救灾款物的请示 档案号：0016-Y-2006-0774-002[Z].涡阳县档案馆.
⑥ 淮南市地方志办公室.淮南年鉴：2008[M].合肥：黄山书社，2008：42.
⑦⑧ 江苏省地方志编纂委员会.江苏省志：气象事业志[M].南京：江苏科学技术出版社，1996：331.
⑨⑩ 扬州年鉴编纂委员会.扬州年鉴：1991[M].上海：中国大百科全书出版社上海分社，1991：217.
⑪ 江苏省地方志编纂委员会.江苏省志：农业志[M].南京：江苏古籍出版社，1997：23.
⑫ 响水年鉴编纂委员会.响水年鉴：2000—2003[M].北京：方志出版社，2006：148-149.

2003年,响水县连续多雨寡照,农作物普遍减产,粮食总产为22.99万吨,较上年减少5.17万吨,减幅18.37%。① 6月21日至7月14日,金湖县境内连降暴雨,农作物受淹严重,累计受灾面积为79.95万亩,绝收面积为11.55万亩。② 6月21日至7月17日,大丰市降雨量大,受灾面积为125.7万亩,占播种面积的95.5%,其中绝收面积为20.4万亩。玉米、水稻、蔬菜等秋熟作物,一般减产二成以上,棉花减产幅度高达五成左右。③

在淮河流域河南,主要有:

1954年7月,周口地区连降暴雨,成灾面积为708.15万亩;8月,许昌暴雨致涝,宝丰山洪导致河道决口41处,8万亩农田受淹④;7—8月,商水县连下暴雨造成内涝,受灾耕地为1 309 000亩,占全县耕地面积的84%,其中颗粒未收为743 200亩,占受灾地亩的60.9%。⑤

1956年7—8月,开封、郑州、许昌、汝南局部地区日降雨量为150毫米以上,山洪暴发,农田秋作物受淹。⑥

1964年4—5月,郑州降雨量为303.1毫米,商丘、新县的雨日分别为19天和25天,小麦受害严重。⑦

1968年7月,豫南、豫中地区降大暴雨,息县、固始、桐柏等地河道多处决口,禾苗被淹。⑧

1971年6月,宝丰、鲁山、郾城出现连阴雨和暴雨,日降雨量为200~300毫米,大量田地被淹。⑨

1975年8月,许昌南部和信阳以北地区连降特大暴雨,西平、上蔡、平舆、汝南、舞阳4天雨量超过500毫米,大量耕地受灾。⑩

1978年6—7月,开封、商丘西部和郑州市郊出现积水,部分农田受淹。⑪

1982年7月,洪河、淮河出现大洪水,信阳、驻马店、开封、许昌等地农作物受灾。⑫

1984年6—9月,开封、周口、许昌、驻马店等地先后出现5次较大范围的暴雨过程,2 000多万亩农田受淹。其中,新蔡有10万亩农田成为白地。⑬

1985年5月,豫东、豫中等地降大暴雨,许昌、商丘地区296万亩农田受灾。⑭

2000年6月下旬至8月初,平顶山市出现强降雨天气,造成严重的洪涝灾害,农作物受灾面积为303万亩,成灾面积为215万亩,绝收面积为92万亩。⑮

2004年7月,平顶山市出现大暴雨天气,大片农作物被淹,农作物受灾面积为78.46万

---

① 响水年鉴编纂委员会.响水年鉴:2000—2003[M].北京:方志出版社,2006:149.
② 金湖县地方志编纂委员会.金湖年鉴:2004[M].长春:吉林人民出版社,2004:135.
③ 大丰年鉴编纂委员会.大丰年鉴:2004[M].北京:方志出版社,2004:87.
④ 河南省地方史志编纂委员会.河南省志:气象志、地震志[M].郑州:河南人民出版社,1993:103-104.
⑤ 三年来生产救灾工作 档案号:J01-1-113[Z].商水县档案馆.
⑥ 河南省地方史志编纂委员会.河南省志:气象志、地震志[M].郑州:河南人民出版社,1993:104.
⑦ 河南省地方史志编纂委员会.河南省志:气象志、地震志[M].郑州:河南人民出版社,1993:104-105.
⑧⑨⑩ 河南省地方史志编纂委员会.河南省志:气象志、地震志[M].郑州:河南人民出版社,1993:105.
⑪⑫ 河南省地方史志编纂委员会.河南省志:气象志、地震志[M].郑州:河南人民出版社,1993:106.
⑬⑭ 河南省地方史志编纂委员会.河南省志:气象志、地震志[M].郑州:河南人民出版社,1993:107.
⑮ 平顶山年鉴编纂委员会.平顶山年鉴:2001[M].北京:方志出版社,2002:152.

亩,成灾面积为 48 万亩,绝收面积为 7.11 万亩,浸泡损坏粮食 3 200 吨。①

(二) 旱灾

旱灾一般指由于降水少,水资源短缺,土壤含水量低,在作物生育期内农作物某一生长阶段的供水量少于其需水量,影响作物正常生长,造成农田减产。旱灾涉及气象、水文、土壤、作物以及水利灌溉等诸多方面。根据季节分类,干旱有春旱、夏旱、秋旱、冬旱或连旱。淮河流域旱灾频率高,历时长,受灾范围大,灾情严重,对农业生产影响大。

在淮河流域安徽,主要有:

1953 年 4—10 月,沿淮、淮北干旱,农作物减产。②

1958 年 5—8 月,淮河以南地区久未下雨,霍山县受旱农田为 24 万余亩,占耕地面积的 80%。其中 7 万亩土地开裂,禾苗枯黄,3 万亩作物茎叶枯萎乃至死亡。③

1959 年 6—10 月,阜阳地区少雨干旱,有 80% 以上的土地干旱,一半以上作物发黄,部分枯萎,减产幅度大。④

1966 年 4—11 月,江淮北部、淮北少雨,出现春、夏、秋三季连旱,秋作物损失严重。⑤

1967 年 4—6 月,淮北少雨,午季减产 3～7 成。⑥

1968 年 1—5 月,淮北雨雪稀少,泗县小麦白天凋萎,10%～20% 的穗头变白,有的枯黄死亡,春播作物出苗不齐。⑦

在淮河流域江苏,主要有:

1959 年 7—8 月,扬州市区连续 43 天内降水仅 14.0 毫米。⑧

1967 年 7—8 月,扬州市区 24 天内降水 20.6 毫米。同时,最高气温大于 35 ℃ 出现的天数有 23 天。⑨

1978 年,扬州市区年降雨量仅 440.6 毫米,为平均年降雨量的 42%。⑩

1959—1978 年的 20 年中,秋季淮北有 11～16 年偏旱,平均 5 年 3～4 遇,以赣榆县出现概率最大,5 年 4 遇。1963 年 1—2 月,淮北大部分地区降雪不足 1 毫米,小麦比上年减产 2.5 成,油菜减产近 3 成。春旱以新沂河北部地区概率最高,平均 10 年 6～7 遇;秋旱略少于春旱,平均 10 年 3～4 遇。初夏旱严重,影响山芋栽插、夏播和玉米、棉花生长发育。⑪

2001 年 3—5 月,徐州市平均降水量仅为 20.5 毫米,出现罕见的春旱接初夏旱,其中丰县干旱持续到 7 月,加之日照充足,致使农田失墒较快,山区 150 万亩麦田旱情严重。另外,10 万亩玉米、40 万亩花生、10 万亩豆类杂粮及棉田普遍受到干旱的影响。8 月下旬至 10 月初,全市平均降水量为 25.7 毫米,近 1/3 的小麦无法播种。⑫

---

① 平顶山市地方史志办公室.平顶山年鉴:2005[M].郑州:中州古籍出版社,2005:129.
② 安徽省地方志编纂委员会.安徽省志:气象志[M].合肥:安徽人民出版社,1990:110.
③④ 安徽省地方志编纂委员会.安徽省志:气象志[M].合肥:安徽人民出版社,1990:112.
⑤⑥⑦ 安徽省地方志编纂委员会.安徽省志:气象志[M].合肥:安徽人民出版社,1990:114.
⑧ 扬州年鉴编纂委员会.扬州年鉴:1991[M].上海:中国大百科全书出版社上海分社,1991:216.
⑨⑩ 扬州年鉴编纂委员会.扬州年鉴:1991[M].上海:中国大百科全书出版社上海分社,1991:217.
⑪ 江苏省地方志编纂委员会.江苏省志:农业志[M].南京:江苏古籍出版社,1997:22.
⑫ 徐州年鉴编纂委员会.徐州年鉴:2002[M].南京:江苏古籍出版社,2003:129.

2002年,徐州市初春、初夏干旱,特别是自8月到年底,秋熟作物普受干旱威胁,尤其是西部的沙土地带和高亢地区,旱情较为严重。丰县、沛县干旱面积为169万亩,有10余万亩旱茬作物绝收。由于10月份降水量仅为0.7毫米,长期干旱使90万亩小麦无法播种,已播30万亩没有出苗,50万亩出苗不齐或苗小、苗弱。①

在淮河流域河南,主要有:

1959年7月,豫东地区降水偏少3~4成,信阳不足10毫米,新县为1.2毫米,加之前期降水偏少,伏旱十分严重。②

1966年,豫东及沿淮地区年降水量减少六成以上,固始、新县8—9月降水量不足5毫米。驻马店部分玉米、红薯枯焦,麦播推迟1个月。③

1972年,开封、许昌、驻马店比大旱的1959年和1966年降水还少,许昌地区部分水库干涸,河断流。④

1982年4—7月,信阳地区塘堰干涸,淮河流量近无,大量稻田断水龟裂。开封、郑州、许昌等地玉米受旱,甚至绝收。⑤

1994年4月至6月初,驻马店地区持续干旱,土壤墒情极差,秋作物播种受阻。7月,持续高温,而降水特别少,全区严重受旱面积达500万亩以上。8—9月,气温仍居高不下,降水量偏少,部分早秋作物绝收。全区秋季收获粮食作物总面积(含大豆)为576.63万亩,较上年减少60.87万亩;总产量为87.89万吨,减少58.32万吨,减幅39.89%。⑥

1995年10月初至1996年4月底,平顶山市降雨仅51毫米,造成冬春连旱。全市165万亩小麦受旱,其中52.01万亩严重干旱。⑦

1996年11月初至1997年10月底,平顶山市降雨427.4毫米,且时空分布不均,造成多次干旱。尤其7月中旬至9月上旬,全市降雨不足20毫米,天气持续高温,土壤失墒严重,旱情发展迅速。全市有409.91万亩秋作物,受旱312万亩,严重受旱139.8万亩,干枯131.7万亩。全市秋粮产量仅有4.78亿公斤,比上年减产3.65亿公斤,减幅43.3%。⑧

(三) 其他灾害

淮河流域除水、旱主要灾害外,还有其他多种灾害,如风灾、雹灾、低温冻害、土壤灾害及病虫草害等。与水旱灾害相比,这些灾害一般致灾频度较低,灾区范围不大,成灾历时不长,但是,其危害性也不容小觑。

1. 风灾

风对农业生产影响很大。当风速和风力超过一定限度时,就会造成巨大的灾害。风灾的类型有龙卷风、台风等。风灾等级一般可划分为三级:一般大风,相当6~8级大风;较强大风,相当于9~11级大风;特强大风,相当于12级及以上大风。大风对农业的危害不仅表

---

① 徐州年鉴编纂委员会.徐州年鉴:2003[M].北京:中华书局,2003:128.
② 河南省地方志编纂委员会.河南省志:气象志、地震志[M].郑州:河南人民出版社,1993:91.
③④⑤ 河南省地方史志编纂委员会.河南省志:气象志、地震志[M].郑州:河南人民出版社,1993:92.
⑥ 驻马店地区年鉴编辑部.驻马店地区年鉴:1995[M].郑州:中州古籍出版社,1996:151-153.
⑦ 平顶山年鉴编纂委员会.平顶山年鉴:1999[M].郑州:中州古籍出版社,2000:135.
⑧ 平顶山年鉴编纂委员会.平顶山年鉴:1999[M].郑州:中州古籍出版社,2000:135-136.

现为对土壤造成风蚀沙化,对作物的机械损伤和生理损害,同时也影响农事活动和破坏农业生产设施。

龙卷风是指一种局地性、突发性的天气涡旋现象。在春季、夏季、秋季均有发生,一般发生在春夏过渡季节或夏秋之交。龙卷风影响范围虽小,但破坏力极强,所经之处,往往使成片庄稼瞬时被毁,造成严重损失。

在淮河流域安徽,1954年4月,阜阳地区连日大风,小麦受害普遍而严重,蒙城县乐土区减产5%,阜阳马寨区腰庄减产10%以上①;1961年5月,亳县午季作物受风害,麦子100%受影响,其中有10%被刮断,严重的被刮张壳落粒;1961年7月,亳县十河公社突遭10级左右暴风袭击,受灾减产面积为1 532亩,减产至少15%②;1966年8月,灵璧县东北出现龙卷风,风力10级以上,并伴有冰雹,农作物遭受损失③;1971年8月,蚌埠郊区李楼受龙卷风袭击,树倒房塌塘干,地物腾空④;1985年4月,阜阳地区出现偏北大风,普遍为9~10级,局部为11级,风灾使油菜、小麦倒伏。⑤ 在淮河流域河南,1952年,商水县麦子在扬花授粉时,因大风减产一成多⑥;1974年7月,郑州出现11级大风,毁坏秋禾、房屋和树木⑦;1979年6月,驻马店市及三县因大风袭击,有1.5万亩秋禾受灾,毁粮192万公斤⑧;1980年8月,许昌等地多个县乡受大风袭击,秋禾受害⑨;1984年8月,受龙卷风袭击,兰考县仅树2.6万亩棉田受灾,商丘市500亩玉米倒伏,禹县火龙1.5万亩玉米倒折,郾城裴城1.3万亩高秆作物受灾⑩。在淮河流域山东,1955年3月,济宁、临沂、菏泽3个专区因刮大风,许多小麦被沙土埋没;1955年9月,滕县、嘉祥、邹县、汶上等县均刮大风,高秆作物倒伏;1959年5月,济宁、临沂等地刮大风,小麦成熟期提前3~4天,旱薄地部分小麦因风凋萎,邹县的城关、峄城两地有200亩小麦被风吹死。⑪ 在淮河流域江苏,2000年3月27—28日,受冷暖空气和华北气旋的共同影响,徐州市属6县及城区的大部分地区遭受暴风袭击,造成大棚损失56 503个,在田作物受灾62.53万亩。⑫

台风是指发生在太平洋西部海洋和南海海上的热带空气旋涡,是一种极猛烈的风暴,风力常达10级以上,同时伴有暴雨。在苏北地区,由于海岸长期受海水侵蚀和江淮泥沙堆积作用,滨海地面高程绝大部分处于海洋高潮水位以下,台风引起海潮灾害,给农业生产造成巨大损失。

在淮河流域安徽,受强台风影响,1971年9月,沿淮地区出现大暴雨,造成洪涝,水稻倒

---

① 关于目前几个工作情况的简报　档案号:J01-2-67[Z].亳州市谯城区档案馆.
② 关于风灾受害情况和挽救措施的报告　档案号:J01-2-259[Z].亳州市谯城区档案馆;关于秋收作物受灾减产情况的报告　档案号:J01-2-259[Z].亳州市谯城区档案馆.
③ 安徽省地方志编纂委员会.安徽省志:气象志[M].合肥:安徽人民出版社,1990:114.
④ 安徽省地方志编纂委员会.安徽省志:气象志[M].北京:方志出版社,1998:12.
⑤ 安徽省地方志编纂委员会.安徽省志:气象志[M].合肥:安徽人民出版社,1990:119.
⑥ 中国共产党河南省第一次代表大会文件:大会发言　档案号:J01-1-74[Z].商水县档案馆.
⑦⑧⑨ 河南省地方史志编纂委员会.河南省志:气象志、地震志[M].郑州:河南人民出版社,1993:114.
⑩ 河南省地方史志编纂委员会.河南省志:气象志、地震志[M].郑州:河南人民出版社,1993:115-116.
⑪ 山东省地方史志编纂委员会.山东省志:农业志　上册[M].济南:山东人民出版社,2000:68-69.
⑫ 徐州年鉴编纂委员会.徐州年鉴:2001[M].徐州:中国矿业大学出版社,2001:154.

伏,作物损失很大①;1975年8月,淮河上游普降特大暴雨,洪水下泄,沿淮西部严重洪涝②;1984年8月,皖西地区出现暴雨,导致山洪暴发③。在淮河流域江苏,受强台风袭击,1953年5—6月,卤潮灌入,缺水地区土壤含盐浓度大,损失严重,单季水稻秧苗被淹死达8万亩;1962年9月初,苏北暴雨成灾,扬州被水冲走75万公斤粮食,受涝农田为480万亩④;1965年8月,苏北沿海特大暴雨,盐城受涝面积为706万亩,占秋种面积的80%,秋粮、棉花严重减产⑤;1984年7月和9月,盐城普降暴雨,江海圩堤遭到破坏,大面积农田受淹,低洼地区一片汪洋,农作物受涝⑥;1990年8月31日至9月1日,扬州市690万亩水稻倒伏328万亩,占水稻总面积的47.5%,全市87.2万亩棉田中,90%严重倒伏。水稻总产量为284.1万吨,比上年减少41.9万吨,下降12.9%。⑦

干热风,亦称"干旱风""热干风"。它是出现在温暖季节导致小麦乳熟期受害秕粒的一种干而热的风。干热风一般出现在5月初至6月中旬的少雨、高温天气,此时淮河流域正值小麦抽穗、扬花、灌浆时期,植物蒸腾作用急速增强,往往导致小麦灌浆不足甚至枯萎死亡。

在淮河流域安徽,淮北地区经常出现干热风,每年平均出现14次,最多达20多次。干热风持续天数,北部多于南部,以涡阳、阜阳、砀山、亳县最多,一般5～7年一遇,淮北其他地区约10年一遇。⑧1969年5月底6月初,沿淮、淮北出现干热风,早熟小麦枯死,晚麦瘪粒减产。⑨1975年5月,沿淮、淮北气温高,湿度小,西南风力普遍为4～5级,阜阳县200万亩小麦穗灰黄,籽粒不饱。⑩在淮河流域江苏,干热风多出现在5—6月,以5月下旬最多,造成麦子瘪粒,主要发生在淮北地区,西部重于东部,沿海地区中、北部次之,其他地区受影响较小。丰县是全省干热风最多的地区,1959—1979年平均每年1次,平均天数为6.5天,重干热风天数平均为4.4天,轻干热风天数平均为2.1天。⑪在淮河流域山东,小麦成熟期,常因干热风危害,造成青枯逼熟减产。菏泽、济宁东北部属于次重干热风区,区内年平均干热风天数为4天,持续两天以上的干热风1～2年一遇,重干热风3年一遇。枣庄和济宁、临沂大部分地区属于轻干热风区,区内平均干热风天数为2.7天,持续2天以上的轻干热风为3年一遇,重干热风为5年一遇。⑫

2. 雹灾

冰雹,又称为雹子、冷子和冷蛋子等。冰雹出现的范围虽小,时间短,但来势猛,强度大,频率高,往往给局部地区的农业造成较大损失。冰雹对农业生产的危害,主要是对作物茎、

---

① 安徽省地方志编纂委员会.安徽省志:气象志[M].合肥:安徽人民出版社,1990:115.
②⑩ 安徽省地方志编纂委员会.安徽省志:气象志[M].合肥:安徽人民出版社,1990:116.
③ 安徽省地方志编纂委员会.安徽省志:气象志[M].合肥:安徽人民出版社,1990:119.
④ 江苏省地方志编纂委员会.江苏省志:气象事业志[M].南京:江苏科学技术出版社,1996:332.
⑤ 水利部淮河水利委员会《淮河志》编纂委员会.淮河综述志[M].北京:科学出版社,2000:408-409.
⑥ 江苏省地方志编纂委员会.江苏省志:气象事业志[M].南京:江苏科学技术出版社,1996:334.
⑦ 扬州年鉴编纂委员会.扬州年鉴.1991[M].上海:中国大百科全书出版社上海分社,1991:202.
⑧ 安徽省地方志编纂委员会.安徽省志:农业志[M].北京:方志出版社,1998:12.
⑨ 安徽省地方志编纂委员会.安徽省志:气象志[M].合肥:安徽人民出版社,1990:114.
⑪ 江苏省地方志编纂委员会.江苏省志:农业志[M].南京:江苏古籍出版社,1997:23.
⑫ 山东省地方史志编纂委员会.山东省志:农业志 上册[M].济南:山东人民出版社,2000:67.

叶、秆、果实产生机械损伤,也有因为地面积雹引起的低温冻害。冰雹发生与地理位置、地形有密切关系,各地冰雹出现有明显的季节性。

在淮河流域安徽,受降雹的影响,1951年5月上旬,嘉山县潘村泊港一带小麦全毁;1952年5—6月,滁县地区8个县97个乡毁坏作物11万亩;1953年7—8月,临泉作物被打坏30%~70%;1955年3—8月,阜阳受灾严重地区70%~80%的午季作物受损;1957年1—6月,砀山、蒙城等地农作物损失严重;1958年2—5月,宿县,滁县、六安等地部分地区受灾,天长县21个乡的作物损失10%~30%,重灾区农作物80%被打坏;1959年3—9月,濉溪、灵璧、凤阳、五河受灾最重,五河县6个乡受灾面积为5.9万多亩,减产1~3成;1961年3—10月,阜阳、宿县、滁县17个县市损失最重;1970年2—7月,五河县周庄到张集长约13千米沿线内的作物被打坏,收上场的小麦受损;1971年3—11月,宿县受灾地区作物被毁;1973年6月,长丰灾区作物受损;1974年6月,嘉山县7万多亩作物受损,场上小麦损失30万公斤;1975年5月,长丰县5万多亩作物受灾。① 其中,1951—1984年33年中,阜阳地区出现257次,宿县地区出现379次,滁县地区出现217次,六安地区出现196次。从多年降雹情况看,淮北多于淮南,宿县地区是多冰雹区,滁县地区(含蚌埠市)是次多冰雹区。②2002年5月,涡阳县受冰雹灾害的乡镇以义门、闸北、龙山、张老家、耿皇、高公、陈大、店集、临湖、双庙等10个乡镇为主,受灾面积达21万亩。受灾人口为19.1万人,直接经济损失近2 000万元。③

在淮河流域江苏,雹灾地区分布的趋势是沿海大于内地,北部大于南部,徐淮地区东部降雹概率较大,概率为0.80~0.93,其中沿海地区是受雹灾最严重的地区;其次是盐城地区,概率为0.60~0.80。④ 受降雹的影响,1951年5月20日,泰县白米等10个区和兴化茅山、戴南等雹区麦子损坏40%,小秧损坏20%;1953年5月6日,兴化10万亩三麦,5万亩小秧受灾;1965年5月27日,宝应县黄塍乡1.3万亩小麦受灾并致无收⑤;1973年9月,苏北30个县市遭雹地区农作物损失较重⑥;1974年4月,铜山和沛县受灾麦田为6万多亩,棉苗也受到一定程度的灾害⑦;1992年6月20日,兴化、高邮、江都等县市部分地区在田作物普遍遭灾。其中小麦受灾3.85万亩,亩产减收89.3公斤,油菜受灾2 016亩,亩产减收33公斤。7月12日,里下河地区兴化的鼓南区和周庄区、高邮的汉留区、江都的小纪区及泰县的溱潼、俞垛等乡镇在田农作物10万亩棉花、20万亩水稻和1.5万亩其他经济作物遭受不同程度的灾害,其中30%的田块受灾较重,近1万亩棉田因植株被打成光杆或苞铃严重脱落需重新改种。⑧

在淮河流域河南,受降雹的影响,1953年5月,长葛烟叶、高粱被打坏,叶县减产3~5

---

① 安徽省地方志编纂委员会. 安徽省志:气象志[M]. 合肥:安徽人民出版社,1990:110-116.
② 安徽省地方志编纂委员会. 安徽省志:农业志[M]. 北京:方志出版社,1998:11.
③ 关于我县午季生产遭受冰雹灾害情况的报告 档案号:0016-Y-2002-0697-026[Z]. 涡阳县档案馆.
④ 江苏省地方志编纂委员会. 江苏省志:农业志[M]. 南京:江苏古籍出版社,1997:25.
⑤ 扬州年鉴编纂委员会. 扬州年鉴:1991[M]. 上海:中国大百科全书出版社上海分社,1991:216.
⑥ 江苏省地方志编纂委员会. 江苏省志:气象事业志[M]. 南京:江苏科学技术出版社,1996:333.
⑦ 中华人民共和国统计局,中华人民共和国民政部. 中国灾情报告:1949—1995[M]. 北京:中国统计出版社,1995:96.
⑧ 扬州年鉴编纂委员会. 扬州年鉴:1993[M]. 上海:中国大百科全书出版社上海分社,1993:194.

成,商水邓城乡麦子减产6成多;1956年5月,夏邑80%~90%的小麦被打坏;1962年6月,叶县65%的农田受灾;1963年6月,长葛、叶县等地小麦减收3~5成;1967年8月,鲁山、宁陵烟叶受害较重;1969年4月,商丘、虞城、西华麦如碾碾,7月,扶沟、商水、桐柏玉米、棉花受害;1970年6月,叶县、舞阳、柘城、西华、项城等地麦子、玉米、棉花受害;1972年6月,许昌等10个县受害,驻马店地区22万亩小麦减产;1974年6月,沈丘14万亩农田受灾,6万亩绝收;1979年6月,驻马店地区三县一镇1.5万亩秋苗受灾;1980年8月,信阳等地秋禾受害;1982年5月,信阳、开封、许昌、周口等地受灾较重①;2002年7月19日,平顶山市农作物受灾面积为139万亩,成灾面积为105.4万亩,绝收面积为60.45万亩②;2004年7月6日,平顶山市郏县的茨芭、薛店、广天、渣元等4个乡镇受灾面积为28 365亩,成灾面积为27 095亩,绝收面积为26 710亩③。

在淮河流域山东,1994年4月,滕县、邹县、微县、曲阜、枣庄等地遭受雹害,受灾麦田102万亩,其中重灾面积为40万亩,60%的麦苗被砸坏。④

3. 低温霜雪冻害

低温霜雪冻害是指在特定的天气形势下,强冷空气南下,造成大范围的降温,并伴有雨雪、冷冻害等现象。低温、霜、雪、冻害都是由冷空气活动引起的。农作物生长期内,因温度偏低,影响正常生长,进而导致减产。

在淮河流域安徽,受强冷空气影响,1953年4月,淮北气温骤降10℃以上,2 000多万亩小麦受冻减产;1957年4月,淮北小麦普遍受冻,涡阳县受冻面积达82.4%;1960年3月,淮北出现晚霜冻,有540万亩作物受冻,减收粮食1亿公斤;1969年1—2月,淮北部分地区持续降雪,伴有雨凇,气温降至-20℃至-22℃,农作物受冻严重;1977年1月,淮北干冷,越冬作物受冻严重;1980年4月,大别山区降雪,小麦、油菜冻害严重⑤;1980年4月,亳县因冷空气侵入,全县135万亩小麦,受灾严重的有44万亩,占总面积的32.5%;受灾一般的有37万亩,占27.4%,受灾较轻的有36万亩,占26.7%,合计受害面积占86.6%。⑥ 2006年冬,淮北市小麦先后遭受三次明显冻(冷)害:第一次,小麦冻害面积为91万亩,占全市总麦田面积的58%;第二次,小麦冻害面积为40.05万亩,第三次受灾面积为154.5万亩。其中周麦18、新麦18、皖麦19受灾相对较重。受害表现为小穗退化,低温冷害较重的品种小穗退化率较正常增加4%~5%。⑦

在淮河流域江苏,受强冷空气侵袭,1953年4月11—12日,苏北气温急剧下降,麦子受冻面积为1 048万亩,其中严重的有450万亩,夏粮减收4.5亿公斤⑧;1962年3月,扬州地

---

① 河南省地方史志编纂委员会.河南省志:气象志、地震志[M].郑州:河南人民出版社,1993:122-126;中国共产党河南省第一次代表大会文件:大会发言 档案号:J01-1-74[Z].商水县档案馆.
② 平顶山市地方史志办公室.平顶山年鉴:2003[M].郑州:中州古籍出版社,2003:104.
③ 平顶山市地方史志办公室.平顶山年鉴:2005[M].郑州:中州古籍出版社,2005:128-129.
④ 中华人民共和国统计局,中华人民民政部.中国灾情报告:1949—1995[M].北京:中国统计出版社,1995:96-97.
⑤ 安徽省地方志编纂委员会.安徽省志:气象志[M].合肥:安徽人民出版社,1990:110-117.
⑥ 关于午季作物遭受霜冻灾害情况的报告 档案号:J01-2-454[Z].亳州市谯城区档案馆.
⑦ 淮北市地方志(年鉴)编纂委员会.淮北年鉴:2007[M].合肥:黄山书社,2007:41.
⑧ 江苏省地方志编纂委员会.江苏省志:气象事业志[M].南京:江苏科学技术出版社,1996:25.

区的两次寒潮使夏熟作物遭受不同程度的冻害,一般三麦主茎冻死占10%～20%,边叶枯黄占20%～30%;1978年2月28日至3月1日,由于降温幅度大,加上前期土壤干旱,扬州地区480万亩三麦均有不同程度的冻害,其中幼穗受冻50多万亩,受冻严重的田块主茎冻死80%以上;1987年11月,由于降温幅度大,且连续低温时间长,扬州市有600多万亩三麦普遍受冻[1],淮阴市三麦遭受三级以上冻害有292万亩,占总面积的38%,油菜遭受三级以上冻害有103万亩,占总面积的70%[2];1995年4月,高邮三麦麦苗普遍受冻死穗,大麦平均主茎幼穗冻死71.1%,小麦平均主茎幼穗冻死57.0%[3]。

淮河流域江苏有两个霜冻重区:一是东海、沭阳以东,灌云以北,为全省春季霜冻最多最重的地区,3月出现最低气温小于或等于0℃的天数,平均每年有12天以上,连续3天以上的占90%;二是自洪泽向东北至运河沿岸的泗阳、淮阴,平均天数为7～8天,连续3天以上的占比比周围高。[4]

在淮河流域河南,1953年4月,郑州发生晚霜冻,气温下降幅度大,大片麦子受灾[5];商水县麦子减收7成以上的有269 116亩,减收4～7成的有269 767亩,减收1～4成的有359 489亩,全县减产28%[6]。2005年,驻马店市进入越冬期后,大雪降温天气连续发生,低温持续时间长,全市511万亩小麦受冻,占麦播面积的58.4%,其中严重冻害面积有86.3万亩。[7]

在淮河流域山东,2001年3月27日夜,特大霜冻突袭鲁西南地区,兖州市40多万亩小麦、6万亩蔬菜果树受害严重,大部分农作物出现萎蔫、发黄枯死、倒伏,并伴有异味。[8]

4. 土壤灾害

土壤灾害一般包括盐碱土壤灾害和砂姜土壤灾害。盐碱土壤灾害,是指由于原生盐碱土壤和地下水中的可溶性含盐量过大,遇旱时,次生盐碱土壤返盐作用超过作物耐盐耐碱能力,破坏作物的生理功能和土壤结构。强盐碱性土壤中的盐分渗入作物细胞,还会腐蚀作物根系,造成作物枯萎甚至死亡。淮河流域的土壤灾害主要是盐碱灾害,具体分布在豫东、皖北、苏北和鲁西南地区。

1981—1990年淮河流域耕地面积和盐碱地面积如表2.18所示。

---

[1] 扬州年鉴编纂委员会.扬州年鉴:1991[M].上海:中国大百科全书出版社上海分社,1991:216-217.
[2] 中华人民共和国统计局,中华人民共和国民政部.中国灾情报告:1949—1995[M].北京:中国统计出版社,1995:112.
[3] 高邮年鉴编辑委员会.高邮年鉴:1996[Z].中国县镇年鉴社,1996:189.
[4] 江苏省地方志编纂委员会.江苏省志:农业志[M].南京:江苏古籍出版社,1997:24-25.
[5] 河南省地方史志编纂委员会.河南省志:气象志、地震志[M].郑州:河南人民出版社,1993:129-130.
[6] 商水县关于霜灾以来生产救灾工作情况的综合报告 档案号:J01-1-74[Z].商水县档案馆;中国共产党河南省第一次代表大会文件:大会发言 档案号:J01-1-74[Z].商水县档案馆.
[7] 驻马店市地方史志办公室.驻马店年鉴:2006[M].北京:光明日报出版社,2007:149.
[8] 兖州市政府史志办公室.兖州年鉴:2001—2002[Z].兖州市政府史志办公室,2004:174.

表 2.18　1981—1990 年淮河流域耕地面积和盐碱地面积表

单位:万亩

年份	耕　地	盐碱地	占　比	年份	耕　地	盐碱地	占　比
1981	18 841.48	2 239.93	11.89%	1986	18 562.46	2 218.86	11.95%
1982	18 819.61	2 224.13	11.82%	1987	18 502.50	2 218.70	11.99%
1983	18 776.96	2 250.41	11.98%	1988	18 452.95	2 272.20	12.31%
1984	18 750.95	2 194.89	11.71%	1989	18 442.08	2 271.09	12.31%
1985	18 648.98	2 220.93	11.91%	1990	18 393.43	2 271.33	12.35%

资料来源:水利部淮河水利委员会《淮河志》编纂委员会.淮河综述志[M].北京:科学出版社,2000:420-421.

由表 2.18 可以看出,1981—1990 年,淮河流域每年盐碱土壤耕地面积均在 2 000 万亩以上,占耕地面积均在 11% 以上。其中,1988 年、1989 年、1990 年盐碱耕地面积占耕地面积的比例超过 12%,而 1990 年占比最高,达 12.35%。

淮河流域砂姜土壤养分含量低,抗旱、涝、渍等灾害能力弱,易发生灾害。淮河流域砂姜黑土主要分布在豫东南、皖北、苏北及山东临沂地区。据统计,1951—1985 年,35 年中发生 28 次干旱,共减产粮食达 6 亿公斤;发生 29 次涝渍,共减产粮食达 10 亿公斤。[①] 1998 年,恶劣的气候条件严重影响涟水县三麦生长发育,长时间的阴雨造成土壤含水量长期饱和,形成渍害,至 3 月下旬,全县 69 万亩三麦受渍面积为 51 万亩,严重受渍面积为 9 万亩,至 5 月下旬,受渍面积为 60 万亩,严重受渍面积为 17 万亩。[②]

5. 病虫鼠害

病虫鼠害是指病、虫、鼠等有害生物在一定的环境条件下暴发或流行,造成农业大面积、大幅度减产,甚至完全失收,或者导致农产品大量损坏变质。气候的周期性变化一定程度上决定农作物生物灾害暴发的周期和区域范围。[③] 农作物生物灾害种类繁多,如危害小麦的病害有锈病、白粉病、赤霉病等;危害水稻的病害有稻瘟病、白叶枯病、纹枯病等;危害玉米的病害有大斑病、小斑病等;危害棉花的病害有枯萎病、黄萎病等。在淮河流域,由于有害生物繁殖快,适应能力强,而农作物对病虫害的抗性差,这是导致淮河流域农作物生物灾害经常严重发生的主要原因。

在淮河流域江苏,病虫害的地域分布有所差异。如蝗灾,1952 年,洪泽湖夏蝗发生面积为 128 万亩,微山湖秋蝗发生面积为 36.45 万亩;1978 年,淮北地区秋蝗发生面积为 54 万余亩。[④] 水稻病虫害,20 世纪 50 年代,淮北麦区小麦条锈病、秆锈病一度流行;1972 年以后,白粉病有逐步上升趋势,麦类纹枯病发生地带多见于运河、沂河和骆马湖等低洼地区。[⑤] 花生倒秧病,在东海、新沂、涟水、泰县等主要花生产区普遍发生。1971—1972 年,东海县一般发

---

① 水利部淮河水利委员会《淮河志》编纂委员会.淮河综述志[M].北京:科学出版社,2000:422.
② 涟水年鉴编纂委员会.涟水年鉴:1999[Z].涟水年鉴编纂委员会,2000:137.
③ 中华人民共和国统计局,中华人民共和国民政部.中国灾情报告:1949—1995[M].北京:中国统计出版社,1995:17.
④ 江苏省地方志编纂委员会.江苏省志:农业志[M].南京:江苏古籍出版社,1997:362.
⑤ 江苏省地方志编纂委员会.江苏省志:农业志[M].南京:江苏古籍出版社,1997:368.

病率为 20%～30%，严重田块的死苗率达 40%～50%。① 玉米螟害，1958 年、1959 年、1963 年 3 次在淮北地区大发生，春玉米被害损失一般为 10%～30%，高粱被害损失为 20%～25%。② 棉铃虫害，1994 年 6 月下旬至 9 月中旬，扬州市遇到高温干旱天气，加之 7—8 月雨量偏少，导致棉铃虫暴发。据统计，三、四、五代棉铃虫百株累计卵量分别为 126.9 粒、3 343.3 粒、1 565.9 粒。③

在淮河流域安徽，阜阳地区，1954 年，全地区小麦发生黄锈病的为 5 142 282 亩，占小麦面积的 35.4%，减产程度在 10% 左右；发生黑粉病的为 3 087 482 亩（其中也有黄锈病），占小麦面积的 21%。④ 1958 年，亳县发生各种作物病虫害的为 7 278 747 亩⑤；1961 年，发生各种作物病虫害的为 1 044 566 亩⑥；1964 年，发生各种作物病虫害的为 2 525 414 亩⑦；1966 年，发生各种作物病虫害的为 2 043 479 亩⑧。1981 年，亳县豆天蛾发生面积为 26.25 万亩，占大豆面积的 46%，大豆食心虫发生面积为 21.6 万亩⑨。淮南市，1965 年春，小麦虫害发生面积为 50 384 亩⑩；1979 年，病虫灾发生种类多，有蝗虫、白叶枯、豆天蟥、稻螟虫等，发生面积为 155 多万亩⑪；1981 年，病虫害种类有 24 种，发生面积为 2 348 750 亩⑫；1987 年夏，病虫害发生面积为 95.8 万亩⑬；1989 年，小麦白粉病发生面积为 90 多万亩⑭。宿州市，1998 年，病虫草害呈中等偏重发生，病害、草害重于虫害。病虫草鼠害发生总面积为 4 155.4 万亩，其中病害发生面积为 1 523.16 万亩，虫害发生面积为 1 485.62 万亩，草害发生面积为 835.22 万亩，鼠害发生面积为 311.4 万亩⑮。淮北市，2000 年，病虫草鼠害发生总面积为 624 万亩，其中小麦病虫害发生面积为 238 万亩，棉花病虫害发生面积为 58.8 万亩，玉米、大豆病虫害发生面积为 87.5 万亩，农田杂草发生面积为 189.1 万亩，蝗虫发生面积为 12 万亩。⑯

在淮河流域河南，驻马店市农作物病虫草害多次发生，灾情十分严重。2002 年，由于温湿度适宜，菌源充足，加之现有主导小麦品种抗病性较差，全市小麦病虫害发生面积大，种类多，危害重。据统计，病虫害发生总面积达 2 605.3 万亩，其中条锈病 526.4 万亩，纹枯病 550 万亩，叶枯病 292.8 万亩，叶锈病 276 万亩，白粉病 263.7 万亩，赤霉病 12.5 万亩，红蜘

---

① 江苏省地方志编纂委员会. 江苏省志：农业志[M]. 南京：江苏古籍出版社，1997：372-373.
② 江苏省地方志编纂委员会. 江苏省志：农业志[M]. 南京：江苏古籍出版社，1997：375.
③ 扬州年鉴编纂委员会. 扬州年鉴：1991[M]. 上海：中国大百科全书出版社上海分社，1991：124.
④ 关于秋收作物受灾减产情况的报告　档案号：J01-2-259[Z]. 亳州市谯城区档案馆.
⑤ 亳县 1958 年植物保护工作总结　档案号：J057-1-8[Z]. 亳州市谯城区档案馆.
⑥ 1961 年植保工作总结及 1962 年植保计划　档案号：J057-2-8[Z]. 亳州市谯城区档案馆.
⑦ 关于 1964 年植保工作总结的报告　档案号：J057-2-17[Z]. 亳州市谯城区档案馆.
⑧ 关于 1966 年植保工作总结的报告　档案号：J057-2-22[Z]. 亳州市谯城区档案馆.
⑨ 对大豆生产情况的调查报告　档案号：J057-2-54[Z]. 亳州市谯城区档案馆.
⑩ 淮南市洛河农技站 1965 年工作总结　档案号：0093-001-0054-007[Z]. 淮南市档案馆.
⑪ 关于 1979 年农业生产情况的总结和 1980 年农业生产的初步设想　档案号：0093-001-0105-003[Z]. 淮南市档案馆.
⑫ 淮南市 1981 年植保工作总结　档案号：0092-002-0035-008[Z]. 淮南市档案馆.
⑬ 1987 年工作总结和 1988 年生产安排　档案号：0093-002-0088-006[Z]. 淮南市档案馆.
⑭ 淮南市午季粮油生产总结及今年秋种工作打算　档案号：0093-001-0206-004[Z]. 淮南市档案馆.
⑮ 宿州市档案局. 宿州年鉴：1999[M]. 珠海：珠海出版社，1999：83.
⑯ 淮北市地方志（年鉴）编纂委员会. 淮北年鉴：2001[M]. 北京：中国致公出版社，2001：67.

蛛305.9万亩,蚜虫213万亩,吸浆虫85万亩,黏虫80万亩。① 2003年,全市遭到小麦纹枯病、锈病、赤霉病、叶枯病和吸浆虫等多种病虫的严重危害,病虫害发生总面积为2 466.84万亩次,其中纹枯病发生面积为697.5万亩,病田率高达100%;赤霉病发生面积为386.2万亩,平均病穗率为29.95%;叶枯病发生面积为416.2万亩,病田率为83.4%;吸浆虫发生面积为416.84万亩,麦田杂草发生面积为550万亩。全市夏粮总产量为26.05亿公斤,比上年减少3.45亿公斤,减产11.7%;平均亩产为274.49公斤,比上年减少36.21公斤,减产11.65%。② 2005年,由于小麦生育中后期阴雨时间长,全市病虫害严重发生。赤霉病发生面积为520万亩,病田率为75.5%,平均病穗率为37.6%;后期叶枯病发生面积为560万亩左右,病田率为87%;蚜虫发生面积为550万亩,重发面积占30%;吸浆虫发生面积约为450万亩,尤其周麦18和晚播麦被害严重。③

在淮河流域山东,20世纪60年代,花生青枯病发生面积为20多万亩,重点在临沂地区南部6个县市;1975年,花生病毒病在临沭、莒南零星发生,1976年大面积发生,以临沂地区较重。④ 枣庄市的农作物病虫草害发生频率较高。1986年,全市飞蝗发生面积为3 000多亩,1987年发生面积为5万亩,1988年、1989年土蝗发生面积分别为14.25万亩和33万亩;1989年8月,滕州湖区东亚飞蝗灾害大面积发生,主要分布在岗头、望家、级索、西岗等湖区,总面积为15.80万亩;1991年,小麦吸浆虫发生面积为27.35万亩,分布于沿湖、沿运河58个乡镇;1992年,棉铃虫为历史特大发生年,二代棉铃虫发生早,卵量高,卵期长,三代和四代偏重发生,使棉花减产50%～80%;同年,青枯病发生面积为167.30万亩,是近10年来最重的年份,一代玉米螟大发生,二代玉米螟较常年偏重,麦田病虫害为中等发生,虫害重于病害,纹枯病偏早偏重,达1 138.05亩,占播种面积的54%⑤;1996年,全市病虫鼠害为中等发生,虫害重于病害。小麦病虫害以小麦纹枯病为主,还有麦蚜、麦蜘蛛、地下害虫等。玉米病虫害以大小叶斑病为主,还有玉米粗缩病、玉米螟、玉米蚜、穗虫、地下害虫等。此外,还有蔬菜病虫害、棉花病虫害、农田杂草害等。⑥ 1996年枣庄市主要农作物病虫草鼠害损失如表2.19所示。

表2.19　1996年枣庄市主要农作物病虫草鼠害统计表

作物名称	项　目	发生面积(万亩次)	实际损失(吨)	发生程度(级)
小麦	病虫	560.5	10 607.5	2.9
玉米	病虫	504.8	6 397.4	2.9
水稻	病虫	19.1	428.2	1.96
大豆	病虫	46.6	340.2	1.9
其他作物	病虫	38.0	3 198.2	1.9

---

① 驻马店市地方史志办公室.驻马店年鉴:2003[M].北京:新华出版社,2004:177.
② 驻马店市地方史志办公室.驻马店年鉴:2004[M].北京:新华出版社,2005:179.
③ 驻马店市地方史志办公室.驻马店年鉴:2006[M].北京:光明日报出版社,2007:149.
④ 山东省地方志编纂委员会.山东省志:农业志　上册[M].济南:山东人民出版社,2000:436.
⑤ 枣庄市地方史志编纂委员会办公室.枣庄年鉴:1993[M].济南:齐鲁社,1993:189.
⑥ 枣庄市地方史志编纂委员会办公室.枣庄年鉴:1997[M].济南:齐鲁社,1997:152.

续表

作物名称	项　　目	发生面积（万亩次）	实际损失（吨）	发生程度（级）
棉花	病虫	93.05	269.82	3.0
油菜	病虫	0.85	48.2	2.6
花生	病虫	54.75	1 705.5	2.6
苹果	病虫	37.8	6 876.6	1.8
其他果树	病虫	9.45	2 045.08	1.9
蔬菜	病虫	101.57	13 370.9	2.4
	飞蝗	9.3	234.7	2.8
	土蝗	45.7	881.65	2.0
	害鼠	126.3	3 685.61	2.59
	杂草	277.4	25 816.49	2.89
	病害小计	333.29	16 766.64	2.65
	虫害小计	1 133.1	29 185.46	2.80
	合　计	1 870.09	75 454.2	

资料来源：枣庄市地方史志编纂委员会办公室.枣庄年鉴：1997[M].济南：齐鲁书社，1997：152.

由表2.19可知，枣庄市小麦病虫害发生面积最多，为560.5万亩次；玉米病虫害发生面积次之，为504.8万亩次；农田杂草害发生面积为277.4万亩次，鼠害发生面积为126.3万亩次，蔬菜病虫害发生面积为101.57万亩次，棉花病虫害发生面积为93.05万亩次。病虫草鼠害合计发生面积达1 870.09万亩次，实际农作物损失达75 454.2吨。

三、灾害应对

新中国成立后，频发的自然灾害给淮河流域农业生产造成了巨大损失，成为制约农业发展的重要因素。在中央的领导和大力支持下，淮河流域各级党委和政府在应对灾害中发挥了重要的作用，诸如开展灾害监测和预报，实行外来有害生物普查和检疫，补种改种各类作物，推进农田水利建设，等等。正是采取各种积极的应对措施，各行各业通力协作，广大人民群众积极抗灾，使灾害造成的损失减少到最低限度。

（一）党委和政府的重视

面对各种灾情，各级党委和政府在应对中发挥了重要的作用，采取制定多种方案、加强防灾宣传、出台具体措施等一系列的应对方式。

1. 制定多种方案

为了防治农业灾害，促进农业生产，淮河流域地方党委和政府下发一些通知和方案。根据通知和方案，各方积极应对灾害，取得了一定的成效。

在枣庄市,1999年,小麦病虫害呈中等发生态势,面积为666万亩次,其中病害332.6万亩次、虫害333.4万亩次。3月下旬至4月,市政府下达《迅速防治小麦蚜虫、纹枯病的紧急通知》和《立即防治小麦赤霉病的紧急通知》。全市动用泰山-18机3 000部,统防统治小麦纹枯病124万亩、麦蚜166万亩、地下害虫200余万亩。6月,夏玉米苗期蓟马、飞虱、黏虫、灯蛾、地老虎灾害及粗缩病普遍发生,防治面积为80万亩。全市发生夏、秋蝗灾害36.3万亩次、土蝗灾害30万亩次。市政府下发《关于立即防治夏蝗的紧急通知》,防治面积为40万亩次,防治效果达95%。① 2007年,全市病虫鼠害发生十分严重。在防治小麦穗期病虫害方面,市政府下发《关于做好小麦穗期病虫害防治工作的紧急通知》,并以市政府紧急明码电报形式下发各区(市),指导各地做好小麦穗期病虫害的防治工作。在防治飞蝗方面,起草《枣庄市2007年飞蝗防治工作意见》;在开展灭鼠工作方面,印发《关于开展农区害鼠监测和防治工作的通知》,制定农舍农田灭鼠《实施方案》《技术规程》,开展农区害鼠监测及全民性的农舍农田灭鼠活动。②

在驻马店市,2000年8月,针对夏粮生产遭遇灾害,市政府印发《驻马店市夏粮生产方案》和《关于扩大深耕面积,搞好小麦备播的通知》。一方面,认真总结夏粮生产的经验教训,研究、讨论下年度夏粮生产意见;另一方面,对麦播工作进行全面部署。据统计,防治花病虫面积为360.6万亩次,挽回农作物损失6 163.57万公斤;防治油料病虫面积为823.67万亩次、蔬菜病虫面积为319.32万亩次,挽回农作物损失16 961.71万公斤;防除草害面积为131.81万亩次,挽回农作物损失10 843.54万公斤;防治鼠害面积为33.25万亩次,挽回农作物损失365.96万公斤。③

在淮安市,2004年6月,针对水稻条纹叶枯病大发生,市政府下发《关于切实做好防治灰飞虱,控制条纹叶枯病防治工作的紧急通知》,市农业局组织督查组分赴各县(区)督促检查防治工作。市植保站建立逐日汇报制度,各县(区)植保站每日向市站汇报灰飞虱发生量、条纹叶枯病发生及防治情况。条纹叶枯病重发地区秧田普遍防治灰飞虱2～3次,大田期治虫防病3～5次,部分地区防治7～8次。全市防治面积为1 363.5万亩次,挽回水稻损失164 297吨,有效地压低了灰飞虱发生基数,控制了条纹叶枯病发生。④

2. 加强防灾宣传与技术培训

灾害发生后,淮河流域地方党委、政府通过各种途径广泛宣传,并加强技术培训,让农民掌握如何应对灾害,以及灾后生产自救办法。

1981年,淮南市发生农作物病虫害,种类多,危害严重。为开展技术培训、普及植保知识,市植保站举办为期7天的植保员训练班,开设稻、麦、杂粮的主要病虫识别、测报、防治和科学用药等课程,并印发植保技术训练教材。⑤

1997年,金湖县自然灾害频繁,县委、县政府领导广大干部群众奋力抗灾,有效地遏制

---

① 枣庄市地方史志办公室.枣庄年鉴:2000[M].北京:中华书局,2000:139-140.
② 枣庄市地方史志办公室.枣庄年鉴:2008[M].北京:长城出版社,2008:129.
③ 驻马店市地方史志办公室.驻马店年鉴:2001[M].北京:新华出版社,2002:158.
④ 淮安市市志办公室.淮安年鉴:2005[M].北京:方志出版社,2005:76.
⑤ 淮南市1981年植保工作总结 档案号:0092-002-0035-008[Z].淮南市档案馆.

了连续阴雨、低温迟发、强台风和稻飞虱带来的危害。通过强化服务,突出技术推广,解决灾后农业生产的问题,利用现场会、广播、电视,举办中短期培训班,印发技术咨询资料,派农技人员到乡村组讲课,向农民传授农业技术,先后举办各种培训班16期,印发资料0.8万份,培训人数达1万人次。①

2003年夏,涟水县境内的农田普遍受淹,有些地方受灾严重,旱谷几乎绝收。县委、县政府组织农技干部深入田间进行防洪排涝,指导农民灾后种植增收。同时,组织农技干部宣传普及农业知识,指导农民及时防治病虫害,共印发各种植保信息和技术意见30多万份,通过电视、报纸等媒体宣传20多次。经过努力,在大灾之年全年粮食作物产量损失比预期少30%,夏熟作物产量损失比预期少40%,挽回粮食损失约为13 000吨。②

2005年,盐城市盐都区水稻条纹叶枯病发生面积为60.2万亩,并形成大流行趋势。区委、区政府重视水稻条纹叶枯病防治工作,召开防治工作动员大会。区植保站通过电视、广播、情报、"处方单"、"明白纸"、公开信等多种形式,广泛进行宣传,提高技术指导精准率,扩大技术指导覆盖面,推动了防治工作的开展。通过有效防治,全区水稻平均病株率为3%以下,综合防治效果达92%以上,挽回水稻产量36万吨。③

3. 出台具体措施

灾害发生后,淮河流域各级党委和政府不仅印发通知方案,加强宣传和培训,还采取各种措施,狠抓落实,千方百计减轻灾害损失。

2007年,盐都区秋熟生产遭遇气象灾害。针对烟粉虱大发生的严重态势,区委、区政府及时制定"治早治小、治内控外、治前控后、综合治理"的防治策略,温室大棚揭棚前的防治作为全年控制烟粉虱发生的工作重点,治棚内,控棚外,治前期,控后期。主要措施包括:一是及时摘除老叶,减少烟粉虱基数;二是黄板诱杀;三是敌敌畏熏蒸;四是药剂喷雾防治。药剂防治主要抓大棚防治和后期棉田防治,大棚防治在揭膜前共组织两次,第一次在3月中下旬越冬代烟粉虱羽化成虫期,第二次在4月下旬、5月上中旬大棚揭膜前。每个阶段连续用药2~3次,全区共用药1万亩,防治效果达80%以上。棉田防治主要在8—9月,大面积防治2~3次,基本控制了烟粉虱的危害。④

2008年,丰县主要农作物病虫害呈中等至偏重发生态势,个别病虫害呈局部大发生。县委、县政府大力推广行之有效的防治措施,先后组织打好以小麦"两病一虫"、水稻"两病三虫"为重点的防治总体战,推广玉米粗缩病综合防治、黄板诱杀烟粉虱等植保新技术,推广爱苗、麦极、盖伦本等安全、高效、低毒、低残留农药10余种,有力地推动了农产品无公害生产。全县主要农作物重大病虫草鼠害发生面积为2 082万亩次,防治面积为2 526万亩次,挽回农作物损失55万吨。⑤

---

① 金湖县地方志编纂委员会.金湖年鉴:1998[Z].中国县镇年鉴社,1998:124.
② 涟水县地方志办公室.涟水年鉴:2004[M].长春:吉林文史出版社,2004:114.
③ 盐都年鉴编纂委员会.盐都年鉴:2006[M].北京:方志出版社,2006:118.
④ 盐都年鉴编纂委员会.盐都年鉴:2008[M].北京:方志出版社,2008:125.
⑤ 丰县史志办公室.丰县年鉴:2009[M].南京:江苏人民出版社,2009:178.

(二) 开展灾害监测和预报

灾害的防治，包括灾前的预防，如灾害的监测、预报。同时，需要对灾情进行科学评估，方能有效地应对灾情。尤其对于病虫害，应加强虫情监测，明确测报任务，增加普查次数，扩大普查面积，严格虫情汇报制度。通过掌握准确的虫情，可以赢得防治时间上的主动。

在淮河流域安徽，如萧县，1980 年，建立病虫测报网点，设立 10 个测报点，提供虫情和防治意见。县测报站测报虫株率达 100%，百株有蚜 2 700 头。[①] 淮南市，1981 年，在加强市测报站的同时，还增设窑河、工农、祁集、夹沟四个测报点，仅市测报站共发病虫情报 12 期 4 800 余份，防治各种病虫害面积为 205.4 万亩，占发生面积的 87.5%，挽回粮食损失 4 414.1 万公斤[②]；1986 年，病虫种类多，发生面积大，市站、凤台和潘集三个测报站共发病虫情报 39 期 4 500 余份，防治各种病虫面积为 257 多万亩，占发生面积的 73%，挽回粮食损失 3 405.25 万公斤[③]。宿州市，1998 年，全市病虫草害呈中等偏重发生态势，病害、草害重于虫害。市植保部门全年共发布病虫情报 128 期，预报准确率达 98% 以上，测报队伍稳定，测报器械齐全，测报工作规范。开展防治面积为 3 971.36 万亩次，共挽回粮食损失 2 万吨、棉花损失 1.29 万吨、油料损失 1.98 万吨。[④]

在淮河流域山东，如泗水县，1991 年，全县各种作物发生病虫害比较频繁，发生面积约为 35 万亩，县政府对病虫害进行测报，组建病虫防治机防队，使各类病虫危害程度降到最低。[⑤] 鄄城县，1991—1995 年，全县建立乡镇测报点 25 个，测报范围由 1991 年的 12 种病虫扩展到 1995 年的 22 种，预报准确率 1995 年较 1991 年提高 8%，达到 95.8%。[⑥] 枣庄市，全市逐步建立起比较完备的灾害测报体系。1999 年，针对病虫害发生实际，市政府重点抓住 30 种常规与暴发流行性病虫监测，共发病虫情报 152 期、电码模式电报 60 期，上报下达病虫害信息 500 余次。[⑦] 2004 年，市政府加强灾害测报制度建设。首先，市测报站与大部分区（市）站实现电传和联网信息交流，在薛城安装全自动测报灯，市站、滕州、薛城、山亭、峄城站还配备测报定位仪，使测报工作初步实现了数字处理信息化和区域建设网络化。其次，强化测报内容的时效性。在农作物病虫害及飞蝗发生的关键时期，定期查报发生情况，及时发布病虫情报，按时上报病虫周报、电码模式电报。一年来，市站共发出病虫情报 20 期、电码模式电报 13 期、病虫周报 25 期，区（市）站发出病虫情报 132 期、电码模式电报 35 期，为科学、及时、有效地防治作物病虫害提供了依据。[⑧] 2007 年，市政府进一步加强灾害测报制度建设。一是建设基层测报点，全市共建基层测报点 80 个，实行分级管理，其中市级 20 个、区级 60 个。二是建立有害生物应急预警机制，制定相应的工作计划。三是加大田间调查力度，

[①] 1980 年农业技术推广工作总结　档案号：J035-2-3[Z].萧县档案馆.
[②] 淮南市 1981 年植保工作总结　档案号：0092-002-0035-008[Z].淮南市档案馆.
[③] 淮南市 1986 年植保工作总结　档案号：0093-002-0075-003[Z].淮南市档案馆.
[④] 宿州市档案局.宿州年鉴：1999[M].珠海：珠海出版社,1999：83.
[⑤] 泗水县地方史志编纂委员会.泗水年鉴：1992[Z].泗水县地方史志编纂委员会,1992：132.
[⑥] 鄄城年鉴编辑部.鄄城年鉴：1991—1995[M].北京：方志出版社,1997：183-184.
[⑦] 枣庄市地方史志办公室.枣庄年鉴：2000[M].北京：中华书局,2000：139.
[⑧] 枣庄市地方史志办公室.枣庄年鉴：2005[M].北京：方志出版社,2005：151.

科学开展病虫预报和信息发布。在小麦条锈病重点监控期,每周至少2次定期查报发生情况。按时发布夏蝗出土始期预报、孵化盛期预报、三龄盛期预报等,每周2次查报夏蝗发生及防治进度情况,每周1次上报病虫周报。①

在苏北地区,灾害的监测、预报工作受到重视。在20世纪50年代,首先在稻麦区、棉区、旱粮区选择高邮、阜宁、徐州等县(市)建立病虫害测报站,开展对稻、麦、棉、玉米等农作物主要病虫害的观察测报工作。1957年,苏北蝗区沛县、泗洪、宝应和灌云4个县又分别建立飞蝗预测预报站,并以测报站为核心,严密掌握和监视飞蝗的发生发展动态。②金湖县,1997年,水稻褐飞虱大面积发生。县农业部门针对本年褐飞虱的发生特点,及时掌握发生动态,分析发生趋势,准确做出二、三代大发生预报,制定了防治对策,使稻飞虱的危害得到有效控制。据统计,全县褐飞虱发生面积为36.5万亩,防治面积为73多万亩次,挽回水稻产量损失5 850万公斤。③灌南县,1997年,县植保站重点抓好三麦白粉病、赤霉病、水稻纹枯病、二化螟、纵卷叶螟、稻飞虱,及棉花棉铃虫等病虫草害的系统测报工作。全年共发布病虫情报25期,病虫草鼠害防治面积为611万亩次,挽回粮食损失4.75万吨、皮棉损失6 000余吨。④高邮市,2003年,市农业部门及时发布病虫发生的趋势预报和防治技术意见,全年共发布病虫情报24期、专题防治技术意见4期,召开5次病虫防治专题会议。由于防治及时,全市小麦病穗率处于10%以下,水稻防治效果达80%以上。⑤姜堰市,2005年,针对条纹叶枯病特大暴发流行的严峻形势,市农业局进行灰飞虱及带毒率的跟踪查报,为防控工作提供第一手资料和依据,有效地遏制了条纹叶枯病危害,挽回水稻病虫害产量损失14.3万吨。市植保植检站承担稻、麦、棉、油等农作物主要病虫害系统测报13项,准确率达95%以上。⑥盐都区,2008年,区植保部门利用电视、网络等平台,开展病虫防治预报,在盐都现代农业网上发布病虫信息、技术宣传材料28期,保证农业病虫害的统防统治和快速高效防治。⑦新沂市,2009年,定期向公众发布病虫害测报信息,全年发布病虫情报20期,发放病虫防治资料50万份,防治病虫草鼠害1 401.05万亩次。⑧

(三) 实行有害生物普查和检疫

随着农作物种子、苗木交流的频繁,外来有害生物对农业生产的威胁日益加大。为加强对外来有害生物的监控与防治工作,各地植保部门定期对有害生物进行调查监控。

在淮南市,1986年,开展"三项普查"工作。早春,普遍开展吸浆虫陶土普查,查清吸浆虫的分布和密度,定出防治对象田,为防治吸浆虫提供科学依据;午季,在麦收前全面开展杂草普查,查清麦田杂草种类、分布和危害,为化除提供科学依据;秋季,开展水稻和黄豆检疫性病本,普遍查清水稻和黄豆的检疫性病虫的种类、分布和危害,为检疫性病虫的发展提供

---

① 枣庄市地方史志办公室.枣庄年鉴:2008[M].北京:长城出版社,2008:129.
② 江苏省地方志编纂委员会.江苏省志:农业志[M].南京:江苏古籍出版社,1997:385-386.
③ 金湖县地方志编纂委员会.金湖年鉴:1998[Z].中国县镇年鉴社,1998:126.
④ 灌南县地方志办公室.灌南年鉴:1998[Z].中国县镇年鉴社,1998:134.
⑤ 高邮市地方志年鉴编纂委员会.高邮年鉴:2004[M].北京:方志出版社,2004:90.
⑥ 姜堰年鉴编纂委员会.姜堰年鉴:2006[M].北京:方志出版社,2006:139.
⑦ 盐都年鉴编辑部.盐都年鉴:2009[M].北京:方志出版社,2009:122.
⑧ 新沂市史志办公室.新沂年鉴:2010[M].北京:江苏人民出版社,2010:137.

科学依据。全年开展杂交稻场地检疫 1 000 多亩,蔬菜良种和农作物良种调进调出检疫 60 余次。另外,在午季对小麦、水稻病虫进行普查并及时处理,有效地预防了检疫性病虫的传入和蔓延。①

在淮北市,2006 年,全市共实施产地检疫 3.9 万亩,生产合格种子 670 万公斤;全市共完成调运检疫 37 批次,调运量为 120 万公斤;有针对性地开展苹果绵蚜及恶性杂草"一枝黄花"等有害生物的普查及防除。通过普查,掌握苹果绵蚜及"一枝黄花"的分布情况,并组织开展清除工作,有效地控制疫情的扩展蔓延。②

在盐城盐都区,2003 年秋,在新区大棚保护地查见烟粉虱,主要损害花生、番茄、黄瓜、辣椒等。2004 年秋,在龙冈镇徐庄三组邻近蔬菜大棚的棉田上查见烟粉虱,棉田的黄豆、南瓜、杂草上均有发生。2005 年秋,在龙冈镇一小学教室后空地上发现"加拿大一枝黄花",及时予以拔除销毁。③ 2008 年,在全区组织开展"加拿大一枝黄花"、红火蚁、三叶斑潜蝇等农业侵入性有害生物普查及防控工作,共组织大范围调查活动 7 次,对发现"加拿大一枝黄花"的大纵湖、潘黄、西区等地,及时督促当地安排专门人员进行彻底铲除。同时,加强对种子基地的检疫工作,按产地检疫规程对境内稻、麦、棉种子繁殖基地进行田间检疫万亩次,签发合格种子 200 多万公斤。④

(四) 补改种各类作物

灾害毁坏了正在生长的农作物,造成农业收成大大减少,甚至绝收。灾后补改种,开展生产自救,能在很大程度上挽回了灾害带来的损失,取得一定的经济效益。

在淮南市,1989 年,病虫复杂,发生面广,危害严重,旱涝、连阴雨也产生很大危害。特别是对午粮产生很大影响,单产和总产分别比 1988 年下降 17.8%和 17.2%。5 月初,市委、市政府及时出台"以秋补夏"措施,扩大秋季种植面积达 133 万亩,其中水稻面积扩大到 83.9 万亩,比上年增加 10.3 万亩。⑤ 1991 年 6 月,特大暴雨后,市委、市政府研究灾后秋种对策,及时调进早稻种 6 万余公斤、绿豆种 2 万公斤、玉米种 0.6 万公斤,全市共抢种秋粮作物 70 万亩(包括后来补种的 12 万亩)。⑥ 1998 年,全市午季长时间连阴雨,造成夏粮减产三成以上,但"以秋补夏"效果明显⑦,全年粮食总产 80.1 万吨,完成了年度计划,油料总产 1.2 万吨,增长 20.6%⑧。2003 年,特大洪水给农业造成巨大经济损失,全市补改种农作物面积为 30.1 万亩。⑨ 2007 年,全市农业遭受严重洪涝灾害,农作物受灾面积为 86.47 万亩,成灾面

---

① 淮南市 1986 年植保工作总结 档案号:0093-002-0075-003[Z].淮南市档案馆.
② 淮北市地方志(年鉴)编纂委员会.淮北年鉴:2007[M].合肥:黄山书社,2007:41.
③ 盐都年鉴编纂委员会.盐都年鉴:2006[M].北京:方志出版社,2006:118.
④ 盐都年鉴编辑部.盐都年鉴:2009[M].北京:方志出版社,2009:122.
⑤ 淮南市农牧渔业局 1989 年工作总结 档案号:0093-002-0114-001[Z].淮南市档案馆.
⑥ 淮南市农牧渔业局 1991 年工作总结和 1992 年农业工作安排意见 档案号:0093-002-0166-001[Z].淮南市档案馆;淮南市农业受灾及灾后恢复情况的汇报 档案号:0093-002-0180-001[Z].淮南市档案馆.
⑦ 淮南年鉴编委会.淮南年鉴:1999[M].合肥:黄山书社,1999:87.
⑧ 淮南年鉴编委会.淮南年鉴:1999[M].合肥:黄山书社,1999:45.
⑨ 淮南年鉴编委会.淮南年鉴:2004[M].合肥:黄山书社,2004:67.

积为 64.40 万亩,绝收面积为 48.14 万亩。全市补改种各类作物 17.85 万亩。①

在高邮市,1998 年,农业虽然遭受罕见的自然灾害,农业生产"以秋补夏"措施得到较好落实,秋熟粮棉获得丰收。全年粮食总产 62.57 万吨,比上年下降 8.3%,其中秋粮总产 43.02 万吨,比上年增加 2.65 万吨;棉花总产 1.17 万吨,比上年增加 0.01 万吨。②

在开封市,1998 年,农业生产遭受阴雨寡照、低温冻害、病虫危害、龙卷风侵袭及严重干旱等多种自然灾害的影响,全市积极实施"以秋补夏"措施,尽量把因灾减产幅度控制在最低点。全年粮食总产 194.38 万吨,比 1997 年减产 5.5%,棉花总产 9.87 万吨,下降 16.4%,而油料作物总产 31.49 万吨,增长 23.5%。③ 在漯河市,1998 年夏,遭受暴风雨的袭击,导致小麦大幅度减产。全市夏粮总产 47.1 万吨,比上年减少 37.2%。通过采取"以秋补夏"措施,全市秋粮总产 61.3 万吨,比上年增长 23.7%;棉花总产 2.9 万吨,比上年增产 1.8%;油料总产 4.4 万吨,比上年略有减产。④

(五) 推进农田水利建设

农田水利建设的基本任务,就是兴修为农田服务的水利设施,包括灌溉、排水、除涝和防治盐渍灾害等,从而改变不利于农业生产发展的自然条件。淮河流域旱涝灾害频发,严重制约着农业的发展。因此,动员一切力量,开展农田水利建设,可以有效提高防灾减灾能力。

在高邮市,农田水利建设取得显著成效。1991 年,全市各乡镇开展以堤防加固、河道整治、冲洞治理、山塘拓浚等为重点的水利工程建设,加固圩堤 1 825 千米;新建和维修建筑物 150 座,其中中沟级以上建筑物 81 座,新建圩口闸 29 座,改建圩口闸 25 座、桥梁 15 座;改建中低产田 5.15 万亩,增加旱涝保收农田 1.85 万亩。⑤ 1992 年,全市开展以圩堤加固和排涝河道为重点的水利建设。全年完成土方 1 316 万方,其中淮江公路拓宽备土 218 万方、里下河圩堤加固土方 246 万方、湖西圩堤加固 106 万方、南澄子河续建 105 万方、中沟治理 24 万方;完成各类配套建筑物 1 214 座,其中小型涵闸洞 127 座、圩口闸 103 座、桥梁 48 座、滚水坝 1 道、农用井 2 眼、小沟级建筑物 933 座。⑥ 1998 年,全面进行湖堤除险加固达标建设,重点疏浚运东 4 条骨干河道,完成土方 1 052 万立方米,完成中、小沟级建筑物 5 225 座,建衬砌渠道 7.4 千米;改造中低产田 2 万亩,建设吨粮田 4 万亩。⑦

在平顶山市,以水利建设为重点的农业基础设施得到不断改善。1997 年,全市新打机电井 1 100 多眼,洗旧井 2 500 多眼,配套井 2 000 多眼。1998 年,全市兴建小水窖集水微灌工程 4 058 座,总蓄水能力为 40 万立方米,配套喷灌、滴灌和渗灌设施 217 台(套),发展有效灌溉面积 6 000 亩。全年抗旱灌溉面积为 271.10 万亩,实现夏秋粮食总产 16.6 亿公斤。⑧ 2005 年,全市新打机井 2 164 眼,发展有效灌溉面积 3.09 万亩,建设旱涝保收田 4.04 万亩,

---

① 淮南市地方志编纂委员会. 淮南年鉴:2008[M]. 合肥:黄山书社,2008:42.
②⑦ 高邮年鉴编辑委员会. 高邮年鉴:1999[Z]. 中国县镇年鉴社,1999:120.
③ 开封年鉴编纂委员会. 开封年鉴:1999[M]. 北京:北京燕山出版社,1999:112.
④ 漯河年鉴编纂委员会. 漯河年鉴:1999[M]. 郑州:中州古籍出版社,1999:190.
⑤ 高邮年鉴编辑委员会. 高邮年鉴:1992[M]. 南京:江苏人民出版社,1992:270.
⑥ 高邮年鉴编辑委员会. 高邮年鉴:1993[Z]. 中国县镇年鉴社,1993:228-229.
⑧ 平顶山年鉴编纂委员会. 平顶山年鉴:1999[M]. 郑州:中州古籍出版社,2000:136.

发展节水灌溉面积5.15万亩;治理水土流失面积75.6平方千米。① 2007年,全市新打机井2 008眼,发展有效灌溉面积3.20万亩,建设旱涝保收田面积4.10万亩,发展节水灌溉面积5.10万亩,治理水土流失面积78.3平方千米。② 2008年,全市新打机井2 023眼,发展有效灌溉面积4.38万亩,建设旱涝保收田面积5.81万亩,发展节水灌溉面积5.19万亩,治理水土流失面积79.38平方千米。③ 2009年,全市新打配机电井2 360眼,发展有效灌溉面积9.96万亩,恢复和改善灌溉面积34.01万亩,新增旱涝保收田面积9.20万亩,发展节水灌溉面积7.34万亩,水土流失治理面积为82平方千米。④

此外,当遇到非常严重的旱灾时,淮河流域各级政府除利用一切水利工程全力抗旱外,还采用人工增雨的方式缓解灾情。如徐州市,2001年3—5月、8月下旬至10月下旬,各县平均降水量均小于历史同期降水量的13%。市气象局实行人工增雨,对9个天气过程进行40余次增雨作业,发射增雨火箭弹100余枚,一次次缓解了旱情。⑤ 2002年,全市连遭春旱、伏旱、秋旱,全年降水量仅为常年同期降水量的68%。为了保障农业丰产稳产,3月4日至12月7日,市气象局先后对11次降水过程进行人工增雨作业,共发射增雨火箭弹96枚,增雨总量约为5亿立方米。⑥

总之,淮河流域自然灾害具有强度大、频次高、危害面广、破坏性大等特点。淮河流域农业对灾害的反应最为敏感,灾害对淮河流域农业生产造成的破坏亦最为严重。各级党委和政府采取各种措施应对农业自然灾害,除上述办法外,还有改革耕作制度、推广抗病虫良种以及农业防治、生物防治、化学防治、综合防治等。通过有效的应对措施,使灾害损失降到最低,甚至还出现"灾年不减收、灾年夺丰收"的现象。当然,在应对灾害过程中也存在一些问题与不足。随着淮河流域生态环境破坏的加剧,农业灾害成灾率的增长,农业生产和发展遇到的威胁和挑战加大。农业经济与自然环境是紧密联系的,需要我们加强对农业灾害的认知和了解,重视农业灾害的预防和治理,这样才能推动流域农业经济的可持续发展。

---

① 平顶山市地方史志办公室.平顶山年鉴:2006[M].郑州:中州古籍出版社,2006:70.
② 平顶山市地方史志编纂委员会.平顶山年鉴:2008[M].北京:方志出版社,2008:76.
③ 平顶山市地方史志编纂委员会.平顶山年鉴:2009[M].北京:方志出版社,2009:76.
④ 平顶山市地方史志办公室.平顶山年鉴:2010[M].郑州:中州古籍出版社,2010:234.
⑤ 徐州年鉴编纂委员会.徐州年鉴:2002[M].南京:江苏古籍出版社,2002:129.
⑥ 徐州年鉴编纂委员会.徐州年鉴:2003[M].北京:中华书局,2003:129.

第三章
当代淮河流域的工业

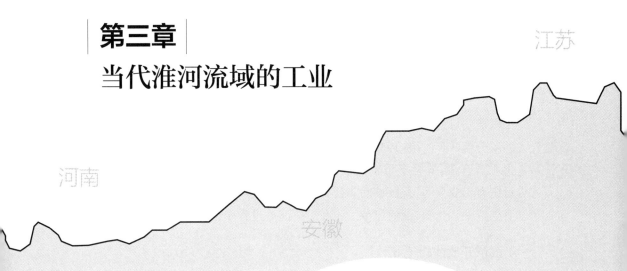

淮河流域具备发展工业的资源基础,然而由于起步晚,发展缓慢,工业基础比较薄弱。中华人民共和国成立后,中央及淮河流域各省创办了一批现代工矿企业,工业走上了较快的发展轨道。改革开放后,工业发展速度加快,形成了国有企业、非公有制企业多种所有制并存发展的格局。从纵向来看,淮河流域煤炭、电力、建材、食品加工、酿酒等工业较新中国成立以前有了很大的发展。从横向来看,由于缺少工业发展极和长期稳定的政策支撑等多重历史和现实因素,工业发展总体水平与沿海地区相比还有一定的差距。工业的发展促进了农村经济发展与城镇化,但是工业发展也使生态环境付出了沉重的代价。

第一节
当代淮河流域工业的历史演进

新中国成立后,淮河流域的工业建设进入了新的时期。1949—2009年,淮河流域工业建设大致可分为两个阶段:1949—1978年,在中央和淮河流域地方各级政府的领导下,淮河流域人民艰苦奋斗,战胜了重重困难,建立了相对完整的工业体系;1978年以来,淮河流域着力进行国有工业变革,积极推动非公有制经济以及乡镇工业经济的发展,流域工业取得了前所未有的成就。当然,淮河流域工业在历史演进过程中也存在一些问题和不足。

一、改革开放前的工业

实现国家工业化,是中国共产党面临的主要任务。早在1945年4月,毛泽东在《论联合政府》中指出:"在新民主主义的政治条件获得之后,中国人民及其政府必须采取切实的步骤,在若干年内逐步地建立重工业和轻工业,使中国由农业国变为工业国。"[1]1947年12月,毛泽东在《目前形势和我们的任务》中再次强调:"中国人民的任务……实现国家的统一和独立,由农业国变成工业国。"[2]1949年9月,中国人民政治协商会议通过的《共同纲领》规定:"应以有计划有步骤地恢复和发展重工业为重点……同时,应恢复和增加纺织业及其他有利于国计民生的轻工业的生产,以供应人民日常消费的需要。"[3]新中国成立后,淮河流域工业经济在计划经济体制的轨道上运行,包括现代工业的奠基与初步发展、手工业的恢复与社会主义改造、"大跃进"与"文革"时期工业发展的挫折等,虽历经风雨,甚至遭受破坏,但总体上在缓慢中前进。

(一)现代工业的奠基与起步

新中国成立前,淮河流域工业相对落后,商品经济极不发达。新中国成立后,随着形势的日趋稳定,发展工业成为淮河流域经济发展的重点之一。即集中力量,进行城市经济恢复工作,通过没收官僚资本企业、创办新的国营企业、组织公私合营等,初步奠定社会主义工业经济的基础。

---

[1] 毛泽东.毛泽东选集:第3卷[M].北京:人民出版社,1991:1081.
[2] 毛泽东.毛泽东选集:第4卷[M].北京:人民出版社,1991:1245.
[3] 全国人大常委会办公厅,中共中央文献研究室.人民代表大会制度重要文献选编:一[M].北京:中国民主法制出版社,2015:82.

1. 国民经济恢复时期的工业

新中国成立初期,淮河流域经济基础薄弱,工业十分落后,工业的主体是自然经济发展阶段形成的手工业作坊,有些企业甚至资不抵债,濒临破产倒闭,而上规模的工业企业很少。在安徽,机械工业只有淮南煤矿公司机厂、新宿铁工厂、界首轮船营造厂3家小型国营铁工厂。① 煤矿只有淮南大通、九龙岗、新庄孜3对矿井。② 在河南,开封以手工业为主,仅有4家百人以上小厂③;许昌仅有许昌、大新、大德、大裕4家小型卷烟厂、1家铁工厂、1家面粉厂和2家手工作坊和小煤窑④。在江苏,盐城工业企业只有130家,大多数是手工作坊,主要从事粮油加工和小农具制造⑤;扬州城区只有面粉厂、电厂、蛋厂等3家企业。⑥ 在山东,济宁只有78家设备简陋的小工厂,且多数是作坊式的手工业⑦;临沂仅有10多处手工作坊⑧;菏泽工业更是一片空白,占国内生产总值的占比仅为0.4%,且绝大部分还是手工业⑨。面对这种窘境,淮河流域进行国民经济恢复建设工作,积极推动工业企业的社会主义改造,其中包括恢复、改造、新建工业企业,接收官僚资本主义企业,初步确立了社会主义国营工业经济。

(1)恢复、改造、新建工业企业

新中国成立之前,淮河流域各解放区在国民党的频繁进攻和经济封锁下,依靠人民群众,克服重重困难,扶持和发展了一批工业和手工业,使卷烟、榨油、造纸、服装、纺织、造船、农具、采矿等行业都有一定的发展。这些企业虽然数量不多,规模不大,但从历史渊源来说,它们是社会主义国营经济的前身。新中国成立后,各解放区的公营企业自然转归国家所有,成为社会主义国营经济的来源和基础之一。如解放战争期间兴建的原新四军随军的东海卷烟厂1949年从江苏淮阴迁到安徽蚌埠,加上合并几家私营小烟厂,成为当时重要的国营卷烟企业。⑩ 再如蚌埠市肥皂厂,其前身是始建于1947年7月的江淮军区的大华肥皂厂,厂址原在江苏的墟沟,1948迁往宿迁,1949年迁往蚌埠,改名为建华化学企业公司,不久发展成为国营轻工企业。⑪

(2)接收官僚资本主义企业

除吸收解放区的公营企业外,淮河流域国营经济主要是在接收官僚资本主义企业的基础上形成的。1949年4月,中共中央发出的《中国人民解放军布告》指出:"凡属国民党反动政府和大官僚分子所经营工厂、商店、银行……均由人民政府接管。"⑫淮河流域主要工业城

---

① 安徽省人民政府.安徽60年[M].北京:中国统计出版社,2009:108.
② 安徽省人民政府.安徽60年[M].北京:中国统计出版社,2009:91.
③ 河南省统计局,国家统计局河南调查总队.河南六十年[M].北京:中国统计出版社,2009:206.
④ 河南省统计局,国家统计局河南调查总队.河南六十年[M].北京:中国统计出版社,2009:255.
⑤ 江苏省统计局,国家统计局江苏调查总队.数据见证辉煌:江苏60年[M].北京:中国统计出版社,2009:295.
⑥ 江苏省统计局,国家统计局江苏调查总队.数据见证辉煌:江苏60年[M].北京:中国统计出版社,2009:304.
⑦ 山东省统计局.辉煌山东60年[M].北京:中国统计出版社,2009:102.
⑧ 山东省统计局.辉煌山东60年[M].北京:中国统计出版社,2009:134.
⑨ 山东省统计局.辉煌山东60年[M].北京:中国统计出版社,2009:162.
⑩ 侯永.当代安徽简史[M].北京:当代中国出版社,2001:54.
⑪ 安徽省人民政府办公厅.安徽省情:3[M].合肥:安徽人民出版社,1987:148.
⑫ 毛泽东.毛泽东选集:第4卷[M].北京:人民出版社,1991:1457-1458.

市根据中央有关接管官僚资本时"不要打烂旧机构"和"保持原职原薪原制度"的方针,按系统"原封不动"地接收了官僚资本企业。在没收官僚资本企业的同时,还对私营企业予以扶植,主要措施是:扩大加工订货和产品收购,使私营企业能够继续发展生产;把一部分零售业务交给私营商业和小商贩经营;兼顾产、供、销三方面利益,规定适当差价,使私营企业有利可图,以活跃城乡物资交流。①

没收和接管官僚资本,对于建立和管好社会主义国营经济具有重要作用。徐州市没收、接管了官僚资本经营的徐州石油厂、华兴烟厂等一批企业。② 蚌埠市成立皖北企业总公司后,接管蚌埠电厂、宝兴面粉厂、门台子烤烟厂。恢复生产之后,由于管理科学、领导有力及政府的积极鼓励,这些企业向津京沪等地的先进企业学习,焕发出勃勃生机。如宝兴、信丰两厂在恢复生产不久生产效能即超过新中国成立前的生产水平,达到抗战前的产量记录,东海烟厂由每副机10小时产量600～700条增至1 000多条,其他如建华肥皂厂、宝兴榨油厂等产量都较新中国成立前大幅提高。③ 1951年,官僚资本家开办的同生烟厂被没收,由蚌埠市迁至凤阳县,改称淮上烟厂。④ 在接收过程中,各地采取措施保护民族资本主义经济,将其与官僚资本区别对待。如1951年,经相关部门研究核实,信丰面粉厂属私人筹资兴办,不是官僚资本,决定按照政策要求归还其产权。⑤

此外,在没收官僚资本企业的同时,还对私营企业予以扶植,主要措施是:扩大加工订货和产品收购,使私营企业能够继续发展生产;把一部分零售业务交给私营商业和小商贩经营;兼顾产、供、销三方面利益,规定适当差价,使私营企业有利可图,以活跃城乡物资交流。⑥ 通过这些措施,私营企业很快恢复了正常生产和经营,在国营经济的领导和扶持下得到发展。

经过三年的经济恢复,淮河流域工业建设取得了较大的成就。1952年,连云港工业企业数已超过50家,工业产值较1949年增长65.1%。⑦ 盐城以农副产品为原料的粮油加工业、酿酒业、日用品制造业占主导地位。1952年与1949年相比,工业总产值增长1倍。⑧ 1952年与1949年相比,信阳工业增加值增长10倍以上。⑨ 1949—1952年,蚌埠工业产值每年以63.3%的速度递增。⑩ 同时,在财力和物力允许的条件下,集中建立一批电力、纺织、机械、轻工等国营工业企业。如电力工业方面,淮南电厂扩建,成为皖中和皖北地区主要发电

---

① 杜诚,季家宏.中国发展全书:安徽卷[M].北京:国家行政学院出版社,1997:6.
② 江苏省统计局,国家统计局江苏调查总队.数据见证辉煌:江苏60年[M].北京:中国统计出版社,2009:248.
③ 佚名.皖北公营企业概况[N].皖北日报,1950-01-20.
④ 安徽省地方志编纂委员会.安徽省志.烟草志[M].北京:方志出版社,1998:71.
⑤ 安徽省蚌埠市中市区政协学习和文史资料委员会.中区文史资料:第1辑[Z].安徽省蚌埠市中市区政协学习和文史资料委员会,1999:105.
⑥ 杜诚,季家宏.中国发展全书:安徽卷[M].北京:国家行政学院出版社,1997:6.
⑦ 江苏省统计局,国家统计局江苏调查总队.数据见证辉煌:江苏60年[M].北京:中国统计出版社,2009:279.
⑧ 江苏省统计局,国家统计局江苏调查总队.数据见证辉煌:江苏60年[M].北京:中国统计出版社,2009:296.
⑨ 河南省统计局,国家统计局河南调查总队.河南六十年[M].北京:中国统计出版社,2009:287.
⑩ 蚌埠市政协文史资料研究委员会.文史资料选辑:第4辑[Z].蚌埠市政协文史资料研究委员会,1984:65.

基地。① 机械工业方面,先后兴建皖北铁工厂、皖北机械总厂,改建和扩建蔡家岗煤矿机械厂。② 轻工业方面,皖北对酿酒实行专酿专卖,赎买私人槽坊,成立一批市、县国营酒厂。江淮军区所属光华肥皂厂迁入蚌埠,成为皖北第一家国营肥皂厂。③

国民经济恢复时期,淮河流域工业建设不仅满足了广大人民群众的需求,也改善了工人自身的生活处境。新中国成立以前,淮河流域现代工业始终处于"开而未发"的状态,工业种类不多。经过相关部门的推动,蚌埠铁工厂、宿县铁工厂、阜阳铁工厂等改进农具达30多种。④ 还有许多企业开始实行劳动保障条例,工人享有养老保险、丧葬补助、生育补助疾病救济以及因工残废补助等多项社会保障措施。⑤

2."一五"时期的工业建设

为了贯彻"一五"计划,支援农业和发展加工制造业,淮河流域各地将工业建设的重点放在煤炭、电力、纺织、机械等行业。"必须贯彻为农业服务的方针和担当为国家建设所需承担的任务"是新中国成立初期发展工业的主要指针。⑥ 1954年,安徽省提出了发展工业的目标与任务,积极举办一些"多样化""中小型化"的工厂。"这些工厂的发展道路,应该由小到大,由低级到高级,由半手工到机械化,由半能厂到全能厂,只要我们掌握住有发展前途的,能推动和帮助其他生产事业的,并有利润,且有可能条件者,即可举办。"⑦

"一五"期间,淮河流域工业发展除内部因素外,还有两个重要的外部因素。

(1)沿海企业内迁

新中国成立后,毛泽东针对我国旧有的工业布局与工业结构的不合理性指出:"我国的全部轻工业和重工业,都有约百分之七十在沿海,只有百分之三十在内地。这是历史上形成的一种不合理的状况。沿海的工业基地必须充分利用,但是,为了平衡工业发展的布局,内地工业必须大力发展。"⑧淮河流域工业基础薄弱、资金短缺、人才匮乏、设备陈旧,很少有像样的工厂。在中央作出工业内迁决策后,淮河流域各级政府高度重视沿海城市工厂内迁,积极争取这些沿海工厂迁入。

以淮河流域安徽为例,从1954年开始,安徽省用3年时间先后3批从上海等地迁进工厂企业,除大部分落户于省会合肥以外,也有一部分落户于蚌埠、淮南等工业基础较好的城市。⑨ 1954年,上海大盛玻璃厂和大通热水瓶厂两家私营小玻璃厂内迁蚌埠,建立了公私合营的蚌埠玻璃厂。这家工厂生产的保暖瓶在市场上供不应求,部分玻璃器皿还返销上海。

---

① 安徽省地方志编纂委员会.安徽省志:电力工业志[M].合肥:安徽人民出版社,1993:12;安徽省电力工业志编纂委员会.安徽省电力工业志[M].北京:当代中国出版社,1995:29.
② 安徽省地方志编纂委员会.安徽省志:机械工业志[M].合肥:安徽人民出版社,1996:11.
③ 《当代中国》丛书编辑部.当代中国的安徽:上[M].北京:当代中国出版社,1992:433.
④ 安徽省机械厅机械工业生产、管理方面的文件、统计资料 档案号:J046-000002-00091[Z].安徽省档案馆.
⑤ 佚名.职工生产积极性大大提高,减轻了生活上的特殊困难[N].皖北日报,1951-10-20.
⑥ 曾希圣.安徽省人民政府一九五四年下半年工作情况和一九五五年工作任务的报告[N].安徽日报,1955-03-05(1).
⑦ 安徽省档案馆,等.中国共产党安徽省历次代表大会(代表会议)文件资料汇编[Z].安徽省档案馆,2003:13-14.
⑧ 毛泽东.毛泽东文集:第7卷[M].北京:人民出版社,1999:25.
⑨ 安徽省地方志编纂委员会.安徽省志:人物志[M].北京:方志出版社,1999:227.

该厂还先后试制成功玻璃纤维、玻璃布、玻璃棉、玻璃钢以及"玻璃肥料"、滴微灵等新产品。① 蚌埠还在山东青岛和江苏南京等地迁入企业的基础上建成蚌埠化工厂和蚌埠造纸厂。② 其中,蚌埠造纸厂的前身是私营小厂,由南京美大纸店的私人资本转来蚌埠设厂。1955年公私合营,名为蚌埠建华造纸厂,后来,企业规模扩大,工艺完备,产量提高,品种增加。③ 淮南从沿海地区迁来的企业主要有天一袜厂、安徽造纸厂以及淮南机床厂等。其中天一袜厂就是由上海天一袜厂和义隆丝光厂的2个车间内迁组建而成的。④

在内迁过程中,一些资本家面对企业困难,想乘公私合营之机甩掉包袱;还有一些资本家深恐合营后,会失去对企业的支配权和财产权,劳资双方普遍担心内迁后,工资、福利、待遇得不到保证,家属工作难以安排,担心内地生活艰苦难以适应等,甚至出现了一部分职工强行返沪的情况。针对劳资双方各自的心态,各级部门采取了灵活方式,加强宣传教育,使企业内迁工作进展顺利。

(2) 苏联的援建

"一五"期间,中国与苏联就援建项目达成协议,习惯上称之为"156项工程"。作为国家重点项目"156项工程",有68%的项目设在内地,特别是集中在东北三省及陕西、甘肃、湖北、四川等地。⑤ 苏联援建的"156项工程"安排在安徽省的仅有淮南谢家集中央洗煤厂,是第二批确定的项目。淮南谢家集中央洗煤厂1952年开始施工,1959年建成。该厂计划安排投资1 500万元,实际完成投资1 486万元。经过建设,淮南谢家集中央洗煤厂按计划建成,形成年洗煤100万吨的生产能力。⑥ 苏联援建的"156项工程"中的连云港锦屏磷矿、新海电厂及淮北盐场扩建工程完成,进一步奠定了工业化建设的基础。⑦

20世纪50年代初,蚌埠植物油厂建立。由于技术人才缺乏,当时的皖北行署聘请了苏联专家为总工程师,该厂当年设计,当年投产,产品畅销省内外。⑧ 1954年,蚌埠肉类联合加工厂兴建,产品以对外出口冻肉为主。蚌埠肉联厂是国家"一五"时期第一批建设的3个新型肉类加工企业之一。设计方案主要参照国外有关标准,在苏联专家指导下结合国内的技术条件制定。

至中苏关系破裂之前,仅淮南煤矿一地就有苏联专家70多人参与建设。淮南煤矿在苏联专家的指导下推广了一些先进的采煤技术,如单一长壁采煤法、水平分层采煤法、台阶采煤法、掩护支架采煤法、水力采煤法等。苏联专家还参与建设了淮南洗煤厂,它是苏联援建我国的又一重点项目。该厂从搜集资料到勘察选址、设计、施工、设备供应、安装运转、开工生产,全程得到苏联方面的支持。援建期间,苏联方面将新型电动机等先进设备投入使用,

---

① 《当代中国》丛书编辑部. 当代中国的安徽:下[M]. 北京:当代中国出版社,1992:466.
② 侯永. 当代安徽简史[M]. 北京:当代中国出版社,2001:109.
③ 安徽省人民政府办公厅. 安徽省情:3[M]. 合肥:安徽人民出版社,1987:142.
④ 淮南市地方志编纂委员会. 淮南市志[M]. 合肥:黄山书社,1998:18.
⑤ 吴景平,徐思彦. 1950年代的中国[M]. 上海:复旦大学出版社,2006:84-85.
⑥ 《当代中国》丛书编辑部. 当代中国的安徽:下[M]. 北京:当代中国出版社,1992:68.
⑦ 江苏省统计局,国家统计局江苏调查总队. 数据见证辉煌:江苏60年[M]. 北京:中国统计出版社,2009:279.
⑧ 安徽省政协文史资料委员会《安徽近现代史辞典》编委会. 安徽近现代史辞典[M]. 北京:中国文史出版社,1990:101.

并派出专家组到现场考察、设计,还派出土木建筑、机械安装、电气设备等方面的专家长期在工地具体指导。① 在凤阳门台子烤烟厂,苏联专家帮助提高烤烟技术。该厂设立检验机构,配备专职检验人员,制定检验规则,以标准样品和仪器设备检测代替以前手摸眼看的检测方法,烤烟合格率大幅攀升。②

总之,"一五"期间,淮河流域工业发展迅猛。1957年开封工业总产值为7 730万元,是1952年的2.45倍,年均递增29%。③ 1953—1957年,信阳工业总产值以年均29%的速度增长。④ 1957年与1952年相比,盐城工业总产值增长64%⑤;1957年与1953年相比,连云港工业生产年均增长12.0%⑥,宿迁年均增长12.5%⑦。1957年,菏泽实现工业总产值0.4亿元,为1952年的3.9倍。⑧

同时,淮河流域恢复和扩建了一批企业,投资新建了一批骨干企业,尤其是上海等沿海城市的企业内迁使淮河流域工业面貌大为改观。这些企业为后来的地区工业发展奠定了基础,初步形成了机电、纺织、化工、食品加工等现代工业的架构。如新建安徽磷肥厂(凤台县)、六安颗粒肥料厂,筹建淮南化肥厂⑨;佛子岭水电站首期工程、淮南田家庵发电厂投产发电⑩;建立国营亳县新华烟厂、凤阳新生烟厂,合并改建裕淮烟厂、淮丰烟厂⑪;改造完成开封豫明火柴厂、锦新纱厂、天同纱厂、益丰面粉公司等⑫;徐州重型机械厂生产双轮双铧犁⑬。

淮河流域企业管理学习苏联的经验,初步建立了一套管理国营企业的制度,如实行"一长制"、计划管理、按劳分配、经济核算、生产技术经济责任制及劳动保护等。这些办法对企业的现代化生产发挥了重要作用。但在具体运用时,过于依赖行政的力量,忽略经济规律,也给企业发展造成不利的影像。

(二)手工业的恢复与改造

新中国成立后,淮河流域手工业迅速得到恢复和发展,通过手工业社会主义改造,使之纳入国家计划轨道,在一定程度上孕育和催发现代工业的成长和壮大。当然,由于"左"倾错误的干扰和影响,手工业在取得巨大成就的同时,也出现失误,遭受挫折。

1. 手工业的恢复

新中国成立之初,淮河流域工业化开始步入正轨,但由于现代工业不可能在短时期内完全取代手工业生产,因此,手工业依旧在整个经济生活中居于重要地位。由于战争的破坏和

---

① 安徽省中苏友好协会.中苏友谊在安徽[M].合肥:安徽人民出版社,1960:4-5.
② 安徽省中苏友好协会.中苏友谊在安徽[M].合肥:安徽人民出版社,1960:30.
③ 开封市地方史志编纂委员会.开封简志[M].郑州:河南人民出版社,1988:52.
④ 河南省统计局,国家统计局河南调查总队.河南六十年[M].北京:中国统计出版社,2009:287.
⑤ 江苏省统计局,国家统计局江苏调查总队.数据见证辉煌:江苏60年[M].北京:中国统计出版社,2009:296.
⑥ 江苏省统计局,国家统计局江苏调查总队.数据见证辉煌:江苏60年[M].北京:中国统计出版社,2009:279.
⑦ 江苏省统计局,国家统计局江苏调查总队.数据见证辉煌:江苏60年[M].北京:中国统计出版社,2009:324.
⑧ 山东省统计局.辉煌山东60年[M].北京:中国统计出版社,2009:163.
⑨ 安徽省人民政府.安徽60年[M].北京:中国统计出版社,2009:95.
⑩ 安徽省人民政府.安徽60年[M].北京:中国统计出版社,2009:98.
⑪ 安徽省地方志编纂委员会.安徽省志·烟草志[M].北京:方志出版社,1998:71.
⑫ 开封市地方史志编纂委员会.开封简志[M].郑州:河南人民出版社,1988:52.
⑬ 江苏省统计局,国家统计局江苏调查总队.数据见证辉煌:江苏60年[M].北京:中国统计出版社,2009:248.

原料的缺乏,各手工工厂基本处于停业或时开时停状态。以榨油业为例,1949 年,蚌埠油厂一年开工仅 55 天;1950 年,阜阳专区油厂一年开工仅 96 天。随着局势的稳定,政府保证原料供应,加强对各榨油厂的投入;20 世纪 50 年代中期,各榨油厂生产逐渐趋于常态化,开工天数显著增加。其中,蚌埠油厂、淮南市油厂、凤阳县油厂每年开工均在 300 天左右。①

同时,淮河流域水旱灾害频仍。为了开展生产自救,各级政府鼓励民众积极发展副业,淮河流域手工业的恢复和发展就是在此背景下艰难起步的。受灾地区的国营贸易公司开始组织灾民开展打席、编筐、榨油、纺土纱等各种副业生产,并供应原材料,增设收购网点,收购灾民生产的各种农副产品。1950 年,蚌埠市政府组织麻袋厂、聚兴昌油厂进行生产自救。广大群众也积极为供销社、土产公司打席子、搓麻绳。蚌埠市郊区的灾民组成编席编筐搓绳组。② 宿县专区合作社与沿淮指挥部签订 100 万条芦席的合同,六安专区合作社大量收购油、盐、柴草等,以供治淮需要。至 1950 年底,安徽沿淮各县共组织榨油、编席、织布、磨粉等副业生产小组 45 785 个,吸收劳动力 73 万多人。③ 淮南市政府成立"生产救灾委员会",在向灾民发放救济款和物资的同时,积极组织灾民生产自救,从事渔业、粉丝加工、洗煤、磨豆腐等副业生产。④ 六安地区行署也组织灾民参加副业生产,每天平均达 9.44 万人,举办各种副业生产达 30 余种,其中有打油、磨粉、轧花、织布、做鞋、编席筐、打麻绳、制造农具等。⑤ 苏北行署合作推进总社要求各灾区合作社以排水救灾和扶植副业生产为中心工作。1949 年,重灾区沭阳县合作推进社组织 270 个灾民磨粉小组加工粉丝;支持灾民纺纱车 1 600 辆,并供应 2 万公斤棉花给灾民纺纱;每天供应 750 公斤花生米给灾民办小油坊,合作社帮助收购推销。⑥ 1950 年春,重灾区泗阳县合作推进社发动灾民开展各种形式的生产自救,先后组织磨粉、榨油、木匠、铁匠、织席、织布等 89 个副业生产自救小组。⑦

政府也重视发展非灾区副业生产。"开展副业生产,必须非灾区和灾区同时进行,以非灾区带动灾区。"⑧1949 年 12 月,皖北各界人民代表会议第一届全体会议通过《关于沟通城乡内外关系发展工商业的决议》,强调"发展工业必须解决资本原料和销路等问题。要解决这些问题,则必须发展农业,要使农业发展,提高山货土产之生产,故必须由运销土产,进到土产加工之工业生产"⑨。1951 年 5 月,皖北区土特产物资展览交流大会在合肥举行,主要商品包括土特产品和加工品,具体有铁锅、雨伞、草帽、牙具、火柴、豆饼、桐油、食油、中药材等。此后,皖北区又多次举办类似的物资交流大会。这些措施促进了物资交流,调动了个体手工业户发展生产的积极性,推动了域内手工业的发展。

---

① 工业厅计划处榨油、面粉工业历史资料　档案号:J046-000002-00058[Z]. 安徽省档案馆.
② 蚌埠市政协文史资料研究委员会. 文史资料选辑:第 4 辑[Z]. 蚌埠市政协文史资料研究委员会,1984:63.
③ 吴波. 与灾难战斗的皖北人民:皖北灾区访问记[N]. 皖南日报,1950-10-18.
④ 淮南市地方志编纂委员会. 淮南市志[M]. 合肥:黄山书社,1998:351.
⑤ 六安地区地方志编纂委员会. 六安地区志[M]. 合肥:黄山书社,1997:494.
⑥ 江苏省地方志编纂委员会. 江苏省志:供销合作社志[M]. 南京:江苏人民出版社,1994:68.
⑦ 江苏省地方志编纂委员会. 江苏省志:供销合作社志[M]. 南京:江苏人民出版社,1994:69.
⑧ 中共安徽省委办公厅,中共安徽省委党史工委,安徽省档案馆. 中共皖北皖南区委文件选编:1949—1951[Z]. 安徽省档案局,1994:100.
⑨ 安徽省档案局. 安徽经济建设文献资料:第 1 辑[Z]. 安徽省档案局,1986:12.

2. 手工业的社会主义改造

1952年底,根据中央提出的过渡时期总路线的要求,淮河流域手工业的社会主义改造与农业的社会主义改造几乎同步进行。随着农业合作化的发展,农产品以及其他商品统购统销体制的建立,分散、个体的手工业生产显然已经不能适应国民经济发展的要求。因此,对手工业实行社会主义改造,引导其走上社会主义道路成为历史的必然。手工业的社会主义改造主要是改变手工业的生产关系,通过加工订货、收购包销等方式,将私人手工业逐步改造为生产资料集体所有制的手工业合作社。1955年底,各地普遍成立生产合作社和生产组。1956年,各地手工业改造步伐明显加快。1957年,手工业社会主义改造基本完成。

新中国成立之初,淮河流域工业落后,现代工业较少,手工业在国民经济中所占的比例较大。由于手工业个体经营多,资金短缺,因此,需要的原料不能到产地直接采购,依靠私商供应,淡季产品推销困难,往往为了维持生产生活,就降低价格,造成淡旺季商品差价太大,生产不平衡,供求量不相适应。六安城区铁、木、棉、篾、伞5个行业,大部分资金少,经常是"淡季无活做,旺季不够销"。淡季时生意清闲仅能维持最低生活,有的甚至借高利贷来撑"门面"度日,旺季时则供不应求。如木业,绝大部分依靠政府机构加工订货,其原料用漆从霍山采办至六安,要经私商层层盘剥,甚至还被掺假。[①] 六安城关伞业联营工厂自开业以后,由于资金很少,经常停工。自1952年后工厂接受六安土产公司、六安合作社的订货任务。1953年接受订货任务占全厂年产量的70%以上。[②]

淮河流域对手工业的改造涉及纺织、铁工、染织等行业。在改造初期,蚌埠市手工业主要有31个行业,共1 149户2 847人,1955年以后出现了合作化高潮。至1955年9月,组织起来的手工业者有5 160人,社组有78个,除合并11个、划给民政局3个外,共有社组64个。[③] 1951年,宿州市33名个体铁、木业工人首先组成宿城铁木业生产合作组。次年,12名个体木工手工业者组成互助组。至1956年,先后组织起服装生产组、制鞋生产合作社、竹器生产合作社、白铁生产合作社、制绳社、木梳加工组、弹花生产合作社、衡器生产合作社、钟表社、修配组。[④] 1955年9月,淮南市有手工业生产社组31个,共1 264人,占手工业总人数的44.9%。1956年1月,手工业者参加合作化组织672户共2 570人,组成生产合作社21个共2 488人。[⑤] 1955年,临沂农业合作社达1.3万个。[⑥] 1956年,开封市90%以上的手工业者参加了手工业生产合作社、组。[⑦]

总之,通过手工业社会主义改造,手工企业的产量有了较大提升,有些企业进行技术改造,采用机器生产,极大地提高了生产效率。同时,公私合营取得了初步成效,通过组织合作社、组,使之纳入国家计划轨道,多数手工企业逐步发展为集体性的工厂。然而,由于"左"倾

---

① 中国科学院经济研究所.手工业资料汇编:1950—1953[Z].中国科学院经济研究所,1954:221.
② 安徽省机械厅伞联、火柴梗片、造纸印刷业关于私营工业的调查表 档案号:J046-000002-00051[Z].安徽省档案馆.
③ 手工业管理局:本局(包括生产联社)关于1956年至1967年手工业系统远景规划和1952年至1956年手工业工作综合报告 档案号:J038-1-1957-20[Z].蚌埠市档案馆.
④ 宿州市地方志编纂委员会.宿州市志[M].上海:上海古籍出版社,1991:33-34.
⑤ 淮南市地方志编纂委员会.淮南市志[M].合肥:黄山书社,1998:1050-1051.
⑥ 山东省统计局.辉煌山东60年[M].北京:中国统计出版社,2009:132.
⑦ 开封市地方史志编纂委员会.开封简志[M].郑州:河南人民出版社,1988:52.

思想的影响,手工业改造也存在一些缺点,主要有:① 改造步骤过猛,节奏过快,给群众生活带来诸多不便。如某些制造性行业集中生产后,只愿承担大批订货,不做零活和修理活,以致群众买些竹篮子、菜刀、火剪等日常用品十分困难。① ② 由于社并得大,生产人员多,正常的生产秩序受到冲击。有的地方不分行业性质、特点,不问有无协作关系,盲目地组织大混合社(也叫复合社)。有的全县以一个行业组成一个大社,有的以县为单位把铁、木、竹、缝纫、食品搞成一个大混合社。② ③ 对群众工资福利问题关心不够,以致部分社员、组员的收入比社、组前有所减少。合作化以后,社员福利待遇不升反降,以致出现了闹工资、闹退社,以及产品粗制滥造的现象。③

（三）工业的曲折前行

1958年5月,中央提出"鼓足干劲、力争上游、多快好省地建设社会主义"的总路线,强调以重工业为中心进行经济建设,并提出"在钢铁和其他工业产品的产量方面赶上或超过英国"。在此形势之下,全国掀起了一场"大跃进"式的经济建设运动。

1."大跃进"时期的工业

"大跃进"时期的工业建设以全民"大炼钢铁"运动为中心。1958年8月,中共中央北戴河会议号召全国人民为生产1 070万吨钢而奋斗。受急于求成、追求高速度等"左"的指导方针的影响,淮河流域发起"大办工业、大炼钢铁"的群众性运动。

为了完成钢铁生产计划,淮河流域各地纷纷上马兴建各类钢铁工厂。1958年,六安专署分别在六安城和水家湖镇兴办钢铁厂,六安县、霍山县等地亦相继兴办县钢铁厂。这些钢铁厂大多技术设备落后,产品质量不合格。④ 同年8月,蚌埠市成立冶金工业指挥部,先后建立蚌埠钢铁一厂、二厂、三厂、四厂及地委钢铁厂和工农兵钢铁厂等25家钢铁企业,建立土、小高炉近200座(不包括单位自筹资金建立的365座小高炉)。⑤ 1958—1961年4年间,蚌埠市累计产钢27 209吨,生铁236 084吨。后因原料缺乏,1962年钢铁工业"下马"。5年内,钢铁工业基建投资3 587万元,企业亏损6 740万元,合计损失10 327万元。⑥ 1958年,徐州兴建大小土高炉2 500余座,各行各业30万人参加生产。⑦ 1958年底,日照共建各种铁锅炉4 610座,最后全部废弃。⑧ 大搞"小土群"来大炼钢铁,违反了客观规律,造成了资源的严重浪费。

"大跃进"打乱了整个经济建设的正常秩序,社会生产比例关系严重失调,给经济建设造成极大的损失。工业的急剧增长使农村的大量劳动力转移到工业生产领域,既削弱了农业生产,也给工业生产带来一系列问题,诸如企业管理的规章制度难以坚持,完全不计成本,不

---

①③ 手工业管理局:本局(包括生产联社)关于1956年至1967年手工业系统远景规划和1952年至1956年手工业工作综合报告 档案号:J038-1-1957-20[Z].蚌埠市档案馆.
② 安徽工业通讯:合订本(二) 档案号:J007-000002-00233[Z].安徽省档案馆.
④ 六安地区地方志编纂委员会.六安地区志[M].合肥:黄山书杜,1997:243.
⑤ 安徽工业通讯:合订本(四) 档案号:J007-000002-00235[Z].安徽省档案馆.
⑥ 蚌埠市地方志编纂委员会.蚌埠市志[M].北京:方志出版社,1995:309.
⑦ 江苏省统计局,国家统计局江苏调查总队.数据见证辉煌:江苏60年[M].北京:中国统计出版社,2009:248.
⑧ 日照市地方史志编纂委员会.日照市志[M].济南:齐鲁书社,1994:169.

讲经济效益等。当然,根据国家"优先发展重工业的基础上发展工业"的总方针,淮河流域各级政府对本地工业发展做出规划,也正是由于群众主观热情较高以及部分领导干部的努力,"大跃进"时期,工业建设还是取得了一定成就。如重工业方面,宿东发电厂、梅山水电站建成投产[1];兴建淮南化肥厂、蚌埠橡胶厂、淮南橡胶厂、蚌埠轧钢厂等[2];徐州兴建十大机械工厂。[3] 轻工业方面,蚌埠兴建纺织厂、针织厂、麻纺厂西厂、毛纺厂[4];连云港兴建罐头厂、麻纺厂、造纸厂等[5];蚌埠卷烟厂、蚌埠肉联厂等也是在这一时期兴建和扩建的[6]。

2. 调整时期的工业建设

"大跃进"期间,由于片面强调重工业的作用,国民经济发展呈现出畸形发展的状况。1960年,针对"大跃进"运动中暴露出的一系列问题,中央发布《国营工业企业工作条例》(即"工业七十条"),决定实行"调整、巩固、充实、提高"的方针。该条例总结了进入社会主义建设时期尤其是"大跃进"时期的经验和教训,对于"大跃进"期间企业生产不考虑经济核算、不按规章制度办事、生产秩序混乱、经济效益极差等问题,条例提出要彻底理清企业的性质和任务、企业与国家的关系,建立和健全各项规章制度等,实行计划管理和按劳分配的原则等。

淮河流域各级政府根据条例精神,对工业企业工作进行了调整部署。如1962年4月,安徽省发布的《关于工业企业调整意见的报告》强调,要在"积极发展轻工业与小商品生产,坚决压缩重工业特别是钢铁和建筑工业生产"的基础上进一步调整国民经济计划。[7] 在各类工业产品产量方面,主要是将总体计划产量调低的情况下,除煤炭和水泥继续保持较高指标以外,其他重工业产品指标进一步下调,而轻工业产品计划指标则相应提高,其中火柴、胶鞋等人民生活急需用品计划指标大大提高。同时,淮河流域开展了以降低成本、提高产品质量为中心的增产节约运动,改善经营管理,改良生产技术,改进产品规格式样,增加花色品种,试制新产品。各地控制重工业的生产和建设规模,加速发展支农工业和轻纺工业,扩大日用品的生产,积极恢复和发展手工业。如阜阳地区及所辖各县于1961年成立手工业管理局,恢复手工业联社,积极组织手工业职工归队。全区手工业产品达783种,比1960年增长92.6%。1962年,全区手工业职工归队1.35万人,完成年产值5 008万元。[8]

中央"调整、巩固、充实、提高"八字方针提出后,轻工业成为经济调整的重要内容。通过调整,淮河流域轻工业逐步得到恢复与改善,日用小商品和小农具生产得以发展。

(1) 调整手工业企业所有制

按照中央指示精神,在"大跃进"期间已经转为国营工厂和公社工厂的手工业合作社,凡不利于调动工人的积极性,不利于恢复和增加产品品种,不利于提高产品质量,不方便群众

---

[1] 安徽省地方志编纂委员会. 安徽省志:电力工业志[M]. 合肥:安徽人民出版社,1993:14,43.
[2] 安徽省人民政府. 安徽60年[M]. 北京:中国统计出版社,2009:95,102.
[3] 江苏省统计局,国家统计局江苏调查总队. 数据见证辉煌:江苏60年[M]. 北京:中国统计出版社,2009:248.
[4] 蚌埠市地方志编纂委员会. 蚌埠市志[M]. 北京:方志出版社,1995:274.
[5] 江苏省统计局,国家统计局江苏调查总队. 数据见证辉煌:江苏60年[M]. 北京:中国统计出版社,2009:280.
[6] 安徽省地方志编纂委员会. 安徽省志:计划统计志[M]. 北京:方志出版社,1998:48.
[7] 中共安徽省委办公厅,中共安徽省委党史工委,安徽省档案馆. 中共安徽省委文件选编:1958—1962[Z]. 安徽省档案馆,2004:408.
[8] 中共阜阳地委党史工作委员会办公室. 阜阳四十年[M]. 合肥:安徽人民出版社,1991:102.

生活,采取适当步骤,重新改为手工业生产合作社或合作小组。经过调整,许多已经过渡到全民所有制的企业又退为集体所有制;转为公社工业的也大部分退了回来;并社、并组后转为联社统负盈亏的合作工厂(大集体工厂),也有一部分重新划为小核算单位。

(2) 调整轻、手工业管理体制

1961年8月,轻工业部、全国手工业合作总社发布的《关于铁器、木器、砂瓦陶瓷下半年生产安排的报告》认为,"锅、碗、盆、桶、锁、针、刀、剪之类的日用品,是广大人民生活所必需的,也是同农民交换农副产品所不可缺少的"①。根据中央有关文件规定,淮河流域各省决定将手工业从轻工业厅系统中分离出来,恢复成立省手工业管理局,地、市、县手工业管理机构也相继恢复。1964年2月,中央决定撤销手工业管理局,成立第二轻工业部,原轻工业部改为第一轻工业部(两部归口行业由此分别简称"一轻""二轻"),根据中央两部对归口行业的划分,在各省轻工业系统内部,对轻、手工业局的管理范围也作了相应调整。

(3) 调整企业和产品结构

轻工系统在"大跃进"运动中上马的企业,大部分实行关、停、并。其中,自行车厂、手表厂、缝纫机厂、啤酒厂、味精厂、小糖厂等全部下马。在此期间,日用品和支农用品生产得到了加强。如兴建、扩建了日用陶瓷厂、塑料制品厂,各地的日用小五金、小农具生产得到了恢复。

调整时期,淮河流域工业经济增长较快。信阳工业总产值增长41%②;济宁工业增加值增长103.4%,年均增长26.7%③;日照工业增加值年均增长10.7%④。同时,还新建和扩建了一批大中型企业,具备了相当规模的生产能力,如江淮化肥厂(扩建工程)、蚌埠纺织厂、淮北煤矿、淮南化肥厂等。经过调整,淮河流域工业既发挥了传统优势,又合理利用了自然资源。其中淮南、淮北的煤炭得到有效开发,蚌埠的纺织、轻工、食品、建材产业得到发展⑤,徐州新增生产起重机、机床等相关企业⑥。

3. "文化大革命"时期的工业

1966年开始的"文化大革命"彻底终结了调整时期对改革计划管理体制的积极探索,给淮河流域工业带来了巨大损失。

第一,政治运动不断,无法开展正常的工作。在极"左"口号的煽动下,"文革"初期大批工人脱离工作岗位,许多行之有效的生产工作制度被错误批判。同时,在企业里开展所谓"清理阶级队伍",各地工矿企业出现武斗的混乱状态。淮南对立的两派群众组织发生大规模武斗,造成淮南煤矿全部停产。淮南是华东地区重要的煤炭基地,煤炭生产直接影响上海等城市的能源供应。⑦ 1967年9月起,淮北多处发生武斗事件,绝大部分厂矿停工停产,淮

---

① 安徽省人民委员会.安徽省人民委员会转发国务院批转轻工业部、全国手工业合作总社"关于铁器、木器、砂瓦陶瓷下半年生产安排的报告"的通知[J].安徽政报,1961(4):75-78.
② 河南省统计局,国家统计局河南调查总队.河南六十年[M].北京:中国统计出版社,2009:287.
③ 山东省统计局.辉煌山东60年[M].北京:中国统计出版社,2009:99.
④ 山东省统计局.辉煌山东60年[M].北京:中国统计出版社,2009:120.
⑤ 中共安徽省委党史研究室."大跃进"运动和60年代国民经济调整[M].合肥:安徽人民出版社,2001:296-297.
⑥ 江苏省统计局,国家统计局江苏调查总队.数据见证辉煌:江苏60年[M].北京:中国统计出版社,2009:249.
⑦ 侯永.当代安徽简史[M].北京:当代中国出版社,2001:306-307.

北矿务局生产的原煤产量仅有184.5万吨,只完成年计划的52%,比1966年减少91.1万吨。① 1967—1969年,徐州工业生产分别下降6%、30.4%、30.1%。②

第二,一些工人和技术骨干受到不公正对待,生产陷于停滞。当时,反对"唯生产力论""利润挂帅""物质刺激",把企业的规章制度说成是"管、卡、压",这严重破坏了工业生产的正常秩序。许多技术干部被批判斗争,说他们搞"专家治厂",是"反动技术权威",因此许多技术干部靠边站,无法行使技术责权。如有的煤矿地质专家不能从事自己的专业,而是被安排去放牛。③ 在淮北煤矿,曾经为开发淮北矿区立过功劳的领导干部和知识分子,被打成了"走资派""反动权威""臭老九",惨遭批斗。在"造反有理"的喧嚣声和武斗声中,煤矿生产基本处于瘫痪状态。④

1970年后,中央曾对国民经济进行过一段时间的整顿。按照中央部署,淮河流域的工业也进行了一定程度的调整。1971年,装机容量10万千瓦的平顶山电厂建成并投入运营,后建成总装机容量60万千瓦的大型坑口电站——姚孟电厂。与电力工业配套的高压开关厂迁来,又建成舞阳钢铁公司,化肥、建材、机械、食品等工业也得到了相当大的发展。⑤ 安徽省机械工业局制定的《关于一九七三年机械工业工作的意见》明确要求,1973年机械工业基本建设不能安排新建项目,集中发展与农业机械化密切相关的企业,主要是续建前期未完成的蚌埠空压机厂、蚌埠柴油机厂、蚌埠水泵厂、六安轴承厂、怀远农机二厂、阜阳柴油机厂、六安地区农机厂、宿县地区机械一厂、宿县农机二厂、淮北矿山机器厂、六安机床厂、淮南化工机械厂等项目,并没有再盲目上马新的项目。⑥

"文革"时期,淮河流域工业在艰难曲折中发展。平顶山六矿、高庄矿、大庄矿和洗煤厂、焦化厂等先后兴建,绢纺厂、内衣厂、铝制品厂、灯泡厂等一批企业应运而生。⑦ 1975年,信阳工业总产值为3.41亿元,比1965年增长3.1倍,但工厂大多是技术含量不高的小厂,产品质量较差,经营陷于亏损。⑧ 济宁片面强调重工业生产,遏制了轻工业的发展,轻工业的占比由1965年的76.0%下降到1975年的36.1%,重工业占比则由24.0%上升到63.9%,煤炭、机械、电子、化工、轻纺工业有新的发展。⑨ 徐州北郊孟家沟初步形成化工区,徐钢、徐州铝厂进行了改造,县属化肥厂发展迅速,新发展了纺织、印染、洗衣粉等轻工业。⑩ 1975年与1966年相比,连云港工业生产年均增长8.0%。⑪

二、改革开放后的工业

党的十一届三中全会以来,淮河流域各省转换企业经营机制,深化企业改革,提高企业

---

① 中共淮北市委党史办公室.淮北市党史大事记[M].北京:安徽人民出版社,1989:112.
②⑩ 江苏省统计局,国家统计局江苏调查总队.数据见证辉煌:江苏60年[M].北京:中国统计出版社,2009:249.
③ 欧远方,徐则浩,宋霖.回忆李任之[M].合肥:安徽人民出版社,1991:175.
④ 淮北矿务局史志办公室.淮北矿务局志[M].北京:工人出版社,1988:66.
⑤⑦ 河南省统计局,国家统计局河南调查总队.河南六十年[M].北京:中国统计出版社,2009:219.
⑥ 阜阳地区革命委员会工业局关于安徽省革命委员会机械局、基本建设局、电子工业局文件 档案号:J029-1973-2-0080[Z].阜阳市档案馆.
⑧ 河南省统计局,国家统计局河南调查总队.河南六十年[M].北京:中国统计出版社,2009:288.
⑨ 山东省统计局.辉煌山东60年[M].北京:中国统计出版社,2009:99.
⑪ 江苏省统计局,国家统计局江苏调查总队.数据见证辉煌:江苏60年[M].北京:中国统计出版社,2009:280.

竞争力,工业基础持续改善,产业结构不断优化,工业经济实力不断增强,促进了淮河流域经济社会的发展。当然,淮河流域工业在保持健康快速发展的同时,也存在着一些困难和问题。

(一)国有工业的变革

1978年以后,淮河流域开始进行国有工业企业改革,改革大致经历了扩大企业自主权、实行承包经营责任制和厂长(经理)负责制、转换经营体制等阶段。随着各项措施的逐步实行和取得成效,企业生产的积极性大大提高,经济形势逐渐好转。淮河流域各地调整工业发展战略,工业追赶步伐不断加快。从以扩权让利为重点的企业改革,到以建立现代企业制度为目标的深化改革,经过艰辛的探索,终于找到了企业改革的目标模式,改革成效日益显著。

1. 放权让利改革

1977年,中央决定对全国的工业企业进行整顿。企业改革的方向就是实行政企职责分开、所有权和经营权适当分离,推行承包经营责任制,并对国有企业"放权让利"。1978年4月,中央颁发《关于加快工业发展若干问题的决定》,确立"党委领导下的厂长分工负责制",要求执行以责任制为核心的各项规章制度,精简企业机构,过多的非生产人员回到生产第一线。工业企业的管理体制,实行统一领导、分级管理的原则。① 1979年4月,中共中央工作会议提出"调整、改革、整顿、提高"的方针,决定扩大企业自主权。围绕"扩大企业自主权",政府向企业让渡了生产自主权等项经营管理权利。② 由于措施得力,我国国有工业发展出现了新的局面。

1979年10月,安徽省发出的《关于扩大工业企业自主权试点工作的通知》规定了扩大企业在人、财、物和产、供、销等方面的自主权。③ 1980年,安徽省发布《关于继续做好扩大工业企业自主权试点工作的通知》《关于继续抓紧抓好企业整顿、提高工作的意见》《关于扩权企业执行利润留成有关问题的处理意见》等,对增加试点单位、利润留成、择优录用职工、干部任免、扩大出口和外汇分成、合理安排和用好企业自有资金、企业的各项经济计划等问题,作出进一步规定。④ 1984年5月,安徽省委、省政府发出的《关于进一步完善工商企业经济责任制的通知》强调,必须要"进一步完善工商企业经济责任制,坚持责权利结合,充分调动企业和职工的积极性,提高经济效益"⑤。

通过放权让利改革,企业有了部分的自主计划权、产品销售权、奖金使用权、干部任免权等,从而改变了企业只按国家指令性计划生产、不了解市场需要、不关心产品销路、不关心盈利亏损的状况。与此同时,企业对市场作用给予了必要的重视。如蚌埠市开始对22户预算内工业企业进行了扩大企业自主权的改革试点,实行以利润留成为主要内容的经济责任制,

---

① 章迪诚.中国国有企业改革编年史:1978—2005[M].北京:中国工人出版社,2006:21.
② 中国社会科学院工业经济研究所企业管理研究室.中国工业管理部分条例汇编[M].北京:地质出版社,1980:371-374.
③ 中共安徽省委党史研究室.安徽改革开放大事记:1977.6—2008.6[M].合肥:安徽人民出版社,2008:41-42.
④ 杜诚,季家宏.中国发展全书:安徽卷[M].北京:国家行政学院出版社,1997:62-63.
⑤《安徽经济年鉴》编辑委员会.安徽经济年鉴:1985[Z].安徽经济年鉴编辑委员会,1985:114.

并对97户大集体工业企业改盈亏统负为盈亏自负。①

企业改革不仅理顺了国家、企业和职工三者之间的关系，还推动进行技术改造和设备更新，促进国有企业的发展。1980—1983年，蚌埠市食品技术改造项目达63个；1984年，蚌埠市食品工业创产值6.93亿元，占市区工业总产值的37%，实现利税1.94亿元。②徐州工程机械厂主要产品压路机的产量，1985年比1984年增长40.38%，产值增长22.69%，利润增长39.37%，上缴税金增长36.38%，出口产品增长3倍多。③

2. 现代企业制度的建立

有学者曾对我国经济改革的方式分析指出："在改革的过程中，旧经济体制的很多残余还存在，市场经济体制的很多制度安排已经开始出现，两种经济体制之间的矛盾和冲突是很多问题的根源。事实上，市场经济体制和计划经济体制都有一套环环相扣的逻辑，各种制度安排之间相互联系、相互作用因而形成了整个经济制度体系。"④因而，国有工业经济作为计划经济下建立起的经济体如何适应新兴市场经济成为我国经济发展需要破解的一道难题。从理论上说，解决这一冲突的根本办法就是完全过渡到一个新体系中去，但有鉴于苏联东欧改革失败的教训，显然选择"休克式"疗法不合时宜。另外一个选择就是再回到原有的计划经济体制中去，但是由于人们已经普遍尝到改革所带来的成果，再走回头路显然也行不通，因而中国经济体制改革只能往前不能退缩。

1985年开始，在广泛开展经济联合的基础上，部分企业以资金、产品、技术、销售、服务等为纽带，成立了或紧密或松散、多形式、多层次联合的经济实体，形成了早期的企业集团。1992年前后，淮河流域各级政府开始采用多种形式搞活国有企业，主要有租赁、承包、兼并、出售、股份制、股份合作制以及破产等。一批以大型生产或流通企业为核心，通过资产和生产经营纽带联结的企业集团开始形成。这些集团的核心企业都具有较强的实力，与集团的成员企业在资产上有参股或控股关系。其中1991年徐州率先在全国进行了企业内部三项制度改革，以建立现代企业制度为目标，以股份有限公司和有限责任公司为主要形式的国有大中型企业公司改制试点工作全面推行，在全市选择55家企业作为国家及省级试点单位进行公司制改造，推动了徐工和维维两家企业成功上市。⑤1994年，蚌埠市被国务院确定为"优化资本结构，增强企业实力"的10个试点城市之一。蚌埠市一方面对资不抵债的企业依法进行破产清算，减轻企业债务负担；另一方面，加大资金投入，促进国有资产在重组中向优势企业转移和集中。⑥1994年，阜阳、宿县大面积实行"先出售、后改制"办法，加快中小企业的股份合作制步伐。⑦1994年起，盐城在全市大中型企业中进行现代企业制度试点工作，组建和发展一批以产品为龙头、资产为纽带、骨干企业为核心的企业集团，如江苏悦达和江淮

---

① 中共蚌埠市委党史研究室，《蚌埠五十年》（政治·党建）编辑组.蚌埠五十年：政治·党建 1949—1999[Z].中共蚌埠市委党史研究室，1999：17.
② 《当代中国》丛书编辑部.当代中国的安徽：下[M].北京：当代中国出版社，1992：467.
③ 江苏经济年鉴编辑部.江苏经济年鉴：1986[M].南京：江苏人民出版社，1986：8.
④ 林毅夫.解读中国经济[M].北京：北京大学出版社，2012：168.
⑤ 江苏省统计局，国家统计局江苏调查总队.数据见证辉煌：江苏60年[M].北京：中国统计出版社，2009：249.
⑥ 《蚌埠五十年》编辑委员会.蚌埠五十年：1949—1999[Z].蚌埠五十年编辑委员会，1999：23-24.
⑦ 《安徽年鉴》编辑委员会.安徽年鉴：1995[Z].安徽年鉴社，1995：136.

动力股票的发行上市。① 1996年,阜阳市实施产权制度改革的企业达189家,其中拍卖出售65家,兼并划转12家,外资嫁接9家,国有小企业改制98家。组建古井、高炉、沙河、种子、中源鞋业、芬格欣药业、太和医药等企业集团30多家。② 1998年,驻马店组建40家企业集团,国有小企业以股份制、股份合作制和出售、转让为主要形式的产权制度改革全面铺开。③ 2000年初,蚌埠选择10家国有大中型骨干企业作为建立现代企业制度的工作重点。其中,滤清器总厂、第一制药厂、蚌埠玻璃厂、热电厂、天兔集团5家企业当年即完成由工厂制向公司制的过渡。④

通过现代企业产权制度改革,对国有大中型企业进行改制、改组和改造,组建以股份制、股份合作制为主要形式的公司制企业,逐步建立起适应市场竞争的经营机制,形成了多种经济成分竞相发展的格局,国有企业的数量与产值占比都大为下降。以2008年统计为例,开封市国有企业由1978年的207家减少到56家,国有企业总产值为26.92亿元,占规模以上工业企业总产值的4.0%;集体企业总产值为68.24亿元,占比为10.2%;股份制企业总产值达372.13亿元,占比为55.5%。⑤ 许昌市国有及国有控股工业企业由1978年的121家减少到36家,集体企业由506家减少到225家。非公有制企业达到9 597家,实现增加值732.8亿元,占生产总值的比例提高到69%。⑥ 扬州市国有企业产值占比由1978年的51.2%降至3.9%,集体企业由48.8%降至5.7%,而其他经济类型企业达到90.4%。⑦ 枣庄市国有与集体经济占5.5%,股份制经济占71.6%,外商及港澳台投资经济占5.0%,其他类型经济占17.9%。⑧ 日照市国有企业完成增加值7.8亿元,占规模以上工业增加值的2.1%;集体企业完成增加值3.6亿元,占1%;股份制企业完成工业增加值270.8亿元,占73.3%;股份合作企业完成增加值1.2亿元,占0.3%;外商及港澳台商投资企业完成增加值58.4亿元,占15.8%。⑨

虽然淮河流域企业改制总体进展顺利,但也存在一些问题,主要表现为国有资产流失和下岗职工问题。以阜阳市为例,改制以前,该市有拖拉机厂、轴承厂、印染厂、酒厂等10多家有一定规模的国有企业,但在20世纪90年代末改制过程中,政府主要采用简单的拍卖重组的方式,对于企业扭亏增盈产生了立竿见影的效果,但同时也在一定程度上导致国有资产流失。改制过程中,由于部分企业简单粗暴地解决企业内部矛盾,一些职工对改制表示不满甚至出现抵制情绪。2005年,原阜阳拖拉机厂部分职工由于不满企业改制集体上访,在当时产生了强烈的社会影响。⑩ 该市青峰机械厂也出现了不满情绪,改制破产工作难度比较大,

---

① 江苏省统计局,国家统计局江苏调查总队.数据见证辉煌:江苏60年[M].北京:中国统计出版社,2009:297.
② 阜阳市地方志办公室.阜阳年鉴:1997[M].合肥:黄山书社,1998:30.
③ 河南省统计局,国家统计局河南调查总队.河南六十年[M].北京:中国统计出版社,2009:301.
④ 王永富,蔡为民.蚌埠国企加快建立现代企业制度步伐[N].安徽日报,2000-08-21.
⑤ 河南省统计局,国家统计局河南调查总队.河南六十年[M].北京:中国统计出版社,2009:206.
⑥ 河南省统计局,国家统计局河南调查总队.河南六十年[M].北京:中国统计出版社,2009:260.
⑦ 江苏省统计局,国家统计局江苏调查总队.数据见证辉煌:江苏60年[M].北京:中国统计出版社,2009:305.
⑧ 山东省统计局.辉煌山东60年[M].北京:中国统计出版社,2009:78-79.
⑨ 山东省统计局.辉煌山东60年[M].北京:中国统计出版社,2009:123.
⑩ 阜阳市地方志办公室.阜阳年鉴:2006[Z].阜阳市地方志办公室,2006:71.

职工思想不统一。①

(二) 非公有制工业经济的兴起

改革开放以来,淮河流域非公有制经济迅速发展,在增加就业、发展生产、扩大出口、活跃市场、满足人民生活需要等方面扮演着越来越重要的角色,为社会主义经济发展注入了活力。个体、私营以及包括港、澳、台资在内的外资企业在对内搞活、对外开放的政策支持下逐步发展起来,特别是外资企业在吸取海外先进的经营理念与管理技术、弥补国内工业资本不足等方面具有重要作用。

1. 个体与私营企业

个体与私营企业是非公有制经济的重要组成部分,它们具有规模小、风险小、与人民生活需要联系密切的特点,在市场经济初期有效地弥补了公有制经济的不足。新中国成立初期,因"一化三改",个体私营企业逐渐转化为集体和全民所有制性质的企业。党的十一届三中全会以后,中央恢复了个体私营企业的合法地位,强调在坚持以公有制为主体的原则下,大力发展多种经济成分,充分调动社会多方面的积极性。

淮河流域各级政府结合实际,制定了相应的扶持政策,淮河流域的个体私营经济逐步发展起来。据统计,1980年9月,蚌埠个体工商业者有1 326户,其中355户属饮食业,450户属商业,372户属服务业,仅有149户属手工业经营者。② 1982年11月,蚌埠个体户达3 400多家,该市个体工商业联合会成立,这也是安徽省第一个市级个体工商者组织。③ 1987年,阜阳共有私营经济企业3 550家,其中产值在10万元以上的有3 305家,50万元以上的有204家,100万元以上的有41家。④

20世纪90年代以来,淮河流域各级政府进一步放宽政策,为个体私营经济的发展创造良好的外部环境。同时,加强领导和管理,促进个体私营经济健康发展。如安徽省政府1993年发出《关于加快我省个体、私营经济发展的通知》,1998年3月颁布《关于进一步加快发展个体私营经济的决定》,2000年11月颁布《关于进一步加快发展个体私营经济的若干意见》等,要求进一步放宽个体私营经济投资经营领域和登记注册条件,鼓励更多的人员从事个体私营经济,拓宽个体私营经济融资渠道,支持个体私营经济参与国有企业、集体企业改革,促进个体私营经济扩大规模、提升档次,进一步为个体私营经济提供优质服务等。⑤

改革开放以来,淮河流域个体经济、私营经济等非公有制经济从无到有、从弱到强,规模和实力都较之前有了长足进步,在增加税收、促进就业、产业结构调整中的推动作用逐渐增强。徐州市,2008年,民营企业和个体经营户有24.1万户,比1991年多21.1万户,增长7倍;2008年,民营经济实现增加值1 010.3亿元,比2004年增加535亿元,增长1倍多。⑥ 连

---

① 阜阳市地方志办公室.阜阳年鉴:2009[Z].阜阳市地方志办公室,2009:173.
② 《蚌埠市工商行政管理志》编纂委员会.蚌埠工商行政管理志[M].合肥:黄山书社,1994:254.
③ 中共安徽省委党史研究室.安徽改革开放大事记:1977.6—2008.6[M].合肥:安徽人民出版社,2008:110.
④ 国家"七五"期间中国私营经济研究课题组.中国的私营经济:现状·问题·前景[M].北京:中国社会科学出版社,1989:154.
⑤ 佚名.关于进一步加快发展个体私营经济的若干意见[N].安徽日报,2000-11-03.
⑥ 江苏省统计局,国家统计局江苏调查总队.数据见证辉煌:江苏60年[M].北京:中国统计出版社,2009:249.

云港市,2008年,私营个体企业总数达11.5万户,个体经营户有9.4万户,私营个体经济注册资本为500.8亿元;民营经济完成增加值382.55亿元,占GDP的比例达51%,民营经济实现税收47.43亿元,占全市全部税收的47.6%。① 泰州市,2008年私营企业有3.2万家,个体工商户有14.3万户。私营个体从业人员有83.3万人,占全市从业人员的29.6%;民营经济税收收入为115.7亿元,占财政收入的44.1%。② 济宁市,2008年,民营经济总户数达32.3万户,而1979年不足3 500户;2008年民营经济注册资金为426.1亿元,而1979年仅为28万元;2008年上缴税金135.2亿元。工业领域中,规模以上非公有工业增加值占比上升到50.0%。③ 临沂市,2008年私营企业有2.3万家,个体工商户有18.6万户,个体私营经济注册资金为515.6亿元;非公有经济增加值实现增加值占生产总值的75.1%。④ 信阳市,2008年以非公有制经济占主体地位的工业企业数达49 601家。⑤

2. 外资企业

改革开放前,淮河流域利用外资基本上是空白。随着对外开放政策的实施,淮河流域走过了由封闭到逐步开放的过程,利用外资经历了从无到有、从少到多、由局部到整体的发展过程。

1984年4月,连云港市被国家确定为全国沿海14个首批对外开放城市,进入了淮河流域对外开放的新时代。淮河流域各级政府抢抓机遇,大力实施开放带动战略,出台了一系列的政策措施,改善投资环境,鼓励外商投资,一些外商投资企业或中外合资企业先后落户淮河流域。1984年,连云港、郑州设立第一家中外合资企业。1985年,济宁设立第一家合资企业。1986年,信阳设立第一家外商投资企业。1987年,盐城创办第一家外商投资企业。伴随着新亚欧大陆桥的全线贯通,特别是1992年初邓小平南方谈话发表以来,淮河流域对外开放的步伐明显加快,开放程度明显提高,利用外资更加全面系统化。虽然一度受到金融危机等因素的影响,外商直接投资的占比下降,但总体上,淮河流域利用外资不断增长,规模不断扩大。到2009年,淮河流域利用外资的规模及投资总额达到新水平。在安徽,2009年,淮北、亳州、宿州、蚌埠、阜阳、淮南、六安7市外商直接投资项目53个,合同外资为42 967万美元,实际到账外资为81 766万美元。⑥ 在河南,2009年,郑州、开封、平顶山、许昌、漯河、商丘、信阳、周口、驻马店9市合同外资为300 379万美元,实际到账外资为262 890万美元。⑦ 在江苏,2009年,徐州、连云港、淮安、盐城、宿迁、扬州、泰州7市外商直接投资项目106个,合同外资为1 488 016万美元,实际到账外资为601 512万美元。⑧ 在山东,2009年,枣庄、济宁、日照、临沂、菏泽5市外商直接投资项目164个,合同外资为136 995万美元,实际

---

① 江苏省统计局,国家统计局江苏调查总队. 数据见证辉煌:江苏60年[M]. 北京:中国统计出版社,2009:283.
② 江苏省统计局,国家统计局江苏调查总队. 数据见证辉煌:江苏60年[M]. 北京:中国统计出版社,2009:321.
③ 山东省统计局. 辉煌山东60年[M]. 北京:中国统计出版社,2009:102.
④ 山东省统计局. 辉煌山东60年[M]. 北京:中国统计出版社,2009:136.
⑤ 河南省统计局,国家统计局河南调查总队. 河南六十年[M]. 北京:中国统计出版社,2009:293.
⑥ 安徽省统计局,国家统计局安徽调查总队. 安徽统计年鉴:2010[M]. 北京:中国统计出版社,2010:516.
⑦ 河南省统计局,国家统计局河南调查总队. 河南统计年鉴:2010[M]. 北京:中国统计出版社,2010:234.
⑧ 江苏年鉴杂志社. 江苏年鉴:2010[Z]. 江苏年鉴社,2011:170.

到账外资为139 913万美元。①

改革开放以来,淮河流域各地相继出台各项鼓励外商直接投资的政策措施,积极举办各类招商洽谈会,对吸引外商投资起到了一定的作用。但是,从实际效果来看,外商直接投资的地区分布很不平衡。外商投资有一定区域性特征,即首先看好中心城市,区域中发展水平相对较高的地区往往是其投资首选。如在安徽,淮河流域与非淮河流域地区引进外资的数量和质量均有较大差距。2003年,合肥市实有外商投资企业384个,投资总额为19.61亿美元,注册资本为12.71亿美元,外方认缴注册资本为9.19亿美元,比上年分别增长-2.3%、4.1%、2.4%、0.03%;当年新开业70个,占全省的18.4%。本省皖江地区由于地理位置相对较好,也成为外商投资的又一热点。皖江8市实有外商投资企业894个,投资总额为33.29亿美元,注册资本为19.47亿美元,外方认缴注册资本为12.98亿美元,比上年分别增长14.0%、20.3%、20.7%、21.6%;当年新开业企业数占全省的51.9%。反观本区,皖北6市实有外商投资企业428个,投资总额为27.58亿美元,注册资本为12.99亿美元,外方认缴注册资本为8.15亿美元,比上年分别增长4.4%、45.7%、28.9%、36.7%;当年新开业企业数占全省的19%。②

(三)乡镇工业的勃兴与低落

乡镇工业的前身,称社办工业,又称社队工业。这些小作坊或工场拥有简单的生产设备,从事小农具制造修理、砖瓦石料加工、土纺土织、服装缝纫、食品加工及手工艺品制作等工副业生产。改革开放后,乡镇工业虽经曲折,但不断发展壮大,成为工业经济的重要支柱。

1. 兴衰历程

乡镇工业肇始于新中国成立初期的农村工副业和个体手工业。随着农业合作社的发展,兼营手工业的农民先后参加了农业合作社、农村专业手工业小组或手工业合作社。这些手工业小组、手工业合作社是乡镇工业的早期萌芽。1958年,开始出现兴办社队企业的热潮。1959—1961年经济困难时期,社队企业对国营经济起到了补充作用。在1962年,国家对社队企业进行整顿,社队企业一度被束缚。1964年后,社队企业复苏。1966年"文革"开始后,社队企业再次受到冲击。

改革开放后,乡镇工业发展步伐加快。凤阳县在全国率先实行农村家庭联产承包责任制,长期被压抑的农业生产力被释放出来。农村实行政社(企)分开,撤社改乡(镇),社队工业更名为乡镇工业。此外,各种合作企业、联营企业、股份制企业、私营企业发展较快,也成为乡镇工业的重要组成部分。在此背景下,淮河流域各级政府采取多种政策措施扶持社办工业或乡镇工业。如江苏省委、省政府先后发布《积极发展社队工业,加快实现公社工业化》《关于推进乡镇企业技术进步的若干政策规定》《关于进一步扶持、引导乡镇企业健康发展的通知》等;安徽省委、省政府先后发布《关于大力发展社队企业的决定》《关于加快发展乡镇企业若干问题的暂行规定》《关于在治理整顿中积极引导乡镇企业健康发展的通知》等;山东省

---

① 山东年鉴编辑部.山东年鉴:2010[Z].山东年鉴社,2010:338.
② 《安徽年鉴》编辑委员会.安徽年鉴:2004[Z].安徽年鉴社,2004:68.

委、省政府先后发布《关于大力发展社队企业的通知》《关于大力发展乡镇企业的决定》《关于进一步加快乡镇企业发展的若干规定》《关于推动乡镇企业持续、稳定、协调发展的决定》等；河南省委、省政府先后发布《关于发展乡镇企业的决定》《关于支持、搞活乡镇企业的若干规定》等。这些文件的出台，在财税、金融、人才、技术、设备等方面大力支持乡镇工业发展，对于淮河流域乡镇工业发展具有重要的意义。

在江苏徐州、淮阴、盐城、连云港和宿迁5市，1980年，乡镇工业产值为14.77亿元，到1997年，产值达1 439.55亿元。其中徐州市乡镇工业产值1980年为3.69亿元，到1997年，增至461.15亿元；盐城市乡镇工业产值1980年为6.60亿元，到1997年，增至445.76亿元；连云港市乡镇工业产值1980年为1.12亿元，到1997年，增至326.46亿元。① 在安徽阜阳，1978—1983年，社队工业产值年平均增长10%左右。"阜阳模式"的成功带动了阜阳地区乡镇工业的发展。到1992年，阜阳地区乡镇工业产值达507 119万元，排名全省第一。② 在山东日照，1985年，全市乡镇企业总产值达7 088万元，1989年，全市乡镇企业总产值达68 352万元。③

1978年以来，淮河流域乡镇企业虽然较之以前有了很大进步，但就其发展速度和规模来说，内地不及沿海地区，各省淮河流域地区也不及非淮河流域地区。如苏北乡镇工业曾经模仿苏南发展乡镇集体工业的做法，走了弯路，与苏南的差距不断拉大。虽然产值不断增加，但是占全省乡镇工业总产值的比例却逐年下降。据统计，1984—1988年，苏北乡镇工业产值从25.73亿元增至93.36亿元，但占全省乡镇工业产值的比例由11.65%降至10.16%，1991年降至8.84%，1992年进一步降至7.15%。④

2. 原因分析

改革开放以来，淮河流域乡镇工业发展取得了巨大的成就。主要因为以下两个方面的因素：

（1）中央政府的支持

1979年9月，中共十一届四中全会通过的《中共中央关于加快农业发展若干问题的决定》指出，要推动社队企业的大发展。1984年，中共中央、国务院转发农牧渔业部《关于开创社队企业新局面的报告》的通知，对发展社队企业作了明确的规定。1985年，中共中央、国务院颁发《关于进一步活跃农村经济的十项政策》，要求各地对乡镇企业实行信贷、税收优惠。1996年3月，为了鼓励各地积极发展乡镇企业，中央对乡镇企业实行多项优惠政策，如对兴办乡镇企业、城乡联办企业、城市工矿扩散联营企业和国有农场集体企业（不含烟酒等）免征产品税、营业税1年，免征工商所得税2～3年；直接为乡镇企业服务的项目和"三废"（废水、废气、废渣）改造项目免征所得税。⑤

当然，全国各地在寻找和探索摆脱困境的出路时，中央并没有明确系统的方案，而是要

---

① 江苏省地方志编纂委员会. 江苏省志：乡镇工业志[M]. 北京：方志出版社，2000：83.
② 安徽省经济信息中心. 安徽经济工作手册[Z]. 安徽省经济信息中心，1993：59-61.
③ 日照市地方史志编纂委员会. 日照市志[M]. 济南：齐鲁书社，1994：170.
④ 江苏省地方志编纂委员会. 江苏省志：乡镇工业志[M]. 北京：方志出版社，2000：82.
⑤ 江苏省地方志编纂委员会. 江苏省志：乡镇工业志[M]. 北京：方志出版社，2000：293.

靠自己"摸着石头过河"。阜阳市乡镇工业的发展成效显著,引起了中央高层的关注。《人民日报》等主流媒体对阜阳模式予以连续报道,中央农研室等机构更是将阜阳设立为乡镇企业模范点。中央的支持无疑成为阜阳乡镇企业得以进一步发展的保障和动力。

(2) 地方政府的重视

淮河流域各省党委和政府根据中央的精神,出台一系列具体的扶持政策,对乡镇工业予以支持与帮助。在安徽省,1984年7月发布的《关于加快发展乡镇企业若干问题的暂行规定》提出,对新办的乡镇企业,要走专业户、专业村、联合体、合作经济发展乡镇企业的新路子;对乡镇企业产品要采取灵活的价格政策,除国家平价供应原材料和燃料生产的,原则上执行国家统一的价格外,其他产品的价格均随行就市并实行优质优价。① 在江苏省,1990年3月发布的《关于进一步扶持、引导乡镇企业健康发展的通知》指出,对技改任务重、效益比较好、符合国家产业政策的乡镇企业,年综合折旧率在原来的基础上再提高1个百分点;从1989年起新借的贷款,符合国家产业政策、归还贷款有困难的企业,可按现行税收管理体制的规定,报经有权税务机关批准后,减征或免征所得税。② 1996年6月发布《关于进一步加快发展和提高乡镇企业的决定》,要求各级政府抓好一批具有举足轻重影响的企业集团、高新技术企业和南北合作项目,给予重点扶持。③ 在山东省,1984年7月发布《关于大力发展乡镇企业的决定》,1986年9月发布《关于进一步加快乡镇企业发展的若干规定》,1991年6月发布《关于推动乡镇企业持续协调发展的决定》。这些文件规定,取消对乡镇企业经营范围的限制,对乡镇企业给予资金、税收等方面的支持,保护乡镇企业的合法权益。④ 在河南省,1984年5月发布《关于发展乡镇企业的决定》,1988年4月发布《关于支持、搞活乡镇企业的若干规定》,要求进一步放宽政策,采取多种形式发展乡镇企业。⑤

同时,受多种因素的影响,淮河流域乡镇工业几经曲折,风光不再。究其原因,大致分为以下两个方面:

(1) 人才优劣势的转换

改革开放之初,淮河流域人口密集,具备一定的人才优势。由于历史原因,下岗职工较多,加上退伍军人、高初中毕业回乡青年多,这成为当时发展乡镇企业宝贵的人力资源。与之形成鲜明对比的是,随着改革开放的日渐深入,在人才流动方面,我国日渐形成"孔雀东南飞"的人才格局,东南沿海地区在国家政策支持之下对人才的吸引力远远超过了内地或落后地区,致使一度不仅"孔雀东南飞",连"麻雀也都东南飞"了,而且"有的麻雀飞到东南还变成孔雀"了。

(2) 竞争意识的缺乏

"在传统生产方式下,农村以自给性生产为主,农民缺少市场意识和竞争意识。"⑥众所周

---

① 安徽省地方志编纂委员会.安徽省志:乡镇企业志[M].北京:方志出版社,1999:31.
② 江苏省地方志编纂委员会.江苏省志:乡镇工业志[M].北京:方志出版社,2000:291.
③ 江苏省地方志编纂委员会.江苏省志:乡镇工业志[M].北京:方志出版社,2000:293.
④ 中共山东省委政策研究室.山东改革三十五年[M].济南:山东人民出版社,2014:280.
⑤ 中共河南省委党史研究室.中国共产党在河南八十年[M].郑州:河南人民出版社,2001:274.
⑥ 厉以宁.工业化和制度调整:西欧经济史研究[M].北京:商务印书馆,2010:93-94.

知,淮河流域是中国传统的农业经济区,囿于中国农民的天性,"小富则安,小富则满"成为一种大众心理。"沿淮地区虽然有久远的文明,但勤俭创业的传统不彰,轻视财富的创造和积累这一文化缺失表现较为明显,听天由命、靠天吃饭的思想长久影响着人们的行为,守土恋家、小富即安的意识至今还大量存在。"[1]这与市场经济和工业文明形成鲜明的反差。此种心理之下,人们对风险的害怕和求稳的心态,使其在企业经营和发展上趋于保守、守成,不愿再冒风险,因而适应不了新的形势,往往选择适可而止,随之由作坊主、小业主上升为工业企业家的凤凰涅槃只能成空。

第二节
当代淮河流域工业的发展

国家区域经济发展的变动会直接改变政府与民间投资(包括外资)的方向,进而导致整个区域经济格局发生变动,并改变地方经济发展的外部环境。因而,国家区域经济发展战略是影响地方经济发展及其战略选择最重要的因素。新中国成立以来,尤其是改革开放后,淮河流域的工业门类较为齐全,以煤炭、电力、食品、轻纺等为主,化工、电子、建材、机械制造等也有很大的发展,具备较好的工业发展基础。从纵向来看,淮河流域轻、重工业得到了前所未有的发展;然而从横向来看,淮河流域现代工业发展远不及东部沿海地区,甚至还不及各省非淮河流域地区。

"国家的区域政策和计划在很大程度上决定了地区的发展方向和途径。作为统一国家的组成部分,每个地区的发展方向和途径不仅取决于地区自身的自然、社会、经济资源条件和现有发展水平,而且取决于国家的区域政策和计划。在有计划商品经济条件下,国家为了维护政治经济统一,保证宏观经济的协调、稳定发展,不仅要求国民经济各部门按比例发展,而且要求全国各地区之间形成合理的地域分工和区际联系,要求社会资源在各地区之间进行合理分配。"[2]因此,地区计划必须与国家计划相衔接。区域政策决定了每个地区在国家重点发展优先程序中的地位。以经济发展的不平衡理论为基础,国家在一定发展时期内总会确定某些重点发展部门和地区。

一、国家战略选择与淮河流域工业发展

由于各地区产业构成的差异,重点部门的选择最终总会落实到某些地区,从而会对不同

---

[1] 蚌埠年鉴编纂委员会.蚌埠年鉴:2006[M].合肥:黄山书社,2006:3.
[2] 郭万清.中国地区比较优势分析[M].北京:中国计划出版社,1992:275.

地区产生不同影响,重点地区的选择对各地区的发展更是具有直接影响。发展重点的确定最终使各地区在国家重点发展优先程序中处于不同地位。这不仅体现在各地区在社会总资源的空间分配中将获得不同的份额,而且由于政策投入的不同,各地区在经济发展目标、途径和空间选择方面享有不同的"自由度"。[①] 国家不同时期的经济政策对淮河流域现代工业建设产生了重要作用。新中国成立以来,由于受国内外政治经济等多重因素的影响,整个宏观区域经济格局分别在20世纪80年代和21世纪发生两次显著变动。中国的国家区域经济发展战略经历了均衡发展、非均衡发展的重大调整。与之相对应,淮河流域工业化道路经历了新中国成立初期现代工业较快发展,"大跃进"与"文革"期间曲折发展,改革开放以来的调整与恢复、徘徊、奋力追赶等几个阶段。

(一)区域均衡发展战略背景下的淮河流域工业

区域发展战略的制定,不仅需要考虑地区的自然、人文、历史等因素,还取决于国家的发展战略。改革开放前,淮河流域工业在发展战略上主要是以国家均衡发展战略为指导思想,实践中更多地受国家政策的影响。

1. 国家对淮河流域工业的初步改造

由于历史欠账太多,加上战争影响,新中国成立之初淮河流域工业基础十分薄弱。开封市有机器、半机器或手工生产的企业775家,其中百人以上的工厂仅有铁路修配厂、天丰面粉厂、益丰面粉厂和益中烟厂4家,其余大部分为小型作坊和家庭手工业,设备简陋,技术落后,生产效率低。[②] 蚌埠市工业产品产量较低,所使用的原材料只有100种左右,能源主要来源于煤炭电力,其工业和制造业落后[③];至1949年6月,全市开工小型工业企业只有262家,大部分为复工,以织布、手卷烟、砖瓦为主,公营企业只有榨油、面粉、肥皂、卷烟等6个工厂,工人约有3万人,其中产业工人只有5 000余人,以苦力为多,仅手工业就有308家。[④] 幸存的大部分工矿企业也处于歇业或停业状态。

传统中国现代工业的建设本质上是对外来冲击的回应,工业布局很不合理。1949年,占全国国土总面积12%的东部沿海地区,工业总产值占全国的77.6%,而占国土面积88%的广大内地,工业总产值仅占全国的22.4%。[⑤] 针对这种不合理的工业布局,陈云指出:"搞工业要有战略眼光。选择地点要注意资源条件。"[⑥]新中国成立初期,包括淮河流域在内的广大内陆地区面临千载难逢的发展机遇。以上海、青岛等为代表的沿海地区工业在近代中国处于领先地位,为了加大沿海地区与包括淮河流域在内的内地合作,淮河流域各级政府与全国其他地区一样选择了加快发展工业的方针与策略。

河南省政府根据中央确定的"重点恢复、稳步发展"的方针,从上海、无锡等地迁来一批

---

① 郭万清. 中国地区比较优势分析[M]. 北京:中国计划出版社,1992:275.
② 开封市地方史志编纂委员会. 开封简志[M]. 郑州:河南人民出版社,1988:50.
③ 蚌埠市地方志编纂委员会. 蚌埠市志[M]. 北京:方志出版社,1995:236.
④ 中共安徽省委办公厅,中共安徽省委党史工委,安徽省档案馆. 中共皖北区委文件选编:1949—1951[Z]. 安徽省档案局,1994:19-45.
⑤ 魏心镇. 工业地理学[M]. 北京:北京大学出版社,1982:139.
⑥ 陈云. 陈云文稿选编:1949—1956[M]. 北京:人民出版社,1982:97.

烟厂、纱厂、印刷厂,恢复和扩建了原有的一批煤矿和纺织厂,新建、扩建和改建了不少工矿建设项目,其中许多企业落户淮河流域的开封、郑州、许昌等地。① 1950—1952年,先后从沿海地区城市迁来郑州的卷烟、火柴、榨油、印刷、棉纺织等行业的各类工厂有20多个,包括上海利民纱厂、无锡新毅纱厂、上海信和纱厂等②;内迁开封的有无锡天同纱厂与锦新纱厂、龙华烟厂、豫明火柴厂等。③ 1955年,上海铸丰搪瓷厂也内迁开封。④

安徽省政府结合上海企业内迁和转移的实际,积极争取上海、青岛等沿海城市企业内迁入皖。1954—1958年,安徽省从上海等地引进企业106家(一说108家),这些企业大部分落户省会合肥,也有部分企业落户蚌埠、淮南等地,这些内迁企业对于淮河流域工业的发展和工业结构的调整产生了积极影响。"一五"期间,安徽省政府在由山东青岛等地迁入企业的基础上建成蚌埠化工厂和蚌埠造纸厂。⑤

1953年,"一五"计划开始执行,中央针对重工业普遍落后的状况确立优先发展重工业的战略。"一五"期间,主要以苏联援建的"156项目"为重点项目进行工业建设。河南省是这一时期工业建设投入较多的省份,"156项目"中有10项在河南省,然而具体到淮河流域只有郑州第二热电站和平顶山二号立井,其余8项均在非淮地区。平顶山二号立井计划投资3 100万元,实际投资3 156万元,"一五"期间完成投资720万元。郑州第二热电站计划投资2 008万元,实际投资1 971万元,"一五"期间,完成投资1 971万元。⑥ 1953年10月,郑州电厂得以建成并投入使用。1954年,河南省会从开封迁往郑州,从此郑州成为河南省的政治经济文化中心。在中央和河南省政府的支持下,郑州工业得到迅速发展。1957年11月,郑州电网开始建成送电。1953—1957年,郑州国营一、三、四、五、六棉纺织厂相继建成。除此之外,"一五"期间郑州还兴建、扩建了一批机械厂、建材厂、卷烟厂、化工厂、食品厂等。郑州由此成为带动河南淮河流域地区工业发展的强力引擎之一。

苏联援建的"156项工程项目"——淮南谢家集中央洗煤厂是安徽淮河流域唯一一个项目,1952年开始施工,计划投资1 500万元,实际投资1 486万元,1959年建成。其中,"一五"期间完成投资472万元,最终建成年100万吨生产能力的洗煤矿。1957年,安徽省原煤年产量达504.25万吨,其中淮南矿区即达492.9万吨。⑦ 淮南煤矿为华东地区乃至全国工业建设提供了能源保障。

三年经济恢复时期和"一五"期间,淮河流域其他地区在现代工业建设方面也有所建树。然而从整体上看,由于国家投资成本总额有限,淮河流域不可能得到更多的国家支持,而且淮河流域内部也存在工业发展不平衡现象。以河南为例,1957年,许昌专区有工业企业126个,职工只有10 000多人,企业规模较小;郑州市有工业企业94个,职工37 883人,企业规模较大;平顶山作为后起城市,工业企业只有6个,产业结构单一。具体如表3.1所示。

---

① 《当代中国》丛书编辑部.当代中国的基本建设:下[M].北京:中国社会科学出版社,1989:6.
② 郑州市地方史志编纂委员会.郑州市志:第4分册[M].郑州:中州古籍出版社,1999:7.
③ 张大卫.中原崛起之路:河南省60年发展回顾[M].郑州:河南人民出版社,2006:57.
④ 程子良,李清银.开封城市史[M].北京:社会科学文献出版社,1993:299-300.
⑤ 杜诚,季家宏.中国发展全书:安徽卷[M].北京:国家行政学院出版社,1997:16.
⑥ 董志凯,吴江.新中国工业的奠基石:156项建设研究 1950—2000[M].广州:广东经济出版社,2004:453.
⑦ 董志凯,吴江.新中国工业的奠基石:156项建设研究 1950—2000[M].广州:广东经济出版社,2004:493.

表 3.1　1957 年河南淮河流域各地工业企业数及职工人数表

地　区	企业数	职工数	地　区	企业数	职工数
郑州市	94	37 883	平顶山市	6	4 032
许昌专区	126	10 663	信阳专区	101	6 475
开封专区	74	11 087	开封市	51	13 520
商丘专区	67	3 176	合　计	519	86 836

注：周口、漯河、驻马店三市在当时均不是地级市，故此表三市均没有统计数据。
资料来源：河南省统计局.河南省国民经济统计资料提要：1949—1957[Z].河南省统计局，1958：35.

2. "大跃进"时期的工业建设

1958 年，中央提出"赶英超美"的口号，制定"鼓足干劲、力争上游、多快好省地建设社会主义"的总路线，"大跃进"运动自此开始。淮河流域各地也先后开始"大跃进"运动。1958 年 3 月，安徽省委发出《关于开展工农生产大跃进宣传运动的指示》，明确提出"五至七年工业产值超过农业产值"的口号。[①] 同年 6 月，山东省委在济南召开全省地方工业会议，提出了"1959 年平(工农业持平)，1960 年超(工业超过农业)，1962 年基本工业化"的口号。会议要求"立即在全省掀起一个以发展钢铁为中心的工业生产高潮"[②]。

应该看到，总路线反映了全国人民迫切要求改变我国经济文化落后面貌的愿望。然而，总路线过分强调了人的主观能动性，忽视了客观经济规律，助长了经济工作中已经存在的急躁冒进情绪。"大跃进"期间，由于不尊重科学，大搞"小土群"，片面强调主观能动性，忽视客观条件和规律，淮河流域工业遭到一定程度的破坏，造成了严重浪费和重复建设。其间，由于中央和一些地方政府在一定程度上对国民经济进行调整，以及广大人民群众对当时错误做法的抵制，淮河流域建成或扩建了一批现代工业项目。

在河南，1959 年，以郑州为中心建成包括平顶山和开封等城市在内的超高压电网。"二五"期间，除了继续完成"一五"时期项目续建工作外，郑州铝厂、许昌通用机械厂、开封高压阀门厂等一批大中型项目陆续得以开工。1964—1965 年，建成的主要企业有郑州第二砂轮厂、开封化肥厂、开封拖拉机厂等。[③]

在安徽，1958 年，淮南煤矿当年产煤达 817 万吨，超过设计能力 110 多万吨。1959—1963 年，年产量连续五年超过 1 000 万吨，1960 年达到 1 614 万吨，比设计能力高 1 倍。[④] 此外，开始建设或建成的重工业企业有淮北煤矿、淮南化肥厂等；兴建和扩建的轻工企业有蚌埠酒精厂、蚌埠铅笔厂、亳县古井酒厂等。

[①] 中共安徽省委办公厅，中共安徽省委党史工委，安徽省档案馆.中共安徽省委文件选编：1958—1962[Z].安徽省档案馆，2004：29.
[②] 《建国以来中共山东党史大事记》编审领导小组.建国以来中共山东党史大事记概述：1949.10—1966.5[Z].建国以来中共山东党史大事记领导小组，1995：34-35.
[③] 《当代中国》丛书编辑部.当代中国的河南：上[M].北京：中国社会科学出版社，1990：146.
[④] 《安徽经济年鉴》编辑委员会.安徽经济年鉴：1987[M].合肥：安徽人民出版社，1987：160.

在江苏,盛产棉花的盐城、淮阴、徐州、扬州等地兴建了一大批棉纺织工厂。同时,集中力量发展机械、电子、能源、化学、建筑和冶金等工业。能源工业方面,由于徐州、丰沛一带煤炭资源集中,徐州被列为重点建设矿区;机械工业方面,在徐州兴建了徐州机床厂和矿山机械厂;电子工业方面,在扬州建立宝成无线电厂,在徐州建立灯泡厂、电子管厂等。另外,江苏省唯一一家炼铝基地也于1959年12月在徐州建成,年设计生产能力为铝锭1 000万吨,投资270万元。①

3. "三线"建设期间的工业建设

1964年,迫于国际形势,中央决定按照地理区位不同将全国分为三类地区,开始实行三线建设。三线建设的主要受益地区为西北、西南等西部内陆地区,仅1964—1965年在这些地区就新建、扩建、续建大中型项目达300余项,主要为现代工业项目,尤其是重工业项目。②三线建设以"备战、备荒、为人民"为口号,历时10多年,初步改变了中国东西部经济布局不平衡的状况。

三线建设期间,片面强调"靠山、分散、隐蔽"的方针,由于淮河流域地势较为平坦,加之离沿海地区较近,因而在淮河流域重工业建设明显投入不足。在淮河流域投资的重点项目包括:冶金工业方面,郑州市建立郑州铝厂;电力工业方面,河南姚孟火电站建成并投入使用,中国第一条500千伏超高压输变电工程在平顶山至武汉凤凰山之间建成,完成改造平顶山等矿区;石油工业方面,建成河南油田的淮河流域部分;纺织工业方面,建设以郑州为中心包括开封等地的河南棉纺织基地等。除河南以外,江苏、山东、安徽的淮河流域地区均为一、二线地区,江苏和山东两省的淮河流域地区在三线建设期间并无重大项目投入。安徽的小三线建设重点牵涉的行政区域有徽州专区全部、芜湖专区和滁州专区,淮河流域的小三线建设项目则主要分布在六安、金寨、霍山等地。③

总体而言,三线建设时期,淮河流域并非国家投资建设的重点区域,因而淮河流域各地工业发展空间狭小,发展成果有限。就其工业总量而言,落后于传统工业地区;就其工业发展速度而言,开始落后于甘肃、宁夏、新疆等省或自治区。甚至可以说,三线建设在一定程度上制约了淮河流域一些地区的发展。三线建设期间,开封因其地理位置居于京广线以东被划为一线地区,所以开封不再安排大型建设项目,中央建设重点放在洛阳。从当时的局势和战略部署而言,三线建设似乎无可非议,然而就开封自身发展而言,其工业却遭受巨大挫折,不进反退。同样,这一时期,除两淮煤矿等项目得以建设外,安徽淮河流域在工业建设上几乎乏善可陈。

(二)区域非均衡发展战略背景下的淮河流域工业

改革开放后,中央决策层对新中国成立30多年经济发展的经验教训进行了总结,认为我国各地自然和社会条件存在较大差异,因而实行"梯度推移"的产业发展策略有利于提高

---

① 徐州市地方志编纂委员会.徐州市志[M].北京:方志出版社,1994:510.
② 中共中央党校理论研究室.历史的丰碑:中华人民共和国国史全鉴·经济卷[M].北京:中共中央文献出版社,2005:727.
③ 中共上海市委党史研究室.艰难探索:1956—1965[M].上海:上海书店出版社,2001:435.

效率。为此,我国决定实施区域非均衡发展战略,注重发挥不同地区尤其是东部地区的经济优势。1979年,中央决定设立经济特区。1984年,决定开放14个沿海港口城市。次年,又将长江三角洲、珠江三角洲、闽南三角地带、胶东半岛和辽东半岛确定为经济开放区。进入90年代以后,我国的对外开放层层推进,形成了由沿海向沿江及内陆和沿边城市延伸的对外开放格局。淮河流域伴随着国家的开放步伐,逐步对外开放。

1. 偏重发展沿海工业的选择

淮河流域的对外开放是以1984年连云港作为沿海港口开放城市开始的。连云港,虽是开放较早的城市,又是欧亚大陆桥的起点,但由于苏北与苏南发展长期存在的巨大鸿沟,连云港的整体发展比较缓慢。连云港的GDP无论是在14个沿海港口城市中,还是在江苏省内,都位居倒数。可见,连云港的自身实力和辐射带动能力都远远不够。从国家开放布局来看,由于地理因素,淮河流域没有得到充分的重视。而率先开放的大部分地区获得了较多的政策优惠,掌握了先机,"马太效应"开始显现。

我国工业化过程中,区域发展一般需服从、服务于全国总体发展和战略要求,市场配置与宏观调控在工业发展过程中的地位与作用都很重要。东、中、西三大区域划分,与国家的产业布局、区域政策紧密关联。虽然市场化一直是我国经济发展的前进方向,市场配置资源的作用日趋明显,市场配置的力量在不断增强,但国家的宏观体制、政策对区域经济的发展影响力之强依然不容小觑。在有些情况下,它的作用甚至是决定性的,居于首要地位。五年的西部大开发,共开工重点项目60个,规划投资规模8 500亿元。在国家政策支持带动下,西部吸引外资100亿美元,加上国际组织和外国政府贷款,实际利用外资已达150亿美元。另外,还吸引东部1万多家企业参与西部建设。同样,国家实行振兴东北老工业基地计划,也取得了立竿见影的效果,国家向东北投入、发放贷款几千亿元之多,东北的城市与农村因此而受益。[①] 从我国东、中、西部的发展格局来看,因历史、区位及政策的原因,东部沿海地区早已遥遥领先于内陆地区。

改革开放以来,国家实行偏重沿海地区的方针政策,虽然这是"万马齐喑"背景下的无奈选择,客观来说,这也符合事物发展的规律。经过30多年的改革和建设,东部地区取得的成就有目共睹,也为全国工业化闯出了一条新路。得益于东部的发展与崛起,中部地区的市场化程度、对外开放状况以及基础设施建设也取得了前所未有的成绩,但经济发展水平的差距却在扩大。中西部地区的发展方式和途径与东部沿海地区有着明显差别。东部地区已经在市场经济中占据一定的战略制高点。中部地区,主要的经济收入与来源,除了在煤炭、电力、农产品加工、手工业等资源密集型所得以外,主要依靠向东部地区输入劳动力。这种发展模式的致命弱点就在于治标不治本,不但不能形成造血机制,其带来的负面效应往往十分明显。诚如熊彼特所言:"一个经济地区的纯粹经济原因可以引起另一个地区的危机。这种现象是屡次和广泛地被认识到的。很明显,这不仅可以发生于两个不同国家之间,而且也可以发生于一个国家的不同部分之间,并且在一定的情况下,还可以发生于一个经济区域内不同

---

① 孙自铎.从失衡走向协调:安徽崛起重大经济问题研究[M].合肥:安徽人民出版社,2006:12.

工业部门之间。"①由此可知,不同区域之间的经济联系是必要的,也是必然的。从长远来看,与东部经济发达地区实现无缝对接,必然会大大促进本地区经济的发展。但从短期效益来看,如不具有战略目标指向,而仅仅是区际无缝隙的对接,对经济发展并不有利。

以安徽省为例,安徽一直以来积极推动和实行"东向战略",即要积极主动地融入以上海为龙头的长三角经济区。安徽与长三角经济区其他省、市相比,在物质、资本、人才、技术等方面悬殊。即使在安徽省内部,淮河流域地区与非淮河流域地区的皖江、合肥等地也存在巨大差距,因而制定经济发展政策不能"一刀切"。另外,区位在地区经济发展进程中作用重大。一方面,与经济发达地区相毗邻可以为欠发达地区带来发展契机;另一方面,也有可能使欠发达地区成为发达地区经济发展的附庸。因此如果没有一定的宏观调节机制,不注重培养地区经济的自主增长点,一味依靠发达地区的经济转移或者成为东部地区经济发展要素的供给地以及商品市场,地区经济很难实现跨越式发展,根本无法迎头赶上,相互之间的差距不但不能缩小,甚至有进一步被拉大的危险。从地域上来说,融入或与长三角地区实现一体化,对于芜湖、宣城、马鞍山、铜陵、滁州等地可以做到,对于安徽淮河流域大部分地区而言不切实际。从这个角度来看,东向战略有利于安徽东部近沿海地区即皖江地区引进资本,承接产业转移,带动当地经济发展,而东部沿海地区产业转移到达安徽淮河流域地区还需要一个较长的时间。

安徽省实施东向战略的原始形式即"开发皖江,呼应浦东"。1990年初,中共中央、国务院作出开发、开放浦东的重大决策。安徽地处长江中下游,与沪、苏、浙有着密切的联系,与上海浦东仅有数百里之遥,浦东的开发开放必然对安徽特别是沿江地区的经济发展带来强大的辐射力和巨大的吸引力。1990年底,安徽省出台了《沿江地区经济发展规划纲要》。按照发展规划,沿江地区经济开发开放要有计划、有步骤、有目标、有重点地向前推进。同时还颁布了《鼓励台湾同胞投资的规定》和《关于沿江四市吸收外商投资几个政策问题的通知》,以进一步鼓励外商和台商在皖江地区的投资。沿江四市也分别制定了一些优惠办法。②

开发皖江战略,使皖江地区尤其是芜湖、马鞍山、铜陵、安庆四市发展迅猛。芜湖经济技术开发区于1990年9月正式动工,这是全省第一家开发区。1993年4月,国务院正式批准设立芜湖经济技术开发区,实行沿海开放城市经济技术开发区政策。到1994年底,进区项目已达130个,协议投资51亿元,实现工业产值5.97亿元,形成了以汽车制造、电子、化工、新型建材为主的现代化产业集群。1993年9月,马钢改制获得成功,成为当时我国九个最大的上市公司之一。1990—1994年,马鞍山累计完成固定资产投资107亿元。1993年6月,铜陵市被国家体改委列为全国综合配套改革试点城市。1990—1994年,全市累计完成固定资产投资35亿元。1992年8月,安庆经济技术开发区开始建设。到1995年,开发区已批准进区项目85个,投资总额17.3亿元,实现产值2亿元。③

2."马太效应"的显现与扩大

20世纪90年代初,淮河流域发生的特大洪涝灾害使淮河流域工业遭受重创。据统计,

---

① J.熊彼特.经济发展理论[M].北京:商务印书馆,1991:246.
② 杜诚,季家宏.中国发展全书:安徽卷[M].北京:国家行政学院出版社,1997:75.
③ 杜诚,季家宏.中国发展全书:安徽卷[M].北京:国家行政学院出版社,1997:75-81.

仅阜阳地区轻工业损失达 1 054.7 万元。其中,直接损失 401.42 万元,间接损失 653.28 万元。① 为了确保津浦路等交通命脉以及国家重要能源基地的安全,国家决定炸坝开闸蓄洪,淹没农田 140 万亩,涉及沿淮 15 个行蓄洪区 80 多万人口,总损失达 12 亿元。②

结合当年救灾工作,中央及安徽省委、省政府提出重点扶持临泉、阜南、颍上、凤台、寿县、霍邱沿淮 6 县。历史上 6 县既是重灾县,又是贫困县,经济发展严重滞后。经过新中国成立后特别是改革开放以来的经济发展,6 县群众的温饱问题基本解决,90% 的农民脱贫,但 1991 年洪灾使部分农民又重新返贫。安徽省委、省政府抓住大灾后国家予以大力支持的机遇,从资金、项目、人才、政策等方面配套支持 6 县发展经济。1992 年 9 月,安徽省委、省政府发布《关于进一步放开搞活沿淮六县经济的若干政策意见》,在发展县级乡镇企业以及资金筹集、引进人才等方面,给予一系列优惠政策和措施,为沿淮 6 县发展经济提供最优越的条件,以促使 6 县摆脱贫困和灾害的困扰。③

与皖江地区相比,安徽淮河流域地区在实施东向战略进程中处于极其不利的地位。由于与长三角一体化发展方式具有一定的次递性,由南向北、由东向西的发展进程,不仅使本地区落后于东部沿海地区,甚至可能会进一步拉大与本省其他地区的差距,因而一味地强调实行所谓东向战略容易对本地区造成一定的心理暗示,从而有可能使其产生"等、靠、要"思想,甚至有可能使其产生心理自卑感。

诚然,实行非均衡发展战略,让有条件的地区率先发展起来,符合效率与公平的原则,但非均衡并不是忽视后进地区的经济发展。发展不可能同时同地地进行,所以要实行非均衡发展的必要性不言而喻,但非均衡发展绝不意味着欠发达地区就应该等待发展或放缓发展。如果说改革之初,在效率与公平之间,我们不得不选择效率以突破困境,并依靠相关政策使东部沿海地区先行发展起来,那么当改革已初见成效之时,解决公平问题仍然需要国家宏观调控以加强对落后地区的政策引导与资金支持。如果脱离国家调控,任由东、中、西部三大区域在市场机制下完全自由竞争,即使不出现东、中、西部过分悬殊的畸形经济发展态势,中西部工业化也很难走出"先污染、后治理"的老路,工业化成本将会大大增加,工业化周期也会大大延长。

事实上,淮河流域也有一些有竞争力的优势产业和产品,要千方百计地支持其加快发展。因此,各地都要选择好主导产业,并做大做强。如皖北的煤电、煤化工是传统产业,颇具竞争力,可以此作为发展的突破点。实施非均衡发展就是要发挥各自优势,都能有所作为,绝非"等、靠、要"。淮河流域经济发展滞后的根本原因是工业发展水平不高,农村的落后是因为城市实力不强,带动力弱,城市经济弱又是因为工业化水平低。在现代经济中,工业是社会财富的主要创造部门,是推动经济发展的火车头。

淮河流域地理范围主要包括河南的东南地区、山东的西南地区、江苏北部、安徽北部等。四省的豫北、鲁中、鲁东、苏南、皖中、皖南等非淮河流域地区工业相对比较发达,也是各省重

---

① 阜阳行署工业局关于轻、纺、化工业企业遭受洪涝灾害损失和恢复生产所需材料、资金的报告 档案号:J020-1991-5-0456[Z]. 阜阳市档案馆.
② 安徽省人民政府办公厅. 安徽省情:4[M]. 合肥:安徽人民出版社,1993:145.
③ 杜诚,季家宏. 中国发展全书:安徽卷[M]. 北京:国家行政学院出版社,1997:346-350.

点发展的对象,但作为经济发展极还未真正形成,其自身发展不仅不能带动各省淮河流域地区的发展,相反,在某种程度上,其在一定时期内还会与淮河流域地区抢夺发展资源,又因其自身的地理位置和政策优势,淮河流域地区的发展显然要受制于此,在非淮河流域地区发展具备一定规模以前,淮河流域地区工业显然难以获得较好的发展时机。可以预期,由于工业发展所需的资金和人才等将会进一步集聚于非淮河流域地区,而其辐射范围难以覆盖到淮河流域地区,因此在今后很长一段时间里,非淮河流域地区和淮河流域地区都会得到发展,但两者之间的差距有可能越拉越大。

3. 重新崛起的尝试与探索

新中国成立以后,淮河流域虽然得到了很大的发展,但作为"被遗忘的角落",在政策方面享受的优惠措施仍然有限。结构主义理论认为,经济关系中存在着"中心"和"外围"的格局。中心指富裕的资本主义工业国家,它们组织起国际经济体系为它们的利益服务,外围指通过初级产品的生产和出口而与中心发生联系的发展中国家。由于中心与外围差异的根本原因是中心与外围在结构上的不平衡即两者之间的"不对称"关系,现有的国际经济体系事实上起着把收入从外围吸引到中心的作用,外围在一定程度上依附于中心。[1] 生搬硬套运用这一理论来解释一国不同地区的经济不平衡不免有削足适履之嫌,然而沿海发达地区与中西部地区的差距客观存在,发展总量增大的同时,相对差距的扩大也确实为我们敲响了警钟。缺少内在经济增长点作为引擎,单纯依靠所谓的发达地区的辐射,显然不能实现本地区经济的跨越式发展,反而只会让差距越拉越大。中央实行非均衡发展战略以来,东部有开放优惠、加快发展政策,西部有西部大开发政策,东北有老工业基地振兴政策。总体来看,这些政策都比较及时,效果明显。

21世纪以来,为了缓解东西部地区经济差距不断拉大的局面,中央提出了协调发展战略,在继续大力发展东部地区的同时,加大对中西部地区的扶持和开发力度。2005年,中央提出"中部崛起战略"。2006年,中共中央和国务院发布《关于促进中部地区崛起的若干意见》,国务院办公厅发布《关于落实中共中央国务院关于促进中部地区崛起若干意见有关政策措施的通知》;2007年,国务院办公厅发布《关于中部六省比照实施振兴东北地区等老工业基地和西部大开发有关政策的通知》;2009年,国务院发布《促进中部地区崛起规划》,对中部崛起战略进行了具体部署。

淮河流域各省政府坚持把加快各省淮河流域地区发展放在重要战略位置,为此,制定并出台了一系列政策性文件。2001—2009年,江苏省委、省政府颁布了《关于进一步加快苏北地区发展的意见》《关于促进苏北地区加快发展的若干政策意见》《关于加快苏北振兴的意见》《关于进一步支持苏北地区加快发展的政策意见》等,突出了支持苏北转变经济发展方式,对苏北地区开发区平台建设,特别是南北挂钩共建苏北工业园区建设,提出要予以更大力度的推进。[2] 安徽省委、省政府颁布了《沿淮城市群"十一五"经济社会发展规划》《关于进一步加快皖北及沿淮地区经济社会发展的意见》《关于加快皖北和沿淮部分市县发展的若干

---

[1] 谭崇台.发展经济学辞典[M].太原:山西经济出版社,2002:32.
[2] 江苏年鉴杂志社.江苏年鉴:2009[Z].江苏年鉴社,2009:84.

政策意见》等,对于皖北工业园区基础设施建设或重大项目贷款贴息,突出产业特色和比较优势,引进品牌企业,形成完整产业链,打造特色产业集群。① 山东省委、省政府颁布了《鲁南经济带区域发展规划》《关于支持鲁南经济带加快发展的政策意见》等,鼓励和引导省内发达市县与鲁南重点县(市、区)共建开发区,积极争取国家建设项目和建设资金投向鲁南地区,基础产业、电力、煤化工项目等资源开发项目优先在鲁南地区布点。② 河南省委、省政府颁布了《关于加快黄淮四市发展若干政策的意见》等,加强对黄淮四市工业集聚区产业发展的指导,推进黄淮四市工业集聚区加快发展。③ 淮河流域各市县根据文件精神,采取各种措施,推动淮河流域工业快速、健康、稳定地发展。

二、轻、重工业与手工业的发展

中华人民共和国成立后,淮河流域工业的生产规模、产品档次、行业门类等方面发生了巨大的变化。尤其是改革开放后,淮河流域工业进入快速发展时期。一方面,传统产业进行技术改造、产品更新;另一方面,通过开放、引进国外先进技术,形成新兴产业。淮河流域轻、重工业与手工业在此背景下不断向前发展。

(一)轻工业的发展

新中国成立后,淮河流域轻工业迅速恢复并不断发展。改革开放后,中央提出调整工业中的重大比例关系,加快轻工业的发展,并作出大力发展消费品生产的战略决策。淮河流域轻工系统抓住机遇,充分利用政策,深化改革,扩大开放,发展横向经济联合,加快技术改造。同时,适应市场变化,大力开展产品自销,克服市场迅速变化等因素造成的种种困难,轻工业得到了较快的发展。在淮河流域众多轻工行业中,酿酒业和烟草业特色鲜明。

1. 酿酒业

淮河流域民众一直有饮酒的传统,酿酒行业也是域内最具传统的行业之一。改革开放后,淮河流域各省对各酒厂进行整顿,加强企业管理,扩大企业自主权,使企业焕发出勃勃生机,酿酒业进入发展的新时期。按照酒的种类,酿酒业分为白酒业、果酒业、啤酒业等。

(1)白酒业

白酒又名烧酒、白干,是传统的饮料酒。淮河流域的白酒酿造企业数量众多,规模较大。

安徽的酿酒企业有古井酒厂、口子酒厂、明光酒厂、高炉酒厂等。1979年,濉溪县口子酒厂投资进行机械化酿酒车间扩建,改进酿造工艺。20世纪80年代初,蚌埠酒厂研制开发酱香型曲酒"皖酒"取得成功,填补了省内白酒香型的一项空白;明光酒厂生产出以绿豆为主要原料的优质大曲酒——明绿液;古井酒厂扩建年产1 000吨机械化酿酒车间。1983年,淮北市口子酒厂1万吨白酒工程竣工投产。④ 据统计,1985年,安徽淮河流域年利税超百万的

---

① 《科学发展在安徽》编委会.科学发展在安徽[M].合肥:安徽大学出版社,2008:304.
② 山东省发展和改革委员会.山东省区域经济发展研究[M].济南:山东大学出版社,2009:94.
③ 河南省工业经济联合会.河南工业年鉴:2008[M].郑州:河南科学技术出版社,2009:195.
④ 安徽省地方志编纂委员会.安徽省志:轻工业志[M].北京:方志出版社,1998:12.

白酒企业有21家,年产白酒108 826.2吨。① 1991年以来,古井集团、金种子集团、双轮集团等先后进入"全国500家最大工业企业""全国500家最佳经济效益企业"行列。1998年底,古井集团被列入省级重点集团,成为上市公司。2006年、2008年,古井贡酒、口子窖酒被国家统计局、中国食品协会评为"中国白酒工业十大竞争力品牌",高炉家酒被评为"中国白酒工业十大创新品牌"。②

河南的酿酒企业有张弓酒厂、宋河酒厂、林河酒厂、宝丰酒厂、杜康酒厂等。③ 河南张弓集团原为宁陵县张弓酒厂,1975年研制出38度张弓低度白酒,填补了我国无低度白酒的空白。1980年生产曲酒5 000吨。1990年生产曲酒7 334吨,销售收入为4 790万元;1997年生产曲酒31 426吨,销售收入为56 099万元。1995年起连续三年位居河南省白酒行业第一位。④ 宋河酒厂原名鹿邑酒厂,1979年"宋河粮液"被评为河南名酒、省优质产品。1984年产量为4 000吨。其中54度、38度"宋河粮液"获国家金质奖和国际金奖。1987年生产白酒5 000吨。⑤ 宝丰酒厂生产的宝丰酒,1979年、1984年蝉联两届国优。1987年生产白酒6 140.2吨。⑥ 河南林河集团有限公司原为商丘县林河酒厂,1992年生产曲酒3万吨,成品酒5万吨。先后有20多个产品获得省、部、国家和国际100多项奖励。⑦

江苏的酿酒企业有双沟酒厂、洋河酒厂、汤沟酒厂等。1979年,双沟酒厂研制成功39度双沟特液,成为全国最早生产低度酒的酒厂之一。之后,洋河、汤沟、高沟等酒厂开始引进国内外先进生产设备和工艺,加快技术改造,逐步向机械化方向发展。1982年,双沟酒厂年产2 000吨大曲酒。⑧ 1984年,在轻工业部举办的全国酒类质量大赛上,洋河大曲和低度洋河大曲、双沟大曲和双沟特液、汤沟特液和高沟特曲,均获金杯奖。1985年,洋河酒厂年产曲酒1.01万吨,在省内首家突破万吨曲酒大关。1987年,洋河酒厂、双沟酒厂、高沟酒厂、灌南县汤沟酒厂和泗洪酒厂年产白酒万吨以上。洪泽酒厂年产38度低档低度牌白酒4 500吨左右,居全国同类酒的首位。⑨

山东的酿酒企业有兰陵酒厂、曲阜酒厂等。1978年以来,山东兰陵酒厂的兰陵美酒系列多次被评为"山东省名牌"产品,年产白酒1万吨。1987年,54度兰陵特曲荣获山东省白酒"十佳"称号。兰陵大曲系中档浓香型曲酒,在国内同档次产品中销量最大。⑩ 曲阜酒厂的白酒品种有曲阜特曲、大曲、老窖、佳液,低度酒有孔府家酒、杏坛春、儒酒等,1985年,年产量为5.918万吨。⑪

---

① 安徽省地方志编纂委员会.安徽省志:轻工业志[M].北京:方志出版社,1998:18-19.
② 安徽省人民政府.安徽60年[M].北京:中国统计出版社,2009:116.
③ 河南省地方史志编纂委员会.河南省志:食品工业志[M].郑州:河南人民出版社,1995:16-17.
④ 商丘市地方史志编纂委员会.商丘地区志[M].北京:方志出版社,2003:414-415.
⑤ 河南省地方史志编纂委员会.河南省志:食品工业志[M].郑州:河南人民出版社,1995:70.
⑥ 河南省地方史志编纂委员会.河南省志:食品工业志[M].郑州:河南人民出版社,1995:71-72.
⑦ 商丘市地方史志编纂委员会.商丘地区志[M].北京:方志出版社,2003:416-417.
⑧ 江苏省地方志编纂委员会.江苏省志:轻工业志[M].南京:江苏科学技术出版社,1996:107.
⑨ 江苏省地方志编纂委员会.江苏省志:轻工业志[M].南京:江苏科学技术出版社,1996:108.
⑩ 山东年鉴编辑部.山东年鉴:1988[M].北京:世界知识出版社,1989:814.
⑪ 曲阜二轻工业志办公室.曲阜二轻工业志[Z].曲阜二轻工业志办公室,1987:131-132.

(2) 果酒业

果酒是以水果为原料酿造而成,其酒精度高于啤酒而低于白酒。果酒分为葡萄酒、苹果酒、梨酒、桃子酒等,尤以葡萄酒居多。

在江苏,1978年,连云港市洪门果酒厂以白羽葡萄为原料,酿制白羽半干白葡萄酒,为江苏省酿制单品种葡萄酒的开端。1980年,连云港市洪门果酒厂改名为连云港市葡萄酒厂,年产葡萄酒4 000吨。1984年,在轻工业部举办的全国酒类大赛中,连云港市葡萄酒厂的白羽半干葡萄酒获金杯奖,丰县葡萄酒厂的半干白葡萄酒获银杯奖,宿迁葡萄酒厂的金梅牌干白葡萄酒获铜杯奖。1985年,连云港市葡萄酒厂从国外引进生产线,主要生产设备实现了机械化、自动化。1987年,连云港市葡萄酒厂、丰县葡萄酒厂和宿迁葡萄酒厂葡萄酒产量为6 544吨。[1]

在安徽,20世纪80年代,萧县葡萄酒厂经两次扩建,年生产葡萄汽酒5 000吨,同时研制出佳酿草莓酒。蚌埠第二酒厂改建、扩建两个车间生产雪梨、葡萄、橘子等汽酒、果露酒。[2]怀远石榴酒厂研制生产出石榴果酒。1990年,该厂生产石榴酒和石榴饮品,年产能力超万吨,其中乳泉牌石榴酒享誉国内。[3] 21世纪开始后,萧县葡萄酒厂生产的"古井干红""古井干白"等名牌葡萄酒出口到东南亚、美国、欧洲等地。2008年,萧县葡萄酒生产加工企业已达12家,年产葡萄酒4万吨。[4]

在河南,民权葡萄酒厂是河南省内最早的葡萄酒生产厂家。该厂生产的民权葡萄酒获3个国优、13个部优、10项国际大奖。其中,长城牌白葡萄酒1979年被评为全国名酒,同年被列为国宴用酒,1988年被轻工部授予中国轻工优秀出口产品金奖;"民权"牌干白葡萄酒1988年在法国巴黎第十三届国际食品博览会上获特别金奖,1994年获北京第五届亚太国际贸易博览会金奖;"民权"牌干红葡萄酒1979年被评为国家优质酒,1983年居全国同类产品第一名,唯一荣获国家银质奖,1984年在全国酒类大赛中获银杯奖。[5]

(3) 啤酒业

啤酒是以大麦芽为主要原料酿制而成的低酒精度酒。淮河流域多个市县都建立了啤酒企业。

在山东,1985年,临沂、薛城、菏泽等地啤酒厂通过改建、扩建和新建,相继建起一批啤酒厂或生产车间。[6]

在安徽,1979年,蚌埠啤酒厂将年产能力扩大到1万吨。此后,宿县、怀远等地先后筹建啤酒厂或啤酒生产车间。1982年,怀远啤酒厂、五河啤酒厂相继投产。1984年,蚌埠啤酒厂在省内率先实现年产啤酒超万吨。1985年开始,六安、淮南、阜阳等啤酒厂分别从国外引进一条全自动啤酒灌装线。[7] 宿州华洋啤酒有限公司是一家专业啤酒生产企业。2006年,啤

---

[1] 江苏省地方志编纂委员会.江苏省志:轻工业志[M].南京:江苏科学技术出版社,1996:113.
[2] 安徽省地方志编纂委员会.安徽省志:轻工业志[M].北京:方志出版社,1998:32.
[3] 中共安徽省委党史研究室.安徽之最[M].北京:中央文献出版社,2002:150.
[4] 杨文亚.萧县葡萄酒年产值超两亿[N].安徽日报,2008-08-23(2).
[5] 商丘市地方史志编纂委员会.商丘地区志[M].北京:方志出版社,2003:419-420.
[6] 山东省地方史志编纂委员会.山东省志:工业综合管理志[M].济南:山东人民出版社,1999:132.
[7] 安徽省地方志编纂委员会.安徽省志:轻工业志[M].北京:方志出版社,1998:23-24.

酒年生产能力为10万吨,生产啤酒4.7万吨。①

在江苏,1983年,连云港啤酒厂从国外引进灌装线。1984年,连云港啤酒厂与日资合办江苏三得利食品有限公司,这是全国第一个啤酒合资企业。该厂从国外引进主要生产设备,为江苏省内设备最先进的啤酒厂,年产啤酒8万吨。同年,如东县酒厂的8度枣啤酒等新品种相继投产。1986年,如东县酒厂、徐州酿酒总厂也分别扩建。② 1987年,涟水县啤酒厂的微多啤酒、微多特啤,江苏三得利有限公司的355毫升装小瓶出口啤酒,相继投产。1987年,如东县酒厂、徐州啤酒厂、扬州啤酒厂和江苏三得利食品有限公司年产啤酒能力均达到3万吨以上。③

在河南,开封啤酒厂是省内生产啤酒最早的企业,1980年,啤酒生产能力为1万吨,并配置年产万吨啤酒灌装生产线。1982年,该厂采用新技术,引进关键设备,使生产能力达到每小时2万瓶。开封啤酒厂主导产品"汴京"牌系列啤酒在国家、轻工部和省级评比中屡次获奖。1987年,年生产啤酒能力为12万吨。产量产值和经济效益一直保持全省同行业领先地位。④ 郑州啤酒厂于1978年在生产葡萄酒的同时又开始生产啤酒。1986年该厂建成年产3万吨啤酒车间,后逐步成为以生产啤酒为主的企业,葡萄酒生产退居次要地位。1987年,年生产啤酒3.3万吨,成为全省仅次于开封啤酒厂的啤酒生产企业。⑤ 河南蓝牌集团原为商丘啤酒厂,始建于1981年,经过3年的技术改造,到1984年,生产能力由5000吨提高到2万吨。1988年,3万吨扩建工程全线竣工。1993年,完成年产10万吨啤酒扩建工程,至1995年形成年产15万吨规模,成为河南省最大的啤酒生产厂家。1997年,成立河南蓝牌啤酒集团,并被国家列为重点扶持的十大啤酒企业。⑥

2. 烟草工业

淮河流域是全国种植烟草较早的地区。改革开放后,淮河流域各省先后成立烟草公司和烟草专卖局,对烟草工业进行统一管理,实行烟草专卖。同时,对各烟厂进行整顿,引进国内外先进技术和设备。

1980年8月,安徽省对烟草行业进行体制改革,蚌埠卷烟厂、阜阳卷烟厂收归省烟草工业公司统管。此后,亳县卷烟厂、蒙城雪茄烟厂、砀山卷烟厂也相继被收归省管。1983年10月,安徽省烟草公司划归中国烟草总公司。到1997年,淮河流域安徽共有卷烟企业8家,分别是蚌埠卷烟厂、阜阳卷烟厂、亳州卷烟厂、砀山卷烟厂、蒙城雪茄烟厂、蚌埠烟叶复烤厂、涡阳烟叶复烤厂、蚌埠卷烟材料厂。其中,蚌埠卷烟厂、阜阳卷烟厂为国有大型企业,其余为国有中小型企业。⑦ 1998年,蚌埠卷烟厂通过ISO 9002质量体系认证,并获"安徽省质量管理奖"。⑧ 1999年,阜阳卷烟厂ISO 9002质量体系实施步伐加快。除原有优质产品外,"王中

---

① 《循环经济在宿州》编委会. 循环经济在宿州[M]. 合肥:安徽人民出版社,2008:124.
② 江苏省地方志编纂委员会. 江苏省志:轻工业志[M]. 南京:江苏科学技术出版社,1996:111.
③ 江苏省地方志编纂委员会. 江苏省志:轻工业志[M]. 南京:江苏科学技术出版社,1996:112.
④ 河南省地方史志编纂委员会. 河南省志:食品工业志[M]. 郑州:河南人民出版社,1995:83-84.
⑤ 河南省地方史志编纂委员会. 河南省志:食品工业志[M]. 郑州:河南人民出版社,1995:84-85.
⑥ 商丘市地方史志编纂委员会. 商丘地区志[M]. 北京:方志出版社,2003:418-419.
⑦ 安徽省地方志办公室. 安徽省志:烟草志[M]. 北京:方志出版社,1998:72.
⑧ 《安徽年鉴》编辑委员会. 安徽年鉴:1999[Z]. 安徽年鉴社,1999:88.

王"牌卷烟被评为安徽省优质产品。①

20世纪80年代后,江苏卷烟销售直线上升。1982年11月,江苏省烟草公司成立,对全省烟草业的产供销统一管理。徐州、淮阴2个卷烟厂先后引进英国卷烟生产设备,扩大生产规模,提高生产水平。② 80年代中期,卷烟质量普遍提高。徐州的红旗、淮阴的玫瑰牌卷烟获部优产品称号,淮阴的大运河牌卷烟获中国烟草总公司颁发的"畅销产品"证书。1987年,江苏烟草业实行专营以后,淮河流域江苏卷烟生产、销售持续增长。③

1979年,山东卷烟市场销量增大,促使生产回升。"六五"期间,在继续扩大卷烟生产能力、提高卷烟产量的同时,主要向高档烟发展。各卷烟厂都建起高档烟车间,进行技术改造。"七五"期间,烟草行业开始全面技术改造。菏泽卷烟厂、滕县卷烟厂、沂水卷烟厂、兖州卷烟厂等引进国外先进设备,原有车间又进行了新建、扩建和加固。④ 据统计,1986—1990年,淮河流域山东的菏泽卷烟厂、沂水卷烟厂、滕州卷烟厂和兖州卷烟厂,卷烟产量为85万箱,其中过滤嘴烟产量为31万箱。⑤ 同时,烟厂的产品质量也有很大的提升。如滕州卷烟厂生产的普滕、白莲、金鼎牌香烟,兖州雪茄烟厂生产的龙凤牌香烟,先后获得省优、部优称号。

20世纪80年代后,随着销售体制的改革以及产量和质量的不断提高,河南省卷烟产品销路日益扩大。1987年,淮河流域河南主要有郑州、新郑、许昌、开封、漯河、驻马店、商丘、临汝、淮滨、光山等烟厂。⑥ 在产品质量方面,1979—1987年,河南省卷烟获省政府命名的优质产品有28个,其中位于淮河流域的烟厂有19个;全省卷烟获国家轻工部和中国烟草总公司命名的优质产品有4个,全部位于淮河流域,包括许昌烟厂的许昌牌和中原牌香烟、郑州烟厂的黄金叶牌和彩蝶牌香烟。⑦ 1987年,郑州卷烟厂产量为47.38万箱,新郑卷烟厂产量为41.62万箱,许昌卷烟厂产量为36万箱。⑧

(二)重工业的发展

新中国成立之后,尤其是改革开放后,淮河流域各级部门通过对重工业进行改革,加强企业管理,扩大企业自主权,使重工业发展进入新时期。除煤炭工业外(下文专门论及),淮河流域的电力工业、建材工业、化学工业也较有特色。

1. 电力工业

改革开放后,电力工业作为淮河流域现代化建设的战略重点,随着发电设备的更新和国外先进设备的引进,淮河流域电力工业得到较快的发展,为促进区域经济建设提供了大量的电力。

河南省姚孟电厂位于平顶山市,1980年扩建的30万千瓦机组投产。1981年,从国外引进变电设备,建成500千伏升压站。1982年9月开始第二期扩建工程,安装2台从国外引

---

① 《安徽年鉴》编辑委员会.安徽年鉴:2000[Z].安徽年鉴社,2000:99.
②③ 江苏省地方志编纂委员会.江苏省志:轻工业志[M].南京:江苏科学技术出版社,1996:131.
④ 山东省地方史志编纂委员会.山东省志:烟草志[M].济南:山东人民出版社,1993:138.
⑤ 山东省地方志编纂委员会.山东省志:烟草志[M].济南:山东人民出版社,1993:135.
⑥ 河南省地方志编纂委员会.河南省志:烟草工业志[M].郑州:河南人民出版社,1995:5.
⑦ 河南省地方史志编纂委员会.河南省志:烟草工业志[M].郑州:河南人民出版社,1995:50-53.
⑧ 河南省地方史志编纂委员会.河南省志:烟草工业志[M].郑州:河南人民出版社,1995:63-65.

的 30 万千瓦机组,分别于 1985 年和 1987 年投产。1987 年,年发电量为 60.82 亿千瓦时,占全省总发电量的 23.45%。1977—1987 年,电厂累计发电 311.59 亿千瓦时。① 开封火电厂于 1978 年扩建 2 台 12.5 万千瓦机组投产。1987 年发电量为 23.1 亿千瓦时。1973—1987 年,该厂累计发电量为 199 亿千瓦时。② 郑州热电厂于 1987 年拥有 11 台机组,装机容量为 14.9 万千瓦。③

在电网建设方面,1977 年,郑州大坡顶枢纽 220 千伏的变电站投入运行。同时,姚孟至大坡顶、洛阳至大坡顶的 220 千伏输电线路亦投入运行。1978 年,安阳至大坡顶 220 千伏输电线路、徐庄至开封 110 千伏输电线路升压至 220 千伏运行。至此,河南省形成了以郑州大坡顶为中心的 220 千伏主要输电网络。④ 1981 年 12 月,国内第一条 500 千伏输电线路姚孟电厂至武汉凤凰山变电站工程竣工。1982 年,110 千伏郑州至开封输电线路的郑州端,由郑州热电厂改接到徐庄变电站。1983 年,宝丰至洛阳 220 千伏输电线路投入运行。1985 年,郑州 220 千伏的柳林变电站投运。⑤ 1986 年,平顶山计山 220 千伏变电站建成投入运行。1987 年,新建的 500 千伏姚孟至郑州小刘变电站输电线路和 220 千伏郑州至柳林变电站输电线路投入运行。⑥

江苏省徐州电厂一、二期工程安装的 4 台国产 12.5 万千瓦超高压机组于 1979 年全部建成投产。1983 年起,徐州电厂进行三期扩建,安装 4 台国产 20 万千瓦超高压机组,到 1987 年,该厂装机容量为 130 万千瓦,进入全国百万千瓦大厂行列。盐城和扬州、新海等电厂分别扩建的 12.5 万千瓦和 20 万千瓦机组陆续投产。⑦ 1990 年,徐州电厂发电量为 85.22 亿千瓦时。1977—1990 年,该厂累计发电 605.61 亿千瓦时。⑧

在电网建设方面,主要有徐州电网、淮海盐电网。1977 年开始,随着徐州发电厂机组陆续投产,徐州电网结构进行了调整。1978 年,建设徐州石桥变电所经双沟变电所至睢宁变电所以及睢宁变电所至安徽新集变电所的 110 千伏线路。同时,徐州电网通过 220 千伏宿迁变电所与淮海盐电网联网。进入 80 年代,徐州地区先后建成潘家庵、平墩、桃园和赵山 4 座 220 千伏变电所,加强 110 千伏网络结构。⑨ 70 年代后期,淮海盐电网结合新海、盐城发电厂扩建 2.5 万千瓦机组,先后建成新沂变电所至东海牛山变电所、新沂变电所至宿迁晓店变电所、新海发电厂至赣榆变电所、新海发电厂至刘顶变电所、新海发电厂至平山变电所、淮安翻水站变电所至涟水变电所、阜宁变电所至滨海变电所等 110 千伏线路,以及滨海、赣榆、泗洪、洪泽、涟水、盱眙等 110 千伏变电所。与此同时,淮海盐电网开始建设 220 千伏输变电工程,1978 年建成 220 千伏宿迁、淮阴、马坝 3 座变电所,并经徐宿淮输电线与徐州电网联

---

① 河南省地方史志编纂委员会.河南省志:电力工业志[M].郑州:河南人民出版社,1991:73-75.
② 河南省地方史志编纂委员会.河南省志:电力工业志[M].郑州:河南人民出版社,1991:90-91.
③ 河南省地方史志编纂委员会.河南省志:电力工业志[M].郑州:河南人民出版社,1991:109.
④ 河南省地方史志编纂委员会.河南省志:电力工业志[M].郑州:河南人民出版社,1991:138.
⑤ 河南省地方史志编纂委员会.河南省志:电力工业志[M].郑州:河南人民出版社,1991:139.
⑥ 河南省地方史志编纂委员会.河南省志:电力工业志[M].郑州:河南人民出版社,1991:140.
⑦ 江苏省地方志编纂委员会.江苏省志:电力工业志[M].南京:江苏科学技术出版社,1994:7.
⑧ 江苏省地方志编纂委员会.江苏省志:电力工业志[M].南京:江苏科学技术出版社,1994:39.
⑨ 江苏省地方志编纂委员会.江苏省志:电力工业志[M].南京:江苏科学技术出版社,1994:89.

网。进入 80 年代,又先后投运盐城、茅口、东台红光等 3 座 220 千伏变电所。[1]

安徽省淮南发电厂于 1977 年完成第五期扩建 2 台 12.5 万千瓦机组,全厂总容量为 60.1 万千瓦。1982 年,淮北发电厂扩建 2 台 12.5 万千瓦及 2 台 20 万千瓦超高压机组全部建成,总容量为 75 万千瓦。[2] 1985 年 12 月,淮南洛河电厂一号机组并网发电,单机容量为 30 万千瓦。[3] "七五"时期,淮南平圩、洛河发电厂均向华东电网输电,连同淮南田家庵、淮北发电厂构成两淮矿口火电厂群。"八五""九五"时期,淮南平圩发电厂 1 台 60 万千瓦、淮南洛河发电厂二期 2 台 30 万千瓦发电机组、淮北发电厂扩建的 1 台 20 万千瓦发电机组也相继投产。[4]

在电网建设方面,1978 年,淮北发电厂经蚌埠与淮南发电厂相连,实现淮北与皖中 220 千伏电压联网。为实现皖电东输,开始建设 500 千伏淮南—繁昌—浙江平窑—上海南桥超高压输变电工程。20 世纪 80 年代初,蚌埠经滁县至西梁山输变电工程建成。另外,淮北与徐州两地电网实现相连。1987 年,建设淮南平圩发电厂经繁昌变电所至江苏斗山变电所 500 千伏输电线路及平圩、洛河两发电厂联络线。"十五"时期前四年,500 千伏淮南洛河电厂至阜阳阜东变电所输电线路及阜东变电所扩建工程完工。[5]

山东省第一台 30 万千瓦机组于 1985 年在邹县电厂建成发电。[6] 至 1985 年底,枣庄市除用户自建的专用高压配电线和变压器外,共有公用的 6～10 千伏线路 7 条总长 50.25 千米,公用配电变压器 26 台总容量为 3 940 千伏安[7];济宁市高压配电线已发展到 40 条总长 319.76 千米,其中公用线路 18 条 91.76 千米。配电变压器已增至 707 台 114 825 千伏安,其中公用配电变压器 57 台 11 395 千伏安[8];临沂市共有 10 千伏主干线 4 条 44 千米,配电变压器 448 台,总容量 54 450 千伏安[9];菏泽市有 10 千伏配电线路 15 条 139.58 千米(用户专线 98 千米),配电变压器 463 台,总容量 53 300 千伏安[10]。

2. 建材工业

建材工业是国民经济重要的原材料基础工业,是建筑业发展的基础。改革开放后,随着经济和社会的不断发展,淮河流域建材工业引进国外先进设备和生产线,新技术、新产品不断涌现,推动了水泥、玻璃等行业的生产发展。

(1) 水泥生产

河南省郑州铝厂水泥分厂于 1978—1987 年共获省、部级科研成果 13 项,其中铝酸盐自

---

[1] 江苏省地方志编纂委员会.江苏省志:电力工业志[M].南京:江苏科学技术出版社,1994:92.
[2] 安徽省人民政府.安徽 60 年[M].北京:中国统计出版社,2009:99.
[3] 中共安徽省委党史研究室.安徽改革开放大事记:1977.6—2008.6[M].合肥:安徽人民出版社,2008:193.
[4] 安徽省人民政府.安徽 60 年[M].北京:中国统计出版社,2009:91-92.
[5] 《安徽年鉴》编辑委员会.安徽年鉴:2010[Z].安徽年鉴社,2010:147.
[6] 山东省地方史志编纂委员会.山东省志:电力工业志[M].济南:山东人民出版社,1991:13.
[7] 山东省地方史志编纂委员会.山东省志:电力工业志[M].济南:山东人民出版社,1991:243.
[8] 山东省地方史志编纂委员会.山东省志:电力工业志[M].济南:山东人民出版社,1991:244-245.
[9] 山东省地方史志编纂委员会.山东省志:电力工业志[M].济南:山东人民出版社,1991:245.
[10] 山东省地方史志编纂委员会.山东省志:电力工业志[M].济南:山东人民出版社,1991:247.

应力水泥1978年获全国科技大会奖,1987年生产水泥34万吨。① 平顶山水泥厂于1982年正式投产,1987年产量为27万吨。②

山东省滕县水泥制品厂于1964—1985年生产各种类型电杆26.44万根,各种水泥管358千米。1980年,在华东地区同行业检查中,直径300毫米压力管被评为优良产品。③ 济宁市水泥制品厂产品主要有水泥电杆、自应力压力管、深井管、排水管、农房构件、小型砌块、路石砖等。1980年,在全国水泥制品质量竞赛评比活动中,自应力压力管荣获质量优良奖。1985年,生产水泥电杆18 655根,压力管16千米。④

江苏省淮海水泥厂于1978年建设规模100万吨。1987年,该厂生产的"巨龙"牌硅酸盐水泥获省优质产品称号。⑤ 1993—1997年,该厂产业升级,完成日产3 500吨熟料窑外分解生产线技改工程。⑥ 邳县水泥厂于1978年增设窑外分解工艺,设计能力日产水泥熟料700吨。1985年,该厂水泥产量为25.84万吨,1987年达35万吨。该厂生产的425号普通硅酸盐水泥被国家建材局评为优质产品。⑦ 1995年12月,邳县水泥厂完成日产700吨预分解窑生产线重点技术改造项目。⑧

安徽省淮南市水泥厂和寿县水泥厂、宿县地区水泥厂于1979年将普通立窑改成了简易机窑;淮北矿务局水泥支架厂建成1台机立窑代替普通立窑。1984年,寿县水泥厂设置2台机立窑和生料系统。淮南和淮北矿务局水泥厂扩建回转窑工程完成,两厂都拥有2条年产10万吨的生产线;淮南市水泥厂也用机立窑替代了简易机窑,达到年产7.5万~8.8万吨能力。⑨ 1986年,蚌埠市水泥制品厂从国外引进混凝土自动化集中搅拌设备。⑩ 20世纪90年代以来,六安海螺水泥有限公司年产330万吨、定远双龙水泥有限公司年产100万吨、固镇固集建材有限公司年产60万吨等大型水泥粉磨站等项目开工建设。⑪

(2) 玻璃生产

河南商丘振华玻璃厂建厂初期主要从事砖瓦生产,1978年开始生产玻璃,是省内第二家拥有浮法玻璃生产线的企业。1987年,生产平板玻璃53万重量箱,产品有浮法玻璃、平拉平板玻璃、引上玻璃,还有钢化玻璃、喷砂玻璃以及日用玻璃制品。⑫ 1979年,商丘平板玻璃厂生产玻璃5万标箱,扶沟县玻璃厂产量为1.7万标箱;1987年,郑州玻璃厂产量超过10万重量箱。⑬

---

① 河南省地方史志编纂委员会.河南省志:建筑材料工业志[M].郑州:河南人民出版社,1992:73.
② 河南省地方史志编纂委员会.河南省志:建筑材料工业志[M].郑州:河南人民出版社,1992:74-75.
③ 山东省地方史志编纂委员会.山东省志:建材工业志[M].济南:齐鲁书社,1994:62.
④ 山东省地方史志编纂委员会.山东省志:建材工业志[M].济南:齐鲁书社,1994:63.
⑤ 江苏省地方志编纂委员会.江苏省志:建材工业志[M].北京:方志出版社,2002:86-87.
⑥ 江苏省地方志编纂委员会.江苏省志:建材工业志[M].北京:方志出版社,2002:11.
⑦ 江苏省地方志编纂委员会.江苏省志:建材工业志[M].北京:方志出版社,2002:87-88.
⑧ 江苏省地方志编纂委员会.江苏省志:建材工业志[M].北京:方志出版社,2002:10.
⑨ 安徽省地方志编纂委员会.安徽省志:建材工业志[M].合肥:安徽人民出版社,1996:16-18.
⑩ 安徽省地方志编纂委员会.安徽省志:建材工业志[M].合肥:安徽人民出版社,1996:51.
⑪ 《安徽年鉴》编辑委员会.安徽年鉴:2010[Z].安徽年鉴社,2010:105.
⑫ 河南省地方史志编纂委员会.河南省志:建筑材料工业志[M].郑州:河南人民出版社,1992:123.
⑬ 河南省地方史志编纂委员会.河南省志:建筑材料工业志[M].郑州:河南人民出版社,1992:97.

安徽蚌埠平板玻璃厂1978年建成年产130万重箱的浮法生产线,1987年又引进德国真空溅射镀膜生产线,到1999年,该厂除生产白、蓝、茶色等多种平板玻璃外,还开发了彩玻、激光、浮雕幕墙玻璃等产品。① 20世纪90年代末,蚌埠浮法玻璃公司(即平板玻璃厂)改组成蚌埠华光玻璃集团有限公司,公司生产钢化、中空、防弹、汽车风挡玻璃、信息显示基片玻璃等产品。②

宿迁市江苏玻璃厂1978年玻璃年产量为69.92万标准箱。1983年,该厂玻璃年产量增至111万标准箱,1985年,玻璃年产量达96.39万重量箱(折合112.22万标准箱)。东海玻璃厂于1981—1987年累计生产3毫米平拉玻璃75.65万重量箱。③ 此外,1979—1987年,连云港玻纤玻钢总厂年产1 800吨无碱玻纤单元池窑拉丝生产线通过竣工验收;泗阳玻璃钢总厂大口径玻璃钢管生产线建成投产。④

3. 化学工业

新中国成立以来,淮河流域的化学工业从无到有,由小到大,经历了曲折发展的过程。改革开放后,淮河流域各级部门对化工企业进行调整,先后出台了一系列方案和决定,完善经济责任制,进行经济管理体制改革。同时,又新建了一批化工企业,形成了比较齐全的生产门类。

山东省积极发展鲁西南化学工业。1988年,化工年产值在2亿元以上的有济宁、枣庄和临沂市,1亿元以上的有菏泽市。⑤ 滕州市鲁南化肥厂是山东省最早生产尿素的厂家。所产落凤山牌尿素于1985—1988年连续4年被评为山东省和化工部优质产品。1979—1988年的10年间,通过不断革新改造,自1980年起合成氨产量年年突破7万吨;自1984年起尿素产量年年突破11万吨。1979—1988年,共生产合成氨73.38万吨、尿素105.3万吨。⑥

河南省针对化肥工业存在的问题,普遍开展以节能为中心、以装备技术更新为主要手段的技术改造。开封化肥厂是河南省2个大型化工企业之一。1987年,拥有年生产能力合成氨11万吨、硝酸铵9万吨、碳酸氢铵8万吨、硝酸磷肥16.5万吨。该厂主要产品硝铵、碳铵等先后荣获省部级优质产品称号。⑦ 平顶山化肥厂于1979年先后生产出合成氨、尿素。1981年,该厂合成氨年生产能力为4.8万吨,尿素年生产能力为7.2万吨。1985年,合成氨年生产能力为6万吨,尿素年生产能力为11万吨。⑧ 信阳磷肥厂,1987年,钙镁磷肥年生产能力为20万吨。80年代该厂开发了氮磷钾三元复混肥,年生产能力为1万吨。⑨

江苏大丰化肥厂1983年合成氨年产能力为1万吨,实际产量为1.05万吨。之后产量稳步增长,消耗不断下降,效益连年提高。1987年,完成工业产值1 045万元。1992年,该

---

①② 安徽省人民政府.安徽60年[M].合肥:中国统计出版社,2009:106.
③ 江苏省地方志编纂委员会.江苏省志:建材工业志[M].北京:方志出版社,2002:170.
④ 江苏省地方志编纂委员会.江苏省志:建材工业志[M].北京:方志出版社,2002:10-11.
⑤ 山东省地方史志编纂委员会.山东省志:化学工业志[M].济南:山东人民出版社,1993:29.
⑥ 山东省地方史志编纂委员会.山东省志:化学工业志[M].济南:山东人民出版社,1993:66-68.
⑦ 河南省地方史志编纂委员会.河南省志:化学工业志[M].郑州:河南人民出版社,1997:32.
⑧ 河南省地方史志编纂委员会.河南省志:化学工业志[M].郑州:河南人民出版社,1997:34-35.
⑨ 河南省地方史志编纂委员会.河南省志:化学工业志[M].郑州:河南人民出版社,1997:37-38.

厂投资建设年产 6 万吨尿素工程,1995 年投产,当年产值为 6 153 万元。① 扬州磷肥厂于 1978 年建成年产 2 万吨硫酸车间后,形成碱性、酸性磷肥、磷钾复合肥和硫酸综合配套生产的优势。1980 年起对普钙磷肥生产进行改造,建成粉碎、酸化、熟化、成品一条龙的生产线,普钙磷肥年产量扩大到 5 万吨。1985 年,利用旧设备试产氮、磷、钾三元素混肥成功,并形成年产 1 万吨规模。1987 年,磷肥产量为 10.02 万吨。② 盐城磷肥厂于 1987 年生产普钙磷肥 9 384 吨、复合肥 1 446 吨。③

安徽淮南化肥厂于 1979 年建成年设计能力为 11 万吨的水溶液全循环法尿素,总氨年产能力扩至 15 万吨。④ 淮南东风化肥厂于 1980 年合成氨产量突破万吨。1987 年,年产合成氨 2.11 万吨、复混肥 1.7 万吨。⑤ 涡阳化肥厂于 1980 年合成氨生产能力为 3 000 吨,1981 年合成氨生产能力为 7 500 吨,1982 年生产能力突破万吨,1986 年生产能力为 4.5 万吨。⑥ 泗县磷肥厂,1984 年普钙磷肥产量为 2.3 万吨,1987 年,年产普钙磷肥 2 万多吨、氮磷钾复混肥 1 450 吨。⑦

(三) 手工业的发展

新中国成立后,淮河流域手工业迅速恢复和发展,并取得了巨大成就。其间,由于"左"倾错误思想的干扰和影响,手工业发展也出现过失误,经历过曲折。党的十一届三中全会以后,淮河流域各级政府大力推进科技进步,加速技术改造和产品研发,为手工企业注入了活力,促进了手工业的发展。

1. 制笔业

早在清代,扬州、徐州等地就出现了制笔庄。六安一品斋、淮北留香阁、砀山香雪轩、临泉明道堂所产毛笔,在全国都有一定的声誉。扬州制笔集中在东乡和东南乡一带,遍及家家户户,世代相传,素有"毛笔之乡"的美称。东乡生产的"湘江一品"毛笔,号称"笔中之王"。六安一品斋毛笔曾在 1909 年举办的南洋工艺品赛会上获得金、银质奖章。1979 年六安一品斋毛笔出口总值为 9.74 万余元,内销 6 万多元,1980 年出口总值为 13.2 万余元,内销 5 万元,1986 年出口总值为 6 万余元,内销 2 万余元,产品远销日本、泰国、新加坡以及欧美等国家和地区。⑧ 江都江海文化用品厂生产的宝塔牌、长颈鹿牌、松鼠牌出口画笔和油画笔,分别于 1986 年、1987 年被评为省优质产品。邗江、江都、泰县等县乡、村办企业专营和兼营毛笔生产的有数十个。⑨ 20 世纪 90 年代以后,一品斋毛笔经营状况日渐萧条,制作工艺濒临失传。为振兴这一传统产业,六安市通过合资形式,传承其制作工艺。一品斋毛笔一度畅销全

---

① 江苏省地方志编纂委员会.江苏省志:化学工业志[M].北京:方志出版社,1999:38.
② 江苏省地方志编纂委员会.江苏省志:化学工业志[M].北京:方志出版社,1999:40-41.
③ 江苏省地方志编纂委员会.江苏省志:化学工业志[M].北京:方志出版社,1999:42.
④ 安徽省地方志编纂委员会.安徽省志:石油化工志[M].合肥:安徽人民出版社,1992:147.
⑤ 安徽省地方志编纂委员会.安徽省志:石油化工志[M].合肥:安徽人民出版社,1992:148.
⑥ 安徽省地方志编纂委员会.安徽省志:石油化工志[M].合肥:安徽人民出版社,1992:149.
⑦ 安徽省地方志编纂委员会.安徽省志:石油化工志[M].合肥:安徽人民出版社,1992:159.
⑧ 安徽省六安市政协文史资料研究委员会.六安市文史资料:第 1 辑[Z].安徽省六安市政协文史资料研究委员会,1986:104.
⑨ 江苏省地方志编纂委员会.江苏省志:轻工业志[M].南京:江苏科学技术出版社,1996:184.

国,并出口日本及东南亚地区。

2. 工艺陶瓷业

新中国成立后,淮河流域工艺陶瓷业复苏。陶瓷产品分为陈设品和日用品两大类。河南禹县钧瓷工艺美术厂于1979年开始研究钧瓷烧成新技术,1983年获得成功。在1984年中国第四届工艺美术品百花奖评审会上,禹县钧瓷工艺美术厂"宇宝"牌和禹县第二钧瓷工艺美术厂"瑰宝"牌钧瓷各获金杯奖。至1987年,钧瓷的年产值为1 483万元,利润为61万元。① 临汝县工艺美术汝瓷厂自1980年多次试制汝瓷。1986年,该厂产品获中国工艺美术品百花奖中的金杯奖。1987年,该厂年产值为303万元,利润为20.5万元。②

安徽界首陶瓷厂于1981—1985年经过多次技术改造,发展成为机械化、半机械化和手工操作相结合的工艺陶瓷专业生产厂家,主要产品有传统刻画剔花工艺坛罐、唐三彩雕塑工艺陶瓷、仿古建筑陶瓷、日用陶瓷、旅游工艺陶瓷等类,共300多个品种。③ 该厂1985年实现产值60万元,生产工艺陶器35万件。④ 其中,该厂三彩刻画"刀马人"发展独具一格,坛罐先后出口多个国家和地区。⑤

山东临沂市美术陶瓷厂于20世纪80年代中期生产花盆、盆景盆、酒具、茶具、文具等35个品种的产品。该厂生产的乳白内釉紫砂陶"浮来春"酒瓶,在山东省、华东地区和全国包装装潢产品评比中,分获一等奖、大奖和二等奖。该厂紫砂工艺品的最高年产量为25万件,产值为35万元,产品出口瑞典、法国、日本等地。莒县陶瓷厂于1986年生产高档工艺瓷"唐三彩",并被外交部定为国礼瓷,当年生产"勾头马""双龙樽""蟠龙瓶"等18个品种上万件。⑥

3. 工艺编织业

依据原材料不同,工艺编织可分为竹制品编织、柳制品编织、草制品编织。

（1）竹制品

竹制品种类繁多,不仅有各种竹篮,还有配以工艺的装饰品,国内外十分畅销。1983年,金寨县竹编工艺厂编织出群鸡、对鸟、古钱桶、竹蝶、提花篮、企鹅、面包篮、鱼形盘、水果盒、布谷鸟、韭菜花盒、竹叶花盒等数十个品种。1985年,年产值为2万元。80年代末,该厂与多个国家和地区签订了合同,出口产品24万件,产值为20多万元。⑦ 1985年,盐城竹藤制品厂以各式藤椅为主,兼有藤制沙发、茶几、书架等,产量为2 253件,产值为3万元。少数竹藤草柳编织综合厂、农具厂以及毛竹产地农副业,也制作些竹椅、竹凳等供应市场。⑧

（2）柳制品

柳制品有果篮、果盘、花篮、花架和洗衣篮等。1986年,霍邱县建立庆发湖工艺有限公

---

① 河南省地方史志编纂委员会.河南省志:工艺美术品、文化体育用品工业志[M].郑州:河南人民出版社,1994:11-12.
② 河南省地方史志编纂委员会.河南省志:工艺美术品、文化体育用品工业志[M].郑州:河南人民出版社,1994:15.
③ 《当代中国》丛书编辑委员会.当代中国的集体工业:下[M].北京:当代中国出版社,1991:249.
④ 安徽省人民政府办公厅.安徽省情:3[M].合肥:安徽人民出版社,1987:159.
⑤ 吉尔印象.璀璨中华:中国非物质文化遗产完全档案 下册[M].北京:金城出版社,2009:529.
⑥ 临沂市地方史志编纂委员会.临沂地区志:上册[M].北京:中华书局,2001:599.
⑦ 金寨县地方志编纂委员会.金寨县志[M].上海:上海人民出版社,1992:244-245.
⑧ 江苏省地方志编纂委员会.江苏省志:轻工业志[M].南京:江苏科学技术出版社,1996:175.

司,主营柳编产业。① 21世纪初,霍邱县成立"安徽省柳编产业协会",其中庆发和华安达两个集团拥有直属分厂近50家,覆盖沿淮沿湖20多个乡镇,辐射多个省市;"庆发湖""华安达"还获省级名牌产品称号,柳编工艺品由100多个品种发展到2万多个品种,产品远销世界30多个国家和地区。② 2009年,阜南县被中国工艺美术协会授予"中国柳编之乡"称号。全县有14个乡镇从事柳编生产经营,柳编企业有70多家,柳编工艺品已发展到10多个系列上万个品种,产品远销56个国家和地区。③ 1983年,临沭县工艺美术公司的柳编制品获山东省工艺美术百花奖优质产品奖。④ 1985年,临沭白柳制品合作专厂的柳编产品品种由最初的200多种规格和花色,增加到400多种。其产品在山东省同类产品评比中获得第一名。1988年,苍山县工艺美术公司与山东省工艺美术进出口公司联营,生产柳编制品,同时开发生产竹、苇等编织品共7大类700多个花色品种。1989年企业产值为820万元。⑤

(3) 草制品

草制品的种类有帽、席、垫、提包、拖鞋及提篮、花篮等。山东济宁、菏泽等地多用苇子编制苇席、苇帽、褶子、苇箔和苇帘子等民间实用品,畅销多个国家和地区。其中"海洋牌"琅琊草帽于1980年获省优质产品称号,1985年、1986年连续获得省工艺美术"百花奖"。1988年,临沂地区琅琊草工艺品产值为500万元。1994年,全区草编工艺品产值为1 839万元。⑥ 80年代,安徽叶集草编主要产品有茶垫、椅垫、提篮3大类400多个品种。叶集草编选用玉米包叶和竹笋壳为原料,精工细作而成,成品新颖别致,清雅美观,畅销国内外。⑦

4. 剪纸业

1978年,阜阳剪纸先后在上海、南京、北京以及日本东京等地展出。⑧ 传统剪纸多集中表现生产劳动、五谷丰登、六畜兴旺及民间戏曲故事,亦有以动物、花鸟、瓜果、花卉为内容。20世纪90年代,阜阳剪纸不断创新,新作品题材更为丰富,如丹凤朝阳、凤凰牡丹、鸳鸯戏莲、神医华佗、八仙过海、花鼓灯等作品。花色品种有套色剪纸、笔彩填色剪纸及单色、点彩、分色剪纸等。主要作为窗花、礼花、灯花及刺绣花样,亦可成单幅挂图或实用图案,用于连环画、插图、刊头、封面、工艺品、建筑装饰、商标、广告之中。⑨

1979年,扬州剪纸艺人张永寿被轻工业部授予工艺美术家称号。至1987年,扬州剪纸艺人张吉根及江苏新一代剪纸艺人张秀芳、翁文、殷嘉才、张方林等,多次赴挪威、芬兰、美国、加拿大、日本、澳大利亚等国进行剪纸艺术表演。⑩

---

① 中共安徽省委党史研究室.安徽之最[M].北京:中央文献出版社,2002:156.
② 许俊松.安徽民间传统工艺礼赞[M].合肥:安徽大学出版社,2010:120.
③ 吕乃明,李敏龙.阜南荣获"中国柳编之乡"[J].安徽日报,2009-04-08(7).
④ 山东省地方志编纂委员会.山东省志:二轻工业志[M].济南:山东人民出版社,1997:104.
⑤ 临沂市地方史志编纂委员会.临沂地区志:上册[M].北京:中华书局,2001:597.
⑥ 临沂市地方史志编纂委员会.临沂地区志:上册[M].北京:中华书局,2001:596.
⑦ 《安徽大辞典》编纂委员会.安徽大辞典[M].上海:上海辞书出版社,1992:618.
⑧ 安徽省地方志编纂委员会.安徽省志:轻工业志[M].北京:方志出版社,1998:272.
⑨ 赵维臣.中国土特名产辞典[M].北京:商务印书馆,1991:537.
⑩ 江苏省地方志编纂委员会.江苏省志:轻工业志[M].南京:江苏科学技术出版社,1996:240.

5. 工艺雕刻业

工艺雕刻分为木雕、石雕、玉雕等类。

(1) 木雕

1978年起，泰州工艺美术厂由国外引进彩绘木雕新工艺，以圆雕为主，结合浮雕，用画笔和工具雕刻出禽鸟、昆虫、热带鱼等10个大类2000多个品种，在国内外市场畅销。1979年，连云港市工艺桐木制品厂用当地的泡桐树材生产桐木工艺盒，有棋盒、扇盒、钱包盒、证书盒等20多个品种，均出口日本。①

(2) 石雕

20世纪80年代，灵璧利用大理石生产的石雕作品有人物、动物、花果、山水及文具等百余个花色品种，固镇利用褚兰石雕刻成"仿唐马"，六安利用凤脑石为原料雕刻成花鸟动物和凤脑图章。② 临沂地区的徐公砚、金星砚、燕子石砚、紫丝石砚享誉海内外，除销往京、津、沪等大城市外，还销售至日本、东南亚各国。1989年，全区石雕年产值为64.7万元。③

(3) 玉雕

1980年，蚌埠玉雕在全国玉雕质量评比会上获一级产品。1983年，蚌埠玉雕厂还恢复了岫玉花薰、熏炉、变形怪兽等一批传统产品的生产。④ 1981年，扬州玉器厂的翡翠玉雕《龙王出游》和扬中玉器厂《五龙薰》玉雕获轻工业部工艺美术百花奖。1983年，邗江玉雕厂运用玉雕薄胎工艺于花卉、炉瓶品种。1986年，扬州玉器厂的大型碧玉山子雕《聚珍图》，获中国工艺美术品百花奖金杯奖。⑤ 90年代以来，以莒南县坊前镇为中心的莒翠玉雕较具规模。1994年，莒南县石雕企业发展到上百个，生产石雕工艺品数百个品种。⑥

此外，淮河流域的手工织毯业也比较发达。1988年，淮北市工艺地毯总厂年生产地毯3万平方米，主要产品为羊毛地毯和蚕丝地毯两大类，以手工编织为主，产品大部分出口。1992年生产手工羊毛地毯2 160平方米。⑦ 1988年，临沂地毯厂生产的双60道手工栽绒地毯获省优质产品称号。120道地毯获轻工业部出口创汇"优秀新产品奖"和出口创汇"金龙腾飞奖"，同时荣获山东省工艺美术品质量"百花奖"，产品销往美国、德国、英国、日本等国。⑧

总之，淮河流域手工业发展的同时，也存在一些不足。主要表现为：第一，生产的发展不能完全适应市场需求的变化。如产品的数量不足，档次较低，品种、花色不够丰富。第二，设备、工艺较为落后，生产效率较低，产品竞争力不强。与发达地区相比，还存在一定的差距。

---

① ⑤ 江苏省地方志编纂委员会. 江苏省志：轻工业志[M]. 南京：江苏科学技术出版社，1996：219.
② 《安徽概况》编写组. 安徽概况[M]. 合肥：安徽科学技术出版社，1984：227.
③ ⑥ 临沂市地方史志编纂委员会. 临沂地区志：上册[M]. 北京：中华书局，2001：598.
④ 《安徽概况》编写组. 安徽概况[M]. 合肥：安徽科学技术出版社，1984：228.
⑦ 安徽省淮北市地方志编纂委员会. 淮北市志[M]. 北京：方志出版社，1999：362.
⑧ 临沂市地方史志编纂委员会. 临沂地区志：上册[M]. 北京：中华书局，2001：597.

三、煤炭工业的个案研究

煤炭业是淮河流域的支柱产业。淮河流域煤炭资源极为丰富,是我国黄河以南最大的煤炭基地,探明储量达 700 多亿吨。① 主要集中在安徽的淮南和淮北、豫西、鲁西南、苏西北等地,且煤种好,埋藏浅,分布集中,易于大规模开采。

安徽煤炭资源主要集中于两淮煤田。至 1986 年底,淮南煤田累计探明储量为 146.5 亿吨,占全省的 63.5%,保有储量为 142.8 亿吨,占全省的 63.7%;淮北煤田累计探明储量为 82.3 亿吨,占全省的 35.7%,保有储量为 79.8 亿吨,占全省的 35.6%。② 江苏煤炭资源主要集中于徐州。1987 年末,徐州矿区保有储量为 11.87 亿吨,占全省的 30.46%;丰沛矿区保有储量为 24.29 亿吨,占全省的 62.3%。③ 山东煤炭资源主要集中于枣庄、济宁一带。1990 年末,滕县煤田累计探明储量为 46.8 亿吨,保有储量为 42.4 亿吨;兖州煤田储量为 38.04 亿吨,保有储量为 31.51 亿吨;济宁煤田储量为 32.48 亿吨,保有储量为 27.98 亿吨。④ 河南煤炭资源主要集中于平顶山,1987 年,平顶山矿区累计探明储量为 22.72 亿吨,保有储量为 19.59 亿吨。⑤

(一) 煤炭业发展的历程

淮河流域煤炭开采历史悠久,但发展缓慢。直到新中国成立后,煤炭业发展才进入较快的轨道。新中国成立以来,淮河流域煤炭业大致经历了恢复发展、曲折发展、稳定发展、调整发展等几个阶段。

1. 恢复发展阶段

新中国成立初期,淮河流域各级政府对煤炭工业予以高度重视。改革落后的生产方式,推广新式的采煤方法,淮河流域煤炭工业得到恢复和发展。1949 年,淮南煤矿迅速恢复生产,煤炭产量大幅增加。当年总产量即达 112.5 万吨。⑥ 1952 年 11 月,在对原有矿井采煤方法、运输手段和生产环境方面改造的基础上,淮南煤矿年产量达 256.34 万吨,是 1949 年的 2.28 倍。⑦

"一五"期间,淮河流域煤矿新建了一批新矿井。徐州煤矿共开工中小型矿井 6 对,建设规模为 201 万吨/年。⑧ 淮南煤矿平均每年产量递增 24%。⑨ "大跃进"后,淮河流域开工建设了大批新矿井,群众办小煤窑遍布各地,煤炭产量一度大幅上升。1958 年,淮南煤矿产煤 816 万吨,1959 年又增至 1 400 万吨,1960 年达 1 600 多万吨,比原计划能力翻了一番。⑩

---

① 水利部淮河水利委员会《淮河志》编纂委员会. 淮河综述志[M]. 北京:科学出版社,2000:26.
② 安徽省地方志编纂委员会. 安徽省志·煤炭工业志[M]. 合肥:安徽人民出版社,1993:14.
③ 江苏省地方志编纂委员会. 江苏省志·煤炭工业志[M]. 南京:江苏古籍出版社,1999:40,44.
④ 《中国煤炭志》编纂委员会. 中国煤炭志·山东卷[M]. 北京:煤炭工业出版社,1997:74-75.
⑤ 河南省地方史志编纂委员会. 河南省志·煤炭工业志[M]. 郑州:河南人民出版社,1991:256.
⑥ 安徽省地方志编纂委员会. 安徽省志·煤炭工业志[M]. 合肥:安徽人民出版社,1993:24-27.
⑦ 安徽省地方志编纂委员会. 安徽省志·煤炭工业志[M]. 合肥:安徽人民出版社,1993:8.
⑧ 江苏省地方志编纂委员会. 江苏省志·煤炭工业志[M]. 南京:江苏古籍出版社,1999:61.
⑨ 安徽省人民政府办公厅. 安徽省情:3[M]. 合肥:安徽人民出版社,1987:3.
⑩ 杜诚,季家宏. 中国发展全书·安徽卷[M]. 北京:国家行政学院出版社,1997:26.

1958年,枣庄矿区开办76对"卫星"小煤井和2个露天煤矿,产煤300万吨,相当于"一五"期间累计生产水平,1958—1960年共产煤1 383.62万吨,是"一五"期间产量总和的3.7倍。[①]至1960年,平顶山矿区先后建成7对矿井,设计能力为522万吨/年[②];徐州煤炭矿务局共开工16对矿井,设计能力为101万吨/年[③]。

2. 曲折发展阶段

针对煤炭生产中存在着滥挖乱采等严重违背经济规律的现象,淮河流域各省政府认真贯彻中央"调整、巩固、充实、提高"的方针,对煤炭工业的发展计划进行调整。1961年开始,停建、缓建一批新建矿井,关停一批不宜继续开采的地方煤矿,使生产建设重新稳步发展。"文革"期间,在煤矿生产秩序遭到严重破坏的情况下,广大职工克服种种困难努力生产,煤炭工业仍有所发展。

枣庄矿务局煤炭产量在1961—1965年稳定在400万吨以上。1966年"文革"开始后矿区生产动荡,1973年6月至1975年3月处于停产半停产状态。此后,整顿矿区秩序,恢复规章制度,1975年煤炭产量回升至545万吨,1976年煤炭产量643万吨。[④]平顶山矿务局经过调整后,1964—1975年,先后有5对矿井相继投产,总设计能力增加到897万吨/年。1975年原煤产量突破1 000万吨。安徽两淮矿区对煤炭生产进行了调整,采掘关系严重失调的局面得以改善。淮南孔集煤矿和淮北矿区皇后窑煤矿先后建成投产。由于边生产、边调整和边建设,而且重点抓调整,因此,调整期间两淮矿区各投产1处新井。[⑤]徐州矿务局的庞庄、东城和卧牛山井先后于1963—1965年建成投产。1966—1968年,国家未安排新井开工项目。1970年,复建张小楼、张集和义安等煤矿。[⑦]

3. 稳定发展阶段

1978年改革开放后,淮河流域各省政府认真贯彻中央的精神,出台了一系列的政策,在严格执行国家安排的煤炭分配计划的同时,尽量满足本地用煤的需要,推动了淮河流域煤炭工业的稳定发展。

安徽煤矿建设重点集中在两淮矿区。1976—1980年第五个"五年计划"时期,皖北刘一矿开工建设,孟庄、百善、毛郢孜3对矿井相继建成投产,新增年设计生产能力96万吨。1981—1985年第六个"五年计划"时期,淮南潘一、淮北朱仙庄、临涣、皖北刘一、前岭5对矿井建成投产,新增年设计生产能力690万吨。1986—1990年第七个"五年计划"时期,淮北海孜、童亭,淮南潘二3对矿井陆续建成投产,新增年设计生产能力450万吨。[⑧]

河南平顶山矿务局各矿1978年设计能力为957万吨/年,原煤产量为1 373.85万吨。1984年,年产能力300万吨的平八矿建成投产;平一矿在原设计能力150万吨/年的基础上年产煤320万吨。到1987年,平顶山矿务局所属大中型和特大型生产矿井有14对,总核定生产

---

①④ 山东省地方史志编纂委员会.山东省志:煤炭工业志 下册[M].济南:山东人民出版社,1997:1286.
②⑤ 河南省地方史志编纂委员会.河南省志:煤炭工业志[M].郑州:河南人民出版社,1991:257.
③ 江苏省地方志编纂委员会.江苏省志:煤炭工业志[M].南京:江苏古籍出版社,1999:92.
⑥ 安徽省地方志编纂委员会.安徽省志:煤炭工业志[M].合肥:安徽人民出版社,1993:25.
⑦ 江苏省地方志编纂委员会.江苏省志:煤炭工业志[M].南京:江苏古籍出版社,1999:63.
⑧ 安徽省地方志编纂委员会.安徽省志:煤炭工业志[M].合肥:安徽人民出版社,1993:158-159.

能力为1 616万吨/年。1987年矿务局产煤1 723.61万吨,仅次于大同、开滦煤矿,为中国第三个特大型煤炭企业。已建成矿区型和矿井型洗煤厂各1座,年入洗能力为450万吨。①

山东枣庄矿务局于1980—1990年共产煤7 413.1万吨,平均年产673.9万吨。除原有枣庄、陶庄、八一、山家林4座洗煤厂外,又建设柴里、蒋庄2座洗煤厂,新增年入洗能力390万吨,产品主要有精煤、块煤、混中块、末煤、混煤、中煤、煤泥、低热值煤、硫化铁、天然焦等10个品种。1990年末,全局有生产矿井7对,年设计能力为740万吨;准备开工井2对,年设计能力为210万吨。②

徐州矿务局于1982年调低年度原煤生产计划。1983年3月,省政府和煤炭部批准徐州矿务局扩大企业自主权,实行经济总承包。规定自1983年起,以1982年1 140万吨为基数,逐年递增2%。至1987年,5年实际产煤6 227.43万吨,比总承包计划超产237.43万吨,年递增幅度为2.9%。③

4. 调整发展阶段

1997年,针对煤炭产品供大于求、煤炭市场持续疲软的情况,淮河流域相关部门对煤炭产量和库存量实行"双量控制"策略,扭转了煤炭长期短缺的状况。同时,煤炭企业的改革力度不断加大,实行现代企业制度。以股份合作制为重点,采取租赁、承包、兼并、联合等多种形式进行改制。淮河流域煤炭工业进入调整发展阶段。

淮南矿务局于1997年每月产量下降20万吨,日产下降6 000多吨。淮北矿务局先后对9个矿、25个面次停产、限产。皖北局孟庄、毛郢孜两矿因煤质低劣,停产4个工作面,各矿只保留1个面。④ 1998年,淮南、淮北、皖北3个大型煤炭企业分别由传统的矿务局模式改制为国有独资集团公司,国投新集能源股份有限公司完成重组改制。⑤ 1999年,淮南、淮北、皖北和新集四大集团初步建立现代企业制度。⑥ 2005年,四大矿业集团原煤产量为7 231万吨,增加512万吨,增长7.6%。⑦ 2008年底,四大矿业集团主营业务的煤炭部分共有煤矿52对,其中生产矿44对,产能11 350万吨,实际产量为11 157万吨。⑧

枣庄矿务局自1997年开始以建立现代企业制度为方向,不断加大增盈减亏工作力度,在生产条件困难、市场环境不利、增支因素加大的情况下,全局原煤产量稳中有升,完成原煤产量808.8万吨。⑨ 2000年,枣庄矿业集团公司进行产权制度改革和公司制改造。对陶庄矿和五处进行改制,组建股份制企业。⑩ 2001年,是枣庄矿业集团公司自1997年以来经营状况最好的一年,已初步走出了多年徘徊的经济低谷。全年原煤产量完成1 210万吨,比计

---

① 河南省地方史志编纂委员会.河南省志:煤炭工业志[M].郑州:河南人民出版社,1991:256-257.
② 山东省地方史志编纂委员会.山东省志:煤炭工业志 下册[M].济南:山东人民出版社,1997:1287-1288.
③ 江苏省地方志编纂委员会.江苏省志:煤炭工业志[M].南京:江苏古籍出版社,1999:168-169.
④ 《安徽年鉴》编辑委员会.安徽年鉴:1998[Z].安徽年鉴社,1998:97.
⑤ 《安徽年鉴》编辑委员会.安徽年鉴:1999[Z].安徽年鉴社,1999:76-77.
⑥ 《安徽年鉴》编辑委员会.安徽年鉴:2000[Z].安徽年鉴社,2000:89.
⑦ 《安徽年鉴》编辑委员会.安徽年鉴:2006[Z].安徽年鉴社,2006:115.
⑧ 《中国煤炭工业年鉴》编辑部.中国煤炭工业年鉴:2009[M].北京:人民出版社,2011:133-134.
⑨ 枣庄市地方史志编纂委员会.枣庄年鉴:1998[M].济南:齐鲁书社,1998:188.
⑩ 枣庄市地方史志办公室.枣庄年鉴:2000[M].北京:中华书局,2000:181.

划增加210万吨。① 2002年,枣庄矿业集团公司主业扩张增势强劲,煤炭总量实现了新跃升。原煤产量完成1 413.66万吨。② 2008年,枣矿集团全年生产原煤2 000余万吨,原煤产量是1999年的2.12倍。③

平煤集团公司从1998年开始深化内部改革,转换经营机制,加强企业管理,调整经济结构,制定出台了一系列改革配套政策。④ 2000年,平煤集团公司进一步深化改革,加强管理,努力克服煤炭市场疲软和资金极度紧张等诸多困难,生产建设在调整中保持稳定。⑤ 2005年,平煤集团加大安全高效矿井建设力度,加快并购重组和产业结构调整步伐,促进了煤炭生产稳步增长。全年生产原煤3 206万吨。⑥ 2006年,平煤集团的平煤天安成功上市,首发A股3.7亿股,募集资金30亿元,创全国煤炭企业A股融资额之最。⑦ 2008年,平煤集团公司实施产业结构调整,转变发展方式;推进内部改革,搭建企业发展的全新管理框架。⑧

徐州矿务局于1998年改制为徐州矿务集团公司,开始步入现代企业制度的运行轨道。徐州矿务集团公司在煤炭市场持续疲软、企业经营极度紧张的形势下,取得了较好的经营效果。⑨ 2005年,徐矿集团加快创业发展和结构调整步伐,着力推进管理和机制创新,生产煤炭1 627万吨。⑩ 2006年,徐矿集团发展采掘机械化,煤炭生产集约化水平进一步提高,共产原煤1 804.09万吨,较上年增产177.09万吨。⑪ 2008年,徐矿集团改进采掘工艺,煤炭生产机械化水平得到提高,生产原煤1 936万吨,采煤机械化程度为90.36%,掘进装载机械化程度为94.21%。⑫

(二)煤炭业发展的成就

从新中国成立以来的发展历程来看,淮河流域煤炭工业在不同时期的发展速度升降悬殊。"一五""二五"时期,尤其是改革开放以来,煤炭工业发展取得了较大的成就。具体表现为煤炭产量大幅增加,煤矿建设成效显著。

1. 煤炭产量

新中国成立后,徐州、枣庄、淮南等煤矿产量增长较快。"一五"期间,淮河流域煤矿经过改造实现了国有化。在此基础上,国家对煤矿进行了技术改造,提高了矿井的生产能力,煤炭产量迅速增加。1949年3月,淮南煤矿复工后全年总产量为112.5万吨。1957年底,淮南矿区已有矿井8对,当年实际产煤492.9万吨,是1949年的4.38倍。⑬ 徐州矿务局原煤

---

①② 枣庄市地方史志办公室.枣庄年鉴:2001[M].北京:五洲传播出版社,2001:158.
③ 枣庄市地方史志办公室.枣庄年鉴:2009[M].北京:长城出版社,2009:148.
④ 平顶山年鉴编纂委员会.平顶山年鉴:1999[M].郑州:中州古籍出版社,2000:192.
⑤ 平顶山市地方史志办公室.平顶山年鉴:2001[M].北京:方志出版社,2002:179.
⑥ 平顶山市地方史志办公室.平顶山年鉴:2006[M].郑州:中州古籍出版社,2006:46.
⑦ 平顶山市地方史志办公室.平顶山年鉴:2007[M].郑州:中州古籍出版社,2007:48.
⑧ 平顶山市地方史志编纂委员会.平顶山年鉴:2009[M].北京:方志出版社,2009:42.
⑨ 徐州年鉴编纂委员会.徐州年鉴:1999[M].徐州:中国矿业大学出版社,1999:141.
⑩ 徐州年鉴编纂委员会.徐州年鉴:2006[M].北京:方志出版社,2006:204.
⑪ 徐州市史志办公室.徐州年鉴:2007[M].北京:方志出版社,2007:187.
⑫ 徐州市史志办公室.徐州年鉴:2009[M].南京:江苏人民出版社,2009:177.
⑬ 安徽省地方志编纂委员会.安徽省志:煤炭工业志[M].合肥:安徽人民出版社,1993:24.

产量由1952年的112万吨,增加到1957年的180万吨。[1]

改革开放以来,淮河流域煤炭产量迅速增加。1984年,淮河流域的原煤开采达9 900多万吨,约占全国煤炭产量的1/8。1989年,淮河流域内开采的统配煤和地方煤产量约为1.1亿吨,占全国原煤产量的1/9。[2] 1980—1990年淮河流域重点企业的原煤产量如表3.2所示。

表3.2　1980—1990年淮河流域重点企业原煤产量统计表

单位:万吨

企业名称	1980年	1985年	1986年	1987年	1988年	1990年
徐州矿务局	1 255.8	1 283.0	1 247.9	1 263.9	1 251.7	1 292.3
淮南矿务局	904.3	923.2	953.7	791.0	894.8	2 361
淮北矿务局	1 328.4	1 434.7	1 435.0	1 427.8	1 409.6	
枣庄矿务局	750.9	661.3	631.6	638.8	616.1	621.33
兖州矿务局	233.3	520.0	634.8	734.7	865.9	1 003.3
新密矿务局	380.2	399.0	406.7	406.7	450.8	510.74
平顶山矿务局	1 365.1	1 596.6	1 668.3	1 723.6	1 743.4	1 761
合　计	6 218	6 817.8	6 978	6 986.5	7 232.3	7 549.67

资料来源:水利部淮河水利委员会《淮河志》编纂委员会.淮河综述志[M].北京:科学出版社,2000:239.

由表3.2可知,1980—1990年,徐州、淮南、淮北、枣庄、兖州、新密、平顶山等矿务局原煤产量由6 218万吨增至7 549.67万吨,增加了1 331.67万吨。

21世纪以来,淮河流域煤炭产量都有很大的跃升。至2008年,安徽淮河流域的淮南矿业集团、淮北矿业集团、皖北煤电集团、国投新集能源等4家重点煤炭企业,年总产煤量10 780万吨,是1949年淮南煤矿产量的95.82倍[3];枣庄市原煤产量为2 868.1万吨,是1949年的200.6倍,是1978年的2.9倍[4];平顶山市原煤产量为5 942.52万吨,焦炭产量为447.39万吨,分别是1949年原煤产量4.1万吨的1 449.40倍、焦炭产量0.2万吨的2 239.95倍[5]。

至2009年,徐矿集团、枣矿集团、淮南矿业集团、平煤神马能源化工集团煤炭产量进一步增加。徐矿集团原煤产量为1 940.36万吨[6],而1997年徐州矿务局原煤产量为1 280万吨[7],两者比较增产660.36万吨,增长51.59%;枣矿集团原煤产量为2 173万吨[8],而1992年枣庄矿务局原煤产量为584.72万吨[9],两者比较增产1 588.28万吨,增长271.63%;淮南

---

[1] 江苏省统计局,国家统计局江苏调查总队.数据见证辉煌:江苏60年[M].北京:中国统计出版社,2009:248.
[2] 水利部淮河水利委员会《淮河志》编纂委员会.淮河综述志[M].北京:科学出版社,2000:238.
[3] 《中国煤炭工业年鉴》编辑部.中国煤炭工业年鉴:2009[M].北京:人民出版社,2011:133-134.
[4] 山东省统计局.辉煌山东60年[M].北京:中国统计出版社,2009:78.
[5] 河南省统计局,国家统计局河南调查总队.河南六十年[M].北京:中国统计出版社,2009:220-221.
[6] 徐州市史志办公室.徐州年鉴:2010[M].南京:江苏人民出版社,2010:169.
[7] 徐州年鉴委员会.徐州年鉴:1998[M].徐州:中国矿业大学出版社,1999:167.
[8] 枣庄市地方史志办公室.枣庄年鉴:2010[M].北京:长城出版社,2010:142.
[9] 枣庄市地方志编纂委员会办公室.枣庄年鉴:1993[M].济南:齐鲁书社,1993:217.

矿业集团煤炭产量为 6 715 万吨①,而 1998 年原煤产量为 1 103 万吨②,两者比较增产 5 612 万吨,增长 508.79%;平煤神马能源化工集团公司(由平煤集团和神马集团联合重组)煤炭产量为 4 500 余万吨③,而 1996—1998 年平顶山矿务局生产原煤 5 874 万吨④。

2. 煤矿基本建设

新中国成立后,根据中央对煤炭工业采取的"全面恢复、重点建设"方针,淮河流域各省政府一方面扩建了徐州、枣庄、淮南等老矿区,另一方面新建了平顶山、淮北等矿区。淮南煤矿在 1949 年大通、九龙岗、新庄孜 3 座煤矿的基础上建立,1952 年,建成了蔡家岗煤矿;"一五"期间,建成谢家集二矿、三矿和李郢孜矿;60 年代,新建李嘴孜、孔集、毕家岗三对矿井。⑤ 贾汪煤矿续建韩桥 4 号井于 1949 年 10 月正式投产。1958—1960 年,徐州矿务局在夏桥、韩桥、大黄山、旗山、权台和董庄等矿井田边缘建设小井,共开工 16 对,其中除夏桥 5 号井移交铜山县续建和大黄山 7 号井、董庄 2 号井停建外,其余全部建成投产。1968—1974 年,徐州矿务局又建设反修井、反帝井、白集井、跃进井、唐庄井等,修复之前报废的大黄山煤矿 3 号井,其中除白集井移交连云港市外,其余均建成投产。⑥ 枣庄矿务局在 1954—1960 年的建设高潮中,先后恢复改建了陶西、陶东、枣北、枣东、田屯 5 对矿井,新建了山家林、邹坞、甘霖等 15 对矿井,此后又新建了地方国营井亭煤矿,全局 21 对矿井年总设计能力为 888 万吨。⑦ 平顶山矿区是新中国成立后,我国新建的第一个大型矿区。1955 年平顶山三矿开始兴建,继之平顶山一、三、四、五、七矿陆续开工。⑧ 至 1960 年,先后建成平顶山二、三、四、五、一、七、十二等 7 对矿井,连同在韩梁矿区建成的马道矿,年总设计能力为 522 万吨。1964—1975 年,先后有平十、平六、平九和韩梁矿区的高庄矿、大庄矿等 5 对矿井相继投产,年总设计能力增加到 897 万吨。⑨

改革开放后,淮河流域煤矿建设迎来稳定发展的时期。淮南矿务局于 20 世纪 80 年代新建潘一、潘二、潘三矿、谢桥矿,90 年代新建新集一矿、二矿、三矿。⑩ 平顶山矿务局十一矿于 1978 年建成,各矿年总设计能力为 957 万吨。1984 年,年产能力为 300 万吨的平八矿建成投产;平一矿在原设计能力为 150 万吨的基础上产煤 320 万吨。⑪ 至 1987 年,已建成大中型和特大型生产矿井 14 对,总核定年生产能力为 1 616 万吨。平顶山矿务局煤炭产量仅次于大同、开滦煤矿,为中国第三个特大型煤炭企业。1990 年,平顶山矿务局成为全国第二大煤炭生产基地。⑫ 徐州矿务局于 1978 年扩建义安煤矿,计划由 30 万吨/年扩建为 90 万吨/年,至

---

① 《淮南年鉴》编委会.淮南年鉴:2010[M].合肥:黄山书社,2010:31.
② 《淮南年鉴》编委会.淮南年鉴:1999[M].合肥:黄山书社,1999:57.
③ 平顶山市地方史志办公室.平顶山年鉴:2010[M].郑州:中州古籍出版社,2010:202.
④ 平顶山年鉴编纂委员会.平顶山年鉴:1999[M].郑州:中州古籍出版社,2000:162.
⑤ 安徽省人民政府.安徽 60 年[M].北京:中国统计出版社,2009:353.
⑥ 江苏省地方志编纂委员会.江苏省志:煤炭工业志[M].南京:江苏古籍出版社,1999:92.
⑦ 枣庄市地方史志编纂委员会办公室.枣庄年鉴:1993[M].济南:齐鲁书社,1993:212.
⑧ 河南省煤炭厅.河南煤炭 50 年[M].北京:煤炭工业出版社,1999:28.
⑨ 河南省地方史志编纂委员会.河南省志:煤炭工业志[M].郑州:河南人民出版社,1991:257.
⑩ 安徽省人民政府.安徽 60 年[M].北京:中国统计出版社,2009:353.
⑪ 河南省地方史志编纂委员会.河南省志:煤炭工业志[M].郑州:河南人民出版社,1991:256-257.
⑫ 河南省煤炭厅.河南煤炭 50 年[M].北京:煤炭工业出版社,1999:30.

1985年建成投产。1979年扩建夹河煤矿,1983年扩建张集煤矿,1985年,庞庄煤矿建成投产。① 枣庄矿务局于1979年设计年产能力为150万吨的蒋庄煤矿开工建设,1983年设计年产能力为120万吨的田陈煤矿正式开工。1987年柴里煤矿第三次改扩建工程正式开工。1986—1992年,全局完成了蒋庄、田陈2对新井建设,开始付村、高庄2对井建设和柴里煤矿第三次改扩建工程等。②

进入21世纪后,淮河流域各省政府把加快发展能源产业、建设大型煤炭基地作为工业强省的战略目标之一,高标准、高起点建设大型现代化矿井;鼓励国有大矿继续加大对现有生产矿井的改造投入。徐州大屯煤电集团姚桥煤矿二期改扩建工程于2000年建成,该矿扩建后煤炭年产量由原先的120万吨猛增到300万吨,是江苏省内首座特大型矿井。③ 枣矿集团于2002年新建和扩建的矿井集中在滕南、滕北煤田。柴里煤矿由每年150万吨改扩建为每年240万吨,建成设计能力为每年150万吨的蒋庄煤矿、设计能力为每年120万吨的田陈煤矿、设计能力为每年120万吨的付村公司、设计能力为每年60万吨的新安煤矿(滕北五号井南井)。高庄煤矿经过改扩建,净增生产能力每年150万吨。④ 新安矿新主井生产系统于2004年5月投产出煤,形成年产量500万吨的生产能力。⑤ 淮南矿业集团张集矿井于2001年建成,设计年产原煤400万吨⑥,望峰岗井于2007年通过竣工验收⑦,顾北和丁集矿井于2008年通过竣工验收。⑧ 淮北矿业集团祁南煤炭于2000年建成投产,设计年产原煤180万吨⑨;海孜矿西部井于2001年建成投产,设计年产原煤30万吨⑩;许疃矿井于2004年正式投产⑪,涡北煤矿于2007年正式投产,许疃矿改扩建工程正式建成投产,具备300万吨的生产能力,成为皖北地区最大的生产矿井。⑫ 平煤集团十三矿于2002年竣工投产,是平煤集团20多年来新开工建设的唯一一座大型现代化矿井,设计年产原煤180万吨。⑬ 平煤集团十一矿改扩建工程于2003年交付使用,设计年产原煤120万吨以上。⑭ 平煤集团于2008年建成超千米立井,这是全国首个抗变形超千米立井。⑮

(三)煤炭业发展的原因

淮河流域是我国主要产煤区之一,煤炭资源十分丰富。新中国成立后,尤其是改革开放

---

① 江苏省地方志编纂委员会.江苏省志:煤炭工业志[M].南京:江苏古籍出版社,1999:95-96.
② 枣庄市地方史志编纂委员会办公室.枣庄年鉴:1993[M].济南:齐鲁书社,1993:212-213.
③ 徐州年鉴编纂委员会.徐州年鉴:2001[M].徐州:中国矿业大学出版社,2001:173.
④ 枣庄市地方史志办公室.枣庄年鉴:2003[M].北京:五洲传播出版社,2003:154.
⑤ 枣庄市地方史志办公室.枣庄年鉴:2005[M].北京:方志出版社,2005:165.
⑥ 《淮南年鉴》编委会.淮南年鉴:2002[M].合肥:黄山书社,2002:63.
⑦ 《淮南年鉴》编委会.淮南年鉴:2009[M].合肥:黄山书社,2009:31.
⑧ 《淮南年鉴》编委会.淮南年鉴:2009[M].合肥:黄山书社,2009:32.
⑨ 淮北市地方志(年鉴)编纂委员会.淮北年鉴:2000[M].北京:中国致公出版社,2000:51.
⑩ 淮北市地方志(年鉴)编纂委员会.淮北年鉴:2002[M].北京:中国致公出版社,2002:41.
⑪ 淮北市地方志(年鉴)编纂委员会.淮北年鉴:2005[M].北京:方志出版社,2005:29.
⑫ 淮北市地方志(年鉴)编纂委员会.淮北年鉴:2008[M].合肥:黄山书社,2008:28.
⑬ 平顶山市地方史志办公室.平顶山年鉴:2003[M].郑州:中州古籍出版社,2003:124.
⑭ 平顶山市地方史志办公室.平顶山年鉴:2004[M].郑州:中州古籍出版社,2004:127.
⑮ 平顶山市地方史志编纂委员会.平顶山年鉴:2009[M].北京:方志出版社,2009:44.

以来,淮河流域煤炭工业得到了巨大的发展,为淮河流域经济发展提供了有力的保障。究其原因,主要有以下几个方面:

1. 华东经济建设的需要

淮河流域位于我国东中部,是华东地区的炼焦、化工用煤的重要基地。由于本区毗邻华东工业发达地区,仅运输一项就占据了天时地利,有利于本区煤炭实施成本差异战略,从而在华东地区扩大市场占有率。同样的煤,山西、内蒙古等地运费要比本区高许多,运输劣势明显。新中国成立后,随着工业的发展,国家逐渐加大对本区交通事业的建设力度。煤炭和各种矿石的外运以及用机器生产出来的众多制成品和半制成品的运销是工业发展的重要环节。[1]

淮河流域地处经济发达而煤炭又比较紧张的华东地区,对于加快淮河流域煤炭资源的开发具有战略意义。淮河流域的煤炭工业将为本地区经济的腾飞,为华东经济的发展作出更大的贡献。铁路运输对于淮河流域煤炭外运具有十分重要的作用。淮河流域建有铁路线或支线,与京广、陇海、津浦、京九等国家干线连接,将煤炭运往全国各地,尤其是华东地区。

1955—1956年,山东兴建临枣支线山家林站至枣庄站和枣庄煤矿专用线,全长为16.81千米。[2] 1958年,津浦铁路官桥站至官桥露天煤矿12千米专用线建成通车,1961年,续修到八一煤矿,全长为18.3千米,称官北专用线,属枣庄矿务局管理。[3] "五五"至"七五"期间,津浦铁路复线贯通,津浦铁路济(宁)菏(泽)支线、连接河南和山东两省的新(乡)菏(泽)线、石臼港专用码头及兖(州)石(臼)铁路线的建成运行,为山东煤炭的外销创造了条件。[4] 为了山东煤炭的外运,山东决定再开一条通向华东的通道,加速鲁中南经济的发展,1979年6月决定修建兖石铁路。兖石铁路西起兖州,东到石臼所站,沿线煤炭资源储藏量丰富。1981年始建,1985年建成通车,正线全长为307.9千米。[5]

为了利用沛县煤炭资源并修建铁路与陇海线相连,沛县煤炭可不经徐州编组站,而经上海铁路局辖内的符(离集)夹(河寨)线直抵上海。徐沛线位于徐州西北,南与陇海线徐州西段沙塘站接轨,向北途经铜山、沛县,终点为沛县龙固,全长为72.4千米。始建于1970年11月,1976年10月建成通车。沛县北部的沛屯矿区,是徐州又一大型煤炭生产基地。徐沛铁路主要担负着这一地区煤炭的南运任务。为适应煤炭生产的需要,沿线还建有铁路专用线11条69.13千米,其中有9条直接通达各主要煤炭生产矿点。[6] 符夹线从夹河寨起,至安徽符离集站止。南北走向,全长为83.1千米。1958年8月开工,1966年6月建成。该线路把津浦线徐州南段与陇海线徐州西段连成一线,对开发闸河煤田,减轻徐州枢纽运输负担,保证淮北煤炭南运起着重要的作用。[7]

---

[1] 厉以宁. 工业化和制度调整:西欧经济史研究[M]. 北京:商务印书馆,2010:154.
[2] 山东省地方史志编纂委员会. 山东省志:煤炭工业志 下册[M]. 济南:山东人民出版社,1997:845.
[3] 山东省地方史志编纂委员会. 山东省志:煤炭工业志 下册[M]. 济南:山东人民出版社,1997:846.
[4] 山东省地方史志编纂委员会. 山东省志:煤炭工业志 下册[M]. 济南:山东人民出版社,1997:848.
[5] 山东省地方史志编纂委员会. 山东省志:铁路志[M]. 济南:山东人民出版社,1993:61.
[6] 徐州市交通局,徐州市交通运输协会. 徐州市交通基础设施资料图册[Z]. 徐州市交通局,徐州市交通运输协会,1996:34.
[7] 徐州市交通局,徐州市交通运输协会. 徐州市交通基础设施资料图册[Z]. 徐州市交通局,徐州市交通运输协会,1996:32.

为开辟河南煤炭运往华东地区的新通道,1983年,国务院批准了河南、安徽两省修建漯阜铁路。漯阜铁路西起漯河市,向东经郾城、商水、周口、项城、沈丘进入安徽省,过界首、太和至阜阳,正线长206千米。①

为了开发两淮煤炭基地和支援上海宝山钢铁厂的建设,建设阜淮铁路和淮南铁路复线。淮南铁路北接阜淮线,中部与水蚌线相连,南端隔江以轮渡与皖赣、宁芜、芜铜三线相通,对淮南煤炭外运起着重要作用。为保证淮南煤炭外运,通过多次改造和扩建,至70年代中期,该铁路年通过运量达1000万吨左右。1979年10月淮南铁路复线正式开工,其间因调整基建项目,淮南复线列为停缓建项目。1987年交付使用。② 1992年所建淮南铁路复线全部竣工。③ 阜淮铁路向北自阜阳起,经颍上、张集、凤台、潘集跨淮河至淮南。全线所经地区,煤炭资源丰富,于1983年11月全线分流通车。④

2. 政府的支持

新中国成立后,政府成为办矿的主体,中央及淮河流域各级政府积极投资办矿,对于煤炭工业予以大力支持和扶助。

河南省政府对煤炭企业进行改革,逐步废除落后的手工生产方式,积极推广新式采煤法,生产力得到前所未有的发展。1953年,河南省把平顶山煤炭基地定为全国新矿区重点建设项目,新密地方煤矿也列入国家建设计划。⑤ 1978年后,河南煤炭工业认真贯彻执行"改革、开放、搞活"的方针,使煤矿企业逐步由封闭式的单一生产型转变为开放式的生产经营型,由产品经济转变为有计划商品经济。至1991年,中央和河南省对河南煤矿基本建设投资55.08亿元(不包括地、市、县投资),其中在淮河流域,建成平顶山、新密2个属国家统配的现代化煤炭基地。郑州、平顶山、许昌等市及其所辖的禹县、临汝、宝丰、鲁山、密县、登封等重点产煤县的煤炭工业也都有大的发展。煤炭产品除满足省内需求外,还销往全国各地,并出口日本、东南亚等地,成为华东和中南地区的冶炼、电力、化工、交通运输业的主要燃料和原料。⑥

安徽省政府把淮南煤矿、淮北煤矿作为扩建和新建的重点对象。1949年,在原有九龙岗、大通、新庄孜3座煤矿的基础上,淮南煤矿开始新建设计年产能力为30万吨的蔡家岗矿。⑦ 三年恢复时期和"一五"期间,淮南市把发展煤炭工业放在首位,组建煤矿基本建设队伍,起用工程技术人员,并决定从老矿成建制抽调干部、工人到新井工作。到1960年,淮南矿务局成为当时全国五大矿务局之一。1958年7月,组织实施淮北煤田的开发,集中人力、物力保证重点工程,先后建成10对矿井,形成年产量600多万吨生产能力的新矿区。后又抓矿井技术改造,煤炭产量逐年增长,1976年超过1000万吨,成为全国新矿区中发展最快的矿区之一。⑧ 改革开放后,随着华东地区煤炭供应的紧张,中央决定大力开发两淮煤田。

---

① 河南省地方史志编纂委员会.河南省志:铁路交通志、民用航空志[M].郑州:河南人民出版社,1991:266.
② 安徽省地方志编纂委员会.安徽省志:交通志[M].北京:方志出版社,1998:271.
③ 蚌埠铁路分局路志办公室.蚌埠铁路分局志[M].北京:中国铁道出版社,2003:74.
④ 蚌埠铁路分局路志办公室.蚌埠铁路分局志[M].北京:中国铁道出版社,2003:81.
⑤ 河南省地方史志编纂委员会.河南省志:煤炭工业志[M].郑州:河南人民出版社,1991:2-3.
⑥ 河南省地方史志编纂委员会.河南省志:煤炭工业志[M].郑州:河南人民出版社,1991:4-5.
⑦ 安徽省地方志编纂委员会.安徽省志:煤炭工业志[M].合肥:安徽人民出版社,1993:8.
⑧ 欧远方,徐则浩,宋霖.回忆李任之[M].合肥:安徽人民出版社,1991:3-4.

煤炭部先后从辽宁、宁夏、四川、云南、贵州、山西、上海等地调来人员,又从德国、日本进口大量设备。① 随着经济快速增长和能源的短缺,各级政府对煤炭工业的投资逐年增加。至1990年,在两淮地区累计完成投资149 893万元,兴建潘集三号井及洗煤厂、谢集立井、桃园立井、刘桥二号矿和任楼煤矿等五个煤炭项目,当年完成总投资32 317万元。②

山东省煤矿建设于1950—1957年,基本是单一的财政预算拨款。1958—1978年,增加地方及部门自筹资金,称国家预算外投资。1979—1990年,又增加利用国外资金、国内贷款、煤代油专项资金等投资渠道。③ 据统计,1950—1990年,政府投资枣滕矿区131 819万元,投资兖州矿区303 861万元。④

为解决华东地区的用煤问题,江苏省贾汪煤矿被列为"一五"期间全国15个重点扩建的老矿区之一,共开工中小型矿井6对。1957年,华东煤矿管理局规划徐州矿区为"二五"计划中的建设重点,开发潘家庵、九里山和闸河煤田。⑤ 1961年,江苏省提出发展煤炭工业十年计划,要求于1963—1972年续建、新建矿井30对。同时,制定1963—1967年建设计划。从1963年1月1日起,徐州矿区的庞庄、东城和卧牛山井先后于1963—1965年建成投产。1964年复建夹河煤矿。⑥ 1977年,为尽快实现本省煤炭自给,江苏省政府提出"五五"期间的总目标与主要任务,要求从1976年起用10~15年时间建成一个江苏省的"开滦",实现年产煤5 000万吨(徐州矿务局2 000万吨、徐州丰沛铜新区2 000万吨、地方煤矿1 000万吨)。⑦ 1978年1月,经煤炭部与江苏省政府研究决定,从1978年起,丰沛矿区所需投资和材料设备由煤炭部安排;徐州矿区生产建设所需资金和材料设备仍由江苏省负责;徐州矿区所需综采设备和专用设备由煤炭部安排,所需资金除进口综采设备由煤炭部负责外,其他仍由江苏省负责。⑧

3. 骨干企业的带动

淮河流域的煤炭骨干企业主要有徐州矿务集团、平顶山中国平煤神马集团、枣庄矿业集团、淮南矿业集团、淮北矿业集团等。这些企业的高效运营,对于淮河流域煤炭工业发展起到辐射带动作用。

徐州矿务集团前身是徐州矿务局,最早从清朝徐州利国矿务局演变而来。1882年,徐州利国煤炭建设投产,开启了中国煤炭工业化开采的先河。徐矿集团是江苏省唯一的大型煤炭和能化生产基地,位列2007年度中国企业集团500强第259位,全国煤炭企业百强第17位。⑨ 2009年,集团采煤机械化程度达92%。⑩

---

① 中共淮南市委党史资料征集小组办公室.关怀与期望:党和国家领导人视察淮南资料专辑:第4辑[Z].中共淮南市委党史资料征集小组办公室,1985:45-46.
② 《安徽年鉴》编辑委员会.安徽年鉴:1991[M].合肥:安徽人民出版社,1991:154.
③ 山东省地方史志编纂委员会.山东省志:煤炭工业志 上册[M].济南:山东人民出版社,1997:193.
④ 山东省地方史志编纂委员会.山东省志:煤炭工业志 上册[M].济南:山东人民出版社,1997:196.
⑤ 江苏省地方志编纂委员会.江苏省志:煤炭工业志[M].南京:江苏古籍出版社,1999:62.
⑥⑦ 江苏省地方志编纂委员会.江苏省志:煤炭工业志[M].南京:江苏古籍出版社,1999:63.
⑧ 江苏省地方志编纂委员会.江苏省志:煤炭工业志[M].南京:江苏古籍出版社,1999:64.
⑨ 国家煤矿安全监察局.中国煤炭工业年鉴:中国煤炭工业60年[M].北京:煤炭工业出版社,2010:524.
⑩ 徐州市史志办公室.徐州年鉴:2010[M].南京:江苏人民出版社,2010:169.

平顶山煤业集团公司的前身是平顶山矿务局,始建于1955年,是新中国自行开发建设的第一个特大型煤炭基地。① 2008年与神马集团重组,成立中国平煤神马能源化工集团有限责任公司,是国内品种最全的炼焦煤、动力煤生产基地。2009年,位居中国企业500强第80位、中国企业效益200佳第92位。商品焦炭产能全国第一。②

枣庄矿业集团前身是晚清创办的中兴煤矿,1956年成立枣庄矿务局,1998年改制为山东枣矿集团公司,是国家优先扶持重点发展企业之一,是华东地区重要煤炭生产基地和全国十大出口煤基地。③ 2009年,枣矿集团位列中国企业500强第205位、中国企业效益200佳第100位、中煤炭工业50强第16位、山东省企业100强第19位。④

淮南矿业(集团)公司有100多年的采矿历史。1903年在大通建立第一座矿井,1928年在九龙岗开矿,1998年原淮南矿务局改制成立淮南矿业(集团)。2009年,集团公司煤炭产量占全省总量的54%,位居中国企业集团500强第213位,为安徽省17家重点企业之一,被列为全国13个亿吨煤炭基地、6个大型煤电基地。⑤ 淮北矿业(集团)公司于1998年由淮北矿务局改制而成。2009年,成为华东地区最大的冶炼精煤生产基地。集团位居中国企业500强第246位、中国企业效益200佳第113位。⑥

此外,还有皖北煤电集团公司和国投新集能源股份公司等。2009年,皖北煤电集团荣列中国企业500强第463位、安徽企业100强第12位。⑦ 2009年,国投新集能源股份公司在沪深两市全部1 551家上市公司中,排名第72位,并荣登"中国上市公司价值百强榜"。⑧

当然,淮河流域煤炭工业在发展过程中也存在一些问题,如片面强调"以煤为主",单纯发展煤炭工业,忽视其他工业的均衡发展;一些老矿区资源枯竭,新矿区又开发迟缓,掘进落后于回采、采掘失衡等。因此,淮河流域各省在保煤炭、巩固工业基础的同时,也要实现煤炭产业的转型和协调发展。

总之,新中国成立以来,淮河流域工业建设取得了一定成就,经济面貌发生了翻天覆地的变化。但是,淮河流域工业在发展的同时,也存在着一些不足:① 工业发展资金投入不足。改革开放前,本区也不是各省建设的重心。1954年,安徽全省工业建设投资为1 140亿元,除佛合高压输电线路项目为共用设施以外,合肥市投资350亿元,占全省总投资的61.40%,芜湖市投资300亿元,占26.32%,而本区蚌埠市仅投资140亿元,占12.28%,不足芜湖市的一半,仅为合肥市的40%。⑨ ② 民营工业经济力量薄弱。新中国成立初,淮河流域民营经济获得了良好的发展机遇。以淮南为例,1953年底,淮南市私营工商业发展到

---

① 中共平顶山市委党史研究室.平顶山:辉煌"十一五"[M].郑州:中州古籍出版社,2011:157.
② 平顶山市地方史志办公室.平顶山年鉴:2010[M].郑州:中州古籍出版社,2010:202.
③ 枣庄市地方史志办公室.枣庄年鉴:1999[M].北京:中华书局,1999:181.
④ 枣庄市地方史志办公室.枣庄年鉴:2010[M].北京:长城出版社,2010:142.
⑤ 《淮南年鉴》编委会.淮南年鉴:2010[M].合肥:黄山书社,2010:31.
⑥ 淮北市地方志编纂委员会.淮北年鉴:2010[M].合肥:黄山书社,2010:25.
⑦ 淮北市地方志编纂委员会.淮北年鉴:2010[M].合肥:黄山书社,2010:26.
⑧ 《淮南年鉴》编委会.淮南年鉴:2010[M].合肥:黄山书社,2010:31-32.
⑨ 中共安徽省组织部,中共安徽省委党史研究室,安徽省档案馆.中国共产党安徽省历次代表大会(代表会议)文件资料汇编[Z].安徽省档案馆,2003:15.

4 600 户,比 1949 年增长 2.4 倍。① 改革开放后,淮河流域的民营经济得到进一步的发展。据统计,仅阜阳界首市个私经济由 1979 年的 1 578 户增加到 1983 年底的 3 924 户,是 1979 年的 2.49 倍。② 1987 年,阜阳地区共有私营企业 3 550 家,比 1986 年增加 2.5 倍。③ 然而,由于本区自身经济基础薄弱,与沿海发达地区甚至各省其他地区相比较,本区既无地缘优势,又无政策优势,民营经济的规模和发展水平都远不如沿海地区。③ 工业结构以初级产品加工为主。淮河流域拥有发展工业所需的丰富的农副产品资源、矿能资源,尤其是煤炭资源。但是,由于工业技术落后,工业产品大多处于初级加工阶段,深加工能力不足,产业链条过短。新中国成立以来,为了满足国家对能源的需求,淮河流域经济结构向有资源优势的重工业倾斜。各级政府加大对淮南矿区、淮北矿区、平顶山矿区、徐州矿区、枣庄矿区、洛河电厂、淮北电厂、平顶山姚孟电厂、徐州电厂等的投入和建设,淮河流域成为重要的煤炭和电力工业基地,但由于经济严重依赖于能源工业,产业结构较为单一。

第三节
当代淮河流域工业发展的影响

工业化是一个由传统农业社会向现代工业社会转化的过程,是一个国家或地区由落后走向发达的必然道路。在淮河流域工业化进程中,农村经济、城镇建设以及环境生态不可避免地受到工业发展的影响。一方面,淮河流域工业的发展加速了农村经济结构调整,有效地促进了城镇化进程;另一方面,淮河流域工业的发展也给经济和社会带来了一系列问题,如生态环境问题等。

一、推动农村经济发展

在工业化过程中,一方面,农业在整个国民经济中的地位将不可避免地呈相对下降趋势;另一方面,为了使工业化得以顺利推进,使整体经济得以继续稳定增长和发展,仍然离不开稳固的农业基础,离不开工农业的动态调整和适应性发展。④ "在所谓现代的'工业阶段',农业是供给粮食及原料的泉源,说它重要,亦非夸张。一个国家,不论已经高度工业化到何

---

① 淮南市地方志编纂委员会.淮南市志[M].合肥:黄山书社,1998:1039.
② 中共安徽省委党史研究室.安徽农村改革口述史[M].北京:中共党史出版社,2006:190.
③ 国家"七五"期间中国私营经济研究课题组.中国的私营经济:现状·问题·前景[M].北京:中国社会科学出版社,1989:153-154.
④ 张培刚.农业与工业化:中下合卷[M].武汉:华中科技大学出版社,2009:149-150.

种程度,若不能同时在国内的农业和工业之间,维持一种适当的及变动的平衡,或者经由输出和输入,与其他国家的农业企业保持密切的联系,则一定不能持续并发展其经济活动……农业除作为供应粮食及原料的泉源外,还可以作为工业添补劳动力的泉源。这方面的情形更为复杂,因为它可以引起乡村劳动力和城市劳动力的竞争,即使劳动力从这一部门转移到另一部门存在各种限制甚至摩擦时也一样。最后,农村家庭对于城市制造工业,不仅是消费用工业品的买者,还是化学肥料及农场机器的买者"[1]。

早期重农学派有鉴于封建剥削的加强和重商主义政策的推行而造成法国农业的衰落,提出反对重商主义,提倡发展农业的思想。重农学派指出:"法国工商业是靠牺牲农民而发展起来的,而农业的凋敝反过来又阻碍了资本主义经济的发展。"[2]马克思认为:"食物的生产是直接生产者的生产和一切生产的首要条件。"[3]"人们为了能够'创造历史',必须能够生活,但为了能够生活,首先需要衣、食、住以及其他的东西。"[4]"最文明的民族也同最不发达的、未开化的民族一样,必须先保证自己的食物,然后才能去照顾其他事情。"[5]农业是国民经济的基础,在不同体制、不同发展阶段的国家都是适用的。同样,无论工业化处于何种阶段都离不开与之相适应的农业经济。离开农业的支撑,工业化是极其危险的。

(一) 改变农村经济结构

工业的发展势必会给农业和农村带来新变化。列宁指出:"工业中心的形成,其数目的增加,以及它们对人口的吸引,不能不对整个农村结构产生极深远的影响,不能不引起商业性农业和资本主义农业的发展。"[6]有学者认为:"就中国而言,真正大规模的工业化开始于1953年的第一个五年计划。自此以后,到目前为止,中国的工业化经历了改革开放前后两个发展时期,农业也经历了相应的变化。"[7]新中国成立以来,淮河流域工业的发展虽遭受挫折,但成绩较大,改变了农村的经济结构。

第一,改变了农村单一种植结构,推动了商品经济的发展。

淮河流域社会生产以农业为主,经济结构单一,民间广泛重视农业生产,人们不愿或很少从事农业以外的商业和手工业,重农思想不仅历史悠久,而且根深蒂固。[8] 新中国成立之初,淮河流域农村经济基本沿袭了传统社会的经济特征,仍然以农业经济为主,民生维艰,加之灾害连年,农村经济凋敝。1950年,为了解决治淮工程中的物资供应问题,同时为了鼓励沿淮地区农村自力更生,发展副业,皖北行署仅在下半年度就决定拨款2 000多万元,用于收购一般地区和灾区的土产、药材、山货、药类和水果等,其中就包括灾区生产和制造的食

---

[1] 张培刚. 农业与工业化:上卷[M]. 武汉:华中科技大学出版社,2009:21-22.
[2] 谭崇台. 西方经济发展思想史[M]. 武汉:武汉大学出版社,1993:24.
[3] 马克思,恩格斯. 马克思恩格斯全集:第1卷[M]. 北京:人民出版社,1973:32.
[4] 马克思,恩格斯. 马克思恩格斯全集:第25卷[M]. 北京:人民出版社,1973:715.
[5] 马克思,恩格斯. 马克思恩格斯全集:第9卷[M]. 北京:人民出版社,1973:347.
[6] 列宁. 列宁全集:第3卷[M]. 北京:人民出版社,1959:20.
[7] 张培刚. 农业与工业化:中下合卷[M]. 武汉:华中科技大学出版社,2009:197-198.
[8] 陈业新. 明至民国时期皖北地区灾害环境与社会应对研究[M]. 上海:上海人民出版社,2008:293.

油、蒲棒、芦席、麻袋、麻绳、铁锅、蒲包等手工业产品。① 同年3月,重灾区宿县专区已组织合作社9处、区社25个、乡社190个、油坊42个、副业生产小组12 000多个,有40多万人经营油坊、磨粉、纺织、编席等75种业务。六安专区部分地方组织了竹器生产小组。②

1954年夏,江苏省相关部门组织灾区群众开展生产自救。东台、阜宁、如东、淮阴等县的供销社,组织当地灾民成立了1 899个副业生产自救小组,开展编蒲包、织席、磨粉等副业,对灾区群众生产的土副产品,供销社全部收购。③ 1959—1961年三年困难时期,徐州、淮阴、盐城3个专区供销社积极支持农村社队发展副业生产,因地制宜开展养殖、编织、采集、劳务运输等多种副业,一共组织了125万人投入副业生产。1961年底,副业产值2 600多万元。④

1954年冬和1955年春,河南省相关部门积极支持农民生产度荒。信阳、开封两地供销社,在灾后及时组织灾民副业加工小组26 655个,参加人员共有367 043人,并组织灾民大小车辆30 279辆,给供销社运输货物。⑤

改革开放以后,各级部门采取各种措施,积极扶持加工、成品加工、半成品加工、原材料加工。淮北市在搞好商品粮基地建设的同时,开始兴办社队企业,组织石工队和编席队,开办耐火材料厂、砖瓦厂、面粉加工厂等,1978年收入达14万余元,占总收入的58%。⑥ 1980年开始,阜阳地区大力发展乡村加工业,尽可能地把农副产品加工成成品或半成品。阜阳地区还开办木材加工厂,把全区每年出售的泡桐加工成板材和各种家具,同时将红芋干加工成淀粉出口。⑦ 阜阳市利辛县阚町集原仅有二三户从事服装生产。后来,做服装的人越来越多,周围农村学缝纫的人开始到阚町集上办厂。到1984年底,全集有650多户从事服装生产,占全集总户数的70%。⑧

1982年,盐城专区各级供销社帮助生产队发展集体副业和家庭副业。其中,帮助社员发展家庭副业项目达70多种,1982年全专区家庭副业收入为3.5亿元,1983年达4.8亿元。⑨ 扬州专区是省级茶叶商品生产基地,各级供销社配套相应的加工机具,如捻茶机等,开展就地收购和就地加工。⑩

第二,促进了农村生产力的发展,初步改变了农村落后的面貌。

中国的城乡差距古已有之。在传统社会,"中国行政部门所采取的税收政策极度有利于城市居民,而有损于广大的农村地区"⑪。新中国成立以来很长一段时期,由于工农业产品交

---

① 中共安徽省办公厅,中共安徽省委党史工委,安徽省档案馆.中共皖北皖南区委文件选编:1949—1951[Z].安徽省档案局,1994:108-109.
② 吴波.与灾难战斗的皖北人民:皖北灾区访问记[N].皖南日报,1950-10-18.
③ 江苏省地方志编纂委员会.江苏省志:供销合作社志[M].南京:江苏人民出版社,1994:69.
④ 江苏省地方志编纂委员会.江苏省志:供销合作社志[M].南京:江苏人民出版社,1994:70.
⑤ 河南省地方史志编纂委员会.河南省志:供销合作社志[M].郑州:河南人民出版社,1993:84.
⑥ 佚名.建设淮北商品粮基地综合考察报告[N].安徽日报,1980-04-29.
⑦ 史万春.阜阳地区加快发展多种经营速度[N].安徽日报,1980-11-14.
⑧ 中共安徽省委党史研究室.安徽农村改革口述史[M].北京:中共党史出版社,2006:187.
⑨ 江苏省地方志编纂委员会.江苏省志:供销合作社志[M].南京:江苏人民出版社,1994:72.
⑩ 江苏省地方志编纂委员会.江苏省志:供销合作社志[M].南京:江苏人民出版社,1994:74.
⑪ 马克斯·韦伯.儒教与道教[M].南京:江苏人民出版社,2008:5.

换价格实行"剪刀差"制度和农业自身的特点,导致"一方面农业和农民为国家工业化作出了史无前例的巨大的贡献;另一方面,农业和农民自身却又付出了巨大的牺牲:农业的脆弱和严重滞后,以及农民收入和购买力的低下"[①]。"二战"以后各国对于"工业化"采用了比较狭隘的理解视角,即认为实现工业化就是单纯地发展制造工业,特别是发展重工业,从而不顾及或不重视发展农业,把实现工业化与发展农业看作相互对立的。有学者对两者不能同时进行的观点进行了批驳,并以苏联和新中国成立初期为例分析了脱离发展农业的单纯工业发展所带来的弊端。[②] 显然事物的发展具有多面性,新中国成立以来,工业的发展也在农业和农村的发展过程中起到极其重要的促进作用。

两淮煤矿是工业反哺农业、促进农村产业结构调整的典型。1978年,由于全国煤炭供应紧张,中央决心把两淮煤矿建成现代化矿区,时任国务院副总理谷牧提出:"要打一场开发两淮煤炭的淮海战役。"[③]建矿之初,两淮煤矿就提出"以工带农、以农支工、相互促进、相互支援"的方针,将煤炭基地建设和地方的农业发展结合起来。随着煤矿建设的发展,农民开始进入煤矿企业务工,在成功转移农村富余劳动力的同时,拓宽了他们的经济来源,很大程度上增加了他们的经济收入,使农村生产力得到有效激发。淮南市将煤炭基地建设同农村建设以及农业生产相结合。在修建矿区道路时,充分考虑到农村交通运输的方便,支持当地水利建设。1979年,淮南市投资800万元修建的被视为凤台命脉的永幸河综合水利工程全面竣工,实现了凤台农民旱涝保收的夙愿。[④]

第三,农业机械化是农业现代化的重要体现,同时,工业化是农业机械化的必要条件。

改良传统农具,推广新式农具,逐步实现农业机械化。淮河流域机械制造企业生产了双轮双铧犁、单铧犁、新式步犁、圆盘耙、轧花机、弹花机、红芋切片机、解放式水车、离心式抽水机等新式农具。1952—1955年,宿县西北乡杨庙农业社用一部双轮双铧犁一天耕了15亩地,效率比旧犁提高3倍左右。宿县和阜阳等铁工厂制造的红芋切片机,对1954年淮北农民储藏红芋和防止红芋霉烂起了很大作用。此外,为了满足农业生产发展的需要,自1952年开始先后改建了蚌埠、宿县、阜阳等地的工厂,使这些工厂由制造、修配工业机器,改为专门生产农具。[⑤] 1959年淮河机械厂(后迁蚌埠,称蚌埠柴油机厂)等定点生产2105型柴油机。[⑥]

建立国营拖拉机站,推行淮河流域农业机械化。在河南,1951年初,建立了国营黄泛区机械化农场。1953年6月,建立了西华国营拖拉机站,农业部门配给西华拖拉机站4台拖拉机。1954年,新建了郑州、襄城、汝南拖拉机站。到1957年,又建立商丘、开封、荥阳和在许昌的河南省八一农业机器拖拉机站等一大批拖拉机站。[⑦] 在山东,1954年底,建立了济宁、菏泽拖拉机站,1955年,建立莒县拖拉机站。从1956年起,又新建了临沂、曹县、单县等3个

---

① 张培刚.农业与工业化:中下合卷[M].武汉:华中科技大学出版社,2009:205.
② 张培刚.农业与工业化:中下合卷[M].武汉:华中科技大学出版社,2009:8.
③ 中共安徽省委党史研究室.安徽改革开放大事记:1977.6—2008.6[M].合肥:安徽人民出版社,2008:8.
④ 丁继哲.两淮煤田大开发的回忆[J].江淮文史,2008(5):130-139.
⑤ 佚名.我省地方工业为农村经济服务获初步成绩[N].安徽日报,1955-12-01.
⑥《安徽大辞典》编纂委员会.安徽大辞典[M].上海:上海辞书出版社,1992:235.
⑦ 河南省地方史志编纂委员会.河南省志:农业志[M].郑州:河南人民出版社,1993:380.

棉区站和莒南粮区站。① 在江苏,1954年在沭阳县马厂、邳县运河试办2个国营拖拉机站。1966年9月,在徐淮盐地区保留了33个国营拖拉机站,继续为当地社队代耕作业。1969年,筹建清江拖拉机厂,制造中型拖拉机。70年代初,扬州、盐城等地组织生产手扶拖拉机。②

总体来看,淮河流域工业建设虽然取得了很大的成就,但是本区二元经济结构依然存在,农业和工业、农村与城市、本区与发达地区的差距依然明显。

(二) 推动农业产业化

一般认为,农业产业化发展具备生产专业化、经营一体化、管理企业化、布局区域化、服务社会化等特征。农业产业化的本质是农业生产的市场化、集约化和社会化,要以经营工业的方式来经营农业。自20世纪80年代以来,淮河流域农业产业化成效显著,具体表现为以下几个方面:

其一,建立和健全农业社会化服务体系,将小农户分散的、互不联系的生产和经营活动转变为一体化的工业化生产体系,为农民提供农业生产配套服务。

政府及相关部门、企业主动向广大农民提供有关市场上供给、需求、价格方面的信息,从而使农民能够及时、有效地应对市场变化。2000年,阜阳市农行按照开发式、产业化、商业化的信贷扶贫新思路和"放得出、收得回、有效益"的信贷扶贫资金管理要求,找准政策性扶贫与商业化经营的结合点,选准"公司+农户"这个信贷投放载体,变过去输血式扶贫方式为造血式扶贫,以农业产业化龙头企业为载体,间接与农户签订经济合同关系,间接地支持其脱贫。③ 2001年,开封市通过引导和扶持,在各县郊建了一大批特色农产品生产基地,建成了一批以南郊蔬菜批发市场、杏花营西瓜批发市场为代表的农产品批发市场,并涌现出一批市场中介组织,初步形成了"基地+农户""龙头企业+农户""市场+农户"等多种形式的产业经营模式,有力地促进了农产品的流通和转化增值,有效地提高了农业经济效益和社会效益。④ 2005年,宿州市粮食加工产业皖王面粉集团和新锦丰集团等,通过与农户签订规范的订单合同,主动搞好产前、产中、产后全程化服务,健全利益联结机制,实行"企业+基地+农户""协会+农户"等多种形式的产业经营模式,承诺优质优价收购,提高农民的积极性,促进粮食订单面积的扩大。⑤

其二,培育农产品加工龙头企业,强化品牌经营战略,带动地方农业经济发展。

现代市场经济条件下,培育龙头企业和强化品牌经营越来越重要,可以带动一个产业,致富一方农民,促进区域性结构调整和产业升级。2001年,枣庄市出台《关于推进农业产业化经营增加农民收入的意见》强调要重点培育鲁南牧工商公司、益康食品集团、莺歌食品有限公司等骨干龙头企业;各区(市)、乡镇结合各自支柱产业,确立了一批重点龙头企业,制定落实了一系列优惠扶持政策。鲁南牧工商公司发展成为集肉鸡、肉兔饲养、加工、销售为一

---

① 山东省地方史志编纂委员会.山东省志:农机志[M].济南:山东人民出版社,1993:140-141.
② 江苏省地方志编纂委员会.江苏省志:农机具志[M].南京:江苏古籍出版社,1999:2-3.
③ 李子恒,唐和江,陈冠男.阜阳"111信贷扶贫示范工程"硕果累累[N].安徽经济报,2002-12-10.
④ 开封年鉴编纂委员会.开封年鉴:2002[M].北京:方志出版社,2002:101.
⑤ 宿州市档案局方志办.宿州年鉴:2006[Z].宿州市档案局,2006:31.

体的大型企业集团,公司已建成肉鸡饲养大棚1020个,年出栏肉鸡1000万只,带动肉鸡饲养小区36处、饲养大户1200户,年实现销售收入6亿元。全市建成150万亩优质商品粮基地、80万亩蔬菜基地、1000万只肉鸡生产基地,各类冬暖大棚15.7万个,"围山转"经济林40万亩,大棚果树8000多亩。粮油、蔬菜、果品、畜牧、水产、花卉、桑蚕、食用菌等主导产业越来越显出规模优势。[①] 淮南市重点培育了多家龙头企业。2003年底,淮南市拥有16家农业产业化经营龙头企业,带动8.8万农户从事农业产业化经营,占全市农户总数的33%。在这些龙头企业的带动下,农副产品加工业进一步发展,粮食、豆制品、水产、蔬菜、家禽、食用菌和奶制品7大加工业初步形成,全市农产品加工增值率达48%。淮南市建成凤台、潘集优质粮基地、家禽家畜基地,以及城郊8万多亩蔬菜基地。[②]

宿州"符离集烧鸡",作为安徽省传统名优食品,于1982年被商业部评为优质名特产,并于1984年在全国16个优质禽制品中夺魁。同年7月,宿县第一家专营符离集烧鸡的厂家——符离集烧鸡联合公司成立。[③] 为了提高质量,保护品牌,2002年符离集镇政府对卫生条件较差、产品质量难以保证、小作坊式的生产方式进行了集中整治,走上了产业化经营的道路。宿州市20多家较大烧鸡企业联合组建了符离集烧鸡集团公司,实行统一商标、统一质量标准、统一管理、统一检疫的管理模式。2006年,符离集烧鸡集团公司投资兴建了符离集土麻鸡种鸡厂以及符北、永兴两个大型孵化场。符离集烧鸡作为知名品牌,对地方经济的发展起到了带动、辐射作用,逐渐成为推动农村经济发展的助推器。[④]

其三,积极探索新技术,深化农产品加工,延伸农业产业链条。

采用新技术,支持加工装备改造升级,建设农产品加工技术集成基地,提升农产品精深加工水平。尤其是农业产业化龙头企业,承担引导生产、深化加工、开拓市场、增加农产品附加值、促进技术进步等多项职能。2004年,宿州市在推进农业产业化过程中,突出"工业兴农"理念,重点培育农业产业化龙头企业,让企业带动农民增收致富。安徽丰华农科股份有限公司通过和农民一同建立20多万亩的生产基地,带动2万多户农民增收,公司也实现上亿元的销售收入,建成的丰原梨业等一批农副产品深加工大型企业,发展势头强劲。另外,由于宿州锦丰食品、锦江纸业等企业启动超过亿元农产品加工的10个大型项目,拉动了小麦、麦秸、畜牧饲养加工、水果等农业产业化的大发展。[⑤] 2006年,安徽丰原集团依托发酵技术国家工程研究中心的技术平台,研制和掌握"农作物秸秆综合利用生产燃料乙醇"和"玉米粉高糖发酵生产柠檬酸"两项生物技术,年产3万吨L-乳酸及日处理3000吨工业废水膜技术应用产业化成果也通过相关专家认定。这些生物技术大大提高了农业产业化程度,丰原集团被农业部认定为"全国农产品加工业示范企业"和"农产品加工企业技术创新机构"。[⑥] 2008年,驻马店市培育壮大龙头企业,龙头企业规模不断扩大,市以上重点龙头企业资产总

---

① 枣庄市地方史志办公室.枣庄年鉴:2002[M].北京:五洲传播出版社,2002:137-138.
② 方方.淮南推动农业产业化经营[N].安徽日报,2004-02-16.
③ 安徽省人民政府办公厅.安徽省情:3[M].合肥:安徽人民出版社,1987:205.
④ 任诗芹,周建设,徐立法.符离集烧鸡:从传统作坊走向规模生产[N].安徽日报,2006-05-08.
⑤ 刘杰,何聪.宿州抓农业产业化促农民增收[N].人民日报,2004-09-20.
⑥ 蚌埠市地方志编纂委员会.蚌埠年鉴:2007[M].合肥:黄山书社,2007:168.

额为117亿元,年销售收入为148.3亿元,其中资产总额超亿元的企业有15家,销售收入超亿元的企业有30家。龙头企业的发展,延长了产业链条,增加了农民收入,农户从农业产业化经营中增加收入11.1亿元以上。①

(三) 加快农村富余劳动力转移

乡镇企业肇始于新中国成立初期的农村工副业和个体手工业。早在1951年11月,皖北公署发布《关于生产节约备荒指示》,提出将副业生产作为救灾备荒的有效办法。在自愿结合的原则下,建立生产互助组织,集中领导,分散经营,依靠群众自产自销。据估计,皖北区全年打油、编席、织麻袋、捕鱼4项副业收入,能解决97万灾民7个月的生活。连同其他土特产,农民所得收入合原粮8 500余万公斤,到下一年午收前可养活100余万人,农村工副业和个体手工业的发展有效地帮助沿淮人民从严重的自然灾害中挣脱出来。②

改革开放后,乡镇工业的发展速度明显加快,企业的规模不断扩大,数量不断增多,在一定程度上解决了农村富余劳动力的就业问题。

在阜阳,1980年,全区社队建材工业企业有1 087家,从业人员有30 776人。③ 1978年,全区社队仅有粮油加工企业51家,从业人员不足千人。1984年,全区乡村两级粮油食品加工业已发展到623家,从业人员有12 289人。④ 1996年,全市乡镇企业达182 942家,就业人员有206.72万人。⑤

在淮安,1994年,全市乡镇企业共有35万家,职工有117万人,其中乡镇工业企业有19.4万家,职工有71.4万人。⑥ 在徐州,1997年,全市乡镇企业共有75 459家,其中乡镇工业企业有39 430家,年末职工有89.38万人。⑦ 1998年,全市乡镇企业共有134 015家,其中乡镇工业企业有52 699家,年末职工有101.08万人。⑧ 1999年,全市乡镇企业共有149 840家,其中乡镇工业企业有58 803家,年末职工有107.26万人。⑨

在枣庄,1986年,全市乡镇企业职工有443 626人,1992年发展到632 196人,占全市农村人口的23%,占农村劳动力的46%,其中乡镇办企业职工1986年有110 727人,1992年有145 590人,占职工总数的22.7%,村办企业职工1986年有110 461人,1992年有132 313人,占职工总数的21%;合作企业职工1986年有54 827人,1992年有78 061人,占职工总数的12.3%;个体企业职工1986年有167 621人,1992年有278 232人,占职工总数的44%。在乡镇企业职工中,一、二产业职工有45.6万人,第三产业职工有17.6万人。⑩

---

① 驻马店市地方史志办公室.驻马店年鉴:2009[M].北京:线装书局,2009:171.
② 安徽省地方志编纂委员会.安徽省志:乡镇企业志[M].北京:方志出版社,1999:2-3.
③ 阜阳市地方志编纂委员会.阜阳地区志[M].北京:方志出版社,1996:277.
④ 阜阳市地方志编纂委员会.阜阳地区志[M].北京:方志出版社,1996:279.
⑤ 阜阳市地方志办公室.阜阳年鉴:1997[M].合肥:黄山书社,1998:124.
⑥ 淮阴年鉴编纂委员会.淮阴年鉴:1995[M].上海:上海社会科学院出版社,1995:97.
⑦ 徐州年鉴编委会.徐州年鉴:1998[M].徐州:中国矿业大学出版社,1999:169.
⑧ 徐州年鉴编委会.徐州年鉴:1999[M].徐州:中国矿业大学出版社,1999:152.
⑨ 徐州年鉴编委会.徐州年鉴:2000[M].徐州:中国矿业大学出版社,2000:155.
⑩ 枣庄市地方史志编纂委员会办公室.枣庄年鉴:1993[M].济南:齐鲁书社,1993:250.

在驻马店,1986 年,全区乡镇企业从业人员有 353 700 人;1992 年,乡镇企业从业人员有 824 477 人,占全区农村劳动力总数的 23.8%。①

工业化前中期,工业与农业发展不平衡。导致工业与农业发展不平衡的原因大致有二:其一,农业乃周期性生产方式,一个生产周期结束,又一个生产周期从头开始,因而农业增长率受到自身周期性生产方式的限制。与此不同的是,一旦工业和服务业企业建立和投入生产经营,此后每年的产值都在原有的基础上继续提高。从长期来看,工业和服务业的增长率必定高于农业增长率。其二,农业的增长要比工业和服务业的增长在更大程度上受自然条件的限制。一般而言,工业较少受到自然条件的影响,而农业则不然,恶劣的天气与自然灾害对农业的影响不言而喻。农业生产承受的风险也会使其增长率低于工业和服务业的增长率。此外,在以分散经营农户为主体的情况下,对农业基本生产条件的改善往往不是这些分散的农业生产和经营主体的力量所能承担的。加之,家庭农场的位置和土地的分布,一般在祖辈、父辈购买时即已确定,很难再行选择。与此不同的是,工业与服务业在选址筹建时即可以考虑这些客观条件,并且它们搬迁是可行的。②

二、促进城镇化

美国有学者认为:"发展中国家一般存在着二元经济结构。即国民经济含有两种性质不同的结构或部门:一个是仅能满足糊口的、只能维持最低生活水平的,以土著方法进行生产的部门,这一部门以传统的农业为代表;一个是以现代化方法进行生产,劳动生产率和工资远比前一部门高的城市工业部门……农业部门的劳动力向城市工业部门流动,为城市工业部门扩大生产所需要的劳动力供给和资本积累提供了丰富的源泉。"③钱纳里和赛尔昆认为,最初的城镇化是由工业化推动的,工业化通过调整生产的供给结构来满足并适应由城镇化引起的各种需求。随后,城镇化带来的需求多样化促使城镇化以越来越快于工业化的速度发展。随着人均收入的增长,城市居民对服务的需求也相应扩大,单凭工业结构的内部调整已无法适应这一趋势,工业化的速度开始滞后于城镇化进程。④

国内学者在研究西欧经济史时指出,没有这些工业化以前建立和发展起来的城市,西欧的工业化将缺少必要的前提,工业化进展不可能顺利。"在工业化开始以前,由于商业的发展和手工作坊、手工工场的兴起,城市化进程就已经开始了;工业化开始以后,城市化速度加快。工业化完成后,后工业化时期内,城市化仍然持续进行,但速度也显著地放慢了。"⑤城市化、工业化与现代化关系密切,工业化带动城镇化,城镇化促进工业化,两者共同推动了现代化。

---

① 驻马店地方史志编纂委员会.驻马店地区年鉴:1993[M].郑州:河南人民出版社,1994:153-154.
② 厉以宁.工业化和制度调整:西欧经济史研究[M].北京:商务印书馆,2010:483-484.
③ 谭崇台.发展经济学[M].武汉:武汉大学出版社,2001:80-86.
④ 霍利斯·钱纳里,莫尔塞斯·塞尔昆.发展的格局:1950—1970[M].李小青,等译.北京:中国财政经济出版社,1989:56-66.
⑤ 厉以宁.工业化和制度调整:西欧经济史研究[M].北京:商务印书馆,2010:338-359.

(一) 为城镇化提供保障

在现代化的进程中,淮河流域显然是一个后发区域,属于传统农业经济区。因此,要完成传统社会向现代社会转型、农业社会向工业社会转型,实现城镇化是不可避免的。在很长一段时间内,包括淮河流域在内的全国城乡关系始终是扭曲的,城乡公民在经济利益和社会身份上长期存在严重差别待遇。新中国成立前,淮河流域城镇化进程迟滞,城市经济规模较小,生产多以纺织、食品、卷烟和铁木器等手工作坊为主,很少有现代工厂。市政公用设施简陋,居住条件差。

新中国成立后,为适应城市经济的恢复和发展,城市建设工作提上议事日程。城市建设工作的重点是改善市政设施和居住条件。1951年,苏北行政公署将扬州、泰州、淮阴等市政交通建设作为建设工作的重点。次年,徐州开始由政府出资建设工人住宅。徐州、新海连市建有自来水厂。[①] 郑州、开封、许昌等市政基础设施得到恢复和改造,并从各方面筹集资金建造市民新村。[②]

"一五""二五"期间,为适应工业化建设,城市普遍兴建工业项目,城市规模迅速扩大,城市总体规划的编制工作逐步展开。1954—1955年,蚌埠、淮南、阜阳、六安等地开始测量、搜集城市规划资料。之后,开始编制初步规划。[③] 1957年,扬州编制城市总体规划。城市建设主要向东、向南方向延伸,初步形成城西南宝塔湾化工区、城南机械工业区、城东北五里庙工业区。[④] 1958年,徐州的总体规划确定城市的基本布局和功能分区。东区建设以冶金工业为主的工业区,北郊建设以化工为主的工业区,西关逐步形成以矿山机械为主的工业区。[⑤] 河南扩建了郑州市,新建了平顶山市;同时对开封、许昌、信阳、商丘、漯河、周口等地的基础设施进行不同程度的扩建,使原消费城市向综合型工业生产城市发展。郑州市的规划包括道路和供、排水等基础设施。[⑥] 山东城市的消费职能大大减弱,生产职能明显加强。在城市经济收入中,工业产值占的比例越来越突出。与工业生产有密切联系的城市基础设施有了改观。城区的扩大用地,基本上都为工业区所占据,工业成为城市的核心。[⑦]

"大跃进"时期,由于片面追求速度,缺乏对城市发展的研究,规划不顾客观实际,城市规模定得过大,建设标准定得过高。当然,这一时期地处工矿区的一些小城镇异军突起,得到了长足的发展,如山东邹县、滕县、峄县等。[⑧] 1963—1965年,城市建设进入调整期。淮河流域各省压缩城市规模,减少城镇人口,缩小市区范围,停缓建一大批建设项目。至1965年底,徐州、连云港、扬州、清江市先后进行了城市总体规划的编制和修订。城市建设新建工程很少,工作重点是对已有设施的维护。[⑨] 山东城市建设投资主要用于道路、给水、排水、防洪

---

① 江苏省地方志编纂委员会.江苏省志:城乡建设志[M].南京:江苏人民出版社,2008:9.
② 河南省地方史志编纂委员会.河南省志:城乡建设志、环境保护志[M].郑州:河南人民出版社,1993:3.
③ 安徽省地方志编纂委员会.安徽省志:乡镇企业志[M].北京:方志出版社,1999:4.
④ 江苏省地方志编纂委员会.江苏省志:城乡建设志[M].南京:江苏人民出版社,2008:61.
⑤ 江苏省地方志编纂委员会.江苏省志:城乡建设志[M].南京:江苏人民出版社,2008:33.
⑥ 河南省地方史志编纂委员会.河南省志:城乡建设志、环境保护志[M].郑州:河南人民出版社,1993:3-4.
⑦ 山东省地方史志编纂委员会.山东省志:城乡建设志[M].济南:山东人民出版社,2000:11-12.
⑧ 山东省地方史志编纂委员会.山东省志:城乡建设志[M].济南:山东人民出版社,2000:13.
⑨ 江苏省地方志编纂委员会.江苏省志:城乡建设志[M].南京:江苏人民出版社,2008:12.

等工程建设,如枣庄水厂、临沂水厂等。① "文革"期间,经济建设正常秩序被破坏,有些原来的建设项目遭到严重破坏,城市规划有名无实,城市工业建设布局混乱,环境污染严重。城镇化建设基本处于停滞状态。

改革开放后,淮河流域城镇化进程迈入新阶段。淮河流域各省政府认真贯彻落实中央《关于加强城市建设工作的意见》,建立健全各级城建机构及其所属的各职能部门,制定一系列切实可行的条例和规章。城市面积不断扩大,城市人口尤其是非农业人口迅速增加,工业产值大大提高。

到1985年,山东淮河流域的枣庄、济宁、临沂、菏泽、日照5个市非农业人口为91.3万人,建成区面积为80.1平方千米,工业产值为37.746 3亿元。具体如表3.3所示。

表3.3 1949年与1985年山东淮河流域城市人口、建成区面积、工业产值对照表

城市	1949年				1985年			
	人口(万人)	建成区面积(平方千米)	工业产值(亿元)	主要工业或产品	人口(万人)	建成区面积(平方千米)	工业产值(亿元)	主导工业
枣庄	1.28	1.40	0.080 1	煤炭、铸锅、陶瓷、卷烟	29.2	27.3	13.754 0	煤炭、电力、建材
济宁	8.56	5.10	0.082 1	食品加工、卷烟、小农具	22.3	18.7	11.916 9	电子、纺织、机械、化工
菏泽	2.20	2.25	0.015 6	卷烟、酿酒、面粉	11.5	12.2	4.599 8	纺织、机械、食品、酿造
临沂	2.00	1.60	0.010 5	手工业、铁厂、食品、加工	19.0	10.9	5.998 9	冶金、建材、食品、纺织
日照	0.20	1.00	0.003 8	个体手工业	9.3	11.0	1.476 7	机械、化工、轻纺、建材、食品
合计	14.24	11.35	0.192 1		91.3	80.1	37.746 3	

说明:(1)1949年工业产值按1957年不变价;1985年工业产值按1980年不变价。(2)人口为城市人口。

资料来源:山东省地方史志编纂委员会.山东省志:城乡建设志[M].济南:山东人民出版社,2000:204.

2002年,枣庄市辖区非农业人口为73.31万人,济宁为50.70万人,日照为37.03万人,临沂为67.93万人,菏泽为33.98万人,合计262.95万人。②

到1986年,安徽淮河流域蚌埠、淮南、淮北、六安、宿州、阜阳、亳州7市非农业人口为182.3万人,建成区面积为151.4平方千米,工业产值为70.22亿元。具体如表3.4所示。

---

① 山东省地方史志编纂委员会.山东省志:城乡建设志[M].济南:山东人民出版社,2000:14.
② 山东省统计局,山东省城市社会经济调查队.山东城市统计年鉴:2003[M].北京:中国统计出版社,2003:4.

表3.4　1986年安徽淮河流域城市人口、建成区面积、工业产值统计表

项目 地市	建成区面积 （平方千米）	市区人口（万人）		社会总产值 （亿元）	其中：工业产值 （亿元）	主要经济部门
		总人口	其中：非农业（人口）			
蚌埠	32.3	62.3	41.0	34.99	25.14	工业以食品、建材、机械、轻纺为主
淮南	48.0	109.1	63.4	31.68	19.40	工业以煤炭、电力、化工为主
淮北	19.4	46.2	27.5	19.05	11.86	工业以煤炭、电力、纺织为主
六安	17.1	17.1	12.8	4.47	3.46	工业以农机、化肥为主
宿州	12.1	22.5	12.5	3.22	1.77	工业以农机、棉织和食品为主
阜阳	14.0	20.8	15.8	8.72	5.89	工业以农机、卷烟、皮革为主
亳州	8.5	111.2	9.3	10.06	2.70	工业以酿酒、卷烟、中药材加工为主
合计	151.4	389.2	182.3	112.19	70.22	

资料来源：《中国城市建设年鉴》编委会.中国城市建设年鉴[M].北京：中国建筑工业出版社，1989：301.

由表3.4可知，安徽淮河流域城市以中小型为主，市区非农业人口在50万人以上的仅有淮南市，为63.4万人。蚌埠位列第二，非农业人口为41万人，其余各市非农业人口均在30万人以下，亳州非农业人口为9.3万人，仅占总人口的8.4%。除淮南、淮北以外，城市工业结构以食品、轻纺、卷烟、皮革为主。

1990年，安徽淮河流域城市规模和建成区面积统计如表3.5所示。

表3.5　1990年安徽淮河流域城市规模和建成区面积统计表

名称	市区人口（万人）		建成区面积 （平方千米）	市区面积 （平方千米）
	总人口	其中：非农业人口		
淮北	56.6	36.7	22.6	294
蚌埠	68.1	44.9	35.6	445.4
淮南	120.1	70.4	51.6	1 091
阜阳	23.6	18	16.2	50
亳州	124.6	10.6	9.1	2 226
宿州	25.7	15.2	12.8	125
界首	64.9	6.1	6.9	667.3
六安	19.1	14.4	17.7	85
合计	502.7	216.3	172.5	4 983.7

资料来源：安徽省地方志编纂委员会.安徽省志：城乡建设志[M].北京：方志出版社，1998：15.

由表3.5可知，到1990年，本区建成区面积最大的城市依然是淮南，达51.6平方千米，比1986年增长7.5%。其他以增长速度为序依次为淮北、阜阳、蚌埠，分别增长16.5%、

15.7%、10.2%。非农业人口增长由高到低依次是淮北、宿州、亳州、阜阳、淮南和蚌埠,分别较1986年增长33.5%、21.6%、14%、13.9%、11%和9.5%。①

到1987年,郑州市非农业人口已超过50万人;开封、平顶山两市非农业人口在20万人以上;许昌、信阳、商丘、周口4市非农业人口在20万人以下。②到1999年,郑州市区非农业人口在100万人以上;平顶山、开封两市人口在50万～100万人;漯河、商丘、许昌、信阳、驻马店5市人口在20万～50万人;其他城市人口在20万人以下。③

到1992年,徐州城市人口为80.4万人,其中非农业人口为70.8万人,城市面积为184.5平方千米④;扬州城市人口为45万人,其中非农业人口为32.7万人,城市面积为148平方千米,其中建成区面积为27.1平方千米⑤;淮阴城市人口为45.2万人,其中非农业人口为25.3万人,城市面积为347.8平方千米,建成区面积为24.8平方千米⑥;连云港城市人口为54万人,其中非农业人口为37.6万人,城市面积为882平方千米,其中建成区面积为44.2平方千米⑦;盐城城市人口为137.8万人,其中非农业人口为29.5万人,城市面积为1 728平方千米,其中建成区面积为33.9平方千米⑧。

(二) 促进城镇化

城镇化需要充分发挥政府和市场的作用。有鉴于经济发展水平,淮河流域的城镇化主要依靠政府推动,发挥政府在调动人力、物力、财力方面的优势,从而推进城镇化进程。淮河流域社会经济相对落后,以小城镇的发展作为城镇化的一项重要内容。小城镇接近于农村,乡镇企业集中在小城镇,农民就近转入小城镇就业,既可降低农村剩余劳动力转移的成本和就业风险,又可有效地避免在本区大中城市吸纳能力有限的情况下,农民大量涌入城市所产生的种种社会问题。当然,小城镇规模过小,难以具有相应的城市功能,既不利于提高投资效益,也不利于保护土地和环境资源。同时,小城镇建设不能只考虑解决眼前问题,一定要考虑长远的经济社会发展需要,在统一规划下,重点发展现有的中心城镇,优先发展这些条件较好的城镇。

改革开放后,为了促进小城镇的发展,各地政府制定优惠政策,鼓励乡镇企业连片集中发展,建立一批乡镇工业小区,引导乡镇企业向小城镇集聚。同时广开渠道,通过各种途径筹集城镇建设和发展资金。如何发展小城镇工业,各地作了具体的规定。如安徽省要求"发展小城镇工业生产,要根据小城镇地处农村、农副产品和劳力资源丰富的特点,坚持以集体经济为主,坚持因地制宜,坚持面向农村,要充分利用本地资源,发挥优势。要注意发展那些用人多、投资少、耗能少、见效快的生产行业,如农副产品加工工业、食品工业、建材工业、水陆运输业,以及编织、刺绣等手工业。对当地有名的传统产品,要积极恢复,打开销路,大力

---

① 安徽省地方志编纂委员会.安徽省志:城乡建设志[M].北京:方志出版社,1998:15.
② 河南省地方史志编纂委员会.河南省志:城乡建设志、环境保护志[M].郑州:河南人民出版社,1993:9.
③ 河南省城市社会经济调查队.河南城市统计年鉴:2000[M].北京:中国统计出版社,2000:1.
④ 江苏省地方志编纂委员会.江苏省志:城乡建设志[M].南京:江苏人民出版社,2008:34.
⑤ 江苏省地方志编纂委员会.江苏省志:城乡建设志[M].南京:江苏人民出版社,2008:63.
⑥ 江苏省地方志编纂委员会.江苏省志:城乡建设志[M].南京:江苏人民出版社,2008:71.
⑦ 江苏省地方志编纂委员会.江苏省志:城乡建设志[M].南京:江苏人民出版社,2008:75.
⑧ 江苏省地方志编纂委员会.江苏省志:城乡建设志[M].南京:江苏人民出版社,2008:78.

发展。有条件的,可发展为大工业和出口服务的工业"①。

淮河流域人口规模大,土地面积广阔,具备形成百万以上人口大城市的自然条件,发展中小城镇人口集聚有比较优势,中心镇发展布局较为密集。城市周边的"卫星镇"已经具备较好的产业基础和公共基础设施,一些镇成为工业园区、经济开发区等。

江苏泗阳县洋河镇,因酿酒而闻名。1978年后,随着经济建设的迅猛发展,洋河的城镇建设日新月异。1992年镇区扩展到4平方千米,街道宽阔,高楼林立。全镇交通以东西大街和酒家路为十字主轴,其余支道纵横交错。② 泰县溱潼镇,1978年后,该镇经济迅速发展。溱潼镇实业总公司有职工8 000多人,拥有固定资产4 000多万元。镇属企业有24家,主要生产机械、电子、仪表、电器、轻工、纺织、建筑材料、电镀、化工等产品100多种。90年代初,该镇制定了河东小区规划,划定了工业区、商业街、居民住宅区、第三产业区、游览区。③

安徽六安叶集镇,1992年,开发建设700亩工业区,新建了日用化工、丝织等一批企业,并对老厂进行改建和扩建,改变了过去生产单一、设备陈旧、厂房简陋的状况。④ 1998年,叶集改革发展试验区被批准设立。叶集的主导工业有木竹加工、轻纺和食品等。2000年,全镇实现社会生产总值5.5亿元。⑤ 2002年,全镇乡镇企业营销收入为68 058万元,实现工业产值53 026万元,固定资产投资超5 000万元。⑥ 天长秦栏镇,1992年,全镇工业产值为7 880万元,享有"电子镇"的美誉。⑦ 2008年,全镇个体工商户和私营企业突破1 800家,吸纳了80%的劳动力就业和1.8万余名农民工。2009年,该镇主导产品为高压包和遥控器,仅为这两个产品生产电子元器件的企业就达到800多家。⑧

山东临沂市罗庄镇,1978年后,以传统的采矿、冶炼、制陶业为基础,大力发展乡镇企业。至1985年,镇办企业发展到46家,户办、户联办企业有3 235家,乡镇企业产值为1.4亿元,比1978年增长17倍。该镇的经济发展带动了城镇的各项建设,新建百货商店、旅馆、旱冰场、图书馆与各种服务设施。⑨

河南信阳明港镇,1981年,该镇人口为8.73万,其中镇区人口为4.023万,非农业人口为2.54万。至1987年底,全镇企业有2 960家,从业人员有1.2万多人,年工业产值近2亿元,占工农业总产值的60%,形成以冶金工业为主、区域性物资集散为辅的工业城镇。该镇建设发展迅速,尤其是基础设施建设,如兴建道路、拓宽道路、维修道路、建垃圾池等。⑩

此外,淮河流域还有诸多较好产业基础的工业城镇。如在安徽,有蚌埠沫河口镇、淮北

---

① 《安徽经济年鉴》编辑委员会.安徽经济年鉴:1984[M].合肥:安徽人民出版社,1984:98.
② 江苏省地方志编纂委员会.江苏省志:城乡建设志[M].南京:江苏人民出版社,2008:1091.
③ 江苏省地方志编纂委员会.江苏省志:城乡建设志[M].南京:江苏人民出版社,2008:1100.
④ 陈东明.安徽百家小集镇[M].合肥:安徽人民出版社,1993:298.
⑤ 中共安徽省委党史研究室.安徽之最[M].北京:中央文献出版社,2002:10.
⑥ 六安市地方志办公室.六安市志:上[M].合肥:黄山书社,2009:280.
⑦ 陈东明.安徽百家小集镇[M].合肥:安徽人民出版社,1993:163.
⑧ 周连山,罗宝.秦栏镇全力提升民营经济[N].安徽日报,2009-09-15(2).
⑨ 山东省地方史志编纂委员会.山东省志:城乡建设志[M].济南:山东人民出版社,2000:577.
⑩ 河南省地方史志编纂委员会.河南省志:城乡建设志、环境保护志[M].郑州:河南人民出版社,1993:220.

临涣镇和百善镇、亳州古井镇、淮南上窑镇等；在江苏，有淮安河下古镇、扬州邵伯镇、宿迁皂河镇等；在山东，有兖州新兖镇、临沂褚墩镇、兰陵县兰陵镇、费县上冶镇、曹县大集镇等；在河南，有汝州蟒川镇、永城芒山镇、西华县逍遥镇、禹州神垕镇等。淮河流域已初步将小城镇建设与发展城镇特色产业、主导产业相结合，工业在小城镇建设中发挥了不可替代的作用，带动了农村经济的发展，繁荣了小城镇经济，从而吸纳了更多的农村劳动力就业。

（三）对城镇布局的影响

工业布局主要集中在城市，城市布局受到工业布局的影响和制约，并显示出具有自身特色的区域经济功能。新中国成立后，城市建设开始从变消费型城市向工业型城市转变，同时，城市布局更加注重促进区域的经济发展。淮河流域资源条件较为丰富。在自然资源比较集中的地区设市，进行资源开发，将促进规模优势的形成。改革开放后，淮河流域城市建设步入快速发展时期。城市的产业结构和布局日益凸显。

河南郑州作为中原城市群的中心城市之一，带动全省中心地带经济社会的发展。京九铁路的开通，形成了以商丘为中心的经济发展区域，它将带动河南东部地区经济发展。从城市类型来看，郑州是综合型的大城市，开封是工业型城市，平顶山是资源型城市，信阳、商丘、驻马店、周口等城市是综合型的中小城市，在联结城市和农村经济方面发挥着特有的作用。[1]

安徽淮南、淮北煤炭资源丰富；阜阳、亳州、宿县等市农产品资源优势也比较明显；蚌埠市电子信息、医药、精细化工、加工制造业等产业基础良好；亳州市中药、酒业等产业有较强规模优势。随着城市工业的发展，形成了不同类型的城市结构。淮南和淮北是煤、电、化工类型的城市，蚌埠是以建材、机械、轻纺为主的综合性工业城市，阜阳和宿州的工业则以农产品加工为主，亳州则重点发展中药材加工和酿酒等工业。

山东济宁重点发展纺织、精细化工、电子仪器、食品工业；邹县重点发展为能源开发服务的食品和纺织工业；枣庄仍以煤炭、电力、建材工业为支柱；东明、单县、梁山、巨野、滕县等具有一定门类的工业优势。[2]

江苏徐州是以煤炭、电力为主的工业、交通枢纽和地区性商业中心城市。它以煤炭、电力、建材工业为基础，与轻纺、化工、食品工业协调发展。[3] 连云港将发展成为进出口基地、渔业基地、石油开发基地，同时又是港口工业区。[4] 淮阴市西南为化工区，城南为轻纺工业区，东南为食品工业区，淮海东、西路两侧一带为机械工业区，盐河沿岸为县城工业区。[5] 盐城是以发展食品、轻纺、机械工业为主的工商城市。[6]

同时，特色产业的成长成为拉动经济增长和推动城镇化进程的重要动力。如扬州剪纸、禹县钧瓷、临汝汝瓷、郯城柳编、盐城竹藤、莒县陶瓷、金寨竹编、阜南柳编、界首彩陶以及阜阳剪纸等工艺品在自身发展的同时，还出口创汇，为地方城镇化发展提供了资金支持。

---

[1] 河南省城市社会经济调查队.河南城市统计年鉴:2000[M].北京:中国统计出版社,2000:2.
[2] 山东省地方史志编纂委员会.山东省志:城乡建设志[M].济南:山东人民出版社,2000:206-207.
[3] 江苏省地方志编纂委员会.江苏省志:城乡建设志[M].南京:江苏人民出版社,2008:239.
[4] 江苏省地方志编纂委员会.江苏省志:城乡建设志[M].南京:江苏人民出版社,2008:249.
[5] 江苏省地方志编纂委员会.江苏省志:城乡建设志[M].南京:江苏人民出版社,2008:267.
[6] 江苏省地方志编纂委员会.江苏省志:城乡建设志[M].南京:江苏人民出版社,2008:78.

在城市发展的历程中,交通基础设施的不断发展,为现代城市的生存和发展提供了资源供应和对外联系交流的窗口。有美国学者研究了美国东海岸交通网络与城市等级的关联关系,并把这一结论推广到了北美交通联系与城镇发展等级关系的研究中。亚洲学者也高度重视城镇化与交通网络布局的关系。① 铁路与工业发展互为表里,1799—1937 年,美国农业和制造业在实际收入中所占的比例发生了重大变化。农业的相对重要性,由它在实际收入中所占的比例来看,从 40% 降到 12%,降低了 2/3 有余,而制造业的比例却由 5% 增到 30%。这与 1819—1829 年美国的"铁路化"运动有着莫大的关系。②

淮河流域煤炭资源丰富,煤炭工业的发展促进了淮河流域交通事业的发展,加快了其城市化进程。如两淮煤炭工业发展大大推动了淮南、淮北的城镇化进程。改革开放以后,由于华东经济的高速发展,为了解决煤炭和各种矿石的外运,以及机器生产出来的众多制成品和半制成品的运销问题,铁路建设得到迅速推进,实际上形成了一种倒逼机制。③ 1975 年和 1978 年,为了开发两淮煤炭基地和支援上海宝山钢铁厂的建设,促进沿线工农业的发展,中央决定建设阜淮铁路和淮南铁路复线。阜淮铁路和淮南铁路复线的建成加快了两淮煤田的开发,缓解了华东地区煤炭供应的紧张局面,对减轻津浦铁路的运输压力、改善华东腹地的交通运输都有重要作用。1978 年 5 月,原铁道部决定修建淮南铁路复线。1992 年所建淮南铁路复线全部竣工。同年,阜淮铁路也建成通车。

总之,淮河流域工业的发展对城镇化产生了重要的影响。但是在城镇化过程中,也存在着一些不足。一是淮河流域各地城镇化水平存在差异。有些地方城镇化程度高,有些地方城镇化程度低。如淮南、淮北两市,其非农业人口占比远高于其他地区,说明重工业尤其煤炭工业对于淮河流域城镇化的推动作用至关重要。二是中心城市的缺失。中心城市的辐射带动作用对促进区域经济发展有着十分重要的意义。由于淮河流域经济发展水平比较落后,各市之间的发展差距并不显著,区域性中心城市的地位并不明显,缺少一个能带动区域发展的中心城市。除徐州、郑州两市具有一定的带动作用外,淮河流域其他城市的显著特点是辐射能力较弱。淮河流域人口多是主要优势之一,但是中心城市市区常住人口和县城常住人口普遍规模偏小。分散型的城市化发展基础,导致城市集聚人口较慢,拉动经济发展迟缓。

三、造成生态环境恶化

随着工业的不断发展,淮河流域的环境问题也日益突出。诚如有学者所言,淮河流域的自然环境具有强烈的空间异质性。在古代,当这种系统处于良性状态时,可耕可牧、宜粟宜稻,为早期人类的"理想生境"。但随着时代的变化,淮河流域对人类生存发展的负面效应日渐暴露,其表现之一就是系统抗干扰能力差。也就是说,淮河流域生态环境脆弱且易于遭到破坏。④

---

① 加藤弘之,吴柏均. 城市化与区域经济发展研究[M]. 上海:华东理工大学出版社,2011:95.
② 张培刚. 农业国工业化问题:第 1 卷[M]. 长沙:湖南出版社,1991:264.
③ 厉以宁. 工业化和制度调整:西欧经济史研究[M]. 北京:商务印书馆,2010:154.
④ 宋豫秦,等. 淮河流域可持续发展战略初论[M]. 北京:化学工业出版社,2003:64.

(一) 加重水污染

淮河流域工业在发展过程中,造成诸多环境问题。其中水污染问题尤其严峻,已经成为制约淮河流域经济社会持续、快速、健康发展的"瓶颈"。随着淮河流域经济的快速发展和城市化进程的加快,淮河流域水体污染日趋严重,水污染事件时有发生。1975年淮河发生首次污染,1982年发生第二次污染。20世纪90年代以后,淮河流域水污染事件频繁发生。1992年、1994年、1995年,沙颍河、淮河连续发生大面积水污染事故,给沿淮广大地区工农业生产和城镇供水安全造成严重威胁。其中,影响较大的一次污染事件发生在1994年7月,侵袭淮河的污水团长达90千米,沿淮各自来水厂被迫停水,150万人没水喝,直接经济损失上亿元。2004年7月中旬,淮河支流沙颍河、洪河、涡河上游局部地区普降暴雨,上游5.4亿吨高浓度污水顺流而下,形成长130~140千米的污水团。①

"50年代淘米洗菜,60年代洗衣灌溉,70年代水质变坏,80年代鱼虾绝代",这一流传于沿淮地区的民谣,生动形象地反映了淮河流域水质变化的历程。淮河流域的水污染问题始于20世纪70年代。由于地质结构,蚌埠基本没有地下水可采。淮河水一直是蚌埠赖以生存的水源地。70年代初,随着蚌埠工业经济开始起步,全市有400多家工业企业,每天排放污水近50吨。淮河受到污染,蚌埠首次出现饮水问题。1975年1月,国务院环境保护领导小组办公室会同石化部、轻工部、水电部、卫生部,专门派人到安徽蚌埠、淮南和江苏洪泽县等了解淮河干流污染情况。调查显示,洪泽湖当时每天接纳来自干流、支流的工业污水、废水达61万吨。而实际上,这种污染仅是后来两三个大型企业的排放总量。②

淮河干流是平原河流,河床比降小,径流的年际变化和年内分配均较大,流速慢,最小流速仅为0.11米/秒,蚌埠闸关闸期间,蚌埠段河水基本处于静止状态,基本没有自净力。1979年以后,随着淮河流域乡镇企业的日益发展,工业生产和城市生活用水量逐年增加,淮河水量不断下降。80年代末,淮河平均流量已从50年代的903.5秒立方米降到663.6秒立方米,淮河的稀释自净力更加弱化。淮河流域安徽段当时主要的污染物来自淮南、蚌埠。从1979—1983年的数据来看,蚌埠和淮南两段淮河污染在这一时期已经相当严重。挥发性酚、氰化物、汞、砷、六价铬等5项毒物的含量均超标,并有逐年上升的趋势。其中淮南段和蚌埠段有机污染物最高年份分别超标36%和22.6%。中水位的情况下,就出现缺氧状态,溶解氧仅为1~3毫克/升,低于地面水标准,耗氧量高达12.8毫克/升,超出地面水标准。③

淮河支流水污染也以有机污染为主。奎河是20世纪80年代淮河流域污染最严重的河流之一。当时奎河上游的徐州市工业发展已初具规模,徐州市380家工厂和40万居民的工业废水和生活污水注入,日排放量达18万吨,奎河实际已成为徐州市的排污渠道,河水呈褐色,散发恶臭,数千米外异味可闻,水生物全部致死,枯水期就更加严重了。由于水源污染严重,部分居民开始外迁。④ 除奎河外,泉河临泉段、济河、涡河、北淝河蚌埠段、沱河固镇闸上、

---

① 中国水利学会,水利部淮河水利委员会.青年治淮论坛论文集[M].北京:中国水利水电出版社,2006:125.
② 偶正涛.暗访淮河:新华社记者揭出淮河污染真相[M].北京:新华出版社,2005:38.
③ 安徽省地方志编纂委员会.安徽省志:自然环境志[M].北京:方志出版社,1999:214.
④ 安徽省地方志编纂委员会.安徽省志:自然环境志[M].北京:方志出版社,1999:215.

包河安徽段、北沱河刘桥以下至入南泥河段、南泥河安徽段、沱门河宿县闸下、萧濉新河的淮北市段、浘河酒厂渡口至大店岗段、白塔河天长县以下至入高邮湖段等,均为严重污染水体,都检出有毒超标物质。与干流污染一样,支流的污染物主要是铜、砷、酚和氰化物、氨氮等,其中酚超标11.5倍,砷超标6倍,氰超标3倍,溶解氧极低。①

南四湖是微山湖、昭阳湖、独山湖、南阳湖四个湖的总称,因位于山东济宁以南而得名,为淮河流域第二大淡水湖。1980年,山东省南四湖日纳废污水25万吨,主要是工业废水,受污染湖面超过15万亩,约占湖面面积的7.5%,其中有2.5万亩湖面属严重污染。这既不符合国家地面水环境质量标准,也不符合农田灌溉水质标准。②洪泽湖是淮河流域最大的平原型湖泊。洪泽湖的水体污染主要来自于淮河水系,占工业废水总量的57.4%。其次是漴潼河和新濉河,分别占31.7%和8.8%。主要污染为造纸、印染、制革等有机污染和冶炼、化工等重金属以及焦化、化肥等酚、氰类污染。化学耗氧量以国家地面水二级水质评定,超标率达50%,且个别测点出现总汞超标。③洪泽湖每天接纳上游蚌埠、淮南、徐州、宿县及沿湖盱眙、泗洪等县的工业废水90余万吨。具体如表3.6所示。

表3.6 1983年洪泽湖工业废水接纳情况统计表

单位:万吨

水系	市、县	工厂数	工业废水 数量	工业废水 占比	入湖途径	污染源
淮河	蚌埠	82	15.0	57.4%	8条污水沟→淮河→洪泽湖	造纸、印染、皮革、轻工等
淮河	淮南	40	35.5	57.4%	淮河→洪泽湖	造纸、化肥、焦化、冶炼、化工、电力等
淮河	五河	10	1.5	57.4%	淮河→洪泽湖	造纸、化肥、焦化、冶炼、化工、电力等
淮河	盱眙	14	1.3	57.4%	淮河→洪泽湖	造纸、化肥、焦化、冶炼、化工、电力等
淮河	凤阳	11	1.0	57.4%	淮河→洪泽湖	造纸、化肥、焦化、冶炼、化工、电力等
新濉河	徐州	124	5.65	8.8%	奎河→新濉河→洪泽湖	造纸、印染、化工、焦化等
新濉河	灵璧	23	2.66	8.8%	新濉河→洪泽湖	造纸、印染、化工、焦化等
漴潼河	淮北	30	14.0	31.7%	奎河→漴潼河→洪泽湖	纺织、化工、焦化等
漴潼河	泗县	21	2.0	31.7%	漴潼河→洪泽湖	化肥、塑料、化工等
漴潼河	宿县	23	14.0	31.7%	奎河→漴潼河→洪泽湖	化肥、化工等
沿湖		20	2.0	2.1%	直接入湖	农药、化肥等
合计		398	94.61	100%		

资料来源:江苏省地方志编纂委员会.江苏省志:环境保护志[M].南京:江苏古籍出版社,2001:170.

---

① 安徽省地方志编纂委员会.安徽省志:自然环境志[M].北京:方志出版社,1999:215.
② 山东省地方史志编纂委员会.山东省志:水利志[M].济南:山东人民出版社,1993:59.
③ 江苏省地方志编纂委员会.江苏省志:环境保护志[M].南京:江苏古籍出版社,2001:170.

水利部淮河水利委员会对淮河流域实测数据显示,2005年,排入淮河废污水量为45亿吨,入河有机污染物量为98万吨,对淮河流域12 100千米河长进行全年期(平均值)水质评价,水质较好的Ⅰ、Ⅱ类水河长仅占10.8%,水质尚可的Ⅲ类水河长占22.0%,水质劣于Ⅲ类的受污染河长占67.2%。① 2005年,安徽淮河流域淮北、亳州、宿州、蚌埠、阜阳、淮南、六安等7个市污水入河总量为$7.27×10^8$吨,达标量为$4.69×10^8$吨,总达标率为64.51%,其中淮北、阜阳、亳州等地达标率仅为20%～30%。②

水污染主要来自工业废水和城市生活污水。污染比较严重的是造纸、印染、制革、化工、制药、电镀、焦化和选矿等行业废水。水环境的污染与破坏给淮河流域人民的生产生活带来了诸多问题。

其一,加剧了水资源危机。1987年,郑州、开封、平顶山、许昌、漯河、信阳、驻马店等城市的地面水有机污染较重。污染较严重的城市河段是漯河市的黑河、开封市的药厂河等。③ 1996年9月,蚌埠再次出现"水危机",家家户户的自来水龙头里流的都是臭水。街上到处是卖水的吆喝声,矿泉水紧俏,塑料桶脱销,蚌埠一时水贵,市民怨声载道。不少单位甚至实行"凭票供应",每家每天限制供水10公斤。"守着淮河没水喝"是对蚌埠尴尬境地的辛辣讽刺。④

其二,降低了饮用水的安全性,人体健康受到极大威胁。水是人类赖以生存的资源,因此饮用水的安全性与人体生命健康息息相关。多年来,由于淮河水体被严重污染,水中有机污染物、致病微生物和重金属大量增加,饮用水的不安全对人体健康构成了极大的威胁,甚至威胁到人的生命安全。农村饮水水质污染造成农村的肠道疾病和肝炎的发病率居高不下,还有一些地方甚至出现了"癌症村"。2004年调查显示,仅安徽阜阳、宿州与河南沈丘等地就有10多个癌症村。⑤

其三,污染导致农业生产陷入困境。淮河干支流水质污染严重,丰水期稍好一些,枯水期水质恶化明显。淮河干流流经的城市河段水质已很难达到国家Ⅲ类标准,有的河段甚至为劣Ⅴ类水。支流水质在枯、平水期仅达到Ⅴ类标准。水质已不能满足生活用水、工业用水的要求,有的甚至不能达到农业灌溉用水要求。1979年,邹县太平、高庄用被污染的白马河水灌溉,造成10万亩麦田减产20%。⑥ 1987年,因受阜阳市一些工厂的废水污染,王店、新华、袁寨、口孜四个区13万亩农田不能灌溉。仅阜阳造纸厂每天排出工业污水近7 000吨,流入阜阳济河,经过7个乡镇45个村。由于污染严重,济河水变黑,沿河两岸连续发生多起牲畜中毒事件。⑦ 1999年4月22日至5月27日,淮河王家坝至小柳巷共380千米长的河面上出现了10千米长的污水团,给沿岸饮用、工农业用水造成严重损害。4月30日至5月3日经过正阳关时,当地有30多人因饮用河水中毒,出现身体不适的症状。⑧

---

① 张志峰,曲昌荣,何聪.长江、黄河、淮河:一年"喝"下污水280多亿吨[N].人民日报,2006-12-15.
② 张理华,张群,周葆华.安徽资源环境[M].合肥:合肥工业大学出版社,2010:142.
③ 河南省地方史志编纂委员会.河南省志:城乡建设志·环境保护志[M].郑州:河南人民出版社,1993:271.
④ 黄振中,白剑峰.清与浊的较量:淮河治污三年纪实[N].人民日报,1987-08-08(10).
⑤ 偶正涛.暗访淮河:新华社记者揭出淮河污染真相[M].北京:新华出版社,2005:192.
⑥ 山东省地方史志编纂委员会.山东省志:水利志[M].济南:山东人民出版社,1993:62.
⑦ 李家邦,戴民言.阜阳工业废水污染到何日[N].人民日报,1987-04-29.
⑧ 水利部淮河水利委员会.治淮汇刊(年鉴):2000[Z].《治淮汇刊(年鉴)》编辑部,2000:136.

此外,污染水质不仅污染人们的生活环境,而且对养鱼水域的污染也越来越严重。1978年,济宁市鱼种场引用老运河被污染的水,毒死鱼种5 000公斤。[①] 1982年,亳县境内大寺闸以上的涡河水域几乎全被污染,受污染水面达5 800余亩。县城内有24个水塘,水面近700亩,其中有10个水塘被污染,占总水面的41.6%,受污染水域中水生物大量减少,丰产水面和鱼产量也随之下降,受污染鱼类鱼肉有异味、鱼体变形、食用有害。[②] 1992年8月14—15日,涡河普降暴雨,工厂按照惯例开始在丰水期一次性排污,仅一天时间蒙城县涡河闸上游1 100多只网箱所养鱼类和自然生长的鱼类、各支流网箱养鱼、河蟹几乎全部死光,沿涡河两岸死鱼成堆。[③] 1994年5月以来,淮河水域连续遭受严重污染,淮河、焦岗湖、高塘湖等地受污染面达9万亩,污水所到之处水生动植物大批量死亡,鱼类死亡5 885吨、蟹死亡136吨。[④] 1999年10月7日,五河县天井湖发生水污染事故,造成天井湖8 000亩养殖水面受到不同程度的污染。据统计,围网养殖受损面积约为2 074亩,155.56万公斤网箱养鱼损失殆尽。[⑤]

其四,严重的水污染给地下水带来压力,生态环境进一步恶化。由于地表水体污染严重,淮河流域工农业用水大部分来自地下水。由于过度开采,淮河流域地下水日趋减少,带来一系列问题。有些城市及工矿区周边,由于超量开采严重,局部地区已造成了严重的后果。1980年,济宁市中区地下水污染范围已达34平方千米,城南160米深处地下水也出现污染。市自来水公司有6眼水井因污染报废。枣庄市区地下水中大肠菌群达230个/升,超过饮水标准75.5倍。[⑥]

2003年淮河流域河南、淮河流域安徽、淮河流域江苏的底质污染情况列表如表3.7所示。

表3.7 2003年淮河流域地级行政区底质污染情况统计表

省份	地级行政区	监测断面(个)	评 价 结 果	评价结果分析
河南	开封	2	2个污染、1个超标	其中1个断面7项污染、4项超标
	平顶山	5	全部污染	
	商丘	6	全部污染、2个超标	1个断面7项污染、1个断面6项污染
	信阳	4	全部污染,但不超标	污染项目都在2项以上
	许昌	3	全部污染、1个超标	有2个断面5项污染
	郑州	2	全部污染	
	周口	11	10个污染、2个超标	有2个断面6项以上污染,其他断面污染都在2项以上
	驻马店	8	7个污染、1个超标	

---

① 山东省地方史志编纂委员会. 山东省志:水利志[M]. 济南:山东人民出版社,1993:62.
② 关于维护水域环境保护水产资源的通知 档案号:J015-1-11[Z]. 亳州市谯城区档案馆.
③ 佚名. 污水涌来死亡鱼蟹三百吨,目不忍睹,巨额损失找谁赔[N]. 安徽经济报,1992-09-01.
④ 1994年工作总结和1995年工作计划 档案号:0093-001-0264-001[Z]. 淮南市档案馆.
⑤ 水利部淮河水利委员会. 治淮汇刊(年鉴):2000[Z].《治淮汇刊(年鉴)》编辑部,2000:137.
⑥ 山东省地方史志编纂委员会. 山东省志:水利志[M]. 济南:山东人民出版社,1993:61.

续表

省份	地级行政区	监测断面（个）	评价结果	评价结果分析
安徽	蚌埠	5	全部污染、3个超标	
	亳州	6	全部污染	
	阜阳	7	全部污染	
	淮南	2	全部污染	
	六安	2	2个污染、1个超标	
	宿州	4	全部污染、1个超标	有1个断面6项污染,其他都在2项以上
江苏	淮安	6	5个污染、1个超标	
	连云港	4	2个污染	
	宿迁	7	6个污染	
	徐州	17	16个污染、4个超标	多数断面污染在2项以上
	盐城	5	3个污染、2个超标	
	扬州	3	全部污染	

资料来源：水利部淮河水利委员会.治淮汇刊(年鉴)：2003[Z].《治淮汇刊(年鉴)》编辑部,2003：362-364.

淮河恶性水污染事件发生后,中央和淮河流域各级部门十分重视,采取各种措施综合治理淮河流域水污染。1995年8月,国务院颁布《淮河流域水污染防治暂行条例》。条例要求"禁止一切工业企业向淮河流域水体排放污染物……禁止在淮河流域新建化学制浆造纸企业,禁止在淮河流域新建制革、化工、印染、电镀、酿造等污染严重的小型企业"。同时提出了在淮河流域实施污染物排放总量控制制度,地方各级政府对本辖区内的环境质量负总责等。①

1997年,安徽省成立淮河流域水污染防治工作领导小组,并发布《安徽省淮河流域工业污染源废水达标排放验收实施办法》。各级政府和工业主管部门签订了污染物总量控制和超标企业达标排放责任书,并层层分解到企业,明确责任。省政府建立1 000万元省财政淮河水污染防治专项资金,各地市也增加了投入。② 同年,江苏省颁布《关于加快工业污染治理实现达标排放的若干政策措施》,从税收、物价、供电、信贷等方面给予企业优惠和扶持。每年拨款2 000万元建立省污染防治基金,主要用于达标排放。各市县政府与重点企业签订了责任状。③ 同年,山东省对省辖淮河流域全面开展关停并转、限期治理和总量控制工作,对逾期没有完成治理任务的少数企业,下达停产治理的决定。④ 1998年,河南省制定省辖淮河流域总量控制方案和实施意见,成立总量控制领导小组和技术组。⑤

---

① 国家环境保护局政策法规司.中国环境保护法规全书[M].北京:化学工业出版社,1997:78-80.
② 《安徽年鉴》编辑委员会.安徽年鉴:1998[Z].安徽年鉴社,1998:132.
③ 江苏年鉴杂志社.江苏年鉴:1998[Z].江苏年鉴社,1998:223-224.
④ 山东年鉴编辑部.山东年鉴:1998[Z].山东年鉴社,1998:269.
⑤ 河南年鉴社编辑部.河南年鉴:1999[Z].河南年鉴社,1999:234.

2009年，江苏省列入《淮河流域水污染防治"十一五"规划》的146项治污工程中，已完成85项；列入《淮河流域治污工程完善和重点断面水质达标方案》的56项重点治污工程中，已完成35项。至2009年底，淮河流域已建成污水处理厂86座，日处理能力达250万吨。[①] 同年，山东省政府批复实施《山东省流域污染综合治理实施方案》，指导各市开展治污工作。山东省列入《淮河流域水污染防治规划(2006—2010)》的238个项目，已完成216个，完成率达90.8%。[②]

对淮河流域区域环境的综合整治，有效改善了流域的环境质量。2008年，河南省的惠济河和贾鲁河水质明显改善，贾鲁河化学需氧量和氨氮平均浓度分别下降32.3%和43.3%，惠济河分别下降3.2%和13.9%。[③] 但是，在工业化的进程中，淮河流域的水污染治理是一项长期的任务。2009年，安徽省淮河干流总体水质趋于好转，但主要支流总体水质中度污染。9条入境支流中，奎河、黑茨河、惠济河和涡河4条支流重度污染，泉河和东沙河中度污染，颍河、沱河和洪河轻度污染；3条出境支流中，史河水质优，新汴河水质中度污染，濉河水质重度污染。[④] 可见，淮河流域的水污染治理任重道远。

(二) 加剧土地塌陷

煤炭工业是淮河流域的支柱产业。煤炭资源的开发利用，有力地支持了淮河流域经济的发展。同时，对以上海为中心的沿海地区经济的发展起到了重要的作用。长期以来，由于人们的认识水平和开发技术能力的限制，消耗型的资源开发和粗放式经营造成了生态环境的严重破坏，导致土地塌陷、耕地锐减、大量农民失地的严重后果。淮南、淮北矿区成为因开采过度而致土地塌陷的典型。

作为国家的重点能源基地，1949—2000年，淮南共生产原煤5.02亿吨，发电2 202亿千瓦时。1980—2000年，共上缴税金81亿元。淮南为此也付出了沉重的代价。每年直接燃煤1 000万吨，煤矸石和粉煤灰年产量为507万吨，历年堆积量为2 261万吨，占地621公顷，其中耕地444公顷。因采煤塌陷面积为9 630公顷，每年还以350公顷的速度扩大。由于资源的枯竭，1978年大通矿报废，1982年龙岗矿报废。其后的几十年里，淮河以南的8对大中型矿井中，有6对矿井先后关闭破产。[⑤] 1994年底，两淮煤田采空塌陷面积为144.07平方千米，积水面积为50.1平方千米，经济损失严重。两淮矿区采煤塌陷率为2.5～3.5亩/万吨煤，具体到淮北市每开采1万吨煤炭就有0.23～0.3公顷土地塌陷。2004年，该市因采煤而塌陷土地已达24万亩，搬迁村庄有250个，完全丧失土地的农民有25万多人。[⑥]

针对两淮煤矿资源的过度开发，导致生态环境的严重破坏，各级部门和企业采取了一系列措施。

第一，建设城市设施。两淮矿区采煤塌陷率为2.5～3.5亩/万吨煤。为减少塌陷对耕

[①] 江苏年鉴杂志社.江苏年鉴:2010[Z].江苏年鉴社,2011:368.
[②] 山东年鉴编辑部.山东年鉴:2010[Z].山东年鉴社,2010:315.
[③] 河南年鉴社编辑部.河南年鉴:2009[Z].河南年鉴社,2009:232.
[④] 安徽年鉴社.安徽年鉴:2010[Z].安徽年鉴社,2010:183.
[⑤] 佚名.淮南:转换矿业城市功能[N].安徽日报,2002-08-07.
[⑥] 淮北市地方志编纂委员会.淮北年鉴:2006[M].合肥:黄山书社,2006:208.

地的破坏和占用,淮南矿业集团、淮北矿业集团等采取积极措施实施土地复垦。淮北市在沉陷区域内建成了段园镇水果生产基地、洪庄水产生态园、温哥华新城建设区、龙湖工业园(一期)、岱河工业园建成区等。截至 2004 年底,已治理利用沉陷区约 71.34 平方千米,占煤矿沉陷区面积 60% 左右。淮南矿业集团公司从 2002 年起,结合沉陷区治理,实施了全行业规模最大的棚户区改造。5 年建成安居房 500 万平方米,共 2 000 栋楼,改善了城市面貌。①2007 年,经过数年综合治理,昔日一片荒凉的采煤塌陷区,变身为城市湿地。淮南市十涧湖被批准为国家城市湿地公园。该市根据自然条件,按照保护和开发利用相结合的原则,以湿地生态恢复为主,保护十涧湖原有大面积的湿生、水生植物,营造人工生态林,净化湖水,关闭环湖周边工厂,杜绝工业、生活污水废水排入,构建完善的湿地生态群落系统。②

第二,组织复垦。1985 年,淮北矿务局沈庄矿用挖深填浅的方法整治浅塌陷区,修复水田,修建鱼塘。为了保证耕种,还因地制宜地疏通了水系,包括恢复和修筑沟渠、水闸、桥涵等排灌设施,旱时抽鱼塘内的水灌溉农田,涝时将积水沿排水沟汇入河流。这使浅塌陷区域生态环境得到很大改善。③城郊塌陷区包括相山区、烈山区、杜集区和濉溪县城关镇等 15 个乡镇,土地面积为 47.91 万亩,占全市土地的 11.77%,耕地为 18.01 万亩,占全市耕地的 6.74%。本区农业生产以集约化经营为主,发挥靠近城市及矿区、信息及时、资金充足、市场广阔的优势,近郊扩大越冬蔬菜面积,增加花色品种,远郊开辟二线菜地,在保证粮食自给的前提下,扩大水果种植面积。④到 2007 年底,淮北市实施国家和省级土地复垦项目 17 个,治理面积 20 多万亩,新增耕地面积 18 多万亩。全市已形成 8 大蔬菜副食品基地,蔬菜种植面积为 20 多万亩,年产蔬菜 70 多万吨,逐步实现塌陷土地向菜园子、菜篮子经济的跨越。⑤

1997 年,淮南市国土部门开始编制《淮南市土地利用总体规划》,确定了土地整理工作目标,即严格以规划为先导,因地制宜制定项目专项规划,按计划逐步推进,使土地整理效益逐步发挥。2000 年,淮南市土地整理中心编制的《潘集区煤矿塌陷地复垦项目可行性研究报告》《大通区九大矿煤矿塌陷地复垦项目》《八公山区山王镇煤矿塌陷地复垦项目》《淮南市 2004 年度农业综合开发八公山区煤矿塌陷地复垦续建项目可行性研究报告》等复垦项目分别获得国土资源部和国家农发办立项。到 2005 年,淮南市组织实施土地开发整理项目 343 个,新造耕地 3 280 公顷;落实建设占用耕地"占一补一"措施,提供补充耕地指标 1 715.56 公顷;组织申报 22 个国家和省级投资土地开发整理项目,总规模为 14 278 公顷,可造耕地为 1 792 公顷。⑥

第三,综合治理。在平原地区采煤,一般是采到哪里,地表就破坏到哪里,单靠矿井排弃的煤矸石造地复田,估计只能解决 20%~30%,其余的要靠电厂的粉煤灰和其他材料,但是还不可能将塌陷区全部复田。对面积大、塌陷深、积水量大的水域,淮北市按照因地制宜的

---

① 安徽省人民政府.安徽 60 年[M].北京:中国统计出版社,2009:92-94.
② 沈国冰,孙玉宝.淮南塌陷区成为湿地公园[N].安徽日报,2007-07-12(A2).
③ 中国城市经济社会发展研究会,中国行政管理学会.中国城市经济年社会年鉴:1990[M].北京:中国城市出版社,1990:640.
④ 淮北市地方志编纂委员会.淮北市志[M].北京:方志出版社,1999:401.
⑤ 淮北市地方志编纂委员会.淮北年鉴:2009[M].合肥:黄山书社,2009:233.
⑥ 张鹏.让大地生金[N].淮南日报,2005-01-24.

原则,用以发展水产、养殖业。1987年,淮北市作出规定,通过综合治理和开发利用塌陷区,建设"菜篮子"工程。在烈山、段园、朔里、钱楼、城关等5个面积较大的塌陷区开挖连片精养鱼塘,一时无法改造的大水面发展网箱、围网和拦网养鱼;沿水面边缘建立水禽养殖基地,在浅水面栽种莲藕茭白;利用挖塘的泥堆土造田,栽果种菜。整个塌陷区的开发向着生态型、立体化的方向发展。1989年,淮北市塌陷区精养鱼塘共产鱼70多万公斤,占全市鱼产量的25%以上;10个养禽场年饲养禽类70万只;茭白莲藕等水生蔬菜自给有余,每年还有250万公斤销往外地。① 到1998年底,淮北市已利用塌陷区面积为9.8万亩,占塌陷区总面积的48.5%。通过综合治理开发,建成各类养殖场35个、加工厂14个,年增产水产品370吨、肉禽蛋奶4200吨,建设了水上公园和生态旅游农业园。②

从工业化的进程来看,发达国家在工业化初期也付出了惨痛的代价。工业化一旦启动,男耕女织的小农经济必然会被机器轰鸣的大工业所取代,再想恢复到前工业化时代已无可能。淮河流域的工业化进程已然启动,政府和民众应增强自身的主体意识。否则,在隆隆的机器声中不仅会丧失一代人的青山绿水以及健康和生命,还会殃及子孙后代,形成代际不公,这种打击无疑是致命的。正如有学者所指出:"如果听任市场机制成为人类命运及其自然环境乃至购买力的数量和用途的唯一指导者,那将导致对社会的破坏。"③市场机制的某些障碍会导致环境资源配置缺乏效率,希冀市场调节来控制环境问题显然难以奏效。

淮河流域在环境治理的总目标上有一致性,但每个责任主体又有自己不同的利益。这种情况下,民众的环保意识和政府的责任意识显得尤为重要。可惜的是,淮河流域民众对环境破坏的严重性和保护意识的重要性认识不足,经济利益的驱动往往使其成为排污者的同时又成为污染受害者,而一些地方政府虽以发展经济、维持高就业率为自身主要任务,但囿于经费困难,甚至默许企业的排污行为。在淮河流域生态脆弱的地区,既要加快工业的发展,又要保护生态环境,这是值得我们探索的问题。

---

① 中国城市经济社会发展研究会,中国行政管理学会.中国城市经济年社会年鉴:1990[M].北京:中国城市出版社,1990:640.
② 淮北市地方志编纂委员会.淮北年鉴:2001[M].北京:中国致公出版社,2001:232.
③ 道格拉斯·C.诺思.经济史上的结构和变革[M].厉以平,译.北京:商务印书馆,2009:204.

第四章
当代淮河流域的交通运输业

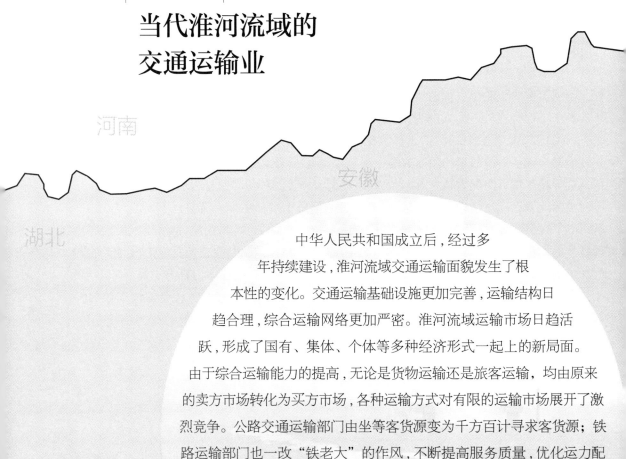

中华人民共和国成立后,经过多年持续建设,淮河流域交通运输面貌发生了根本性的变化。交通运输基础设施更加完善,运输结构日趋合理,综合运输网络更加严密。淮河流域运输市场日趋活跃,形成了国有、集体、个体等多种经济形式一起上的新局面。由于综合运输能力的提高,无论是货物运输还是旅客运输,均由原来的卖方市场转化为买方市场,各种运输方式对有限的运输市场展开了激烈竞争。公路交通运输部门由坐等客货源变为千方百计寻求客货源;铁路运输部门也一改"铁老大"的作风,不断提高服务质量,优化运力配置与运输组织,严格考核奖罚,加强客货运营销,想方设法拓展市场份额;航运部门与铁路、公路部门加强协作,大力开展联运,同时抓住旅游业不断升温的契机,着力打造内河旅游客运;民航部门不断完善机场服务设施,拓展航班航线,提供快捷优质的服务。无论是货物运输还是旅客外出,都有了较多的选择机会,一个开放、竞争、有序的运输市场渐趋成熟。

第一节
当代淮河流域的铁路建设与运输

淮河流域铁路交通比较发达。京沪、京九、京广三条南北铁路大动脉从流域东、中、西部通过,著名的欧亚大陆桥——陇海铁路横贯流域北部。另外,还有新兖铁路、兖石铁路、胶新铁路、青阜铁路、阜淮铁路等铁路干线,以及坪岚铁路、漯舞铁路、韩邯铁路、漯阜铁路、朝杞铁路、徐沛铁路、开柳铁路、南保铁路、驻汝铁路、商芒铁路等地方铁路。淮河流域以铁路干支线为主,以地方铁路为补充,形成了沟通南北、横贯东西、干支衔接、布局合理、四通八达的现代化铁路运输网络。在客运方面,淮河流域铁路部门优化运力配置,应对集中客流,提高服务质量,为旅客顺利出行提供保证;货运方面,采取整车运输、零担运输、集装化运输、特种运输等多种方式,同时,拓展市场份额,优化运输组织,严格考核奖罚,加强货运营销,提高了经济效益。

一、铁路建设

新中国成立后,中央和淮河流域各级政府高度重视铁路建设,流域铁路建设有了较快发展,除对既有线路进行修复改造外,还建设了一批新的干支线和铁路复线。国家铁路和地方铁路、干线和支线纵横交错、相互衔接,将淮河流域与全国各地紧密联系为一个整体,不仅完善了路网布局,同时也对流域经济社会发展产生了深远影响。

(一) 国家铁路建设

铁路作为一项大型基础设施建设,需要全盘规划及大量资金投入。在中央和流域地方政府的共同努力下,中国"五纵三横"干线铁路网中的"三纵一横",即津浦铁路(后改名为京沪铁路)、京广铁路、京九铁路与陇海铁路贯穿淮河流域。此外,还修建了新兖铁路、兖石铁路及淮南铁路。除新兖铁路外,其他6大铁路干线全部建成双线铁路,运输能力大幅提高,运输状况明显改善。

1. 津浦铁路

津浦铁路于1909年1月开工修建,1912年12月全线通车运营,北起天津总站(今天津北站),南至南京浦口火车站,途经邹县、滕县、临城(今薛城)、韩庄、徐州、符离集、宿县、固镇、蚌埠、临淮关、明光等地。

民国时期,津浦铁路屡遭破坏,时通时断。随着铁路沿线地区的相继解放,津浦铁路成立临时抢修管理委员会,经过日夜抢修,于1949年5月全线修复通车。新中国成立后,随着国民经济的恢复和发展,津浦铁路已不能满足运量急剧增长的需求。由于单线行车,通行能力有限,加之限制区段过多,列车经常堵塞。为把津浦干线与首都北京、东北工业重镇沈阳、华东经济枢纽上海联成一体,中央批准修建津浦铁路复线。该工程大致分为四个工期:第一工期,1958年7月开工,重点是德州至徐州段,1960年正线铺轨392千米,通车里程累计318.28千米;第二工期,1964年开工,重点是徐州至蚌埠段,1970年3月正线铺轨通车130.90千米,徐蚌段双线全部贯通;第三工期,自1971年始,施工重点转移到德州至徐州段,1976年6月正线铺轨通车90千米;第四工期,自1977年开始,为工程收尾配套阶段,1978年津浦双线及配套工程全部竣工交付运营。[①]

1968年,南京长江大桥建成,津浦铁路与沪宁铁路接轨,改名为京沪铁路,北起北京,南至上海,由原京山铁路京津段、津浦铁路和沪宁铁路共同组成。从此,延续了30多年火车过长江靠轮渡的历史宣告结束,大大方便了南北交通。1978年,沪宁线、津浦线双线工程相继竣工,线路行车平均速度由新中国成立前每小时45千米左右提高到每小时80千米。[②] 南北铁路的贯通,对于加速物资交流、振兴淮河流域经济具有重要意义。

津浦铁路沿线煤炭资源丰富。为运输中兴煤矿煤炭,1911年开工建设津浦铁路薛城站至枣庄站的薛枣支线,1912年完工,正线全长为31.12千米。1948年11月临城解放,华东区铁路管理总局立即修复临城至山家林段遭战争破坏的线路。1955年煤炭工业部投资修复损坏较重的山家林至枣庄段,次年9月竣工,正线为16.82千米。1958年、1973年和1985年曾进行三次线路中修和桥梁大修。至1985年底,全线达到Ⅱ级干线标准,线路容许速度由新中国成立初的每小时30千米提高到每小时70千米。[③] 为方便贾汪煤矿煤炭运销,1917年修建津浦铁路柳泉站至贾汪煤矿的柳贾支线,长15.6千米。1948年,华东煤矿股份有限公司将这条铁路移交津浦铁路管理局,更名津浦铁路柳贾支线。1958年,徐州铁路分局结合津浦铁路双线工程,将柳贾支线接轨点由原柳泉站改到新建的前亭站,易名为前贾支线。1992年,前贾线设有前亭、青山泉、贾汪3个车站。[④]

2. 陇海铁路

横贯淮河流域东西的陇海铁路东起连云港,西抵兰州。该路自1904年汴洛段(开封至洛阳)开工,经过40多年的分段建设,于1952年全线建成通车。陇海铁路途经郑州、开封、商丘、砀山、萧县、徐州、邳州、新沂、东海、连云港等地。

"四五"时期,由于山西煤炭与山东石油大量外运,郑州至商丘间的货运量平均每年以9.8%的速度递增,区间通过能力接近饱和。同时,商丘站(分界站)、开封站以及其他各中间站的到发线、货物线均不敷用,造成经常性堵塞,打乱了运输秩序。1974年,郑州局向铁道部提出《关于提高陇海线郑州至商丘间运输能力意见的报告》,建议及早修建郑州至徐州间的复线。该工程于1978年开工,其中,郑州至商丘段于1979年底开通使用,商丘至徐州段

---

① 山东省地方史志编纂委员会.山东省志:铁路志[M].济南:山东人民出版社,1993:39-40.
② 江苏省地方志编纂委员会.江苏省志:交通志 铁路篇[M].南京:江苏人民出版社,2007:33.
③ 山东省地方史志编纂委员会.山东省志:铁路志[M].济南:山东人民出版社,1993:89-90.
④ 张国良,肖波.徐州煤炭志:1882—1985[M].徐州:中国矿业大学出版社,1991:40.

于1982年完成。1982年，徐州至连云港段技术改造工程获得国家计委批准，1992年末完成正线铺轨97.03千米，站线铺轨94.96千米。[1]

3. 京广铁路

京广铁路的前身是京汉、粤汉线。1957年11月京汉、粤汉两线连通后称京广铁路。京广铁路北起北京，南抵广州，途经郑州、许昌、漯河、驻马店、信阳等地。

1948年以前，京汉线标准低、设备差、运量少。郑州解放后，铁道部立即组织力量抢修京汉铁路，1949年6月修至信阳。随着"一五"计划的逐步实施，京汉线运量与运能矛盾日益突出。郑州局提出修建安阳至郑州、郑州至江岸（丹水池）复线计划。1955年，铁道部第四设计院按Ⅰ级铁路分安阳至郑州、郑州至李家寨、李家寨至孝子店、孝子店至江岸4段进行勘测设计。其中，郑州至李家寨段纵跨淮河水系主流及其八大支流，洪泛时各水系水势凶猛，常对线路和行车造成威胁。该段由郑州局施工，1958年开工，次年底通车，完成正线铺轨326.1千米，站线铺轨61.8千米。该段复线建成后，京广铁路运输能力特别是区间通过能力显著提高，郑州至漯河间提高50%，漯河至信阳间提高58%，信阳至广水间提高61%。1970年，安阳至江岸线段基本实现复线化。[2] 1988年12月，京广铁路全路段复线改造工程完工。

4. 京九铁路

京沪、京广铁路为国内两大南北铁路干线，运输能力长期以来处于超饱和状态。为了缓解京沪、京广铁路的运输压力，加速北煤南运和全国路网建设，中央决定建设北京西站至香港九龙站的京九铁路。1993年4月全线开工，1995年11月全线铺通，1996年9月开通运营。[3] 京九铁路位于京沪、京广两大铁路干线之间，由北向南途经菏泽、商丘、阜阳、潢川等地，为中国铁路建设史上规模最大、投资最多、一次性建成的最长国家Ⅰ级双线自动闭塞铁路。

其中，商阜线（商丘至阜阳段）1986年批准修建，1987年5月正式开工，1989年3月全线贯通，全长为174.5千米。正线为单纯铺轨，预留复线。随着京九铁路修建，商阜线成为京九铁路商阜段。1993年6月，商阜线双线与扩建阜阳铁路枢纽工程开工，1995年12月双线竣工并分段分流通车。[4]

京九铁路作为贯穿我国中东部铁路交通网的脊梁，其建成运营对缓解南北运输紧张局面、完善铁路网布局、加快流域沿线地区经济社会发展具有重大意义。

5. 新兖铁路

新兖铁路西起河南省新乡南站，东至山东省兖州，途经兖州、济宁、菏泽、嘉祥、巨野、东明等地。

新兖铁路分三段修建：第一段为兖州至济宁段，为津浦铁路支线，亦称兖济支线。该线

---

[1] 河南省地方史志编纂委员会.河南省志:铁路交通志、民用航空志[M].郑州:河南人民出版社,1991:28-29.
[2] 河南省地方史志编纂委员会.河南省志:铁路交通志、民用航空志[M].郑州:河南人民出版社,1991:18.
[3] 何067君.聚焦中国:改革开放30年重大事件回眸[M].北京:新华出版社,2008:140.
[4] 安徽省人民政府.安徽60年[M].北京:中国统计出版社,2009:130.

路于1912年竣工通车,1944年被侵华日军拆除,1958年6月开工修复,10月竣工通车,共铺轨38.32千米。1968年济南局对线路进行大修,线路达到Ⅲ级标准。1978年修建兖济支线与津浦铁路兖州北站之间的联络线。① 第二段为济宁至菏泽段,1977年12月开工,1979年完工,1980年由济南局济菏临管处临管运营。② 第三段为新乡南至菏泽段,1983年1月从菏泽向西开工,1984年3月铺轨至长东黄河桥东头。1983年11月从新乡向东开工,1985年5月铺轨至长东黄河桥西头,12月长东黄河桥铺通,新菏线竣工。③

新兖铁路西连京广铁路,东接兖石铁路,在菏泽与京九铁路沟通,在兖州与京沪铁路相连,是平行于陇海铁路的又一东西干线。铁路沿线有煤田、油田和农业区,还有化工、纺织等工业,促进了东西部物资交流与鲁西南经济的发展。

6. 兖石铁路

兖石铁路位于山东省东南部,西起兖州,东到石臼所站,途经曲阜、泗水、平邑、费县、临沂、莒南、日照等地。

山西、山东煤炭储量丰富,为了解决两省煤炭运输问题,中央决定修建一条通向华东和海陆联运的铁路。兖石铁路是新中国成立以来国家实行概算包干的第一条铁路,其中兖州至临沂段于1981年4月开工,临沂至石臼所段于1982年6月施工,1984年11月全线铺通。④ 兖石铁路为国家Ⅱ级铁路干线,既有线路运输能力不足,铁道部决定建设兖石铁路复线。1999年3月工程开工,线路等级为Ⅰ级,正线为双线,2001年9月竣工。兖石铁路大部穿行于沂蒙山区南部,沿线煤炭及其他矿产藏量丰富,其建成对晋煤外运、沂蒙山区开发及鲁南经济振兴具有重要意义。

7. 淮南铁路

淮南铁路北起淮河岸边的田家庵,南至长江北岸的裕溪口,1987年改自淮南站至裕溪口。

淮南铁路于1934年2月开工修建,1936年1月全线通车,战争中屡遭破坏和拆除,1949年10月修复通车。淮南铁路复线工程于1979年10月正式开工。1981年1月,因调整基建项目,淮南双线列为停缓建项目,全线停工维护。1982年7月,淮南双线工程改为复建项目,"六五"期间建设淮南至九龙岗、戴集至双墩集、东关至铜城闸等能力薄弱区间的部分双线,之后洞山至合肥段、合肥至裕溪口段逐步施工。⑤ 1992年,淮南铁路双线工程全部完工。淮南铁路北接阜淮线,中部与水蚌线相连,南端隔江以轮渡与皖赣、宁芜、芜铜三线相通,将皖北与皖南连接起来,是淮南煤炭外运的重要通道。

8. 阜淮铁路

阜淮铁路西起青阜(青龙山至阜阳)线的阜阳车站,东经颍上、张集、凤台、潘集跨淮河至

---

① 山东省地方史志编纂委员会.山东省志:铁路志[M].济南:山东人民出版社,1993:70-71.
② 山东省地方史志编纂委员会.山东省志:铁路志[M].济南:山东人民出版社,1993:71-72.
③ 山东省地方史志编纂委员会.山东省志:铁路志[M].济南:山东人民出版社,1993:72.
④ 山东省地方史志编纂委员会.山东省志:铁路志[M].济南:山东人民出版社,1993:64.
⑤ 安徽省地方志编纂委员会.安徽省志:交通志[M].北京:方志出版社,1998:271-272.

淮南车站。

为开发淮南煤炭资源和支援上海宝山钢铁厂的建设,1975年10月国家计划委员会批准修建阜淮铁路。阜淮铁路分潘洞和阜潘两段施工。潘洞段于1978年3月开工,1979年12月完成双线铺通任务。阜潘段于1978年9月开工,1980年末阜淮线路下部工程大都完成,1981年国民经济计划调整,基本建设投资压缩,阜淮全线处于停工缓建状态。1982年铁道部批准阜淮线复工,同年11月,全线铺轨接通。[①] 1992年5月,阜淮线双线工程开工,1995年末建成。阜淮线北接商阜、青阜两线,南联淮南线,不仅承担两淮煤炭的运输任务,还分担津浦、京广两大干线的部分运量。

9. 青阜铁路

青阜铁路东北起淮北市青龙山站,西南至阜阳站,与阜淮铁路接轨,是连接淮南、淮北两大煤炭基地的重要线路。

青阜铁路始建于1969年底,1970年10月建成通车,全长为152千米。[②] 青阜铁路连接京沪铁路与京九铁路,是贯穿皖西北的一条重要铁路,其修建开通结束了阜阳市没有铁路的历史。该线路通车以来一直为单线运行,运输能力十分紧张。2006年11月,青阜铁路复线一期改造工程涡阳县的青町至天齐庙段开工,2008年完工。2008年9月,青阜铁路复线二期工程开工。青阜铁路是皖北地区重要的煤炭通道,对提升皖煤外运能力与华东地区能源供应发挥了重要作用。

10. 新长铁路

新长铁路北起陇海铁路江苏省新沂市,南至浙江省长兴县,途经沭阳、泗阳、淮安、阜宁、建湖、盐城、大丰、东台等地。

1992年8月,新长铁路工程经国务院批准立项,是国家"九五"重点工程。整个工程分三期施工,分段建成并开通运营。第一期工程,新沂至淮阴段,于1990年开工,1996年建成,长110千米;第二期工程,淮阴至盐城段,于1998年开工,长110千米;第三期工程,盐城至长兴段,于1898年开工,长309千米。2000年6月,总长为302千米的新长铁路苏北段贯通。[③] 2004年7月,南通至淮安间管内旅客列车正式运营,苏北地区迎来了第一列铁路旅客列车。2005年4月,新长铁路全线正式贯通。新长铁路北通陇海线、胶新线,南联沪宁线、宜杭线,在海安与宁启线相接,成为贯通江苏南北的一条干线通道,结束了苏北腹地"地无寸铁"的历史。[④]

11. 胶新铁路

胶新铁路北起胶济铁路胶州站,南行中穿兖石铁路,止于陇海铁路新沂站,途径莒县、沂水、沂南、临沂、郯城等地。

2001年12月,胶新铁路动工兴建,2003年12月全线开通。该线是全国第一条开通时

---

① 安徽省地方志编纂委员会.安徽省志:交通志[M].北京:方志出版社,1998:282-283.
② 安徽省人民政府.安徽60年[M].北京:中国统计出版社,2009:130.
③ 江苏省统计局,国家统计局江苏调查总队.数据见证辉煌:江苏60年[M].北京:中国统计出版社,2009:608.
④ 徐州年鉴委员会.徐州年鉴:1998[M].徐州:中国矿业大学出版社,1999:187.

速为100千米的新建铁路,第一条开通时实现立交化的新建铁路。胶新铁路北接蓝烟铁路,经烟台轮渡与哈大铁路相连,南接新长铁路,经浙赣线、鹰厦线直通福建,是连接东北、环渤海、长江三角洲三大经济区域南北运输的一条铁路通道。①

除上述铁路外,淮河流域还修建了淮南铁路和京沪铁路的连接线——水蚌铁路(合肥长丰县水家湖至蚌埠),陇海、京沪、京九三大路网干线间的联络线——符夹铁路(宿州符离集至徐州夹河寨),青阜铁路与京沪铁路的连接线——青芦铁路(涡阳青町站至宿州芦岭站),这些铁路的建成有效缓解了铁路干线与徐州铁路枢纽的运输压力,缩短了煤炭南下运输的距离。

(二) 地方铁路建设

淮河流域地方铁路发端于1959年漯舞铁路的修建。20世纪60年代末至80年代,为缓解运能与运量之间的矛盾,促进区域经济社会发展,流域掀起地方铁路建设高潮。这些地方铁路多以铁路干线为起点向两侧延伸,并由窄轨型、区域型向准轨型、网络化方向转化,顺应了当时发展"五小"(小钢铁、小煤矿、小机械、小水泥、小化肥)工业、支援农业和西煤东运的要求。

1. 坪岚铁路

坪岚铁路位于山东省日照市与莒南县境内,西起莒南县兖石铁路铁牛庙站,东至日照市的岚山港,是岚山港的配套工程,设有铁牛庙站交接站、汾水站和岚山站。

坪岚铁路1986年10月开工,1990年4月正式通车,正线全长为35千米。1990年7月坪岚铁路正式临管运营,1997年建成岚山港煤炭专用线。② 2001年兖石铁路复线开通运营后,为与兖石铁路主要技术标准相匹配,山东省地方铁路局对坪岚铁路进行扩能改造。坪岚铁路的建设使岚山港的物资直达兖石线、津浦线与内地沟通,有力促进了鲁东南地区的经济发展和贸易交流。

2. 漯舞铁路

漯舞铁路是河南省最早建成的一条窄轨地方铁路,东起漯河市交阎庄,向西经大刘、问十、吴城、辛安、舞阳到铁山。漯舞铁路原为运输铁山矿石的专用线路,后为漯河市舞阳县铁山工区间的社会运输线。该工程于1959年2月动工,同年12月建成,正线长58千米,为客货两用线。1969年,漯舞铁路延伸到南阳,改称漯南铁路。1975年被特大洪水冲毁,1977年收归省地方铁路局,1981年12月改为段的建置,归属河南省地方铁路局周口分局。③

3. 韩郸铁路

韩郸铁路西起禹县韩岗,东到郸城北关,在许昌市北郊穿越京广铁路。许昌站和许昌西站各建有准轨换装线连接京广铁路的许昌车站。韩郸铁路是当时全国最长的一条窄轨地方铁路,主要承担禹县煤炭外运,并为京广铁路集散、中转货物。

---

① 许再良,李国和,李翔.沂沭断裂带:区域工程地质与铁路选线勘察[M].北京:地震出版社,2008:1.
② 山东省交通运输协会,山东省新闻中心.山东交通邮电[M].济南:济南出版社,2000:100-101.
③ 河南省地方史志编纂委员会.河南省志:铁路交通志·民用航空志[M].郑州:河南人民出版社,1991:259,261.

韩郸铁路分期逐段建成,许昌以东线路分四期建成。第一期工程为许昌至太康段,1966年10月动工,1968年10月建成运营。第二期工程为太康至淮阳段,1968年11月动工,1969年6月建成通车。第三期工程为淮阳至郸城段,1969年10月动工,1971年12月建成通车。第四期工程为淮阳至周口段,1975年9月动工,1981年12月基本建成。[①] 许昌以西线路共分三期建成:第一期工程为许昌至禹县韩岗段,1970年3月开工,1971年9月开通试运,同年10月修建换装线,1973年4月竣工。另修建两条支线,接通新峰四矿、五矿和吕沟煤矿。第二期工程为韩岗至神垕段,1973年11月动工,由于拨款不及时,建设材料不够,神垕煤矿矿井报废,货源无保证,工程几起几落,1982年7月只通车到向阳车站和角子山石料场。第三期工程为向阳至凤翅山支线,1979年11月动工,1983年5月正式运营。[②] 韩郸铁路全线通往煤矿的支线有4条,通往工厂、仓库、煤场的专用线有13条,许昌站、许昌西站和周口站均设有准轨换装线。

4. 漯阜铁路

漯阜铁路西起京广线的漯河车站,向东经郾城、商水、周口、项城、沈丘、界首、太和至阜阳,全长206千米,有专用线16条。

1972年周口地区提出修建漯河至周口窄轨铁路,次年提出改建准轨地方铁路,于1974年3月铺轨,1975年2月竣工。1983年国务院批准将漯河至周口地方铁路延伸到安徽阜阳,分别由豫、皖两省承担各省境内铁路的修建任务。其中,周口至项城段,于1983年12月动工,1985年4月通车;项城至沈丘段,于1985年开工,1987年1月完工,6月开办货运,12月办理客运;沈丘至省界段及安徽境内界首至阜阳段于1987年动工,1989年1月漯阜铁路全线贯通。漯阜铁路作为连接京广与京沪铁路的联络线,是华中地区通往华东的又一条东西通道。

5. 朝杞铁路

朝杞铁路西起登封县朝阳沟,东经密县、新郑、尉氏、通许到杞县,正线总长为168.5千米。工程分两期施工,朝阳沟至尉氏段于1974年9月动工,1976年6月主体工程完成。通车后,边运营,边建设,用运营收入完善线路配套与技术改造,线路质量有所提高。尉氏至杞县段,于1984年7月动工,1986年3月竣工。为提高新郑至朝阳沟段的通过能力,1986年6月新朝段改造工程开工,1987年9月全线完工。通过改造,线路年通过能力提高到300万吨。[③]

朝杞铁路沿线5千米内有煤矿36处(其中国营煤矿5处),天然石灰岩、粗砂、白灰、铝矾土和建筑材料厂矿17处。该路的建成运营不仅加速了西部地区矿产资源的开发,同时还促进了东部平原地区的经济建设。[④]

除上述5条铁路外,20世纪六七十年代,淮河流域还修建了徐沛铁路(徐州至沛县)、开

---

① 河南省地方史志编纂委员会. 河南省志:铁路交通志、民用航空志[M].郑州:河南人民出版社,1991:262-263.
② 河南省地方史志编纂委员会. 河南省志:铁路交通志、民用航空志[M].郑州:河南人民出版社,1991:264-265.
③ 河南省地方史志编纂委员会. 河南省志:铁路交通志、民用航空志[M].郑州:河南人民出版社,1991:268-270.
④ 河南省地方史志编纂委员会. 河南省志:铁路交通志、民用航空志[M].郑州:河南人民出版社,1991:270.

柳铁路(开封市文庄至柳园渡口)、南保铁路(南阳至叶县保安)、驻汝铁路(驻马店至汝南)、商芒铁路(商丘至永城芒山石料场)等地方铁路。

进入21世纪以来,随着淮河流域经济社会持续快速发展,流域铁路建设进入了跨越式发展阶段。2006年底,合肥至蚌埠客运专线,以及阜阳至六安、宿州至淮安等铁路顺利纳入国家《铁路"十一五"规划》。2008年10月,商丘—阜阳—合肥—芜湖—杭州客运专线、阜阳—六安—景德镇等铁路线路列入《中长期铁路网调整规划》。同时,京沪高铁安徽段、合肥—蚌埠客运专线、漯河—阜阳铁路、宿州—淮安铁路、阜阳—六安铁路、连云港—淮安铁路、淮安—扬州—镇江铁路,以及京九铁路电气化、青阜铁路复线改造工程正加快推进。①

二、优化运力配置

新中国成立后,淮河流域铁路部门提高列车运行速度,扩大直通车与快速列车,增加列车次数,不仅促进了客运量的不断增长,同时还进一步推动了流域经济社会的发展。

(一)提高运行速度

新中国成立初期,铁路技术标准低、质量差,运行速度非常慢。津浦铁路时速仅为35千米左右。为提高运行速度,1951年,津浦铁路维修线路。1952年底,津浦线线路容许速度提高到60千米每小时。1978年,津浦双线及配套工程交付运营,线路容许速度达80千米每小时。之后通过不断改造,进一步挖掘铁路潜力,1992年,线路容许速度已提高到120千米每小时。②

进入20世纪90年代中期,随着对铁路持续大规模的扩能改造,铁路提速的幅度与频率较前加快。为拉动交通经济,服务人们出行,1997—2007年,铁路部门先后进行6次大提速,全面进入高速铁路时代。

1997年4月1日,铁路进行第一次大面积提速,列车运行速度全面提升。其中,京广、京沪两大干线开行的旅客快速列车最高时速达140千米。铁路大提速极大地缩短了运行时间,提高了运输效率。如郑州—北京西180/179次列车运行时间分别缩短1小时35分和1小时19分;郑州—广州543次列车运行时间缩短4小时30分;郑州—武昌105/106次列车运行时间缩短2小时以上。③连云港—上海528/525次列车运行时间缩短2小时40分。④

1998年10月1日,铁路进行第二次大面积提速。京广、京沪干线的提速区段最高时速达140～160千米。其中,京广铁路北京西—郑州段区间时长由原8小时19分缩短为6小时29分。⑤

2000年10月21日,铁路第三次大面积提速在陇海、京九等线顺利实施。提速后,陇海

---

① 安徽省人民政府.安徽60年[M].北京:中国统计出版社,2009:130-131.
② 江苏省地方志编纂委员会.江苏省志:交通志 铁路篇[M].南京:江苏人民出版社,2007:33.
③ 郑州年鉴编辑部.郑州年鉴:1998[M].郑州:中州古籍出版社,1998:206.
④ 徐州年鉴委员会.徐州年鉴:1998[M].徐州:中国矿业大学出版社,1999:180-181.
⑤ 郑州年鉴编辑部.郑州年鉴:1999[M].郑州:中州古籍出版社,1999:203.

线徐州西—虞城段区间速度由原 120 千米每小时提高到 140 千米每小时,新沂—窑场段区间速度由原 110 千米每小时提高到 120 千米每小时,新沂—新浦段区间速度由原 80 千米每小时提高到 110 千米每小时。①

2001 年 10 月 21 日,铁路进行第四次大面积提速。郑州—武昌间城际列车采用国内先进的动力分散交流电动车组,最高运行速度达 160 千米每小时。郑州—广州 T225/226 次列车运行时间分别缩短 5 小时 10 分与 5 小时 15 分。郑州—昆明 T337/338 次列车运行时间分别缩短 4 小时 9 分与 2 小时 6 分。②

2004 年 4 月 18 日,铁路实施第五次大面积提速。北京西至武昌的列车运行时间缩短 1 小时 42 分,北京西至西安的列车运行时间缩短 2 小时 3 分。③

2007 年 4 月 18 日,铁路进行第六次大面积提速,京沪、京广、京九、陇海等繁忙干线开始"时速 200～250 千米"的准高速运行。当天,郑州铁路局开行 4 趟"和谐号"动车组列车,其中,郑州—北京西 D134/136/132 次列车运行时间仅需 4 小时 47 分,郑州—汉口 D141 次列车仅需 3 小时 56 分。至 2007 年底,郑州铁路局管内允许时速大于 160 千米的提速线路达 643.3 千米,其中时速 200～250 千米的线路有 564.1 千米。④

铁路提速大大缩小了淮河流域与长三角、珠三角、环渤海三大经济增长极之间的时空距离,客运量连年大幅度增长,运输效率和效益显著提升。淮河流域铁路客运跃上了一个新台阶。

（二）增加列车对数

随着经济社会的发展,人们的出行频率与出行半径不断延展。然而,长期以来,由于运量与运力之间的矛盾一直非常突出,乘车难的现象始终相伴。因此,增加客车对数成为铁路运输系统缓解市场需求、争取更多客源的重要应对措施。

新中国成立后,淮河流域境内各线旅客列车始发对数不断增加。在江苏,如津浦线,1949 年 7 月,浦口至蚌埠、徐州间日开行快车 2 对、普客 3 对、混合 2 对(不含经由中转),1960 年日开 14 对(快客 4 对、普客 6 对、混合 4 对),1965 年日开 25 对(快客 16 对、普客 7 对、市郊 2 对)。改革开放后,铁路运输走上快速发展的轨道,1980 年日开 36 对(快客 27 对、普客 7 对、市郊 2 对),1985 年日开 49 对(特快 6 对、快客 37 对、普客 4 对、市郊 2 对),1987 年日开 50 对(直快 6 对、特快 2 对、快客 37 对、普客 5 对)。再如陇海线,1950 年开行徐州至连云港和郑州方向客车 6 对(快客 2 对),1960 年开行 8 对(快客 3 对),1965 年开行 14 对(快客 5 对),1975 年开行 27 对(快客 6 对),1980 年开行 38 对(快客 8 对),1985 年开行 48 对(快客 13 对)。⑤

在山东,1987 年,京沪线开行 27 对,兖石、新兖线客车分别开行 4 对和 2 对。随着京九铁路等新线开通运营,京沪、胶济、京九、兖石铁路客流增加,特别是实施五次提速调图,1998

---

① 徐州年鉴编纂委员会.徐州年鉴:2001[M].郑州:中国矿业大学出版社,2001:201.
② 郑州年鉴编辑部.郑州年鉴:2002[M].郑州:中州古籍出版社,2002:225.
③ 郑州铁路局史志编纂委员会.郑州铁路局年鉴:2005[Z].郑州铁路局史志编纂委员会,2005:48.
④ 郑州年鉴编辑部.郑州年鉴:2008[M].郑州:中州古籍出版社,2008:318.
⑤ 江苏省地方志编纂委员会.江苏省志:交通志 铁路篇[M].南京:江苏人民出版社,2007:121-122.

年京沪旅客列车达36对,京九线客车达6对。2004年,施行减货增客措施,京沪线客车增至48对。[1]

在安徽淮南,为方便旅客乘车,1999年将途经淮南的列车由8对调至12对,春节期间高达18对,基本满足了客运市场需求。[2] 2001年,芜湖长江大桥建成通车,淮南线、淮阜线成为华东地区铁路干线,从淮南市过境的列车增至14对。[3] 2004年,每天有34对客车从淮南经过。[4]

(三)扩大直通车与快速列车

进入20世纪90年代后,开放、竞争、有序的运输市场逐步形成,旅客外出有了较多的选择。为满足旅客的多层次出行需求,铁路运输系统扩大直通车,延长运行区段,进一步巩固、拓展中、长途客运主体市场。此外,以铁路大提速为契机,开行快速列车、"夕发朝至"列车及城际列车等,特别是动车组和高铁的开行,极大改善了乘车环境,缩短了旅客出行时间。

1997年4月,铁路实施第一次大面积提速调图。为优化运输产品结构,满足市场需求,把"夕发朝至"列车(指运行1 150千米内,符合16时—23时始发、次日5时—11时到达终点站的旅客列车)作为新产品向客运市场推出。其中,徐州分局开行3对"夕发朝至"列车,分别为徐州—北京566/565次、徐州—上海525/526次、徐州—汉口419/420次。[5] 郑州局开行"夕发朝至"列车3对,分别为郑州—北京西180/179次、武昌—北京西K38/37次、西安—北京西42/41次;增加中、长途直通特、直、快列车4对,分别为郑州、武昌—昆明323/324次(郑、武隔日开行)、郑州—南昌477/476、475/478次,郑州—北京西487/488次,郑州—北京西505/506次;延长中、长途特快、直快2对,即将郑州—襄樊延长为宜昌—无锡,怀化—郑州延长至北京西。[6] 据统计,1997年郑州局共铺划旅客列车162对,其中,快速列车3对,旅游列车2对,跨局特快26对,管内特快5对,跨三局及其以上直快37对,跨二局直快34对,管内快车21对,直通客车9对,管内客车16对,市郊客车2对,混合列车7对。[7]

1998年10月,铁路实施第二次大面积提速调图。按照京广线以客运为主、货运为辅,京九线以货运为主、客运为辅的原则,较大幅度提高京广线旅客列车速度。调整后,全局铺划旅客列车187.5对[8],其中,由郑州始发或到达郑州站、途经郑州站的快速列车增至13对,京广线增加特、直快车11对,途径郑州站9对[9]。同时,徐州分局成功开行徐州至广州、枣庄至上海西的直通列车,增加直通列车在分局管内的停车站。[10]

2000年10月,铁路实施第三次大面积提速调图。调整后,郑州铁路局铺划旅客列车

---

[1] 山东省地方史志编纂委员会.山东省志:铁路志 1986—2005[M].济南:山东人民出版社,2008:216.
[2] 淮南年鉴委会.淮南年鉴:2000[M].合肥:黄山书社,2000:76.
[3] 淮南年鉴委会.淮南年鉴:2002[M].合肥:黄山书社,2002:109.
[4] 淮南年鉴委会.淮南年鉴:2005[M].合肥:黄山书社,2005:92.
[5] 徐州年鉴委员会.徐州年鉴:1998[M].徐州:中国矿业大学出版社,1999:180.
[6] 郑州年鉴编辑部.郑州年鉴:1998[M].郑州:中州古籍出版社,1998:206.
[7] 郑州铁路局史志编纂委员会.郑州铁路局年鉴:1998[M].北京:中国铁道出版社,1998:57.
[8] 郑州铁路局史志编纂委员会.郑州铁路局年鉴:1999[M].北京:中国铁道出版社,1999:42.
[9] 郑州年鉴编辑部.郑州年鉴:1999[M].郑州:中州古籍出版社,1999:204-205.
[10] 徐州年鉴编纂委员会.徐州年鉴:1999[M].徐州:中国矿业大学出版社,1999:164.

212.5 对,其中,特快 28 对、快速 27 对、直通普快 83 对、直通普客 9 对、管内特快 1 对、管内快速 12.5 对、管内快车 25 对、管内慢车 27 对。①

2001 年 10 月,铁路实施第四次大面积提速调图。调整后,郑州铁路局共计开行旅客列车 206.5 对,其中,直通特快 40 对、直通快速 26 对、直通普快 83 对、直通普客 9 对、管内特快 4.5 对、管内快速 11.5 对、管内普快 21.5 对、管内普客 11 对。② 郑州—武昌间"子弹头"电动车组城际列车正式开行,最高运行速度达 160 千米每小时。③

2004 年 4 月,铁路实施第五次大面积提速调图。运输产品结构全面优化,一方面,以大中心城市为支点,在半径 1500 千米左右范围内增加"夕发朝至"列车数量;另一方面,首次开行最高运行速度为 160 千米每小时、一站直达的点到点直达特快旅客列车。调整后,郑州铁路局共计开行旅客列车 230 对,其中,直达特快 6 对、直通特快 42 对、直通快速 52 对、直通普快 78 对、直通普客 7 对、管内特快 4.5 对、管内快速 12 对、管内普快 19.5 对、管内普客 9 对。④

2007 年 4 月,铁路实施第六次大面积提速调图。新图首次在郑州局分阶段开行时速为 200 千米的动车组 12 对,同时扩大直达特快列车、"夕发朝至"列车等既有品牌客运列车开行范围。调整后,郑州局共计开行旅客列车 174.5 对,其中,动车组 12 对、直达特快 9 对、直通特快 36 对、直通快速 56 对、直通普快 47 对、直通普客 3 对、管内快速 2.5 对、管内普快 6 对、管内普客 3 对。⑤

为发挥自身优势,提高行业竞争力,铁路部门顺应市场发展规律,进行多次提速调图。每次调图,铁路部门都会根据客流规律优化列车开行结构,使民众有更多的选择和更加便捷的出行体验。便利的交通运输缩短了彼此之间的时空距离,让一日双城不再是梦想,对于打造"1 小时交通圈",促进区域经济发展具有重要作用。

三、应对集中客流

每年的春节、暑假、"五一"、"十一"等节假日,都是铁路运输的高峰期。淮河流域铁路部门根据客运市场的变化和需求,及时把握客流动态,摸清学生流、民工流、旅游流等主要客流的去向,合理调整运力,保证旅客顺利出行。

(一)春运期间旅客运输

改革开放以来,随着对人员流动限制的放宽,越来越多的人选择离乡外出务工、求学。这些离开家去外地就业、求学的人在春节前后集中返乡过年,形成了堪称"全球罕见的人口流动"的春运。春运通常以春节为中心,包括节前 15 天和节后 25 天,计 40 天左右的时间。每年春运,旅客客流猛增,铁路运输是重中之重。为应对大规模的人群流动,淮河流域各地

---

① 郑州铁路局史志编纂委员会.郑州铁路局年鉴:2001[M].北京:中国铁道出版社,2001:47.
② 郑州铁路局史志编纂委员会.郑州铁路局年鉴:2002[Z].郑州铁路局史志编纂委员会,2002:47.
③ 郑州年鉴编辑部.郑州年鉴:2002[M].郑州:中州古籍出版社,2002:225.
④ 郑州铁路局史志编纂委员会.郑州铁路局年鉴:2005[Z].郑州铁路局史志编纂委员会,2005:48.
⑤ 郑州铁路局史志编纂委员会.郑州铁路局年鉴:2008[Z].郑州铁路局史志编纂委员会,2008:49,51.

铁路部门通过加开临时客车、延长运行区段、扩大列车编组等方式,消解客流高峰高度集中、运能结构矛盾突出问题,确保安全、快捷地将旅客送达目的地。

如郑州铁路局,1988年春运期间,为将高峰期间重点方向的旅客顺利送到目的地,加开临时客车1 150列,其中直通车669列,管内车481列,例行客车延长运行区段234列,加挂客车和扩大编组721辆,相当于加开临客60列,共计发送旅客1 322.4万人,日均33.1万人,比平时增加9.6%,比1987年春运增加2.8%。其中,信阳、漯河等站高峰日客流比平时分别增加了2.6倍和1.3倍。① 1994年春运较长,节前20天,节后40天,共计60天。春运期间,加开临客1 177列,加挂客车1 625辆,累计发送旅客1 724.6万人,日均28.7万人,其中直通旅客638.7万人,日均10.6万人。春运期间最高日3月1日,发送旅客41.1万人。② 进入21世纪,春运大军人数逐年攀升。2001年春运期间,加开直通临客1 308列,管内16列,终到1 261列,通过1 263列,总计3 848列。累计发送旅客1 392.76万人,日均34.82万人,比2000年增长5.38%。其中直通旅客发送671.51万人,日均16.79万人,比2000年增长6.76%。1月29日发送旅客48.59万人,且连续3天超过2000年春运最高日46.22万人的纪录。③ 2005年春运期间,投入使用临客车底169组,开行临客2 445列。累计发送旅客1 834.6万人,与2004年春运同比增加82.75万人,增长4.72%。其中,直通旅客发送量为1 102.58万人,日均27.56万人,同比增加59.54万人,增长5.71%,占旅客发送总量的60.1%。高峰日2月14日发送旅客67.79万人,创历史新高。④

再如徐州铁路分局,2000年春运期间,共发送旅客156.7万人次,最高日2月10日发送旅客57 041人次。经过徐州站的临时客车有17.5对,其中新浦—大庆临396/397、398/395次为徐州分局开行。⑤ 2002年春运期间,加挂客车188辆次,其中软卧3辆次、硬卧82辆次、软硬座96辆次、利用外局硬座7辆次,发送旅客131.57万人次。⑥ 2003年春运期间,组织始发临客229列,接运临客917列,加挂客车380辆,共计发送旅客143.3万人次,同比增加13.2万人次。⑦ 2004年春运期间,组织加挂软卧8辆、硬卧206辆、硬座264辆,利用外局软卧1辆、硬座12辆,始发临客71列,接运临客981列,共计发送旅客158.0万人次,同比增加15.3万人次,增幅为10.7%。⑧

除上述规模较大的铁路局外,淮河流域地方车站在春运期间根据客流变化,灵活调整工作思路,适时加开临客。如商丘车站,2003年春运期间,自2月3日起,加开从商丘站始发至东莞东方向L255次列车;郑州—东莞东A51次2月3日给商丘站1个车厢,2月4日调整到4个车厢,2月5日起调整到5个车厢;郑州—上海L170次2月3日起给商丘站2个车厢,2月5日起调整到4个车厢;郑州—杭州1708次2月4日起给商丘站2个车厢。2月6

---

① 郑州铁路局史志编纂委员会. 郑州铁路局年鉴:1989[M]. 北京:中国铁道出版社,1990:100.
② 郑州铁路局史志编纂委员会. 郑州铁路局年鉴:1995[M]. 北京:中国铁道出版社,1995:52.
③ 郑州铁路局史志编纂委员会. 郑州铁路局年鉴:2002[Z]. 郑州铁路局史志编纂委员会,2002:52-53.
④ 郑州铁路局史志编纂委员会. 郑州铁路局年鉴:2006[Z]. 郑州铁路局史志办,2006:60.
⑤ 徐州年鉴编纂委员会. 徐州年鉴:2001[M]. 徐州:中国矿业大学出版社,2001:200.
⑥ 徐州年鉴编纂委员会. 徐州年鉴:2003[M]. 北京:中华书局,2003:165.
⑦ 徐州市地方志编纂委员会. 徐州年鉴:2004[M]. 北京:方志出版社,2004:142.
⑧ 徐州市地方志编纂委员会. 徐州年鉴:2005[M]. 北京:方志出版社,2005:194.

日起北京方向加开 L336 次、A146 次,给商丘站共计 11 个车厢;2 月 9 日起商丘站隔日加开上海方向 A162 次、东莞东方向 A155 次。在商丘站始发 3 趟临客,运能达到 9 568 人。2 月 5—8 日,连续 4 天发送旅客突破 2 万人,日发送旅客最高达 24 343 人,比上年最高峰增长 17%。9 日,共发送旅客 30 063 人,同比增长 46%。春运 40 天,共发送旅客 48.36 万人,同比多发送 54 345 人,增长 12.66%。①

(二) 暑运期间旅客运输

暑运是指在夏季 7 月初至 9 月初的一种大规模的高交通运输压力现象。暑运一般有两个高潮,第一个高潮出现在 7 月上旬;第二个高潮出现在 8 月下旬。与春运有所不同的是,暑运主要以高校学生暑假返家、开学返校、家长送新生入学和暑假旅游为主。每年暑运期间,铁路运输部门都会增加运力,力保旅客暑期顺利出行。

如郑州铁路局,1988 年暑运期间,共发送旅客 2 151.0 万人,日均 34.7 万人,比 1987 年暑运增加 11.3%。共加开临客 617 列,另加挂客车 1 194 辆,相当于加开临客 80 列。② 1992 年暑运期间,共发送旅客 1 480.2 万人,日均 23.9 万人。增开直通临快 8 对,延长列车运行区段 1 对、图定直通快车 6 对,共计加开临客 550 列。③ 2004 年暑运期间,开行直通临客 9 对 568 列,发送旅客 2 177.1 万人,日均 35.1 万人,比 2003 年增运 280.0 万人,增长 14.8%,直通旅客发送 1 053.7 万人,比 2003 年增长 14.6%。④

再如徐州分局,2000 年暑运期间,管内增开通过临客 2 对,图定旅客列车延长运行区段 1 对,开行直通临快预备线 2 对,始发临客 68 列,接运临客 491 列,加挂软卧 63 辆、硬卧 70 辆、硬席 16 辆,共计发送旅客 220.7 万人次。⑤ 2003 年暑运期间,始发临客 8 列,接运临客 68 列,加挂软卧车 11 辆,加挂硬卧车 243 辆,加挂硬座车 276 辆,加挂行李车 11 辆,共计发送旅客 199.8 万人次。⑥ 2004 年暑运期间,组织加挂软卧 10 辆、硬卧 233 辆、硬座 90 辆,利用外局客车 118 辆,组织始发临客 32 列、接运临客 403 列,共计发送旅客 233.40 万人次,较上年同比多发送 29.50 万人次,增幅为 14.5%。⑦

(三) 黄金周及小长假旅客运输

1999 年,国务院公布了新的《全国年节及纪念日放假办法》,决定将春节、"五一"、"十一"休息时间与前后双休日拼接,从而形成 7 天长假。黄金周是指劳动节和国庆节两个节日的连续七天休假,即"五一黄金周"与"十一黄金周"。客流主要以旅游、探亲、访友、购物和学生流为主。为满足客流出行需求,淮河流域铁路部门及时掌握客流变化,制定运输方案,合理增加运力,实现增运增收,保障运输秩序平稳。

如徐州铁路分局,2002 年"五一黄金周"期间,共计发送旅客 32.27 万人次,客票收入为

---

① 商丘市地方史志办公室.商丘年鉴:2004[M].北京:方志出版社,2004:238-239.
② 郑州铁路局史志编纂委员会.郑州铁路年鉴:1989[M].北京:中国铁道出版社,1990:100.
③ 郑州铁路局史志编纂委员会.郑州铁路局年鉴:1993[M].北京:中国铁道出版社,1993:52.
④ 郑州铁路局史志编纂委员会.郑州铁路局年鉴:2005[Z].郑州铁路局史志编纂委员会,2005:53-54.
⑤ 徐州年鉴编纂委员会.徐州年鉴:2001[M].徐州:中国矿业大学出版社,2001:200.
⑥ 徐州市地方志编纂委员会.徐州年鉴:2004[M].北京:方志出版社,2004:142.
⑦ 徐州市地方志编纂委员会.徐州年鉴:2005[M].北京:方志出版社,2005:194.

1 579.7万元,最高日5月2日发送旅客4.52万人;组织开行北京西、西安临客6列,发送旅客3 419人次;利用2147次、2525次、1441次、2661次列车加挂,并组织开行连云港至西安临客L411次、徐州至北京西临客L106次等列车。同年"十一黄金周"期间,共计发送旅客38.27万人次,日均3.83万人次,最高日10月2日发送旅客4.16万人,客票收入为1 679.9万元,同比增长10.4%。始发南京、北京、西安、太原等地直通临客27列,运送旅客2.37万人,加挂车辆81辆次,其中硬卧48辆次、硬座31辆次、利用外局硬卧2辆次,共计发送旅客6 658人次。①

再如郑州铁路局,2008年"五一"法定假期从3天改为1天,同时增加传统节日元旦、清明、端午、中秋为法定假日,亦被称为"小长假"。"小长假"期间,郑州局合理配置运力,精心组织售票和旅客乘降。清明节,发送旅客91.7万人,客票收入为6 449万元;五一劳动节,发送旅客98.1万人,客票收入为4 530万元;端午节,发送旅客75.3万人,客票收入为3 962万元;中秋节,发送旅客78.26万人,客票收入为3 962万元。与2007年未实行"小长假"同期相比,旅客发送量增加100.1万人,增长41.1%,客票收入增加2 575万元,增长17.7%。②

2009年,根据节日"小长假"以管内短途旅客为主的特点,郑州局适时加开安阳—许昌、郑州—商丘、郑州—洛阳等管内临客。元旦3天,全局发送旅客47.1万人,客票收入为2 965万元;清明节4天,发送旅客95.7万人,客票收入为5 226万元;五一劳动节4天,发送旅客109.7万人,客票收入为4 745万元;端午节4天,发送旅客79.1万人,客票收入为4 017万元。元旦、清明、"五一"、端午节"小长假"15天,全局共计发送旅客331.6万人,比2008年同期增加20.1万人,增长6.5%;客票收入为16 953万元,比2008年同期增加1 354万元,增长8.7%。

2009年国庆、中秋两节相连,运输时段自9月28日起至10月8日止,共11天。"双节"期间,在图定运能相对减少的情况下,郑州局积极组织加挂硬席、软席、硬卧、软卧等各种客车640辆次,较2008年增加32辆次。③ 全局共计发送旅客258.3万人,日均发送23.5万人,发送总量比上年同期增加4.8万人,增长1.9%。其中直通129.2万人,比上年同期增加2.6万人,增长2.0%;管内129.1万人,比上年同期增加2.2万人,增长1.8%。完成客票收入14 410万元,日均1 310万元,比上年同期增收238万元,增长1.7%。客流高峰日10月8日发送32.5万人,较上年同期增加1.82万人,增长5.9%。

(四)开行民工专列

改革开放以来,随着沿海地区工商业的快速发展,劳动力明显不足,于是,中、西部地区农民大量短期甚至长期迁移至东部经济发达地区务工。每年春季及节假日,都会有大批农民外出务工与返乡探亲。针对这种季节性的大规模跨地区流动的民工潮,淮河流域各路局推出民工专列,为往返民工保驾护航。

为提高经济社会效益,经铁道部批准,徐州铁路分局组织开行民工专列。如2001年,为

---

① 徐州年鉴编纂委员会.徐州年鉴:2003[M].北京:中华书局,2003:165.
② 郑州铁路局史志编纂委员会.郑州铁路局年鉴:2009[Z].郑州铁路局史志编纂委员会,2009:58.
③ 郑州铁路局史志编纂委员会.郑州铁路局年鉴:2010[Z].郑州铁路局史志编纂委员会,2010:55-56.

减轻"民工潮"给"春运"带来的压力,1月29日至3月下旬,开行新浦—齐齐哈尔间临客54列,发送旅客116 292人次,客票收入为896.4万元;2月17日至4月20日,开行连云港—乌鲁木齐间临客32列,发送旅客76 138人次,收入为1 120.3万元。为了运送季节性民工客流,于8月19日、21日、29日开行徐州—石河子、8月26日开行新沂—石河子4趟临客,运送旅客6 126人次,收入为103.2万元。全年共计开行民工列车90列,运送旅客198 556人次,收入为2 119.8万元。① 2002年,2月17日至4月24日新浦(徐州)—齐齐哈尔开行临客42列,发送旅客9.43万人,收入为964.34万元;3月4日、7日徐州—长春、哈尔滨开行临客2列,发送旅客3 607人,收入为30.94万元;2月20日至4月17日,连云港—乌鲁木齐开行临客17列,发送旅客40 976人,收入为635.99万元;8月20日至30日,徐州—新疆奎屯开行临客3列,发送旅客4 862人,收入为62.72万元。全年内共组织开行民工临客64列,运送旅客14.37万人次,收入为1 693.99万元。②

河南作为全国农业人口大省,长期以来一直是新疆摘棉花外援的主力军。1997年7—9月,来自驻马店、周口等地近20万"豫妹"取道郑州赴新疆生产建设兵团抢摘棉花,郑州车站在保证赴疆劳工乘坐例行客车外,组织开行"豫妹"专列6列。③ 2000年,商丘站派人多次与市政府、民政局、劳动局联系,签订运输协议,全年共开行移民专列2列,发送移民2 632人;开行棉农专列2列,发送民工1 313人。④ 2003年,得知新疆生产建设兵团将在商丘周边数十个县市寻求劳动力援助采摘棉花的信息后,首先,商丘火车站组织5个营销组,深入安徽阜阳、亳州,山东曹县、单县以及商丘所辖市县开展客源调查和市场营销,了解开行商丘—乌鲁木齐棉农列车和人员需求情况;其次,与新疆生产建设兵团、商丘市政府部门及有关民间组织保持联系,随时掌握客流量,确定增开棉农专列及利用图定1045次列车分期分批运输赴疆棉农方案;最后,对赴疆棉农列车重点关注,精心组织和安排进路,增设棉农售票窗口,提前办理团体订票业务。8月20—31日,商丘车站共开行棉农专列4列,利用图定1045次列车发送棉农专列12列,共计发送进疆棉农13 729人,收入为219.66万元。⑤

2005年棉农运输自8月19日开始到9月6日结束,郑州铁路局克服棉农运输方向、时间和到站高度集中等困难,采取停短开长、启用大客流应急方案等措施,分别从商丘、开封、郑州、兰考等站开行棉农专列17列,利用郑州—乌鲁木齐图定列车2对和外局通过临客3对,运送棉农9.79多万人,收入为1 566.4万元,其中棉农专列825.6万元,图定列车676.8万元。为使棉农走得了、走得好,商丘车站提前调查新疆棉花产量及棉农数量,主动下乡送票上门,安排棉农候车区域,开通棉农进站"绿色通道"。⑥

随着棉农需求人数的逐年增多,郑州铁路局开行的棉农专列亦随之逐年增加。2007年,郑州铁路局分别从郑州、商丘、开封、许昌等站开行棉农专列44列,比2006年多开行25

---

① 徐州年鉴编纂委员会. 徐州年鉴:2002[M]. 南京:江苏古籍出版社,2002:171.
② 徐州年鉴编纂委员会. 徐州年鉴:2003[M]. 北京:中华书局,2003:165.
③ 郑州年鉴编辑部. 郑州年鉴:1998[M]. 郑州:中州古籍出版社,1998:205.
④ 商丘年鉴编辑委员会. 商丘年鉴:2001[M]. 北京:中华书局,2001:194.
⑤ 商丘市地方史志办公室. 商丘年鉴:2004[M]. 郑州:中州古籍出版社,2004:240.
⑥ 郑州铁路局史志编纂委员会. 郑州铁路局年鉴:2006[Z]. 郑州铁路局史志编纂委员会,2006:62.

列,运输棉农12万人。① 2008年,郑州局首次在棉农运输中借用外局车底,8月下旬至9月上旬,共投入车底12组,分别从郑州、民权、商丘、开封、许昌等站加开棉农专列41列,乌鲁木齐学生专列返空利用4列,运送摘棉民工13.57万人。10月下旬至12月上旬,共投入车底7组,加开返程棉农专列59列。② 2009年,分别从郑州、民权、商丘、开封、许昌等车站开行新疆棉农专列57列,其中利用返空乌鲁木齐学生专列15列,共运送摘棉民工14.1万人。③

（五）开行旅游专列与旅游专线

伴随着人民生活水平的不断提高以及节假日休假方式的推出,旅游已经成为人们放松休闲的首选。为满足节日旅游客流需求,增加运输收入,淮河流域铁路部门充分利用列车提速资源,先后推出旅游专列与旅游专线等多种特色服务。

1999年春运期间,郑州站加开郑州—香港旅游专列2对,郑州、新乡—杭州旅游专列4对。④ 同年,徐州分局继"五一"首列黄山旅游专列开行后,全年开行张家界、威海、庐山、桂林、成都、九寨沟等方向10列旅游专列,接待旅客5 643人,收入为750万元,为上年的300%,实现利润24.6万元,同比增加24万元。⑤ 2001年5月2日至7月6日,徐州分局开行徐州至张家界、九江、安庆西旅游专列,运送游客1 728人次,收入为36.0万元。⑥

随着节假日旅游客流持续升温,2001年"五一"期间,郑州局及时调整运力配置:第一,充分利用图定客车能力,对郑州至杭州、武昌、昆明、长沙、北京西、青岛等热线方向,适当加挂硬卧、硬座。第二,针对省内游客流向集中的鸡公山、红旗渠等方向,组织开行郑州至鸡公山、林县等旅游景点小编组旅游客车。第三,针对长途旅游团队主要方向,增开郑州至深圳、西安、银川、成都等方向的假日旅游列车。"五一"期间,分局共加挂硬卧车6辆、软座车10辆、硬座车35辆,开行旅游专列6列,加开临客18列,1—7日发送旅客110.77万人。2001年国庆、中秋双节期间,郑州局直通车上座率均达满员或超员,管内客车上座率普遍提高近30%。"十一"期间,郑州局开行郑州至成都、厦门、南阳等方面的旅游专列,投放车底83辆,增加郑州至上海旅游临客1对,并增加郑州至广州、昆明、杭州、上海、北京等方向图定列车的编组数量,投入车底59辆。1—7日日均发送旅客98 267人,自9月28日至10月7日共发送旅客100万人。⑦ 2002年"五一"期间,郑州局先后开行郑州至成都、贵阳、广州、上海、黄山等方向旅游专列5对。"十一"期间,郑州局开行郑州至上海、宜昌、贵阳、成都等方向旅游专列4对。⑧

2005年,郑州局全年开行郑州—广州、郑州—湛江、郑州—乌鲁木齐等直通旅游专列88

---

① 郑州铁路局史志编纂委员会.郑州铁路局年鉴:2008[Z].郑州铁路局史志编纂委员会,2008:59.
② 郑州铁路局史志编纂委员会.郑州铁路局年鉴:2009[Z].郑州铁路局史志编纂委员会,2009:58.
③ 郑州铁路局史志编纂委员会.郑州铁路局年鉴:2010[Z].郑州铁路局史志编纂委员会,2010:55.
④ 郑州年鉴编辑部.郑州年鉴:2000[M].郑州:中州古籍出版社,2010:210.
⑤ 徐州年鉴编纂委员会.徐州年鉴:2000[M].徐州:中国矿业大学出版社,2000:169.
⑥ 徐州年鉴编纂委员会.徐州年鉴:2002[M].南京:江苏古籍出版社,2003:171.
⑦ 郑州年鉴编辑部.郑州年鉴:2002[M].郑州:中州古籍出版社,2002:226.
⑧ 郑州年鉴编辑部.郑州年鉴:2003[M].郑州:中州古籍出版社,2003:217.

列,运送旅客3.35万人,增加客票收入1 185.83万元。其中,开行郑州—井冈山、洛阳—南昌、郑州—张家界等旅游专列34列,运送旅客1.31万人,增加收入454.77万元。[①] 2007年,郑州局全年开行郑州至广州、湛江、厦门等地直通旅游专列39列,运送旅客30 146人,增加收入1 042.76万元。[②]

四、提高服务质量

随着社会经济的发展与人民群众物质文化生活水平的提升,人们对出行条件的选择不再满足于"能上车",高品质的旅途环境成了旅客考量的重要因素。铁路作为大众化的出行方式,在人们日常生活中占据着至关重要的地位。为不断改进与提高客运服务质量,争夺更多的市场份额,淮河流域铁路部门秉持"以人为本"的服务理念,以开展创建"文明站车"与"树标塑形"活动为抓手,以客运服务中旅客关注的焦点、热点问题为突破口,不断加大硬件投入,改善添置基础设施,规范服务标准和服务内容,增强服务意识,强化机制,加大路风检查监督力度,努力为旅客营造温馨和谐的候乘环境与候乘体验。

(一)车站服务细致周到

车站是旅客等候乘火车的重要场所,其服务质量直接关系着旅客的出行体验和满意度。淮河流域铁路部门始终将旅客需求放在第一位,通过软硬件建设并举、特色活动推广等方式不断提升车站客运服务水平。

新中国成立之初,淮河流域各地火车站实行铁道部颁布的客运规章,按照"全面服务,重点照顾"的服务原则,制定清洁卫生包干与分片服务制度,通过图表、文艺节目等形式宣传旅行常识,组织老弱病残孕等重点旅客优先进站上车。20世纪60年代,安徽省淮河流域二等以上车站添置广播室、市区交通图、导游图等,为旅客提供导向服务,并开展"八送八代"(为重点旅客送进站出站、送上车、送去医院、送去旅馆、送去汽车站、送到家、送到轮船码头、送上厕所、代购票、代签证、代写向导笺、代寄信、代发电报、代买食品、代打电话、代查询)服务活动。同期,主要车站设立母婴、军人、残疾人候车室和问询处、小件寄存处等,昼夜开展服务。各较大车站候车室内普遍设饮水桶,免费供应开水。"文化大革命"期间,流域铁路旅客服务制度遭到破坏,很多规章制度流于形式。[③]

改革开放后,淮河流域加强整顿客运服务工作,服务水平有了较大提升。1983年,按照铁道部开展的"三优"(优质服务、优良秩序、优美环境)活动要求,流域铁路主管部门制定了以优质服务为重点的创"三优"办法,改进各项服务工作。主要客运站候车室设置了商店,站外开办了旅社、饭店等,实行"吃、住、行"一条龙服务,服务工作由单一型向多功能型转化。1985年,许多车站增加了候车、问事、售票、签证、揭示、宣传、文化娱乐用品等服务设施和服务项目。1989年,兖州等车站开展"茶杯子"工程,购置供水车、保温桶、送水壶,为旅客免费

---

① 郑州铁路局史志编纂委员会. 郑州铁路局年鉴:2006[Z]. 郑州铁路局史志办,2006:62.
② 郑州铁路局史志编纂委员会. 郑州铁路局年鉴:2008[Z]. 郑州铁路局史志编纂委员会,2008:59.
③ 安徽省地方志编纂委员会. 安徽省志:交通志[M]. 北京:方志出版社,1998:351.

送开水。① 1991年,泗水县车站对老弱病残旅客做到优先照顾扶送上车。②

在郑州站,1996年,实行社会服务承诺制,承诺内容主要有:车站售票处保证24小时售票不间断;办理托运采取"一票清"的办法,24小时随到随办;问事处实行24小时服务;站台所售商品明码标价,保证不过期、不变质;保证所有通过郑州站的旅客列车水足箱满。为确保承诺制落地实施,客运服务车间推出如下服务项目:在进出站口设立"重点旅客之家";开展"三代活动"(代办车票、代送上车、代为联系住宿);在站台设立委托卡;在客运室设立联系电话登记簿;在候车厅总服务台建立追踪、服务记录簿;在出站口、高架候车厅等处设立小服务台。③ 2000年,郑州站对售货摊点进行整顿,增添多媒体信息触摸查询系统、安全检查仪等设施。④ 2001年春运期间,郑州站在站台、地道、天桥等关键地段进行防滑处理;为避免旅客对流、拥挤现象,实施划区候车、按车排队、提前预检、分段放行等办法⑤;站内外零售摊点所售商品最高限价,设立举报电话等⑥。2005年,郑州站安装残疾人服务设施,更换售票厅揭挂揭示,在站长值班室、总服务台、客运室、南北出站口、行包服务大厅等服务质量监督岗设立接待点,重新设计制作中英文导向标识牌、图标导向牌,在售票厅和进站口增设LED显示系统等。⑦

在驻马店车站,2005年春运期间,在候车厅设置开水保温桶,24小时免费供应开水;专门划分"老弱病残孕""学生"候车区;增设"学生""军人"专用售票窗,保证重点旅客出行顺利;分段、分批售票和放行旅客,确保平稳有序。⑧

在徐州站,2009年,以"进出顺利通畅、乘降安全有序"为目标,打造旅客"顺心"之旅,开展服务理念教育,努力提高职工服务意识;以按方向候车为基础,对"大组车"按硬座顺向就近调整候车室,减少旅客站台走行时间,方便旅客乘降;完善站内引导标识,增设"老弱病残幼"候车专区;修订完善《路风管理实施细则》《路风"红线"管理考核奖惩办法》《加强客票管理监督检查措施》等,投诉电话24小时畅通,值班站长现场接待和处理旅客的咨询和投诉。2009年,徐州车站共计为旅客做好事207件;收到旅客表扬信89封,锦旗、牌匾67块(幅);受到新闻媒体表扬87次。⑨

(二)旅客购票方便快捷

长期以来,由于客运量的不断增长,旅客"买票难"的现象一直存在。为破解这一难题,淮河流域各车站在增设售票窗口与售票网点、延长售票时间的基础上,以改革售票方式为突破口,先后推出往返票、异地售票、列车代售车票、电话订票、上门售票、流动售票、微机联网

---

① 山东省地方史志编纂委员会.山东省志:铁路志 1986—2005[M].济南:山东人民出版社,2008:218.
② 泗水县地方史志编纂委员会.泗水年鉴:1992[Z].泗水县地方史志编纂委员会,1992:126.
③ 郑州年鉴编辑部.郑州年鉴:1997[Z].郑州年鉴编辑部,1997:200-201.
④ 郑州铁路局史志编纂委员会.郑州铁路局年鉴:2001[Z].郑州铁路局史志编纂委员会,2001:48-49,53.
⑤ 郑州铁路局史志编纂委员会.郑州铁路局年鉴:2002[Z].郑州铁路局史志编纂委员会,2002:52.
⑥ 郑州年鉴编辑部.郑州年鉴:2002[M].郑州:中州古籍出版社,2002:227.
⑦ 郑州铁路局史志编纂委员会.郑州铁路局年鉴:2006[Z].郑州铁路局史志编纂委员会,2006:69;郑州年鉴编辑部.郑州年鉴:2006[M].郑州:中州古籍出版社,2002:281.
⑧ 驻马店市地方史志办公室.驻马店年鉴:2006[M].北京:光明日报出版社,2007:177.
⑨ 徐州市史志办公室.徐州年鉴:2010[M].南京:江苏人民出版社,2010:182.

售票等多种售票方式,使旅客购票更加方便快捷。

第一,增加售票窗口与售票网点,延长售票时间。新中国成立之初,兖州、滕县、徐州等车站普遍增设窗口或延长售票时间,各大客运车站增开军人、硬席卧铺窗口,并按南北方向区域、快慢车、长短途分别售票。较大车站将原来开车前3小时开窗售票改为24小时开窗售票。① 1983年,蚌埠、阜阳等站先后在市内设立售票点,蚌埠还将售票业务延伸到不通铁路的地区。② 1986年,郑州站增加市内售票点2处。③ 1997年,郑州站实行敞口式"不间断售票",在市区繁华处每天固定汽车流动售票。对购票时间紧张的乘客,实行随到、随买、随进站。④ 至2008年底,联网郑州站的代售点增至86个。⑤

第二,实施往返票、异地售票、列车代售车票、电话订票、邮政订送、合同售票等多种方式售票。1986年,郑州、开封车站发售两站间直达管快(343/344、345/346)往返客票。⑥ 1988年旅游季节,郑州至开封间及郑州至黄河南岸间发售往返客票。⑦ 1997年,郑州站打破只售当天票的成规,发售3天以内的车票,并开通电话订票,旅客可通过电话预订3~15天的车票。⑧ 1998年,郑州铁路局推行合同售票方式,与上百家合同户实施磁卡结算业务,扩大延伸27个售票网点。同时,在郑州开办12家预售3~30天车票的电话预订点,在郑州—上海467/468次、郑州—北京西179/180次、郑州—西安Y201/202次等列车上开办售票业务。⑨ 1999年,郑州站依靠已建立的70多个"站售车票、预售车票、电话售票、流动售票、异地售票、县乡售票"社会化售票网络把客票销售延伸至路外,服务到门口。⑩ 2000年,徐州铁路腾达信息技术有限公司揭牌,通过铁路"200"直拨电话、铁路"201"公用电话、"168"自动声讯服务、"160"人工声讯服务、铁路"166"公众语音信箱等,为旅客提供电话订票事宜。⑪ 2003年7月,郑州站自动电话问询系统开通后,车站的订票电话比以前扩容1倍。旅客通过拨打电话不仅可以订票,还可以查询列车车次、列车到发时刻、里程、票价等信息。⑫ 2005年,为最大限度地吸引农村和偏远地区客流,郑州、商丘、许昌车站开通铁路客票邮政订送业务。⑬ 2006年,驻马店车站开通"铁信通"短信购票业务,拓展售票渠道。⑭

第三,每逢节假日及寒暑假,增设临时售票窗口、流动售票点,并派人深入厂矿企业、机关、大专院校、部队等单位或部门办理售票。1993年春运期间,郑州铁路局抽出149人组成105个流动售票点,以方便旅客购票。⑮ 1996年春运期间,郑州铁路局增开售票、签字窗口

---

① 山东省地方史志编纂委员会.山东省志:铁路志[M].济南:山东人民出版社,1993:158-159.
② 安徽省地方志编纂委员会.安徽省志:交通志[M].北京:方志出版社,1998:351.
③⑥ 郑州铁路局史志编纂委员会.郑州铁路局年鉴:1987[Z].郑州铁路局史志编纂委员会,1988:181.
④ 郑州年鉴编辑部.郑州年鉴:1998[M].郑州:中州古籍出版社,1998:205.
⑤ 郑州铁路局史志编纂委员会.郑州铁路局年鉴:2009[Z].郑州铁路局史志编纂委员会,2009:63.
⑦ 郑州铁路局史志编纂委员会.郑州铁路局年鉴:1989[Z].郑州铁路局史志编纂委员会,1990:106.
⑧ 郑州年鉴编辑部.郑州年鉴:1998[M].郑州:中州古籍出版社,1998:205.
⑨ 郑州年鉴编辑部.郑州年鉴:1999[M].郑州:中州古籍出版社,1999:202.
⑩ 郑州年鉴编辑部.郑州年鉴:2000[M].郑州:中州古籍出版社,2000:210.
⑪ 徐州年鉴编纂委员会.徐州年鉴:2001[M].徐州:中国矿业大学出版社,2001:201.
⑫ 郑州铁路局史志编纂委员会.郑州铁路局年鉴:2004[Z].郑州铁路局史志编纂委员会,2004:67.
⑬ 郑州铁路局史志编纂委员会.郑州铁路局年鉴:2005[Z].郑州铁路局史志编纂委员会,2005:56.
⑭ 驻马店市地方史志办公室.驻马店年鉴:2007[M].北京:线装书局,2007:195.
⑮ 郑州铁路局史志编纂委员会.郑州铁路局年鉴:1994[M].北京:中国铁道出版社,1994:45.

100余个,组成流动售票队伍到180个单位开展上门售票。[1] 1998年春运期间,针对学生客流,郑州铁路局增加学生专售窗口,配足票额,保证学生随到随买。同时全局各大站还组织76个售票小组,到各大院校上门售票。[2] 1999年春运期间,郑州站增设58个售票窗口,实行24小时不间断售票。郑州铁路局组织300个市场营销小分队深入大专院校、城乡集镇、民工集散地,实施送票上门服务。[3] 2001年春节、"五一""十一"长假期间,淮南站在蔡家岗、八公山等地设立售票点,组织人员到厂矿企业、大专院校上门售票。[4] 2007年春节期间,郑州站办理民工团体票,直接把车票送到农民工手中。[5] 2008年春节期间,郑州站在售票厅增设4个农民工售票专口,为农民工办理全国1~10日的返程票、联程票。[6] 2009年春运期间,徐州站售票窗口最多达46个,并在进站口北侧增设4个应急窗口。[7]

第四,微机联网售票。传统人工售票是按比例将票分散到各个始发站,卖完即止,缺少灵活性与座位的复用性。随着计算机技术的不断提升与广泛应用,1996年6月,继北京、上海等大站采用微机出售火车票后,郑州铁路局在郑州站试用微机售票。首先开设两个售票窗口,出售郑州至西安与三门峡西的车票。8月,郑州站又增加微机45台,增设微机售票房,增加10个售票窗口。10月18日起,郑州车站全部启用微机售票,同时撤回市区内所有预售票所。[8] 1997年,徐州铁路分局的连云港、墟沟、东海、新沂、邳州、徐州、砀山、夏邑、虞城、枣庄西共10个车站实行计算机售票,并将徐州、枣庄西、新沂、砀山4站纳入全局联网售票,在联网车站可从公共网中发售异地车票,预售期为3~7天。同年8月,徐州站在淮阴开设售票点,正式对外售票,成为苏北地区微机联网的第一家售票点。[9]

随着计算机联网售票技术的日渐成熟,联网售票规模不断扩大。1998年,徐州铁路分局在11个车站设立19个客票微机联网售票点,并将连云港、墟沟、东海、新浦、新沂、邳县、杨山、虞城、夏邑等站的计算机客票系统纳入路局客票服务中心,进入全局的联网售票。同时,安装数个客票远程售票点,进一步扩大客运营销范围。[10] 同年7月,淮南站实现微机售票,在此基础上,又于12月与上海、杭州、宁波、南京、合肥、蚌埠等23个主要城市实现微机联网售票,中转旅客不必再办理中转签字和另外购票。[11] 同时,宿州站售票设备全部升级为微机售票,并与上海铁路局24个主要站联网互售车票。[12] 1999年11月,郑州铁路局下属的郑州、许昌、商丘、民权、兰考、开封、信阳、驻马店等23个车站实现微机联网售票。旅客在局

---

[1] 郑州铁路局史志编纂委员会.郑州铁路局年鉴:1997[M].北京:中国铁道出版社,1997:46.
[2] 郑州铁路局史志编纂委员会.郑州铁路局年鉴:1999[Z].郑州铁路局史志编纂委员会,1999:51.
[3] 郑州年鉴编辑部.郑州年鉴:2000[M].郑州:中州古籍出版社,2000:210.
[4] 淮南年鉴委员会.淮南年鉴:2002[M].合肥:黄山书社,2002:109.
[5] 郑州铁路局史志编纂委员会.郑州铁路局年鉴:2008[Z].郑州铁路局史志编纂委员会,2008:58.
[6] 郑州年鉴编辑部.郑州年鉴:2009[M].郑州:中州古籍出版社,2009:291.
[7] 徐州市史志办公室.徐州年鉴:2010[M].南京:江苏人民出版社,2010:182.
[8] 郑州年鉴编辑部.郑州年鉴:1997[Z].郑州年鉴编辑部,1997:200.
[9] 徐州年鉴编纂委员会.徐州年鉴:1998[M].徐州:中国矿业大学出版社,1999:181.
[10] 徐州年鉴编纂委员会.徐州年鉴:1999[M].徐州:中国矿业大学出版社,1999:165,167.
[11] 淮南年鉴委员会.淮南年鉴:1999[M].合肥:黄山书社,1999:120.
[12] 宿州市档案局.宿州年鉴:1999[M].珠海:珠海出版社,1999:104.

管内所属的 23 个车站中的任何一站均可购买到该站和其他车站的车票。① 至 2003 年底,郑州铁路局完成计算机联网售票车站累计达到 228 个,联网售票车站占全局的 95% 以上,县级及以上车站基本实现全路联网售票。②

同时,为提高售票速度,各车站不断对售票系统与网络进行升级。1999 年,徐州分局对计算机售票系统的软件与客票网络进行升级。9 月,开通徐州分局至济南路局、徐州站至济南路局票务中心 2 条计算机通道,使徐州站与分局其他各计算机联网售票站出售局管内异地票的速度提高近 100 倍。③ 2003 年,徐州铁路分局加强客票系统建设,2—4 月完成枣庄、新浦、连云港、砀山站等客票远程点售票系统的调试和安装;上半年开通徐州、连云港、墟沟、新浦、新沂、邳县、东海、黄口、夏邑、砀山、虞城、枣庄、枣庄西等客运售票系统网络通道,售票系统升级为光纤联网。④

流域铁路局与车站通过以上措施,尤其是售票方式的网络化,全力提升了售票质量与售票效率,给旅客提供了极大的便利,使长期存在的购票难问题得到根本解决。

(三) 列车服务贴心真诚

列车是旅客"流动的家"。随着时代的发展,淮河流域铁路客运部门不断提升列车设施与服务水平,从配备固定乘务组、安装广播系统、设置服务台等措施,到加强对不良行为的处罚、推出特色服务打造品牌形象等,努力为旅客提供贴心真诚的乘车服务与体验。

1949 年起,流域各次旅客列车都配备由列车长、列车员、行李员组成的固定乘务组,各旅客车厢都有一名列车员,负责旅客的安全、服务、车厢清扫及向旅客通报停站站名和到开时间。1951 年,在津浦铁路等干线行驶的主要列车上安装有线广播,播送音乐戏曲,预告到站,介绍旅行常识及沿线风景名胜;在列车车厢内悬挂旅客意见簿,征求旅客的意见和建议;设立服务台,为旅客办理补票、中转签证、咨询服务,并免费提供针线包、应急药品等;实行列车长负责制,建立客运服务、车辆、公安乘警"三乘一体"乘务制度。⑤

1956 年,按照铁道部"列车包车办法",徐州站制定《乘务规范》与《服务手册》,统一作业程序、服务用语及车容、卫生、服务、礼貌方面的标准和规范,执行车厢始发大清扫、中途随扫和一站一扫制度,保持车厢整洁。根据徐州至济南 201/202 次、315/316 次、415/416 次慢车停站多、短途农民旅客多、停站时间短、上下车频繁的特点,实行"勤访"(主动询问旅客)、"多讲"(多讲旅行安全、卫生常识)、"主动帮"(发现旅客途中有困难,主动帮助解决)、"一迎"(始发站迎接重点旅客上车)、"五送"(为重点旅客送水、送饭、送出站、终点站送转车、特殊情况送家)、"三零"(下车厢供应零饭、零菜、零汤)、"十代"(餐车为旅客代烩、代馏干粮、代做病号饭,代做婴儿饭,服务台代售汽车票,代办旅客住宿手续,代售书刊,代售信纸,列车员代重点旅客写向导信,代找同路人)服务方法。1973 年,铁道部总结并推广 415/416 次列车服务经验。1980 年,徐州铁路列车段 515/516 次车队被评为"全国铁路安全标兵"车队,1982 年被

---

① 郑州铁路局史志编纂委员会.郑州铁路局年鉴:2000[Z].郑州铁路局史志编纂委员会,2000:63.
② 郑州铁路局史志编纂委员会.郑州铁路局年鉴:2004[Z].郑州铁路局史志编纂委员会,2004:64.
③ 徐州年鉴编纂委员会.徐州年鉴:2000[M].徐州:中国矿业大学出版社,2000:170.
④ 徐州年鉴编委会.徐州年鉴:2004[M].北京:方志出版社,2004:142.
⑤ 江苏省地方志编纂委员会.江苏省志:交通志 铁路篇[M].南京:江苏人民出版社,2007:129-130.

评为"全国铁路先进集体",1983 年被铁道部授予"文明列车"称号。①

1958 年,蚌埠列车段总结制定的"列车出库卫生十字作业法"被制成图片展出,在全国铁路推广应用。同期,针对淮南铁路沿线短途农民旅客多、区间距离短的特点,实行"五主动"(主动迎接旅客,主动询问有无要求,主动帮助解决困难,主动宣传旅行常识,主动为重点旅客送水送饭)服务方法。1972 年,蚌埠列车段 205/206 次(裕溪口至徐州)列车女子包乘组服务人员严格按照服务规范,提出"服务中做老人的拐杖、盲人的眼睛、病人的护士、小孩的阿姨、旅客的亲人"口号,真诚为旅客服务。铁道部号召全国旅客列车派代表前来学习,并将其经验向全国推广。②

1978 年,铁道部向全国铁路客运职工发出《全心全意为人民服务,努力办好人民列车的倡议书》,组织全国进京、进沪特快、直快列车之间开展劳动竞赛。流域内铁路客运系统广大职工热烈响应,涌现出一批先进集体。郑州—北京间 251/252 次直通快车 1979 年被评为第三名,1980—1984 年连续被评为第二名,1985—1987 年连续被评为第一名,1987 年 1 月被铁道部命名为"红旗列车"称号。③ 为改善乘车条件,郑州铁路局不断增添完善列车设施。1985 年,郑州—真如 167/168 次和郑州—北京 251/252 次列车安装对旅客放映的闭路电视。④ 1991 年,对慢车整修实行投资倾斜,消灭了"哑巴车"(即缺少广播设备列车)和"无名列车"(即缺少方向牌列车)。⑤

1997 年,徐州铁路分局徐州—北京 565/566 次车队进一步优化服务标准,细化服务内容。因服务成绩突出,该车队被评为全国职工职业道德"十佳集体"。⑥ 同时,针对少数乘务人员玩忽职守、以权谋私、敲诈旅客的现象,出台《路风问题处罚条例》。至年末,有 8 名列车员因敲诈旅客受到行政记过、警告或下岗、待岗的处分;1 名列车员因屡次敲诈旅客被解除劳动合同,4 名行李员因索要旅客钱物被改职列车员;1 名列车长因严重违反乘务纪律被解聘下岗;2 名列车长因管理不力造成车班服务质量低劣被诫勉;5 名列车长因车班发生问题被追究管理责任,受到下岗处分;8 名车队干部被追究管理责任。⑦

2000 年,郑州局强化客运服务质量,制定列车质量硬性标准,包括:厕所清洁,地面无积水、无污迹、无异味;洗脸池、水龙头齐全、好用,排水系统畅通、无堵塞;车厢方向牌整洁、牢固,标识齐全、清晰;卧具干净卫生,叠放整齐,直接接触人体的卧具一人一换;车体外皮油漆无脱落、无严重褪色,车厢内外无广告;脚踏蹬、扶物干净、整洁、无垃圾。同时,加大资金投入,更新、改造设备设施,使列车面貌有较大改观。⑧

2005 年,徐州铁路分局建立各岗位作业标准责任体系,每月抽查鉴定各车队标准化作业的落实情况,组织各车队开展服务设施大检查,加强对备品的检查和配备,着力解决旅客最为关注的卫生、厕所、饮水、卧具、空调、待客等热点问题,提高列车服务水平和档次。凡遇

---

① 江苏省地方志编纂委员会. 江苏省志:交通志 铁路篇[M]. 南京:江苏人民出版社,2007:130.
② 安徽省地方志编纂委员会. 安徽省志:交通志[M]. 北京:方志出版社,1998:351.
③ 河南省地方史志编纂委员会. 河南省志:铁路交通志、民用航空志[M]. 郑州:河南人民出版社,1991:123.
④ 郑州铁路局史志编纂委员会. 郑州铁路年鉴:1986[Z]. 郑州铁路局史志编纂委员会,1987:315.
⑤ 郑州铁路局史志编纂委员会. 郑州铁路年鉴:1992[Z]. 郑州铁路局史志编纂委员会,1992:88-89.
⑥⑦ 徐州年鉴编纂委员会. 徐州年鉴:1998[M]. 徐州:中国矿业大学出版社,1999:183.
⑧ 郑州铁路局史志编纂委员会. 郑州铁路局年鉴:2001[Z]. 郑州铁路局史志编纂委员会,2001:49-50.

运输旺季、黄金周、节假日、临客开行等,及时组织干部添乘,明确添乘人员的工作标准和要求;加强对长途车和重点车的检查、抽查。继2004年1503/1504次被授予"红旗列车"称号之后,2005年2525/2526次再获此殊荣,K107/108次列车被授予"2005年全路客货运输窗口用户满意单位"荣誉称号。①

2008年,为全面提升旅客列车整体服务质量,创建精品客运列车,打造列车品牌新形象,郑州客运段投入1000余万元用于更换或添置列车卧具、服务备品以及卫生整治;开展"十大服务明星""服务能手"评选活动,实行"首席服务明星"岗位评定;在"和谐"号动车、优质优价列车及普通列车上开展各种特色服务。②

淮河流域铁路客运部门以旅客需求为导向,在提升列车设施和服务水平方面积极探索,不断创新,不仅为旅客打造了舒适、安全、便捷的列车环境,还为中国铁路客运业的发展树立了良好的品牌形象。

(四)餐饮供应安全丰富

一饭一食显真心,一举一措保安全。淮河流域铁路部门紧跟时代步伐,在不同历史时期对列车餐饮供应进行多次改革,从提供大众化食品到逐渐推出中高档饭菜、配餐、快餐等服务,在保证旅客基本要求的同时,注重发展地方风味食品及名优食品。此外,针对车站及列车饮食安全问题,铁路部门强化监管制度并采取多项整顿行动确保旅客健康安全。

新中国成立后,蚌埠、宿县等站始设售货组,为过往旅客提供大众化食品。津浦铁路等干线快客挂有餐车,除供应盒饭和部分份饭外,还增添部分中高档炒菜,供应多种地方名酒,满足不同层次旅客的需要。1957—1958年,徐州列车段成立服务站,负责站车食品供应。1958年9月后,在淮河流域江苏较大车站和旅客列车免费供应开水,并备有保温桶,由乘务员送水或旅客自取饮用。1959—1961年,因处三年困难时期,餐车供应饭食时食品的数量和品种相应减少,普遍实行旅客凭客票限区段限量供餐办法。③ 其后,餐车供应以盒饭为主,服务人员送饭到车厢,软硬卧车厢内配备保温瓶,恢复收费供茶供水制度。1966年,旅客列车一律实行免费供应开水,每隔一个车厢在洗脸室内设一大水壶,在软席车和软、硬席卧车上按定员配备茶杯和一定数量的保温瓶。各次列车配备服务员负责烧茶炉和向各车厢送水。"文革"期间,餐车供应品种减少,饭菜质量下降,列车供水制度不能正常执行。

1976年末,经过整顿,客运秩序逐渐好转,向旅客送水制度恢复正常。1977年后,根据铁道部提出的"面向旅客、经济实惠、保质保量、适应需要、按质论价、保本微利"餐车供应原则和商业部、铁道部制定的《关于做好铁路旅客饮食供应工作的联合通知》,徐州列车段改革餐车经营的食品结构及供应方式。在以快餐为主的前提下,增加配餐炒菜,任旅客挑选。进入20世纪80年代,餐车供应以快餐为主,积极经营地方风味食品,兼营部分商品。1984年,餐车供应饭食时以纸装饭盒和泡沫塑料饭盒代替铝制饭盒。④ 1986年起,长途旅客列车按

---

① 徐州市史志办公室.徐州年鉴:2006[M].北京:方志出版社,2006:220-221.
② 郑州年鉴编辑部.郑州年鉴:2009[M].郑州:中州古籍出版社,2009:299.
③ 江苏省地方志编纂委员会.江苏省志:交通志 铁路篇[M].南京:江苏人民出版社,2007:131.
④ 郑州铁路局史志编纂委员会.郑州铁路年鉴:1985[Z].郑州铁路局史志编纂委员会,1986:198.

列车编组规定在列车中部加挂餐车,供乘车旅客用餐。同时,对未挂餐车的中短途旅客列车,乘务人员事先联系沿线较大停车站准备好快餐食品送上车,保证旅客用餐需求。

1990年,为提高列车饮食供应品质,郑州铁路局成立路局旅行服务所,坚持站台供应统一管理、统一经营、统一价格、统一服装、统一车辆、统一标志,新建、改造加工厂、仓库、冷库,购置电冰箱、汽车、售货车等。① 1991年,郑州局实行餐车供应与站台供应相结合、餐厅(定点)供应与送盒饭到车厢(流动供应)相结合、饮食供应与商品销售相结合的"三结合"供应方法。餐车兼营商品、土特产品、旅行用品,对少数民族备有专用餐料、餐具。站台供应以自制食品为主,兼营商品和旅行用品,发展地方风味食品与土特产品。② 1992年,郑州局发展名菜名点和风味小吃,实行名师挂牌服务,兼顾不同地区、不同车次、不同消费水平需求,做到优质优价、质价相符。③

进入21世纪以来,为确保旅客饮食卫生安全,强化站车饮食供应安全控制,杜绝假冒伪劣产品,郑州铁路局对全局客运系统站车食品开展专项整治行动。2004年,坚决清理小厂、手工作坊及知名度低、设备简陋厂家生产的产品与假冒伪劣产品。④ 2005年,重点落实卫生许可证和从业人员健康证管理,坚决杜绝无证开业、无证上岗;落实食品进货渠道、食品加工和餐具消毒工作责任制,对存在的食品安全隐患限期完成整改;打击在铁路站车制售假冒伪劣食品的违法犯罪行为,防止站车食物中毒事故的发生。⑤ 2007年,郑州站改造食品加工间和站台售货车,形成消毒间、粗细加工间、豆奶加工间、食品制作间、熟食存放间、食品发放间一条龙作业线,从业人员健康证发放率、出售食品合格率做到100%。⑥ 同年,从众多餐饮服务供应商中遴选优质企业为路局动车组提供餐饮服务。如福记食品服务控股有限公司为北京西—郑州D131/134、郑州—北京西D132/135、北京西—郑州D133/136、郑州—汉口D141/148列车提供餐饮服务,海航航空食品控股有限公司为上海—郑州D88/85、D82/83列车提供餐饮服务。⑦ 通过检查整顿,食品安全监管制度逐步完善,名优食品供应得到发展,旅客饮食安全得到有效保证。

通过长期持续的努力与改进,淮河流域铁路客运服务质量有了显著提高与质的飞跃,旅客的候乘舒适度与满意度大幅提升。2008年11月,郑州铁路局对全局29列旅客列车开展用户满意度测评活动。测评结果显示,列车总体用户满意度为91.40分,其中服务91.70分,卫生91.06分,安全92.27分,餐饮89.81分。⑧ 随着动车及高速铁路的不断发展,铁路客运在运输市场中的地位与竞争力逐渐提升。淮河流域铁路部门应抓紧这一发展契机,在不断完善硬件基础设施的基础上,制定规范且富有灵活性的服务标准,建立健全客运服务监管机制,不断提升客运工作人员的职业素养,不断对产品和服务进行优化升级,为旅客出行

---

① 郑州铁路局史志编纂委员会.郑州铁路年鉴:1991[Z].郑州铁路局史志编纂委员会,1991:89-90.
② 郑州铁路局史志编纂委员会.郑州铁路年鉴:1992[Z].郑州铁路局史志编纂委员会,1992:88-89.
③ 郑州铁路局史志编纂委员会.郑州铁路年鉴:1993[M].中国铁道出版社,1993:71.
④ 郑州铁路局史志编纂委员会.郑州铁路局年鉴:2005[Z].郑州铁路局史志编纂委员会,2005:59.
⑤ 郑州铁路局史志编纂委员会.郑州铁路局年鉴:2006[Z].郑州铁路局史志编纂委员会,2006:64.
⑥ 郑州年鉴编辑部.郑州年鉴:2008[M].郑州:中州古籍出版社,2008:326.
⑦ 郑州铁路局史志编纂委员会.郑州铁路局年鉴:2008[Z].郑州铁路局史志编纂委员会,2008:60.
⑧ 郑州铁路局史志编纂委员会.郑州铁路局年鉴:2009[Z].郑州铁路局史志编纂委员会,2009:62.

提供更加优质便捷的服务,为进一步走向市场、开拓市场、赢得市场注入新的活力与动力。

五、货物运输

根据运输方式与运输对象的不同,淮河流域铁路货运主要有整车运输、零担运输、集装化运输与特殊运输四种形式。2000年后,随着公路运输与快递行业的迅速发展,铁路零担货物运输量呈大幅下滑趋势。但与此同时,铁路充分发挥其运力大、能耗少、成本低的优势,整车货物运输与集装化货物运输呈逐渐增长势头。

(一)整车货物运输

整车货物运输,是指当一批货物的重量或容积足以占用一节货车车皮时的运输方式。整车货物运输一般不需要中间环节或中间环节很少,集散成本较低。

1949年,淮河流域按照铁道部制定的《货物运送规则》和《货物运价规则》规定,要求整车货运由货主自理。1951年4月,津浦、陇海、淮南铁路主要货运站开始办理整车货物运输,7月,所有运营站均可以办理此项业务。是年,徐州铁路分局发送整车货物324万吨,并出现货多车少的运输紧张局面。[1] 在货运量增长、车辆紧张的情况下,充分利用货车载重能力和容积,整车货物运输逐步向巧装多载转向。1952年,为缓和运输紧张局面,铁道部提出在全路开展"满载、超轴、五百公里"运动。货运工作重点开始转向挖掘货车潜力,提高货车技术装载量。流域各车站纷纷成立满载小组、技术小组,深入物资单位研究改进货物包装和装载技术,开展巧装满载、轻重配装等活动。如蚌埠站,利用敞车加装木架装运活猪,由原一层增至二层、三层;在家畜车内加隔板,使家禽装载量增加1倍。蚌埠、新马桥、武店站对装载芦席、山芋干、草绳、烟叶等轻泡货物改进包装的同时,推行定型装载方案,绘制常用车型装载示意图,做到按图装车,对号入座,提高车辆装载量。20世纪50年代,淮南线组织固定循环大型车底,用于淮南矿区至裕溪口间的煤炭运输,开展"一条龙"运输,加强地区联劳协作,促进了路、矿、港大协作。同时,还开展顺路空车装货、两站整零卸后加装、不摘车装卸等形式的"捎脚运输",对整列同一品名、到站的货物,使用"多车一票"的制票方法。1961年后,"一条龙"运输和"捎脚运输"先后停止,开始组织直达列车和成组装车。[2]

为解决运力不足的问题,流域各车站组织多种方式运货,以期"装得多、跑得快"。20世纪70年代,组织"两淮"(淮南、淮北煤矿)煤炭跨局远程直达列车,减少编组站作业量,加速物资和车辆周转。1986年,蚌埠铁路分局利用企业自备车空闲能力和停用的小型车辆(即车辆标记载重在40吨以下的敞篷车)组织运货。1986年,青龙山站用60吨车装运焦炭,采用敞车上部用竹笆加高的办法,增加货车容积,每车比以前多装10吨;同年5月,蚌埠铁路分局与淮南、洛河等发电厂签订企业自备车运货合同,分局与电厂各收50%的费用作为使用补偿。[3] 20世纪90年代以来,流域各车站采用现代化管理手段,扩大货源,提高整车货运水平。1991—1995年,以兖州矿区、日照港为重点,稳定大宗货源,确保整车装车。1996年,组织人员深入煤矿、港口、钢厂等大型企业挖掘有效货源。1997年,对各类重点物资采取优先

---

[1] 江苏省地方志编纂委员会.江苏省志:交通志 铁路篇[M].南京:江苏人民出版社,2007:137.
[2][3] 安徽省地方志编纂委员会.安徽省志:交通志[M].北京:方志出版社,1998:356.

审批计划、优先进货、优先配车、优先挂运的措施。2000 年,试行运输承诺服务办法,开行承诺列车。2002 年以后,实施大户运输战略,对大户运输优先批准计划,优先装运。①

(二) 零担货物运输

零担货物运输,是指当一批货物的重量或容积不足占用一节货车车皮(不够整车运输条件)时,与其他货物拼装后进行运输的方式。零担货物运输方式可分为整装零担车(简称整零车)和沿途零担车(简称沿零车)。

1949 年 11 月,徐州至连云港开始受理零担货物托运业务。1950 年,津浦、陇海铁路全线办理零担货物运输。1951 年 12 月,津浦、陇海铁路实行零担计划运输,定期受理,分线承运,使零担货运进入计划运输阶段。1952 年 7 月,设置零担调度员,实行零担预确报制度,零担调度员根据各站预报的待装货物数量及到站和沿零列车货运员预报的沿途应卸品名、件数、车内空位、零担车编挂位置等情况,组织各站零担货物的装运。1953 年,根据铁道部对零担货运提出"争取直达、避免中转、多装整零、压缩沿零、消灭不合理的中转及提高货车装载量"的要求,各零担货物运输量较大的货运站,按规定时间受理各个到站与各个方向的货物,使货源合理集中,最大限度地组织整装零担车。同时,根据各站货源情况,调度所将分散的、多货主的零担货物以直达整零、两站整零、集沿零为整零和沿零方式组织装运,对沿途零担货物实行车站隔日承运和沿零车隔日挂运的办法。此外,各货运站普遍推行"整车附零"的运输办法,利用顺路空车装货、守车装货以及重车加装等方式的"捎脚运输"。1959 年,为加快零担货物的运送,徐州铁路分局在徐州至商丘、兖州、连云港间各开行 1 对零担列车,并在指定普客列车尾部加挂沿零车 2~3 辆。1965 年改为定点、定线、定编组的快运零担货物列车。②

改革开放后,流域各车站深化零担运输改革,组织零担货物直达运输,废除沿途零担车,减少零担中转作业等,缩短车辆停留时间。1983 年,根据铁路、公路短途运输的合理分工,流域一些零担业务办理站相继关闭,只保留业务量较大的中间站,停开徐州—济南—青岛间的快运沿零列车以及与其衔接的其他各线、各区段的沿途零担车。1984 年,徐州分局零担办理站由原来的 56 个减少到 14 个,包括徐州北、徐州、连云港、新浦、海州、东海、新沂、邳县等站。零担货物集结大站,承运周期平均缩短 2~3 天,徐州分局月均零担发运量增加 2 000 吨,多运煤炭等物资 27 万吨。安徽省发布的《集装整零运输组织试行办法》规定,蚌埠站对有关站必须组织一站直达,宿县、淮北、阜阳、田家庵站相互间的零担货物运输必须组织直达。③

20 世纪 90 年代以来,为拓展零担货源渠道,流域各车站重点抓好零担货源开发,增加和办好远离铁路的货运营业服务网点。各零担办理站以优质服务吸引货主,受理零担货物,零担运量大幅度提高。1994—1997 年,流域主要货运站继续抓好零担货源开发和零担装车组织,零担货物发送量年年超计划完成,运输收入不断增加。1997 年,徐州铁路分局在远离铁

---

① 山东省地方史志编纂委员会.山东省志:铁路志 1986—2005[M].济南:山东人民出版社,2008:223-224.
② 江苏省地方志编纂委员会.江苏省志:交通 铁路篇[M].南京:江苏人民出版社,2007:139.
③ 安徽省地方志编纂委员会.安徽省志:交通志[M].北京:方志出版社,1998:357;江苏省地方志编纂委员会.江苏省志:交通志 铁路篇[M].南京:江苏人民出版社,2007:139;山东省地方史志编纂委员会.山东省志:铁路志[M].济南:山东人民出版社,1993:181.

路的地方建立"无轨车站"或货运联运点,就地承运,随到随运,仅徐州西站的站外联运点全年组织零担货物 46 225 吨。① 但自 2000 年以后,由于集装箱和行包运输的快速发展,以及公路、快递业务网络的建立,零担货物分流速度加快,零担货物运量大幅度下降。为争取更多的零担业务,2007 年,郑州东站开展零担拼车拼箱和一站直达业务,全年办理零担货物发送 32 203 吨。②

(三)集装化货物运输

集装化运输是从集装箱运输发展起来的,是指采用各类集装器具和捆扎索夹具,把成件包装货物和散裸装货物集装成特定单元进行运输的方式。集装化运输具有安全、便利、快捷等特点。

早在 1955 年,郑州东站即开始办理集装箱运输,是全国铁路集装箱的运输中转站和维修站。1956 年 10 月,徐州站开办 3 吨集装箱业务。1960 年 5 月,蚌埠站开办此项业务,但由于箱型与货车容积不适应,汽车搬运和起重设备不配套,货源不均衡,故发展缓慢乃至被停办。20 世纪 70 年代,蚌埠站开始使用 1 吨集装箱,1978 年启用 5 吨集装箱。1980 年,宿县、田家庵、淮北站开办 1 吨集装箱运输业务。从 1979 年起,蚌埠站开展"门对门"运输,把铁路车站、汽车运输部门、物资部门三个环节结合起来,加速集装箱周转。同年 7 月,蚌埠站与蚌埠市汽车运输公司将 1 吨箱 14 只、5 吨箱 2 只直接送往阜阳,全程 178 千米。8 月,正式开办蚌埠至阜阳 1 吨、5 吨集装箱运输,将集装箱运输延伸到无铁路的市县。③

改革开放后,单一的集装箱运输逐步向集装化运输发展,即采用盘、笼、箱、袋、网、捆等工具把零星的货物集结为整,便于装卸、搬运和储存。1979 年 1 月,蚌埠站开始使用托盘装运瓷砖、再生胶等货物,4 月,又使用集装架、集装箱装运平板玻璃。1982 年 4 月,临淮关站使用集装袋装运白云石子。④ 同年,徐州铁路分局及滕县、枣庄等车站对集装条件较易的水泥、红砖、麻袋、柴油机、钢材等货物,采用集装笼、集装袋、集装网、集装包、集装架、捆扎托盘以及专用箱、专用车等多种工具和方式进行装运。1984 年,郑州铁路局新开办集装化运输站 16 个,比 1983 年增加 51.6%,增加集装化运输货物品种 35 种,比 1983 年增加近 40%。郑州铁路局对重点物资采用集装化运输,如在郑州东站对耐火砖用软质集装袋进行试运,货物损差由 10%~20%降至 0.5%~1.0%,装卸车时间压缩 84%。⑤ 1985 年,郑州铁路局重点加强集装化运输的开发工作,对耐火砖、生铁、腐殖酸、水泥等平板车集装试运。⑥ 同年,兖州、济宁、邹县、滕县、枣庄、徐州北、新浦、新沂、枣庄等站开展集装箱运输,并且逐步开办集装箱接取送达的"门到门"业务。⑦ 1986 年,郑州局出台《集装箱空箱调整原则》《新建箱投入运用的分配原则》《送修箱利用装货办法》《5 吨箱装车组织条件》等规定。⑧ 1991 年,郑州东

---

① 徐州年鉴编纂委员会.徐州年鉴:1998[M].徐州:中国矿业大学出版社,1998:182.
② 郑州年鉴编辑部.郑州年鉴:2008[M].郑州:中州古籍出版社,2008:327.
③④ 安徽省地方志编纂委员会.安徽省志:交通志[M].北京:方志出版社,1998:357.
⑤ 郑州铁路局史志编纂委员会.郑州铁路年鉴:1985[Z].郑州铁路局史志编纂委员会,1986:206.
⑥ 郑州铁路局史志编纂委员会.郑州铁路年鉴:1986[Z].郑州铁路局史志编纂委员会,1987:344.
⑦ 山东省地方史志编纂委员会.山东省志:铁路志[M].济南:山东人民出版社,1993:182;江苏省地方志编纂委员会.江苏省志:交通志 铁路篇[M].南京:江苏人民出版社,2007:140.
⑧ 郑州铁路局史志编纂委员会.郑州铁路年鉴:1987[Z].郑州铁路年鉴编纂委员会,1988:188.

大型集装箱货场投入使用。① 1992年3月,郑州东停办普通零担货物运输,全部纳入集装箱运输;8月,郑州东发至哈尔滨、沈阳、兰州、呼和浩特、乌鲁木齐局等站的普通零担货物全部纳入集装箱运输,其后又扩大到所有到达郑州局集装箱办理站的普通零担货物纳入集装箱运输。② 1992—1993年,济宁等站办理5吨箱、10吨箱业务。1995年,临沂车站开办集装箱"门到门"运输,全年共发送集装箱3.4万吨,到达集装箱86万吨。③

2000年以来,流域继续推进集装箱运输体制改革,开行"五定班列"(定点、定线、定车次、定时、定价)。2000年8月,装载100个集装箱的连云港至郑州、西安的"五定班列"由连云港西站发出。④ 1999年8月,徐州铁路分局与成都铁路局协商,开行连云港—成都东的集装箱货运"五定班列"。2000年,为了适应流域产粮区和加工区的调剂需求,徐州铁路北站与珠海市吉泰集装箱联运公司联手推出运粮"五定专列"。新开通的粮食专列为粮食企业提供"门到门"运输服务,运输时间由以往的6~8天缩短为64小时。运粮专列开通后,徐州北站每月发送量由原来的400多车增至700多车。⑤ 同年12月,徐州北站开出全路第一列由地方包租的徐州北—广东省樟木头、东莞东站的货运"五定班列"。⑥ 2005年后,流域集装化运输和集装箱运输站发展迅猛。2007年4月,连云港—西宁集装箱班列实现双向开通。⑦ 2008年5月,连云港—无锡首列集装箱班列开行,共发运40辆,计2 149.091吨铝锭。⑧ 2008年,郑州铁路局集装箱运量达25.40万吨。⑨ 2009年,新沂站集装箱运输办理到达1 792标箱,发出4 211标箱,日均到发110辆。⑩

随着对外经贸往来的频繁,流域国际集装箱运输亦得到较快发展。在徐州,1989年3月,徐州铁路分局利用徐州站既有设备装卸上海何家湾站发徐州的国际集装箱47箱。1997年,徐州分局以国际集装箱运输为龙头,开行中云至阿拉山口的过境国际箱图定"五定"班列。全年完成国际集装箱18 329个标箱,较上年增长69.99%;完成阿拉山口过境箱15 769个标箱,较上年增长65.75%。⑪ 在连云港,1992年11月,首列去阿拉木图、拉脱维亚等地区的国际集装箱列车驶离连云港西站,开通了亚欧大陆桥新的运输线。12月,中云至阿拉山口国际箱首列开通并试运成功,全年共装运、接卸国际集装箱530标准箱。⑫ 2007年10月,连云港—莫斯科国际铁路集装箱班列启动,标志着新亚欧大陆桥首次实现亚欧贯通运营。⑬ 2009年8月,连云港通往阿富汗的专列开通,填补了新亚欧大陆桥过境箱运输在西亚运输的

---

① 郑州铁路局史志编纂委员会.郑州铁路年鉴:1992[Z].郑州铁路局史志编纂委员会,1992:91.
② 郑州铁路局史志编纂委员会.郑州铁路年鉴:1993[M].北京:中国铁道出版社,1993:75.
③ 临沂市地方史志办公室.临沂年鉴:1995[M].济南:齐鲁书社,1997:234.
④ 徐州年鉴编纂委员会.徐州年鉴:2001[M].徐州:中国矿业大学出版社,2001:200-201.
⑤ 江苏交通年鉴编辑部.江苏交通年鉴:2001[M].北京:中国铁道出版社,2001:256.
⑥ 徐州年鉴编纂委员会.徐州年鉴:2002[M].南京:江苏古籍出版社,2002:171.
⑦ 江苏省地方志编纂委员办公室.江苏交通年鉴:2008[Z].江苏交通年鉴社,2008:176.
⑧ 江苏省地方志编纂委员会办公室.江苏交通年鉴:2009[Z].江苏交通年鉴社,2009:102-103.
⑨ 河南省统计局,国家统计局河南调查总队.河南六十年[M].北京:中国统计出版社,2009:98.
⑩ 新沂市史志办公室.新沂年鉴:2010[M].北京:中国文史出版社,2010:158.
⑪ 徐州年鉴编纂委员会.徐州年鉴:1998[M].徐州:中国矿业大学出版社,1998:182.
⑫ 江苏省地方志编纂委员会.江苏省志:交通志 铁路篇[M].南京:江苏人民出版社,2007:141.
⑬ 江苏省地方志编纂委员会办公室.江苏交通年鉴:2008[Z].江苏交通年鉴社,2008:176.

空白。①

(四) 特种货物运输

特种货物运输,是指对装卸、运送和保管等环节有特殊要求的货物运输方式。特种货物一般包括鲜活货物、危险货物、大件货物等。

1. 鲜活货物运输

新中国成立后,鲜活货物运量逐步上升,"南菜北调"、瓜果南北调剂和鱼苗、蜜蜂运输逐年增长。1952年,铁道部发布《易于腐败货物运送暂行细则》及《家禽运输暂行细则》。1953年,蚌埠站开始办理冻肉运输,使用加冰保温车,1957年改用机械保温车组。1962年,为向香港运送鲜活货物,郑州北站开行第一列直达深圳的755次快运货物列车。徐州铁路分局也加入755次货物专运列车的组织工作,在辖区偏远农村组织港澳所需生活物资,装车挂运至郑州集结,由郑州铁路局编组发往港澳地区。至1963年,755次快运货物列车共计装运供港鲜活货物2 916车。1979—1987年累计装运25 953车,其中1987年装运3 140车,比1963年增长7.7%。②

1965年,为贯彻铁道部《铁路鲜活货物运输细则》,蚌埠、宿县、田家庵等站开始办理冷藏装运业务。1970年,阜阳、涡阳、萧县、淮北站亦办理此项业务。冷藏车运输以肉食类为主,发运到东北、上海、广州等地区。此外,为给过路冷藏车进行测温、加冰和加盐,1965年,郑州北站制冰厂建成,装机产冷量为55万大卡/时,产冰45吨,冰库容冰3 000吨。1966年,徐州站新建加冰所投产,日产冰300吨,储冰量为1 600吨。1968年,蚌埠东站一度成为加水站,因淮河水质不好,一度停办。20世纪70年代中期,在徐州站三角线货区和东编组场修筑水道,安装水管,为鱼苗换水与蜜蜂车用水提供方便。③

改革开放后,对季节性很强的鲜活货物和鲜活易腐货物采取优先安排计划、优先装车、优先挂运、快速中转接续的方法,确保鲜活货物安全及时运输。1984年,郑州铁路局规定对季节性鲜水果可以计划外要车,在6—9月,由装车站直接受理。④ 1985年,徐州铁路分局办理鲜活货物运输6 967车,共25.32万吨。1992年,运送鲜活货物13.43万吨。1985年后,合肥郊区西瓜连年高产,外运量大,蚌埠铁路分局与物资部门协商,开辟装车场地,做到随到随装,并规定西瓜装车后12小时挂运开行。⑤ 1986年6月至8月,郑州局增开运往沈阳和深圳的瓜果鲜活快运列车53列,计4 575车。⑥ 2004年,郑州局共发送鲜活货物15万吨。同时,从郑州北站始发82755次供港鲜活货物快运列车365列。⑦ 2005年,郑州北站发送鲜

---

① 江苏省地方志编纂委员会办公室.江苏交通年鉴:2010[Z].江苏交通年鉴社,2010:116.
② 徐州年鉴编纂委员会.徐州年鉴:1998[M].徐州:中国矿业大学出版社,1998:181;河南省地方史志编纂委员会.河南省志:铁路交通志、民用航空志[M].郑州:河南人民出版社,1991:137-138.
③ 安徽省地方志编纂委员会.安徽省志:交通志[M].北京:方志出版社,1998:357-358;江苏省地方志编纂委员会.江苏省志:交通志 铁路篇[M].南京:江苏人民出版社,2007:141.
④ 郑州铁路局史志编纂委员会.郑州铁路年鉴:1985[Z].郑州铁路局史志编纂委员会,1986:195.
⑤ 安徽省地方志编纂委员会.安徽省志:交通志[M].北京:方志出版社,1998:358;江苏省地方志编纂委员会.江苏省志:交通志 铁路篇[M].南京:江苏人民出版社,2007:141.
⑥ 郑州年鉴编辑部.郑州年鉴:1987[Z].郑州年鉴编辑部,1987:140.
⑦ 郑州铁路局史志编纂委员会.郑州铁路局年鉴:2005[Z].郑州铁路局史志编纂委员会,2005:67.

活货物8.55万吨,商丘站2.05万吨,开封站9.7万吨。① 2008年,郑州北站发送鲜活货物1 258车57 459吨,开封站864车51 516吨,商丘站262车11 216吨。从郑州北站始发82755次供港鲜活货物快运列车285列,挂运供港物资24车。②

2. 危险货物运输

1949年,铁道部陆续颁布《危险货物运输暂行办法》《危险品品名表》《包装表》,流域各货运站按规定开始办理危险货物运输,并逐步制定运输管理相关规定。1955年,铁道部公布《危险货物运输规则》和《放射性货物运输规则》,统一危险货物运输的条件和防护方法,危险货物运输开始步入科学化、规范化的轨道。

1960年以后,流域危险货物到发量逐渐增加,各站加强对危险货物的运输管理,有的站设有危险品仓库,有的站建立危险品货区或货位。1965年,为推动危险货物运送,徐州站建成标准型零担危险品库。田家庵、明光等站被指定为爆炸品办理发送站,蚌埠等站被指定为爆炸品办理到达站。蚌埠等站还改善装卸作业方式,将原用的机械作业内燃叉车改用可控硅叉车,提高运输安全系数。1970年,郑州东站扩建危险货物仓库。危险货物运输除按一般货物托运手续办理外,还根据货物的危险程度,在承运、包装、装卸、保管、交付等环节加强组织,并在郑州东建立简易洗刷消毒所。1984年,郑州东站修建三级除污能力的洗刷消毒所,日洗车20辆。③ 此外,宿县、明光、定远炉桥、淮北百善、淮北、淮南蔡家岗站相继办理危险货物运输。1990年4月,岚山港开辟液体化工码头,地方铁路岚山站每年装运易燃、易爆危险品达10万吨。1992年,徐州分局在江苏省境内发送危险品货物1 767批12 662吨;接卸危险品3 054批60 523吨。④

2002—2003年,铁道部对剧毒货物运输办理站全部安装计算机跟踪管理系统,停办不符合条件的专用线,对危险货物自备罐车,重新建立台账,实行危险品罐车准运证制度。2005年,铁道部继续在全路开展危险货物运输安全专项治理活动和危险化学品罐车专项检查整治工作。同年,郑州铁路局制定《郑州铁路局铁路危险货物运输安全专项治理实施方案》,对不符合安全运输条件的危险货物办理站和专用线实行"关、停、并、转"。至年底,郑州局管内危险品运输专用线增至139条,办理危险品运输的车站有许昌、开封、商丘等站,此外,开封站还办理危险品集装箱运输,郑州东站办理剧毒品运输。同时,《郑州铁路局危险化学品运输事故应急预案》颁行,在危险货物安全运输管理方面,确立"防匿报、防夹带、防超装、防错办"工作重点,加大对站段的监督检查力度。⑤

3. 大件货物运输

新中国成立初期,大件货物运输量小,自装或接入超限货物需临时采取相应措施组织装运。1952年5月,铁道部公布《扩大货物装运暂行办法》(简称《办法》)。按《办法》规定,流域

---

① ⑤ 郑州铁路局史志编纂委员会.郑州铁路局年鉴:2006[Z].郑州铁路局史志编纂委员会,2006:71.
② 郑州铁路局史志编纂委员会.郑州铁路局年鉴:2009[Z].郑州铁路局史志编纂委员会,2009:71.
③ 河南省地方史志编纂委员会.河南省志:铁路交通志、民用航空志[M].郑州:河南人民出版社,1991:138.
④ 江苏省地方志编纂委员会.江苏省志:交通志 铁路篇[M].南京:江苏人民出版社,2007:142;山东省地方史志编纂委员会.山东省志:铁路志 1986—2005[M].济南:山东人民出版社,2008:223-224.

路局增添一些大吨位的平板车和特种车,在货运部门设专人管理大件货物的装载加固,在调度机构内设置专职调度人员。20世纪60年代,随着大件货物运输日渐增多,蚌埠铁路分局建立超限货物领导小组,由车、机、工、电、辆、装卸等部门负责人组成,调度科(所)配有专职人员负责日常工作。按照铁道部《货物满载加固及超限货物运输规则》规定,蚌埠站成立超限货物运输小组,技术室配有专职人员组织办理长笨超限货物运输业务。进入20世纪70年代,徐州西站与济宁站均办理大件货物的装运业务。

1980年,蚌埠铁路分局执行铁道部修订的《铁路超限货物运输规则》,调度所绘制特运列车运行图,对接入或自装超限货物按分界口接入交出和自装站车次、车数进行逐项梳理。分界口接入超限列车需有铁道部电报,管内自装超限货物需发站严格审查超限货物运行条件后方能运输。每天超限货物运输计划由调度所特调提供资料,编制计划,各站段严格执行计划,保证超限货物的运输安全。[①] 大件货物从承运、装载到加固过程逐步规范。1992年,滕州站西货场投入使用,其中,第三货场专门用于笨大货物集装箱运输。2008年,郑州铁路局全年始发超限超重货物205批,总件数897件,装车1300车。其中一级超限588车,二级超限87车,超级超限625车;组织超限超重专列16列,运送发电机定子8件、大型变压器18件、轧机机架2件、其他1件。[②]

六、货运营销

20世纪90年代以来,随着我国社会主义市场经济体制的确立,货运市场竞争日趋激烈。流域铁路部门面对新的市场环境,从偏重运输生产管理转变为重视市场营销,组建货运营销机构和营销队伍,构建营销网络,组织开发货源,主动开展上门服务,健全营销奖惩机制,大力发展直达运输、重载运输、集装箱运输、货物保价运输,对煤炭、石油、矿石、支农物资等重点物资予以优先保证、优先运输,极大地提高了铁路自身的经济效益,有力地支持了流域经济社会发展。

(一) 拓展市场份额

为在激烈的市场竞争中抢占先机,流域铁路部门通过深入厂矿企业进行调研、与客户进行沟通、提供优质服务等措施,了解、稳定、开发、吸引货源,为拓展流域货运市场份额创造条件。

1. 了解货源

流域铁路货运部门重视货源的市场调研工作,组建营销队伍深入厂矿农户及营销单位,了解货源的产量、销量、流向等情况以及客户的生产运输需求,摸清市场变化的特点和规律,为制定切实可行的营销策略及运输计划提供依据。

1993年,泗水火车站成立货源调查小组,深入各物资单位,对各类物资的产、供、销、去向和发送量等情况进行调查,并对调查的信息和资料进行分析研究。[③] 1997年,徐州铁路分

---

① 安徽省地方志编纂委员会.安徽省志:交通志[M].北京:方志出版社,1998:358.
② 郑州铁路局史志编纂委员会.郑州铁路局年鉴:2009[Z].郑州铁路局史志编纂委员会,2009:71.
③ 泗水县地方史志编纂委员会.泗水年鉴:1994[Z].泗水县地方史志编纂委员会,1994:68.

局货运部门深入厂矿企业开展货物流量、流向及大宗货源的调查,制定比价表,并提出管内货源减免铁路建设基金和篷布、集装箱使用费建议。① 1998年,郑州铁路局组织人员深入省内外重点企业开展市场调查,了解货源流向。② 1999年,枣庄车务段对段管内大中小企业1 200余家的营销档案资料予以完善。③

2000年,平顶山东站开展大型货运市场调查和各种专项调查,建档立卡,摸清底数。④ 2001年,淮南车务段派人到厂矿企业实地调查,了解煤炭生产需求状况,加强对煤炭运输市场的分析,安排煤炭运输计划。⑤ 同年,商丘火车站组织运输市场调查组,对辐射区内的厂矿企业、建筑工地等货源情况开展调查,对吸引区内的大蒜流、粮食流、玻璃流、集装箱流等货流及其流向、流量进行调查分析。⑥ 2002年,商丘站深入开展客货运输市场调查。⑦ 同年,开封车务段组织人员直接到农户及营销客户处,对重点货物,特别是大蒜、粮食等货物开展调查。⑧ 2003年,淮南车务段组织站段、车间、班组三级营销网络,多次走访淮南矿业集团、国投新集两大煤炭集团,以及平圩、洛河、田家庵三大电厂,了解煤炭产量、销售去向及市场需求。⑨ 2004年,开封火车站深入三市八县,开展货源调查,研究制定营销对策。⑩

2. 稳定货源

为稳定大宗货源,流域铁路部门和车站通过定期组织召开货主座谈会、运输协调会等方式,与大企业、大客户建立良好的沟通机制和合作关系。

在江苏,2002年,新淮铁路公司专门召开新淮铁路沿线货主座谈会,了解货主意见,与大货主保持经常性联系。⑪ 次年,公司按例召开沿线货主座谈会,与货主进行对话,听取他们的意见和要求,并就货物运输相关问题及服务作出解释和承诺。⑫

在安徽,2001年,淮南车务段组织召开淮南、新集两大煤炭集团以及各电厂、马钢、上海宝钢等企业参加的煤炭运输协调会。⑬ 2004年,召开矿业集团煤炭运输协调会,广泛征求客户意见和建议,就共同开展煤炭营销达成共识。⑭ 2006年,阜阳车务段与国投新集股份公司、淮南矿业集团建立起定期沟通的长效机制,加强与铁矿粉运输大户、霍邱大昌矿业公司的联系。⑮ 2009年,蚌埠车站与丰原集团、海螺集团、滁州盐业公司、凤阳石英砂矿等大客户建立固定联系渠道和产运信息动态档案,签订货运互保协议,全年发送货物258万吨,其中,

---

① 徐州年鉴编纂委员会.徐州年鉴:1998[M].徐州:中国矿业大学出版社,1998:182.
② 郑州年鉴编辑部.郑州年鉴:1999[M].郑州:中州古籍出版社,1999:202.
③ 枣庄市地方史志办公室.枣庄年鉴:2000[M].北京:中华书局,2000:169.
④ 平顶山市地方史志办公室.平顶山年鉴:2001[M].北京:方志出版社,2002:207.
⑤ 淮南年鉴编委会.淮南年鉴:2002[M].合肥:黄山书社,2002:109-110.
⑥ 商丘年鉴编辑委员会.商丘年鉴:2002[M].北京:方志出版社,2003:185.
⑦ 商丘年鉴编辑委员会.商丘年鉴:2003[M].北京:方志出版社,2003:195.
⑧ 开封年鉴编纂委员会.开封年鉴:2003[M].北京:方志出版社,2003:79-81.
⑨ 淮南年鉴编委会.淮南年鉴:2004[M].合肥:黄山书社,2004:92.
⑩ 开封年鉴编纂委员会.开封年鉴:2005[M].北京:北京燕山出版社,2005:95.
⑪ 淮安市市志办公室.淮安年鉴:2003[M].北京:方志出版社,2003:171.
⑫ 淮安市市志办公室.淮安年鉴:2004[M].北京:方志出版社,2004:117.
⑬ 淮南年鉴编委会.淮南年鉴:2002[M].合肥:黄山书社,2002:109-110.
⑭ 淮南年鉴编委会.淮南年鉴:2005[M].合肥:黄山书社,2005:92.
⑮ 阜阳市地方志办公室.阜阳年鉴:2007[M].合肥:黄山书社,2007:149.

粮食、化肥、盐、集装箱运输同比增加13万吨。①

在河南,如平顶山东站,2003年,通过沟通联系与宣传铁路运输的优惠政策,争取各煤炭业主的支持,保证煤源供应充足。② 2005年,与平煤集团、舞钢公司、平禹公司等大型企业多次召开协调会,商讨挖潜提效办法。③ 开封车站,2004年,与火电厂建立相互询问汇报制度,仅7月份即向火电厂送煤1 197车,计7万余吨。④ 2009年,建设谢集、民权、开封、邵岗集4个货运支点站,与28家大中型企业建立合作关系,货物发送量占全站总量的71%。⑤ 漯河车站,2005年,与重点企业建立合作关系,保证粮食、食品、饮料、化肥、钢材等重点物资的运输,重点企业运量大幅增长。其中,双汇集团发送货物10 979车,同比增长7.0%;银鸽纸业发送377车,增长343.5%;澳的利饮料发送664车,增长26.2%;雪健面粉发送1 510车,增长6.7%。⑥ 2006年,双汇集团发送货物58.7万吨,增长8.5%;仁和线材发送17万吨,增长25%;雪健面粉发送9.8万吨,增长6.8%;银鸽纸业发送5.1万吨,增长124%。⑦ 驻马店车站,2007年,邀请物资单位、重点运输客户参加货主座谈会,及时解决货主困难。⑧ 郑州东站,2008年,建立车站、车间两级双向货主交流机制,召开货主座谈会,向货主单位介绍运输生产情况,听取货主单位的意见和建议。⑨

3. 开发货源

流域铁路运输部门变"坐商"为"行商",深入周边地区及厂矿企业,寻求新增货源,扩大零星货源,货源组织平稳有序,货运保持较好的增长态势。

在河南,1993年,郑州铁路局组织人员分赴各地走访货主,深入厂矿、企业,加强与地方政府和运输大户的协调,采取有货先装车等措施,保证日装车600辆以上。⑩ 1997年,郑州局组织营销人员深入厂矿、郊县组织货源,协助大型厂矿企业开辟新市场,确保晋煤外运任务提前30天完成。⑪ 1998年,郑州局组织营销小分队,深入省内外百家大、中型企业开展营销,落实货源,货运量不断回升,其中,第四季度货物发送量完成1 864.4万吨,同比增长79.6万吨。⑫ 2007年,郑州东站组织营销小组深入车站周边厂矿企业开展营销宣传,加强和宇通客车、蒙牛乳业、可口可乐等大企业的联系,开辟新的货源增长点。⑬ 2009年,郑州铁路局成立营销队伍,深入厂矿企业走访宣传,广揽货源。⑭

---

① 蚌埠年鉴编纂委员会.蚌埠年鉴:2010[M].合肥:黄山书社,2010:166.
② 平顶山市地方史志办公室.平顶山年鉴:2004[M].郑州:中州古籍出版社,2004:141.
③ 平顶山市地方史志办公室.平顶山年鉴:2006[M].郑州:中州古籍出版社,2006:89.
④ 开封年鉴编纂委员会.开封年鉴:2005[M].北京:北京燕山出版社,2005:95.
⑤ 开封市地方志办公室.开封年鉴:2010[M].北京:北京燕山出版社,2010:155.
⑥ 漯河市史志档案局.漯河年鉴:2006[M].北京:光明日报出版社,2006:183.
⑦ 漯河市史志档案局.漯河年鉴:2007[M].北京:线装书局,2007:204.
⑧ 驻马店市地方史志办公室.驻马店年鉴:2008[M].北京:线装书局,2008:226.
⑨ 郑州年鉴编辑部.郑州年鉴:2009[M].郑州:中州古籍出版社,2009:294.
⑩ 郑州便览编辑部.郑州便览:1994[Z].郑州:郑州市人民政府郑州便览编辑部,1994:168.
⑪ 郑州年鉴编辑部.郑州年鉴:1998[M].郑州:中州古籍出版社,1998:204.
⑫ 郑州年鉴编辑部.郑州年鉴:1999[M].郑州:中州古籍出版社,1999:202.
⑬ 郑州年鉴编辑部.郑州年鉴:2008[M].郑州:中州古籍出版社,2008:327.
⑭ 郑州年鉴编辑部.郑州年鉴:2010[M].郑州:中州古籍出版社,2010:339.

2003年,开封火车站深入开封县、杞县、兰考、尉氏、通许、开封市区、郊区以及各厂矿企业,组织抢抓粮食、大蒜等农副产品运输。① 2004年,开封火车站派出货运技术人员赴淮阳对80台钻井设备进行实地测量,制定装车方案,安全及时地将钻井设备发出。② 2005年,漯河车务段深入货源吸引区进行走访,捕捉到达货运信息,并与相关部门人员及时沟通,达成舞钢钢板、矿砂运输协议。③ 2005年,驻马店车站成立营销分队进驻一些大型厂矿企业跟踪服务,抓住钢铁、非金属、矿建、轻油等"龙头"货源,采取"走出去,请进来"的策略,走访周边各市县粮库、厂矿、企业进行宣传,努力吸引外来货源,全年完成货物发送62.5万吨。④

在安徽,1998年,阜阳车务段派专人外出组货,争取到了进入江浙和江西的部分运量以及周口味精厂5万吨进口玉米和太和木材等货源。⑤ 2006年,阜阳车务段加强杂货组织,抓好粮食、化肥和其他重点物资运输。⑥ 2007年,阜阳车务段积极拓展新增货源,完成煤炭、石油、粮食等重点物资运输,全年发送货物1 787.9万吨,同比增加622.9万吨,增长53.5%。⑦

1999年,淮北车务段以煤炭运输为重点,积极开拓新货源,全年发送货物2 112.1万吨。⑧ 2000年,淮北车务段扩大组织货源,全年日均装车1 014辆。⑨ 2000年,淮南车务段货运人员深入周边市县组织货源,扩大货物运输经营范围,全年发送货物1 561万吨。⑩ 2001年,淮南车务段开拓周边杂货市场,全年发送货物1 910.9万吨,较上年增加349.9万吨。⑪ 2002年,淮南车务段组建地区性货运营销中心,注意收集散装杂货,并在霍邱、颍上、凤阳、定远等地设立代办点,争取货源,全年发送货物2 071.27万吨,较上年增加160.37万吨。⑫ 2003年,全年发送货物2 396万吨,较上年增加324.73万吨。⑬ 2004年,全年发送货物2 638万吨,较上年增加242万吨。⑭

在山东,1999年,枣庄车务段的官桥、枣西、山家林等站主动为煤炭找销路,加大小井煤的发运量,全年煤炭运量占全段总运量的85%。同时,车务段在苍山县建立营销小组,仅大蒜外运就达252车。⑮ 2001年,枣庄车务段重点抓好大蒜、水泥等货物的开发,全年共运大蒜470车。⑯ 2002年,枣庄车务段拓展高收入率、高附加值的货物运输,全年发送货物

---

① 开封年鉴编纂委员会.开封年鉴:2004[M].北京:北京燕山出版社,2004:83.
② 开封年鉴编纂委员会.开封年鉴:2005[M].北京:北京燕山出版社,2005:95.
③ 漯河市史志档案局.漯河年鉴:2006[M].北京:光明日报出版社,2006:183-184.
④ 驻马店市地方史志办公室.驻马店年鉴:2006[M].北京:光明日报出版社,2007:177.
⑤ 阜阳市地方志办公室.阜阳年鉴:1999[M].合肥:黄山书社,1999:65.
⑥ 阜阳市地方志办公室.阜阳年鉴:2007[M].合肥:黄山书社,2007:149.
⑦ 阜阳市地方志办公室.阜阳年鉴:2008[M].合肥:黄山书社,2008:165.
⑧ 淮北市地方志(年鉴)编纂委员会.淮北年鉴:2000[M].北京:中国致公出版社,2000:136.
⑨ 淮北市地方志(年鉴)编纂委员会.淮北年鉴:2001[M].北京:中国致公出版社,2001:90.
⑩ 淮南年鉴编委会.淮南年鉴:2001[M].合肥:黄山书社,2001:76.
⑪ 淮南年鉴编委会.淮南年鉴:2002[M].合肥:黄山书社,2002:109-110.
⑫ 淮南年鉴编委会.淮南年鉴:2003[M].合肥:黄山书社,2003:100.
⑬ 淮南年鉴编委会.淮南年鉴:2004[M].合肥:黄山书社,2004:92.
⑭ 淮南年鉴编委会.淮南年鉴:2005[M].合肥:黄山书社,2005:92.
⑮ 枣庄市地方史志办公室.枣庄年鉴:2000[M].北京:中华书局,2000:169.
⑯ 枣庄市地方史志办公室.枣庄年鉴:2002[M].北京:五洲传播出版社,2002:170.

1 238.8万吨。① 2003年,枣庄车务段继续开发货源,全年发送货物1 264.6万吨。②

1997年,临沂车务段深入临沂市三区和郯城、苍山、费县、莒南四县进行客货营销宣传,同时,车务段与坪岚地方铁路、岚山港务局联合成立联运办公室,努力开辟货源,全段全年发送货物104.3万吨。③ 2006年,临沂车务段在稳定化肥、生铁、水泥熟料等大宗货源的基础上,争取石子、黄沙等中间地带的货源,扩大面粉、食品等零星货源,全年发送货物486万吨。④

在江苏,2000年,新淮铁路公司成立货运营销中心,在沿线各车站成立营销小分队,利用价格机制吸引货源,新增大宗货主5家,新增社会物资运量8.3万吨。⑤ 2003年,新淮铁路公司加大管内货物运输的组织力度,及时调整零散货物的运价,开发泗阳、沭阳等地的民用煤炭市场,发展管内沙石料运输。⑥ 2006年,徐州北站加大对皖北、临沂、建湖等地区货源的开发和组织工作,充分发挥自身路网编组站和淮海经济区中心的优势,扩大货源吸引区范围,依靠民营、合资、外资、股份制等新兴企业支持,争取高效货源。⑦

4. 吸引货源

流域铁路运输部门不断创新服务方式,丰富服务内涵,通过建立货运代办点、简化运输手续、上门服务、跟踪服务、承诺服务等多种形式,最大限度地满足货主需要,依靠优质服务吸引货源。

1997年,开封车务段以优质服务开路,在周边县区广设货运代办点,简化程序,实行收费一次清、手续一次净。⑧ 2000年,开封车务段管内兰考、民权、中牟、宁陵4个县城站在附近乡镇设立货运代办点,利用"五一""十一"黄金周期间以及春运、暑运时期,主动前往厂矿企业开展货运延伸服务。⑨ 2002年,开封车务段除管内4个县城站在周边乡镇设立货运代办点外,其余9个营运车站也都在附近集镇设立联系点。⑩ 2006年,开封火车站主动走访货主,征求货主意见和建议,满足货主需要,吸引货源。⑪

1998年,郑州铁路局采取随到随批、先装后批的措施,为货主提供方便。管内二等以上车站货场推行运输订单制,实行"四一、二全"服务,即一个窗口、一次签单、一次收费、一包到底;全程负责、全方位服务。⑫ 2008年,郑州东站对受理、计划、验货、检斤及取送车等重点岗位服务情况进行检查,杜绝吃、拿、卡、要及乱收费等现象发生,全年为货主缝包钉箱2 300

---

① 枣庄市地方史志办公室.枣庄年鉴:2003[M].北京:五洲传播出版社,2003:166.
② 枣庄市地方史志办公室.枣庄年鉴:2004[Z].2004:123.
③ 临沂市地方史志办公室.临沂年鉴:1997[M].济南:齐鲁社,1999:227.
④ 临沂年鉴编纂委员会.临沂年鉴:2007[M].北京:中华书局,2007:230.
⑤ 淮安年鉴编纂委员会.淮安年鉴:2001[M].长春:吉林人民出版社,2001:169.
⑥ 淮安市市志办公室.淮安年鉴:2004[M].北京:方志出版社,2004:117.
⑦ 徐州市史志办公室.徐州年鉴:2007[M].北京:方志出版社,2007:206.
⑧ 开封年鉴编纂委员会.开封年鉴:1998[M].郑州:中州古籍出版社,1998:103.
⑨ 开封年鉴编纂委员会.开封年鉴:2001[M].北京:方志出版社,2001:96.
⑩ 开封年鉴编纂委员会.开封年鉴:2003[M].北京:方志出版社,2003:79-81.
⑪ 开封年鉴编纂委员会.开封年鉴:2007[M].北京:北京燕山出版社,2007:114.
⑫ 郑州年鉴编辑部.郑州年鉴:1999[M].郑州:中州古籍出版社,1999:201-202.

多件。① 2009年，郑州铁路局制定《郑州东站企业服务年活动实施方案》，开通货运"绿色通道"，全天候服务，确保从审批到挂运24小时内完成；对重点运输物资，实行"优先受理、优先上站、优先装车、优先发运"服务；对急运物资实行先上站后办手续的特殊办法；对大批量货物实行班列运输和直达运输。②

2000年，商丘火车站逐户走访蒜农，承诺大蒜运输"四优先（优先进站、优先请车、优先配空、优先挂运）、三到位（服务到位、监装到位、收费结算一次到位）、一提供（免费为货主提供住宿）"，开办3处运输代办点，便利蒜商就近办理手续，全年共装运大蒜1 560多车。③ 2000年，平顶山东站制定《客货运职工行为服务标准》，规范并提高职工的服务质量。④ 2004年，平顶山东站开展货物运输代理服务，建立内部与外部相结合的服务质量监督和评价机制，全面提升服务质量。⑤ 2006年，驻马店车站选派人员到厂矿企业现场办公，改进服务方式，提前确定车源、货物装载吨数、送车时间等。⑥

1997年，徐州铁路分局实行货运"一次报价、一个窗口收费、一张支票结算"的经营方式，并在远离铁路的地方建立起"无轨车站"或货运联运点，就地承运，就地制票，随到随运，吸引货源。仅徐州西站的站外联运点全年组织零担货物46 225吨。⑦ 同年，临沂车务段实行"一个窗口收费、一张支票结算"的一条龙服务，提高服务质量。⑧ 1998年，兖州火车站向厂家派出驻厂货运员，设立现场营销承运点，营销上门，手续从简，仅大蒜运输就达2 475车，计568万吨。⑨ 1999年，兖州车站货运车深入厂矿、企业，提供上门服务，吸引济宁、汶上、金乡、临沂等地货源。⑩ 2004年，淮北车务段在营销人员中开展承诺服务、全程服务和首问负责制等活动，特别是在7月、8月、9月用电高峰期，组织电煤运输，做到有煤就有车，成组就挂运。⑪

（二）优化运输组织

淮河流域铁路部门优先保证煤炭、矿石、粮食等重点物资的运输；坚持"一卸、二排、三装"的运输组织原则，挖掘运输潜能，提高运输效率；加强调度指挥，组织远距离、快运物资运输，开行直达与重载列车，较好地完成了营运任务。

1. 确保重点物资运输

淮河流域作为重要的煤炭产区，煤炭运输一直是铁路系统运营的首要任务。1993年，郑州铁路局以晋煤外运为重点，日均装车1 800辆，在空车不足时，坚持做到先远后近，保大

---

① 郑州年鉴编辑部.郑州年鉴:2009[M].郑州:中州古籍出版社,2009:294.
② 郑州年鉴编辑部.郑州年鉴:2010[M].郑州:中州古籍出版社,2010:337.
③ 商丘年鉴编辑委员会.商丘年鉴:2001[M].北京:中华书局,2001:193-194.
④ 平顶山市地方史志办公室.平顶山年鉴:2001[M].北京:方志出版社,2002:207.
⑤ 平顶山市地方史志办公室.平顶山年鉴:2005[M].郑州:中州古籍出版社,2005:146.
⑥ 驻马店市地方史志办公室.驻马店年鉴:2007[M].北京:线装书局,2007:195.
⑦ 徐州年鉴编纂委员会.徐州年鉴:1998[M].徐州:中国矿业大学出版社,1998:182.
⑧ 临沂市地方史志办公室.临沂年鉴:1997[M].济南:齐鲁书社,1999:227.
⑨ 兖州市地方史志编纂委员会.兖州年鉴:1996—1999[M].香港:香港天马出版有限公司,2000:300.
⑩ 兖州市地方史志编纂委员会.兖州年鉴:2000[Z].兖州市地方史志编纂委员会,2003:225-226.
⑪ 淮北市地方志(年鉴)编纂委员会.淮北年鉴:2005[M].北京:方志出版社,2005:73.

矿,保山西,同时做好山西、河南两省间运量关系的协调。① 1995年,郑州铁路局将晋城、潞安、郑州等大矿的运输作为重中之重,全年完成煤炭运输5 230万吨,其中晋煤外运3 300万吨。② 1998年,为保证煤炭基础性货源,兖州火车站在计划、配车送车、场地等方面给予优先政策支持及优惠,全年完成煤炭装车23 198车,共计137.8万吨。③

2001年,淮南车务段对重点煤矿运输给予倾斜,将煤炭始发直达列车占比由70%增加到80%以上。④ 2002年,淮南车务段充分利用潘集、新集、张集、谢桥等煤炭运输专用线,在装车、配空、取送等环节上予以重点保证,同时抓住电厂专用煤短途运输优势,快装快卸,提高车辆利用率,增加煤炭外运量。⑤ 2003年,淮南车务段对于煤炭运输优先报车、优先配车、优先装车、优先放行、优先卸车,煤炭运输量逐渐增加,日均装车超过千辆。⑥ 2003年,平顶山东站钢煤、电煤等国家重点物资的运输任务量大、时间紧、要求高,车站按照优先安排去向、优先配送空车、优先组织挂运的原则,保证电煤、钢煤运输。⑦

农副产品、化肥、农药、企业告急物资、抢险救灾物资等关系到国计民生的物资运输,是淮河流域铁路系统运营的重点。1994年,郑州铁路局对河南的大蒜、西瓜等季节性支农物资的运输实行优先政策,全年发送大蒜3 135车,西瓜1 066车。⑧ 2001年7月,开封车务段抓住重点时季,组织重点货物,尤其是在大蒜外运进入高潮时,争取到边装车边报计划的优惠政策,仅下半年就完成收入6 871万元。⑨ 2002年,为保证大蒜、粮食等大运量重点货物的集中运输,开封车务段提前联系,及时调配专用机车,全年共计装车25 565车,为计划的104.5%;卸车23 255车,为计划的136.3%。⑩

2006年,徐州北站对于粮食、化肥、油品及抢险救灾等物资的运输,做到优先安排计划、优先配空、优先装车、优先挂运。⑪ 2007年,郑州东站对重点物资的运输计划、配车、装车、挂运、卸车亦实行优先政策,组织粮食、化肥等物资的抢运,全年装运各类重点物资1 313车,共计76 696余吨。⑫ 2008年,驻马店车站针对春耕化肥实行"优先进货、优先受理、优先装车、优先挂运";针对四川汶川县大地震,开辟"绿色通道",抢运救灾物资32车;针对豫南地区粮食丰收、货源剧增的情况,争取运力支持,积极抢运粮食。⑬

2. 提高运输效率

1993年,郑州铁路局强化货运、列车、机车三大计划的有机衔接,强化各编组站、区段站

---

① 郑州便览编辑部.郑州便览:1994[Z].郑州便览编辑部,1994:168.
② 郑州年鉴编辑部.郑州年鉴:1996[Z].郑州年鉴编辑部,1996:195-196.
③ 兖州市地方史志编纂委员会.兖州年鉴:1996—1999[M].香港:香港天马出版有限公司,2000:300.
④ 淮南年鉴编委会.淮南年鉴:2002[M].合肥:黄山书社,2002:109.
⑤ 淮南年鉴编委会.淮南年鉴:2003[M].合肥:黄山书社,2003:100.
⑥ 淮南年鉴编委会.淮南年鉴:2004[M].合肥:黄山书社,2004:92.
⑦ 平顶山市地方史志办公室.平顶山年鉴:2004[M].郑州:中州古籍出版社,2004:141.
⑧ 郑州便览编辑部.郑州便览:1995[Z].郑州便览编辑部,1995:178.
⑨ 开封年鉴编纂委员会.开封年鉴:2002[M].北京:方志出版社,2002:90.
⑩ 开封年鉴编纂委员会.开封年鉴:2003[M].北京:方志出版社,2003:80-81.
⑪ 徐州市史志办公室.徐州年鉴:2007[M].北京:方志出版社,2007:206.
⑫ 郑州年鉴编辑部.郑州年鉴:2008[M].郑州:中州古籍出版社,2008:327,329.
⑬ 驻马店市地方史志办公室.驻马店年鉴:2009[M].北京:线装书局,2009:202.

的效率意识,在保证安全的基础上,提高作业效率,压缩车辆的中转、停时。① 1995年,郑州铁路局年内日均装车3 300车,比计划日均多装40车。货车周转时间完成1.36天,较年计划压缩0.04天。② 2006年,郑州东站合理调配使用车辆,压缩车辆暂停时间,加速车辆周转,提高运输效率,货车作业停时由原来的每车13.6小时压缩到11.4小时。③ 2007年,郑州北站掌握空车情况并合理调配使用,全年装车48 183车,完成计划的108.2%,比2006年增加144车;发送货物282.52万吨,完成计划的108.7%,比2006年增加26.28万吨。④

2002年,商丘火车站坚持无调列车快速中转,有调列车及时上线,作业车快卸快装,大力压缩中转、停时,全年完成装车15 413车,比计划多装1 178车,同比多装1 571车;发送货物85.54万吨,比计划增加5.54万吨,同比增加3.24万吨。⑤ 2005年,漯河车务段加强各部门之间的协调和信息沟通,加速车辆周转,有效控制停车时间。⑥ 2006—2007年,驻马店车站加强运转、货运工作联系,密切各部门之间的联络配合,提高作业效率,最大限度缩短货物在站停留时间。⑦

2005年,淮南车务段合理配置动力和空车资源,加大煤炭运输组织力度,确保日均装运煤炭1 050辆。⑧ 2009年,淮北车务段加强各工种、各岗位、各单位的联络协作,加速车辆的调配和周转,加强与路局、厂矿的沟通协调,及时互通运输信息,优化作业流程,全段共开行直通列车装车1 136列,列均停留时间为14.1小时。⑨

3. 开行直达与重载列车

1994年,郑州铁路局组织开行快运直达列车39列,组织开行晋煤外运4 000吨的重载列车1 860列,组织开行郑州往南、往北5 000吨的重载列车3 433列,从安阳口接入5 000吨的重载列车3 096列。⑩ 1996年,郑州铁路局组织增开重载列车,开行郑州北至江岸西5 000吨的重载列车10 166列。⑪ 2004年,郑州铁路局利用第五次大面积提速调图的有利时机,大力组织开行高质量的跨局、跨分局直达列车;先后对新乡—月山、新乡—商丘北、新乡—侯马北间等多条线路进行扩能改造,提高区段通过能力,积极开行5 000吨的重载列车。至12月6日,提前25天完成全年计划周转量,位居全局第一。⑫

2001年,淮南车务段对重点煤矿运输予以倾斜,将煤炭始发直达列车占比由70%增加

---

① 郑州便览编辑部. 郑州便览:1994[Z]. 郑州便览编辑部,1994:168.
② 郑州年鉴编辑部. 郑州年鉴:1996[Z]. 郑州年鉴编辑部,1996:195-196.
③ 郑州年鉴编辑部. 郑州年鉴:2007[M]. 郑州:中州古籍出版社,2007:298.
④ 郑州年鉴编辑部. 郑州年鉴:2008[M]. 郑州:中州古籍出版社,2008:327,329.
⑤ 商丘年鉴编辑委员会. 商丘年鉴:2003[M]. 北京:方志出版社,2003:195.
⑥ 漯河市史志档案局. 漯河年鉴:2006[M]. 北京:光明日报出版社,2006:183-184.
⑦ 驻马店市地方史志办公室. 驻马店年鉴:2007[M]. 北京:线装书局,2007:195;驻马店市地方史志办公室. 驻马店年鉴:2008[M]. 北京:线装书局,2008:226.
⑧ 淮南年鉴编委会. 淮南年鉴:2006[M]. 合肥:黄山书社,2006:78.
⑨ 淮北市地方志(年鉴)编纂委员会. 淮北年鉴:2010[M]. 合肥:黄山书社,2010:58.
⑩ 郑州便览编辑部. 郑州便览:1995[Z]. 郑州便览编辑部,1995:178.
⑪ 郑州年鉴编辑部. 郑州年鉴:1997[Z]. 郑州年鉴编辑部,1997:200.
⑫ 郑州年鉴编辑部. 郑州年鉴:2005[M]. 郑州:中州古籍出版社,2005:202.

到 80% 以上。① 2003 年,平顶山东站组织开行直达、快运等煤炭专列,共开行煤炭直达专列 1 394 列。② 2004 年,平顶山东站增加开行直达煤炭专列及重载列车。③ 2005 年,平顶山东站在平煤矿区开行装车地始发直达专列 1 456 列,煤炭发送量同比增长 12.04%。④

4. 精心组织运输

1996 年,郑州铁路局加大运输计划的改革力度,在保总量、保重点的前提下,优先满足高运价、高附加值物资对运输计划的要求,对零担、集装箱、电气产品、工业机械、快运物资等,优先满足计划要求,随到随批。在组织装车上,对零担、集装箱及快运直达列车优先保证,可先装车后办计划,在运输组织与调度指挥上做到优先配空、优先装车、优先挂运与上线,并积极组织远距离物资运输,加强合同运输,对国家重点企业及效益较好的、有承受能力的大中型企业协商签订协议,开展"协议运输",全年接受合同运输量占全局运输总量的 30% 以上。⑤ 1999 年,平顶山东站组织远距离、快运物资运输,增加集装箱运输,加强日常运输组织力度,提高每班计划的质量和兑现率。全年完成装车 339 731 车,日均 930.77 车;发送货物 2 049 万吨,日均 5.61 万吨;完成装煤 305 515 车,日均 837.03 车;完成卸车 73 067 车,日均 200.18 车。⑥

2003 年,淮安火车站加大管内货物运输组织的力度,开发泗阳、沭阳等地的民用煤市场,努力挖掘到达运量;争取徐州铁路分局的支持,协调解决装车计划,努力增加发送量。⑦ 2009 年,淮北车务段实施大客户战略,深化路企直通运输。以青疃、濉溪、青龙山等站煤炭装车为重点,抓好煤炭、焦炭等大宗货源的运输组织协调;加强杂货装车组织,抓好百善、涡阳、濉溪、萧县、岱河等站杂货装车,特别是粮食类装车。全年完成粮食类杂货 539.4 万吨,装运 89 900 车,日均完成 246.3 车。⑧

(三) 严格考核奖罚

为调动、激发广大干部员工营销的积极性和主动性,淮河流域铁路部门将运输任务层层分解,落实到人,并与工资收入、干部政绩相挂钩,制定相应的考核办法与奖惩标准,严格考核,超奖欠罚,形成了一套较为完善的激励约束机制。

1998 年,开封车务段坚持对内自我加压,以收定支,对各车站采取工资分配与运输收入挂钩的办法。⑨ 1999 年,封存所有职工人员的效益工资基数,使其收入与实绩挂钩,以收定支,变死档次为活工资。同时,段长与各站长签订《经营责任目标合同责任状》,交纳风险抵押金,年终兑现,超奖欠罚。⑩ 2000—2001 年,对内完善"两挂钩"的考核制度,一是将任务完

---

① 淮南年鉴编委会. 淮南年鉴:2002[M]. 合肥:黄山书社,2002:109.
② 平顶山市地方史志办公室. 平顶山年鉴:2004[M]. 郑州:中州古籍出版社,2004:141.
③ 平顶山市地方史志办公室. 平顶山年鉴:2005[M]. 郑州:中州古籍出版社,2005:146.
④ 平顶山市地方史志办公室. 平顶山年鉴:2006[M]. 郑州:中州古籍出版社,2006:89.
⑤ 郑州年鉴编辑部. 郑州年鉴:1997[Z]. 郑州年鉴编辑部,1997:200.
⑥ 平顶山年鉴编纂委员会. 平顶山年鉴:2000[M]. 郑州:中州古籍出版社,2001:144.
⑦ 淮安市市志办公室. 淮安年鉴:2004[M]. 北京:方志出版社,2004:117.
⑧ 淮北市地方志(年鉴)编纂委员会. 淮北年鉴:2010[M]. 合肥:黄山书社,2010:58.
⑨ 开封年鉴编纂委员会. 开封年鉴:1999[M]. 北京:北京燕山出版社,1999:103.
⑩ 开封年鉴编纂委员会. 开封年鉴:2000[M]. 香港:香港天马图书有限公司,2000:95.

成情况与职工工资收入挂钩,将生产指标分批下达给车站,层层分解到班组,落实到人;二是与各站第一管理者的职位挂钩,段长与各站长签订"经营责任状",任务完成后高倍返奖。半年达不到进度计划者给予任职警告,年终完不成计划目标者给予诫勉。① 2003 年,成立"增运补欠"领导小组,制定增运增收办法,将任务层层分解,落实到人,与工资收入挂钩,严格考核。② 2006 年,将不同时期运输收入计划分到各中间站、车间、班组,层层签订责任状,制定增运增收激励措施,将工资与运输收入任务捆绑考核,以收定资。③ 2009 年,实施经营责任考核,加强经济活动分析和运输收入绩效评价,在"过程控制、动态考核"中严格执行盈亏否决、成本否决和安全否决。④

1998 年,郑州铁路局采取"双重挂钩"考核办法,对完成任务好的单位,按比例对其单位的效益工资进行恢复和补偿,以调动基层单位"增运补欠"的积极性。⑤ 1999 年,兖州车站健全营销考核办法,明确营销职能,调动营销人员的积极性。⑥ 同年,淮北车务段以煤炭运输为重点,加大计件工资与任务挂钩的奖励考核力度。⑦

1999 年,江苏新淮铁路公司加大运输收入与计件工资挂钩考核力度,调整专用线装车与站内杂货装车的奖励比例,对运营人员进行全面考核,并根据考核情况重新定岗定位。⑧ 2002 年,公司采取全员营销与专业营销相结合的办法,动员全体员工参与货运营销。公司专门下发《关于在下半年加强货运营销工作的实施办法》,把运量指标层层分批落实到各个车站,与职工的收入和经济责任挂钩。⑨

上述激励约束机制的实施与完善,不仅增强了广大干部员工的责任意识与危机意识,同时还激发了其工作积极性与创造性,提高了员工的工作效率。

---

① 开封年鉴编纂委员会. 开封年鉴:2001[M]. 北京:方志出版社,2001:96;开封年鉴编纂委员会. 开封年鉴:2002[M]. 北京:方志出版社,2002:89.
② 开封年鉴编纂委员会. 开封年鉴:2004[M]. 北京:北京燕山出版社,2004:83.
③ 开封年鉴编纂委员会. 开封年鉴:2007[M]. 北京:北京燕山出版社,2007:114.
④ 开封市地方志办公室. 开封年鉴:2010[M]. 北京:北京燕山出版社,2010:155-156.
⑤ 郑州年鉴编辑部. 郑州年鉴:1999[M]. 郑州:中州古籍出版社,1999:202.
⑥ 兖州市地方史志编纂委员会. 兖州年鉴:2000[Z]. 兖州市地方史志编纂委员会,2003:225.
⑦ 淮北市地方志(年鉴)编纂委员会. 淮北年鉴:2000[M]. 北京:中国致公出版社,2000:136.
⑧ 淮阴年鉴编纂委员会. 淮阴年鉴:2000[Z]. 中国县镇年鉴社,2000:173.
⑨ 淮安市市志办公室. 淮安年鉴:2003[M]. 北京:方志出版社,2003:171-172.

第二节
当代淮河流域的公路建设与运输

民国时期,尤其抗战期间,淮河流域公路毁损严重,公路建设举步维艰。中华人民共和国成立后,淮河流域百废待兴。公路交通与国计民生息息相通,休戚与共,它是国民经济恢复、发展的关键因素。道路通,则百业兴。当代公路交通的发展大致可分为两个阶段:第一阶段为1949—1978年,这一时期淮河流域公路交通的特点是发展与停滞循环往复,相当曲折。第二阶段为1978年至今,改革开放以后,国民经济建设焕发新的活力,公路交通进入正常发展轨道。1981年6月,国家计委、国家经委和交通部联合颁发了《国家干线公路网(试行方案)》,划定国家干线共70条。20世纪80年代末,交通部提出"五纵七横"国道主干线规划。2004年,在"五纵七横"的基础上,国务院决定通过《国家高速公路网规划》。经过多年持续发展,淮河流域公路交通发生翻天覆地的变化,国道、省道、县道和乡道纵横交错,形成严密的公路交通网络。与此同时,交通工具亦经历了由传统向现代的转变,交通工具的更新促进了淮河流域公路运输的发展。

一、国家干线

民国时期烽鼓不息,尤其抗日战争和解放战争连绵数年,淮河流域公路交通线遭严重破坏。经济形势如要恢复发展,则首在交通。新中国成立初期,国家在公路交通方面制定了各项建设性方针和政策。经过多年的发展,至20世纪80年代,淮河流域基本建成初具规模的公路交通网络。在此基础上,进入21世纪,无论是运输里程还是涉及区域空间深度都出现巨大变化。

(一)普通公路干线

公路是按交通量大小及其任务与性质来划分技术等级的。1954年交通部颁布《公路工程设计标准》,将公路分为6个技术等级;1972年颁布《公路工程技术标准(试行)》,将公路分为4个技术等级;1981年颁布《公路工程技术标准》,将公路分为5个技术等级,即高速公路、一级公路、二级公路、三级公路、四级公路。按其行政等级及其使用性质分为国道、省道、县道、乡道和专用公路五类。[1]

---

[1] 河南省地方史志编纂委员会.河南省志:公路交通志、内河航运志[M].郑州:河南人民出版社,1991:28,32.

1. 淮河流域江苏

经过江苏淮河流域的国道，主要有 104 国道、204 国道、205 国道、206 国道、310 国道、327 国道等。

(1) 104 国道

104 国道自北京起,经济南、南京至福州止,在江苏境内分北、南两部分,共穿越 44 个城镇,连接山东、安徽、浙江三省,是江苏北部和南部的重要干线。104 国道在江苏淮河流域内由山东赣庄进入西垄子,经利国、睢宁、许庙,后再转入安徽泗县。该段由赣庄至徐州、徐州至睢宁、睢宁至许庙 3 段组成。

赣庄至徐州段:始建于 1935 年,1950 年 12 月,因年久失修,桥梁不全,被山东公路部门列为不通车公路。1973 年铺筑沥青路面,达到晴雨通车标准。徐州至睢宁段:1971 年在泥结石基础上用石灰土补强,再加铺沥青路面,1976 年竣工。1979 年该段公路拓宽,达到二级公路标准。睢宁至许庙段:1956 年徐州专署修建睢宁至官山的公路,1958 年铺筑碎石路面。1963 年,修建睢宁泗县公路接通工程,由睢宁官山经黄圩至许庙,路基路面桥涵工程全部竣工通车,该段路面为泥结碎石。1971 年,开始在睢宁至许庙原泥结碎石基础上铺筑沥青路面,1976 年竣工,1979 年该路段拓宽,为四级公路。①

2000 年,江苏建设干线公路"网化工程",以高速公路"四纵四横四联"为主骨架,以干线路网"三纵四横"和高速公路连接线为主体的全省公路网络②,其中干线三纵之一即 104 国道。2003 年,宁杭高速公路与 104 国道之间的重要连接道路轸村至梅园段进行养护改善。养护改善工程起点为宜城镇轸村交叉路口,改建按二级公路标准。③ 2008 年,104 国道张集至观音机场改造工程通车,该段起于铜山县张集镇,止于观音机场,采用一级公路标准并铺筑沥青玛蹄酯路面,设计时速 100 千米,将双向 4 车道拓宽为双向 6 车道。④ 2009 年,104 国道徐州北段扩建工程通过审批,此次扩建,起自苏鲁交界处胡庄,向南经利国、柳泉,跨京沪铁路,经茅村,穿越京福高速公路,跨京杭运河,止于徐贾公路,接 104 国道城区改线段。⑤

(2) 204 国道

204 国道从山东日照进入江苏赣榆,其起自山东烟台,经江苏连云港、南通至上海。江苏淮河流域段包括通榆路段和部分榆汾路段,其线路经过赣榆、连云港、灌云、响水、滨海、阜宁、盐城、东台、海安。

榆汾路段:1956 年,江苏省交通厅派出工程队,对赣榆青口至汾水段的路线、桥涵工程进行勘测和修建。榆汾公路以国家四级公路路基标准修建,自赣榆县城青口镇至山东汾水。1958 年筹备铺筑路面材料,1959 年上半年完成泥结碎石单车道路面。1973 年整修加宽加厚,为沥青路面。通榆路段:1928—1937 年由沿海各县及淮北盐场、华洋义赈会等先后用征工和以工代赈的方式分段修筑海安至阜宁、灌云至赣榆段土路。1949 年后,先后修复通榆

---

① 江苏省地方志编纂委员会.江苏省志:交通志 公路篇[M].南京:江苏古籍出版社,2001:27.
② 江苏交通年鉴编委会.江苏交通年鉴:2001[M].北京:中国铁道出版社,2001:156.
③ 江苏省地方志编纂委员会.江苏交通年鉴:2004[Z].江苏交通年鉴社,2004:236.
④ 江苏省交通行业宣传教育中心.江苏交通年鉴:2009[Z].江苏省交通行业宣传教育中心,2009:30.
⑤ 江苏交通年鉴编辑部.江苏交通年鉴:2010[Z].江苏交通年鉴编辑部,2010:31.

路。1959年盐城地区完成碎石路面的铺筑,通榆路东台至响水段竣工通车,首次达到晴雨通车的标准。1977年通榆路南段沥青路面工程全部竣工,1982年通榆路盐城段完成沥青路面的铺筑,标志通榆路全线实现黑色化路面。①

204国道在盐城全境长220千米,承担60%～70%的客货运输量。由于最初建设标准较低,随着交通量激增,路面毁损严重。2002年,204国道南段全面改造,在大修改造的同时,将重点放在市区路段。② 由于沿海高速、宁连高速需缴通行费,2003年后,大量车辆尤其重载货车转向204国道,导致路面出现泛油、纵横向裂缝等现象。2007年,204国道灌云段路面进行中修,铺成沥青砼路面。③

2. 淮河流域安徽

经过安徽淮河流域的国道,主要有104国道、105国道、206国道、310国道、311国道、312国道等。

(1) 105国道

105国道既承担着省际间的交通联系,亦履行着省内运载的任务。105国道安徽淮河流域首段自阜阳市向北,经闻集、太和县、双浮、双沟、十河、亳县、张集至皖豫交界处宋彦集,是安徽连接河南的一条重要干线。1956年该线路铺筑砂浆,首次达到晴雨通车。1984年起,阜宋路部分路段路基先后拓宽,路面加宽。④ 在阜阳,2006年拟定105国道改线项目,计划从颍泉区闻集处向南,经曹集、绝河湾、华佗、王大营、柴集至王店孜,接待建的阜阳至新蔡高速公路,沥青混凝土路面,二级路标准。⑤ 同年,105国道亳州全段路面改建,并通过验收。⑥

105国道另一段是顾(大顾店)长(岭关)路部分路段,该线自六(安)叶(集)路大顾店起,至皖鄂两省交界处长岭关,是安徽与湖北的一条重要干线。内洪家河至青山是105国道安徽境内的一段。其中,大顾店至黄林段:1961年该段为泥结碎石路面,1973—1974年铺筑渣油路面;黄林至长岭关段:1970年该段全线通车,路面为泥结碎石,1980年铺筑渣油路面。⑦ 2001年,105国道六安霍晓段按山丘地区三级油路改建⑧;2002年,105国道马姚段完成土石方250万方⑨。此外,省内长(集)周(集)迎(水寺)路、江(店)叶(集)路和青(山)道(士冲)路,是105国道安徽淮河流域内连接各市县的交通要线。

(2) 206国道

206国道纵跨安徽全境,包括宿州、蚌埠、淮南、合肥长丰县路段,是连接省际和省内市县的重要干线。自北而南有丁(里)宿(州)路,其自萧县丁里、淮北市、濉溪、宋町、符离集至

---

① 江苏省地方志编纂委员会. 江苏省志:交通志 公路篇[M]. 南京:江苏古籍出版社,2001:30.
② 江苏省地方志编纂委员会. 江苏交通年鉴:2003[Z]. 江苏交通年鉴社,2003:189,195.
③ 江苏省交通行业宣传教育中心. 江苏交通年鉴:2008[Z]. 江苏交通年鉴社,2008:89.
④ 安徽省地方志编纂委员会. 安徽省志:交通志[M]. 北京:方志出版社,1998:25-26.
⑤ 阜阳市地方志办公室. 阜阳年鉴:2007[Z]. 阜阳市地方志办公室,2007:143.
⑥ 中共亳州市委党史研究室、亳州市地方志编纂办公室. 亳州年鉴:2007[Z]. 亳州市地方志编纂办公室,2007:189,192.
⑦ 安徽省地方志编纂委员会. 安徽省志:交通志[M]. 北京:方志出版社,1998:23-26.
⑧ 六安市地方志办公室. 六安年鉴:2002[M]. 合肥:黄山书社,2002:44.
⑨ 六安市地方志办公室. 六安年鉴:2003[M]. 合肥:黄山书社,2003:42.

宿州市,是皖北地区宿州与淮北的重要交通线;关(庙)阜(阳)蚌(埠)路,自皖豫交界处关庙,经阳城、临泉、阜阳、利辛、蒙城、怀远至蚌埠,为皖北最重要的一条干线公路;蚌(埠)淮(南)路,自蚌埠市南岗四路起,经老贯徐、怀远县之韩郢、李家洼、上窑、洛河、田家庵、陈家岗至安成铺;淮(南)合(肥)路,自淮南市安成铺,经大孤堆、曹庵、庄墓桥、吴山庙、岗集至合肥市双岗,该线不仅是 206 国道的一段,而且是省会合肥通向淮南、淮北煤炭基地的重要干线。①1998年,淮南改建206国道上窑山段,由渣油路面改建成砼路面。② 2004年,宿州改造206国道穿城段,技术标准为二级公路,行车时速为80千米,水泥混凝土路面。③ 2009年,淮南市区段206国道改线工程全线开工,其北起上窑镇,经洛河镇,跨合淮阜铁路、合徐高速公路淮南连接线、经孔店乡,在曹庵镇姚巷接206国道。④

3. 淮河流域河南

1956年,河南省境的国道路线有6条。其中石家庄至武汉线,经开封、杞县、淮阳、周口、新蔡、潢川;郑州至连云港线,起自郑州经中牟、开封、陈留、杞县、睢县、宁陵、商丘、夏邑至永城。⑤ 1982年,交通部对国道路线进行调整,通过河南淮河流域的国道主要有105国道、106国道、107国道、207国道、220国道、310国道、311国道、312国道等。其中106国道经过兰考、淮阳、项城至潢川小界岭,省境路段包括等级公路二级路、三级路、四级路和等外路,基本为沥青渣油次高级路面。220国道起自鲁豫交界之孙营,经兰考、开封至郑州,省境路段包括二级路、三级路,全部铺筑沥青渣油次高级路面。⑥

4. 淮河流域310国道

310国道横跨江苏、山东、安徽、河南四省,起自江苏连云港,经徐州、郑州、西安到甘肃天水止。

民国时期,310国道在江苏段称为海郑公路,东起连云港市墟沟,经灌云、沭阳、宿迁、睢宁、铜山、徐州、萧县、永城。1952年,海郑公路徐州至萧县、徐州至宿迁、沭阳至墟沟的公路修通。1958年,海连路(从海州、新浦、云台、朝阳、墟沟至连云港港口)路基拓宽。1960年,海连路泥结碎砖石路面铺成,使海郑公路江苏段全部实现泥结碎石路面。1963年,新建一条从徐州至连云港的国防公路,称"307"线,后改为310国道。徐连路从徐州市起,经铜山县、邳县、郯城县(属山东)、东海县至连云港止,为双车道泥结碎石路面。徐连路江苏段铺筑泥结碎石路面、沥青表处、混凝土路面、过水路面。1973年,徐萧段开始铺筑沥青表处路面工程,1975年竣工。1976年,徐连路全线实现沥青路面。1986年,新浦至墟沟段按一级公路标准开工改建。⑦ 2001年,310国道连云港蒋庄至山东界部分路段建成⑧;次年,310国道

---

① 安徽省地方志编纂委员会.安徽省志:交通志[M].北京:方志出版社,1998:13-14,24,27-28.
② 淮南年鉴编委会.淮南年鉴:1999[M].合肥:黄山书社,1999:118.
③ 宿州市档案局方志办.宿州年鉴:2005[Z].宿州市档案局方志办,2005:45.
④ 淮南市地方志办公室.淮南年鉴:2010[M].合肥:黄山书社,2010:63.
⑤ 河南省地方史志编纂委员会.河南省志:公路交通志、内河航运志[M].郑州:河南人民出版社,1991:44-45.
⑥ 河南省地方史志编纂委员会.河南省志:公路交通志、内河航运志[M].郑州:河南人民出版社,1991:47-48.
⑦ 江苏省地方志编纂委员会.江苏省志:交通志 公路篇[M].南京:江苏古籍出版社,2001:37-40.
⑧ 连云港年鉴编辑部.连云港年鉴:2002[M].北京:方志出版社,2002:259.

蒋庄至山东临沂交界段完成。①

310 国道安徽段,起自苏皖交界处秦庄,经杨楼、黄口、文庄、砀山、曹庄至皖豫交界处杨集,是安徽连接江苏与河南的重要联络线。1952 年,砀山县城至萧县交界处路基整修,至 1970 年路基拓宽,并铺筑泥结碎石路面。同时该线由砀山东关,经贾庄、田楼、汪阁、陈马路口至候口东(砀山与萧县交界地),北城至杨楼段也铺筑泥结碎石路面。1979—1982 年砀山县东关至汪阁、县城至陈庄,改建为石灰土基层,并铺筑渣油表处路面。1982 年,国家经委、交通部、铁道部会同苏、鲁、豫、皖 4 省交通和铁路部门商定,开辟与铁路基本平行的中线客运分流路线,兴建徐州至商丘公路。② 2002 年,310 国道宿州萧县段改建。③ 砀山境内 310 国道,2007 年,李庄镇至砀山和萧县交界处路面毁坏严重。2008 年,损坏路段修复,等级为二级公路。④

310 国道河南段,起自夏邑县刘庄,经虞城、商丘、开封、郑州。⑤ 1992 年,310 国道开封至洛阳段高等级公路正式兴建,东起开封县马尾村,西至洛阳市北郊古墓博物馆北东头庄。其中开封段自 1991 年即开始动工,设计时速 120 千米,双向四车道,路面为混凝土沥青混合铺罩结构。⑥ 2002 年,310 国道开封王解庄至榆园段进行改建,按平原二级公路标准设计。⑦

(二)高速公路干线

20 世纪 80 年代末,交通部提出"五纵七横"国道主干线规划,经过淮河流域的有同三线、京福线、京珠线、连霍线和沪蓉线。2004 年,国家制定《国家高速公路网规划》,其中京沪高速、京台高速、京港澳高速、沈海高速、日兰高速、长深高速、淮徐高速、济广高速、大广高速、二广高速、连霍高速、宁洛高速和沪陕高速等国家高速公路部分路段经过淮河流域。其里程之长,涉及范围之广,前所未有,这些道路把淮河流域连成一体,从省会到地级市、从地级市到县城,加强了区域间的经济和社会联系。

1. 淮河流域安徽

2000 年,合徐高速公路淮南连接线工程立项,2001 年 9 月正式开工,西起淮南市九龙岗镇,东至定远县永康镇。⑧ 2004 年该线路竣工通车,全线按平原微丘区一级公路标准建设,设计时速 100 千米,双向 4 车道,水泥砼路面。⑨ 2005 年,合淮阜高速公路全面启动,其起于阜阳四十里铺,经颍上、毛集、寿县、谢家集、曹庵、杨庙、吴山、董铺水库,止于合肥蜀山区,设计时速 120 千米。⑩ 2002 年,亳阜高速公路开工建设,2006 年 12 月竣工通车⑪;2004 年,界

---

① 连云港市地方志编纂委员会.连云港年鉴:2003[M].北京:方志出版社,2002:250.
② 安徽省地方志编纂委员会.安徽省志:交通志[M].北京:方志出版社,1998:26-27.
③ 宿州市档案局.宿州年鉴:2003[Z].宿州市档案局,2003:108.
④ 宿州市地方志办公室.宿州年鉴:2009[Z].宿州市地方志办公室,2009:49.
⑤ 河南省地方史志编纂委员会.河南省志:公路交通志、内河航运志[M].郑州:河南人民出版社,1991:46-47.
⑥ 开封年鉴编纂委员会.开封年鉴:1993[M].郑州:河南人民出版社,1993:246.
⑦ 开封年鉴编纂委员会.开封年鉴:2003[M].北京:方志出版社,2003:78.
⑧ 淮南市地方志办公室.淮南年鉴:2002[M].合肥:黄山书社,2002:108.
⑨ 淮南年鉴编委会.淮南年鉴:2005[M].合肥:黄山书社,2005:90.
⑩ 淮南市地方志办公室.淮南年鉴:2006[M].合肥:黄山书社,2006:76.
⑪ 阜阳市地方志办公室.阜阳年鉴:2007[Z].阜阳市地方志办公室,2007:143.

阜蚌高速公路全线贯通[1];2009年12月,阜周高速公路建成通车[2];同年,泗许高速公路安徽段全线开工,自东向西分为泗县、宿州、淮北、亳州四段[3]。

2. 淮河流域河南

2002年,许平南高速公路平顶山段全线开工,起自许昌东环路与京珠高速公路许昌南出入口连接线交叉口处,途经许昌县、襄城县、平顶山市、叶县、方城县,终止于南阳公路北侧。[4] 2005年12月,宁洛高速叶县至漯河段(漯平高速公路)正式通车,设计时速120千米,路面结构为沥青混凝土,双向6车道。[5] 2006年5月,平临高速公路全程通车。该线是河南干线公路网规划的"五纵、四横、四通道"中的一横,是中西部通往东部沿海的大通道。其东接漯河至平顶山高速公路,途经叶县、湛河区、新华区、宝丰县、汝州市5个县(市、区),终点接洛阳至大安段高速公路。按照平原微丘区高速公路标准建设,设计时速120千米,双向6车道,沥青混凝土路面。[6] 2002年12月,商开高速公路全线通车。该线是连云港至霍尔果斯国道主干线的重要组成部分,其东起于安徽接壤的永城市芒山镇,西至开封市马尾村,与开封至洛阳高速公路相连,设计时速120千米,双向4车道。[7] 2006年,商周高速公路(商丘段)正式通车,其北起梁园区水池铺乡夏营村东,南至柘城县铁关乡刘楼村,经商丘市3个县区14个乡镇,设计时速120千米,双向6车道。[8]

3. 淮河流域山东

京沪高速公路经过临沂市蒙阴、沂南、费县、兰山、罗庄、苍山、郯城7县区。1996年底,化马湾至临沂高速公路临沂境内段进入施工阶段,按双向4车道高速公路标准设计施工,1999年建成通车。[9] 日兰高速山东段东起日照市东港区,经曲阜、临沂、济宁市,西至菏泽市关庄村,主要控制点在长岭、夏庄、砖埠、竹园、温水、泗张、小雪、兖州、随官屯、菏泽、东明。该线是京沪、京福和沈海高速公路的重要连接线,双向4车道。1998年菏泽至东明段通车,2000年日照至费县竹园段通车,2002年曲阜至菏泽段通车,2003年竹园至曲阜段通车。至此,日兰高速全线贯通。[10] 1998年,京福高速公路枣庄段开工建设,其北起界河,南止于鲁苏两省交界的张山子镇,经过枣庄市5个区市16个乡镇。路线采用高速公路平原微丘区标准,设计时速120千米,双向4车道,2000年12月通车。[11] 2009年,临(沂)枣(庄)高速公路工程全面开工建设,设计时速120千米,双向4车道。[12]

---

[1] 阜阳市地方志办公室.阜阳年鉴:2005[Z].阜阳市地方志办公室,2005:119.
[2] 阜阳市地方志办公室.阜阳年鉴:2010[Z].阜阳市地方志办公室,2010:144.
[3] 安徽年鉴编辑委员会.安徽年鉴:2010[Z].安徽年鉴社,2010:161.
[4] 平顶山市地方史志办公室.平顶山年鉴:2003[M].郑州:中州古籍出版社,2003:138.
[5] 平顶山市地方史志办公室.平顶山年鉴:2006[M].郑州:中州古籍出版社,2006:88.
[6] 平顶山市地方史志办公室.平顶山年鉴:2007[M].郑州:中州古籍出版社,2007:94.
[7] 商丘年鉴编辑委员会.商丘年鉴:2002[M].北京:方志出版社,2003:188.
[8] 商丘年鉴编辑委员会.商丘年鉴:2007[M].北京:中国广播影视出版社,2007:232.
[9] 临沂市地方史志办公室.临沂年鉴:1995[M].济南:齐鲁书社,1997:229.
[10] 山东省地方史志编纂委员会.山东省志:交通志[M].济南:山东人民出版社,2015:27.
[11] 枣庄市地方史志办公室.枣庄年鉴:1999[M].北京:中华书局,1999:199.
[12] 临沂年鉴编辑部.临沂年鉴:2010[M].北京:中华书局,2010:252.

4. 淮河流域江苏

1998年,京沪高速公路新沂段开工建设,其北起苏鲁交界北沟孔圩村,南至阿湖镇双池村,2000年建成通车。同年,连徐高速公路新沂段开工建设,其东起阿湖镇夏湖村,西至草桥镇纪集村,2002年建成通车。① 2002年,连徐高速公路二期工程建成通车,起自连云港市,经东海县、灌云县、新沂市、邳州市、铜山县、徐州市,止于苏皖交界处老山口,设计时速120千米,双向4车道。② 2004年、2007年京福徐州绕城东段、绕城西段高速公路分别建成通车。绕城东段北起苏鲁交界处,南至徐州市铜山县张集镇③;西段起自大黄山枢纽,与京福高速徐州绕城东段相接,设计时速120千米,双向4车道④。此外,1999年,江淮高速公路淮阴段、沂淮高速公路淮阴段、宁宿徐高速公路淮阴段开工建设。⑤ 2005年宿淮高速公路建成通车。⑥ 2006年宁淮高速公路淮安段建成通车。⑦ 经过淮安境内的京沪高速、长深高速、同三高速的江苏路段,是江苏省内连接各地级市之间、地级市与省会的交通要道。

要言之,无论是普通国道网,还是高速公路网,在连接省会与省会、省会与直辖市、省会与地级市县都起到重要的作用,人流、物流、资金流、信息流等在公路交通网上辗转、交换、共享,不仅沟通了人与人、人与物之间的联系,而且加强了区域之间的联系,是推动淮河流域经济发展、社会文化交流的重要工具。

二、省内干线与支线

国道是为国民经济输送新鲜血液的主动脉,而省道、县道、乡道则像毛细血管一样,把血液运输到社会的每一个角落。新中国成立后,犬牙交错的公路干线、支线有加无已,促进了淮河流域社会经济的交流和发展。

(一)省级公路干线

省级公路干线在淮河流域公路网中具有重要作用,主要包括:淮河流域内的省会城市连接流域内重要城市、流域外重要城市的干线公路,流域内重要城市之间的干线公路,流域内重要城市与流域外重要城市之间的干线公路等。

1. 淮河流域山东

经过淮河流域的有济微路、济连路、济兰路、兖兰路、潍徐路、胶连路、益新路、岚兖路和济商路。其中,济微路北起济南,经曲阜、邹县、界河、滕县,南至微山(夏镇)。1972—1983年泰安至界河段改建,1975—1978年界河至微山全段改建。全路技术等级为一级12.6千米,二级122千米,三、四级98.4千米。兖兰路东起兖州,经济宁、嘉祥、巨野、菏泽、蔡口,西

---

① 新沂市志地方志编纂委员会.新沂市志:1978—2008[M].南京:凤凰出版社,2010:172.
② 江苏省地方志编纂委员会.江苏交通年鉴:2003[Z].江苏交通年鉴社,2003:182.
③ 江苏交通年鉴社编辑部.江苏交通年鉴:2005[Z].江苏交通年鉴社,2005:182.
④ 江苏省交通行业宣传教育中心.江苏交通年鉴:2008[Z].江苏省交通行业宣传教育中心,2008:74-75.
⑤ 淮阴年鉴编纂委员会.淮阴年鉴:2000[Z].中国县镇年鉴社,2000:169.
⑥ 淮安市地方志办公室.淮安年鉴:2006[M].北京:方志出版社,2006:110.
⑦ 淮安市地方志办公室.淮安年鉴:2007[M].北京:方志出版社,2007:88.

至河南省兰考。1951—1959 年全线分段改建,铺碎石路面,1973—1983 年全线路基路面加宽,全路技术等级为二级 87 千米,三级 97.7 千米。潍徐路北起潍坊,经莒县、临沂、汤庄、苍山、向城、兰陵、台儿庄,南至江苏省徐州。1949 年后分段改建,铺碎石路面,1971—1979 年改铺沥青路面,1984 年临沂罗庄附近改建为一级路。全路技术等级为一、二级 23.7 千米,三、四级 287.5 千米。岚兖路东起日照市岚山头港,经莒南、临沂、费县、平邑、泗水、曲阜,西至兖州。1952 年,岚山头至临沂利用老路通行班车,1957 年后全线分期改建,1973 年全线路基加宽,铺沥青路面,1980 年舜帝庙至兖州路基、沥青路面加宽,1982 年临沂城郊改建为一级路。全路技术等级一、二级 82.9 千米,三级 188.7 千米。① "七五"以后,境内有 18 条省道,到 1998 年底,有一、二级公路达到 1 756 千米,高级、次高级路面达到 4 069 千米。② 2005 年,全线或部分路段经过淮河流域的省道,主要有济南至临沂线、东营至红花埠线、德州至商丘线、岚山头至济宁线。③

2. 淮河流域河南

1956 年,河南省政府对省道路线重新划定,以郑州为中心,有 34 条路线通往全省各地。1987 年全省有 94 条省道,省级干线 68 条,干线联络线 26 条。以省会郑州、地级市开封等为中心经过淮河流域的公路网渐具规模。

郑州是交通要冲,以郑州为中心的省道有郑南线、郑南西线、郑卢线、郑永线、郑周线。其中,淮河流域路段的郑南线经新郑、禹州、襄城、叶县;郑南西线经禹州、郏县、宝丰、鲁山;郑永线起自十八里河,经尉氏、通许、睢县、宁陵、商丘至永城省界,三级路,沥青渣油路面;郑周线经十八里河、尉氏、白潬、扶沟、西华至周口,其中二级路 32.7 千米,三级路 74.1 千米,沥青渣油路面。④ 1981 年省道作了调整,新增 68 条省级干线和 28 条干线联络线,以郑州为中心,包括郑州至南阳线、郑州至卢氏线、郑州至永城线、郑州至常平线、郑州至周口线等。⑤ 1995—2000 年,对郑南线南出口、郑卢线、郑永线进行改建。如郑永线,1996 年新郑市公路段扩宽改建,由平原微丘四级公路改建成二级公路;1998 年郑州市公路段开工改建为二级公路。⑥

开龚线、开杞线、开扶线、开许线是以开封为中心的四条省道,全线经过淮河流域。其中,开龚线自开封南行,经朱仙镇、尉氏、鄢陵、逍遥、上蔡、汝南、正阳、罗山、周党至豫鄂省界之龚家棚,已通车路段大都为三级路,沥青渣油路面;开杞线自开封东南行,经陈留至杞县,已通车路段大都为三级路,沥青渣油路面;开扶线自开封至陈留南行,经通许、江村至扶沟,三级路,沥青渣油路面;开许线自开封至尉氏西南行,经洧川、董村至尚集,通往许昌,三级路,低级路面或无路面。⑦ 1998—2000 年,开封市除了对国道干线进行大修大建外,在省道

---

① 山东省地方史志编纂委员会. 山东省志:交通志[M]. 济南:山东人民出版社,1996:20-21,24,26-29.
② 山东省统计局. 新中国五十年:1949—1999 山东卷[M]. 北京:中国统计出版社,1999:342.
③ 山东省地方史志编纂委员会. 山东省志:交通志[M]. 济南:山东人民出版社,1996:42-44.
④ 河南省地方史志编纂委员会. 河南省志:公路交通志、内河航运志[M]. 郑州:河南人民出版社,1991:55-56.
⑤ 河南省郑州市交通志编纂委员会. 郑州市交通志[M]. 北京:方志出版社,1999:86.
⑥ 郑州市交通志编纂委员会. 郑州市交通志:1995—2000 年[M]. 郑州:中州古籍出版社,2003:24,26.
⑦ 河南省地方史志编纂委员会. 河南省志:公路交通志、内河航运志[M]. 郑州:河南人民出版社,1991:60.

方面,开杞线、开龚线、开许线、开扶线都进行改建。如开杞线,至2000年底均为平原微丘二级路,高级路面;开许线,至2000年底均为平原微丘二级公路。① 此外,兰曹公路开封段、侯饭线睢县界至尉氏段、马开线睢县界至杞县段,分别于2002年和2003年改建竣工。②

以许昌、漯河、驻马店、信阳等城市和县镇为中心全线或部分路段经过淮河流域内的省道有商菏线、商临线、商兰线、驻新线、许巩线、许泌线、周遂线、漯双线、漯叶线、信叶南线、信应线、庙鲁线、荥下线、民太线、民菏线、项界线、西上线、明临线、罗淮线、淮商线、寨新线和平临线等。在省道重新调整及改建后,除郑州、开封外,其他地级市公路也作相应的调整和改建,如在平顶山,2002年宝丰至鲁南界线、郏县四里营至郏襄界线改善工程竣工,平驻路舞钢境内和叶县境内新建工程建成通车。③

3. 淮河流域安徽

20世纪五六十年代,皖北各专区及地级市公路里程偏少,阜阳专区干线有503千米,宿县专区干线有436.5千米,滁县专区干线有418.1千米,淮南市干线仅有47千米。④ 以淮南为例,新中国成立前,淮南公路十分落后,新中国成立后,市内仅有6条公路,而且大多数为简易路面。三年经济恢复和"一五"时期,共改建和新建干支线等共15条,到1987年底,全市共有各类公路365条,1 255.3千米;其中蚌淮路、合淮路23.95千米,省道4条即淮界路、合阜路、淮六路、凤蒙路共153.3千米,支线10条共112.76千米。按等级分一级路13.2千米,二级路57.3千米,三级路102.3千米,四级路121.7千米。⑤ 随着经济的发展,经过淮河流域的省道有阜宋路、顾长路、长周迎路、江叶路、青道路、丁宿路、关阜蚌路、蚌淮路和淮合路等。这些省级公路不仅是105国道、206国道的一段,而且也是安徽省公路干线。除此之外,合(肥)蚌(埠)路、六(安)叶(集)路、蚌(埠)宿(县)路亦是安徽淮河流域的重要公路交通线。其中,合蚌路自合肥经店埠、梁园、定远、凤阳至蚌埠,全长为158千米;六叶路自六安经窑岗咀、徐集、江店、挥手店、姚李庙、大顾店至叶集,全长为68.4千米;蚌宿路自蚌埠淮河北岸吴家庵起,经曹老集、磨盘张、新马桥、连站、固镇至宿县,全长为95.3千米。⑥

此外,合(肥)阜(阳)路淮南市段,自谢家集区小孤堆集,经沙里岗、钱郢孜、凤台县城、毛集、路家岗至颍上县江孜店,至1989年底,合阜路淮南市段二级路6.5千米,三级路36.6千米。⑦ 合(肥)利(辛)路阜阳段,自合肥经凤台至利辛,1978年,改线铺成砂浆路面。⑧ 萧(县)淮(滨)淮北段,自萧县与市郊坡里交界处,沿纵楼、滂汪入市区到濉溪,再经徐楼、百善至临涣以西冯庄处,全长为61.9千米,其中部分路段是省道合(肥)萧(县)路和淮(北)阜(阳)路

---

① 姚建新,李瑞谋,桑雁兵. 开封市公路志[M]. 北京:中国广播电视出版社,2003:56,60.
② 开封年鉴编纂委员会. 开封年鉴:2002[M]. 北京:方志出版社,2002:87;开封地方志办公室. 开封年鉴:2004[M]. 北京:北京燕山出版社,2004:81.
③ 平顶山市地方史志办公室. 平顶山年鉴:2003[M]. 郑州:中州古籍出版社,2003:138.
④ 干线公路、县公路绿化规划表 档案号:0069-002-0035-028[Z]. 淮南市档案馆.
⑤ 关于我市公路建设管理情况和今后工作意见的报告 档案号:0011-001-0149-004[Z]. 淮南市档案馆.
⑥ 安徽省地方志编纂委员会. 安徽省志:交通志[M]. 北京:方志出版社,1998:8,24,28.
⑦ 石传人. 淮南市公路志[M]. 合肥:安徽人民出版社,2000:16,20.
⑧ 阜阳地区交通志编纂委员会. 阜阳地区交通志[Z]. 阜阳地区交通志编纂委员会,1999:66-67.

组成部分。① 现将1987年安徽淮河流域地市干线公路情况列表如表4.1所示。

表4.1 1987年安徽淮河流域地市干线公路汇总表

单位：千米

名 称	公路里程总计	公 路 等 级					路 面 等 级			
		一级路	二级路	三级路	四级路	等外路	高级路面	次高级路面	中级路面	低级路面
淮北市	214		93	56	65			149	61	4
蚌埠市	395		90	291	14			381	14	
淮南市	182	1	57	103	21			182		
宿县地区	717	2	161	444	110		2	606	109	
阜阳地区	1 081		341	573	167			1 081		
六安地区	1 208		134	415	659		6	497	293	
合 计	3 797	3	876	1 882	1 036		8	2 896	477	4

资料来源：安徽省地方志编纂委员会.安徽省志：交通志[M].北京：方志出版社，1998：37.

4. 淮河流域江苏

新中国成立后，苏北行政公署公路局发布18条重要省道公路，其中全线或部分路段经过淮河流域的有南通至阜宁、徐州至扬州、仙女庙至海安、扬州至浦口、宿迁至新安镇、阜宁至灌云、扬州至六圩等线路。1961年，江苏省交通厅确定的27条公路干线（省道）中有14条公路全线或部分路段经由淮河流域。其中，浦淮公路自南京浦口，经六合、三合闸、洪泽至淮阴，长162.13千米；淮六公路自江阴，经淮安、高邮、江都、扬州至六圩，长176.99千米；徐淮公路自徐州，经睢宁、宿迁、泗阳至淮阴，长203.25千米；淮沭新公路自淮阴，经沭阳、新沂至苏鲁交界处红花埠，长122.8千米；仙六公路自江都仙女庙，经泰州、海安至六灶，长134.89千米；通榆公路自南通，经海安、盐城、新海连、赣榆至苏鲁交界处汾水，长464.15千米；扬六公路自扬州，经仪征至六合，长63.5千米；徐金（乡）公路自徐州，经郑集、丰县至苏鲁交界处南楼入山东，江苏境内长105千米；徐临（沂）公路自徐州，经贾汪至苏鲁交界处燕子埠入山东，江苏境内长70.55千米；阜淮公路自阜宁，经益林至淮安，长80.21千米；淮灌公路自淮阴，经高沟至灌云，长80.61千米；宿灌公路自宿迁，经沭阳至灌云，长104.94千米；新连公路自新浦至连云港，长33.5千米；姜八公路自姜堰，经黄桥、靖江到八圩，长70.8千米。② 1987年，江苏省交通厅根据国道布局作出全省干线公路的调整，除国道外，重新划定省级干线（省道）70条。其中全线或部分路段处于淮河流域的省道如表4.2所示。

---

① 淮北市公路志编纂办公室.淮北市公路志[M].北京：方志出版社，1999：11，14.
② 江苏省地方志编纂委员会.江苏省志：交通志 公路篇[M].南京：江苏古籍出版社，2001：50-52.

表 4.2 1987年江苏淮河流域省道一览表

编 号	路线名称	起 点	讫 点	经 过 地 点	全长(千米)
苏105	南京—徐州	新街口	徐州	六合、盱眙、双沟、泗洪、睢宁	339.7
苏202	海安—青龙港	海安	青龙港	西场、丁所、李堡、如东、三场	170.2
苏207	泰县—八圩	姜堰	八圩	元竹、黄桥、靖江	70.5
苏210	泰州—高港	泰州	高港	四巷、刁家铺、口岸	26.8
苏213	灌南—涟水	灌南	涟水	灰墩、朱码	50.5
苏214	灌云—淮阴	灌云	淮阴王营	秦庄、高庄、棉花庄	80.9
苏215	淮阴—盐城	淮阴	盐城	淮安、苏嘴、益林、建湖、龙岗	137.8
苏216	淮阴—江都	淮阴	江都	淮安、平桥、宝应、高邮、邵伯	155
苏217	江都—平潮	江都	平潮	马甸、泰兴、靖江、郭园、新坝	151.4
苏220	莒南—干于	苏鲁交界	干于	黑林、官河	33.6
苏221	扬州—瓜州	扬州	瓜州	八里	14.3
苏226	金湖—天长	金湖	铜城	官塘	13.6
苏227	青湖—沭阳	青湖	沭阳	东海、房山、向阳、扎下	83.1
苏230	沭阳—泗阳	沭阳	泗阳	让集、王集、丁集、沭阳闸	56
苏231	新沂—宿迁	新沂	宿迁	马陵、嶂山闸	49.5
苏232	洋河—泗县	洋河	泗县	泗洪、马公店	57.3
苏233	苍山—邳县	鹿山	邳县	铁佛、官湖	39.5
苏234	邳县—灵璧	邳县	灵璧	土山、庆安、睢宁、官山	86
苏235	台儿庄—棠棣埠	台儿庄	棠棣埠	燕阜	10.5
苏236	徐州—宿县	徐州	苏皖交界	三堡	23.6
苏237	龙固—沛县—郑集	龙固	郑集	大屯、沛县、张寨	67.5
苏238	鱼台—丰县	鱼台	丰县	欢口	28
苏239	金乡—丰县—徐州	金乡	徐州	丰县、华山、敬安、郑集	109.2
苏240	丰县—黄口	丰县	黄口	宋楼、李寨	26
苏301	拦河坝—丰县	拦河坝	丰县	大屯、沛县、鹿楼	51.3
苏302	丰县—单县	丰县	大刘集	赵庄	22
苏303	鹿庄—茅村	鹿庄	茅村	狼古墩	15.3
苏304	燕尾镇—宿迁	燕尾镇	宿迁	扬集、灌云、扎下、沭阳	175
苏305	丁集—睢宁	丁集	睢宁	渔沟、泗阳、洋河、宿迁、高作	117.9
苏306	响水—秦庄	响水	秦庄	灌南、李集	42.4
苏307	陈家洪—沭阳	陈家洪红星	沭阳	小尖、新集、高沟	125.1
苏308	头罾—涟水	头罾	涟水	大有、运河、唐集、大东	101.2

续表

编 号	路线名称	起 点	讫 点	经 过 地 点	全长(千米)
苏 309	扁担港—淮阴	扁担港	王营	六垛、通榆桥、苏嘴、涟水	153
苏 310	阜宁—益林	阜宁	益林	新沟	28
苏 311	射阳—上冈	射阳	上冈	中兴桥、胜利桥	38.1
苏 312	建湖—明光	建湖	明光	黄土沟、宝应、金湖、马坝	184.9
苏 313	新洋港—盐城	新洋港	盐城	三区、新洋	55.9
苏 314	裕华—刘庄	裕华	刘庄	大丰	24.5
苏 315	盐城—兴化	盐城	高邮	龙冈、大邹、海南、兴化、三垛	123

资料来源:江苏省地方志编纂委员会.江苏省志:交通志 公路篇[M].南京:江苏古籍出版社,2001:53-61.

20世纪90年代后,江苏淮河流域各市县都对省道进行了新建、改造和扩建。在淮安,至1991年,淮江路段为省一级公路,水泥路面;阜淮路为省四级公路。① 在徐州,1999年,新宿线新沂段改建通车,二级公路,沥青混凝土路面;徐淮路睢宁段改建通车,一级公路,沥青混凝土路面;宁徐路睢宁段改建通车,一级公路。② 在盐城,省道有陈(家港)李(堡)线盐城段、盐(城)(无)锡线、阜(宁)扬(州)线盐城段、射(阳)江(都)线盐城段、涟(水)盐(城)线盐城段、陈(家港)沭(阳)线盐城段、射(阳)阜(宁)涟(水)线盐城段等。其中,阜扬线起自阜宁县城,止于扬中县三茅镇,2008年开工建设,一级公路,沥青混凝土路面;射阜涟线起于射阳港,止于涟水县,盐城段起于射阳县射阳港,经合德镇、陈洋镇、海河镇、阜宁县城、杨寨镇,沥青混凝路面。③

(二)县乡村公路和专用公路

淮河流域除省道干线外,还分布着纵横交错的县道、乡道和村道。经过数十年的发展,其覆盖范围更广,延展程度更深,沟通城市、县镇数量更多。另外,还因特别需要,各地兴建地方性的专用公路。

1. 淮河流域安徽

新中国成立初期,皖北各县公路是在民国时期破败的基础上整修和建设起来的。以亳县为例,1956年整修和改建亳涡路(40千米)、亳古路(40千米)、亳观路(30千米)、亳鹿路(12千米)等9条公路④,这些整修与改建工程是在民工建勤下完成的⑤。而且在修建过程中,民工展现出极大的热情,工地上普遍开展了"插红旗、拔白旗"的运动,他们的口号是"是英雄,是好汉,'跃进'中间比比看,要竞赛,要挑战,专找先进和模范",并表示他们的决心"日不休,夜不停,坚决要把路修成""修好路,运输多,各种物资都不缺,人民公社力量强,修好大

---

① 淮安市志编纂委员会.淮安市志[M].南京:江苏人民出版社,1998:322.
② 徐州年鉴编纂委员会.徐州年鉴:2000[M].徐州:中国矿业大学出版社,2000:166.
③ 盐城市交通运输志编纂委员会.盐城市交通运输志[M].北京:方志出版社,2015:94,99-102.
④ 亳县1956年交通建设工作成绩统计表 档案号:J015-2-64[Z].亳州市谯城区档案馆.
⑤ 亳县1956年交通建设工作使用车船民工建勤情况统计表 档案号:J015-2-64[Z].亳州市谯城区档案馆.

路通天堂"等。① 党的十一届三中全会后,亳县公路建设发展较快,全县油路通车里程达160.8千米,砂浆路通车里程达274千米。各区乡还根据各自不同情况,修建大量乡村公路。这些公路对发展商品经济、促进城乡物资交流起了很好的作用。②

皖北各县级支线公路有徐(州)皇(藏峪)路安徽段、亳(州)位(岗)路、六(十铺)南(照集)路、蚌(埠)刘(府)路、九(龙岗)上(郭家)路、六(安)苏(家埠)路和赛(石矶)诸(佛庵)路等。其中,亳位路自亳县(今亳州市)城关至位岗,为阜阳地区第一条群众集资修建的公路。该路于1970年建成;1984年9月,路基加宽,改铺渣油路面。九上路自九龙岗,经大通、三座窑、化肥厂生活区、三山埠至上郭家,是连接淮南市城乡交通的重要路线,亦为贯通合淮、蚌淮两条干线公路的连接线。1957—1959年在原路基础上修建九龙岗至洞山段,并向西展修至上郭家,泥结碎石路面。1978年后,路基和路面分别拓宽。赛诸路自六安县赛石矶,经晏公庙、分路口、界牌石、独山、响洪甸、落地岗、龙门冲、潘家岭至霍山县诸佛庵,为沟通六安、金寨、霍山三县的主要公路。③

在乡村公路方面,1960年,亳县共修建各种公路177条726千米。④ 到了20世纪80年代初,全县71个公社,已有44个实现了晴雨通车,其中,改建老路47千米,接通新线18.5千米,新建15条社队路94.5千米,全长160千米。⑤ 1985年,全县71个乡,已有56个晴雨通车,6个晴通雨阻,四通八达的公路交通网已基本形成,运输难、行路难的问题基本解决。⑥ 同年,淮南市改建县乡公路1 840千米,在山区和县乡公路建设中,该年首批利用世界银行贷款,建设6条公路,其中,农村公路5条196千米。⑦ 2004年淮南完成公路建设里程304.2千米,包括国债续建项目袁潘路、泥淮路,省通达工程续建项目康焦路、古新路、泥祁路、山李路、南塘路,县区自建项目中的新建乡道、改建乡道、新改建村道。⑧ 2006年底,乡村公路建成691.4千米,通过国债项目、省通达项目、部通达项目、部通村公路项目、村村通油路项目、凤台试点县续建项目等建成。⑨ 2009年,山南七乡新增乡村公路有孔店乡农村公路28条、曹庵镇13条、史院乡14条、三和乡13条、杨公镇12条、孙庙乡12条、孤堆乡11条,至年底淮南农村乡道达1 369.255千米,村道达1 963.464千米。⑩ 在阜阳,1978年前后,近600个乡镇实现了乡乡通车,500个乡镇实现了晴雨通车⑪;1986年初乡村公路里程达5 532千米,1990年底乡村公路达6 443千米,2005年乡村公路达7 988.23千米⑫;2006年完成"村村

---

① 亳县修建公路施工进度情况 档案号:J037-1-2[Z].亳州市谯城区档案馆.
② 关于加快公路建设意见 档案号:J015-1-16[Z].亳州市谯城区档案馆.
③ 安徽省地方志编纂委员会.安徽省志:交通志[M].北京:方志出版社,1998:38-39.
④ 亳县1960年交通工作规划(草案) 档案号:J037-1-1[Z].亳州市谯城区档案馆.
⑤ 关于要求安排1981年社队道路经费的报告 档案号:J037-1-2[Z].亳州市谯城区档案馆.
⑥ 1985年工作总结和1986年工作意见 档案号:J037-1-14[Z].亳州市谯城区档案馆.
⑦ 1985年公路工作总结 档案号:0069-001-0225-002[Z].淮南市档案馆.
⑧ 淮南年鉴编委会.淮南年鉴:2005[M].合肥:黄山书社,2005:91.
⑨ 淮南市地方志编纂委员会.淮南年鉴:2007[M].合肥:黄山书社,2007:70.
⑩ 淮南市地方志办公室.淮南年鉴:2010[M].合肥:黄山书社,2010:62-63.
⑪ 安徽省人民政府.安徽五十年[M].北京:中国统计出版社,1999:207.
⑫ 阜阳市地方志编纂委员会.阜阳市志:1986—2010[M].合肥:黄山书社,2014:188.

通"工程建设里程795千米。①

此外,安徽淮河流域内还兴建众多的专用公路,如潘(集)谢(桥)路、芦(集)凤(台)路、怀(远)潘(集)路、刘(桥)濉(溪)路、张(集)碱(店)路、东(西铺)芦(岭)路和芦(岭)龙(王庙)路等。这些专用公路有的是酒厂所设,有的为连接煤炭基地而建。

2. 淮河流域江苏

民国时期,尤其是抗日战争期间,县道毁坏严重。1956年,江苏省政府发布《江苏省修建县乡交通工程暂行办法》,各级政府开始认真筹建县乡道路。县乡道路在"文革"期间处于停滞状态,直到1975年才正式恢复。1978年后,农村出现新兴的局面,农、工、商综合发展,"要想富,先修路"的观念深入人心。1985年,乡乡通公路的市县提出新的目标:村村通公路和乡乡通沥青路。② 在徐州,1983—1985年,三年间建设县道53条、乡道100条,其中新沂市有县道8条、乡道12条,邳县有县道8条、乡道33条,铜山有县道14条、乡道18条,睢宁有县道12条、乡道16条,沛县有县道7条、乡道13条,丰县有县道4条、乡道8条,县道总里程达834.85千米,乡道总里程达863.5千米。③ 2003—2006年,共建成农村公路6 150千米,全面实现县到镇通二级、镇到镇通三级、镇到行政村通四级的等级公路。④ 在淮安,1991年有县乡级公路20条,有乡村大道渠南运西片97条、渠南运东片188条、渠北运东片177条,共462条,总里程达1 650千米。⑤ 至2008年,农村行政村通灰黑公路的比例已达100%。⑥ 在盐城,2002年底,农村公路达4 560.49千米,其中县道814.03千米、乡道2 808.40千米、村道938.06千米,但仍有29个乡镇640个行政村不通车。2003—2010年,新改建农村公路12 239.11千米,其中县道1 568.84千米、乡道2 208.15千米、村道8 462.12千米。⑦ 现将1961年和1987年江苏淮河流域县乡公路分布情况列表如表4.3所示。

表4.3 1961年与1987年江苏淮河流域县乡公路分布概况表

1961年江苏淮河流域县乡公路分布概况						
地区(市)	县公路(千米)			乡公路(千米)		
	条数	总里程	晴雨通车里程	条数	总里程	晴雨通车里程
盐城地区	9	630.83	244.256	17	318.866	16
扬州地区	7	259.585	187.45	12	120.84	22.21
淮阴地区	19	648.538	421.261	72	895.247	384.284

---

① 阜阳市地方志办公室.阜阳年鉴:2007[Z].阜阳市地方志办公室,2007:144.
② 江苏省地方志编纂委员会.江苏省志:交通志 公路篇[M].南京:江苏古籍出版社,2001:69-70.
③ 徐州市交通志编纂委员会.徐州市交通志[Z].徐州市交通局,1988:30-31.
④ 徐州市史志办公室.徐州年鉴:2007[M].北京:方志出版社,2007:203.
⑤ 淮安市志编纂委员会.淮安市志[M].南京:江苏人民出版社,1998:322-323,325.
⑥ 江苏省统计局,国家统计局江苏调查总队.数据见证辉煌:江苏60年[M].北京:中国统计出版社,2009:290.
⑦ 盐城市交通运输志编纂委员会.盐城市交通运输志[M].北京:方志出版社,2015:104.

续表

1961年江苏淮河流域县乡公路分布概况

地区(市)	县公路(千米)			乡公路(千米)		
	条数	总里程	晴雨通车里程	条数	总里程	晴雨通车里程
徐州地区	13	417.87	376.64	44	639.84	80.956
总　计	48	1 956.83	1 229.607	135	1 974.893	503.45

1987年江苏淮河流域县乡公路分布概况

地区(市)	县公路(千米)			乡公路(千米)		
	总里程	等级公路里程	晴雨通车里程	总里程	等级公路里程	晴雨通车里程
扬州	990.9	972.4	990.9	1 286.8	1 100.4	1 286.8
盐城	421.3	366.1	417.4	1 165.2	861.5	1 051.2
淮阴	1 592.9	1 329.4	1 499.5	1 130.3	528.9	651.4
徐州	846.9	559	744.8	1 055.2	570.6	874.4
连云港	714.8	696.7	714.8	458	349.4	371.2
总　计	4 566.8	3 923.6	4 367.4	5 059.5	3 410.8	4 235

资料来源:江苏省地方志编纂委员会.江苏省志:交通志　公路篇[M].南京:江苏古籍出版社,2001:69-71.

由表4.3可知,1961年县乡公路与1987年相比,无论是单个县乡总里程,还是淮河流域内县乡的总里程,都有很大幅度的提高。扬州县公路从1961年的259.585千米,提高到1987年的990.9千米,增加731.315千米;淮阴县公路从1961年的648.538千米,提高到1987年的1 592.9千米,增加944.362千米;扬州乡公路从1961年的120.84千米,提高到1987年的1 286.8千米,增加1 165.96千米。经过20多年的发展,部分地区的县乡公路呈现近10倍的增长。整体来看,县公路增加2 609.97千米,约增加1.3倍;乡公路增加3 084.607千米,约增加1.6倍。

除了农村公路外,江苏还兴建许多专用公路,如江苏盐区和垦区公路。1987年江苏淮河流域已有近40条专用公路,如盐城的大丰至方强路、淮阴的军民桥至只良路、徐州的输油管道路、连云港的宿城至大桅尖路等。

3. 淮河流域河南

改革开放前,河南淮河流域农村公路建设走了弯路,在兴建与破坏中交替。这不仅阻碍了经济发展,而且造成了原料的浪费,更为重要的是失去了建设时间。改革开放后,河南淮河流域地级市农村公路的发展初见成效,至1987年县乡道支线初具规模,从统计资料中可以看出其中端倪。现将1987年河南淮河流域各地、市县里程及乡村公路交通概况列表如表4.4和表4.5所示。

表 4.4 1987 年河南淮河流域各地、市县里程表

项目\数量\名称	公路里程(千米) 总计	合计	等级路 一级	二级	三级	四级	等外路	晴雨通车里程(千米)
总　计	4 842	4 446	—	18	1 514	2 914	396	3 917
郑州市	440	440	—	2	267	171	—	435
开封市	404	379	—	1	111	267	25	139
平顶山市	478	434	—	—	142	292	44	419
许昌市	256	256	—	—	66	190	—	250
漯河市	115	105	—	—	40	65	10	108
商丘地区	904	867	—	—	535	332	37	591
周口地区	660	626	—	7	144	475	34	578
驻马店地区	729	714	—	8	62	644	15	660
信阳地区	856	625	—	—	147	478	231	737

资料来源:河南省地方史志编纂委员会.河南省志:公路交通志、内河航运志[M].郑州:河南人民出版社,1991:69.

表 4.5 1987 年河南淮河流域乡村公路交通情况表

项目\数量\名称	乡公路交通情况 所辖乡数(个)	晴雨通车的乡(个) 小计	其中通油路	晴通雨阻的乡(个)	不通公路的乡(个)	村公路交通情况 所辖村数(个)	晴雨通车的村(个) 小计	其中通油路	晴通雨阻的村(个)	不通公路的村(个)
总　计	1 186	1 050	885	134	2	24 731	9 813	6 871	10 921	3 397
郑州市	113	110	109	3	—	2 204	1 436	1 045	544	224
开封市	93	65	65	28	—	2 085	621	621	1 090	374
平顶山市	110	103	76	7	—	2 845	1 378	711	1 136	331
许昌市	67	60	57	7	—	1 839	816	605	548	475
漯河市	50	48	48	2	—	1 155	384	371	252	519
商丘地区	198	145	143	53	—	4 288	1 152	1 152	2 749	387
周口地区	181	168	162	13	—	4 345	1 509	1 195	2 457	379
驻马店地区	192	183	151	8	1	2 847	1 101	757	1 194	552
信阳地区	182	168	74	13	1	3 123	1 416	414	951	756

资料来源:河南省地方史志编纂委员会.河南省志:公路交通志、内河航运志[M].郑州:河南人民出版社,1991:71.

由表 4.4 和表 4.5 可以看出,1987 年,河南淮河流域内等级公路达 4 446 千米,占域内

公路里程的91.8%,其中二级路18千米、三级路1 514千米、四级路2 914千米、等外路396千米。晴雨通车里程达3 917千米,占域内通车里程的80.9%。晴雨通车的乡有1 050个,晴通雨阻的乡有134个,不通公路的乡仅有2个,99.99%的乡通公路;晴雨通车的村有9 813个,晴通雨阻的村有10 921个,不通公路的村有3 397个,83.8%的村通公路。

进入20世纪90年代以后,农村公路建设步伐加快。在平顶山,1998年新建县乡油路、混凝土路184.2千米,全市县乡等级公路达2 923千米,其中油路、混凝土路1 603.5千米,全市99个乡(镇)实现了晴雨通车,94个乡(镇)通油路、混凝土路,2 484个行政村实现晴雨通车,1 544个行政村通油路、混凝土路。① 2006年,全市农村公路建设里程超过1 687千米,至此,全市所有行政村都通水泥(油)路。② 2008年,农村公路总里程达21 685.2千米,实现了100%乡镇通油路、100%行政村通公路、100%平原区行政村通油路。③ 在商丘,1999年改建县乡公路2 488千米,全市198个乡(镇)全部通油路,66个乡(镇)实现行政村全部通油路,100%的行政村通公路,2 915个行政村通油路。其中虞城县464个行政村实现村村通油路,夏邑县727个行政村已有90.6%的村通油路。④ 2005年,农村公路建设里程达2 411.1千米,有821个行政村通油路(水泥路)。⑤ 在许昌县,2000年,县道有69.1千米,乡道673.6千米,全县453个行政村有399个通柏油路,通路率为88.08%。⑥

从临沂到连云港,从徐州到开封,从郑州到蚌埠,从淮南到济宁,国道、省道、县道和乡道在淮河流域交织成网,密不可分。即使没有直达的公路,也可以支线辗转到干线,最终连通两地,基本形成以国道、省道为动脉,县级公路为骨骼,乡村公路为毛细血管的纵横交错、四通八达的公路网。

三、交通工具

淮河流域交通工具的发展经历了一个缓慢的过程。民国时期经济虽不断发展,但受战争影响,交通线遭到大规模破坏,交通工具很难更新换代,基本仍以人力为主,现代化的交通工具只在个别城市零星存在。新中国成立之初,交通工具延续前期的现状,老旧、简陋、破败,在30多年间,机动车行业平稳发展,至20世纪80年代,机动车基本上取代了非机动车。进入21世纪后,交通工具在前期积累的基础上更是日新月异,在流域经济生活中扮演着不可或缺的角色。

(一)传统交通工具

传统交通工具在淮河流域不同省份形式上虽存在差别,实质上却大同小异,其共同特征是非机动性,基本上都要依靠人力。在安徽淮河流域存在畜力车、轿子、独轮车、人力车、三轮车和平板车,在河南淮河流域存在马车、牛车、毛驴车、独轮车、黄包车、架子车和三轮车,

---

① 平顶山年鉴编纂委员会.平顶山年鉴:1999[M].郑州:中州古籍出版社,2000:181.
② 平顶山市地方史志办公室.平顶山年鉴:2007[M].郑州:中州古籍出版社,2007:93.
③ 河南省统计局,国家统计局河南调查总队.河南六十年[M].北京:中国统计出版社,2009:222.
④ 商丘年鉴编辑委员会.商丘年鉴:2000[M].香港:香港天马出版有限公司,2000:223.
⑤ 商丘年鉴编辑委员会.商丘年鉴:2006[M].北京:光明日报出版社,2006:202.
⑥ 许昌县志编纂委员会.许昌县志[M].天津:南开大学出版社,1993:102.

在山东淮河流域存在轿子、轿车、軕子、手推车、黄包车、地排车、三轮车、马车、猪嘴车和毛驴车，在江苏淮河流域存在马车、牛车、驴车、黄包车、独轮车、三轮车、板车和轿舆。

安徽省独轮车和平板车是传统交通工具。独轮车俗称"小车""手推车"，是一种用硬木制造的手推单轮小车，形制分中间起脊和无脊两种，车架安在车轮两侧，用以载货，也可供人乘坐，车的后面有一对木制手柄，一人推动，载重量为100～200千克。独轮车早在汽车出现以前就开始广泛使用。它轻巧、灵活、省力、适用性强，比一般人担畜驮的运输量要大好几倍，是当时一种既经济又应用广泛的运输工具。20世纪60年代，独轮车逐渐停止使用。平板车又称"架子车""小板车"，其使用充气胶质胎，在单人操作的非机动车中，载重量最大。1949年后普遍使用"650"轮胎的小轮车，载重定额约为500公斤，适合于道路平坦的短途运输，到20世纪80年代，被日趋发展的各种机动车所代替。① 即使是这种传统交通工具，各地市亦不多见。如亳县，1958年仅有平板车1 400辆、马车100辆、胶轮独轮车1 400辆；具体到亳县各区，平板车张集为140辆，大杨、十九里、观堂、五马、十八里、十河、古城均为180辆；马车方面，大杨、观堂、张集、十八里为10辆，其余为15辆；胶轮独轮车，张集为140辆，其余为180辆。②

河南省马车和架子车是传统交通工具。至清末，马车车轮改小，车厢改为平板，引出两把以为辕，一马驾辕，前可套3～5匹骡马，运载量为400～500公斤。20世纪50年代，马车先后改为充气轮胎，装上轴承，套上3～5匹骡马，可装载一吨多。架子车又称"板车""排子车""平车"，结构简单，被各地广泛使用。③

山东省地排车和猪嘴车是传统交通工具。地排车又名"人力板车"，由车脚、车盘和车把组成。此车载重量较大，可载货500公斤以上。猪嘴车在20世纪初期流行于鲁西平原地区，车前有牲口拉套，后有人架推，车架起脊，木质独轮，其形似猪嘴拱地，用于防止车体翻倒。④

江苏省驴车和黄包车是传统交通工具。由于驴驮不受道路限制，乡村大道、田间小路均可行走。毛驴套上驾子车即成为毛驴车。在苏北盐阜地区，由于濒临黄海，地势平坦，草料充足，饲养驴子的农户比比皆是，商人做生意，妇女赶集回娘家，都用驴子作脚力。黄包车通称"人力车"，其结构初为木轮铁瓦，轮圈较大，敞篷座。后改为铁圈外包胶皮，后又改用充气轮胎。座上装有半圆篷，备有坐垫，装有挡泥板及手拉或脚踏车铃，夜有信号灯。⑤

（二）新式交通工具

新式交通工具与传统交通工具的不同就在于它的机动性，以机械代替人力，承担运输任务。但新中国成立前后新式交通工具数量极其有限，如客车，在山东，1949年底只有客车61

---

① 安徽省地方志编纂委员会.安徽省志：交通志[M].北京：方志出版社，1998：175-176.
② 对革新农村运输工具的意见 档案号：J017-1-106[Z]．亳州市谯城区档案馆.
③ 河南省地方史志编纂委员会.河南省志：公路交通志、内河航运志[M].郑州：河南人民出版社，1991：163-164,167-168.
④ 山东省地方史志编纂委员会.山东省志：交通志[M].济南：山东人民出版社，1996：130-131.
⑤ 江苏省地方志编纂委员会.江苏省志：交通志 公路篇[M].南京：江苏古籍出版社，2001：228-229.

辆①;在江苏,1949年共有客车921辆②;在安徽,1949年底仅有客车28辆③。虽然数量少,但它们的存在为以后的发展奠定了基础。根据分类标准和地域差别,淮河流域的新式交通工具可分为以下情况:安徽有客车、货车和拖拉机;河南有汽车、木炭汽车、简易汽车、载货挂车和拖拉机;山东有汽车、拖拉机和三轮汽车;江苏有载客小型汽车、载客大型汽车、载货小型汽车、载货中型汽车、载货挂车、机动板车和拖拉机。

1. 淮河流域安徽

新中国成立前后,皖北仅有20多辆客车,且多是货车载客,没有专用客车。20世纪50年代末至70年代末,安徽客运汽车品牌主要有解放、黄河、松陵,改装的小道奇、大万国等。80年代后增购大批客车,70年代以前的老旧客车基本淘汰,90%的客车为解放型和东风型,其他为黄河型和进口车。货车方面,1954年,从苏联购进载重4吨的"150"吉斯货车62辆,从民主德国购进载重3吨的柴油货车72辆。80年代后,不仅新增和更新国产货运汽车,而且还引进五十铃、三菱、日野、尼桑等品牌的大吨位柴油货车,并朝着高速、大吨位、专用化方向发展。④ 表4.6、表4.7是1987年安徽淮河流域载货、载客汽车和载货挂车机动车统计表。

表4.6 1987年安徽淮河流域公路运输部门营运车辆统计表(按经济类型分)1

地市名称	总计(辆)	载货汽车						载客汽车						其他专用汽车(辆)
		合计		全民所有制		集体所有制		合计		全民所有制		集体所有制		
		辆	吨位	辆	吨位	辆	吨位	辆	吨位	辆	吨位	辆	吨位	
淮南市	911	716	3 572	181	858	535	2 714	192	8 635	151	6 790	41	1 845	3
蚌埠市	884	628	3 710	180	1 077	448	2 633	250	11 170	200	9 509	50	1 661	6
淮北市	510	398	2 148	185	953	213	1 195	106	4 795	102	4 640	4	155	6
阜阳地区	1 755	1 248	6 041	383	1 901	865	4 140	506	22 483	456	20 899	50	1 584	1
宿县地区	865	571	3 031	168	897	403	2 134	289	13 139	287	13 059	2	80	5
六安地区	1 085	715	3 550	262	1 748	353	1 082	368	15 787	315	13 525	53	2 262	2

表4.7 1987年安徽淮河流域公路运输部门营运车辆统计表(按经济类型分)2

地市名称	载货挂车						其他机动车(辆)	运输用拖拉机(台)	货运人力车(辆)	装卸机械(台)	
	合计		全民所有制		集体所有制					合计	其中:起重汽车
	辆	吨位	辆	吨位	辆	吨位					
淮南市	544	2 455	174	777	370	1 678	7	12	1 095	13	3
蚌埠市	321	1 362	110	476	211	886	57	40	864	19	6

---

① 山东省地方史志编纂委员会.山东省志:交通志[M].济南:山东人民出版社,1996:132.
② 江苏省地方志编纂委员会.江苏省志:交通志 公路篇[M].南京:江苏古籍出版社,2001:232.
③ 安徽省地方志编纂委员会.安徽省志:交通志[M].北京:方志出版社,1998:177.
④ 安徽省地方志编纂委员会.安徽省志:交通志[M].北京:方志出版社,1998:177-179.

续表

地市名称	载货挂车 合计		载货挂车 全民所有制		载货挂车 集体所有制		其他机动车（辆）	运输用拖拉机（台）	货运人力车（辆）	装卸机械（台） 合计	装卸机械（台） 其中：起重汽车
	辆	吨位	辆	吨位	辆	吨位					
淮北市	285	1 245	148	659	137	586	19	3	160	17	6
阜阳地区	961	4 006	358	1 519	603	2 487	159	138	2 501	13	1
宿县地区	425	1 754	134	578	291	1 176	140	34	791	13	5
六安地区	548	2 311	294	1 229	254	1 082	48	14	657	6	2

资料来源：安徽省地方志编纂委员会.安徽省志：交通志[M].北京：方志出版社，1998：183-184.

20世纪90年代以后，淮河流域安徽交通运输工具发展日新月异，尤其在数量上与日俱增。如蚌埠，1996年，客车有7 880辆，货车为11 821辆[①]；2000年，客车有14 282辆，货车有9 925辆[②]；2003年，客车为18 847辆，货车为18 707辆[③]；2006年，客车有23 956辆，货车有18 422辆[④]；2009年，客车有48 440辆，货车有28 543辆[⑤]。可见，2000年至2009年，客车增加34 158辆，增长239.17%，平均每3年的增长率是53.75%；货车增加18 618辆，增长187.59%，平均每3年的增长率是47.30%。再如淮北，1996年，客车有4 764辆，货车有7 145辆[⑥]；2000年，客车有7 568辆，货车有4 801辆[⑦]；2004年，客车有11 154辆，货车有5 829辆[⑧]；2008年，客车有24 978辆，货车有9 301辆[⑨]。可见，1996年至2008年，客车增加20 214辆，增长424.31%，平均每4年的增长率是76.73%；货车增加2 156辆，增长30.17%，平均每4年的增长率是16.05%。

2. 淮河流域河南

新中国成立之初，河南从苏联、波兰、捷克、匈牙利、民主德国等国进口汽车。1956年始用国产汽车，初期只有解放牌汽车，之后有跃进、黄河、交通、江淮牌等汽车。1963年，郑州客车厂开始生产JT660型大客车，至1987年已生产JT660A、ZK661、JT661、ZK630、JT662、JT663等9种型号大客车。1970年，郑州汽车制造厂生产130型载货汽车，1987年，改为郑州轻型汽车制造厂。20世纪70年代，河南使用的进口汽车，有罗马尼亚的布切克汽油车和达卡、罗曼等柴油车。80年代后，进口汽车剧增。从日本进口日野、日产、五十铃等柴油车，及三菱、扶桑、丰田、皇冠等汽油小客车；从法国进口贝利埃、尤尼克等大吨位柴油车。另外，1968年，开始生产简易汽车，先是3轮，后改为4轮，都是以柴油机为动力，载重为1～2吨。1973年，确定6轮2吨车和6轮2吨油压自卸车为全省审定型车。[⑩] 1987年河南淮河流域

[①⑥] 安徽省统计局.安徽统计年鉴：1997[M].北京：中国统计出版社，1997：315.
[②⑦] 安徽省统计局.安徽统计年鉴：2001[M].北京：中国统计出版社，2001：496.
[③] 安徽省统计局.安徽统计年鉴：2004[M].北京：中国统计出版社，2004：439.
[④] 安徽省统计局.安徽统计年鉴：2007[M].北京：中国统计出版社，2007：481.
[⑤] 安徽省统计局，国家统计局安徽调查总队.安徽统计年鉴：2010[M].北京：中国统计出版社，2010：449.
[⑧] 安徽省统计局.安徽统计年鉴：2005[M].北京：中国统计出版社，2005：445-446.
[⑨] 安徽省统计局，国家统计局安徽调查总队.安徽统计年鉴：2009[M].北京：中国统计出版社，2009：437-438.
[⑩] 河南省地方史志编纂委员会.河南省志：公路交通志、内河航运志[M].郑州：河南人民出版社，1991：170，174.

机动车数量统计如表4.8所示。

表4.8　1987年河南淮河流域机动车数量统计表

地市	机动车总计（辆）	其中：汽车（辆）						拖拉机（台）
		合　计	载货汽车		载客汽车		特种汽车	
			小型	大型	小型	大型		
总　计	226 423	103 738	69 625	60 133	29 240	6 828	3 874	71 421
郑州市	56 587	31 474	19 458	16 380	10 912	2 032	1 104	12 003
开封市	25 879	10 711	7 340	6 376	2 998	682	373	6 102
平顶山市	31 170	13 779	9 135	8 112	3 929	897	535	10 336
许昌市	25 636	7 799	5 905	5 109	1 647	434	247	13 641
漯河市	7 761	3 449	2 329	1 867	945	225	175	3 391
商丘地区	20 905	8 677	6 132	5 130	2 190	529	346	7 532
周口地区	27 081	11 255	7 972	7 196	2 097	705	376	11 326
驻马店地区	13 713	7 769	5 159	4 559	2 217	636	393	2 314
信阳地区	17 691	8 825	6 195	5 404	2 305	688	325	4 776

资料来源：河南省地方史志编纂委员会.河南省志：公路交通志、内河航运志[M].郑州：河南人民出版社,1991：177-178.

20世纪80年代末以后,淮河流域河南机动车数量有很大发展。以许昌为例,1989年,货车有7 727辆,客车有2 332辆[1];1994年,货车有10 536辆,客车有6 038辆[2];1999年,货车有16 501辆,客车有15 059辆[3];2004年,货车有27 922辆,客车有40 714辆[4];2009年,货车有39 703辆,客车有112 739辆[5]。可以看出,1989年至2009年,货车从7 727辆增加到39 703辆,增长413.82%,客车从2 332辆增加到112 739辆,增长4 734.43%。

3. 淮河流域山东

"一五"期间,山东省从苏联和东欧国家进口吉尔、嘎斯、布切奇、依发等品牌汽车,专业营运车辆逐年增加。20世纪60年代,由于国产汽车大量生产,"二五"期间比"一五"期间增长48.6%。"三五"期间,增长速度较平稳。1976年以后至1985年的十年间增长幅度加大,平均年递增8.5%。除了汽车,还有拖拉机,主要有轮式、履带式两种。轮式拖拉机配置挂斗,从事公路运输。1960年以后,国产拖拉机进入农副业生产和县社运输业,从事短途

---

[1] 河南省统计局.河南经济统计年鉴：1990[M].北京：中国统计出版社,1990：351.
[2] 河南省统计局.河南统计年鉴：1995[M].北京：中国统计出版社,1995：281.
[3] 河南省统计局.河南统计年鉴：2000[M].北京：中国统计出版社,2000：356.
[4] 河南省统计局.河南统计年鉴：2005[M].北京：中国统计出版社,2005：375.
[5] 河南省统计局,国家统计局河南调查总队.河南统计年鉴：2010[M].北京：中国统计出版社,2010：511.

运输。①

20世纪90年代后,山东淮河流域地级市交通工具发展更快。在济宁,1990年,拥有汽车9 620辆,其中货车8 853辆,客车767辆②;1995年,拥有汽车14 873辆,其中货车13 764辆,客车1 109辆③;2000年,拥有汽车31 669辆,其中货车26 402辆,客车5 267辆④;2005年,拥有汽车44 332辆,其中货车37 125辆,客车7 207辆⑤;2009年,拥有汽车53 321辆,其中货车46 056辆,客车7 265辆⑥。从1990年至2009年20年间,汽车总量增加43 701辆,增长454.27%;货车增加37 203辆,增长420.23%;客车增加6 498辆,增长847.20%。在临沂,1997年,拥有汽车15 444辆,其中货车14 105辆,客车1 339辆⑦;2002年,拥有汽车30 440辆,其中货车24 538辆,客车5 902辆⑧;2007年,拥有汽车49 198辆,其中货车41 009辆,客车8 189辆⑨。从1997年至2007年10余年间,汽车总量增加33 754辆,增长218.56%;货车增加26 904辆,增长190.74%;客车增加6 850辆,增长511.58%。

4. 淮河流域江苏

从1949年到1956年间,有载客4~5人的"散车户"小汽车从事公路客运。1956年开始,这种载客小汽车由雪佛兰型汽车改装而成,从1974年起在跃进130型和北京130型底盘基础上改装出J5617型和JS620型的载客小型汽车。1953年,江苏省首次生产出第一批全金属骨架结构的平头大客车,1956年又制成第一辆大"道奇"平头大客车。1957年,利用解放牌汽车生产出第一辆"解放"牌平头大客车。1962年,在"解放"牌汽车的基础上改装生产出江苏第一代定型JS626型的平头载客大客车。1980年,交通部在扬州汽车修理厂研制生产出HT-663型公路长途大客车。

1949年至1953年经济恢复时期,从苏联和东欧国家进口载货汽车。自1956年后,国产的"解放"牌、"东风"牌等"卡车"相继生产。改革开放后,从日本等国进口载货汽车。1957年,载货挂车的车型为仿捷克式木大梁轻型挂车,这种挂车结构简单,所用钢材少,得到了普遍推广。1959年后,逐步以金属挂车取代木质挂车。到20世纪70年代后期,全挂车逐步淘汰,代之以全金属载重10吨的JLBG13型半挂汽车。⑩

20世纪90年代后,汽车的数量取得长足发展。在盐城,1996年,拥有汽车18 916辆,其中客车10 523辆,货车7 938辆⑪;2000年,拥有汽车39 816辆,其中客车21 611辆,货车

---

① 山东省地方史志编纂委员会.山东省志:交通志[M].济南:山东人民出版社,1996:133-134.
② 山东省统计局.山东统计年鉴:1991[M].北京:中国统计出版社,1991:393.
③ 山东省统计局.山东统计年鉴:1996[M].北京:中国统计出版社,1996:398.
④ 山东省统计局.山东统计年鉴:2001[M].北京:中国统计出版社,2001:311.
⑤ 山东省统计局,国家统计局山东调查总队.山东统计年鉴:2006[M].北京:中国统计出版社,2006:387.
⑥ 山东省统计局,国家统计局山东调查总队.山东统计年鉴:2010[M].北京:中国统计出版社,2010:539.
⑦ 临沂市统计局.临沂统计年鉴:1998[Z].临沂市统计局,1998:255.
⑧ 临沂市统计局.临沂统计年鉴:2003[Z].临沂市统计局,2003:146.
⑨ 临沂市统计局.临沂统计年鉴:2008[Z].临沂市统计局,2008:326.
⑩ 江苏省地方志编纂委员会.江苏省志:交通志 公路篇[M].南京:江苏古籍出版社,2001:231-235.
⑪ 盐城市统计局.盐城统计年鉴:1996[Z].盐城市统计局,1996:240.

17 095 辆①;2004 年,拥有汽车 59 850 辆,其中客车 37 560 辆,货车 19 554 辆②;2008 年,拥有汽车 169 524 辆,其中客车 115 155 辆,货车 31 210 辆③。1996 年至 2008 年 10 余年间,汽车增加 150 608 辆,增长 796.19%。其中客车增加 104 632 辆,增长 994.32%,平均每 4 年的增长率是 128.59%;货车增加 23 272 辆,增长 293.17%,平均每 4 年的增长率是 63.12%。在连云港,1997 年,汽车总量为 22 231 辆,其中客车 10 154 辆,货车 11 144 辆④;2000 年,汽车总量为 31 792 辆,其中客车 15 358 辆,货车 15 392 辆⑤;2003 年,汽车总量为 43 342 辆,其中客车 22 184 辆,货车 19 248 辆⑥;2006 年,汽车总量为 64 854 辆,其中客车 43 513 辆,货车 21 341 辆⑦。1997 年至 2006 年 10 年间,汽车增加 42 623 辆,增长 191.73%。其中客车增加 33 359 辆,增长 328.53%,平均每 3 年的增长率是 63.95%;货车增加 10 197 辆,增长 91.50%,平均每 3 年的增长率是 24.68%。

四、客货运输

淮河流域公路运输的发展与交通工具的更新息息相关,相辅相成。改革开放前,淮河流域公路运输经历发展、停滞、倒退和恢复的过程,改革开放后,呈现新的气象。进入 21 世纪以后,淮河流域的公路交通里程、客运量、客运周转量、货运量和货运周转量已今非昔比。借助于四通八达的公路交通网,淮河流域的人流、物流都有长足发展。

(一) 旅客运输

客运班车的路线和班次是按照客流量和流向划定的,一般分为长途和短途两类。长途有省际和省内跨区、跨县客运,而把 50 千米以下的班次划为短途客运。

1. 省际客运

新中国成立后,安徽皖北地区首先恢复和开通蚌埠至浦口省际客运班线。后陆续发展与苏、浙、赣、豫、鲁、鄂邻省的公路客运。其中天长至扬州、宿县至泗洪(江苏)、萧县至徐州、亳县至商丘等线路比较稳定,但运输距离较短,这种情况一直延续到 20 世纪 70 年代。1980 年,开通阜阳至郑州全程 347 千米的省际班线,是当时向省外延伸最长的客运班线,沟通与河南郑州、尉氏、扶沟、西华、周口、项城、沈丘等地的联系。1981 年,安徽与江苏全面省际客运协议签订,扩大到宿县到睢宁、淮阴等线,随后亳县到徐州也相继达成跨省客运协议。1983 年,安徽与湖北达成开通霍山、金寨到英山,六安到散花的客运协议,同年又新辟安徽与江苏、河南间的阜阳、六安到南京,蚌埠、宿县到商丘的省际班线。1984 年,苏皖间客运跨地区发展,开通灵璧至睢宁、睢宁至尹集、符离集、宿县、泗县至徐州,宿县至徐州等 4 条班线。同年又开通六安、天长至上海等省际客运班线。到 1986 年,与毗邻的苏、鲁、浙、赣、湘、

---

① 盐城市统计局.盐城统计年鉴:2001[Z].盐城市统计局,2001:245.
② 盐城市统计局.盐城统计年鉴:2005[Z].盐城市统计局,2005:256.
③ 盐城市统计局,国家统计局盐城调查队.盐城统计年鉴:2009[M].北京:中国统计出版社,2009:290.
④ 连云港市统计局.连云港统计年鉴:1998[Z].连云港统计局,1998:217.
⑤ 连云港市统计局.连云港统计年鉴:2001[M].北京:中国统计出版社,2001:203.
⑥ 连云港市统计局.连云港统计年鉴:2004[Z].连云港统计局,2004:229.
⑦ 连云港市统计局.连云港统计年鉴:2007[Z].连云港市统计局,2007:209.

鄂、豫、沪等七省一市均发展了跨省客运班车。① 1998年,淮南有通往省内各地及上海、广州、深圳、武汉、杭州、福州、厦门、郑州、济南、南京等地365个客运班线,日发班车861班次,客运量为2 400万人次。② 2004年淮南客运路线有所调整,通往省内外各地客运班线239条,日发班车1 524.5班次,客运量为1 799万人次。③ 2004年,阜阳汽车运输集团客运班线为504条,班车通达21个省市,客运量为4 460万人。④

1949年6月,江苏在泰州成立苏北长途汽车公司,同年12月成立华东运输公司徐州分公司,经营通如、圩清、姜八、圩泰等线及徐州地区的客运。1961年,在扬州、海安、淮阴等3个汽车总站,统一经营公路干线客运业务,扬州、淮阴等运输处陆续开通省际班车。1981年开通淮阴至安徽蚌埠全程282千米的客运班车,1982—1984年,淮阴地区开辟的跨省客运线路有21条。⑤ 1999年,徐州公路运输总公司先后开通徐州至淮阴、济宁、临沂、合肥快客车。该公司拥有客车营运线路450条,日发班车1 454班,日发快客班次已达507班,客运班车通往10个省(市),客运量为881.4万人次。⑥ 2002年,徐州公路运输(集团)有限公司实施企业改制后,营运线路有587条,月发班车1 287班,覆盖15个省市,日发送旅客2万人次。⑦

1950年,河南交通部门尚无大客车,旅客运输全使用代客车。1952年,汽车客运由省交通厅运输局统一经营。1968年,省营汽车运输企业全部下放地市管理,县营汽车开始经营客运。1985年,撤销1980年组建的河南省汽车运输公司,所属企业下放地市经营。1987年,新建郑州、开封、商丘、周口、驻马店、信阳汽车站和部分县汽车站,开通与省外城市的客运班车,如郑州至济宁、菏泽、徐州、阜阳、蒙城、淮北等地客运班车,开封、商丘、信阳分别至阜阳、蚌埠、徐州等的客运班车。⑧ 同年,河南淮河流域各地市的省际运输中,郑州市的客运路线有18条,线路里程为6 325千米,日运行客车21辆,日发班次21次;开封市的客运路线有29条,线路里程为7 200千米,日运行客车52辆,日发班次88次;漯河市的客运路线有10条,线路里程为2 926千米,日运行客车10辆,日发班次11次;商丘地区的客运路线有49条,线路里程为9 456千米,日运行客车107辆,日发班次181次;周口地区的客运路线有54条,线路里程为11 964千米,日运行客车67辆,日发班次89次;驻马店地区的客运路线有40条,线路里程为12 796千米,日运行客车43辆,日发班次51次;信阳地区的客运路线有66条,线路里程为7 244千米,日运行客车43辆,日发班次89次。⑨ 1993年,从驻马店及各县可直达北京、上海、天津、江苏、浙江、山东、安徽、江西、湖北、山西、陕西等省市。⑩

---

① 安徽省地方志编纂委员会.安徽省志:交通志[M].北京:方志出版社,1998:202-204.
② 淮南年鉴编委会.淮南年鉴:1999[M].合肥:黄山书社,1999:117.
③ 淮南市地方志编纂委员会.淮南年鉴:2007[M].合肥:黄山书社,2007:70.
④ 阜阳市地方志办公室.阜阳年鉴:2005[Z].阜阳市地方志办公室,2005:120.
⑤ 江苏省地方志编纂委员会.江苏省志:交通志 公路篇[M].南京:江苏古籍出版社,2001:179,182-183.
⑥ 徐州年鉴编纂委员会.徐州年鉴:2000[M].徐州:中国矿业大学出版社,2000:166.
⑦ 徐州年鉴编纂委员会.徐州年鉴:2003[M].北京:中华书局,2003:160.
⑧ 河南省地方史志编纂委员会.河南省志:公路交通志、内河航运志[M].郑州:河南人民出版社,1991:213-215.
⑨ 河南省地方史志编纂委员会.河南省志:公路交通志、内河航运志[M].郑州:河南人民出版社,1991:215.
⑩ 驻马店地区地方史志编纂办公室.驻马店地区年鉴:1994[M].郑州:中州古籍出版社,1995:208.

2. 省内客运

1949年,安徽皖北先后恢复蚌埠至阜阳、蚌埠至亳县、亳县至阜阳、阜阳至界首、阜阳至太和等客运线路。同年,田家庵至正阳关、阜阳至正阳关、临淮关至马坝、固镇至灵璧、宿县至阜阳、六安至麻埠、六安至叶集等线定期客运班车先后恢复通车。1952年,陆续增开霍山至佛子岭、六安至金寨、叶集至霍邱、灵璧至固镇、宿县至濉溪等客运班线。1959年,亳县完成客运133 614人,占计划的96.5%,周转量为927 079人千米,占计划的98.8%。① 1977年,阜阳全区客运量627万人,周转量为25 000万人千米。②

20世纪60年代,强调"支农转轨"后,以蚌埠为例,不但每天都有开往阜阳专区的亳县、临泉、界首、阜南、涡阳等县的直达班车,而且县以下的重点城镇如界首的光武、太和的李兴等,均有直达班车。此前这些地方的人到蚌埠,中途均需换车2~3次,现在都可直达。改革开放后,逐步形成完整的公路客运网。③ 1978年2月,在合肥召开整修合肥至淮南、蚌埠、六安、安庆、浦口、芜湖6条重要干线公路会议。计划改建合淮路以及合蚌路,前者全长为129.8千米,后者店埠至蚌埠为140.5千米。④ 1981年,淮南市拥有各种机动车辆6 000多台,公路日通车量,干线可达5 000车次以上,支线一般也达千次以上。⑤ 而且随着改革开放的深入,经营方式也有所改善,淮南市允许有条件的个体户,购置客运工具,实行定线、定站点、定班次,做到"一家管,几家办,既搞活,又不乱",切实解决农民乘车难的问题。⑥

1977年起,江苏苏北地区各省辖市所在地的汽车运输公司纷纷开辟新的营运线路。如淮阴地区,开通沭阳至西圩、李恒、东风,金湖至渔业的客运班车。1978年,开辟泗阳至徐州,盱眙至扬州,及淮阴至无锡、镇江、常州、苏州的客运直达班车。1985年底,淮阴汽车站拥有省内营运通车路线28条。如盐城地区,1982—1985年,先后增开兴化、宝应至徐州,响水、大丰、东海至扬州,苏州、海安至泰州,海安至黄桥,兴化至苏州的直达客运班车。⑦

河南省客运线路布局是以郑州为中心,构成通往地市县的客运网;以地市为中心,构成通往县城的客运网;以县为中心,构成通往乡镇的客运网。在此基础上,构成省会与地级市间、市与县间、县与县间、县与乡镇间的客运网。1987年,郑州市与河南淮河流域的所有地级市互通客车,并与102个县乡通行客车。⑧ 据统计,1987年,河南淮河流域省内客运路线共1 850条,线路里程为192 968千米,日运行客车5 700辆,日发班次14 837次。其中,郑州市客运路线共216条,线路里程为26 327千米,日运行客车998辆,日发班次2 373次;开封市客运路线共184条,线路里程为21 758千米,日运行客车573辆,日发班次1 164次;平顶山市客运路线共175条,线路里程为18 625千米,日运行客车735辆,日发班次2 222次;许昌市客运路线共66条,线路里程为4 790千米,日运行客车462辆,日发班次1 444次;漯

---

① 亳县1959年交通工作总结 档案号:J037-1-1[Z].亳州市谯城区档案馆.
② 1977年度各县站发出运输量计划 档案号:J037-2-14[Z].亳州市谯城区档案馆.
③ 安徽省地方志编纂委员会.安徽省志:交通志[M].北京:方志出版社,1998:204-205.
④ 关于整修江淮地区六条干线公路的会议纪要 档案号:0027-002-0079-013[Z].淮南市档案馆.
⑤ 关于公路路政情况的汇报 档案号:0069-001-0161-027[Z].淮南市档案馆.
⑥ 关于改进公路运输管理几个问题的通知 档案号:0067-002-0168-020[Z].淮南市档案馆.
⑦ 江苏省地方志编纂委员会.江苏省志:交通 公路篇[M].南京:江苏古籍出版社,2001:183-184.
⑧ 河南省地方史志编纂委员会.河南省志:公路交通志、内河航运志[M].郑州:河南人民出版社,1991:215.

河市客运路线共 101 条,线路里程为 10 833 千米,日运行客车 237 辆,日发班次 640 次;商丘地区客运路线共 165 条,线路里程为 22 492 千米,日运行客车 396 辆,日发班次 954 次;周口地区客运路线共 236 条,线路里程为 28 281 千米,日运行客车 611 辆,日发班次 1 246 次;驻马店地区客运路线共 371 条,线路里程为 40 525 千米,日运行客车 1 085 辆,日发班次 2 617 次;信阳地区客运路线共 336 条,线路里程为 19 337 千米,日运行客车 603 辆,日发班次 2 177 次。①

3. 短途客运

短途客运班车营运范围集中于城镇周围和区乡之间,班次安排根据旅客流量情况,一般 10 至 30 分钟发一班,也可不定班,上客即发。

安徽省短途客运班车兴起于 20 世纪 50 年代末(当时称循环班车),70 年代初,省汽车运输公司把短途客运班车定名为"农村公共汽车",制定《农村公共汽车班线管理规定》。1973 年下半年,宿县地区已通公共班车的有 131 个乡镇,占已通车乡镇的 64.35%。1978 年后,公路运输部门逐步建立以区镇为中心的农村客运网。六安的燕子河、叶集,宿县的栏杆集等集镇派驻客车,负责附近村、乡的农村客运。1985 年亳县共有客车路线 13 条,59 个班次,其中跨县 28 个班次,县内 14 个班次,59 个乡已通班车;各种运输车有 3 167 辆,其中客车 54 辆,货车 1 407 辆,小型拖拉机 1 600 辆。四通八达的公路交通网已基本形成,运输难、行路难的问题基本解决。② 1987 年,凡是有公路的农村,大都有客车开行。③ 2003—2004 年,淮北市濉溪县开通 24 条区间班线,从事短途客运业务④;2007 年新建孙疃、韩村 2 个乡镇客运站,新开辟濉溪—朱口、濉溪—秦集、濉溪—李寨 3 条客运班线,全县城乡客运班线达 38 条⑤。2009 年,淮南市 47 个乡镇全部开通客运班车,通公路的 581 个行政村中有 567 个通客运班车,农村客运站 19 个,农村客运班线 36 条。⑥

1954 年始,河南大中城市相继开办公共汽车公司。郑州市,1954 年成立公共汽车公司,有客车 13 辆,营运线路增至 5 条。1966 年客车增加到 83 辆,营运线路增至 11 条。1978 年,客车增至 183 辆,营运线路增至 18 条。1987 年,客车增至 260 辆,线路增至 21 条,客运量达 6 781 万人次。商丘市,1958 年开办市内公共汽车。1987 年,拥有客车 38 辆,年客运量为 421 万人次,拥有电车 80 辆,年客运量达 4 699 万人次。⑦ 平顶山市,2006 年底全市开通农村客运班线 147 条,农村客运班车 724 辆,途经行政村 1 876 个。⑧ 宝丰县,2006 年,建成 10 个乡镇客运站,42 个农村客运招呼站也投入使用;2007 年,全县有县乡客运班线 17 辆,营运客车 137 辆,日发班次 369 次,客运量达 523 万人次。⑨ 长葛市,2006 年建成 10 个农村客

---

① 河南省地方史志编纂委员会.河南省志:公路交通志、内河航运志[M].郑州:河南人民出版社,1991:216-217.
② 1985 年工作总结和 1986 年工作意见 档案号:J037-1-14[Z].亳州市谯城区档案馆.
③ 安徽省地方志编纂委员会.安徽省志:交通志[M].北京:方志出版社,1998:205-206.
④ 濉溪县地方志办公室.濉溪年鉴:2003—2004[Z].濉溪县地方志办公室,2005:55.
⑤ 濉溪县地方志办公室.濉溪年鉴:2007—2008[Z].濉溪县地方志办公室,2011:86.
⑥ 淮南市地方志办公室.淮南年鉴:2010[M].合肥:黄山书社,2010:62.
⑦ 河南省地方史志编纂委员会.河南省志:公路交通志、内河航运志[M].郑州:河南人民出版社,1991:228-231.
⑧ 平顶山市地方史志办公室.平顶山年鉴:2007[M].郑州:中州古籍出版社,2007:90.
⑨ 宝丰县地方史志办公室.宝丰年鉴:2006—2008[M].北京:社会科学文献出版社,2009:284-285.

运站,全市 23 条客运班线 105 个村级招呼站投入使用。①

20 世纪 50 年代初,江苏运营农村公共汽车。1965 年,扬州汽车运输公司把阜宁县作为开办农村公共汽车的试点,沿途停靠 19 站。1966 年,扬州汽车运输公司盐城营业处投入 2 辆 30 座客车,正式运行农村公共汽车。改革开放后,随着农村经济的发展,农村公共汽车不仅从乡镇通往县城,而且逐步扩展到乡镇开往城市,甚至全省大中城市。② 高邮市,1992 年,开放农村客运市场,年内投入 29 辆中巴车,运营高邮—汤庄、高邮—汉留、高邮—花阳、高邮—周港等 14 条客运路线③;至 2007 年底,全市 280 个行政村中,已开通 275 个客运班线④。宝应县,2000 年,拥有农村公共汽车班线 11 条,160 辆中巴车参与运营,覆盖全县所有乡镇。⑤ 淮安市,2009 年,开通城乡客运一体化班线 80 条,投入汽车 1 176 辆,全市 1 315 个行政村通达客运班车,通达率为 96%,符合通车条件的行政村客运班车通达率为 100%。⑥

(二) 货物运输

新中国成立初,淮河流域公路货物运输仍旧沿袭民国时期的传统运输方式,即人力和畜力运输。在新中国成立头几年,还存在商办运输,如河南 1954 年尚有私营汽车 153 辆,主要集中在许昌、信阳和商丘。⑦ 经过社会主义改造以后,商办运输退出市场,基本由国家主持公路运输。"大跃进"时期,如在山东、安徽等省搞的汽车"列车化"运动,违反科学规律,使得公路运输遭到严重破坏。调整时期,交通基础设施、运力和运输效率得到短暂的恢复和发展。"文化大革命"时期,公路运输是全国阶级斗争浪潮的附庸,导致国营运输受到严重破坏。改革开放后,公路运输回到正轨,并逐渐出现了国营、集体、个体一起办汽车货运的新形势,多成分、多结构的运输体系逐步形成。进入 21 世纪后,这种势头有增无减,为公路运输的发展提供重要支撑。

1. 零担运输

1966 年前,安徽有 16 条零担货运班线在"文革"中遭受破坏而停办。改革开放后,零担运输得到恢复。1988 年,蚌埠市汽车运输公司经营 61 条班线,营运里程为 21 176 千米,月班次为 621 个;阜阳地区汽车运输公司经营 47 条班线,营运里程为 16 726 千米,月班次为 289 个。省际班线扩展至 171 条,包括开往扬州、徐州、菏泽、商丘、驻马店、许昌等地;省内跨区县班线拓展至 156 条,包括开往天长、蚌埠、阜阳、界首、六安、淮南等地。⑧ 关于搬运费,20 世纪 60 年代初,宿县、怀远、五河、灵璧、泗县、砀山、濉溪等县,一等货物 1/4 千米基价是 0.85 元/吨,每增加 1/4 千米增加 0.190 元/吨;二等货物,1/4 千米基价是 0.71 元/吨,每增加 1/4 千米增加 0.170 元/吨;三等货物,1/4 千米基价是 0.69 元/吨,每增加 1/4 千米增加

---

① 长葛市地方史志办公室.长葛年鉴:2007[M].北京:中共党史出版社,2007:217.
② 江苏省地方志编纂委员会.江苏省志:交通志 公路篇[M].南京:江苏古籍出版社,2001:185-186.
③ 高邮市高邮年鉴编辑委员会.高邮年鉴:1993[M].北京:中国县镇年鉴社,1993:279.
④ 高邮市地方年鉴编纂委员会.高邮年鉴:2008[M].北京:方志出版社,2008:133.
⑤ 宝应县地方志编纂委员会.宝应年鉴:2001[M].南京:江苏古籍出版社,2002:146.
⑥ 淮安市地方志办公室.淮安年鉴:2010[M].北京:方志出版社,2010:85.
⑦ 河南省地方史志编纂委员会.河南省志:公路交通志、内河航运志[M].郑州:河南人民出版社,1991:236.
⑧ 安徽省地方志编纂委员会.安徽省志:交通志[M].北京:方志出版社,1998:215.

0.150元/吨。① 而且,在经营方式上,随着改革开放的深入,亦发生很大的变化。以淮南市来说,在货运分工上,打破所有制、经营范围和营运区域的限制,个体货运经营者在承担零散货物运输的同时,可以从事与其经济能力相适应的其他货物的中长途运输;机关企事业单位自备车辆在实行独立核算、办理营运手续后,允许进入运输市场,参与社会物资运输。②

20世纪50年代初,河南办理零担货运,当时不定班定时,收够一车就装车起运。1987年,在地级市开辟零担班车的线路中,商丘有4条,信阳有3条,平顶山有2条,驻马店有9条,周口有3条,许昌有2条,郑州有7条。开辟省际零担班车线路目的地的有徐州、济宁、阜阳、菏泽、蚌埠、盐城、高邮等。③

1953年后,山东济宁、临沂等地市运输公司相继开展零担货运业务。1963年,省交通厅发出通知,要求大力开展零担业务。1978年后,商品经济的迅速发展,为开展零担运输提供了条件。1982年末,临沂运输公司设置零担货运核算组,编印临沂至江苏、安徽、浙江、上海四省市500多个站点的里程图和零担里程运价表。到1985年,汽车零担运输基本实现制度化、专业化、网络化、篷车化。④

1956—1957年,江苏通盐公路运输管理局开办盐城至天生港的零担货运班车,是专营汽车零担货运的开始。到20世纪70年代,全省初步形成公路汽车零担货运网。1973年,淮阴地区汽车运输公司先后开办淮阴至泗阳、宿迁、金湖、泗洪等15条区内零担货运班车线路。同期,开办淮阴至南通、沭阳至连云港市东海、淮阴经沭阳至徐州市新沂、淮阴经涟水至盐城市响水与滨海等跨区零担货运班车。1973年底,该公司每天有20多辆零担运班车从淮阴出发运往各地,日进出口运量达100吨。到1974年,淮阴地区已有淮阴、涟水、灌云、灌南、沭阳、钱集、胡集、宿迁、泗洪、泗阳、洋河、洪泽、盱眙、金湖、淮安等15个公路零担货运站。⑤

2. 支农运输

1954年春,安徽在淮北地区推行避灾保收"农业三改"措施,公路汽车运输部门集中主要运力,运送马铃薯、稻种去阜阳地区各县农村。1963年,省公路汽车运输部门实行长短途、干支线、大宗货与零担货、正常运输与突击运输相结合,办理支农物资运输业务。宿县汽车总站根据麦种流向流量一次安排90辆货车、80辆挂车,1个月运麦种、化肥12 000多吨到农村社队。阜阳汽车总站半个月运麦种、化肥1 400多吨到涡阳、亳县农村社队。淮南汽车运输管理局全年运输支农物资达61万吨,占货物运输总量的60%。六安汽车总站开辟山区支农运输,把金寨、霍山山区出产的木材、茶叶、扫把、毛竹、元竹、芭王草等土特产品运出山外,粮食、百货运进山区。⑥

在河南,国营汽车货运担负支援农业任务。1958年,向许昌等地市调运薯苗,同时集中

---

① 市县搬运费率标注 档案号:J037-2-2[Z].亳州市谯城区档案馆.
② 关于公路运输市场改革开放的意见 档案号:0069-002-0646-006[Z].淮南市档案馆.
③ 河南省地方史志编纂委员会.河南省志:公路交通志·内河航运志[M].郑州:河南人民出版社,1991:248-250.
④ 山东省地方史志编纂委员会.山东省志:交通志[M].济南:山东人民出版社,1996:173-175.
⑤ 江苏省地方志编纂委员会.江苏省志:交通志 公路篇[M].南京:江苏古籍出版社,2001:200-201.
⑥ 安徽省地方志编纂委员会.安徽省志:交通志[M].北京:方志出版社,1998:217-218.

许昌、郑州等地汽车和军车进行抢运。1960年代,将交通运输工作转移到以农业为基础的轨道上来,在运输过程中,对支农物资运输优先安排计划,优先派车运输,优先办理手续,优先装卸。同时对托运的物资实行零整兼收,10吨以下物资免办运输计划手续。①

3. 救灾运输

1953年,安徽淮北地区发生严重霜灾,百万亩小麦受冻枯死,灾情严重,公路运输部门全力投入救灾,抢运救灾物资。同年,淮南汽车运输公司抢救出茶叶4 000多箱、小麦30多吨、菜籽40万公斤、粉丝1 000多包,并抢救出大批食盐、红糖及药材等物资。1975年,淮北地区连降暴雨,大片耕地被淹,省汽车运输公司组织安庆地区汽车运输公司82辆主车、68辆挂车,载运167 400条草袋,将物资由安庆运至阜阳、颖上、太和等灾区。②

1963年,河南淫雨致使2万多个村庄遭受特大水灾,商丘地区灾情最重。商丘运输公司除4个车队外,又从许昌、开封、郑州抽调车队,共有汽车532辆,完成救灾物资运输35万吨。1975年,驻马店、许昌、周口和舞阳等地洪水泛滥成灾,解放军抽调660辆汽车支援救灾;河北、山西、陕西等省派出9个车队,340辆汽车前来支援救灾。③

1964年,江苏徐淮地区遭受严重自然灾害。苏州、镇江、扬州、南通等专区调运大批粮食至灾区。1965年,苏北地区连降暴雨,涝灾严重。公路交通部门在灾情发生后一个多月内,共运送防汛排涝的石料、草包、柴油、木材、毛竹、芦柴以及排灌设备等物资86 000余吨。④

4. 集装箱运输

1984年,河南郑州开始经办集装箱运输业务。1985年,交通部于郑州组建中原集装箱运输公司,主要任务是从事公路集装箱运输,包括公铁联运、公路集装箱直达运输、郑州至连云港的国际集装箱海陆直达运输。该公司是河南首家集装箱运输企业,下辖南阳中转站、洛阳中转站、郑州中转站,全公司共有汽车140辆1 600个吨位,年货运量为13.9万吨。⑤

1979年,山东省经委批转济南铁路局《关于开展集装箱运输情况的报告》,要求各公路运输部门密切配合,发展集装箱运输。1980年,济宁运输公司起重公司承运济宁火车站的集装箱。1982年,各汽车运输公司加强协作,固定车辆,使集装箱的衔接运输逐步常态化、规范化。济宁运输公司加强与火车站的协作,统一安排集装箱运输和装卸作业,统一使用装卸机械,做到均衡发运。⑥

1981年,江苏公路汽车集装箱试行运输,以1吨箱在通扬线公路进行直达运输。10个月内共运1吨箱76箱次,总运载量为42吨,平均箱载重为550公斤。1985年,苏北联运集装箱综合公司成立,专为苏北各县、市联运企业中转从铁路南京西站到始发集装箱地的运输

---

① 河南省地方史志编纂委员会.河南省志:公路交通志、内河航运志[M].郑州:河南人民出版社,1991:244-245.
② 安徽省地方志编纂委员会.安徽省志:交通志[M].北京:方志出版社,1998:216-217.
③ 河南省地方史志编纂委员会.河南省志:公路交通志、内河航运志[M].郑州:河南人民出版社,1991:247-248.
④ 江苏省地方志编纂委员会.江苏省志:交通志 公路篇[M].南京:江苏古籍出版社,2001:197.
⑤ 河南省地方史志编纂委员会.河南省志:公路交通志、内河航运志[M].郑州:河南人民出版社,1991:259-261.
⑥ 山东省地方史志编纂委员会.山东省志:交通志[M].济南:山东人民出版社,1996:178-180.

业务,随后又承办去往北方铁路徐州、济南、天津等站的集装箱联运业务。①

5. 联合运输

联合运输,顾名思义是将公路、铁路、水路、航空等各种运输方式贯穿起来的综合式运输。

1950年安徽皖北区联运公司成立,其在辖区主要交通口岸、县、镇设立联运机构,开办联运业务,组织水陆一条龙运输。1952年,霍山联运办事处将舞旗河、龙井冲、大化坪山区出产的茶叶、生铁、药材等土产,用竹筏从山涧小河向外运出。六安联运办事处一年联运茶、麻、竹、树、粮等342.9吨,阜阳联运办事处一年联运进出口物资84.45吨。②

1950年河南省联运公司成立,组织汽车、火车、马车、船舶及其他运输工具进行联合运输。1951年,该公司建立商丘、许昌两个支公司,以及淮阳、陈留、开封、漯河、潢川、信阳6个办事处。1974年,为缓解铁路运输压力,在铁路沿线城市间开设汽车运输,主要有郑州至开封、新乡、许昌及许昌至平顶山等线路。之后,豫鲁苏皖四省为铁路客运分流,出资整修商丘至徐州的公路,全线设48个站点,到1984年,商丘经砀山至徐州公路线,每日往返90个车次,1至5月共运送旅客83.4万人次。③

1950年江苏省华东联运公司成立,次年独立运营,其分支机构遍布华东各省市,共设立7个分公司、11个支公司、31个办事处,开通18条联运线,形成联运服务网。1955—1956年,省交通厅分别同安徽、山东交通厅签署跨省公路汽车客货联运协议。1980年,省运输公司组织试办跨区铁公联运集装箱"门到门"运输,集装箱暂定1吨箱和5吨箱两种。公路以淮阴、淮安至南京,扬州、江都、泰州至南京两线作为试行。同时,采取多种形式发展联运事业,逐步建立以城市为中心,港站为枢纽,乡镇为基点,外接干线,内联乡镇的联运服务网。④

总而言之,淮河流域公路交通经历新中国成立后30年的曲折发展,改革开放后,发生巨大的变化,在运输体系中的作用日益重要,与铁路运输、水路运输、航空运输相互促进,互为补充,成为淮河流域运输体系不可或缺的重要组成部分,为流域经济社会的发展提供有力支撑。

---

① 江苏省地方志编纂委员会.江苏省志:交通志　公路篇[M].南京:江苏古籍出版社,2001:199-200.
② 安徽省地方志编纂委员会.安徽省志:交通志[M].北京:方志出版社,1998:219-210.
③ 河南省地方史志编纂委员会.河南省志:公路交通志、内河航运志[M].郑州:河南人民出版社,1991:264-265,268-269.
④ 江苏省地方志编纂委员会.江苏省志:交通志　公路篇[M].南京:江苏古籍出版社,2001:213-214.

第三节
当代淮河流域的水路建设与运输

淮河流域河渠众多,湖荡遍布,水运资源十分丰富。流域以淮河干流为经,以京杭大运河为纬,承接东西,连贯南北,形成了一个覆盖整个流域的庞大水运网络。四通八达的河渠网络、丰富的水运资源,为淮河流域航运业的发展提供了得天独厚的自然资源和有利条件。航道和港埠是航运发展的基础。新中国成立以来,尤其是改革开放后,各级政府重视航道与港埠建设,航道通航能力不断提高,港埠功能日益提升。随着客货运航线的恢复、延伸和增辟,农用物资与重点物资运输以及水上客运有了不同程度的发展。但受陆路运输的冲击,航运业开始向水陆联运与旅游客运转变。随着航运业的不断发展,淮河流域船舶修造业经历一个由小到大、从修到造的发展过程。进入21世纪,淮河流域船舶专业化、现代化水平越来越高,船舶营运效率显著提高,航运竞争力大幅提升。

一、航道与港口建设

新中国成立后,中央与淮河流域相关部门十分重视航道与港口水运基础设施建设。然而,由于资金短缺,技术落后,综合利用水资源的理念淡薄,许多航道因闸坝碍航而中断,多数港口处于自然状态,机械化程度较低。改革开放后,各级政府和相关部门加大流域航道的整治力度,提高航道的等级和通航能力;统筹沿海与内地港口建设,推进港口功能提升,为实现流域航运事业的跨越式发展奠定了基础。

(一)航道与港口条件的初步改善

航道是航运的基础。新中国成立初期,淮河流域航道因受战争摧残,年久失修,基本处于自然河态,大多弯、浅、险、狭,淤阻严重,碍航建筑物多,桥梁跨径小,净空低,通航能力差,无法满足航运业日益发展的需求。为了迅速恢复和发展水上运输,流域航运机构一方面着手进行航道的清障疏浚和整治工作,一方面加强闸渠的修建。同时,根据运输需要,结合航道整治,修建码头,增建港口设备,设置简易航标。

1. 清理航障

历史时期,淮河及其主要支流航道,遗留有沉船、沉石、炸弹、木桩等杂物,对航行安全造成严重威胁。流域各地航运管理机构建立后,发动船民,组织群众,全力开展航道的清障打捞工作。

1949—1951年,苏北各地将清障复航工作作为一项群众性运动全面展开。如淮安县打捞航道沉石274立方米,排除木桩207根,清除生长有水草的航道共计15千米。盐城地区发动群众清除盐城至益林、盐城至陈家洋、盐城至邵伯、兴化至建湖等航道上的水草和坝埂,不但维持了冬春枯水季节航运,而且使盐城地区的通航里程由1949年的1 762.5千米增至1952年的2 050.5千米,三年增长16.34%。1952年,苏北航务局淮阴办事处发动船民、船工拔除航道木桩255根,打捞沉船3艘以及大量沉石。① 航道清障工作中难度最大的是打捞危险爆炸物。1952年6月,东台县交通局组织船民将日军投降时遗留在串场河航道中的37枚炸弹全部打捞干净,清除了遗留于航道中多年的隐患。②

经过1949—1952年的清障打捞与重点养护,盐运河等12条航道的全年通航里程达1 219.5千米。其中,京杭运河苏北段淮阴以南可全年通航载重60吨级驳船的小型船队。其他主要航道除个别航段每年冬春枯水季节偶有梗阻外,大部分航道均能全年通航。③

横贯豫东的沙颍河西通豫西山区,与京广铁路相交叉,东通皖北、苏北,达到华东镇江、上海等大城市,是豫东地区粮食和土特产外运以及天津、上海、广州、武汉等地货物内销的一条重要水上通道。然而,颍河航道水寨至槐店河段的礓石滩是阻碍安全运输的较大险滩,故在当地流行着"一篙金,一篙银,一篙点错要三魂"之说。1950年5月,河南省航运局组织民工挖除礓石4 900立方米,平均疏深0.3米,宽8米,长3 500米,上下船只可通行无阻。1954年4月至6月枯水季节,又对水寨以下的窦门礓石予以清除。此后,年年汛期前清除礓石滩。④ 1957—1959年,对水寨以上的礓石采取水下点火引爆方法,爆除礓石6 104.74立方米。⑤ 此外,河南省航运局还对航道中的木桩等障碍物予以清除。1951年6月,在漯河附近沙河航道拔除南陵渡口、澧河口、铁桥下木便桥等处木桩障碍物77根。1952年11月至1953年1月,在贾鲁河、双洎河从周口上的东楼西至新郑,拔除淤河中的树桩46根、木桩147根、寨门3扇。⑥

为发展涡河航运,淮河航运局在各级政府的支持下,从1952年到1959年发动船民开展清航打捞工作,先后将涡河上妨碍通航的20多处浮桥和便桥予以拆除或改为渡口,拔除危害航行安全的木桩800余根,打捞大量沉石、沉船等。经过清障,涡河上下游航道基本全线畅通。⑦

2. 疏浚浅滩

淮河航道在自然冲淤和黄河夺淮的影响下,浅滩栉比,淤浅日甚。尤其正阳关沫河口至溜子口段,受黄水顶托,淤塞更为严重,正阳关迎水寺附近曾一度断航。据统计,从三河尖到红山头有浅滩23处,共计8 083千米,其中,正阳关以下13处。⑧

---

① 张纪城. 江苏航运史[M]. 北京:人民交通出版社,1994:29-30.
② 张纪城. 江苏航运史[M]. 北京:人民交通出版社,1994:30.
③ 张纪城. 江苏航运史[M]. 北京:人民交通出版社,1994:31.
④ 河南省地方史志编纂委员会. 河南省志:公路交通志·内河航运志[M]. 郑州:河南人民出版社,1991:380.
⑤ 张圣城. 河南航运史[M]. 北京:人民交通出版社,1989:281.
⑥ 张圣城. 河南航运史[M]. 北京:人民交通出版社,1989:236.
⑦ 马茂棠. 安徽航运史[M]. 合肥:安徽人民出版社,1991:455.
⑧ 马茂棠. 安徽航运史[M]. 合肥:安徽人民出版社,1991:318-320.

1950年10月,中央发布《关于治理淮河的决定》,将疏浚淮河浅滩列入该项工程。华东工业部建筑工程公司使用6艘挖泥船与106艘木驳,对淮河正阳关上游溜子口至张台子浅段进行疏浚,每天挖土3 000立方米,断续施工至1953年竣工。这是淮河历史上第一次空前规模的航道机械疏浚。同时,抽调淮2号挖泥船疏浚鲁口孜、方家坎、许店咀三处浅滩。①1953年后,淮河航运部门成立清航队,采取船民常用的大铁扒扒沙、刮板刮沙、轮船冲沙、束水冲沙等经验方法,先后在黄家湾、新城口、许店咀等主要浅滩进行清航扒浅工作。②

1954年,涡河航道发生淤积,水枯河浅,涡河上的燕集、沙沟等处相继出现浅滩。蚌埠航运办事处组织清航队,开挖燕集、沙沟浅滩,保持水深在1米以上,保证蚌(埠)蒙(城)航线客轮的正常通行。之后,每年都有船民组成清航队,奋战在涡河的界沟、燕集、沙沟、龙亢和淮河的新城口等浅险地段。船民们根据河床土质,创造了挖浅与筑坝拦水相结合的办法,抬高水位,使平均水深超过1米,保证了水运的正常进行。③

沙河从漯河至周口航道是河南省沙颍河货运量最大的航线,年运量占沙河系总货运量的64%。然而,这段航道浅滩多达54处,总长为5 700米,占航道总长的6.5%,平均每2千米就有一处浅滩。1956年,河南省航运局利用平耙扒沙、大刮板刮河、木桩导流屏、"布坝"束水冲沙、重船堵水、打坝等技术措施,对该段河道浅滩进行两次较大规模的疏浚。第一阶段,完成沙方19 677立方米,疏浚后航道水深达0.75~0.8米,从漯河至周口首次可通行浅水客轮;第二阶段,利用打坝办法对一些经常有变化的沙滩进行束水冲沙,刷深航道。工程结束后,又组成沙河航道养护大队,在漯河以下的黑龙潭、逍遥、龙胜沟、张柿园设点,划为四个工区分段养护。通过疏浚,这段航道的船吨利用率由60%提高至90%。④

济宁运河航道自清代末叶漕运废除后,一直处于无人管理状态,任其淤积湮废。新中国成立后,山东省设专门机构对运河航道进行疏浚。1956年5—6月,西之河疏浚,挖土方33 843立方米;大溜河道疏浚,挖土方21 314立方米;小口门疏浚,挖土方13 005立方米,共计投资48 391元,挖土方68 162立方米。⑤

3. 挖掘河渠

受黄河夺淮的长期影响,淮、泗、沂、沭上游洪水难以控制,下游出路狭窄,造成苏北水患无常,航道受阻。1949年洪水泛滥,仅淮阴地区就有927万亩土地被淹,200余万灾民流离失所。从1949年冬季起,江苏与山东两省深入推进导沂整沭、治理淮河等一系列治水工程。⑥

首先,开挖新沂河144千米,筑堤坝303千米。新沂河开通后,成为沂沭河水系中宣泄洪水入海的一条干道。与新沂河同步施工的新沭河,山东方面主要负责开辟旧沭河的引河,分泄沂河水量,堵塞邳县东北的城河口,并继续开挖新沭河引河;江苏方面负责拆除大运河

---

① 马茂棠.安徽航运史[M].合肥:安徽人民出版社,1991:320.
② 马茂棠.安徽航运史[M].合肥:安徽人民出版社,1991:352.
③ 马茂棠.安徽航运史[M].合肥:安徽人民出版社,1991:354.
④ 张圣城.河南航运史[M].北京:人民交通出版社,1989:234-236.
⑤ 武醒民.山东航运史[M].北京:人民交通出版社,1993:322.
⑥ 张纪城.江苏航运史[M].北京:人民交通出版社,1994:38-39.

上的束水坝,新建皂河节制闸和船闸,疏浚新沂河两岸的排水通道等。1952年汛前全部竣工。①

同时,为了疏通淮河下游洪水出路,减缓洪泽湖压力,淮河下游工程局自1951年冬开始,采取导淮入海的办法,开凿一条长168千米的人工渠道——苏北灌溉总渠。该渠西起洪泽湖高良涧,东至盐城地区扁担港入海口,河道顺直,河床宽50~140米,枯水时水深3米。②

漯河市至周口市段是沙河航运最繁忙的河段。这段河道有双洎河和贾鲁河两条重要支流。贾鲁河有刘老家险滩,水浅船舶不能通过,船行至此,需起驳换船转运。1951年5月,河南省航运局采取以工代赈办法,在河右岸开挖一条长250米、宽12米、深1.3米的新航道。③

4. 设置航标

航标是助航标志的简称,即标示航道方向、界限与碍航物的标志。航道标志的设置,既有利于提高船舶航行效率,也有利于运输安全。

新中国成立初期,淮河设置的航标大致分为四种类型:第一,桥梁标,即在宽2米、高1米的木质标牌上书写"航道"二字,悬挂在铁桥通航孔的钢梁上,表示为安全通航孔。第二,棒形标志,即用小竹竿扎一小三角红旗直接插在障碍处。第三,立标(障碍牌),用木质标杆,上端钉一块木牌,写明障碍物名称,埋在岸边,以标志障碍物的大致方向和位置。第四,浮标,没有统一规定,有的用木十字架,有的用三脚架,上面竖红旗或黑旗,也有用大铁桶漆成红色作为浮桶。④

1950年10月,皖北内河航运局蚌埠分局在障碍较严重的淮河铁路桥通航孔梁上悬挂桥梁标,这是淮河设置的第一个桥梁航标。⑤ 1954年,淮河航标逐步改为统一规格的木质三角浮标和棒形标志。据统计,该年安徽境内淮河干流航道共设有三角浮标99个,棒型标志1 291个。⑥ 1955年,根据交通部颁发的《内河航标规范》,在正阳关—蚌埠142千米的河段设置航标141座,并在沿河设置航标段1个、航标站7个、控制信号台2处。各段站都设有水深信号杆,在正阳关、淮南、蚌埠3处设有风讯信号杆。这是淮河安徽段首次按规范设航标,也是全国内河设航标较早的河段。⑦

1953年,扬州、盐城、淮阴等地按照交通部统一布置的航标种类、式样、颜色设置第一批航标。至1956年,扬州专区设标186座(包括里下河航标),淮阴专区设标109座(包括洪泽湖航标),徐州专区中运河从皂河至大王庙设标38座。⑧ 京杭运河、盐兴邵航线、通扬运河、建口航线以及洪泽湖、邵伯湖均先后增设发光标志。

1954年,河南省航运局先后在沙河、淮河航道上,在经过打礓、拔桩、清障疏浚的航段两侧设置简易航标85个。1955年,更新设置航标181处。⑨

---

① 张纪城.江苏航运史[M].北京:人民交通出版社,1994:39-40.
② 张纪城.江苏航运史[M].北京:人民交通出版社,1994:40-41.
③ 河南省地方史志编纂委员会.河南省志:公路交通志、内河航运志[M].郑州:河南人民出版社,1991:380.
④⑤ 安徽省地方志编纂委员会.安徽省志:交通志[M].北京:方志出版社,1998:486.
⑥ 马茂棠.安徽航运史[M].合肥:安徽人民出版社,1991:352-353.
⑦ 马茂棠.安徽航运史[M].合肥:安徽人民出版社,1991:353.
⑧ 苏北航务管理处史志编纂委员会.京杭运河志:苏北段[M].上海:上海社会科学院出版社,1998:399.
⑨ 河南省地方史志编纂委员会.河南省志:公路交通志、内河航运志[M].郑州:河南人民出版社,1991:34.

京杭运河山东南段的航道大部分在南阳、独山、昭阳、微山等 4 湖之中,湖区航道不明显,特别是由济宁至谷亭段急弯和支流较多,再加上航道中有不少石闸,湖中水草丛生,给船舶航行带来很大困难。1956 年,京杭运河山东南段开始设置航标。当年在运河小口门两侧各设航标 1 个。1957 年,共设灯标 7 个,风讯信号杆 1 个,棒型浮标 71 个,鸣笛标 21 个。①

5. 港口基础设施建设

在淮河流域各河系通航河道上,民国时期遗留下来的港口码头均系沿堤坡装卸,处于自然状态,有的坍塌残缺,不堪使用。各港口码头装卸货物,全靠人抬肩扛,效率甚低。新中国成立后,港口装卸条件的落后已成为制约航运发展的重要症结。因此,加快港口基本设施建设已成为其时刻不容缓的任务。

1950 年,蚌埠港建造驳船 100 余只,跳板 400 余块,搭建临时码头,供旅客上下;1952 年,在淮河老铁路桥上游 50 米处兴建客运专用码头,整体面积为 6 300 平方米,共有两个泊位,这是淮河有史以来第一个大型正规客运码头。同时,开挖蚌埠船塘,供船舶避风和码头不敷应用时临时靠泊。② 1955 年 7 月,兴建蚌埠港候船室 1 座,可容纳旅客 800～1000 人。此外,正阳关、颍上、六安、临淮关、五河等港,在原有基础上也都不同程度地得到了改善。③

1951 年 1—3 月,河南省航运局将周口大桥上下两个旧码头翻新为石级码头。1953 年 11 月,新建漯河仓库一栋。1954 年 3—6 月,在吞吐量较大的漯河港修建一座水泥、石料结构的斜坡式码头。1955 年,依漯河港路桥上下新建 5 座碎石路面码头。1956 年,分别在漯河、水寨、西平等港新建码头 3 座。其中,漯河港增添漏煤斗和皮带输送机、拉坡机,日装卸量最高达 4 000 多吨。④ 码头条件和港口设备的不断改善,提高了装卸效率,增加了各河水系的货运量。如沙河水系漯河港,1953 年吞吐量为 12.57 万吨,1956 年增至 51.36 万吨。⑤

京杭运河山东南段在近代除济宁、台儿庄等处因货物集散的需要而形成自然港湾外,其他河段大多利用岸坡进行装卸。新中国成立后,逐步增建港口,设置固定装卸点。1953 年 5 月韩庄正式建港,1956 年在性义沟的基础上开挖港池,修建石砌码头。谷亭港在 1953 年正式建港后,港区多次扩建,1957 年吞吐量达 21.85 万吨。⑥

(二) 航道与港口建设的曲折发展

随着社会主义建设的开展,淮河流域各水系客货运输任务日趋繁重。为适应经济社会发展的需求,流域各地继续对浅滩进行疏治,在淮河、贾鲁河、许扶运河等河段兴建船闸等设施,部分河段实现渠化通航;对京杭运河进行整治,使京杭运河主动脉与沿线干支航道衔接;为保障航行安全,一些重要航道安装电气化航标;不断改善码头设施与装卸条件,装卸效率进一步提高。然而,1958 年以后,为兴修农田水利,在流域一些河流上游支流先后兴修许多水库与引水灌溉工程,但通航设施和渠化工程未能相应得到解决,致使有些河道被迫断航,

---

① 山东省地方史志编纂委员会.山东省志:交通志[M].济南:山东人民出版社,1996:233.
② 马茂棠.安徽航运史[M].合肥:安徽人民出版社,1991:320-321.
③ 马茂棠.安徽航运史[M].合肥:安徽人民出版社,1991:357.
④ 河南省地方史志编纂委员会.河南省志:公路交通志、内河航运志[M].郑州:河南人民出版社,1991:39-40.
⑤ 张圣城.河南航运史[M].北京:人民交通出版社,1989:241.
⑥ 武醒民.山东航运史[M].北京:人民交通出版社,1993:326.

严重阻碍了流域航运事业的发展。

1. 疏治浅滩

受黄泛危害及人为因素影响,淮河流域河道淤浅严重,因此,疏治浅滩成为一项长期开展的工作。这一时期,治理浅滩的办法,主要有以下三种:

第一是人力与挖泥船疏浚。淮河水系洪河练村至洪河口河段,有17处浅滩,严重影响船舶通行。1957年10月,采用铁锨、钉耙、双铧犁、盘关绞等工具,共挖土方5 990立方米,疏浚浅滩17处。1959年和1960年,在浉河平桥至潘店一段,挖砂29 280立方米,疏浚浅滩48处。① 涡河是淮河第二大支流,但自1953年以来,由于上游黄河沿岸农民引黄河水灌溉农田,尾水中夹带的大量泥沙不断淤积,严重影响涡河航运发展。安徽省交通部门和地方政府从1966年着手疏浚涡河浅滩,断续施工10余年,共挖土方250多万立方米。经过疏浚,蒙城至怀远的87千米航段,可常年通航100吨级轮驳船。但由于该段浅滩淤积量大,疏浚标准偏低,加上疏浚后又有回淤,仍有多处浅滩有不同程度的碍航。② 为了加速船只周转,支援工农业生产,1977年,亳县航运站计划对涡河干家湾域天自然码头等处航段浅滩进行疏浚,预计投资2 500元,挖土方2 500立方米。③

第二是采用导流屏对沙质河滩进行疏治。淮河、沙河均系沙质河床,滩多水浅,一年约有半年时间受枯水影响,不能正常通航。1957年开始,在淮河十八里长湾至长台关(包括史河、潢水、浉河)250多千米航线上,共安设导流工具4 168个。经疏治,淮河上游航段由0.3米增至0.5米,潢水由0.2米增至0.35米,淮河王家坝浅滩设屏后冲深0.45米,枯水季节可维持通航。沙河经过导治后,流量在20~25立方米/秒时,最小水深由0.3米增至0.6米;流量在10~15立方米/秒时,最小水深由0.25米增至0.5米,而且将原来不满7米宽的航道冲宽至20米左右,消除了倒泓、横泓和陡弯,成为缓流平顺的航道,淮河船吨利用率增加10.25%,潢水船吨利用率提高至40%。借鉴此种经验,沙河民船在航行到未设导流屏的其他河段,遇到浅滩,不再下水扒沙,而是把船上的盖舱板拿下来,放在水中代替导流工具,冲深浅滩。④ 1965年6月以来,六安分局在淮河润河集上湾浅滩进行轻型导治,效果良好。⑤

第三是将丁坝打入河底予以疏浚。1964—1965年,为了治理颍河阜阳至颍上间的麻洪孜、倒栽槐、江口集3处浅滩,用双排木桩将40~60米长的丁坝打入河底,此举对于改变浅滩流态、改善浅滩航道起了一定作用。⑥ 1964年,在吴寨、王家坝两浅滩试用"楔式潜屏坝"进行治理,有一定效果。⑦ 1966年开始,在各主要浅滩推广楔式潜屏丁坝导治办法。1966年8月至1967年9月,对方家坎、冯渡口、鲁口孜、润河集、六里台孜、老鼠尾巴6处浅滩,采取整治与疏浚相结合的方法进行治理,共建透水楔屏坝74道,总长为6 540米。经过整治,航

---

① 张圣城.河南航运史[M].北京:人民交通出版社,1989:281.
② 马茂棠.安徽航运史[M].合肥:安徽人民出版社,1991:455-456.
③ 请批准我站清除浅滩预算的报告 档案号:J037-2-32[Z].亳州市谯城区档案馆.
④ 张圣城.河南航运史[M].北京:人民交通出版社,1989:281-282.
⑤ 关于继续贯彻"社养公助"全面开展小河支流航道养护工作的意见 档案号:J037-2-16[Z].亳州市谯城区档案馆.
⑥ 马茂棠.安徽航运史[M].合肥:安徽人民出版社,1991:423.
⑦ 张圣城.河南航运史[M].北京:人民交通出版社,1989:316.

槽渐趋稳定,水深不同程度地增加,航行条件得到较大改善。① 其中,三河尖以下河道的陈村"老鼠尾巴"浅滩导治后,淮滨以下航道最小水深达 0.85 米。②

上述疏浚整治工程的实施,虽能在局部和一段时间内改善河道通航条件,但由于沙源太厚,荡徙不定,不论是疏浚还是整治,都很难找到流沙的归宿场所。单纯的疏浚整治,只能起到临时性的维护通航作用,一场洪水过后,航道上又会出现新的冲淤。因此,除了对浅滩进行集中疏浚外,对航道的日常养护十分重要。

2. 渠化通航

每年 6—9 月为淮河流域多雨季节,雨量占全年的 60% 以上,称汛期;12 月至次年 3 月,雨量少,称枯水期。枯水季节缺水现象突出,严重时,干支流普遍关闸或拦河筑坝,河道断流,航运被迫中断。为增加通航水深和改善航行条件,流域一些重要干支流兴建一系列闸坝、船闸、升船机等,建设渠化航道,实现了渠化通航。

20 世纪 50 年代,在治淮委员会的统筹安排下,先后在淮河各支流上游建成佛子岭、磨子潭、响洪甸、梅山、南湾等十几座大中型水库。同时,为发展淮北农田灌溉,利用淮河河槽调控蓄水量,1961 年 10 月,在蚌埠以西建成一座由节制闸、船闸、水力发电站等组成的综合性大型水利枢纽工程。蚌埠水利枢纽节制闸宽 336 米,闸上水位通常控制在 16.5~17.5 米。当控制水位在 15.5 米时,回水可达淮南;控制在 16.5~17.5 米时,回水能至正阳关。船闸位于水闸右侧,是安徽内河航道上第一座过船设施。淮河渠化后,蚌埠闸上游多年平均水位提高 3.2 米,改变了淮河航道仅能季节性通航小吨位船舶的落后状况。淮河干流正阳关至红山头 278 千米长的航道成为安徽省第一条渠化航道,常年航行 500 吨级以下轮驳船队,闸上支流如颍河、涡河等入淮河口航段,因干流水位抬高回水,航行条件得到相应改善。这标志着流域航道建设进入了新的发展时期。③

1959 年,河南省以贾鲁河综合治理示范工程为重点,建设兼顾防洪、灌溉、通航为一体的综合利用水资源的渠化工程。开工兴建的航道梯级主要包括:贾鲁河为 11 级,双洎河为 7 级,惠济河为 8 级,涡河为 4 级,周(口)商(丘)永(城)运河中的商永运河为 4 级,周商运河沿岸为 2 级(均在柘城境内)。此外,还投资兴建了惠济河罗砦船闸。从 1959 年 5 月渠化通航到 1961 年,仅贾鲁河中牟航运站就运输石料、煤炭 5 万余吨,有效解决了当地生产生活物资的运输问题。④

许扶运河西起许昌市南郊,向东经鄢陵至扶沟北关,注入贾鲁河,全长为 54 千米。1959 年 12 月,许扶运河工程基本完成。⑤ 运河贯穿 12 条沟渠,13 处平原水库,可以相互调节洪水。为适应水上运输的需要,还在陈化店和鄢陵建设 2 座船闸,能容载重 100 吨的木帆船 8~9 只。许扶运河作为河南省第一条渠化通航运河,在其开通后,从沙河调入 89 艘木帆船从事运输。1960 年完成货运量 8.20 万吨,周转量 316.66 万吨千米。1961 年完成货运量

---

① 马茂棠. 安徽航运史[M]. 合肥:安徽人民出版社,1991:450-451.
② 张圣城. 河南航运史[M]. 北京:人民交通出版社,1989:316-317.
③ 马茂棠. 安徽航运史[M]. 合肥:安徽人民出版社,1991:418-419.
④ 张圣城. 河南航运史[M]. 北京:人民交通出版社,1989:275.
⑤ 张圣城. 河南航运史[M]. 北京:人民交通出版社,1989:276.

10.80万吨,周转量497.25万吨千米,极大方便了城乡物资交流。①

洪河是淮河北侧的较大支流,也是流域重要的水运通道之一,西与京广铁路交叉于西平,东可流向皖苏等省。但自1966年河道截弯取直工程竣工后,造成5处陡坎跌水,新蔡县班台以上至西平161千米的航道基本处于断航状态,班台以下至洪河口的92千米航道也变成季节性通航。1969年,洪河渠化工程动工,自西平至洪河口253千米的航道上,规划为9级通航,采取分期逐级兴工建设,即从西平县的五沟营橡胶尼龙坝开始,兴建新蔡以上河段梯级工程,这是河南第一次对天然河流的渠化改造。然而,由于资金不足,工程进展缓慢,1969—1976年,只有西平县五沟营橡胶尼龙坝、黄泥桥浮体坝和西洪桥翻板坝工程的部分项目先后竣工。②

河南省信阳地区南湾南干渠是南湾水库主要配套工程,全长为97千米,底宽为8~22米,放水后深为2.5~3米,已具备通航条件。1974年12月,南干渠综合利用通航工程竣工,成为河南省第一条兼具灌溉与航运功能的渠化航道。③

淠河总干渠是安徽省淠河、史河、杭埠河大型水利工程淠河灌区的一条骨干渠道。总干渠以淠河上游的佛子岭、磨子潭、响洪甸三大水库为源,从佛子岭水库坝下66千米的渠首横排头引出,沿淮阳山脉江淮分水岭向东,经六安、肥西、长丰县境及合肥市西郊,至长丰县双墩集与淮南铁路衔接,全长为143千米。总干渠系平地开挖的人工渠道,1958年全面动工,1970年5月全线通航。为实现总干渠渠化通航,建成罗管庙、将军岭两座100吨级船闸,并对部分不能满足通航要求的渠段进行机械疏浚。总干渠由淠河总干渠和滁河干渠上段连接组成,全线设横排头、罗管庙、将军岭三级枢纽控制各段渠化水位。从总干渠南北两岸引出的淠东、瓦西、瓦东、杭淠、潜南5条干渠,均设有节制闸,可分段通航324千米。1970—1980年,通过淠河总干渠的水运物资共计311万吨,与汽车运输比较,节约运费2 000多万元,经济效益显著。④

淮沭新河自杨庄至新浦,长151.2千米,由淮沭河、沭新灌渠、蔷薇河3段组成。淮沭新河沿线的航道、过船、输水等主体工程于1974年全部完成。淮沭新河航道,因船闸、节制闸间隔,分成4个梯级。航道一般水深1.5~2.5米,底宽15~30米,常年可通行50~100吨级船舶。沭阳年产黄沙200多万吨,全靠该河外运。蔷薇河西北面,有一条淮沭新河支线,自小吴场至连云港市,长45千米,可通行40吨级船舶。⑤

涡河的渠化建设始于20世纪60年代初。1960年,蒙城节制闸建成,回水抵达涡阳;1961年,淮河蚌埠水利枢纽建成,回水抵达蒙城;1971年,涡阳节制闸建成,回水抵达亳县大寺集;1978年,大寺集节制闸建成,回水可抵河南鹿邑。从此,鹿邑以下的涡河实现渠化通航。1971年和1975年先后建成蒙城、涡河100吨级船闸,大寺集至怀远188千米航道,可通

---

① 张圣城.河南航运史[M].北京:人民交通出版社,1989:279.
② 张圣城.河南航运史[M].北京:人民交通出版社,1989:319-321.
③ 张圣城.河南航运史[M].北京:人民交通出版社,1989:322.
④ 马茂棠.安徽航运史[M].合肥:安徽人民出版社,1991:439-440.
⑤ 张纪城.江苏航运史[M].北京:人民交通出版社,1994:270-271.

100吨级轮驳船。①

3. 京杭运河整治

整治京杭大运河是"二五"期间国家重点工程。根据交通部"统一规划,综合利用"的原则,山东省成立由水利、交通等部门参与的大运河工程指挥部。山东境内的主要工程有梁济运河、韩庄运河和微山船闸等。

梁济运河北起黄河十里堡,南至龙公河,是黄河以南南四湖以上排水和航运的骨干河道,从北到南依次流经梁山、汶上、嘉祥、济宁四县市,全长为88千米,流域面积为3306平方千米。1958—1959年,该河段由于整治工程标准高、费用大,人力、物力不足,整治工程中途下马。此后,为使梁济运河航道恢复通航,山东省分段予以治理。1963—1964年,黄河河务局和济宁运河航运局对梁山至郭楼船闸22千米河段,沿京杭运河规划路线进行治理。1963年,开挖郭楼船闸至长沟28千米河段。1964—1965年,采用"引湖济运,自流通航"措施,引东平湖水进入梁济运河,使其流向济宁,再倒漾至梁山任庄,以保证梁山至济宁段水深。经过治理,梁济运河在正常情况下可全线通航,枯水时期可分段通航。②

韩庄运河自山东微山县韩庄镇(微山湖湖口)开始,经枣庄市郊台儿庄,至江苏省界黄道桥,全长为47千米,流域面积为33528平方千米。该运河不仅有通航之利,还担负着南四湖洪水排泄的重任。1958年冬至1959年春,韩庄运河治理工程大规模施工,工程重点是八里沟至巨梁桥段沿旧河南岸开挖新河,在台儿庄镇南运河段堵塞的原河道南300米处裁弯取直开挖新河。然而,因经费困难,京杭运河工程被迫下马,韩庄运河整治工程遗留大量尾工。1962年,对韩庄运河进行扩大治理。但是,由于船闸工程未能及时跟上,没有达到预期航运效果。③

南四湖南北长为110余千米,流域面积为1400平方千米,京杭运河即穿航其中。1953年在昭阳湖(南四湖之一)湖腰曲房修建枢纽工程,京杭运河被工程大坝拦腰截断。为使南北水上航道畅通,修建微山船闸被列入京杭运河整治规划。工程按二级标准进行设计,确定船闸通过能力为2000吨驳船队。在正常蓄水位(35.5米)时,运河与湖泊由防浪堤分开。1961年5月,工程完工,船闸全长为278.5米,是山东省内最大船闸。④

为使京杭运河主动脉与沿线干支航道衔接,充分发挥运河的经济效益,1966—1971年,山东省对济宁运河进行治理,重点在伊家河上兴建韩庄、刘庄、台儿庄三级船闸和刘庄、台儿庄两级节制闸,利用伊家河重新恢复韩庄至台儿庄间的航道工程。韩庄船闸于1970年10月竣工,可通过100吨驳船。刘庄枢纽包括5级航道标准船闸、3孔7米节制闸,1972年4月竣工。台儿庄枢纽工程包括5级通航标准船闸、10孔7米节制闸,1971年底完工。至此,苏鲁复航工程全部完工,不仅苏鲁间的船舶往来不断,浙江船只可直抵枣庄运输煤炭,对北煤南运产生了积极作用。1972—1978年,经过该航区南下的货物近千万吨。⑤ 这一时期,江

---

① 马茂棠. 安徽航运史[M]. 合肥:安徽人民出版社,1991:455.
② 武醒民. 山东航运史[M]. 北京:人民交通出版社,1993:343-344.
③ 武醒民. 山东航运史[M]. 北京:人民交通出版社,1993:344-347.
④ 武醒民. 山东航运史[M]. 北京:人民交通出版社,1993:347-348.
⑤ 武醒民. 山东航运史[M]. 北京:人民交通出版社,1993:393-395.

苏省亦相继在苏北段干支线上兴建一系列船闸。其中,宝应船闸位于运河苏北段宝应县境内,设计年通过量300万吨,1969年8月建成。皂河新闸位于骆马湖运河航道进口处,设计年通过量2 100万吨,1973年8月建成。石港船闸位于宝应至金湖航线与淮河入江水道交会处,1975年建成。运东船闸位于淮安境内京杭运河与灌溉总渠衔接处,1976年建成。张福河船闸位于淮阴西南张福河北端,1976年11月建成。盐邵船闸位于江都县境内,设计年通过量1 000万吨,1977年建成。①

4. 电气化航标的引入

随着航运事业的发展,为实现昼夜助航的目标,对导航标志提出了规范化与电气化的要求。1958年,在淮河蚌埠至红山头136千米河段上,设置河标51座、接岸标60座、三角浮标19座,均为二等标。至此,正阳关至红山头278千米的淮河干线航道,全部实现正规化航标建设。1961年开始,对浮标进行技术改造,用铁质浮鼓代替木质三角浮标,用电闪灯代替煤油灯,实现浮标电气化。1964年,淮河航运局将正阳关至蚌埠段航标的木质标杆与竹制标牌全部改为钢质,标杆高度增加,标牌增大,标灯改为闪光灯,并装有自动换泡机。经过改造,正阳关至蚌埠段有岸标97座,全部升格为一等标志。②

为了确保安全和开展夜间航行,1957年,山东省对济宁以南航道进行勘察,确定在小口门、鲁桥、五口、安口、十字河口、朱姬庄设立灯标助航,在韩庄码头设立风讯信号杆。1958—1959年,京杭运河山东南段陆续增设新的航标,设标里程逐年延长。至1965年,济宁以南设标里程为202.4千米,济宁以北设标里程为160千米。③

20世纪60年代,江苏淮河流域将航标煤油灯改为以干电池、空气湿电池为光源,用灯泡发光,并以时钟及电动闪光仪定时控制开关及闪光,有的浮标改为浮鼓。1965年,扬州地区在724千米航道上共设航标533座。④ 正规化、电气化航标的出现,标志着淮河流域航道建设进入了一个新水平,对保障航行安全、促进航运事业的发展发挥了重要作用。

5. 港口装卸条件的改善

随着社会主义建设的开展,淮河流域各水系港口的吞吐量不断增长,已有的码头规模与装卸条件明显滞后。为适应经济社会发展的需要,在兴建新港口的同时,不断改善已有码头设施与装卸条件,尤其是机械化设备的引入,极大地提高了装卸效率,港口吞吐量逐年递增。

蚌埠港是淮河干流上的重要港口之一。1958年,蚌埠港建成简易码头26座、趸船2艘、技术改造活动码头2座、土吊机5台、绳索运输机6台、皮带运输机100米、链板运输机4台、土铁路1 470米、机头车1辆、车厢40节,并铺设木轨,改装滚珠歪歪车、双轨自动卸货滑车和活动升降码头等。⑤ 1960年,蚌埠港利用土法上马和土洋结合的做法大搞港口装卸机械化、半机械化,用旧木船改成活动码头,并制成简易的手摇起重机、手摇帆布机等7种,制

---

① 张纪城.江苏航运史[M].北京:人民交通出版社,1994:265-266.
② 马茂棠.安徽航运史[M].合肥:安徽人民出版社,1991:421;安徽省地方志编纂委员会.安徽省志:交通志[M].北京:方志出版社,1998:486.
③ 武醒民.山东航运史[M].北京:人民交通出版社,1993:353-354.
④ 江苏省地方志编纂委员会.江苏省志:交通志 航运篇[M].南京:江苏古籍出版社,1996:87.
⑤ 马茂棠.安徽航运史[M].合肥:安徽人民出版社,1991:461.

成蒸汽起重机、电动链板机、活动吊车等机械设备十余种。仅仅一个月的时间就使全港装卸机械化、半机械化程度由原来的30%提高到70%，日装卸量由2 000吨提高到7 500吨，日节约100多个劳动力。① 然而，急于建造的土洋设备，有的因技术不过关，不能使用，有的质量低劣，变成一堆废铁，有的因建造简陋，毁于洪水，蚌埠港的装卸作业仍靠肩扛人抬。为了从根本上改变蚌埠港的落后面貌，1965年12月，确定适当利用老港区和开辟席家沟新港区的扩建方案，但受"文革"影响，这一规划被迫中止。直到1973年，扩建工程得以进行，兴建了1座高栈桥煤炭专用码头、3座共90米长的低栈桥码头，开辟2 400平方米的堆场。其中，高栈桥码头长15米，装有喂料机和220米长的皮带输送机，前临码头岸线，后接铁路专用线煤场，装煤上船全部机械化，1976年竣工投产。②

淮河干流上的另一重要港口淮南港，位于淮河中游右岸，码头主要分布在田家庵。1958年，改进活动式码头，长16米，宽11米，高0.83米，吃水0.3米，载重45吨，可容纳10部平板车同时操作，每小时可装卸货物180吨，与人力相比，劳动效率提高4倍。此外，还建设帆布运输机，与人力相比，劳动效率提高9倍；试制成功悬臂式、转盘式起重设备，每小时可起重货物14吨，上下船装卸效率比人力提高4倍，实现了港口搬运、装卸工作的机械化、半机械化。③ 1960年，田家庵港区开辟700多米长的直立式和斜坡式码头岸线，专为出口煤炭的120米长栈桥式皮带运输机建成投产。皮带机前临码头，后接铁路专用，人工喂料，每月输出煤炭1万~2万吨，替代了70%的人力搬运，装卸效率大为提高。1961年和1962年，田家庵港区又增设5台卸粮、卸煤小皮带机。④

作为沙河水系水陆中转站的漯河港，1959年已建成颇具规模的水旱码头。港口码头线总长为610米，港区外设有装卸危险品货物的专用码头，可供150艘载重2 500吨的船只停靠装卸。港区北岸有锚地一处，长1 500米，水深0.7米，可供3 000艘载重6 000吨的船只停泊。此外，添置装卸用架子车1 700辆，建设货方仓库2座，粮食中转站仓库7座，容积为10 500吨。通过建设，漯河港日装卸量一般为2 000~3 000吨，最高可达4 000吨。⑤

20世纪60年代，为适应对外贸易日益增长的需求，连云港提出筹建万吨级煤码头工程计划。1965年，煤码头开始施工建设，然而，受多种因素影响，工程进度缓慢。直至1974年12月，万吨级煤码头建成投产。码头备有1 000吨/小时装煤机2台、螺旋卸煤机12台、2条装卸生产流水线。投产初期，年均通过量为118.5万吨。此外，为扩大港口吞吐能力，把原港区的两个码头改造扩建成4个万吨级和2个5 000吨级杂货泊位。1975年10月，杂货泊位交付使用。这是连云港建港以来第一个万吨级杂货泊位。⑥

新中国成立后，徐州煤炭业发展较快，为方便煤炭外运，在双楼与孟家沟地区先后修建煤码头。1969年，徐州双楼港投资续建，由于资金有限，港口仅完成部分土建和水工项目，

---

① 安徽省交通厅1958—1960年工作总结（初稿）　档案号：J037-2-5[Z].亳州市谯城区档案馆.
② 马茂棠.安徽航运史[M].合肥：安徽人民出版社，1991：461.
③ 关于报送1959年技改工作总结的报告　档案号：0069-001-0004-003[Z].淮南市档案馆.
④ 马茂棠.安徽航运史[M].合肥：安徽人民出版社，1991：416-417.
⑤ 张圣城.河南航运史[M].北京：人民交通出版社，1989：283.
⑥ 张纪城.江苏航运史[M].北京：人民交通出版社，1994：263-265.

机械设备未安装,年进煤炭仅10余万吨。1972年,江苏省对双楼港进行小规模建设,并实现简易投产。1976年8月,双楼港一号高栈桥铁路接轨竣工验收。双楼港通过陆续扩建,年吞吐能力达200万吨。1974年,孟家沟港区动工兴建,当年建成坡式码头100米,开挖引河100米,平整货场2万平方米。1975年,建成码头400米及大型晴雨作业棚1座。1976年,续建码头600米,形成年吞吐能力150万吨的综合性港口。①

阜阳港和涡阳港的水铁联运码头建设,是20世纪70年代阜阳地区重要的航运基础设施建设项目。阜阳港于1959年初建,1966年进行扩建,但受阜阳节制闸下泄流量不足的制约,航行不畅,七里河港区一般只作物资中转之用。1971年,濉(溪)阜(阳)铁路建成通车,铁路部门在当时尚未兴建的阜阳、涡阳水铁联运码头处,敷设铁路专用河下支线,邻近地区的大量物资移向阜阳、涡阳中转。为了充分利用这一有利条件,安徽省交通局决定在阜阳和涡阳港分别兴建水铁联运码头。阜阳港水铁联运码头又叫新港码头,位于阜阳节制闸上游,1973年下半年竣工投产,共建有40个泊位,仓库949平方米,堆场3 059平方米,吊车、皮带运输机、牵引车等机械14台(辆)。由于新港码头中转物资方便,车船多移于此。1976年,七里河港区码头逐渐停止使用。涡阳港水铁联运码头又叫建港码头,1973年简易投产,建有仓库385平方米,堆场3 450平方米,吊车、皮带机6台。有了水铁联运的优势,涡阳港年吞吐量由1971年的不足1万吨上升至1977年的16万吨。②

(三)航道与港口建设的跨越式发展

改革开放后,中央与淮河淮河流域各级政府加大对流域航道的疏浚和整治力度,努力提高航道的等级和通航能力,统筹沿海与内地港口建设,大力推进港口功能提升和完善,为实现流域航运事业的跨越式发展奠定了基础。

1. 复航工程建设

受地形、地势和降雨量等自然因素的影响,在天旱枯水季节,淮河上游航道径流很难同时兼顾灌溉与航运双重需求。新中国成立后,为了扩大灌溉面积,淮河流域各地在一些通航河流上兴建许多水利闸坝。特别是20世纪60年代以后,出现到处打坝、建闸,节节拦水灌溉的现象。除一些较大的水运干道如淮河、茨淮新河等兼顾水利与航运同步建设外,大多数中小支流往往都是单项开发,在建设闸坝的同时没有建造过船设施,通航河流被截成数段,以致部分河流分段通航或断航。改革开放新时期,复航工程建设引起流域各级政府和交通、水利部门重视,以解决碍航问题为重点的航道整治工作取得较大成绩。这是淮河流域航道治理的转折点,也是振兴淮河流域航运的关键性工作。

在河南,以解决沙颍河、涡河闸坝碍航为重点,先后开展的复航工程有南湾南干渠和洪河续建工程,以及涡河鹿邑船闸和沙颍河沈丘船闸新建工程。

南干渠工程始建于1972年,在完成沿渠桥梁改建工程和王小湾船闸工程之后,为了把南干渠航线向平桥以上延伸至接近京广铁路信阳车站路西专用线,在平桥拦河闸及渠首闸南侧修建1座过船闸,1977年竣工,可通行50吨级船舶,一次可过驳船9艘,载重量225吨。

---

① 张纪城.江苏航运史[M].北京:人民交通出版社,1994:257-259.
② 马茂棠.安徽航运史[M].合肥:安徽人民出版社,1991:462-463.

同年，又在白土矿修建节制闸1座，从渠首至白土矿15千米航道实现常年通航。①

洪河渠化工程始建于1969年，在完成西平五沟营和上蔡黄泥桥的全部梯级工程以及上蔡西洪桥部分梯级工程后，于1977—1982年继续施工。上蔡西洪桥翻桥坝于1979年竣工。1980—1981年，船闸建成，回水可抵五沟营南下，达到通航水位。②

涡河鹿邑傅桥船闸位于鹿邑城北，过安徽亳县大寺通淮河。工程于1986年动工，可通航100吨级船舶，为6级航道标准，是河南第一座100吨级船闸。③沈丘船闸是解决沙颍河闸坝碍航问题、恢复沙颍河通航的第一期工程。1987年，沈丘船闸开工，按通航300吨级五级航道标准设计施工。④

在安徽，为了解决萧濉新河、泉河、淠河闸坝碍航问题，除完善符离集船闸工程外，还先后兴建杨桥船闸与淠淮航道。

符离集船闸建成于1977年，可通航100吨级船队。船闸建成后，由于闸上至青龙山港28千米的萧濉新河航道未疏浚，闸下的翻水站未建，未能正式通航。20世纪80年代后期，对闸上至青龙山港的航道进行疏治，完善船闸设备，续建8个100吨级泊位的浆砌块石直立码头。1990年，萧濉新河全线通航，淮北煤炭通过符离集船闸转新汴河可外运至华东各地。⑤

泉河是颍河的主要支流，流经河南郸城、项城、沈丘和安徽临泉、阜阳5县(市)，全长为243千米。20世纪50年代，泉河可常年通航20吨以下木帆船，是豫皖边界的重要水上交通线之一。为扩大泉河排洪能力，1961年，先后兴建韩庄闸与杨桥闸，但未建过船设施，泉河失去一船直达的水运功能，航运业务日渐衰败。1986年，杨桥船闸开工建设，1989年建成投产，通航标准为100吨级，泉河航运从此恢复。⑥

淠河原为大别山区经六安通往淮河的水运要道，自1958年兴建淠史杭灌区工程后，淠河灌区渠首横排头以下成为没有水源的废弃河道，航运中断。1987年，淠淮航道工程动工兴建，全线建船闸4座，其中，九里沟、木厂埠、庙岗3座为100吨级，东淝河为1 000吨级。1991年，淠淮航道工程建成通航，经济效益十分显著。据测算，淠淮航道水运较陆运每千吨千米节约运费150元，每年可节约物资流转费5 000余万元。⑦

2. 京杭运河续建工程

随着国民经济的发展，京杭运河作为国家水运主通道与南北水运大动脉，其通航能力已远不能适应货运量不断增长的需求。为收到治水与通航、北煤南运与南水北调等多重效益，1982年3月，国家计委决定分期分批续建京杭运河。在续建过程中，航运部门与水利部门协作，贯彻综合利用水资源的方针，统筹兼顾，全面安排，取得一水多利的效果，为淮河流域水

---

① 张圣城. 河南航运史[M]. 北京：人民交通出版社，1989：345-346.
② 张圣城. 河南航运史[M]. 北京：人民交通出版社，1989：347-348.
③ 张圣城. 河南航运史[M]. 北京：人民交通出版社，1989：348.
④ 张圣城. 河南航运史[M]. 北京：人民交通出版社，1989：349.
⑤ 马茂棠. 安徽航运史[M]. 合肥：安徽人民出版社，1991：516.
⑥ 马茂棠. 安徽航运史[M]. 合肥：安徽人民出版社，1991：519.
⑦ 马茂棠. 安徽航运史[M]. 合肥：安徽人民出版社，1991：520-522.

资源综合利用树立了典范。

京杭运河苏北段（徐州扬州段）北起徐州蔺家坝，南至扬州六圩口，途经徐州、宿迁、淮安、扬州四市，沟通江、淮、沂、泗水系。京杭运河徐扬段续建工程于"六五"期间启动，"七五"期间继续组织实施，主要项目有航道、补水、船闸、港口、铁路、桥梁、通信及船厂等。1982年10月至1988年底，先后完成高邮、界首至淮安段里运河航道的中埂切除、不牢河段挖淤扩浚、淮阴至泗阳河段疏浚、高邮临城段拓浚、邳县大王庙至六圩航道内零星浅独狭地段拓浚工程等，共兴建二级航道166.4千米，三级航道72.9千米。①

兴建复线船闸是续建工程的重点，从北向南依次是皂河、宿迁、刘老涧、泗阳、淮阴、淮安、邵伯及施桥，设计年通过量均为2100万吨，于1982—1986年先后开工。为使运河水运主干线与两侧干线航道衔接，还兴建高邮运东船闸、高邮运西船闸、宿迁井儿头船闸及淮安二堡船闸。②

在续建工程中，还完成8项补水工程，续建邳县、双楼、万寨3个港口，扩建江扬船厂，兴建宝应、淮阴、淮安跨河公路桥3座，架设通信线路400余千米，铺筑万寨集疏运铁轨20.5千米。此外，由于横阻京杭运河航道上的徐塘闸严重碍航，在其右岸另开一条与京杭运河规格相当的弓形航道，以利通航。③

1985年，交通部和江苏省组织3艘千吨级甲板驳和2艘千吨级分节驳，从淮阴至双楼港空载试航210千米，从双楼港至六圩满载煤炭试航372千米。经过试航，京杭运河徐扬段已具备行驶千吨级驳船的条件。据1987年统计，水运密集的淮阴船闸年船舶通过量为51.17万艘3253万吨，其中重载1834.56万吨，北煤南运量880万吨，比1982年增加105%。④ 1988年12月，京杭运河徐扬段续建工程竣工验收。续建工程改善了航道条件，使通航情况逐年好转，通航保证率维持在95%以上。⑤

然而，随着国民经济的快速发展，京杭运河徐扬段水上运输愈趋繁忙。为进一步发挥京杭运河水运主通道的作用，2004年，京杭运河徐扬段续建二期工程陆续开工建设，主要包括淮安市的两淮段、淮安至泗阳段（航道养护专项疏浚），扬州市的高邮至邵伯段、槐泗至施桥船闸段，宿迁市的窑湾至皂河船闸段，徐州市的大王庙至窑湾镇段、不牢河段等，均按照二级航道标准进行整治或专项疏浚。⑥ 2008年7月，京杭运河徐扬段两淮段航道整治工程项目通过验收。京杭运河徐扬段通过续建二期航道整治，单向通过能力由5000万吨提高到8000万吨以上，船舶航行速度提高近1/5，每年节省运输成本100亿元以上。⑦ 全部整治工程完工后，京杭运河苏北段（徐州扬州段）将成为京杭运河可通航河段中航道等级最高、渠化条件最好、船闸设施最为完善的综合性人工航道。

京杭运河（济宁至徐州）续建工程是国家"九五"时期的重点水运项目。工程主要由航

---

① 张纪城.江苏航运史[M].北京:人民交通出版社,1994:388.
② 张纪城.江苏航运史[M].北京:人民交通出版社,1994:388-390.
③ 张纪城.江苏航运史[M].北京:人民交通出版社,1994:389-390.
④ 江苏省地方志编纂委员会.江苏省志:交通志 航运篇[M].南京:江苏古籍出版社,1996:28.
⑤ 张纪城.江苏航运史[M].北京:人民交通出版社,1994:391.
⑥ 杨凤虎.京杭运河徐扬段续建二期工程完善项目建设的建议[J].中国水运,2009(6):186-187.
⑦ 薛扬,李士彦,花志.京杭运河徐扬段续建二期整治工程建设体会与思考[J].中国水运,2014(9):93-94,130.

道、船闸、港口、通信、航标、桥梁等7个建设项目组成,按三级通航标准疏浚济宁至台儿庄170.5千米航道,按二级通航标准建设韩庄二线船闸和万年闸船闸,扩建泗河口港、太平港、留庄港、滕州港4条进港航道,配套建设郭庄、付村、泗河口、太平、留庄、滕州、台儿庄7处港口。该工程于1996年开工建设,2000年11月,京杭运河(济宁至徐州)续建工程济宁至台儿庄段三级航道全线贯通,千吨级货船往返于济宁至江南航线,年通航能力由220多万吨增至2 600万吨。京杭运河(济宁至徐州)续建工程济宁至台儿庄段的工程建设,改善了鲁西南地区的水运交通状况。①

3. 航道养护与管理

改革开放以来,淮河流域各河系通航河段坚持航道养护与管理工作并重,疏浚浅滩,清除航障,加强航标的建设与维护,保障了航道的畅通和船舶航行安全。

(1) 疏浚浅滩

疏浚浅滩是一项重要的日常养护工作。1978年,河南省航运局拨款维修原有各浅滩的潜屏坝。1979年,又拨款用于毛庄浅滩底屏导治,吴岩、王家坝浅滩旧潜屏坝维修,以及王家坝浅滩与毛庄上游至金河脑8处浅滩的疏浚,其中6处浅滩航道水深增深0.4~1米。1979年,在对龙窝浅滩的整治中,采用聚丙烯挂网坝、浮球网坝以及聚丙烯发泡塑料人工水草滞流屏等新材料进行治理,取得淤滩刷槽的良好效果。② 1981年汛前,在设置楔式潜屏丁坝的毛庄下滩与金河脑浅滩上,分别安设底屏导治。③

20世纪80年代后,航道部门陆续添建挖泥船、泥驳等机械设备。以淮河流域江苏为例,截至1990年,连云港市有抓斗式挖泥船与泥驳各2艘;淮阴市有绞吸式挖泥船2艘、链斗式挖泥船1艘、泥驳7艘;盐城市有绞吸式挖泥船与链斗式挖泥船各1艘、抓斗式挖泥船6艘、泥驳41艘;江苏运河航闸处有绞吸式挖泥船2艘、抓斗式挖泥船1艘、泥驳7艘。④ 航道疏浚工作逐步实现了机械化。

盐都县于1983—1996年对小马沟、大马沟、胜利河、步凤河等航道的浅滩浅段进行机械疏浚,共疏浚土方38万立方米。⑤ 淮南市航运管理局1992年对八公山浅滩进行机械疏浚,共完成土方2.797 3万立方米⑥;1995年,对何台孜航道浅滩进行疏浚维护⑦;1997年,共疏浚航道岸线长450米,潘集丁郢码头、谢集联运码头、耿皇码头疏浚后均满足靠船要求⑧;1998年,对淮河八公山引航道及二道河浅滩进行机械疏浚,共完成土方2.991 5万立方米⑨;

---

① 山东省地方史志编纂委员会.山东省志:交通志 1986—2005[M].济南:山东人民出版社,2015:279-280.
② 马茂棠.安徽航运史[M].合肥:安徽人民出版社,1991:451.
③ 张圣城.河南航运史[M].北京:人民交通出版社,1989:350-351.
④ 张纪城.江苏航运史[M].北京:人民交通出版社,1994:410.
⑤ 盐都年鉴编纂委员会.盐都年鉴:1983—1996[M].北京:方志出版社,1998:315.
⑥ 关于我局今年航道养护工程收支计划的执行情况和报送1993年建议计划的报告 档案号:0072-002-0106-002[Z].淮南市档案馆.
⑦ 关于报送《淮南市航运管理局1995年基本工作和1996年工作要点》的报告 档案号:0072-001-0142-003[Z].淮南市档案馆.
⑧ 关于呈报《淮南市航运局1997年度工作总结暨1998年度工作要点》的报告 档案号:0072-002-0203-001[Z].淮南市档案馆.
⑨ 关于呈报我局1998年度疏浚工程决算的报告 档案号:0072-001-0207-002[Z].淮南市档案馆.

2001年,投资40万元,对淮河八公山浅滩、二道河航道及码头进行机械疏浚①。阜阳航道站于2003—2007年连续对境内浅滩进行疏浚。2003年,完成杨桥闸下机疏工程,完成土方2.288万立方米②;2004年,完成对泉河航道扎扒集、前沿湾上下三处浅滩的机疏工程③;2005年,完成茨河铺浅滩、领上闸下应急浅滩的疏浚,共完成土方7万立方米④;2006年,完成临泉杨桥船闸下游引航道和引航道下游三处浅滩的疏浚工作,完成土方1万立方米⑤;2007年,完成四个浅滩3.787万立方米的疏浚任务⑥。新沂市航道管理站2008年对新戴运河柳沟至三岔河浅滩进行清淤,完成土方2.68万立方米⑦;2009年,对花嘴浅滩进行清淤,完成土方1.2万立方米⑧。

(2) 清除航障

由于种种原因,淮河流域通航河道中遗留有大量沉石、沉船、暗桩、渔网、渔簖等障碍物,是船舶航行的巨大隐患。为保障航道的畅通和船舶航行安全,流域各地航道管理部门加强巡查与航政执法力度,开展航道扫床工作,搜寻航道内的障碍物,并及时予以清除。

在高邮,1995年,清障扫床505.5千米,打捞沉船6艘、多孔楼板70块。⑨ 1996年,清障扫床452千米。⑩ 1997年,清障扫床458千米,打捞碍航物30处、沉船7艘。⑪ 2001年,清障扫床688.5千米,清除沉石30.4吨,打捞沉船4艘。⑫ 2004年,清障664.72千米,清除沉石7.06吨、木桩4根。⑬

在淮安,1997年,清除航障180处,其中打捞沉船26艘、沉石27.4吨,拔除暗桩25根。⑭ 1998年,打捞沉船60艘,拔除暗桩124根,清除渔网渔簖135处。⑮ 2000年,清除碍航物256处,其中打捞沉船8艘、沉石1 656吨,拔除暗桩22根,清除渔网渔簖90处。⑯ 2002年,完成航道扫床1 884千米,清除碍航物637处,其中打捞沉船8艘、沉石92.6吨,清除渔网渔簖136处,拔除暗桩193根。⑰ 2003年,清除废弃物940.6吨,打捞沉物35吨、沉船38艘,拔除暗桩153根。⑱

在灌南,1998年,对盐河、灌河等235.1千米航道进行清障扫床,打捞沉石12吨、沉船3

---

① 关于2001年机械疏浚的报告 档案号:0072-001-0260-001[Z].淮南市档案馆.
② 阜阳市地方志办公室.阜阳年鉴:2004[Z].阜阳市地方志办公室,2004:138.
③ 阜阳市地方志办公室.阜阳年鉴:2005[Z].阜阳市地方志办公室,2005:125.
④ 阜阳市地方志办公室.阜阳年鉴:2006[Z].阜阳市地方志办公室,2006:259.
⑤ 阜阳市地方志办公室.阜阳年鉴:2007[Z].阜阳市地方志办公室,2007:151.
⑥ 阜阳市地方志办公室.阜阳年鉴:2008[Z].阜阳市地方志办公室,2008:167.
⑦ 新沂市地方志办公室.新沂年鉴:2009[M].南京:江苏人民出版社,2009:207.
⑧ 新沂市地方志办公室.新沂年鉴:2010[M].南京:江苏人民出版社,2010:158.
⑨ 高邮年鉴编辑委员会.高邮年鉴:1996[Z].中国县镇年鉴社,1996:257.
⑩ 高邮年鉴编辑委员会.高邮年鉴:1997[Z].中国县镇年鉴社,1997:254-255.
⑪ 高邮年鉴编辑委员会.高邮年鉴:1998[Z].中国县镇年鉴社,1998:139.
⑫ 高邮市地方志编纂委员会.高邮年鉴:2002[M].长春:吉林人民出版社,2002:160.
⑬ 高邮市地方志年鉴编纂委员会.高邮年鉴:2005[M].北京:方志出版社,2005:117.
⑭ 淮阴年鉴编纂委员会.淮阴年鉴:1998[M].北京:方志出版社,1998:145.
⑮ 淮阴年鉴编纂委员会.淮安年鉴:1999[Z].中国县镇年鉴社,1999:174.
⑯ 淮安年鉴编纂委员会.淮安年鉴:2001[M].长春:吉林人民出版社,2001:167.
⑰ 淮安年鉴编纂委员会.淮安年鉴:2003[M].北京:方志出版社,2003:170.
⑱ 淮安市地方志办公室.淮安年鉴:2004[M].北京:方志出版社,2004:117.

条,成功爆破城区水下码头 4 座。[①] 1999 年,航道扫床 292.8 千米,打捞沉石 3.5 吨。[②] 2000 年,航道扫床 293.8 千米。[③] 2001 年,航道扫床 291.9 千米,打捞沉石 7 吨、沉船 7 艘,砍伐倒树 78 株,清除渔网渔簖 40 处,爆破水泥沉船 7 艘。[④] 2004 年,航道扫床 482.8 千米,打捞沉石、废弃物 56.5 吨,砍伐倒树、拔除暗桩 126 棵(根),清除渔网渔簖 68 处。[⑤] 2007 年,航道扫床 354 千米,打捞沉石、废弃物 39.5 吨。[⑥] 2009 年,扫床里程 342 千米,打捞沉石、废弃物 46 吨。[⑦]

在盐城,1998 年,航道扫床 1 616 千米,打捞沉石 123.5 吨、沉船 34 艘,拔除暗桩 157 根,清除临河网簖 562 处。[⑧] 1999 年,改造碍航桥 3 座,拆除碍航桥 1 座,航道扫床 1 692.3 千米,打捞沉石 24 吨、沉船 44 艘,拔除暗桩 449 根。[⑨] 2000 年,航道扫床 1 746.3 千米,打捞沉船 29 艘,清除碍航码头 19 座、渔网渔簖 495 处。[⑩] 2001 年,航道扫床 1 797 千米,打捞沉船 26 艘,清除沉石暗桩等 39 处。[⑪] 2003 年,航道扫床 1 797.8 千米,清除碍航渔网渔簖 133 处、沉石 11 吨、暗桩 40 根、沉船 30 艘。[⑫] 2004 年,航道扫床 1 931 千米,清除碍航渔网渔簖 132 处、暗桩 218 根、沉物 650 吨。[⑬] 2005 年,航道扫床 1 931 千米,通榆河航道渔网渔簖等碍航设施全面清除。[⑭] 2006 年,航道扫床 2 047 千米,清除暗桩 644 根、沉物 2 591 吨。[⑮]

在阜阳,1998 年,对涡河航道碍航网具进行清理。[⑯] 2003 年,对辖区碍航网具进行多次清理,对沙颍河、泉河巡航下标 6 次,并对颍河沉船进行打捞。[⑰] 2004 年,对沙颍河阜阳闸上主航道 51 艘沉船进行打捞。[⑱] 2006 年,强制拆除拦河碍航渔具 23 道;[⑲]2007 年,强制拆除碍航渔具 110 多道。[⑳]

在亳州,2005 年,航道管理部门一方面联合有关单位对涡河渔网渔具等碍航设施进行专项清理,另一方面对涡河沉船进行打捞,困扰水上运输安全的蒙城庄子大桥沉船被顺利清

---

① 灌南县地方志办公室.灌南年鉴:1999[Z].中国县镇年鉴社,1999:172.
② 灌南县地方志办公室.灌南年鉴:2000[Z].中国县镇年鉴社,2000:152.
③ 灌南县地方志办公室.灌南年鉴:2001[Z].中国县镇年鉴社,2001:172.
④ 灌南县地方志编纂委员会.灌南年鉴:2002[M].长春:吉林人民出版社,2002:197.
⑤ 灌南县地方志编纂委员会.灌南年鉴:2005[M].长春:吉林人民出版社,2005:182.
⑥ 灌南县地方志编纂委员会.灌南年鉴:2008[M].南京:江苏人民出版社,2008:221.
⑦ 灌南县地方志编纂委员会.灌南年鉴:2010[M].南京:江苏人民出版社,2010:222.
⑧ 盐城市地方志编纂委员会办公室.盐城年鉴:1999[M].北京:方志出版社,1999:111.
⑨ 盐城市地方志编纂委员会办公室.盐城年鉴:2000[M].北京:方志出版社,2000:117-118.
⑩ 盐城市地方志编纂委员会办公室.盐城年鉴:2001[M].北京:方志出版社,2001:133.
⑪ 盐城市地方志编纂委员会办公室.盐城年鉴:2002[M].北京:方志出版社,2002:144.
⑫ 盐城市地方志编纂委员会办公室.盐城年鉴:2004[M].北京:方志出版社,2004:129-130.
⑬ 盐城市地方志办公室.盐城年鉴:2005[M].北京:方志出版社,2005:132.
⑭ 盐城市地方志办公室.盐城年鉴:2006[M].北京:方志出版社,2006:167.
⑮ 盐城市地方志办公室.盐城年鉴:2007[M].北京:方志出版社,2007:189.
⑯ 阜阳市地方志办公室.阜阳年鉴:1999[M].合肥:黄山书社,1999:64.
⑰ 阜阳市地方志办公室.阜阳年鉴:2004[M].合肥:黄山书社,2004:138.
⑱ 阜阳市地方志办公室.阜阳年鉴:2005[Z].阜阳市地方志办公室,2005:125.
⑲ 阜阳市地方志办公室.阜阳年鉴:2007[Z].阜阳市地方志办公室,2007:150.
⑳ 阜阳市地方志办公室.阜阳年鉴:2008[Z].阜阳市地方志办公室,2008:167.

除。① 2006年,对涡河、茨淮新河内的沉船实施打捞。②

(3) 航标建设与维护

内河航标是内河船舶安全航行的重要助航设施。淮河流域水网密布,河湖众多,航标数量多且分布广泛。为提高船舶安全航行系数,流域各地航道管理部门高度重视航标的建设和养护工作,使航标的正位率和发光率均达到了指定标准。

淮河流域大部分航道航标为20世纪80年代设置的浮标,体积小,重量轻,老化严重,抗碰撞性能较低。随着经济与科技的发展,流域相关部门对已有航标进行改建更新,陆续添建许多新航标。1990年,江苏省在高邮湖区15.9千米的航道上布设7座双船型浮标航标,结束了高邮湖上无航标的历史。③ 在此后的几年时间里,这些浮标因屡遭冰凌撞击,损坏严重。经过市航道管理站的努力,相继更换7座杆桩式航标。2003年初,江南省航道局批准拆除4号浮标,增设2座7.5米杆标,结束了高邮湖区14年浮标助航的历史。同年12月,高邮运西船闸西首引航道南岸坡顶灯塔(发光示位标)工程竣工,填补了高邮湖无发光示位灯塔历史的空白。④

为了船舶航行和进出新港的安全,1995年,金湖县航道站对石港口门侧面标、金宝航道11号标以及淮北闸、退水闸等6座航标进行改建,新建金宝航道蒋坝下游2座泛滥标。⑤ 2003年,金湖县航道站在金湖新港口门左岸建设1座灯塔式示位标。标体采用10M热镀锌板,外贴工程级反光膜,装备太阳能电源和冷光源灯泡等高科技器材。⑥ 2004年,金湖县辖区尚有7座浮标。由于这7座浮标都设在三河闸下游不远处,每年的洪水期都会被洪水冲走,从而导致过往船舶因水位太高、摸不清航道而搁浅。在随后的三年里,县航道管理站逐一将浮标改建成固定标。2006年,金宝航线7号、13号两座浮标改建工程的竣工,标志着辖区180.5千米航道实现零浮标。⑦ 2007年,金湖县航道站将新三河航道上9座固定标进行"亮化"改造,安装电源和发光器,为夜间船舶航行指明方向,结束了金宝航道船舶不能夜航的历史。⑧

通榆河盐城段23座助航航标工程于2004年竣工,彻底结束了该段航道无航标的历史。⑨ 2005年,国内最高标准的航道助航标识标牌在通榆河航道全线设置。所有标识标牌牌面均采用铝合金板覆盖反光膜,标杆为热镀锌钢管。⑩ 2007年,盐城县航道局对8座航标予以改建。⑪ 2008年,完成69座航标遥控遥测改建工作。⑫ 同年,新沂市航道部门为11座

---

① 亳州市地方志编纂办公室.亳州年鉴:2006[Z].阜阳市地方志办公室,2006:188.
② 亳州市地方志编纂办公室.亳州年鉴:2007[Z].阜阳市地方志办公室,2007:195.
③ 高邮年鉴编辑委员会.高邮年鉴:1991[M].南京:江苏人民出版社,1991:381.
④ 高邮市地方年鉴编纂委员会.高邮年鉴:2004[M].北京:方志出版社,2004:128.
⑤ 金湖县地方办公室.金湖年鉴:1996[Z].中国县镇年鉴社,1996:162.
⑥ 金湖县地方志办公室.金湖年鉴:2004[M].长春:吉林人民出版社,2004:105.
⑦ 金湖县地方志办公室.金湖年鉴:2007[M].北京:线装书局,2007:112.
⑧ 金湖县地方志办公室.金湖年鉴:2008[M].北京:线装书局,2008:122.
⑨ 盐城市地方志办公室.盐城年鉴:2005[M].北京:方志出版社,2005:132.
⑩ 盐城市地方志办公室.盐城年鉴:2006[M].北京:方志出版社,2006:168.
⑪ 盐城市地方志办公室.盐城年鉴:2008[M].北京:方志出版社,2008:105.
⑫ 盐城市地方志办公室.盐城年鉴:2009[M].北京:方志出版社,2009:109.

发光航标安装遥测装置。[1]遥控遥测工程的实施,为航标管理人员快速、全面、准确了解航标运行情况提供了方便。

除了对航标进行新建改建外,流域各地航道部门坚持管养并重的原则,对航标进行全方位、多层次的日常管理与养护。如射阳县,1999年,常年不间断对辖境内的航标进行检查、维修、保养[2];2000—2004年,对每一座航标每月进行三至四次检查维护,全县13座航标的正位率、发光率始终保持在100%。[3]宿迁市,2000年维护、新建航标80座次[4];2004年,维护航标2 156座次[5];2005年,维护航标1 794座次,历年航标正位率、发光率均达100%。[6]六安市,2002年,检修航标36座次,排除航标故障隐患12次,航标正常率达100%。[7]响水县,2000—2003年,对响坎河口4座示位标进行大修,航标正常率达100%[8];2009年,维护航标46座次,航标正常率达100%。[9]新沂市,2007年,航道部门对所辖19座航标进行全面检测、维护和保养,航标正常率达100%。[10]

4. 港口建设

港口是淮河流域经济社会发展的重要依托,是带动临港产业发展壮大的主要力量,是综合交通运输系统的关键枢纽。改革开放以来,淮河流域掀起建港高潮,无论是沿海港口还是内河港口,通过持续的新建、复建和扩建,港口规模不断扩大,机械化、自动化、信息化程度逐渐提高,吞吐能力与吞吐量大幅提升。

(1) 连云港港

连云港港地处中国沿海中部的海州湾西南岸、江苏省的东北端,为横贯中国东西的铁路大动脉——陇海、兰新铁路的东部终点港。1977年底,连云港新建改建万吨级泊位5个、5 000吨级泊位2个,成为淮河流域最大的海港。[11] 1986年12月,连云港庙岭煤码头主体工程竣工,包括3.5万吨级和1.6万吨级泊位各1个。庙岭煤码头是中国自行设计施工,并首次实现全套负载设备国产化、高效率的现代化自动控制大型煤炭装船码头,年通过能力为900万吨。1987年11月,连云港三突堤码头工程建成。该码头是国内自行设计施工的第一个全桩基梁板结构码头,拥有万吨级通用杂货泊位4个、顺岸泊位2个和突堤北端的空船泊位1个,年设计吞吐能力为140万吨。[12]

1984年,连云港被列为全国第一批14个沿海开放港口城市。1987年,已与83个国家和地区的273个港口有业务往来,外贸货物吞吐量达541万吨,占港务局总吞吐量的

---

[1] 新沂市地方志办公室. 新沂年鉴:2009[M]. 南京:江苏人民出版社,2009:207.
[2] 射阳年鉴编纂委员会. 射阳年鉴:2000[M]. 北京:中华书局,2000:105-106.
[3] 射阳年鉴编纂委员会. 射阳年鉴:2000—2004[M]. 北京:方志出版社,2006:145.
[4] 宿迁年鉴编纂委员会. 宿迁年鉴:2001[M]. 北京:方志出版社,2001:107.
[5] 宿迁年鉴编纂委员会. 宿迁年鉴:2005[M]. 北京:方志出版社,2006:165.
[6] 宿迁年鉴编纂委员会. 宿迁年鉴:2006[M]. 北京:方志出版社,2006:186.
[7] 六安市地方志办公室. 六安年鉴:2003[M]. 合肥:黄山书社,2003:47.
[8] 响水年鉴编纂委员会. 响水年鉴:2000—2003[M]. 北京:方志出版社,2006:135.
[9] 响水县地方志办公室. 响水年鉴:2010[M]. 北京:方志出版社,2010:184.
[10] 新沂市史志办公室. 新沂年鉴:2008[M]. 南京:江苏人民出版社,2008:203.
[11] 连云港港年鉴编委会. 连云港港年鉴:1992[M]. 徐州:中国矿业大学出版社,1992:34.
[12] 张纪城. 江苏航运史[M]. 北京:人民交通出版社,1994:378.

60.5%。港口起重、运输机械先进,装卸工艺合理,库场充足,服务设施齐全,成为中国华东、中原、西北11个省区贸易运输最便捷、最经济的出海口岸,被誉为亚欧大陆桥东端的桥头堡。①

1987年5月,连云港庙岭第二期工程主体工程开工,包括5个万吨级泊位,总长6 700米的拦海西大堤、长10多千米的深水外航道、4 000门程控电话等大型配套。1994年8月,连云港庙岭二期工程全部竣工。②

1994年3月,连云港墟沟港区一期工程全面开工。该港区采用顺岸式码头布置形式,码头岸线总长为1 100米,拟建设6个万吨级以上通用杂货泊位,年设计通过能力为210万吨。③1995年12月,1号和2号泊位经过验收并交付使用。1996年12月,3号泊位进行内部交验,简易投产。1997年12月,4号和5号泊位通过内部交验,为港口新增年70万吨杂货吞吐能力。1998年12月,6号泊位通过内部交验,并简易投产。④1999年3月,墟沟港区一期工程通过国家验收。

至2009年底,连云港港已建成由马腰、庙岭、墟沟和旗台等4个作业区组成的主体港区。其中,建成生产性泊位40个,包括5 000吨级泊位3个,万吨级及以上深水泊位37个,设计年吞吐能力4 628万吨;在建生产性泊位6个,设计年吞吐能力5 199万吨。⑤

(2) 日照港

山东省东南沿海深水线距岸较近,不淤不冻,有建设大型港口的有利条件。经反复论证,1979年确定在日照县石臼所小港北侧建设石臼大港,并将其建成国内第一座敞开式深水泊位。

1982年,石臼港一期工程开工,设计年吞吐能力1 500万吨。主要项目有:10万吨级和2.5万吨级煤码头泊位各1个;煤炭堆场,面积22.5万平方米,堆存能力120万吨,有移动旋转式装船机2台,每小时可装船6 000吨;斗轮轨道式取料机4台,每小时可取料3 000吨;螺旋卸车机2台,每小时卸料400吨;串联式翻车机2台以及25条总长为1.1万多米的皮带机等。工程于1986年建成并投产运营。港区通过兖(州)石(臼)铁路和菏(泽)新(乡)铁路与京广铁路相接,山西、内蒙古、河南等省、自治区生产的煤炭,可以通过石臼港转运至各地,成为中国煤炭输出第二大港。然而,由于港口功能单一,只吐不吞,经济效益不理想。1986年,石臼港利用一期剩余资金建成5 000吨级和万吨级杂货泊位各1个。1989年建设1.5万吨级和2.5万吨级深水泊位各1个,设计年吞吐能力为90万吨。⑥

石臼港二期工程于1992年开工,共建2个万吨级泊位,3个1.5万吨级泊位,设计年吞

---

① 张纪城.江苏航运史[M].北京:人民交通出版社,1994:381-382;江苏省地方志编纂委员会.江苏省志:交通志 航运篇[M].南京:江苏古籍出版社,1996:152.
② 张纪城.江苏航运史[M].北京:人民交通出版社,1994:381;连云港港年鉴编委会.连云港港年鉴:1995[Z].连云港港年鉴编委会,1995:73.
③ 连云港港年鉴编委会.连云港港年鉴:1995[Z].连云港港年鉴编委会,1995:72.
④ 连云港港年鉴编委会.连云港港年鉴:1998[Z].连云港港年鉴编委会,1998:53;连云港港年鉴编委会.连云港港年鉴:1999[M].徐州:中国矿业大学出版社,1999:51.
⑤ 连云港港年鉴编委会.连云港港年鉴:2010[M].南京:江苏人民出版社,2010:13.
⑥ 武醒民.山东航运史[M].北京:人民交通出版社,1993:454-455.

吐能力200万吨。配备装卸设备94台,其中10吨门机1台、42吨集装箱正面吊运机2台、拖轮2艘。此外,还配置供电照明、通信、排水、供热、生活配套工程等75个单项工程。1995年建成并交付使用。①

石臼港三期工程于2003年开工,新建20万吨级和30万吨级大型专用矿石泊位各1个,设计年吞吐能力5 100万吨。工程分两个阶段实施。第一阶段:将两个大型水工结构泊位码头一次建成,建设防波堤1 367米,开通20万吨级航道,在码头前沿配置额定卸船能力2 500吨/小时的桥式抓斗卸船机3台,年吞吐能力为1 600万吨。2004年5月,20万吨级泊位简易投产,2005年9月底工程完工,10月重载试运行。第二阶段:配置额定卸船能力2 750吨/小时的桥式抓斗卸船机3台,设计年通过能力3 500万吨;建设北区矿石堆场34.7万平方米,堆存容量为626.4万吨;堆场配置额定堆料能力为7 500吨/小时、额定取料能力为3 500吨/小时的堆取料机3台;设置铁路装车线2条,配置移动式装车机2台;加深拓宽20万吨级航道,达到30万吨级通航能力。2005年开工建设。②

此外,石臼港还建有5万吨级泊位1个,3万吨级泊位2个,可满足10万吨级和12.5万吨级集装箱船舶同时靠泊需要。配置集装箱岸桥6台,轮胎场桥15台,新增吞吐能力初期为60万标准箱,远期为150万标准箱。另外,还建设燃料油及工作船码头、木材码头、木片码头、北区油码头及日照港国际客运站,并对北区1~7号泊位进行改造。至2005年,石臼港已成为拥有35个深水泊位的多功能综合性沿海枢纽港口。③

日照港由石臼港区、岚山港区组成。岚山港区位于日照市东南部黄海海州湾北角,始建于1977年。至1984年,已建成300吨级泊位1个,500~20 000吨级泊位4个。1992年后,相继建成5 000吨与1万吨级泊位各1个。至2005年,港口共有生产性泊位9个,其中5 000吨级以下泊位2个,1万~5万吨级泊位3个,5万吨级及以上泊位4个。2005年,岚山港区液体石油化工品码头扩建工程竣工,包括2个5 000吨级泊位及相应的配套设施。此外,2004年,岚山港建设年中转能力为200万吨的岚山北港区油罐区工程与10万吨级油码头。2005年,建设30万吨级进口原油接卸码头、配套储油罐区以及年通过能力为2 000万吨的输油管道。④

除对港区不断进行改造建设外,日照港还添置大量装卸设备与港作船舶。2005年,日照港拥有主要装卸机械711台,其中起重机械97台、散货输送机械23台(套)、装卸搬运机械396台、专用机械45台等。日照港岚山港区拥有各类装卸设备35台、输送设备10台、装卸搬运设备132台、液化品装卸系统3整套、移动式散货灌装设备28台(套)、轮胎起重机3台、集装箱起吊门机3台、CS45KM正面吊机2台、50吨汽车吊1台,各种运输车辆146台(辆),装卸作业基本实现机械化、自动化。⑤

---

① 山东省地方史志编纂委员会.山东省志:交通志 1986—2005[M].济南:山东人民出版社,2015:206-207.
② 山东省地方史志编纂委员会.山东省志:交通志 1986—2005[M].济南:山东人民出版社,2015:207.
③ 山东省地方史志编纂委员会.山东省志:交通志 1986—2005[M].济南:山东人民出版社,2015:205,208.
④ 山东省地方史志编纂委员会.山东省志:交通志 1986—2005[M].济南:山东人民出版社,2015:208-209.
⑤ 山东省地方史志编纂委员会.山东省志:交通志 1986—2005[M].济南:山东人民出版社,2015:211.

(3) 盐城港

盐城港是江苏省沿海区域性重要港口，是上海国际航运中心的喂给港和连云港的组合港，是盐城市和苏北地区实施沿海开发战略、加快发展外向型经济及推进工业化进程的重要依托，包括大丰港、射阳港、滨海港、陈家港4个港区。

大丰港处于江苏省海岸线港口空白地带的中心位置，是交通部规划的港口项目和江苏省跨世纪五大战略工程之一。1997年底，大丰港5 000吨级码头的前期工程开工建设。1998年，港口引堤一期工程、港区海堤达标工程、临时疏港公路工程、围垦后续工程与疏港航道大桥工程先后完工。同年，大丰港二期引堤工程与2个5 000吨级码头开工建设。① 1999年底，大丰港二期引堤及其工程竣工。2002年，大丰港被列为中国新开放的4个水运口岸之一，这是年内江苏省唯一被列入国家"十五"口岸发展规划的港口。② 2003年，大丰港一期工程码头平台水工工程和深水段栈桥工程开工建设。同年底，浅滩段栈桥工程已完成工程量的80%以上，导航灯塔工程已基本建成。③ 2004年，2个5 000吨级码头建设进入最后冲刺阶段，港区内河疏港航道疏浚工程竣工，航道水深从1.8米增加至3.5米。④ 2009年12月，大丰港疏港航道建设工程开工建设，工程全长为55.6千米，按四级航道标准建设。⑤ 建成后的大丰港成为连接上海港和连云港之间的中心港，成为苏中地区的出海大通道。

射阳港地处盐城市海岸线的中心位置，港区直接连接射阳河、黄沙河等苏北一级航道，是苏北唯一具备海河联运条件的港口。⑥ 1980年，射阳县港务管理局在射阳河口12千米处建成500吨级码头1座。1984年，建成1 000吨级浮码头1座，后又建成浅水码头1座。在内河港池建成疏港码头1座，泊位4个，安装起重机7台和其他装卸搬运机械。⑦ 1990年，内河港池配套船闸工程建成，同时建造万吨级海口过驳平台1个和千吨级泊位3个。⑧ 至1999年，港口建成南北两个港区，500吨级码头1座，千吨级码头4座，配备各类装卸机械设备70多台（套）；有仓库6座，库容为12 000吨，货场为12万平方米；拥有现代化的港口海岸电台，可全天候与全国沿海及近洋海域航行船舶保持联系。港口不仅可以与中国沿海绝大多数海港通航，还实现了与韩国丽水、釜山、蔚山、群山，日本长崎，以及我国港澳地区的通航。⑨

滨海港位于滨海县扁担港至中山河口海岸。1997年10月，滨海港一期工程正式开工建设，1999年12月，全部工程竣工。⑩ 该工程的3个千吨级码头位于古黄河入海口北侧，与正

---

① 盐城市地方志编纂委员会办公室.盐城年鉴：1999[M].北京：方志出版社，1999：113.
② 盐城市地方志编纂委员会办公室.盐城年鉴：2003[M].北京：方志出版社，2003：164.
③ 盐城市地方志编纂委员会办公室.盐城年鉴：2004[M].北京：方志出版社，2004：130.
④ 盐城市地方志办公室.盐城年鉴：2005[M].北京：方志出版社，2005：132-133.
⑤ 盐城市地方志办公室.盐城年鉴：2010[M].北京：方志出版社，2010：131.
⑥ 射阳年鉴编纂委员会.射阳年鉴：2000—2004[M].北京：方志出版社，2006：146-147.
⑦ 江苏省地方志编纂委员会.江苏省志：交通志 航运篇[M].南京：江苏古籍出版社，1996：157.
⑧ 张纪城.江苏航运史[M].北京：人民交通出版社，1994：383.
⑨ 射阳年鉴编纂委员会.射阳年鉴：2000[M].北京：中华书局，2000：105.
⑩ 滨海年鉴编纂委员会.滨海年鉴：2000[M].南京：江苏古籍出版社，2001：133-134.

在开挖的淮河入海水道相连,可同时停靠3艘1 000吨级海轮,于2000年2月通航。① 经过不断建设与发展,2001年,滨海港已建立5个作业区,拥有装卸码头28座,百吨级以下泊位48个,吊车21台,输送机械23台,建筑堆物货场8 355.14平方米,堆物容积3万多吨。② 2001年6月,江苏省政府决定将滨海港辟为国家二类口岸。③

陈家港作为苏北四大港口之一,东濒黄海,北依灌河,港口水深面宽,陆区广阔,可供上千万吨物资集散。④ 20世纪90年代以来,陈家港港口建设和改造步伐加快。1997年,陈家港响水作业区3 000吨级码头工程建设已近完成。⑤ 2000年8月,陈家港二类开放口岸正式开港。⑥ 2001年,完成响水二区港池疏浚及仓库改造工程。2003年,完成响水一区、陈家港作业区引桥改建、趸船维修工程。至2003年末,响水至陈家港港区沿线拥有500~5 000吨级码头11座,拥有港区仓库2万平方米,露天货场地20万平方米。⑦ 陈家港口岸主要包括灌河及通榆运河两条主要河流沿线的码头。2004年,灌河沿线建有千吨级以上码头10座,最大靠泊能力为5 000吨,最大起重能力为16吨,总吞吐量为650万吨。通榆运河沿线建成5座码头,其中高桩码头靠泊能力为500吨;新建吞吐能力20万吨的千吨级浮码头。⑧ 截至2009年,灌河沿线建成千吨级以上码头泊位11个,港口通过能力为800万吨;港区仓库(含罐区)为6万平方米,露天货场为26万平方米;各类港口吊机有28台,其他各类装卸机械有69台(套)。2006—2009年,港口累计完成吞吐量2 426万吨。⑨

(4)徐州港

徐州港,是原交通部(2008年调整为交通运输部)确定的全国28个主要内河港口和全国内河十大枢纽港之一,下辖万寨、邳州、双楼、孟家沟4个港区。

万寨港是"京杭运河徐扬段续建工程"中的一个单项工程,1984年开工建设。到1987年,万寨港区建成2 000吨级泊位1个和1 000吨级泊位2个;堆场面积为5.5万平方米,容量为22万吨;铁路专用线长为20 490米,内装卸线长为5 630米;输送机有26台,装卸搬运机械有6台,专用机械有32台。港区设计年吞吐能力650万吨,1990年1月,港口正式投产。⑩ 然而,随着吞吐量的不断增加,煤炭超堆、列车排解堵塞等问题日趋严重。1997年,万寨港二期扩建工程启动,设计年吞吐量170万吨,建设堆场2.4万平方米,2 000吨级码头泊位1个。⑪ 1999年2月,万寨港三期扩建工程开工,建设2 000吨级顺岸式高庄码头1座,新增堆场2.4万平方米,设计年吞吐量170万吨。2000年1月,工程竣工并通过验收。⑫ 2001

---

① 盐城市地方志编纂委员会办公室.盐城年鉴:2001[M].北京:方志出版社,2001:134.
② 滨海年鉴编纂委员会.滨海年鉴:2000[M].南京:江苏古籍出版社,2001:130.
③ 盐城市地方志编纂委员会办公室.盐城年鉴:2002[M].北京:方志出版社,2002:146.
④ 响水年鉴编纂委员会.响水年鉴:1988—1999[M].北京:方志出版社,2001:156.
⑤ 盐城市地方志编纂委员会办公室.盐城年鉴:1998[M].北京:方志出版社,1998:116.
⑥ 盐城市地方志编纂委员会办公室.盐城年鉴:2001[M].北京:方志出版社,2001:135.
⑦ 响水年鉴编纂委员会.响水年鉴:2000—2003[M].北京:方志出版社,2006:134.
⑧ 盐城市地方办公室.盐城年鉴:2005[M].北京:方志出版社,2005:134.
⑨ 响水县地方办公室.响水年鉴:2010[M].北京:方志出版社,2010:184.
⑩ 江苏省地方志编纂委员会.江苏省志:交通志 航运篇[M].南京:江苏古籍出版社,1996:188.
⑪ 徐州年鉴编纂委员会.徐州年鉴:1998[M].徐州:中国矿业大学出版社,1999:177.
⑫ 徐州年鉴编纂委员会.徐州年鉴:2000[M].徐州:中国矿业大学出版社,2000:172.

年4月,万寨港一、二号线配煤工程竣工,每小时可配煤2 000吨。①

邳县港(1992年改为邳州市)是20世纪50年代末期兴建的大运河港口,由于财政困难,建设项目未能全部完成。1982年在京杭运河苏北段进行续建工程建设时,被列为主要工程项目之一。扩建工程于1984年10月动工,1987年3月竣工投产,港口吞吐能力提高近1倍。1988年,对港内三股道西段进行改造。1989年5月工程结束,港口机械化程度达95%。1989年10月,邳县港煤码头三股道东段生产线和3号码头扩建改造工程动工。1990年工程全部竣工,建成泊位18个,修筑环形铁路3 520米,布置大中型机械108台,实现年吞吐量324.08万吨。② 2002年,邳州港二区扩建改造工程被纳入邳州市2003年重点工程项目计划。③

双楼港区于1959年开工建设,1961年停建,1969年投资续建,当年投产使用。1984年进行扩建,至1987年,双楼港区建成1 000吨级泊位1个、100吨级泊位5个;堆场5.2万平方米,容量20.8万吨;铁路专用线2.5千米。2001年8月,双楼港专用公路工程开工,2002年8月交工验收,工程全长4.9千米。④

孟家沟港区于1974年动工兴建,到1987年,港区已建成600吨级泊位10个、100吨级泊位15个;仓库6 450平方米,容量4 838吨;堆场9万平方米,容量36万吨;装卸搬运机械9台,专用机械2台。⑤

进入"十一五"时期,徐州港务集团加快推进区域小港口整合,逐步确立"打造徐州组合大港,建设港口综合物流园区"的战略构想,重点建设万寨港、邳州港(西区)两个煤炭配送交易中心,孟家沟港、邳州港(东区)两个百杂货综合物流中心和双楼港地方煤炭配送中心等。⑥

除上述港口外,淮河流域各省市坚持新建与改造相结合、大中小并举的方针,相继建设济宁港、枣庄港、开封港、漯河港、周口港、淮滨港、淮南港、蚌埠港、凤台港、临淮关港、怀远港、五河港、天长港、蒙城港、颍上港、涡阳港、阜阳港、灌河口港、赣榆港、淮阴港、高邮港、淮安港、宿迁港等一批投资少、工期短、见效快、效益好的港口。

二、航运业的发展

中华人民共和国成立后,淮河流域各地航运部门在迅速恢复客货运输航线的基础上,不断增辟新航线,航运业初现一片生机。然而,1958年后,受闸坝碍航等多种因素的影响,流域很多航线停航,许多船只被迫到省外开展运输。改革开放后,流域经济发展步伐加快,对外贸易迅速发展。充足的货源,良好的外部环境,优良的港航条件,助推流域航运业发展加

---

① 徐州年鉴编纂委员会.徐州年鉴:2002[M].南京:江苏古籍出版社,2002:174-175.
② 张纪城.江苏航运史[M].北京:人民交通出版社,1994:355-357.
③ 徐州年鉴编纂委员会.徐州年鉴:2003[M].北京:中华书局,2003:167.
④ 徐州年鉴编纂委员会.徐州年鉴:2002[M].南京:江苏古籍出版社,2002:174;徐州年鉴编纂委员会.徐州年鉴:2003[M].北京:中华书局,2003:167.
⑤ 江苏省地方志编纂委员会.江苏省志:交通志 航运篇[M].南京:江苏古籍出版社,1996:188.
⑥ 徐州市史志办公室.徐州年鉴:2006[M].北京:方志出版社,2006:222.

速。港航船舶结构发生根本变化,运力结构更加合理,生产能力大幅度跃升,对外开放与合作不断拓展。港航经济已成为推动流域经济发展的强大动力和重要引擎。

(一) 航运业的恢复与初步发展

新中国成立初期,淮河流域公路与铁路运营里程较短,客货运输主要依靠航运。"一五"计划提出:"水路运输是一种最经济的运输,必须积极地提高其在整个运输中的占比,五年内水路运输方面的主要任务是发展内河运输。"[①]这一计划的提出有力推动了淮河流域航运业的发展。各河系除迅速恢复因战争而停航的客货运输航线外,还增辟了许多新航线。

1. 客运航线的恢复和延伸

淮河流域航运机构根据旅客运输的需要,从以客运为主扩大为客货兼营,增设客运站点,增开客运航线,不仅方便了旅客出行,还极大地促进了城乡物资交流。

在淮河流域安徽,1949 年,蚌埠市接管民国时期安徽省公路局航运总站 8 艘破旧轮驳,组建国营运输企业"江淮轮船运输公司"。同年,恢复蚌埠至怀远客运航线,并将客班航线延伸至田家庵、正阳关,开辟蚌埠至临淮关、蚌埠至五河等新班线。[②] 根据客运需求,在淮河水系先后恢复和开辟的客运航线有:蚌埠—怀远,航程 14 千米,为短途直达航线;蚌埠—正阳关,航程 142 千米;正阳关—阜阳,航程 127 千米;正阳关—三河尖,航程 93 千米;蚌埠—大柳巷,航程 103 千米;大柳巷—盱眙,航程 58 千米;蚌埠—蒙城,航程 101 千米;蒙城—涡阳,航程 50 千米;阜阳—界首,航程 81 千米;界首—槐店,航程 31 千米。上述 10 条航线合计航程 800 千米。[③] 当时的客运船舶大都利用拖轮帮拖一艘驳船,既能载客,也能装货,沿河集镇每天上市的农副产品、手工制品和城市下乡的日用工业品,80% 以上依靠客船运输。[④]

在淮河流域江苏,苏北航务局在恢复和开辟客货航线的工作中,提出"凡能行驶的船只,不管属何种性质,立即开起来"的口号,在短短 1 个月的时间内先后恢复淮阴—镇江、泰州—东台、泰州—盐城、盐城—阜宁、泰州—兴化、兴化—邵伯等航线。1949 年 6 月,清江至扬州定期线轮船隔日开班。1950 年 7 月,苏北内河轮船公司泰州分公司开航泰东盐线(泰州经东台至盐城)和泰兴盐线(泰州经兴化至盐城),以客运为主,附载少量货物。1951 年,因客源稀少,泰兴盐线改航泰兴湖线(即经兴化至建湖)。泰州分公司南通营业处以租船方式经营通大线(南通至大丰)、通泰线(南通至泰州)等客运航线。淮阴分公司开航淮阴至皂河客运航线,隔日对开,另外,还代理镇清(淮阴)线的客货运输业务。盐城分公司先后开辟盐城—阜宁、盐城—邵伯两条客运航线。[⑤] 1952 年 8 月,淮阴轮船公司开辟邳县运河镇至台儿庄的客运航线,全程为 38.5 千米,客货兼营,当日往返。[⑥] 1953 年 9 月,淮阴轮船公司将淮阴至宿迁线向北延伸到运河镇(邳县)。1955 年,新开盐河线客班,全程为 115 千米,以两艘客轮在淮阴县王营和灌云县伊山两地对开。1956 年,阜宁至邵伯线调整为阜宁至口岸线,直接

---

① 人民出版社. 中华人民共和国发展国民经济的第一个五年计划:1953—1957[M]. 北京:人民出版社,1955:100.
② 马茂棠. 安徽航运史[M]. 合肥:安徽人民出版社,1991:300-301.
③ 马茂棠. 安徽航运史[M]. 合肥:安徽人民出版社,1991:363.
④ 马茂棠. 安徽航运史[M]. 合肥:安徽人民出版社,1991:302.
⑤ 张纪城. 江苏航运史[M]. 北京:人民交通出版社,1994:16.
⑥ 张纪城. 江苏航运史[M]. 北京:人民交通出版社,1994:44-45.

衔接长江大轮;盐城至邵伯线、盐至射阳线合并为合德至邵伯线,与盐城地区各长线衔接。盐城地区新辟盐城至楼王、东坎至六垛、阜宁至宝应等航线,共计延伸航线里程100余千米,定期客运航线累计发展到10条,通航里程为862千米。1957年,盐城轮船公司完成客运量163.4万人次,旅客周转量6 171万人千米。①

在淮河流域山东,1953年,开辟韩庄至台儿庄客运航班,使用木帆船载客,无固定航期。1954年,增辟济宁至谷亭航线,由老运河经南阳湖至谷亭,开始固定航期。1957年汛期后,国营机动客轮船取代木帆船,每日往返于济宁与谷亭,沿途设多个停靠点。1957年,济宁航运局完成客运量4.8万人次,旅客周转量259.4万人千米。②

在淮河流域河南,除"红星"客轮固定行驶于漯河至周口之间外,其余均为临时性的木帆船"搭客",无定船、无班期、无固定站点,仅在冰雪封路和阴雨连绵、公路不通之际,由各地航运站临时组织。

2. 货运航线的恢复和增辟

新中国成立初期,淮河流域南北交通阻断,水运几乎全部停顿。而此时,大量的生产生活物资和支前物资迫切需要调运。因此,积极恢复并增辟货运航线成为淮河流域航运部门工作的重中之重。在水路运输中,木帆船与竹排充分发挥自身方便灵活、运价低廉、可在滩多水浅的支流航行等特点,与现代化运输工具相结合,在物资运输上发挥较大的作用。

在淮河流域安徽,货运航线从淮河干流辐射四面八方,形成以阜阳为中心连接泉河、颍河、茨淮新河、涡河的阜阳航区,以宿县为中心连接新汴河、濉河、沱河的宿县航区,以蚌埠为中心连接沿淮各支流的蚌埠、淮南航区。这些航区以粮食、煤炭、矿建材料为大宗货源,各港口船只数量与载重量、从业人数、年运量、年均收入稳步提升。以亳县为例,1948年全港有船101只,载重为750吨,从业人数365人,年运量约为3 000吨,货物周转量为450 000吨千米,每人每年平均收入为95元。1950年全港有船只270只,载重为1 055吨,从业人数为557人,年运量为11 846吨、货物周转量为2 003 797吨千米,每人每年平均收入为168元。1952年,全港有船308只,载重量为1 611吨,从业人数为1 011人,年运量为21 087吨、货物周转量为3 557 281吨千米,每人每年平均收入为180元。③"一五"期间,恢复和开辟蚌埠—田家庵、蚌埠—三河尖、蚌埠—阜阳、蚌埠—大柳巷、田家庵—阜阳、田家庵—三河尖6条航线,共计航程1 043千米。1955年,新增蚌埠—上海、蚌埠—蒙城、蚌埠—正阳关、田家庵—蒙城4条航线,共计航程2 165千米。在上述10条航线中,蚌埠—上海航线是一条经济效益较高的航线,航程为746千米,下水货源主要有煤炭、沙石、大豆、芋干、粉丝、棉麻、烟叶、畜产品、中药材等,上水货源有钢材、木材、化肥、食糖、纯碱、橡胶、石油化工、五金交电、医药用品、针纺织品等,年运量为15万吨左右,约占淮河轮船运输公司总运量的1/3。④

在淮河流域河南,1953年8月,息县至长台关的竹排航线恢复,9月,在长台关镇开辟码头,开始承揽货源,正式营运。至1955年5月,该航线运输小麦、豆类、治淮物资、木料等共

---

① 张纪城. 江苏航运史[M]. 北京:人民交通出版社,1994:120-123.
② 武醒民. 山东航运史[M]. 北京:人民交通出版社,1993:334.
③ 亳县解放前后交通运输情况 档案号:J037-1-2[Z]. 亳州市谯城区档案馆.
④ 马茂棠. 安徽航运史[M]. 合肥:安徽人民出版社,1991:365-367.

计 12 875 吨。① 然而,从长台关溯淮河至桐柏航线,群山环绕,沿河地区交通极为不便,山区土特产常年积压。1954 年 6 月,开辟长台关至桐柏竹排航线,当年完成进山百杂货 805.9 吨,食盐 527.21 吨、煤炭 157.57 吨;运出粮食 5 321.26 吨、棉花 193.88 吨、木材 100 吨。1955 年,由新蔡调船 18 只,采取刮板刮河和堵洪办法,使南汝河航线向西延伸到遂平。② 1956 年,惠济河航线修复开通后,柘城、陈留二县煤建均搬移河边。为增强惠济河运输力量,河南省航运局从沙河调入载重量 10 吨以下的木帆船 129 只,下水从开封以运煤为主,上水主要从各县运回粮食和棉花等。1956 年,共计完成粮食、煤炭等货物运量 3 225.40 吨,周转量 311 468.15 吨千米。③

在淮河流域江苏,苏北地区先后恢复和增辟专营货运业务的定期、不定期航线。如泰州公司经营的东台至南通的棉籽运输,盐城公司经营的盐城至南通、盐城至扬州的不定期货运等,主要采用木帆船与轮船相结合的方式进行运输。1952 年 10 月,淮阴分公司开辟申淮定期货班,其运量占整个淮阴地区轮船货运量的 80% 以上,开创横跨长江、沟通南北物资交流的定期货班先例。④ 1953 年,开辟淮阴至镇江定期货运航线;1955 年,开辟淮阴至运河镇定期货运航线,并将申淮定期班延伸至邳县(运河镇),改为申运线,全程为 666 千米,成为江苏省内河最长的定期货运航线。⑤

在淮河流域山东,沂河为鲁南山区与大运河联系的主要水上路线,1952 年木帆船货运量约为 1.1 万吨,以粮食及煤炭为大宗。全河有船只 350 艘,载重 2 400 吨,只能季节性通航。京杭运河山东南段流经梁山、汶上、济宁、嘉祥、鱼台、金乡等地,主要货源为菏泽、泰安、济宁、临沂、徐州 5 个专区 28 个县所需的粮食、建材、煤炭、食盐等。1953 年,完成货运量 21.1 万吨,货物周转量 1 602 万吨千米;1955 年,货运量增至 182.9 万吨、货物周转量达 3 525 万吨千米。⑥

(二)航运业的曲折发展

受闸坝碍航等因素的影响,淮河流域航运业经历一个先升后降的曲折发展阶段。以亳县为例,1958 年全港年运量为 79 408 吨、货物周转量为 7 338 095 吨千米,每人每年平均收入为 400 元。1959 年全港年运量为 111 500 吨、货物周转量为 13 554 500 吨千米,每人每年平均收入为 510 元。⑦ 然而,此后受闸坝碍航及"文化大革命"影响,大部分航线中断停航,很多货物弃航转陆,货少船多,收不抵支。1967 年亳县全港船只共计 3 800 多吨,由于货源少,其中 1 月份仅完成运输量 2 136 吨,从业人员为 3 008 人,营运收入超 8 000 元,2 月份完成 3 118 吨,营运收入为 26 000 元。然而,全港运输合作社 3 008 位社员生活与社内其他开支,

---

① 张圣城. 河南航运史[M]. 北京:人民交通出版社,1989:237-238.
② 张圣城. 河南航运史[M]. 北京:人民交通出版社,1989:238.
③ 张圣城. 河南航运史[M]. 北京:人民交通出版社,1989:239.
④ 张纪城. 江苏航运史[M]. 北京:人民交通出版社,1994:45-46.
⑤ 张纪城. 江苏航运史[M]. 北京:人民交通出版社,1994:122.
⑥ 武醒民. 山东航运史[M]. 北京:人民交通出版社,1993:328-329.
⑦ 亳县解放前后交通工作情况 档案号:J037-1-2[Z]. 亳州市谯城区档案馆.

合计每月需 4 万元,收支严重不抵,社员生活困难。① 在航运业发展的艰难时期,为保证工农业生产的正常开展以及城乡居民往来需求,以化肥、农药、煤炭、黄沙、食盐等为主的农用与重点物资运输以及水上客运有了不同程度的发展。

1. 支农物资运输

"大跃进""反右倾"以及三年困难时期,给农业生产造成巨大的挫折和困难。20 世纪 60 年代初,中央明确要求把工业和其他部门的工作转移到以农业为基础的轨道上来。在淮河流域相关部门的领导下,支农运输成为航运部门的工作重点。

河南省主要水运航线与京广、陇海铁路相衔接的港口较多,如漯河、信阳、长台关、西平、新郑、开封等。上游支流流经广大农村山区,流域航运部门在调船、装卸、运价、保管等方面,均予以优先和优惠。为更好地组织货源与运输,流域航运部门组织人员深入农村、山区,参访有关物资部门,了解支农物资的流向、流量,帮助货方算细账,合理策划运输路线,并在充分挖掘航运系统专业船只的基础上,尽可能发挥沿河农业副业船只在支农物资运输上的作用。同时,根据各河系支流上游河道状况,各河系航运处、站开辟和延伸一些深入农村山区支流上游小河航线。其中,在淮河水系主要有曲河(又名灌河)的商城至汤泉池、汤泉池至达权店、潢水的潢川至浒湾、淮河的长台关至金桥等河段航线,计 257 千米;沙河水系主要有贾鲁河的周口至阎岗、颍河李人庄至黄土桥等河段航线,计 118 千米。② 1963 年,河南航运系统开展以支援农业、支援生产救灾为中心的增产节约运动,对支农物资运输采取优先安排计划、优先进港、优先装运、保证不误农时的运输原则,具体措施如下:第一,为方便支农物资装卸,在沿河各地增设停靠点,并尽可能根据托运方面要求选择就近码头,力求接近货运起点、终点,做到运货上门。第二,各主要河段因时因地开展支农物资的零担货运,尽量组织直达运输,减免中转环节。第三,合理安排运力,及时调度船只。如将淮河船只 1 800 多吨调入沙河,5 000 吨调入洪河,支援支农物资运输。第四,为货方代办中转联运业务。③

安徽航运业对农业生产起到了较大的促进作用。以亳县为例,1949—1959 年,仅小麦、水稻等优良品种通过水路调进 9 000 多吨,实现了农作物的高产丰收。④ 1962 年,仅航运站运输粮食、煤炭、农药、化肥等农业生产物资 73 653 吨,周转量为 5 560 817 吨千米。⑤ 针对货物运输点多、分散的特点,航运部门面向农村、面向支流小河,对于支农和农业物资运输,实行"三不计较""五优先"原则,即:不计较运量数量,不计较运程长短,不计较装卸难易;优先纳入计划,优先安排进港,优先配载,优先装卸,优先转运。首先,各港站设立支农服务台,简化托运手续。在特殊情况下,不强调计划,做到随来随运,及时装卸。⑥ 其次,统计安排使用各种运输工具合理衔接,做好水上运输与公路运输的联运工作。如阜阳专区 1960 年在运粮工作中,实行"划片定点接力运输"的方法,按照交通条件和粮食分布情况,把全区划分为

---

① 亳县 1967 年交通工作意见　档案号:J037-1-11[Z].亳州市谯城区档案馆.
② 张圣城.河南航运史[M].北京:人民交通出版社,1989:260-261.
③ 张圣城.河南航运史[M].北京:人民交通出版社,1989:295-296.
④ 亳县解放前后交通工作情况　档案号:J037-1-2[Z].亳州市谯城区档案馆.
⑤ 亳县 1962 年交通运输工作总结　档案号:J037-1-5[Z].亳州市谯城区档案馆.
⑥ 马茂棠.安徽航运史[M].北京:安徽人民出版社,1991:407-408.

78个集中点,从广大农村向集中点集运时,由各县组织的民间运输工具负责;从集中点向港站运输时,由专区交通局的汽车队负责。①集中到港站的粮食,再由船舶通过水路向外运输。再次,组织长途货源,请求有关单位配合协助。以涡河为例,受涡阳闸及下游建闸影响,仅亳县到涡阳68千米可以通航,许多长途货源因此弃水从陆。1977年,亳县航运管理站开辟亳县至蚌埠航线,组织亳县到上海的淀粉、亳县到江苏的扫帚苗子、亳县到浙江的红芋等农副产品1 481吨,仅上半年就运出货物3 930吨,同比增长265%。②

江苏省交通厅于1962年确定交通工作"面向农村,面向支线,支援农业"的支农转轨方针,要求进一步调整运力,加强集散点到县城的短途运输,新辟短途航线;恢复和延伸定期货班,组织零担运输等。针对农用物资运输品种繁多、数量零散、港站分散、时间性强、突击任务多等特点,江苏航运部门对支农物资进行调查摸底,力求全面掌握农用物资的流量流向,采取"就库分配,一次托运,当场结算,直运田头"等办法,减少中转环节和繁琐手续,并与农用物资的生产、供销、分配等部门协作,组织固定船队进行运输,仅1963年第一季度就为盐城、兴化、江都、淮安等县运送化肥、粪肥等支农物资6.2万吨。为保证支农物资及时运输,江苏省航运部门还在货运航线上增加停靠中转站点,通过这些站点与支线客货班船衔接,形成支农水运网。此前,零担、小批农用物资必须满一个船队才开班,待装待运时间往往很长。各地小型货班开航后,实行一线贯通、多点停靠、沿途解挂、换装联运的方法,加快运输速度。如从无锡装运至盐城的小批农药,以前待装待运需要十天半月,而增开小货班和增设停靠站点后只需4天。③

2. 重点物资运输

这一时期,虽然运输秩序备受干扰,但对于工农业生产和人民生活必需品等重点物资的运输,流域交通主管部门通过指令性计划,要求各地航运部门确保完成。

煤炭作为重要的工业燃料和人民生活的必需品,在重点物资运输中所占比例较高。1972年,为了缓解各地煤炭供应紧张的状况,淮阴、盐城、徐州、扬州等地相继设置地方煤炭工业公司或矿务局,负责小煤窑的产运销工作。淮阴市矿务局1972年开发4矿,年产煤炭近3万吨。盐城市煤炭工业公司1972—1973年相继在贾汪等地新开9对矿井,投产初年即产煤16万吨左右,并逐年提高到32万吨。徐州市地方煤炭工业公司1975年煤产量达28万吨。扬州市建矿伊始,年产量已达2万~3万吨。以上各地所产小窑煤的运输,除徐州本地因运距较近多采用陆路运输外,其他多以水运为主。1966—1975年,淮阴地区轮船公司共运输煤炭4 146 954吨,分年占总运量的27%~49%。④除煤炭外,苏北地区还有丰富的矿产资源——黄沙,主要分布在新沂、宿迁、邳县、沭阳等县境内。1966—1975年,淮阴地区轮船公司共运输黄沙等建材2 315 699吨,占该公司总运量的20%左右。⑤

为适应沿海地区物资运输的需要,淮河流域地方海运承担了部分重点物资的运输任务。连云港市海运公司主要担负连云港部分物资的中转任务,通过海路将化肥、煤炭等物资转送

---

① 安徽省交通厅1958—1960年工作总结(初稿) 档案号:J037-2-5[Z].亳州市谯城区档案馆.
② 上半年工作总结 档案号:J037-1-21[Z].亳州市谯城区档案馆.
③ 张纪城.江苏航运史[M].北京:人民交通出版社,1994:158-159.
④⑤ 张纪城.江苏航运史[M].北京:人民交通出版社,1994:240.

到赣榆、滨海、响水、灌南、射阳等沿海小港。赣榆县等沿海小港组织渔船在渔闲季节参加海运。20世纪70年代,赣榆县3个国营农场附属5个产盐区,每年食盐产量约为15万吨;海头、九里、柘汪3地建筑用沙,每年外运量为20多万吨,这些物资多由当地渔船通过海上运送。此外,1970年,赣榆、柘汪等5个公社组织渔船支援海军工程建设运输,仅黄沙运量就完成10万吨。①

3. 客运航线的增辟

"大跃进"之后,淮河流域水上客运量一度处于持续上升之势。淮河流域相关部门调整、增辟客运航线,扩大服务项目,增设站点,为走亲访友、上街赶集、活跃城乡经济提供了条件。

在淮河流域江苏,1958年,先后开辟台儿庄—韩庄、新安镇(灌南)—燕尾港、新安镇—陈港、清江—泗洪、伊山(灌云)—新浦、清江—高港等客班航线,有的当日往返,有的隔日往返。1959年,对航线进行调整优化,将合德至口岸客运航线调整为合德至邵伯线,邵伯至口岸以及东台、大丰至口岸间的旅客营运业务由盐城至口岸客班承担,并与申高、通宁长江班轮的运行时间互为衔接;建湖至北丹航线改为沟墩至北丹航线,区间乘客可当日往返,建湖至沟墩旅客由建湖至口岸客班承担;1959年8月,口岸船闸建成通航,清江至河口、高港客班改从南官河出江。此外,为适应苏北外流人员骤增之势,1961年6月,盐城轮船公司开辟滨海至邵伯客班;1962年初,淮阴航运局开办镇邳快、慢客班,以客为主,兼顾附货;9月,开辟淮阴至淮安客班,每日往返3次。至1967年,淮阴区有航线4条,航程409千米;盐城区有航线20条,航程631.5千米;扬州区有航线10条,航程851千米。② 客运航线的增辟使水上客运量大幅增长。如1962年,淮阴轮船公司客运量达265.06万人次,盐城轮船公司增至420万人次。③

在淮河流域河南,随着航道条件的不断改善与机动船的逐渐增多,1957年后,轮船客运逐步开展起来。1958年,淮河航运处开辟南湾至狮河港、南湾至董家河、南湾至谭家河等客货运输航线。1959年,新建成的130客位木质客轮投入营运,每日往返一班。至1961年,开办淮滨至安徽南照集、漯河至周口及南湾水库等多条客运航线,其中尤以南湾水库轮驳客运的营运状况较好。④

在淮河流域山东,1958年,济宁航运局开辟济宁至夏镇客运航班。该航线沿老运河南下,经南阳湖、独山湖、昭阳湖、大捐至夏镇三孔桥,全程为106千米,是山东省最长的内河客运航线。南四湖修建二级坝后,该客运航线由湖区改航大运河,全程为96千米,班期为每日一单程,隔日一班。1961年,又开辟八里庙至长沟的支农客运航线,航程为21千米,每天两个往返。1958—1965年,济宁航运局共运送旅客111万人次,平均年运量13.88万人次,其中1961年高达25万人次。⑤

在淮河流域安徽,开辟蚌埠—正阳关、蚌埠—大柳巷、蚌埠—蒙城、正阳关—三河尖、蚌

---

① 张纪城.江苏航运史[M].北京:人民交通出版社,1994:243-244.
② 张纪城.江苏航运史[M].北京:人民交通出版社,1994:245.
③ 张纪城.江苏航运史[M].北京:人民交通出版社,1994:166-167.
④ 张圣城.河南航运史[M].北京:人民交通出版社,1989:258-259.
⑤ 武醒民.山东航运史[M].北京:人民交通出版社,1993:377.

埠—怀远、田家庵—凤台、正阳关—阜阳、凤台—杨村、宿县—灵璧9条航线,航程为672千米,设有68个站点。1966—1975年,客运量逐年增加。① 1966年,安徽省为规范轮船旅客运输市场,规定:客票不分等级,一律统称轮船客票;客运里程以1千米为计算单位,票价每人每千米1分4厘,儿童半价,军人为全票的80%,按起止站的实际进程以人民币"分"为单位计算,但每张客票最低收费1角。此外,还对旅客携带的行李物品的保管费、寄存费、装卸费、搬运费、运费等做了明确规定。②

此外,苏北地区积极推动客运联运业务的开展。1958年,淮阴轮船公司与镇江港务局开办运河至上海、汉口等地的联运业务,使运河与长江之间的运输贯通。1959年,建湖至口岸客班与南通至南京客班办理江河联运。1960年3月,开办清江至高港、镇江至邳县、宝应至阜宁的水陆联运。1961年,南通地区发展通泰线与泰扬线联运、泰东线与通泰线联运。盐城、淮阴、扬州3家轮船公司通过高港等港口与长江航运及铁路部门实现联运。客运联运业务的开展,为旅客提供了便捷的出行条件,节省了旅客的候乘时间。③

4. 支农客运的发展

20世纪60年代开始,在"交通运输应更好地为农业服务"方针的指导下,淮河流域航运部门面向农村、面向支流小港,开辟、延长支农客班航线,调整始发时间,增加农村站点,为农民提供个性化服务。

在淮河流域江苏,从1965年开始,扬州轮船公司开辟支农客运航线,经营航线有建口、泰扬、扬东、泰樊、泰沈、兴白、兴姜、兴东、江大、宝口等10余条,营运里程为820.5千米。④ 盐城地区相继开辟阜宁—腰闸、盐城—大冈、盐城—北宋、益林—沟墩、阜宁—陈集、草堰—庆生渡、阜宁—关滩等7条支农航线。⑤ 1970年后,扬州轮船公司以原开辟的兴化—刘沟航线为起点,陆续开辟扬州—白驹、沙沟—宝应、老阁—东台、大邹—兴化等支农航线,成为全省支农短程客班航线最兴旺的企业。1971年和1972年,公司两次组织力量,深入泰县、兴化、高邮、宝应、江都5县的20多个公社、大队进行调查访问,了解客源和群众需求情况。在广泛听取群众意见的基础上,扬州轮船公司采取如下改进措施:第一,将客班船改为早晨从农村始发,下午返回。到1972年底,公司17条客运航线中有13条以农村为起讫点。航班时间优化后,鲜活的农副产品可以当天由客班附货运输到市镇销售。第二,增设农村站点,缩短站距。如兴化至泰州客班,全程为50千米,原来只停周庄、老阁两站,后陆续增设朱庄、港口、神童关、林乡、花庄、必存、十里等站点;泰州至东台客班,全程为60千米,最初只停溱潼、时堰两站,后增设淤溪、河姚、戴南、郭堡等站点。兴化至泰州线陆续增设朱庄、港口、神童关、林乡、花庄、必存、十里等站点。1972年,兴化县42个公社实现社社通轮船,平均2.8千米就有一个停靠站。第三,增辟、调整客班航线。1972年,扬州轮船公司将姜安(姜堰至

---

① 马茂棠.安徽航运史[M].合肥:安徽人民出版社,1991:481.
② 安徽省交通厅关于颁发中交部轮船旅客运输规则(试行)安徽省补充细则的通知 档案号:J037-2-16[Z].亳州市谯城区档案馆.
③ 张纪城.江苏航运史[M].北京:人民交通出版社,1994:171-173.
④ 张纪城.江苏航运史[M].北京:人民交通出版社,1994:168.
⑤ 江苏省地方志编纂委员会.江苏省志:交通志 航运篇[M].南京:江苏古籍出版社,1996:257.

安丰)客班航线延伸到葛垛。1973年,又将泰(州)戴(南)线延伸到张郭,泰樊、樊江两线改为泰州经樊川至江都一条航线,增开西射阳至宝应支农客班。1975年,增辟泰州经高邮至宝应湖农场、肖家至兴化两条支农航线,改东台至邹兴线为大邹至东台线,连贯运行。至1975年,扬州轮船公司客运航线发展到21条,营运里程由1967年的851千米增至1 500余千米。第四,在支农航线班次比较集中的市镇,做好班次衔接工作,形成一个纵横交错的支农运输网。如在途经兴化县的支农航线上,为方便旅客换乘与农副产品转装,大部分班次都调整在中午前后到达县城,并在沿途泰州、溱潼、茅山等地设立集中换乘、换装的集散点。扬州轮船公司支农客班契合了农民的实际需求,客源、附货日益增多,企业利润从1969年的29.1万元,上升至1976年的70.04万元。①

在淮河流域安徽,淮河轮船公司客运航线平均日流量为6万多人次,而当时运力只能承受50%左右。为满足客运需要,淮河轮船公司改制一批小客轮,开辟多条面向农村支流小河的客运航线,仅1963年即增开寿县至瓦埠湖、界首至河南槐店、五河至固镇、梅山水库连拱坝至黄庄、上窑至架河桥等20条航线,航程达1 237千米。②1977年,淮南市航运局在上游的小河支流西肥河开设支农客班、田家庵客运室,增设小件行礼寄存处,同时针对客运量不足的情况,把一些零星物资尽量争取用客班捎带,通过开源,客运量和客运周转量同比增长20.5%和11%。③

在淮河流域山东,1961年,开辟八里庙至长沟的支农客运航线,航程为21千米,途中设五里营、汪家林、满家营3个停靠点,每天往返2班。④

支农客运的发展基本改变了很多水网地区交通不方便的状况,为进城难的水乡农民进城赶集、购买农业生产资料、销售农副产品提供了方便。

(三)航运业的转折性发展

改革开放后,为适应淮河流域经济发展步伐加快的形势需求,流域沿海和远洋运输蓬勃兴起。但与此同时,受铁路与公路快速发展的冲击,大量客货源弃水转陆,流域内河航运业渐趋衰落。为寻求发展,流域内河航运部门与航运企业一方面与有关省、市、县及公路、铁路部门密切协作,大力开展跨省水陆联运,另一方面着手发展内河旅游客运,为推动流域社会经济的发展作出了重要贡献。

1. 沿海主要港口运输业的发展

淮河流域有长约935.3千米海岸线,航道开阔,不少航段可建深水泊位,具有发展海运的优良地理条件。改革开放后,流域工农业与对外贸易迅速发展,有大量进出口物资需要运销。充足的货源与良好的港口条件,为淮河流域沿海港口运输业的发展奠定了基础。

---

① 张纪城.江苏航运史[M].北京:人民交通出版社,1994:247-249.
② 马茂棠.安徽航运史[M].合肥:安徽人民出版社,1991:408.
③ 淮南市航运局关于1977年扭亏增盈工作开展情况的汇报 档案号:0072-002-0001-001[Z].淮南市档案馆.
④ 武醒民.山东航运史[M].北京:人民交通出版社,1993:377.

(1) 连云港港

1979年,连云港海运公司由市属划为省属企业,定名为"江苏省江海航运公司连云港分公司"。1980年3月,江海航运公司将所属连云港海运分公司划交江苏省海运公司管理,经营江苏、浙江、福建、上海等地沿海货运业务。1989年,上海远洋公司与连云港市联营组建连云港远洋运输公司。

各海洋运输企业成立后,致力于远洋航线的开辟。至1980年,连云港已开辟至朝鲜、新加坡、马来西亚、泰国、法国、意大利、荷兰、美国、巴西、加拿大、澳大利亚、新西兰和中国香港等数十个国家和地区的航线,前来连云港的海轮有915艘次,其中外轮260艘次,中国远洋轮108艘次。自1986年起,又开辟至日本、智利和中国香港的集装箱航线,1987年全港国际集装箱运量为169只。[①]

1980年,连云港由海路运进的货运量达224.8万吨,其中,从美国运进粮食90.2万吨、木材5.4万吨,从日本和罗马尼亚等国运进化肥、农药50.2万吨,从日本、德国运进钢铁23.5万吨,从其他国家运进糖、水泥、棉花等55.5万吨;从国内各港运进的货运量为38.8万吨,其中,来自灌河口诸港的盐为31.4万吨、矿建材料为3.8万吨。同年,经海路运出的货运量为358万吨,其中,运往上海的煤炭为276.3万吨,运往张家港、黄埔港的煤炭为48.9万吨。[②] 1985年,连云港到达的海运运量上升至367.2万吨(表4.9),由连云港始发的海运运量升至561.8万吨(表4.10)。

表4.9 1985年连云港到达的海运运量统计表

始发港	运量(吨)	始发港	运量(吨)	始发港	运量(吨)
大连	32 801	西班牙	45 906	巴林	3 004
青岛	5 985	西德	120 271	荷兰	46 098
青口	10 200	法国	16 465	罗马尼亚	145 755
燕尾港	138 213	苏联	13 118	意大利	39 901
陈家港	239 978	比利时	115 863	南斯拉夫	7 161
上海	65	利比亚	7 451	美国	645 540
温州	103	突尼斯	10 856	加拿大	61 794
中国香港	41 904	澳大利亚	85 996	巴拿马	6 348
中国台湾	44 670	日本	1 143 015	古巴	73 361
国内其他港口	31 072	泰国	102 652	巴西	112 849
朝鲜	6 225	新加坡	37 011	秘鲁	6 598
菲律宾	7 929	印尼	18 360	阿根廷	10 108
波兰	116 510	巴基斯坦	42 174	智利	2002

---

① 江苏省地方志编纂委员会. 江苏省志:交通志 航运篇[M]. 南京:江苏古籍出版社,1996:297-298.
② 江苏省地方志编纂委员会. 江苏省志:交通志 航运篇[M]. 南京:江苏古籍出版社,1996:298.

续表

始发港	运量(吨)	始发港	运量(吨)	始发港	运量(吨)
东德	5 752	约旦	15 035	委内瑞拉	2 613
英国	10 087	马来西亚	5 657	其他地区港口	37 756
合　计			3 672 212		

资料来源:江苏省地方志编纂委员会.江苏省志:交通志　航运篇[M].南京:江苏古籍出版社,1996:299.

由表4.9可见,1985年连云港到达的海运运量为3 672 212吨。其中,由日本运达的最多,为1 143 015吨,占总运量的31.13%;其次为美国,运量为645 540吨,占总运量的17.62%;由上海港运来的最少,仅有65吨。

表4.10　1985年由连云港始发的海运运量统计表

到达港	运量(吨)	到达港	运量(吨)	到达港	运量(吨)
上海	2 382 083	雅典	3 717	丹麦	28 977
海门	364 954	朝鲜	69 182	意大利	18 716
南通	21 814	日本	1 439 112	波兰	5 300
张家港	10 880	菲律宾	199 961	比利时	47 603
黄埔	89 795	孟加拉国	1 012	境外其他港口	86 088
温州	142 979	沙特阿拉伯	32 922		
广州	1 751	荷兰	8 277		
大连	2 000	东德	1 265		
中国香港	43 197	西德	18 961		
国内其他港口	688 886	苏联	4 623		
合　计			5 618 070		

资料来源:江苏省地方志编纂委员会.江苏省志:交通志　航运篇[M].南京:江苏古籍出版社,1996:298-299.

由表4.10可见,1985年由连云港始发的海运运量达5 618 070吨。其中,运至上海港的最多,为2 382 083吨,占总运量的42.40%;运至日本的第二,为1 439 112吨,占总运量的25.62%;运至孟加拉国的最少,仅有1 012吨。

此后,港口的货源和吞吐量逐年增长,港口的货种结构、货物流向与外贸货物的占比不断发生变化。1989年港口吞吐量为1 125.6万吨,主要货种是煤炭、粮食、钢铁、盐、化肥等,其运量分别占港口吞吐量的50.37%、11.7%、9.4%、6.75%和5.7%,外贸货物占比达57.1%。1990年,港口吞吐量为1 137万吨,主要货种是煤炭、粮食、盐、化肥、饲料和钢铁等,其运量占全港货物吞吐量的88%,外贸货物占比为54.8%,进口、出口货物的占比为25.9%和74%,外贸出口首次大于进口。[①] 1999年,全港完成货物吞吐量2 016.7万吨,为

---

① 连云港港史志研究编审委员会.连云港港年鉴:1991[M].徐州:中国矿业大学出版社,1992:23-24.

交通部年计划1 720万吨的117.3%,超计划296.7万吨,完成集装箱吞吐量110 528标箱。[1]

进入21世纪,连云港港口进入快速发展阶段,货物吞吐量持续攀升。2000年,完成港口吞吐量2 708.2万吨,同比增长34.29%。[2] 2001年,完成港口吞吐量3 058.10万吨,同比增长12.92%。[3] 2002年,完成港口吞吐量3 316.2万吨,同比增长8.44%。[4] 2003年,完成港口吞吐量3 751.7万吨,同比增长13.13%。[5] 2004年,完成港口吞吐量4 352.3万吨,同比增长16.01%。[6] 2005年,全港吞吐量完成6 016.2万吨,同比增长38.23%。[7] 2006年,全港吞吐量完成7 232.2万吨,同比增长20.21%。[8] 2007年,全港吞吐量完成8 506.8万吨,同比增长17.62%。[9] 2008年,全港吞吐量完成10 060.1万吨,同比增长18.26%。[10] 2009年,全港吞吐量完成11 378.3万吨,同比增长13.10%。[11]

1992年随着亚欧大陆桥(连云港至荷兰鹿特丹)的贯通营运,集装箱运输在连云港港口运输中显得尤为重要,不仅开通的国际集装箱航线不断增加,集装箱年吞吐量也逐年飙升。1994年,全港完成集装箱吞吐量50 334箱,比1993年增长161.3%[12];1995年,完成集装箱吞吐量65 492标箱,比上年增长30%[13];1996年,完成集装箱吞吐量89 558标箱,比上年增长36.75%[14];1997年,完成集装箱吞吐量113 081标箱,比上年增长26.3%[15]。1997年4月1日起,连云港至阿拉山口间开行定点、定线、定车次、定时、定价"五定"班列。韩国、日本等地对中亚地区的贸易货运都优选连云港—阿拉山口作为主要运输通道,哈萨克斯坦等中亚国家对远东和大洋洲的贸易运输业务,也选择这一主要运输通道运输。[16] 21世纪以来,连云港港集装箱运输呈现持续增长的势头。2000年,港口集装箱吞吐量完成120 116标箱,同比增长8.67%[17];2001年,全年集装箱运输完成156 038标箱,同比增长29.9%[18];2002年,完成集装箱运输205 130标箱,同比增长31.5%[19];2003年,完成集装箱吞吐量30.1万标箱,

---

[1] 连云港港务局.连云港港年鉴:2000[M].徐州:中国矿业大学出版社,2000:37.
[2] 连云港港务局.连云港港年鉴:2001[M].徐州:中国矿业大学出版社,2000:14.
[3] 连云港港务局.连云港港年鉴:2002[M].徐州:中国矿业大学出版社,2002:33.
[4] 连云港港务局.连云港港年鉴:2003[M].徐州:中国矿业大学出版社,2002:13.
[5] 连云港港务局.连云港港年鉴:2004[Z].连云港港口集团有限公司,2002:15.
[6] 连云港港年鉴编委会.连云港港年鉴:2005[Z].连云港港年鉴编委会,2005:43.
[7] 连云港港年鉴编委会.连云港港年鉴:2006[Z].连云港港年鉴编委会,2006:39.
[8] 连云港港年鉴编委会.连云港港年鉴:2007[Z].连云港港年鉴编委会,2007:41.
[9] 连云港港年鉴编委会.连云港港年鉴:2008[Z].连云港港年鉴编委会,2008:18.
[10][11] 连云港港年鉴编委会.连云港港年鉴:2010[Z].连云港港年鉴编委会,2009:199.
[12] 连云港港务局.连云港港年鉴:1995[Z].连云港港务局,1995:66.
[13] 连云港港务局.连云港港年鉴:1996[Z].连云港港务局,1996:51,55.
[14] 连云港港务局.连云港港年鉴:1997[Z].连云港港务局,1997:52.
[15] 连云港港务局.连云港港年鉴:1998[Z].连云港港务局,1998:43.
[16] 连云港港务局.连云港港年鉴:1999[M].徐州:中国矿业大学出版社,1999:169-170.
[17] 连云港港务局.连云港港年鉴:2001[M].徐州:中国矿业大学出版社,2001:35,37;连云港市地方志编纂委员会.连云港港年鉴:2001[M].北京:方志出版社,2001:228.
[18] 连云港港务局.连云港港年鉴:2002[M].徐州:中国矿业大学出版社,2002:33-36.
[19] 连云港港务局.连云港港年鉴:2003[M].徐州:中国矿业大学出版社,2003:35;连云港市地方志编纂委员会.连云港港年鉴:2003[M].北京:方志出版社,2003:247,249.

同比增长46.8%①;2004年,完成集装箱吞吐量50.2万标箱,同比年增长66.8%②;2005年,完成集装箱吞吐量100.5万标箱,同比增长100.2%③;2006年,完成集装箱运量130.23万标箱,同比增长29.54%④;2008年,完成集装箱运量300.05万标箱,同比增长49.78%⑤。

（2）盐城港

盐城港射阳港港区直接连接射阳河、黄沙河等苏北一级航道,于1978年开始建港,是苏北唯一具备海河联运条件的港口。⑥ 从1980年起,先后有大连、营口、丹东、烟台、青岛等北方诸港500吨级货轮、1 500吨级海驳进港作业。1980年港口吞吐量（包括内河）为2万吨,1981年为2.8万吨,1982年为4万吨,1984年为13万吨,1985年上升到20万吨。1985年,射阳县海港港务局成立,开辟至浙江的南方航线,为盐城市及苏北里下河地区中转木材、钢材、化肥、沙石、建材、粮食等物资提供了便利。⑦ 1994年,射阳港被批准为二类对外开放口岸。1999年,港口可以中转、运输各类杂货、散货,中转、送达运往世界各地的集装箱货物。⑧

1997年,射阳港海运集团组建,成为苏北第一家从事国内沿海运输和近洋国际运输的集团化海运企业。同年,射阳港"盛阳"号海轮开辟至日本、韩国的国际运输航线。⑨ 1998年,射阳港与南京通海水运公司联合开辟的射阳港到上海港、射阳港到连云港的集装箱内支航线开通,并与国内外多家航务公司的干线班轮衔接,货物可转达世界各大海运港口。⑩ 2001年,射阳港已承接盐城6家企业年进出口近10万吨货物的中转运输业务,并与苏北里下河地区十多家单位签订货物中转合同⑪;开通射阳—连云港—上海港和射阳港—连云港—青岛港集装箱运输支线,与国内外十多家航务公司的国际集装箱干线相连⑫。2002年,与连云港合作开通内贸集装箱运输支线,并将射阳港外贸集装箱支线扩展到与20多条国际集装箱干线连接,实现国际集装箱运输等涉外业务增量,全年中转内外贸集装箱1 900标箱。⑬

盐城港陈家港港区是苏北四大港口之一,港口可供上千万吨物资集散。至1998年,陈家港航线已辐射到国内多个港口,成为欧亚大陆桥桥头堡——连云港的卫星港。⑭ 2000年,响水陈家港被正式批准为国家二类开放口岸,对中国籍远洋船舶开放。⑮ 2000—2003年,港

---

① 连云港港口集团有限公司.连云港港年鉴:2004[Z].连云港港口集团有限公司,2004:39.
② 连云港港年鉴编委会.连云港港年鉴:2005[Z].连云港港年鉴编委会,2005:43.
③ 连云港港年鉴编委会.连云港港年鉴:2006[Z].连云港港年鉴编委会,2006:39.
④ 连云港港年鉴编委会.连云港港年鉴:2007[Z].连云港港年鉴编委会,2007:41.
⑤ 连云港港年鉴编委会.连云港港年鉴:2009[Z].连云港港年鉴编委会,2009:35.
⑥ 射阳年鉴编纂委员会.射阳年鉴:2000—2004[M].北京:方志出版社,2006:146-147.
⑦ 张纪城.江苏航运史[M].北京:人民交通出版社,1994:383.
⑧ 射阳年鉴编纂委员会.射阳年鉴:2000[M].北京:中华书局,2000:105.
⑨ 盐城市地方志编纂委员会办公室.盐城年鉴:1998[M].北京:方志出版社,1998:117.
⑩ 盐城市地方志编纂委员会办公室.盐城年鉴:1999[M].北京:方志出版社,1999:114.
⑪ 盐城市地方志编纂委员会办公室.盐城年鉴:2002[M].北京:方志出版社,2002:146.
⑫ 盐城市地方志编纂委员会办公室.盐城年鉴:2002[M].北京:方志出版社,2002:146-147.
⑬ 盐城市地方志编纂委员会办公室.盐城年鉴:2003[M].北京:方志出版社,2003:165;盐城市地方志编纂委员会办公室.盐城年鉴:2004[M].北京:方志出版社,2004:131.
⑭ 响水年鉴编委会.响水年鉴:1988—1999[M].北京:方志出版社,2001:156.
⑮ 盐城市地方志编纂委员会办公室.盐城年鉴:2001[M].北京:方志出版社,2001:135.

口累计完成吞吐量158万吨,其中,2000年完成吞吐量35万吨,同比增长10%;2001年完成吞吐量37万吨,同比增长6%;2002年完成吞吐量41万吨,同比增长11%;2003年完成吞吐量45万吨,同比增长10%。[①] 2006—2009年,累计完成吞吐量2 426万吨,其中2009年完成吞吐量648万吨,与2006年相比增长14.9%。[②]

(3) 日照港

日照港是国家"六五"时期重点建设的新兴港口,主要从事俄罗斯远东地区、日本、韩国、东南亚等国际近洋运输和国内航线货物运输。1986年,日照港开港营运。1989年,完成煤炭运输量812.7万吨,成为全国第二大煤炭输出专业港口。1991年吞吐量突破1 000万吨;1999年突破2 000万吨;2002年突破3 000万吨,完成吞吐量3 136.1万吨;此后按每年超过1 000万吨的级数递增。至2005年,完成吞吐量8 420.8万吨,跻身全国沿海港口第十位。[③]

1992年后,日照港相继开通多条国际集装箱运输航线。1992年,开通岚山至韩国釜山港、岚山至日本神户/横滨集装箱航线。1997年,开通日照至韩国、日照至美国东海岸集装箱航线。1994年,集装箱吞吐量实现零的突破,完成134标准箱。此后逐年大幅度攀升,至2005年,完成213 597标准箱,是1994年的1 594倍。[④] 关于日照港1986—2005年20年间的生产经营情况如表4.11所示。

表4.11 1986—2005年日照港生产经营情况统计表

年份	外贸吞吐量 (万吨)	其中煤炭 (万吨)	内贸吞吐量 (万吨)	其中煤炭 (万吨)	利税 (万元)
1986	24.85	22.60	238.00	236.00	256.30
1987	96.30	90.40	328.20	321.00	365.30
1988	121.50	107.20	618.20	610.10	1 855.80
1989	101.30	87.90	739.20	724.80	3 046.20
1990	147.30	110.20	777.70	758.80	4 174.70
1991	296.90	211.60	782.70	768.10	6 340.60
1992	322.30	195.30	879.70	846.20	7 617.60
1993	304.20	188.50	1 012.50	924.20	8 009.60
1994	464.80	328.00	936.70	874.20	5 214.00
1995	608.40	460.40	843.90	743.60	6 854.30
1996	722.90	487.50	852.50	740.60	2 418.30

---

① 响水年鉴编纂委员会.响水年鉴:2000—2003[M].北京:方志出版社,2006:133.
② 响水县地方志办公室.响水年鉴:2010[M].北京:方志出版社,2010:184.
③ 山东省地方史志编纂委员会.山东省志:交通志 1986—2005[M].济南:山东人民出版社,2015:211.
④ 山东省地方史志编纂委员会.山东省志:交通志 1986—2005[M].济南:山东人民出版社,2015:213,258.

续表

年份	外贸吞吐量（万吨）	其中煤炭（万吨）	内贸吞吐量（万吨）	其中煤炭（万吨）	利税（万元）
1997	861.00	572.70	789.20	666.20	4 322.00
1998	1 022.70	635.80	701.20	605.40	1 125.30
1999	1 150.60	770.10	852.70	704.30	3 443.10
2000	1 394.70	1 045.20	1 279.10	1 089.90	6 602.00
2001	1 705.40	1 285.00	1 228.00	1 012.80	8 995.00
2002	1 941.40	1 359.50	1 194.70	965.00	9 470.00
2003	2 354.80	1 363.70	2 151.70	1 061.80	18 846.70
2004	3 366.00	1 198.00	1 741.90	850.90	20 087.80
2005	5 868.40	808.60	2 552.40	1 173.80	27 011.20

资料来源:山东省地方史志编纂委员会.山东省志:交通志 1986—2005[M].济南:山东人民出版社,2015:212-213.

从表4.11来看,1986年,日照港的外贸吞吐量为24.85万吨,其中煤炭为22.60万吨,占外贸吞吐量的90.95%;内贸吞吐量为238.00万吨,其中煤炭为236.00万吨,占内贸吞吐量的99.16%。由此可知,煤炭是日照港的主要货源。此后,随着经济与港口建设的发展,日照港由单一煤炭输出码头逐步发展成为一个综合性的沿海主枢纽港口,煤炭占比逐步下降。至2005年,煤炭仅占日照港吞吐量的23.54%。从吞吐量与利税方面来看,在1986—2005年的20年间,除1996—1999年前后受亚洲金融危机影响有大幅下降外,其他年份基本呈逐年递增趋势。其中,1986年吞吐量为262.85万吨,实现利税256.30万元。至2005年,吞吐量增至8 420.80万吨,利税高达27 011.20万元,分别是1986年的32.04倍与105.39倍。

2. 内河货运的发展

改革开放后,淮河流域航运部门面对大宗货源日趋减少、零星百杂货不断增加的市场动态,因地制宜采取多种形式拓展市场,如加强干支衔接,与铁路、公路运输连接,组织跨省水陆联运航线,加强与运输企业之间的横向联合,对流域经济发展产生了积极的作用。

在淮河流域江苏,水运市场十分活跃,水、公、铁联运逐步打开新局面,个体经营运输得到较快发展,船舶数量猛增,形成私营、民营、集体竞争的运输格局。如盐城市,1984年盐都区联运公司挂牌经营后,共承办联运物资10万吨,计210多万件。至1996年8月,已与20多个省市(自治区)铁路、长航、海运干线中转点沟通,并在南京、连云港、徐州等地设立14个中转点,在东台、射阳、滨海等地设立6个接运点,共计开辟联运线路27条,合计2 800千米。[①] 1997年,盐城市拥有机动货船594艘,35 961吨位,完成货运量603.26万吨,货运周转量为280 380.07万吨千米。[②]

---

① 盐都年鉴编纂委员会.盐都年鉴:1983—1996[M].北京:方志出版社,1998:315-320.
② 盐城市地方志编纂委员会办公室.盐城年鉴:1998[M].北京:方志出版社,1998:114-115.

高邮市，境内各专业运输单位采取合同运输、包船等形式，与货主单位、港口建立了稳定联系，运输业务遍及江苏省各地及山东、安徽、浙江、上海等省市，承运的物资有沙石、水泥、煤炭、粮食、化肥、木材、矿石、百货等。1989 年完成货运量 65.02 万吨，货运周转量 15 392.35 万吨千米；1990 年完成货运量 65.71 万吨，货运周转量 14 065 万吨千米。[1] 1994 年完成货运量 314 万吨，货运周转量 59 258 万吨千米。[2]

响水县，1990 年，县航运公司拥有拖轮 15 艘，驳船 119 艘计 10 376 吨位，挂桨机船 18 艘计 1 010 吨位；1991 年，完成货运量 18.70 万吨，货运周转量 8 692 万吨千米，分别比 1990 年上升 4.2%、12.9%。1999 年，全县拥有驳船 51 艘计 5 000 吨位，机货船 8 艘计 960 吨位，挂桨机船 580 艘计 3.7 万吨位。运输物资主要有食盐、建材、煤炭、黄沙等大宗商品。[3]

淮安市，1994 年，市轮船运输公司转变过去单一的运输生产局面，组织煤矿、港口、运输、用户四位一体联合形式，全年完成货运量 67.94 万吨，货物周转量 35 913.7 万吨千米。1994 年 7 月起，淮安市航运公司对所有船队推行"独立核算，自主经营，交足租金，自负盈亏"的公有民营租赁方案，全年完成货运量 55.6 万吨，货物周转量 23 840 万吨千米。[4]

建湖县，2000 年组建具有法人资格的股份合作制企业 32 个，其中船队 30 个，运力由改制时的 2.7 万吨增加到 6.1 万吨，成功走出了一条公转民营的新路。[5] 射阳县，2002 年以后，江苏河海运输股份有限公司更新 6 个 5 000 吨级的船队，公司运力增加到 12 万多吨，船队发展到 40 个，船队平均吨位增至 4 000 多吨。[6] 2009 年，有 4 000～12 000 吨级船队 42 个，铁驳船 345 艘，年运输能力为 327.41 万吨，周转量为 9.91 亿吨千米。[7]

此外，随着航道和港口建设的不断推进，淮河流域江苏的港航经济发展迅速，开发领域全面突破，综合实力明显增加。以徐州为例，1997 年，徐州港务局共完成港口吞吐量 608 万吨，其中煤炭 588 万吨，百杂货 20 万吨[8]；2001 年，徐州港务（集团）有限公司正式成立，全年完成吞吐量 1 128.55 万吨[9]；2004 年完成吞吐量 1 482.28 万吨[10]；2005 年吞吐量突破 1 600 万吨大关[11]；2007 年完成吞吐量 2 047.46 万吨[12]；2008 年完成吞吐量 2 141.98 万吨，其中煤炭 2 026.02 万吨，百杂货 115.96 万吨[13]。

在淮河流域安徽，20 世纪末，淮河水系拥有船舶 22 万吨，年货运量 60 万吨，其中煤炭运输占淮河干流货运量的 21%，淮南、蚌埠、临淮关为主要发运港。淮南虽是煤炭基地，但通过

---

[1] 高邮年鉴编辑委员会.高邮年鉴：1991[M].南京：江苏人民出版社，1991：382.
[2] 高邮年鉴编辑委员会.高邮年鉴：1995[Z].中国县镇年鉴社，1995：263.
[3] 响水年鉴编纂委员会.响水年鉴：1988—1999[M].北京：方志出版社，2001：156-161.
[4] 淮阴年鉴编纂委员会.淮阴年鉴：1995[M].上海：上海社会科学院出版社，1995：135.
[5] 建湖年鉴编纂委员会.建湖年鉴：2001[M].北京：方志出版社，2001：61.
[6] 射阳年鉴编纂委员会.射阳年鉴：2000—2004[M].北京：方志出版社，2006：146.
[7] 射阳年鉴编纂委员会.射阳年鉴：2010[M].北京：方志出版社，2010：119.
[8] 徐州年鉴编纂委员会.徐州年鉴：1998[M].徐州：中国矿业大学出版社，1999：188-189.
[9] 徐州年鉴编纂委员会.徐州年鉴：2002[M].南京：江苏古籍出版社，2002：174.
[10] 徐州市地方志编纂委员会.徐州年鉴：2005[M].北京：方志出版社，2005：194-195.
[11] 徐州市史志办公室.徐州年鉴：2006[M].北京：方志出版社，2006：222.
[12] 徐州市史志办公室.徐州年鉴：2008[M].北京：方志出版社，2008：194.
[13] 徐州市史志办公室.徐州年鉴：2009[M].南京：江苏人民出版社，2009：197.

水运的煤炭仅占总产量的3%左右,且大部分为煤矸石,其中煤炭供应寿县、霍邱、颍上、阜南等县,煤矸石主要流向江苏、浙江,每年约为30万吨。淮北煤炭在蚌埠、临淮关下水,主要供应五河及苏北盱眙、洪泽等县,每年为20多万吨。沿淮地区盛产的矿建材料、石料占淮河干流货运量的43.6%,其中一部分沿淮东供应苏北,大部分沿北岸支流上溯供应皖北各地。淮南至上海的淮申航线是淮河轮船运输公司经营的一条经济效益较高的运输线,全年货运量约为60万吨,出口以黄沙、石料、粮食、煤炭为大宗,进口以木材、钢材、纸浆、化肥等为主。[1]

阜阳市海事局在努力抓好大宗货源的同时,抓好粮食、沙石等零星货源的组织工作,1998年完成港口吞吐量137万吨[2];2005年完成港口吞吐量163.2万吨,为年度计划的108.8%[3];2007年完成港口吞吐量290万吨,为年度计划的134%[4]。淮南港是以运输煤炭、黄沙为主,兼运农产品和日杂百货的综合性码头,全港共有生产用码头86个,1998年港口吞吐量完成123.4万吨,为年度计划的114.2%[5];2001年港口吞吐量完成320万吨,同比增长1.70%[6];2002年港口吞吐量完成482万吨,同比增长50.60%[7];2004年港口吞吐量完成588万吨,为年度计划的180.92%[8];2006年港口吞吐量完成740万吨,比计划增长48%[9];2008年港口吞吐量完成902万吨,同比增长5%[10];2009年港口吞吐量完成1 058.39万吨,同比增长17.34%[11]。六安市,2002年全市水路运输完成货运量85万吨[12];2005年完成港口吞吐量88万吨,为年度计划的140%[13];2006年完成港口吞吐量121万吨,为年度计划的143%[14];2007年完成港口吞吐量239.6万吨,为年度计划的141%[15];2008年,完成港口吞吐量320万吨,同比增长33.5%[16]。宿州市,1998年全市港站完成吞吐量4万吨[17];1999年完成吞吐量10万吨,同比增长150%[18];2000年完成吞吐量56万吨,同比增长460%[19];2007年,完成港口吞吐量94万吨[20]。

---

[1] 安徽省地方志编纂委员会.安徽省志:交通志[M].北京:方志出版社,1998:571.
[2] 阜阳市地方志办公室.阜阳年鉴:1999[M].合肥:黄山书社,1999:64.
[3] 阜阳市地方志编纂委员会.阜阳年鉴:2006[Z].阜阳市地方志编纂委员会,2006:259.
[4] 阜阳市地方志办公室.阜阳年鉴:2008[Z].阜阳市地方志办公室,2008:166.
[5] 淮南年鉴编委会.淮南年鉴:1999[M].合肥:黄山书社,1999:121.
[6] 淮南市地方志办公室.淮南年鉴:2002[M].合肥:黄山书社,2002:111.
[7] 淮南市地方志办公室.淮南年鉴:2003[M].合肥:黄山书社,2003:101.
[8] 淮南年鉴编委会.淮南年鉴:2005[M].合肥:黄山书社,2005:93.
[9] 淮南市地方志编纂委员会.淮南年鉴:2007[M].合肥:黄山书社,2007:73.
[10] 淮南市地方志办公室.淮南年鉴:2009[M].合肥:黄山书社,2009:65.
[11] 淮南市地方志办公室.淮南年鉴:2010[M].合肥:黄山书社,2010:65.
[12] 六安市地方志办公室.六安年鉴:2003[M].合肥:黄山书社,2003:47.
[13] 六安市地方志办公室.六安年鉴:2006[M].合肥:黄山书社,2006:51.
[14] 六安市地方志办公室.六安年鉴:2007[M].合肥:黄山书社,2007:42-43.
[15] 六安市地方志办公室.六安年鉴:2008[M].合肥:黄山书社,2008:52.
[16] 六安市地方志办公室.六安年鉴:2009[M].合肥:黄山书社,2009:57.
[17] 宿州市档案局.宿州年鉴:1999[M].珠海:珠海出版社,1999:106.
[18] 宿州市档案局.宿州年鉴:2000[M].合肥:黄山书社,2000:104.
[19] 宿州市档案局.宿州年鉴:2001[M].合肥:黄山书社,2001:92.
[20] 宿州市地方志办公室.宿州年鉴:2008[Z].宿州市地方志办公室,2008:43.

亳州市[①],1985年完成运量16.73万吨,为年度计划的214.5%。[②] 1986年完成运量22.6万吨,为年度计划的161.4%。[③] 1989年港口吞吐量完成88.1万吨,为年度计划的204.9%。[④] 2001年港口吞吐量完成96万吨。[⑤] 2002年港口吞吐量完成134万吨,其中发运量为59万吨,进口完成75万吨。[⑥] 2004年港口吞吐量完成166万吨,为年度计划的150%。[⑦] 2005年港口吞吐量完成170万吨,为年度计划的121.4%。[⑧] 2007年港口吞吐量完成260万吨,为年度计划的160.5%。[⑨] 2008年港口吞吐量完成301万吨,其中出口149万吨,进口152万吨。[⑩]

蚌埠市,2004年全市水路货运周转量完成2.4亿吨千米,港口吞吐量120万吨[⑪];2005年水路货运周转量完成21亿吨千米,港口吞吐量130万吨[⑫];2006年水路货运周转量完成26.87亿吨千米,港口吞吐量139.52万吨[⑬];2007年水路货运周转量完成110亿吨千米,港口吞吐量260万吨[⑭];2008年货运周转量完成69亿吨千米,港口吞吐量335.93万吨[⑮];2009年水路货运周转量完成99亿吨千米,港口吞吐量284万吨[⑯]。

淮南市,1994年港口吞吐量完成128万吨,其中出口97万吨,进口31万吨。[⑰] 1995年港口吞吐量完成110万吨,其中出口75万吨,进口35万吨。[⑱] 1996年港口吞吐量完成107万吨,其中出口85万吨,进口22万吨。[⑲] 1997年港口吞吐量完成110万吨,其中出口102万吨,进口8万吨。[⑳] 1998年港口吞吐量完成123.4万吨,其中出口111.1万吨,进口12.3万

---

① 亳州原名亳县,1986年国务院决定撤销亳县建置,设立亳州市(县级);1998年收归省直辖(副地级)。2000年正式设立地级亳州市,下辖涡阳、蒙城、利辛三县和谯城区。
② 关于1985年总结和1986年工作意见的报告 档案号:J037-1-35[Z]. 亳州市谯城区档案馆.
③ 1986年交通工作总结和1987年意见的报告 档案号:J037-1-35[Z]. 亳州市谯城区档案馆.
④ 关于1989年交通工作总结的报告 档案号:J037-1-39[Z]. 亳州市谯城区档案馆.
⑤ 亳州市史志办公室.亳州年鉴:2002[M].合肥:黄山书社,2002:111.
⑥ 亳州市委党史研究室,亳州市地方编纂办公室.亳州年鉴:2003[M].北京:方志出版社,2003:124.
⑦ 亳州市委党史研究室,亳州市地方编纂办公室.亳州年鉴:2005[M].北京:方志出版社,2005:180.
⑧ 亳州市委党史研究室,亳州市地方编纂办公室.亳州年鉴:2006[Z].亳州市地方编纂办公室,2006:187.
⑨ 亳州市委党史研究室,亳州市地方编纂办公室.亳州年鉴:2008[Z].亳州市地方编纂办公室,2008:199.
⑩ 亳州市委党史研究室,亳州市地方编纂办公室.亳州年鉴:2009[Z].亳州市地方编纂办公室,2009:169.
⑪ 蚌埠年鉴编纂委员会.蚌埠年鉴:2005[M].合肥:黄山书社,2005:151.
⑫ 蚌埠年鉴编纂委员会.蚌埠年鉴:2006[M].合肥:黄山书社,2006:169-170.
⑬ 蚌埠市地方志编纂委员会.蚌埠年鉴:2007[M].合肥:黄山书社,2007:178.
⑭ 蚌埠市地方志办公室.蚌埠年鉴:2008[M].合肥:黄山书社,2008:177.
⑮ 蚌埠市地方志编纂委员会.蚌埠年鉴:2009[Z].蚌埠市地方志编纂委员会,2009:197.
⑯ 蚌埠市史志办公室.蚌埠年鉴:2010[M].合肥:黄山书社,2010:165.
⑰ 关于1994年度工作目标完成情况的报告 档案号:0072-001-0132-002[Z].淮南市档案馆.
⑱ 关于报送《淮南市航运管理局1995年基本工作和1996年工作要点》的报告 档案号:0072-001-0142-003[Z].淮南市档案馆.
⑲ 关于淮南市航运管理局1996年基本工作和1997年工作要点的报告 档案号:0072-001-0150-001[Z].淮南市档案馆.
⑳ 关于呈报《淮南市航运局1997年度工作总结暨1998年度工作要点》的报告 档案号:0072-002-0203-001[Z].淮南市档案馆.

吨。① 1999年港口吞吐量完成120万吨,其中出口104万吨,进口16万吨。② 2000年港口吞吐量完成320万吨,同比增长166.7%。③

在淮河流域河南,通过开展河、海、公、铁联运,为货方策划经济路线,组织合理运输,努力恢复传统货源、争取新货源,积极发展跨省水运。淮滨港口,是豫东南地区通向长江、沿海各地,联系江淮水运的一个物资集散枢纽,以淮滨为起点的水运货物,可直达安徽、江苏、浙江、江西、湖南、湖北、上海等地。1985年,经汽车运至淮滨码头水运出口货物达2.6万吨。④ 沙颍河航线既是豫西山区土特产向东部各省运销的主要水运通道,也是与京广铁路交叉及货物中转换装的重要纽带。1984年,新建的刘湾码头与汽车运输部门协作,实行车船在此中转换装转运,仅第四季度完成东运货物3 866吨。1986年,组织外运煤炭、粮食等货物6 700余吨。⑤

1987年,淮河、沙河跨省水陆联运有了新发展,有6万多吨的农产品和煤炭,通过地方铁路、汽车运到淮河的淮滨、沙河的刘湾及洪河的新蔡等码头,再装船运往华东地区,还有1 000多吨的棉、麻通过河海联运运往福建、广州等地。通过水陆联运,1987年,淮滨港货物吞吐量达222 809吨,其中出口外运矿建材料153 826吨、粮食19 971吨,进口煤炭18 113吨。往流港货物吞吐量亦达195 421吨,其中出口矿建材料128 063吨、粮食3 849吨,进口煤炭27 644吨。刘湾港货物吞吐量达22 367吨,其中出口粮食15 447吨、煤炭6 920吨。⑥

由于内河航道河枯水浅和闸坝碍航,20世纪60年代以后,许多船舶不得不客居外省参加运输。以驻马店为例,船只长年在鲁、苏、浙、鄂、皖、沪参运,1992年完成货运量66.3万吨,货物周转量19 941万吨千米⑦;1993年完成货运量74万吨,货物周转量22 557万吨千米⑧;1997年完成货运量82万吨,货物周转量24 882万吨千米⑨;2002年完成货运量147.76万吨,货物周转量45 039.25万吨千米⑩;2004年完成货运量203万吨,货物周转量6.2亿吨千米⑪;2005年完成货运量230万吨,货物周转量7亿吨千米⑫;2008年,9家航运企业扩大长江上游经营范围,全年完成货运量480万吨,货物周转量14.88亿吨千米,同比增长72%。⑬

---

① 关于呈报《淮南市航运局1998年度工作总结暨1999年度工作要点》的报告 档案号:0072-001-0168-001[Z].淮南市档案馆.
② 关于呈报《淮南市航运局1999年度工作总结及2000年工作打算》的报告 档案号:0072-001-0182-001[Z].淮南市档案馆.
③ 淮南市航运管理局2000年目标管理工作总结 档案号:0072-002-0278-001[Z].淮南市档案馆.
④ 张圣城.河南航运史[M].北京:人民交通出版社,1989:335-336;河南省地方史志编纂委员会.河南省志:公路交通志、内河航运志[M].郑州:河南人民出版社,1991:91-92.
⑤ 张圣城.河南航运史[M].北京:人民交通出版社,1989:336-337.
⑥ 张圣城.河南航运史[M].北京:人民交通出版社,1989:337.
⑦ 驻马店地区地方史志编纂办公室.驻马店地区年鉴:1993[M].郑州:河南人民出版社,1994:194-195.
⑧ 驻马店地区地方史志编纂办公室.驻马店地区年鉴:1994[M].郑州:中州古籍出版社,1995:211.
⑨ 驻马店地区地方史志办公室.驻马店地区年鉴:1998[M].合肥:黄山书社,1999:227.
⑩ 驻马店市地方史志办公室.驻马店年鉴:2003[M].北京:新华出版社,2004:225.
⑪ 驻马店市地方史志办公室.驻马店年鉴:2005[M].北京:光明日报出版社,2006:255.
⑫ 驻马店市地方史志办公室.驻马店年鉴:2006[M].北京:光明日报出版社,2007:181.
⑬ 驻马店市地方史志办公室.驻马店年鉴:2009[M].北京:线装书局,2009:206.

在淮河流域山东,"七五"时期,航道条件进一步改善,京杭运河山东南段通过能力大幅提高,成为"北煤南运""北建(材)南运"的大通道。货种主要为煤炭、建材、水泥、非金属矿石和化肥等本地资源,其中煤炭占货运量的70%以上,其他散杂货占25%左右。煤炭、水泥等散杂货以输出为主,运往长江下游的江、浙、沪等地,回程货物主要有化肥、粮食、竹木、工业产品等,主要从南京、上海、镇江、芜湖等地装载,少量输出到安徽、江苏等地。江苏骆马湖一带的建材主要经济宁、枣庄等地通过南四湖湖东航线装船北进。①

伴随着运河航运业的发展,济宁、枣庄成为鲁西南繁荣的商埠和中心城市。济宁市,1981—1990年共完成水路货运量1 092.48万吨,货物周转量31.16亿吨千米;1996年,完成水路货运量617万吨。② 枣庄市,1986年完成港口吞吐量128万吨、货运量63万吨;1991年,枣庄市联运公司成立,主动与公路、铁路、水运等部门开展联运业务,与600多个生产厂家建立了业务关系,全年完成吞吐量129万吨、货运量64万吨③;1996年完成吞吐量172万吨、货运量113.9万吨④。

21世纪以来,京杭运河山东段货运量总体呈逐步增长态势,港口吞吐量、货物周转量连创新高。以枣庄为例,2002年完成港口吞吐量518万吨、货物周转量21.8亿吨千米⑤,2003年完成港口吞吐量530万吨、货物周转量25.4亿吨千米⑥,2004年完成港口吞吐量560万吨、货物周转量28亿吨千米⑦,2006年完成港口吞吐量878万吨、货物周转量32亿吨千米⑧,2007年完成港口吞吐量1 377万吨、货物周转量38亿吨千米⑨,2008年完成港口吞吐量1 480万吨、货物周转量43亿吨千米⑩,2009年完成港口吞吐量1 517万吨、货物周转量49亿吨千米⑪。

3. 内河客运的机遇与挑战

改革开放后,随着铁路、公路的迅速发展,较大的港口、码头大部分通行汽车。与汽车、火车相比,轮船客运速度慢,距离市区、集镇较远,转口困难,常常受到季节和气候的影响,逐渐失去竞争力。加之闸坝碍航,许多客运航线被迫分段航行,增加了旅客中转的麻烦,流域内河客运面临巨大挑战。然而,面对挑战,流域运输企业调整优化航线,同时紧紧抓住旅游业逐渐升温的发展契机,仍然在流域客运中发挥着一定作用。

在淮河流域山东,1979年,济宁、谷亭间的航班改为济宁—渡口—鲁桥—谷亭间往返,由每日两班对开改为单班。1981年,京杭运河山东南段因水浅,济宁至白山、谷亭的客运航班停运。当年完成客运量7万人次,客运周转量103万人千米。⑫ 在淮河流域河南,拦河建

---

① ③ 山东省地方史志编纂委员会. 山东省志:交通志:1986—2005[M]. 济南:山东人民出版社,2015:323.
② ④ 山东省地方史志编纂委员会. 山东省志:交通志:1986—2005[M]. 济南:山东人民出版社,2015:324.
⑤ 枣庄市地方史志办公室. 枣庄年鉴:2003[M]. 北京:五洲传播出版社,2003:169.
⑥ 枣庄市地方史志办公室. 枣庄年鉴:2004[Z]. 2004:126.
⑦ 枣庄市地方史志办公室. 枣庄年鉴:2005[M]. 北京:方志出版社,2005:139.
⑧ 枣庄市地方史志办公室. 枣庄年鉴:2007[M]. 北京:长城出版社,2007:174.
⑨ 枣庄市地方史志办公室. 枣庄年鉴:2008[M]. 北京:长城出版社,2008:164-165.
⑩ 枣庄市地方史志办公室. 枣庄年鉴:2009[M]. 北京:长城出版社,2009:176.
⑪ 枣庄市地方史志办公室. 枣庄年鉴:2010[M]. 北京:长城出版社,2010:163.
⑫ 山东省地方史志编纂委员会. 山东省志:交通志[M]. 济南:山东人民出版社,1996:287.

筑增多,航行条件每况愈下。1985年底,客运航线只有南湾水库和淮河的淮滨至南昭集2条。① 在淮河流域安徽,1985年底,客运航线仅存6条,1988年5月全部停航。② 在淮河流域江苏,各运输企业的水上客运航线逐年撤并,水上客运量不断下降,有的地区内河客运线全部停开。如泰州港,1980年有客运航线28条,客轮42艘,完成客运量753.24万人次;1987年仅有客轮26艘,完成客运量443.10万人次,仅为1980年的58.53%。淮阴港,1980年完成客运量104.12万人次,1987年完成客运量51.98万人次,仅为1980年的49.92%。盐城市,1982年,轮船运输公司经营的16条航线中,全年盈利的有8条,保本2条,亏损6条;1983—1986年,相继停航9条,缩短2条;1987年,客运航线仅剩盐城—无锡、盐城—镇江、盐城—新洋闸3条。③

1990年以后,淮河流域内河客运量有些地区不断下降,有些地区呈波浪式下降趋势,有些地区缓慢增长。扬州高港,1990年旅客流量为45万人次④;1994年完成水上运输22万人,客运周转量280万人千米⑤。盐城,1997年,完成水路客运量15.02万人,客运周转量512.12万人千米⑥。1998年,完成水路客运量12.4万人,客运周转量407.15万人千米⑦;2000年,完成水路客运量33万人次,客运周转量890万人千米⑧;2001年,完成水运客运量13万人次,客运周转量376万人千米⑨。金湖,2002年完成水路客运量70万人次,客运周转量278万人千米⑩;2003年运送旅客72万人次,客运周转量286万人千米⑪。六安,2002年完成水路客运量22万人次,客运周转量330万人千米。⑫ 2003年完成水路客运量25万人次,客运周转量375万人千米⑬;2004年完成水路客运量31万人次⑭。沂水,2006年运送旅客1.8万人;2007年运送旅客2万余人⑮;2008年运送旅客2万余人⑯。

随着社会经济的发展与生产力的提高,人民对精神文化生活的追求日益增长,旅游逐渐成为人们不可或缺的生活需求。淮河流域沿河地区、湖区、水库抓住这一商机,着手发展内河旅游客运。1981年,江苏省运河航运公司开辟淮阴至无锡的古运河旅游航班。1986年后,个体小型旅游客船在信阳南湾水库与鲇鱼山水库兴起。1990年,扬州、淮安水上旅游航线开辟。2003年,六安市规范霍山县佛子岭水库旅游客运市场,批准成立2家游船有限公

---

① 河南省地方史志编纂委员会.河南省志:公路交通志、内河航运志[M].郑州:河南人民出版社,1991:93.
② 安徽省地方志编纂委员会.安徽省志:交通志[M].北京:方志出版社,1998:564.
③ 江苏省地方志编纂委员会.江苏省志:交通志 航运篇[M].南京:江苏古籍出版社,1996:257-259.
④ 扬州年鉴编纂委员会.扬州年鉴:1991[M].上海:中国大百科全书出版社上海分社,1991:190-191.
⑤ 高邮年鉴编辑委员会.高邮年鉴:1995[Z].中国县镇年鉴社,1995:263.
⑥ 盐城市地方志编纂委员会办公室.盐城年鉴:1998[M].北京:方志出版社,1998:114.
⑦ 盐城市地方志编纂委员会办公室.盐城年鉴:1999[M].北京:方志出版社,1999:111.
⑧ 盐城市地方志编纂委员会办公室.盐城年鉴:2001[M].北京:方志出版社,2001:133.
⑨ 盐城市地方志编纂委员会办公室.盐城年鉴:2002[M].北京:方志出版社,2002:144.
⑩ 金湖县地方志办公室.金湖年鉴:2003[M].长春:吉林人民出版社,2003:114.
⑪ 金湖县地方志办公室.金湖年鉴:2004[M].长春:吉林人民出版社,2004:107.
⑫ 六安市地方志办公室.六安年鉴:2003[M].合肥:黄山书社,2003:47.
⑬ 六安市地方志办公室.六安年鉴:2004[M].合肥:黄山书社,2004:43-44.
⑭ 六安市地方志办公室.六安年鉴:2005[M].合肥:黄山书社,2005:44.
⑮ 沂水县地方史志办公室.沂水年鉴:2006—2007[M].济南:黄河出版社,2008:235.
⑯ 沂水县地方史志办公室.沂水年鉴:2008—2009[M].济南:山东地图出版社,2010:245.

司,"十一"旅游黄金周投入船舶 122 艘(客船、游船),运送旅(游)客 11 958 人。① 驻马店市有薄山、板桥、宋家场、宿鸭湖 4 座大中型水库,通航里程为 55 千米。至 2004 年全市拥有各种快艇 43 艘、游艘 33 艘、游渡船 85 艘,年运送游客 35 万人次。② 2005 年,临沂市有旅游船 47 艘,主要分布在兰山沂蒙湖、沂水跋山水库、费县许家崖水库、莒南陡山水库和苍山双河水库。济宁市有客渡船 46 艘及各种类型的旅游船舶 600 余艘。③

三、船舶修造业的发展

新中国成立以来,随着内河航运的发展,淮河流域船舶修造业经历了一个由小到大、从修到造的发展过程。小作坊发展为大型造船厂,船体实现由木质机帆船到水泥挂浆机船再到钢质内舱机船的转变,船型由内河小型船舶发展到海船和万吨级远洋船舶,运输模式由机动运输向拖带运输转变。尤其是步入 21 世纪后,通过实施船型标准化工程,淮河流域船舶专业化、现代化水平越来越高,结构逐步优化,极大提高了船舶营运效率,降低了运输成本,提升了航运的竞争能力。

(一)船舶修造业的恢复与初步发展

新中国成立初期,百废待兴,淮河流域水运客货源迅速增长,水运在运输结构中居于举足轻重的地位,受到各级政府的重视。为缓解运力供不应求的矛盾,流域船舶修造业得以恢复并获得初步发展。

1. 国营船舶修造厂的兴扩建

蚌埠船厂源于 1938 年"上海内河公司"创建的修船厂。1949 年蚌埠解放后,政府接管该厂并复工生产。其时,船厂设备简陋,只有 3 台老式车床和 13 间破旧工棚,仅能维修木质船舶和船用机械锅炉。为提高维修能力,船厂增添部分生产设备,并引进部分技术力量,经过调整,不仅可以维修运输船舶,还承担治淮委员会挖泥船等工程船舶的维修任务。1950 年修船 25 艘次,1952 年修船数量比 1950 年增加 60%。1951 年 4 月,蚌埠船厂划归国营华东内河轮船公司,设计并建造木质客轮"长淮 1 号"与"长淮 2 号",可载客 125 人,时速为 15 千米。从蚌埠到正阳关 142 千米航程,1 天可以到达,较之前缩短航期 1 天。1952 年,蚌埠船厂建造 7 艘"华东号"33 千瓦木质拖轮,投入淮河干、支流航道运输。同年,蚌埠船厂改建的大型木质客轮"勤俭号"投入运营,可载客 334 人,是其时淮河载客量最大的客轮。④ 由于生产业务扩大,1953 年 6 月,蚌埠船厂迁址扩建,占地面积 100 余亩,新建厂房 43 间,同时增添机床和铆焊设备。扩建后的蚌埠船厂除负责淮河水系轮驳船和治淮委员会挖泥船的维修任务外,还自行设计建造多艘轮驳船。如 1954 年设计建造 60 马力"皖淮 20 号"钢质拖轮;1955 年,为河南建造第一艘木质驳船,载重量为 155 吨,为河南建造 120 马力柴油机拖轮 2

---

① 六安市地方志办公室.六安年鉴:2004[M].合肥:黄山书社,2004:44.
② 驻马店市地方史志办公室.驻马店年鉴:2005[M].北京:光明日报出版社,2006:255.
③ 山东省地方史志编纂委员会.山东省志:交通志[M].济南:山东人民出版社,1996:322.
④ 马茂棠.安徽航运史[M].合肥:安徽人民出版社,1991:321-322.

艘,时速为18千米,在淮滨至蚌埠航线上使用;1956年建造200座钢质客轮。①

鉴于沙河、淮河及南阳诸河系15%以上的民船严重失修,1951年,河南省航运局着手建设漯河帆船修造厂(简称漯河船厂)。该厂于1953年1月建成投产,是河南省淮河流域第一座国营船厂。漯河船厂建成投产后,修造船业务与能力逐年攀升。1953年共修木帆船193艘,建造渡船4艘、划子7艘;1954年修船345艘;1955年,该厂在西平、新蔡两县设立2个修船组,扩大修理业务,修造帆船563艘。1956—1957年,建造载重80吨的木质驳船4艘、载重60吨的木质驳船2艘,先在沙河运输,后转入淮河使用,由淮河航运处统一经营管理。1966年7月,漯河船厂扩建并增添机械设备,当年除修造186只木帆船外,又新建驳船4艘、小型轮船2艘。1970年,因沙河枯浅断航,该厂转为汽车配件厂、挂车厂,成为航运部门的多种经营企业。②

2. 民营船行的合组

民国时期,淮河流域内河船舶的修理由各河系私营小船行(业)承担,多在农闲时进行。新中国成立后,实行定港定籍、编组编队,各河系相继成立修船合作组织,负责民船维修。1956年,淮阴地区以流动木、捻匠和有修船经验的船民成立修造船合作组织,或称"木捻社",或称"铁木业社"。同年,泰州将造船业同业委员会下属的20个生产小组及手工业委员会下属的15个生产小组合并,组建泰州市造船生产合作社。盐城、连云港等地流动分散的手工业船匠和修造业主也先后建立船舶修造生产合作组织。③

社会主义改造时期,木船修造业生产合作社有的并入轮船运输企业附属的修理厂或保养场,有的与船厂合并,组建县属和市属船厂。一些公私营轮船公司保养场和私营工场作坊通过合并、改组等方式组建船舶修造厂。1953年,泰州设立并扩展轮运企业船舶修配所,具备承担本地区部分船舶中修的能力。1956年,由修船组发展起来的淮河航运处淮滨船厂主要承担本河系船舶修造任务。新蔡县航运公司船厂,亦是在船民公社船厂基础上建成的,主要修造本单位船只。

3. 船舶动力的革新

20世纪50年代初,淮河流域机动船舶动力主要源于煤炭。为节约燃料、提高蒸汽机热效率,1953年,淮河轮船运输公司将蒸汽机气阀的内余面减小,用木垫减小进气室容量,同时改进锅炉的炉排角度和挡火矮墙的尺寸,增大尾轴倾斜度。未改进前每吨煤燃烧5.5小时,每小时消耗水油125克、汽缸油150克;改进后每吨煤燃烧9.5小时,每小时消耗水油50克、汽缸油75克;拖带量由145吨增加到393吨,不仅降低了能耗,船舶动力亦得到极大提高。此外,新建船舶采用水管锅炉以提高蒸汽压力,主机改用三联式蒸汽机,以充分利用蒸汽的热能。淮河轮船公司建造的飞跃、前进号客轮及拖43、44号拖轮安装的就是改进后的

---

① 马茂棠. 安徽航运史[M]. 合肥:安徽人民出版社,1991:357;安徽省地方志编纂委员会. 安徽省志:交通志[M]. 北京:方志出版社,1998:509;河南省地方史志编纂委员会. 河南省志:公路交通志、内河航运志[M]. 郑州:河南人民出版社,1991:61.

② 张圣城. 河南航运史[M]. 北京:人民交通出版社,1989:244-245;河南省地方史志编纂委员会. 河南省志:公路交通志、内河航运志[M]. 郑州:河南人民出版社,1991:70.

③ 张纪城. 江苏航运史[M]. 北京:人民交通出版社,1994:98.

锅炉与蒸汽机,不仅阻力小、兴波小,且稳定性良好。为节约油料,一些浅水船舶采用煤气机,如1956年蚌埠船厂制造的木质浅水拖轮主机即为90马力煤气机。20世纪50年代末,逐步使用柴油机作为动力,启动更加方便,操纵更为灵活。①

(二)船舶修造业的调整与曲折发展

"大跃进"时期,由于原材料运输和粮食调运增多,内河运量急剧增长。为满足运输需求,使修造船能力协调均衡发展,1960年,经交通部、第一机械工业部商定,原由地方工业系统管理的民用船舶修造厂一律转归地方交通部门。造船工作按水系包干,每省配置若干中小型船厂,自行组织生产地方内河船舶。

1. 船舶修造业的调整

"大跃进"期间,受"高速度""高指标"的影响,运输企业为完成运输任务,重用轻修,船舶带病行驶;造船企业为追求产值指标,重造轻修,船舶状况严重下降。

为改变重用轻修、重造轻修的状况,江苏省交通部门规定,省属船舶修造企业必须调整船舶修造的占比,扩大修理业务,市、县所属船厂和企业附属保修厂的生产能力必须全部投入船舶的修理和保养工作中,逐步推行船舶定点、定期保修制度。1962年,扬州地区所属船厂与地区轮船公司附属船舶保养厂合并组建为扬州船舶修理厂,盐城地区所属盐阜船厂与地区轮船公司保修厂合并改组为盐城船舶修理厂,以修理木质驳船为主。为提高船舶修造能力,1958—1966年,淮河流域江苏新增多家修造船厂,具体分布情况如表4.12所示。

表4.12 1958—1966年淮河流域江苏新增船舶修造厂分布情况表

市、县	小计	集体	全民	市、县	小计	集体	全民
江都	1	1		扬州	2		2
淮安	1	1		洪泽	1		1
东台	1	1		涟水	1	1	
邳县	1	1		射阳	1	1	
宝应	1	1		建湖	1	1	
金湖	1	1		大丰	1	1	
泗阳	1	1		泰州	2	2	
连云港	1	1		泰县	1	1	
淮阴	2	2		灌云	1	1	
盐城	3	2	1	合计	24		

资料来源:张纪城.江苏航运史[M].北京:人民交通出版社,1994:207-208.

由表4.12统计,淮河流域江苏累计新增船舶修造厂24家。从企业性质来看,集体20家,全民4家;从企业分布来看,分布于19个市县,盐城3家,淮阴、扬州、泰州各2家,其余市县均为1家。

---

① 马茂棠.安徽航运史[M].合肥:安徽人民出版社,1991:360-361.

"二五"期间,为更好地服务于京杭大运河航运,扬州船厂进行迁址扩建,并建成横移变坡700吨级升降平台。通过建设,扬州船厂具备建造千吨级以上船舶的生产能力。"三五"期间,完成江都、泰兴等船厂的迁址改造。进入20世纪70年代后,江苏交通系统船舶修造业逐步从"修造并举,以修为主"转为"以造为主,兼顾维修"。①

1958—1961年,为解决运力不足问题,安徽省交通部门扩建蚌埠国营船厂,并在淮河流域有水运条件的市县相继兴建一批修造船厂,如天长县船厂、淮南船舶修造厂、凤台航运公司船厂、五河县船舶修理厂、蚌埠淮河船厂、固镇船舶修造厂、蒙城县造船厂、涡阳县造船厂、亳县造船厂等。以亳县为例,1958年建有造船厂4家。② 1959年,造船54艘,载重量为827吨位,其中主要更新产品有载重200吨的轮渡船与中央式轮拖船,不仅增加了载重量,还提高了航行速度。③ 1960年,制造轮船3艘,140匹马力,载重量为55吨;木帆船14艘,载重量为541吨。④ 由于造船任务重,各地木材供不应求,各造船厂自行组织力量上山伐木。蚌埠船厂抽调340余人到贵池县殷家汇镇设点建造驳船和河网化船体,1959年共造船4800吨。然而,新砍伐的木材湿度大,且未经蒸汽处理,造出的船舶不久即出现裂缝,加之突击施工,质量差,有的船舶自山区运回的途中即漏水。⑤ "三线建设"时,按照"靠山、隐蔽、分散"的原则建设战备厂,凤台船厂作为蚌埠船厂的战备厂,由蚌埠船厂负责筹建。1970年5月凤台船厂开工建设,边建设边生产,1973年4月基本建成,其作用是在发生战争时替代蚌埠船厂修造船舶。凤台船厂在1970年代除生产水泥拖轮和货驳以满足本省水运需要外,还建成六机部和中交部安排的拖轮、300吨钢驳和120马力垃圾船等产品。此外,各县市水运公司船厂相继恢复扩建后,即以维修木帆船为主,如怀远船厂(后更名为荆山船厂)主要承担淮河轮船公司运输船舶的大、中修任务。⑥ 另以亳县为例,1961年,全县有木帆船386艘3338吨,其中完好的有209艘2886吨,减载的有160艘350吨,停港待修的有10艘60吨,待报废的有7艘42吨。⑦ 亳县交通运输管理局本着"先维修、后制造"的原则,要求县修配厂、五金厂和公社机械厂以及准备建立的公社修配厂制造一部分工具配件,将已损船舶突击修好,在3月底前全部投入生产,并要求运各航运部门建立船舶保修组,树立"修重于制"的思想,做到随毁随修。⑧ 1962年,继续贯彻"先维修、后制造"的方针,计划维修180只,其中大修30艘,中修45艘,小修105艘。⑨ 全年实际维修108艘,其中大修27艘,中修36艘,互修45艘。经过维护,有一类船68艘,二类船219艘,三类船82艘,四类船18艘。在1963年的维修工作中,提出采取"坚决确保一二类、积极维修三类、考虑四类"的原则,分期分批进行修理。修船原材料除要求专县解决外,也可采取以旧代新、自力更生的办法。专业力量不足,可组织船

---

① 张纪城.江苏航运史[M].北京:人民交通出版社,1994:209-210;江苏省地方志编纂委员会.江苏省志:交通志 航运篇[M].南京:江苏古籍出版社,1996:213.
② 1958年工作总结及1959年第一季度工作打算的报告 档案号:J037-1-1[Z].亳州市谯城区档案馆.
③ 亳县交通运输管理局1959年交通运输工作总结 档案号:J037-1-2[Z].亳州市谯城区档案馆.
④ 亳县交通局1960年交通运输工作总结 档案号:J037-1-3[Z].亳州市谯城区档案馆.
⑤ 马茂棠.安徽航运史[M].合肥:安徽人民出版社,1991:391-392.
⑥ 马茂棠.安徽航运史[M].合肥:安徽人民出版社,1991:470-471.
⑦ 亳县交通运输工作情况和意见 档案号:J037-1-4[Z].亳州市谯城区档案馆.
⑧ 亳县1961年交通运输工作意见 档案号:J037-1-4[Z].亳州市谯城区档案馆.
⑨ 亳县1962年交通运输工作的打算 档案号:J037-1-5[Z].亳州市谯城区档案馆.

民开展互修,同时贯彻以养为主、以修为辅的办法,做到养重于修,以延长船只寿命。①

"一五"期间,京杭运河山东南段成立台儿庄修船厂和济宁造船厂,专业制造木帆船。"二五"期间,梁山县等航运公司建立造(修)船厂,生产木质客轮及拖轮。1973—1977年,济宁航运局船舶修造厂建造木质船5艘;1974年,鄄城县航运公司船厂建造135马力钢质排灌船。"文革"后期,淮河流域山东开始批量建造水泥船。②

2. 水泥船的大规模建造

水泥船造价低,工艺简便,对建造设备、施工场地要求不高,船体表面光滑,摩擦阻力小,耐冲击性、耐久性、耐火性、耐磨性较好,破损后维修简便,比木质船造价低35%左右,维修费低90%。③ 为加速木帆船的更新改造,在木材、钢材及资金匮乏的情况下,20世纪60年代起,淮河流域各省属船厂及市属水运公司积极建造水泥船,并在淮河航线上广泛使用。

1964年,济宁市造船厂试制成功钢丝网水泥船。"文革"后期,台儿庄港修船厂制造载重100吨级钢骨架水泥船5艘,80马力水泥拖轮、60吨水泥驳船共6艘;1971—1980年,济宁航运局船舶修造厂建造适合南运河及其支流使用的各种水泥船26艘,载重1 166吨。④

1969年,蚌埠船厂建造1艘24米长水泥趸船。1970—1975年,凤台、蚌埠船厂建造水泥趸船、钢丝网水泥货驳及钢丝网水泥拖轮多艘。这些水泥船多数被分配在各地市航运局及水运公司使用。⑤

1972年1月,淮河水系河南段建造1艘载重37吨的水泥机动驳。随后又建造小型水泥机动驳5艘及水泥客货轮1艘,分别调入南湾水库南干渠和鲇鱼山水库航线使用。1974—1975年,建造载重65吨驳船6艘,调入淮河干线使用。1971年2月,淮滨船民公社在土船台上实行悬船正面施工,下河用道木牵引,建造一艘载重46.5吨的水泥船,解决了水泥船下水摔伤船体的问题。至1974年9月,淮滨船民公社建造第一艘水泥拖轮,可拖带500吨货物,同时修造不同类型的水泥船88艘,共1 994吨,船只吨位比1966年增加61.7%,运输量提高1倍。此外,1976年西平港建成1艘载重40吨的水泥挂桨机船。1971—1983年信阳地区淮河航运系统拥有水泥船926艘。⑥

1977年,宝应船厂与东台船厂分别制造20吨水泥舱口驳与40吨水泥舱口驳,兴化船厂与如东船厂制造100吨水泥舱口驳,泰州市航船厂制造20吨水泥机动驳,泰州市航船厂与如东船厂制造120马力水泥拖轮。⑦

3. 造船技术的革新

"木帆船运输实行机械化,是木帆船技术改造的主要内容",同时也是"提高劳动生产,改

---

① 亳县1962年交通运输工作总结 档案号:J037-1-5[Z].亳州市谯城区档案馆.
② 山东省地方史志编纂委员会.山东省志:交通志[M].济南:山东人民出版社,1996:457-458.
③ 张圣城.河南航运史[M].北京:人民交通出版社,1989:328.
④ 山东省地方史志编纂委员会.山东省志:交通志[M].济南:山东人民出版社,1996:460.
⑤ 马茂棠.安徽航运史[M].合肥:安徽人民出版社,1991:476.
⑥ 张圣城.河南航运史[M].北京:人民交通出版社,1989:328-329.
⑦ 张纪城.江苏航运史[M].北京:人民交通出版社,1994:283-284.

变落后运输方式的主要措施"。① 新中国成立后,淮南市田家庵港共有木帆船 893 艘,载重量 9 610.5 吨。这些船只的特点是航行笨重,人力拉行,摇橹,船只小,载量轻,吃水深,航行慢,无法适应工农业生产日益增长的需要。为改变水运的落后面貌,1958 年 7 月份,全港掀起了声势浩大的技术革新高潮。其中,安装脚踏翻水机的建议被采纳,其构造包括:① 木制大轴 1 根,其长度由船身宽度而定,一般为 1～1.65 米,直径为 10～20 厘米。② 轮叶 6 块,叶子大小由船舶载重量而定。以 5～15 吨木帆船为例,长 0.4 米,宽 20～30 厘米,板撑厚度为 45 厘米,入水部分厚度为 35 厘米,拨水面凹心,使拨水平衡。③ 升降机架 1 个,由锯梢的长度和舵的大小而定,一般长 2.3～4 米,宽 23 厘米,厚 16 厘米。④ 人扶架子 1 个,其长度由船的宽度而定。⑤ 铁轴 2 根,各 26 厘米长。⑥ 滚珠轴承 1 副。⑦ 木制铃铛 2 个。以上合计成本费 40.2 元。截至 1959 年 3 月底,通过安装脚踏翻水机,共计改造半机械化木帆船 189 艘(5～15 吨),15 吨以下待安装木帆船 550 艘。改装后的木帆船逆水时速为 4 千米,顺水时速为 7 千米,航速较之前提高一倍多;在 5 级顶风和中雨情况下,仍能航行;翻水叶的吃水深浅能随着船的载重量大小而升降,有风拉篷,无风踏翻水机,极大地减轻了体力劳动;操作简易,节省钢铁,解决了原材料缺乏的困难。②

无独有偶,1958 年 8 月,亳县县委召开交通系统誓师大会,号召全体干群敢想、敢说、敢做,成立技术革新小组,定期研究技改工作。在领导干部的带头下,广大群众就地取材,制作木质螺旋桨(与铁质相较,成本降低为原来的 1/10),将木帆船改为半机动船,计 27 艘,载重 125 吨。其优点是:快速(每小时航行 5～7.5 千米),省力(原 3 人操作,现 2 人),安全(人在舱内操作,雨雪天气仍可行船)。对此,有社员称赞道:"今年水上改了半机动船,千年体力得解放,幸福生活万万年。"③

涡河横穿亳县县境。河的南岸是文化行政区,北岸是工业区,每天南来北往需要过桥或船渡的不下万人。然而,自 1959 年涡河下游建闸蓄水以来,大桥淹没,交通断阻,给交通运输带来了很大的困难。为了解决汽车过河、人行待渡的问题,将试制电动渡船列入技术革新的重点。在县电厂、机械厂技术物力的大力支持下,1960 年 4 月 24 日创制成功一艘载重 240 吨的大电动渡船。该船根据电动牵引原理制成,构造简单,既适用于摆渡,也可担负物资驳运。其优点是:大风能渡,航行安全;节省准备安装于船上的 2 部 60 匹马力的柴油机,全年可节省柴油 21.6 吨;容量大,效率高,每次能载渡 5 辆汽车,如用于客渡,一次能容渡 600 人;节省劳力,减轻强度,与小渡船相比,可节省渡工 115 人,同时电动化代替手工操作,减轻劳动强度;操作简单,普通人学习几天即可掌握操作;电动部分安有倒船开关、控速开关,想快就快,想停就停,操作便利,往返自如;船舱内设有手摇关,可以随时紧松绳索,不影响其他船只航行;可拖挂货船,兼顾货运。④

---

① 安徽省交通厅航运管理局阜阳分局转发关于组织试行《加强运输合作社机动船管理的几点意见》的通知 档案号:J037-2-16[Z].亳州市谯城区档案馆.
② 淮南市交通局关于田家庵港木帆船实现半机械化的经验介绍 档案号:0069-001-0005-007[Z].淮南市档案馆.
③ 土法上马、土洋结合、大胆试制、不断革新 档案号:J037-2-6[Z].亳州市谯城区档案馆.
④ 亳县交通局 1960 年交通运输工作总结 档案号:J037-1-3[Z].亳州市谯城区档案馆.

(三)船舶修造业发展的机遇与挑战

改革开放后,修造船工业指令性计划逐年削减,船舶产品由原来的卖方市场向用船单位择优而购的买方市场转变。在船舶市场疲软、竞争激烈的态势下,淮河流域船舶公司通过深化改革、调整结构、改善经营、提高质量等措施,不断提高市场竞争和应变能力,制造顶推轮、分节驳、万吨级海轮等一批新型船舶,同时,钢质船舶制造由小到大、由内河拓展到沿海、由建造国内船到建造出口船,建造能力和水平亦有很大提高,实现了从生产型向生产经营型转变。

1.船舶修造业的发展

进入改革开放新时期,淮河流域修造船厂在技术力量和生产设备上都有很大提高,不仅能够制造一些运力高、运输成本低的新型船舶,生产能力亦逐年攀升。

(1)淮河流域山东

1976—1980年,济宁航运局船厂共制造各种水泥船16艘,东平县航运公司船厂、济宁航运公司船厂等集体企业,制造水泥船60余艘。"六五"期间,国营企业放弃水泥船生产,集体企业内河水泥船产量持续上升。1981年,济宁航运公司船厂制造水泥船17艘,谷亭船厂制造16艘。[①] 1982年,台儿庄船厂建成,当年建造载重60吨的钢质船舶5艘,至1985年共建造船舶82艘。至1996年底,枣庄地区有船舶制造厂6家,可以建造184千瓦以下拖轮、300吨级以下的驳船及机动货船,年造船舶100多艘,共3万吨。20世纪90年代,京杭运河山东段航道拓宽,通航能力增强,运输成本下降,利润率提高,吸引大量社会闲散资金投向造船和水上运输业。乡镇水路运输企业异军突起,微山县新建航运公司、微湖航运公司、爱湖航运公司等民营造船企业,实力雄厚的邹城南煤轮船航运有限责任公司、济宁市通源轮船公司等相继成立。京杭运河山东南段出现"造船热"。济宁境内38处造船厂满负荷生产,产品供不应求。至2002年,京杭运河山东南段沿线造船企业共有31家,仅济宁辖区就有造船企业24家[②],具体情况如表4.13所示。

表4.13 2002年京杭运河山东南段沿线造船企业情况一览表

企业名称	生产能力	职工人数	企业名称	生产能力	职工人数
济宁市造船厂	1 000吨内河运输船舶	300	济宁市港航局港航工程处船舶修造厂	500吨内河运输船舶、200立方米/时挖泥船	100
济宁市轮船公司船舶修造厂	500吨内河运输船舶	30	山东水利疏浚工程处船舶修造厂	500吨内河运输船舶	162
济宁航运公司船舶修造厂	500吨内河驳船	60	鱼台县船舶修造厂	500吨内河运输船舶	70

---

① 山东省地方史志编纂委员会.山东省志:交通志[M].济南:山东人民出版社,1996:461.
② 山东省地方史志编纂委员会.山东省志:交通志 1986—2005[M].济南:山东人民出版社,2015:344-345.

续表

企业名称	生产能力	职工人数	企业名称	生产能力	职工人数
济宁市市中区天祥造船厂	400吨内河运输船舶	59	鱼台县张垓造船厂	500吨内河运输船舶	34
鱼台县三泊船舶造船厂	500吨内河运输船舶	36	山东省微山县造船厂	1000吨内河驳船、500吨内河货船	50
微山县航宇船舶修造有限公司	1000吨内河货驳、500吨内河运输船、441千瓦内河拖轮	280	微山县京杭船舶修造厂	500吨内河运输船舶	35
微山县昭阳十字河船厂	500吨内河运输船舶	38	微山县微湖造船厂	500吨内河运输船舶	260
山东省微山县塘湖造船厂	500吨内河运输船舶、147千瓦内河拖轮	75	微山运河船舶修造厂	500吨内河运输船舶、441千瓦内河拖轮	80
微山县留庄船舶修造厂	500吨内河运输船舶、1000吨内河货驳	43	微山县留庄乡马口船舶修造厂	500吨内河运输船舶、147千瓦内河拖轮	52
微山县留庄金山船舶修造厂	500吨内河运输船舶	39	微山县两城乡白山造船厂	500吨内河运输船舶	85
微山县留庄银河造船厂	500吨内河运输船舶	48	微山县兴丰船舶修造厂	500吨内河运输船舶	85
微山县兴丰船舶修造厂	500吨内河运输船舶	85	微山县韩庄造船厂	300～600吨钢质驳船	70
枣庄市永帮航运公司船舶修造厂	350吨级以上钢质驳船	50	枣庄市台儿庄区善文船舶修造厂	5000吨钢质驳船	100
枣庄市台儿庄区天龙造船厂	500吨钢质驳船	86	枣庄市腾达造船厂	300吨钢质驳船	576
顺达船舶修造厂	600吨钢质驳船	65	枣庄市台儿庄区建义船舶修造厂	500吨内河运输船舶	70
西关船舶修造厂	331千瓦拖轮	80			

资料来源:山东省地方史志编纂委员会.山东省志:交通志 1986—2005[M].济南:山东人民出版社,2015:345-346.

由表4.13可见,2002年,京杭运河山东南段沿线造船企业主要分布在济宁、鱼台、微山、枣庄、台儿庄等市县,大部分企业已具备制造500吨内河运输船舶的生产能力,微山县造船厂与微山县航宇船舶修造有限公司可制造1000吨钢质货驳,枣庄市台儿庄区善文船舶修造厂可制造5000吨钢质驳船。从整体上看,京杭运河山东南段沿线造船企业的生产能力大幅度提升。如枣庄市,2004年,辖区14家船舶修造厂全年修造船舶250余艘,近15万吨位。①

2002年,山东省制定船舶工业"十五"发展规划,提出建设船舶工业三大基地,其中包括以日照为中心的特种船生产基地,以济宁为中心的大型渔船生产基地。通过基地建设,逐步形成以造船为主、修船为辅、配套为补的产业体系,实现船舶配套社会化。② 此外,发挥京杭大运河两岸区域优势,支持济宁、枣庄等地开展内河船舶基地建设,重点扶持济宁微山县航宇船舶修造有限公司等企业加快发展,着力培育形成一批"专精特新"造船企业群体。2008年,山东省内河船舶基地项目建设在微山县正式启动。该基地建成后,主要设计建造5 000千瓦以下拖船、3 000吨以下货船、300客位以下旅游客船和游艇等。届时,该基地将形成年造船20万载重吨、年装机容量10万千瓦的生产规模。③

(2) 淮河流域江苏

改革开放后,淮河流域江苏各船厂更新生产经营理念,渐渐走出困境。1977—1990年,淮河流域江苏地方船厂共有16家,主要分布在江都、宝应、盐城、东台、淮阴、淮安、金湖、灌云、邳县等市县,除盐城新洋船厂隶属于农垦系统、金湖水总船厂隶属于水利系统外,其他船厂均隶属于交通系统。④ 1977—1990年淮河流域江苏地方船厂概况如表4.14所示。

表4.14　1977—1990年江苏省淮河流域地方船厂概况表

船厂名称	投产年份	占地面积(平方米)	建筑面积(平方米)	固定资产原值(万元)	职工人数	造船主要专业设备			
						船台(座/吨)	浮式起重机(台/吨)	龙门起重机(台/吨)	门座起重机、塔式(台/吨)
江都船厂	1958	108 000	22 383	899.00	739	1/7 000		4/215	
兴化船厂	1970	150 919	37 752	549.07	678	12/100			2/10
宝应船厂	1958	36 683	8 309	242.20	432	5/100		1/50	
如东船厂	1970	34 241	17 212	229.20	394	3/100		1/100	1/3
盐城市船厂	1958	100 267	22 408	389.10	401	7/100	1/30		
盐城第二船厂	1979	65 337	5 816	117.10	219	11/100			
东台船厂	1949	30 030	13 746	116.30	310	2/80			
新洋船厂	1970	92 600	8 832	89.19	193		4/150		1/5
淮阴市船厂	1957	61 316	14 463	191.80	389	1/500		1/60	
淮阴第二船厂	1965	40 387	13 381	155.64	378	2/150		1/45	
淮安船厂	1958	35 000	11 244	210.10	408	1/1 500		1/45	1/3

① 枣庄市地方史志办公室.枣庄年鉴:2005[M].北京:方志出版社,2005:140.
② 佚名.山东将建船舶工业三大基地[J].交通建设与管理,2002(6):27.
③ 佚名.山东正式启动内河船舶基地建设[J].船艇,2008(16):10.
④ 张纪城.江苏航运史[M].北京:人民交通出版社,1994:418-419.

续表

船厂名称	投产年份	占地面积（平方米）	建筑面积（平方米）	固定资产原值（万元）	职工人数	造船主要专业设备			
						船台（座/吨）	浮式起重机（台/吨）	龙门起重机（台/吨）	门座起重机、塔式（台/吨）
金湖船厂	1960	26 929	8 234	90.90	150	5/150			
宿迁船厂	1977	13 591	3 629	65.40	163		1/80	1/40	
水总船厂	1971	145 125	26 062	256.46	391				
灌云船厂	1974	59 658	13 621	158.76	255	11/60		1/50	1/20
邳县船厂	1958	42 600	6 245	116.00	222	2/150			2/150

注：船台以船最大能力吨为代表，其余从略；江苏省水网地区的县、乡、镇水运企业保修厂（场）以及集体、个体修造内河小船的单位，均未列入本表。

资料来源：张纪城.江苏航运史[M].北京：人民交通出版社，1994：418-419.

在上述船厂中，就占地面积与建筑面积而言，兴化船厂最大，水总船厂其次，宿迁船厂最小；就固定资产原值而言，江都船厂最多，兴化船厂其次，宿迁船厂最少；就职工人数而言，江都船厂最多，兴化船厂其次，金湖船厂最少。

进入20世纪90年代后，淮河流域江苏修造船企业把调整结构的主攻点放在新船型开发及大型化船舶建设方面。1991年，扬州船务总公司（原扬州轮船联营公司）新建千吨级集装箱2号船[①]；1992年，兴建第2艘内河千吨级集装箱运输船和500吨级、250吨级集散两栖型运输船[②]。1995年12月，江都造船厂建造出口新加坡的万吨级甲板驳成功下水，这是江苏省出口新加坡吨位最重、尺度最大的甲板驳船。[③] 1999年8月，盐城市航道处设计建造的25吨打捞船技改工程通过验收。该船按试验大纲要求进行起吊试验，均达到设计要求。[④] 2006年，高邮市大协船厂为新加坡建造的5 000吨级驳船下水交付。[⑤] 2009年12月，盐城江苏宏铭船舶有限公司建造的5万吨级"明州67号"远洋散装货轮建成下水，标志着盐城船舶制造业水平上了一个新台阶。[⑥]

随着科技的进步，船舶修造产业从劳动密集型向科技密集型产业转变，开始组建大型船舶企业集团公司。1994年7月20日，江苏省首家船舶集团在江都成立，该集团以江都造船厂为核心，并以江都市6家企业为紧密层组建而成。该公司在原有生产设施和配套设备的基础上，加大技改投入，进一步提高造船能力与船舶产品档次。[⑦] 1997年，该公司设计建造的"天山号"浮船坞，是长江航运总公司系统最大的浮船坞。同年，向印尼出口的2艘17 500吨油轮

---

① 扬州年鉴编纂委员会.扬州年鉴：1992[M].上海：中国大百科全书出版社上海分社，1992：260.
② 扬州年鉴编纂委员会.扬州年鉴：1993[M].上海：中国大百科全书出版社上海分社，1993：185-186.
③ 江苏省江都市地方志办公室.江都年鉴：1997[Z].江苏省江都市地方志办公室，2000：155.
④ 盐城市地方志编纂委员会办公室.盐城年鉴：2000[M].北京：方志出版社，2000：118.
⑤ 高邮市地方志年鉴编纂委员会.高邮年鉴：2007[M].北京：线装书局，2007：125.
⑥ 盐城市地方志办公室.盐城年鉴：2010[M].北京：方志出版社，2010：131.
⑦ 江苏省江都市地方志办公室.江都年鉴：1997[Z].江苏省江都市地方志办公室，2003：155.

的协议正式签署。① 1998年,该公司获得ISO 9002质量体系认证,成为江苏省首家获得质量体系认证的造船企业。② 江苏华通航运集团有限公司于1997年12月成立,由原盐城市华通实业总公司与盐城市航运实业总公司合伙组建而成。组建后的华通航运集团公司,是融内河航运、中转联运、汽车运输、海洋渔轮与内河船舶制造与修理等为一体的综合性企业。③

在大型船舶企业发展的同时,淮河流域江苏一些乡镇船厂也获得了相应的发展空间。如江都市,2001年,全市共有乡镇船厂73家,年生产各类船舶1 000余艘,产值达3亿元,产品遍及浙江、上海、山东、安徽、河南等省市。④ 2002年,江都市镇船厂增至88家,年产值增至3.5亿元。⑤

此外,为确保船舶修造质量,淮河流域江苏各地海事部门加强对船舶修造业的管理、监督力度。如高邮市,1999年,该市港监处船检人员定期深入船厂,帮助、指导厂方按照船检规范要求修造船舶,严把船舶质量关。⑥ 2002年,高邮市地方海事处加大对乡镇船厂的技术监督力度和行业管理力度,实施船厂行业管理责任制、船舶检验责任制,推动船厂船舶生产质量责任制切实落实。至年底,全市已有17家船厂取得生产许可证。⑦ 2003年,高邮市地方海事处开展船检质量年活动。船检人员深入航运企业、乡镇运输企业船舶修造厂、船用产品制造厂,狠抓船舶检验质量,严把船舶图纸审查、原材料进厂、建造工艺、设备安装精度、各项性能试验等关键环节。⑧ 2006年,实行船舶分阶段报检和验船师区域负责制,全年建造船舶检验267艘,营运船舶检验243艘。⑨ 江都市,2001年,该市船检部门督促各船厂严格按图施工,加大对逃、漏检船舶的处罚力度。⑩ 2003年,开展水上安全大检查,全面提升乡镇造船业的安全生产和技术质量管理水平。⑪ 2004年,加强对乡镇造船业的技术监督,共完成营运船舶检验189艘,市局委托检验594艘。⑫ 盐城市,2002年5月,地方海事局深入全市74家乡镇船舶修造厂家进行调研,对全市船舶修造企业的资质、设施、人员、技术状况、修造质量、安全管理等情况认真调查摸底。⑬

作为技术密集型的船舶工业,每一步发展都离不开人才的推动。为了提高船舶修造从业人员的专业技术水平,1999年6月,高邮市港监处举办船舶焊工培训班,参加培训的人员考试合格率达90%。⑭ 2007年,灌南县港口建设管理局举办灌河临港产业船舶技术培训班,每期6个月,开办的专业有造船技术、焊接技术、水电技术、车工、铣工等。⑮

---

① 江苏省江都市地方志办公室.江都年鉴:1998[Z].中国县镇年鉴社,1998:97-98.
② 江都市地方志编纂委员会.江都年鉴:2003[M].长春:吉林人民出版社,2003:116.
③ 盐城市地方志编纂委员会办公室.盐城年鉴:1998[M].北京:方志出版社,1998:115.
④⑩ 江都市地方志编纂委员会.江都年鉴:2002[M].长春:吉林人民出版社,2002:119.
⑤ 江都市地方志编纂委员会.江都年鉴:2003[M].长春:吉林人民出版社,2003:117.
⑥ 高邮市地方志办公室.高邮年鉴:2000[M].长春:吉林人民出版社,2000:147.
⑦ 高邮市地方志办公室.高邮年鉴:2003[M].长春:吉林人民出版社,2003:163.
⑧ 高邮市地方志年鉴编纂委员会.高邮年鉴:2004[M].北京:方志出版社,2004:130.
⑨ 高邮市地方志年鉴编纂委员会.高邮年鉴:2007[M].北京:线装书局,2007:125.
⑪ 江都市地方志编纂委员会.江都年鉴:2004[M].长春:吉林文史出版社,2004:107.
⑫ 江都市地方志编纂委员会.江都年鉴:2005[M].长春:吉林文史出版社,2005:107.
⑬ 盐城市地方志编纂委员会办公室.盐城年鉴:2003[M].北京:方志出版社,2003:164.
⑭ 高邮市地方志办公室.高邮年鉴:2000[M].长春:吉林人民出版社,2000:147.
⑮ 灌南县地方志编纂委员会.灌南年鉴:2008[M].长春:吉林人民出版社,2003:222.

(3) 淮河流域安徽

改革开放后,淮河流域安徽有水运航道的县、社纷纷建立水运队,且有联户或个体购买船舶成为运输专业户。为适应造船业务不断增长的需求,各地、县集体所有制船厂相继恢复造船生产,同时一些新厂相继建立。据不完全统计,1987年,淮河流域安徽有集体所有制船厂17家,主要分布在阜阳、阜南、太和、亳县、六安、蚌埠、怀远、五河、固镇、宿州、泗县、嘉山、天长等地。另有2家国营修造船厂,分别为蚌埠船厂与凤台船厂。1987年淮河流域安徽船厂概况如表4.15所示。

表4.15 1987年淮河流域安徽船厂概况表

船厂名称	建立年份	占地面积（平方米）	厂房面积（平方米）	固定资产原值（万元）	职工人数	造船主要专业设备		年造船能力
						金切机床（台）	锻压设备（台）	产量（艘/吨）
安徽省蚌埠船厂	1938	151 833	18 417	816.1	725	48	10	97/10 441
安徽省凤台船厂	1970	333 000	13 819	434	318	32	11	51/6 092
阜阳市造船厂	1956	42 000	8 500	60.6	141	7	4	34/2 386
蚌埠淮河船舶修造厂	1958	9 600	2 502	50	231	12	3	36/3 159
淮南市船舶修造厂	1958	5 982	2 320	29	202	6	1	16/
凤台县航运公司船厂	1958	4 920	2 920	15.6	65			16/
五河县船舶修造厂	1958	12 000	360	14.4	77	2		43/2 710
怀远船厂	1956	2 486	1 807	8.4	73	5		29/1 860
固镇船厂	1958	200	120	7	30		2	9/330
蒙城造船厂	1956	43 135	603	8.1	39	11		/1 850
亳州造船厂	1959	1 800	275	3.5	52			30/
涡阳县造船厂	1958	25 000	2 905	3.4	42	5		102/6 120
霍邱县航运公司船厂	1957	25 000	150	7.2	104	10		120/8 400
寿县船舶修造厂	1956	1 500	680	4.3	118	3	1	87/7 672
六安市淠河船舶修造厂	1956	7 020	3 634	25.4	213	10	2	56/2 184
天长船厂	1958	19 442	1 124	19	63	1		3/240
嘉山船厂	1980	9 334	293	67.9	59	1		34/1 725
宿州市船舶修造厂	—	7 200	570	80	101	5	2	2/
泗县造船厂	1956	7 200	300	6.1	34			25/

资料来源:马茂棠.安徽航运史[M].合肥:安徽人民出版社,1991:546-548;安徽省地方志编纂委员会.安徽省志:交通志[M].北京:方志出版社,1998:509,512,514-515.

除上述 19 家船厂外,还有 1 家修造疏浚船舶的专业修造厂,即安徽省水利机械疏浚工程公司修造厂,3 家淮河轮船公司所属的修船厂及航修站,分别为荆山船厂、蚌埠航修站与淮南航修站。①

蚌埠船厂于 1951—1987 年共造船 1 040 艘,其中 1987 年造船 97 艘 10 441 吨,最大的产品是 1987 年制造的 200 立方米/小时钢质绞吸式挖泥船和 1986 年制造的 400 吨专用驳船。凤台船厂于 1971—1987 年共计造船 355 艘 37 545 吨,其中 1987 年造船 51 艘 6 092 吨,最大的产品是 1977 年制造的 300 吨钢质半甲板驳和 1979 年制造的海磁检查艇。② 由于集体和个体水运业迅速增长,对船舶的需求量激增。1980 年,阜阳船厂、蚌埠淮河船厂等集体所有制船厂开始制造钢质货驳。随后,其他船厂也加入制造钢质货驳行列。至 1987 年,淮河流域集体所有制船厂制造的产品从钢质货驳逐步扩大到钢质拖轮、客轮和小型货轮。③

进入 21 世纪,淮河流域安徽船舶修造厂日益增多。2000 年,淮南市修造船企业有淮南市船舶修造厂、淮南淮河运输有限公司船舶修造厂、凤台造船厂、凤台县船舶修造厂 4 家④;2003 年,新增凤台河西造船厂⑤。在亳州,2002 年有船厂 6 家,分别为亳州市东效造船厂、涡阳县船舶修造厂、涡阳县造船厂、涡阳县福利造船厂、蒙城县造船厂、蒙城县城东修造厂。其中,涡阳县船舶修造厂、涡阳县造船厂主要制造拖轮、驳船、挂机、轮机等,设计能力为 600 万吨,其他 4 家船厂主要制造挂机船,设计能力为 300 万～400 万吨不等。⑥ 在阜阳,2005 年造船厂家发展到 30 家,年产船舶 300 多艘,其中驳船均为 600 吨以上,最大的内装机船为 2 000 吨级。⑦

(4) 淮河流域河南

为增强企业活力,淮河流域河南船厂实行经营承包责任制,扩大修造能力,开展河系内外造船。1983 年,淮滨国营船厂以建造钢质驳轮和钢质拖轮为主,同时修理各种型号船舶,年生产总量为 2 500～3 000 艘,其中出的最大船舶为 150 吨铁质驳。⑧ 1987 年,淮滨船厂建造船舶 24 艘,载重量 1 804 吨;修船 9 艘,载重量 405 吨。集体航运企业有淮滨航运公司、新蔡航运公司,主要修造本单位的木帆船、水泥船和钢质轮驳船。1985 年,淮滨航运公司有水泥船 314 艘,载重量 1.4 万吨;新蔡航运公司有船舶 452 艘,载重量 2 万吨。1987 年,淮滨县航运公司有轮驳船(含水泥船)486 艘,载重量 3 万吨;新蔡航运公司 456 艘,载重量 3 万吨。⑨

随着修造船只任务日趋增多,淮河流域河南各河系船民公社船厂也得到发展,已具备建造较大钢质船舶和钢丝网水泥挂桨机船的能力。1985 年,淮滨船民公社造船厂已能建造各

---

① 安徽省地方志编纂委员会. 安徽省志:交通志[M]. 北京:方志出版社,1998:512-513.
② 安徽省地方志编纂委员会. 安徽省志:交通志[M]. 北京:方志出版社,1998:509,512.
③ 马茂棠. 安徽航运史[M]. 合肥:安徽人民出版社,1991:548.
④ 淮南年鉴编委会. 淮南年鉴:2001[M]. 合肥:黄山书社,2001:77.
⑤ 淮南市地方志办公室. 淮南年鉴:2004[M]. 合肥:黄山书社,2004:94.
⑥ 亳州市地方志编纂办公室. 亳州年鉴:2003[M]. 北京:方志出版社,2003:124.
⑦ 阜阳市地方志编纂委员会. 阜阳年鉴:2006[Z]. 阜阳市地方志编纂委员会,2006:259.
⑧ 淮滨县地方志编纂委员会办公室. 淮滨县志:1951—1983[M]. 郑州:河南人民出版社,1986:450.
⑨ 张圣城. 河南航运史[M]. 北京:人民交通出版社,1989:359;河南省地方史志编纂委员会. 河南省志:公路交通志、内河航运志[M]. 郑州:河南人民出版社,1991:71.

种不同类型的木船、钢丝网水泥拖轮。至1987年,共有轮驳船486艘,载重量29 887吨,船舶总量与载重量分别占信阳运输船舶的37.41%和40.95%。1980—1985年,西平船民公社船厂建造水泥挂桨机船262艘,载重量1 482.6吨,钢质挂桨机船8艘,载重量620吨,并将原有自航木帆船和水泥船均改造为挂桨机动船。至1987年,共有轮驳船337艘,载重量24 122吨,船舶总量与载重量分别占驻马店运输船舶的35.77%与36.40%。至1985年,新蔡船民公社共计建造船舶277艘,载重量15 745吨。①

2. 推进内河船型标准化

20世纪80年代以后,京杭运河船舶总量虽然较高,但船舶技术装备水平差,运力结构不合理,船型、机型庞杂,在船舶标准化等方面与现代化的内河运输有较大的差距。以亳州为例,1988年全市有乡镇货运船舶6 000吨,均为挂机水泥船,安全性能差。② 为提高京杭运河航道和通航设施利用率,降低船舶噪声和空气污染,2003年12月,交通部会同山东、江苏、安徽、河南等省市联合实施京杭运河船型标准化示范工程,发布《京杭运河船型标准化示范工程行动方案》。方案规定,自2004年1月1日起,新开工建造的进入京杭运河航运市场的船舶,应当按照交通部新公布的标准船型建造,否则不许准入。工程总体目标是:自2004年7月1日起,全面禁止水泥质船舶进入京杭运河航道;自2007年1月1日起,全面禁止挂桨机船舶进入京杭运河航道;到2010年,航行于京杭运河航道的标准化船舶达到80%以上,基本实现京杭运河船型标准化,使船舶水污染和噪声污染状况得到根本好转,船舶安全技术性能明显提高,航道和船闸通过能力提高30%,船舶平均吨位提高50%。京杭运河船型标准化示范工程淮河流域实施范围包括:京杭运河山东段航道,山东省济宁市至台儿庄共171千米;京杭运河苏北段航道,山东省台儿庄至江苏省施桥船闸共404千米。③

(1) 淮河流域山东

为压实船型标准化工作,山东实行分级、分工负责制,明确各级各部门的责任,形成职能部门各负其责、全省联动、分步实施、齐抓共管的工作局面。④ 2004年8月,山东省发布《山东省内河船型标准化发展纲要》,规定新建船舶全部采用交通部公布的标准化船型,使用标准图纸建造,对新船实行严格的准入制。自2004年起,沿运各造船企业积极实施船型标准化工作,大力发展大型化、专业化、深水型船舶。各类渡船相继被钢质座舱机船取代,单船载货吨位大幅提高,通航船舶多在500吨以上,最大达到2 000吨。船上配有雷达探测、高频通信、卫星导航等现代通信设备,自动化操作程度提高,且全部安装污油、垃圾接收装置。同时,钢质挂桨机船舶的拆解改造工作同步推进,至2005年,山东率先在京杭运河沿线完成钢质挂桨机船的拆解改造任务。⑤

以枣庄为例,2004年,按照"控制总量、优化结构、鼓励更新、健康有序发展"的原则,鼓励发展节能、环保型船舶,全年完成拆解改造钢质挂桨机15艘,不符合安全规范、技术落后、

---

① 张圣城. 河南航运史[M]. 北京:人民交通出版社,1989:359-361.
② 关于颁发《亳州市乡镇运输船舶安全管理实施细则》的报告 档案号:J037-2-1[Z]. 亳州市谯城区档案馆.
③ 佚名.《京杭运河船型标准化示范工程行动方案》公布[J]. 中国船检,2004(1):19-23.
④ 佚名. 标准化船型助推京杭运河航运[J]. 船舶标准化工程师,2011(2):51-53.
⑤ 山东省地方史志编纂委员会. 山东省志:交通志 1986—2005[M]. 济南:山东人民出版社,2015:310.

超期服役的水泥船、小旧钢质船等基本被淘汰。2004年底,辖区船舶运力达75万吨,新增运力15万吨。在近3 000艘船舶中,500吨级以上船舶占总数的40%。① 2004—2006年,共拆解改造挂桨机112艘。2007年,115艘挂桨机船退出辖区水运市场。②

通过各级航管部门与海事、船检部门的通力协作,淮河流域山东基本结束水泥质船和钢质挂桨机船的运输历史,运力结构变化较大。首先,船闸等通航设施利用率明显提高,以台儿庄船闸为例,2003年通过船闸6.47万艘,船舶吨位达1 906万吨;2006年,通过船闸9.9万艘,船舶吨位达5 400万吨。其次,航道通航秩序得到改善,2003年以前,以京杭运河枣庄段为例,每年平均发生堵航事件在30天左右,受堵船舶2 000余艘,2006年基本没有堵航事件发生。经过治理,水上交通事故率明显下降,枣庄市海事部门沉船事故统计数据显示:2003年2起,2004年2起,2005年零起,2006年零起。③

(2) 淮河流域江苏

自2004年以来,江苏省各级交通部门按照《京杭运河船型标准化示范工程行动方案》的总体部署和要求,全力推进江苏省京杭运河船型标准化工程,较好地完成了预期目标和任务。在盐城,2004年,拆解改造挂桨机船2 935艘,为年度计划的146.75%。④ 其中,盐都区拆改挂桨机船486艘,超额完成计划的62%,船舶拆改数量和进度列全市第一。⑤ 2005年,盐都区拆改挂桨机船680艘,为年度计划的124%,再次名列全市第一。⑥ 此外,盐城市下辖的东台市与射阳县拆改成绩亦位居全市前列。其中,东台市2004年拆改挂桨机船400艘⑦,2006年拆改650艘⑧。射阳县2004年拆改挂桨机船800艘⑨,2005—2007年拆改1 690艘⑩。

在淮安,为确保2004年7月1日起全面禁止水泥船进入京杭运河主干线航道,海事部门采取"对水泥船不实施建造检验、新入籍水泥船不予登记、无特别通行证的水泥船不予签证"的措施,并设立6个禁航控制点进行全线禁航。同时,积极协助船型办落实和认定挂桨机船改造、拆解的定点船厂,加大对挂桨机船改造的检验力度。2004年改造挂桨机船488艘,为年度计划的122%⑪;2006年拆改256艘,为年度计划的100.4%⑫。下辖的金湖县,截至2007年底,共计拆改挂桨机船223艘,为年度计划的108.7%。⑬

---

① 枣庄市地方史志办公室.枣庄年鉴:2005[M].北京:方志出版社,2005:140.
② 枣庄市地方史志办公室.枣庄年鉴:2007[M].北京:长城出版社,2007:175;枣庄市地方史志办公室.枣庄年鉴:2008[M].北京:长城出版社,2008:165.
③ 佚名.标准化船型助推京杭运河航运[J].船舶标准化工程师,2011(2):51-53.
④ 盐城市地方志办公室.盐城年鉴:2005[M].北京:方志出版社,2005:132.
⑤ 盐都年鉴编纂委员会.盐都年鉴:2005[M].北京:方志出版社,2005:121.
⑥ 盐都年鉴编纂委员会.盐都年鉴:2006[M].北京:方志出版社,2006:139.
⑦ 中共东台市委党史工作办公室.东台年鉴:2005[M].北京:中国文史出版社,2005:147.
⑧ 东台年鉴编纂委员会.东台年鉴:2007[M].北京:中国文史出版社,2008:86.
⑨ 射阳年鉴编辑委员会.射阳年鉴:2000—2004[M].北京:方志出版社,2006:146.
⑩ 射阳年鉴编纂委员会.射阳年鉴:2005—2007[M].北京:中国国际文化出版社,2008:165.
⑪ 淮安市市志办公室.淮安年鉴:2005[M].北京:方志出版社,2005:111.
⑫ 淮安市地方志办公室.淮安年鉴:2007[M].北京:方志出版社,2007:89.
⑬ 金湖县地方志办公室.金湖年鉴:2008[M].北京:线装书局,2008:122.

在高邮,2006年,共拆改不合标准船型的船舶211艘,核销231艘。① 2007年,全面启动"禁航"方案,限制进入京杭运河的挂桨机船110艘次,驱赶离开京杭运河的挂桨机船15艘,强制拆除挂桨机船13艘。② 在宝应,2004年完成拆改船舶325艘③,2005年完成拆改船舶120艘④。在姜堰,2004年共拆改挂桨机船549艘,2005年拆改660艘,2006年拆改231艘。⑤ 在如东,2006年10月底,已完成221艘钢质挂桨机船的拆改任务。⑥ 在新沂,2006年全部完成76艘挂桨机船舶的拆改任务。⑦

挂桨机船舶拆改工作的全面完成,使得淮河流域江苏航道及通航设施利用率大幅提高,船舶结构调整加快,水上交通事故明显下降,航运经济效益明显提高。苏北运河船舶航行速度提高约62.5%,过闸货物量增长77%;船舶净载重吨、平均吨位分别增长78%和116%;水上交通事故下降超过40%;船舶经济效益增长10%~15%。⑧

(3) 淮河流域安徽

淮河流域安徽各地设立专门机构,按照京杭运河船型标准化示范工程的具体要求,加大对辖区挂桨机船拆解改造力度,确保标准化工程落到实处。在淮南,2004年完成拆解改造船舶13艘⑨,2005年拆解改造船舶28艘⑩。在亳州,2004年拆解改造挂桨机船70艘⑪,2005年拆解改造69艘⑫,2006年拆解改造23艘⑬,2007年拆解改造87艘,4年共计拆改挂桨机船249艘⑭。在六安,2004年拆解改造船舶4艘⑮,2005年拆解改造7艘⑯,2006年拆解改造9艘⑰。在宿州,2005年拆解改造船舶30艘⑱,2006年拆解改造94艘⑲。在阜阳,2005年改造挂桨机船2艘⑳,2006年改造挂桨机船28艘㉑,2007年改造挂桨机船52艘㉒。在蚌

---

① 高邮市地方志年鉴编纂委员会.高邮年鉴:2007[M].北京:线装书局,2007:122.
② 高邮市地方志年鉴编纂委员会.高邮年鉴:2008[M].北京:方志出版社,2008:125.
③ 宝应县地方志办公室.宝应年鉴:2005[M].北京:方志出版社,2005:179.
④ 宝应县地方志编纂委员会.宝应年鉴:2006[M].北京:方志出版社,2006:149.
⑤ 姜堰年鉴编纂委员会.姜堰年鉴:2005[M].北京:方志出版社,2005:112;姜堰年鉴编纂委员会.姜堰年鉴:2006[M].北京:方志出版社,2006:155;姜堰年鉴编纂委员会.姜堰年鉴:2007[M].北京:方志出版社,2007:172.
⑥ 如东县地方志编纂委员会.如东年鉴:2006[M].北京:方志出版社,2006:173;如东县委党史办公室.如东年鉴:2007[M].北京:方志出版社,2007:163.
⑦ 新沂市史志办公室.新沂年鉴:2007[M].北京:中国文史出版社,2007:179.
⑧ 佚名.标准化船型助推京杭运河航运[J].船舶标准化工程师,2011(2):51-53.
⑨ 淮南年鉴编委会.淮南年鉴:2005[M].合肥:黄山书社,2005:93-94.
⑩ 淮南年鉴编委会.淮南年鉴:2006[M].合肥:黄山书社,2006:79.
⑪ 中共亳州市委党史研究室,亳州市地方编纂办公室.亳州年鉴:2005[M].北京:方志出版社,2005:180.
⑫ 中共亳州市委党史研究室,亳州市地方编纂办公室.亳州年鉴:2006[Z].亳州市地方志编纂办公室,2006:187.
⑬ 中共亳州市委党史研究室,亳州市地方编纂办公室.亳州年鉴:2007[Z].亳州市地方志编纂办公室,2007:194.
⑭ 中共亳州市委党史研究室,亳州市地方编纂办公室.亳州年鉴:2008[Z].亳州市地方志编纂办公室,2008:199.
⑮ 六安市地方志办公室.六安年鉴:2005[M].合肥:黄山书社,2005:45.
⑯ 六安市地方志办公室.六安年鉴:2006[M].合肥:黄山书社,2006:51.
⑰ 六安市地方志办公室.六安年鉴:2007[M].合肥:黄山书社,2007:43.
⑱ 宿州市档案局方志办.宿州年鉴:2006[M].合肥:黄山书社,2006:43.
⑲ 宿州市志办公室.宿州年鉴:2007[M].合肥:黄山书社,2007:47.
⑳ 阜阳市地方志编纂委员会.阜阳年鉴:2006[Z].阜阳市地方志编纂委员会,2006:259.
㉑ 阜阳市地方志办公室.阜阳年鉴:2007[Z].阜阳市地方志办公室,2007:150.
㉒ 阜阳市地方志办公室.阜阳年鉴:2008[Z].阜阳市地方志办公室,2008:167.

埠,2006年拆解挂桨机船46艘①,2007年拆解挂桨机船70艘②。在淮北,2007年拆解改造挂桨机船25艘③,2008年拆解改造挂桨机船135艘④。

综上所述,新中国成立以来,尤其是改革开放后,淮河流域各级部门抓住机遇,构筑水资源综合开发利用管理机制,逐步实现由部门主导型向政府主导型转变;根据淮河流域航运特点,创设多元化投融资环境与机制,进一步拓展流域航运业发展的投融资渠道;以航道网络化建设为重点,加快航道基础设施建设,改善航道结构,提高航道通达能力;推进港口的集疏运系统建设,优化港口生产布局,建设布局合理、功能完善、专业高效的现代化港口体系;加快推进船舶标准化进程,不断改善运力结构,推动船舶向标准化、大型化、专业化方向发展;建立健全立法、执法体系,广泛应用现代信息技术,进一步提升行业管理水平,保障淮河流域航运市场健康、有序发展。

第四节
当代淮河流域的航空建设与运输

民国时期兵连祸结,机场的修建以军事需要为主,没有为航空运输提供充足的发展条件。中华人民共和国成立后,淮河流域沿袭民国旧况,设备简陋,基础设施不配套,甚至没有符合标准的候机楼,航空运输处于低水平发展阶段。20世纪50年代中期后,淮河流域的航空运输进行组建,进入缓慢和曲折的发展阶段。改革开放后,淮河流域的航空运输事业进入新的发展时期。可以说,航空运输的兴起与发展,不仅推动交通事业向现代化转变,而且在加强地域交流方面起到不可替代的作用。

一、机场建设

航空运输又称商业航空。它在整个交通运输体系中,不同于公路、铁路、水路、管道运输,由于其在运输量方面占有较小比例,所以机场建设和航线规划,不可能如公路、铁路、水路那样延伸至社会的任何角落。在淮河流域,拥有航空运输机场的主要城市有安徽阜阳,河南郑州、开封,山东临沂、济宁,江苏徐州、盐城、连云港等。

---

① 蚌埠市地方志编纂委员会.蚌埠年鉴:2007[M].合肥:黄山书社,2007:178.
② 蚌埠市地方志办公室.蚌埠年鉴:2008[M].合肥:黄山书社,2008:177.
③ 淮北市地方志办公室.淮北年鉴:2008[M].合肥:黄山书社,2008:65.
④ 淮北市地方志办公室.淮北年鉴:2009[M].合肥:黄山书社,2009:61.

（一）郑州机场的建设

如果把规模作为衡量的标准,郑州机场是淮河流域最大的一个。郑州燕庄机场位于郑州市东北郊,初建于1942年。1950年中国人民解放军进驻该机场,并在原三合土结构跑道的基础上,重建一条混凝土结构跑道和滑行道及5条联络道,跑道可承受80吨以下各类飞机起降。该机场客机坪建于1960年,1982年扩建,可同时停放6～8架中小型飞机。① 1987年机场占地总面积达280多公顷。机场有候机楼、贵宾室、餐厅、招待所、航管楼、联检厅、办公楼等,并建有收报台、发报台、通信雷达、气象雷达、传真线路、油库等设施。② 1988年7月,河南省政府向中央上报《新建郑州民用机场项目建议书》。1991年底,在20多个新场址中,初步确定中牟县的圃田乡、郑庵乡,郑州东郊的南曹乡,新郑县的薛店乡和郭店乡等5个点进行比选。1992年10月,中央同意新建郑州薛店民用机场。1993年初,郑州薛店机场建设指挥部成立。③ 1997年8月,经过十年建设的郑州新郑机场正式通航。郑州新郑机场占地7 100余亩,跑道长3 400米,飞行区技术等级为4E级,可满足波音747-400型飞机全载起降;候机楼一期工程总面积为4.5万平方米,有12座廊桥与停机坪相通;机场装备世界先进水平仪表着陆系统、中级导航仪、测距仪,场区内设10万平方米的大型停机场和6 000平方米的货运仓库。④

（二）连云港机场和徐州机场的建设

苏北的徐州、连云港、盐城、淮安均有民用机场。其中连云港机场位于连云港市东海县白塔埠镇,机场总面积为315万平方米。1955年南京军区空军在连云港白塔埠镇征集土地,建二级永备机场。1956年动工兴建,全部工程于1957年建成。⑤ 1989年,航站扩建完成第一期工程,建成候机楼、航管楼、办公楼、招待所、车库、安全检查室、武警用房、停机坪远近导航台等配套设施,总面积为10万平方米。⑥ 1993年3月,机场进行二期扩建工程,8月工程竣工,9月恢复航班。二期扩建后的连云港机场飞行区等级指标为4D,设计代表机型为麦道82和波音767机型,停机坪可同时容纳3架大型客机。新设双向助航灯光系统、一类仪表着陆系统、全向信标台及测距仪、卫星通信、二次雷达等设备。⑦

徐州机场位于徐州市西北。1938年,日军于徐州九里山修建土机场。1950年,华东军区空军重建,机场的航站区域自安徽凤阳、固镇、宿县、符离集,山东邹县、鱼台和江苏丰县、沛县、徐州市区之连线。⑧ 1993年8月,中央批准徐州观音机场立项;1995年12月,批准观音机场开工;1996年1月,机场开工建设;1997年11月,机场通过验收,并正式开航。⑨ 观音

---

① 郑州市交通志编纂委员会.郑州市交通志[M].北京:方志出版社,1999:312.
② 河南省地方史志编纂委员会.河南省志:铁路交通志、民用航空志[M].郑州:河南人民出版社,1991:5-6.
③ 郑州市交通志编纂委员会.郑州市交通志[M].北京:方志出版社,1999:315-316.
④ 郑州年鉴编辑部.郑州年鉴:1998[M].郑州:中州古籍出版社,1998:212.
⑤ 江苏省地方志编纂委员会.江苏省志:交通志 民航篇[M].南京:江苏人民出版社,1996:25.
⑥ 连云港市地方志编纂委员会.连云港市志:中册[M].北京:方志出版社,2000:1365.
⑦ 连云港年鉴纂委员会.连云港年鉴:1999[M].北京:中国文史出版社,1999:170.
⑧ 江苏省地方志编纂委员会.江苏省志:交通志 民航篇[M].南京:江苏人民出版社,1996:27.
⑨ 江苏年鉴杂志社.江苏年鉴:1998[Z].江苏年鉴杂志社,1998:217.

机场是徐州市自筹资金、自己建设、自己管理、自己经营的民航机场,占地 3 800 亩,建筑面积为 5.7 万平方米;飞行区跑道长 3 400 米,可满足各类大中型飞机全重起降的要求;同时配备先进的通信、导航、灯光等设施,具备全天候开放的条件。①

(三) 临沂机场的建设

临沂沭埠岭机场规模比连云港白塔埠机场要小些。民国时期,山东临沂城西南苗庄建有临时飞机场,供军用飞机起降。1958 年 10 月,组建中国民用航空临沂站,属民航上海管理处和山东省交通厅双重领导。1960 年 2 月,民航山东省局组建后,归民航山东省局领导。1980 年,民航改为地方建制,临沂航站归民航山东省局领导。1993 年 4 月,临沂沭埠岭机场扩建工程获批立项。② 1998 年 11 月,临沂机场通过国家验收,12 月,停航 18 年的临沂机场全面复航。③ 建成后的临沂机场位于临沂市东郊,是一个条件较好的小型机场和通用航空飞行作业基地。机场占地 438 亩,有候机室、招待所等生产生活用房。④ 1998 年,完成扩建后的临沂机场占地 2 143.17 亩,场内各类房屋建筑面积为 22 206 平方米,其中候机楼为 5 800 平方米,另建有 9 000 平方米的停车场。⑤ 临沂机场跑道长 2 400 米,适用机型为 B737、A320 等中型客机及以下机型。站坪按 3 架 C 类飞机自行滑进滑出的使用要求设计,建有全天候航管、导航、气象、通信、灯光等配套设施。⑥ 2001 年,民航华东地区管理局批复同意换发临沂机场使用许可证,确定临沂机场为公共航空运输机场,飞行区技术等级为 4C 级。⑦

(四) 阜阳机场的建设

淮河流域最小的民用机场,应是安徽的阜阳机场。1957 年安徽省政府决定在阜阳县城西南双谷堆修建阜阳机场。当年秋季施工,国家拨黄豆、大米以工代赈。⑧ 1958 年 2 月,阜阳西关机场试航成功,3 月,阜阳至合肥航线通航。后经过两次扩建,1992 年 3 月,确定机场飞行区等级定为 2B,适用范围为全重运 5 型飞机。1994 年,阜阳西关机场关闭。⑨ 1992 年,决定以对西关机场扩建的名义择址重建阜阳机场,1994 年 2 月,阜阳民用机场获批同意扩建,11 月,正式开工建设。1998 年 9 月,阜阳机场初步通过验收,并完成试飞。12 月,阜阳机场建设通过验收,并被颁发机场使用许可证。⑩ 阜阳机场位于阜阳市区西南,为民用二级机场。飞行区等级标准按 4D 级规划、4C 级建设,跑道长 2 400 米。⑪

---

① 徐州年鉴编纂委员会. 徐州年鉴:1998[M]. 徐州:中国矿业大学出版社,1999:190.
② 山东省地方史志编纂委员会. 山东省志:交通志 1986—2005[M]. 济南:山东人民出版社,2015:447.
③ 山东年鉴编辑部. 山东年鉴:1999[Z]. 山东年鉴社,1999:239.
④ 山东省地方史志编纂委员会. 山东省志:交通志[M]. 济南:山东人民出版社,1996:688.
⑤ 临沂年鉴编辑部. 临沂年鉴:2005[M]. 北京:中华书局,2005:192.
⑥ 临沂年鉴编辑部. 临沂年鉴:2010[M]. 北京:中华书局,2010:255.
⑦ 山东省地方史志编纂委员会. 山东省志:交通志 1986—2005[M]. 济南:山东人民出版社,2015:448.
⑧ 安徽省地方志编纂委员会. 安徽志:交通志[M]. 北京:方志出版社,1998:614.
⑨ 阜阳市地方志编纂委员会. 阜阳市志:1986—2010[M]. 合肥:黄山书社,2014:212-214.
⑩ 阜阳市地方志办公室. 阜阳年鉴:1999[M]. 合肥:黄山书社,1999:65.
⑪ 阜阳市地方志编纂委员会. 阜阳市志:1986—2010[M]. 合肥:黄山书社,2014:214.

二、航线航班

衡量民用机场的指标不单是机场规模,航班航线亦是十分重要的参考因素。我国把航线分为国际航线、国内航线(干线、支线、地方航线)和地区航线三类,依此,航班则分为国际航班和国内航班。如果以国际航线航班的开通和国内航线航班的多寡作为标尺,郑州机场较淮河流域其他民用机场则处于优势地位。

(一)郑州机场的航线航班

从 1956 年起,郑州机场先后开辟 30 多条航线,到 1985 年底,经停郑州的航线尚有 9 条,每周 32 个航班。1986 年,在原经营航线的基础上,新开辟 2 条航线,即济南—郑州—西安、青岛—郑州—西安航线。[①] 1995 年,又先后开辟郑州—沈阳—哈尔滨、郑州—南宁、郑州—武汉—长沙、郑州—深圳—湛江、郑州—温州、郑州—广州—湛江、郑州—广州—汕头等航线。[②] 1998 年新开辟郑州至新加坡、俄罗斯、日本等国际航线,完成 6 班国际包机飞行,外籍飞机首次飞进郑州。是年,郑州新郑机场每周进出港航班达 448 班,可通达全国 48 个大中城市。增加的航线主要有郑州—北京、郑州—上海、沈阳—郑州—贵阳、乌鲁木齐—郑州—青岛、郑州—澳门—台北包机航线。[③] 2007 年,引进春秋、东星、西部、四川等多家航空公司开通郑州航线,引进大韩航空公司开通郑州—首尔航线。在郑州机场运营的航空公司有 17 家,通航城市有 51 个,省会城市除西安、石家庄、拉萨外均已通航。[④] 2009 年,郑州航线总数达 82 条,新增通航点 7 个,通航点总数达 56 个。增开泰国曼谷、中国台湾等客运航线,开通中国香港货运定期航线。[⑤] 1958—1994 年郑州机场的航线航班情况如表 4.16 所示。

表 4.16 1958—1994 年郑州机场航线航班一览表

时 间	航 线	航 班	机 型
1958 年 12 月 29 日	郑州—南阳		安 2
1960 年 3 月 12 日	郑州—沈丘	每周 2 班	安 2
1960 年	北京—郑州—武汉—长沙—广州	每周 4 班	伊尔 14
1961 年 10 月 1 日	北京—郑州—武汉—长沙—贵阳	每周 1 班	伊尔 14
1962 年 10 月 1 日	北京—郑州—武汉—长沙—贵阳—昆明	每周 1 班	伊尔 14
1963 年 10 月 1 日	北京—郑州—武汉—贵阳—成都	每周 1 班	伊尔 14
1964 年 4 月 1 日	北京—郑州—长沙—南宁	每周 2 班	伊尔 14
1964 年 4 月 8 日	上海—南京—郑州—西安—兰州	每周 2 班	伊尔 14

---

① 郑州年鉴编辑部. 郑州年鉴:1987[Z]. 郑州年鉴编辑部,1987:145-146.
② 郑州年鉴编辑部. 郑州年鉴:1996[Z]. 郑州年鉴编辑部,1996:198.
③ 郑州年鉴编辑部. 郑州年鉴:1999[M]. 郑州:中州古籍出版社,1999:209.
④ 郑州年鉴编辑部. 郑州年鉴:2008[M]. 郑州:中州古籍出版社,2008:337.
⑤ 郑州市地方史志办公室. 郑州年鉴:2010[M]. 郑州:中州古籍出版社,2010:355.

续表

时 间	航 线	航 班	机 型
1964年4月8日	上海—南京—郑州—西安—兰州	每周2班	伊尔14
1967年4月1日	西安—郑州—南京—上海	每周2班	伊尔14
1969年4月16日	兰州—西安—郑州—天津—沈阳	每周1班	伊尔14
1970年10月1日	沈阳—北京—郑州—武汉—长沙	每周1班	伊尔14
1972年	上海—南京—郑州—西安	每周1班	伊尔14
1973年11月1日	北京—郑州—昆明	每周1班	伊尔18
1974年4月1日	北京—郑州—广州	每周1班	伊尔18
1974年7月1日	西安—郑州—北京—沈阳	每周1班	伊尔14
1974年11月1日	北京—郑州—武汉—贵阳	每周1班	伊尔14
1974年11月1日	兰州—西安—郑州—北京—沈阳	每周2班	伊尔14
1974年11月1日	兰州—西安—郑州—北京—西安	每周2班	伊尔14
1975年4月1日	广州—长沙—武汉—郑州	每周2班	安24
1975年11月1日	太原—长沙—郑州	每周1班	伊尔14
1975年11月1日	成都—西安—郑州	每周1班	伊尔14
1976年4月1日	上海—郑州—西安	每周1班	三叉戟
1976年11月1日	北京—郑州—武汉	每周2班	伊尔14
1978年3月16日	南阳—郑州	每周6班	运5
1979年2月17日	上海—合肥—郑州	每周1班	伊尔14
1983年11月1日	广州—长沙—郑州	每周2班	安24
1984年3月16日	北京—郑州—武汉	每周2班	伊尔14、运7
1984年3月16日	南阳—郑州	每周3班	运5
1984年11月16日	北京—石家庄—郑州—长沙—广州	每周1班	安24
1985年10月15日	宜昌—郑州—北京	每周2班	安24
1986年3月16日	济南—郑州—西安	每周2班	肖特360
1986年11月16日	青岛—郑州—西安	每周2班	安24
1986年11月	上海—南京—郑州	每周2班	安24
1986年11月	兰州—西安—郑州—南京	每周2班	安24
1986年11月	西安—郑州—青岛	每周2班	安24
1987年3月	石家庄—郑州—长沙—广州	每周1班	安24
1987年5月10日	郑州—香港	每周1班	波音737
1987年10月	北京—郑州—长沙	每周2班	BAE146
1987年12月	太原—郑州	每周1班	运7

续表

时 间	航 线	航 班	机 型
1988年3月	哈尔滨—沈阳—天津—郑州	每周3班	运7
1990年4月	长春—沈阳—天津—郑州	每周1班	运7
1990年4月	乌鲁木齐—郑州—福州	每周1班	图154
1990年4月	呼和浩特—北京—郑州—襄樊	每周2班	运7
1990年9月	厦门—郑州	每周1班	波音737
1991年9月	郑州—黄岩	每周2班	运7
1991年10月	郑州—北京	每周3班	运7
1991年10月	郑州—南昌—厦门	每周1班	运7
1991年10月	郑州—南昌—福州	每周2班	运7
1991年10月	郑州—南京—上海	每周2班	运7
1992年7月	郑州—深圳	每周2班	波音737
1993年4月	郑州—海口	每周5班	波音757
1993年4月	郑州—武汉	每周1班	运7
1993年4月	郑州—长沙	每周2班	运7
1993年10月	郑州—宜昌	每周2班	运7
1993年10月	郑州—沈阳	每周2班	波音737
1993年10月	郑州—大连	每周2班	波音737
1994年4月	郑州—西安	每周2班	运7
1994年4月	郑州—哈尔滨	每周3班	波音757
1994年4月	郑州—长春	每周2班	波音737
1994年4月	郑州—上海	每周4班	波音737
1994年4月	郑州—福州	每周3班	波音737
1994年4月	郑州—青岛	每周1班	波音737
1994年6月	郑州—南京—烟台	每周2班	运7
1994年6月	郑州—宁波	每周2班	波音737
1994年6月	郑州—温州	每周2班	波音737
1994年10月	郑州—成都	每周4班	波音737
1994年10月	郑州—重庆	每周3班	波音737
1994年10月	郑州—昆明	每周4班	波音737
1994年10月	郑州—乌鲁木齐	每周2班	波音737

资料来源:河南省地方史志编纂委员会.河南省志:铁路交通志、民用航空志[M].郑州:河南人民出版社,1991:15-18;郑州市交通志编纂委员会.郑州市交通志[M].北京:方志出版社,1999:323-325.

(二) 连云港机场和盐城机场的航线航班

苏北的徐州、连云港、盐城和淮安机场设有民航航站,其航班航线经历从无到有、从少到多的稳定发展历程。1985年1月,民航连云港站成立,开通北京、上海、南京、济南等4条航线。① 1997年,连云港航站营运8条航线,分别是连云港至北京、广州、上海、厦门、沈阳、成都、大连、温州,每周有26个航班。② 1999年,连云港航站营运7条航线,分别是连云港至北京、广州、上海、厦门、沈阳、深圳、徐州,每周有16个航班。③ 2002年,连云港航站营运5条航线,分别是连云港—秦皇岛、北京—连云港—北京、广州—连云港—广州、温州—连云港—温州、连云港—上海。④ 2004年,连云港市成为国内民航客机始发港,确保连云港—北京每周7班、连云港—上海每周14班、连云港—广州每周4班、连云港—温州航线每周3班,新开辟连云港至大连、深圳、西安、郑州航线,航班数量达每周33个。⑤ 2007年,航班航线在上年每周3条(北京、上海、广州)、21个航班的基础上,增加到每周10条、36个航班,新增和恢复桂林、大连、杭州、沈阳、厦门等7条航线。⑥

1986年4月,盐城联合航空公司复航,相继开通盐城至南京、上海、北京、佛山、惠州、广州航线。2000年3月,盐城民航站正式通航,开通广州—盐城—北京航班。5月,盐城—广州航线延伸至桂林,每周2班,由南方航空(集团)公司B737飞机往返飞行。⑦ 2001年3月,盐城—广州由原每周2班调整为每周3班。10月,开通盐城—上海航线,每周2班,由中国国际航空公司BAE146飞机承运。⑧ 2004年4月,盐城—韩国汉城国际航班正式通航,由东航江苏公司A320飞机执飞,每周2班。加上原有的盐城—北京、盐城—广州航班每周7班,盐城民航站的航班达到每周9班。⑨ 2009年,盐城民航站主要航线航班为盐城—北京(每周7班)、盐城—广州(每周7班)、盐城—昆明(每周3班)、盐城—长沙(每周3班)、盐城—首尔(每周2班)、盐城—香港(每周2班)。另外,季节性开通盐城—哈尔滨、盐城—温州航线。⑩ 现将1988—2009年盐城机场的航班航线列表如表4.17所示。

表4.17 1988—2009年盐城机场航班航线一览表

时间	航线	航班	航空公司	机型
1988年11月11日	盐城—北京	每周1班	中国联合航空公司	子爵号
1991年3月5日	北京—盐城—佛山—盐城—北京		中国联合航空公司	伊尔18

---

① 连云港年鉴编纂委员会.连云港年鉴:1999[M].北京:中国文史出版社,1999:170.
② 江苏年鉴杂志社.江苏年鉴:1998[Z].江苏年鉴杂志社,1998:216.
③ 江苏年鉴杂志社.江苏年鉴:2000[Z].江苏年鉴杂志社,2000:206.
④ 江苏年鉴杂志社.江苏年鉴:2003[Z].江苏年鉴杂志社,2003:244.
⑤ 连云港市地方志办公室.连云港年鉴:2005[M].北京:方志出版社,2005:166.
⑥ 连云港市地方志办公室.连云港年鉴:2008[M].北京:方志出版社,2008:198.
⑦ 盐城市地方志编纂委员会办公室.盐城年鉴:2001[M].北京:方志出版社,2001:136.
⑧ 盐城市地方志编纂委员会办公室.盐城年鉴:2002[M].北京:方志出版社,2002:147.
⑨ 盐城市地方志编纂委员会办公室.盐城年鉴:2005[M].北京:方志出版社,2005:134.
⑩ 盐城市地方志编纂委员会办公室.盐城年鉴:2010[M].北京:方志出版社,2010:132.

续表

时间	航线	航班	航空公司	机型
1994年2月21日	盐城—惠州—杭州			
2000年3月29日	广州—盐城—北京		南方航空公司	波音737-500
2000年5月31日	盐城—广州—桂林	每周2班		
2001年3月5日—10月28日	盐城—南通—广州	每周3班		
2001年	盐城—北京	每周2班		
2001年10—11月	盐城—上海	每周8班	中国国际航空公司内蒙古分公司	BAE146
2001年10月28日—2002年3月	广州—盐城—徐州—北京	每周2班	南航广西公司	B737
2002年4—10月	盐城—广州	每周3班	南航广西公司	
2002年4—10月	盐城—北京	每周3班	山东航空公司	CRJ200
2002年8—9月	盐城—上海	每周3班	新疆阿尼古航空公司	ATR72
2003年4—10月	盐城—南通—广州	每周3班	南航广西公司	B737
2003年4—10月	盐城—北京		山东航空公司	CRJ200
2003年11月	盐城—北京	每周4班	海南航空公司	DON328
2004年4—10月	盐城—南通—广州	每周3班	南航广西分公司	B737
2004年4月8日	盐城—汉城（今首尔）	每周2班	东方航空公司江苏分公司	A320
2005年3月28日	盐城—温州	每周3班	海南航空公司	DON328
2005年	盐城—北京	每周3班		
2005年	盐城—广州	每天1班		
2006年	盐城—汉城（今首尔）	每周2班		
2006年	盐城—北京	每周3班		
2006年	盐城—南通—广州	每周3班		
2006年	盐城—温州	每周3班		
2007年3月27日	盐城—北京	每周3班	中国国际航空公司	B737
2007年	盐城—广州	每周1班		
2008年3月30日	盐城—北京	每天1班		
2008年	盐城—广州	每天1班		
2008年	盐城—汉城（今首尔）	每周2班		
2008年7月2日—10月25日	桂林—盐城—大连	每周2班	南方航空公司	波音737

续表

时间	航线	航班	航空公司	机型
2009年1月6日	昆明—盐城—哈尔滨	每周3班	东方航空公司云南分公司	波音737
2009年6月20日	盐城—香港	每周2班	东方航空公司	空客320
2009年7月23日	盐城—新加坡			

资料来源：盐城市交通运输志编纂委员会.盐城市交通运输志[M].北京：方志出版社，2015：235-236.

（三）临沂机场和济宁曲阜机场的航线航班

临沂机场于20世纪90年代前在通航与停航间反复，导致国内航线航班发展不稳定。1961年9月济南至临沂航线停航，1970年6月复航，1980年12月停航。[1] 1998年12月，临沂机场复航并投入运营，随后开通临沂至广州、温州、武汉、大连、青岛、济南等城市的航线，并逐步开通临沂至北京、义乌、晋江、郑州、西安、成都、南京、南昌、宁波、上海、重庆、厦门、沈阳、哈尔滨等城市的航线。[2] 2000年，开通临沂至广州、北京、上海、济南、青岛、大连等城市的航线。[3] 2001年，临沂机场航线总数为5条，皆为国内航线，通往8个城市。[4] 次年，机场航线增至12条，皆为国内航线，通往9个城市。[5] 2007年底，直飞临沂机场的航空公司有东航、上航、山航、中联航、华夏、鲍鹏航空、东航武汉分公司7家，每周航班有47个，可直达上海、北京、广州、青岛、西安、重庆、杭州、武汉、哈尔滨等9个城市，经过中转联程可达深圳、厦门等全国50多个大中城市。[6] 2008年，新开通哈尔滨、沈阳、武汉、西安、威海5条航线，至年底，临沂机场拥有12条航线，每周航班有52个。[7]

济宁曲阜机场于2008年1月开工建设，12月，取得民用机场使用许可证，中国南方航空开通济宁—广州航线。[8]

（四）阜阳机场的航线航班

阜阳机场较淮河流域内其他民用机场航班航线的规模要小得多。1958年2月，阜阳—合肥航线运5型飞机试航成功，3月正式通航，这是安徽省内第一条地方航线，每周有3班。[9] 1986年，航班减至每周2班，1989年3月，机场航班停飞。1992年3月，阜阳—合肥航线复航，每周有3班。[10] 1994年2月阜阳机场扩建，1998年12月正式通航。但通航后的

---

[1] 山东省地方史志编纂委员会.山东省志：交通志[M].济南：山东人民出版社，1996：691.
[2] 临沂市地方史志办公室.临沂年鉴：1998[M].济南：齐鲁书社，2000：205.
[3] 临沂市地方史志办公室.临沂年鉴：2001[M].香港：香港新时代出版社，2002：195.
[4] 山东年鉴编辑部.山东年鉴：2002[Z].山东年鉴社，2002：168.
[5] 山东年鉴编辑部.山东年鉴：2003[Z].山东年鉴社，2003：313.
[6] 临沂年鉴编辑部.临沂年鉴：2008[M].北京：中华书局，2008：223.
[7] 临沂年鉴编辑部.临沂年鉴：2009[M].北京：中华书局，2009：258.
[8] 山东年鉴编辑部.山东年鉴：2009[Z].山东年鉴社，2009：270.
[9] 安徽省地方志编纂委员会.安徽省志：交通志[M].北京：方志出版社，1998：607.
[10] 阜阳市地方志编纂委员会.阜阳市志：1986—2010[M].合肥：黄山书社，2014：213-214.

阜阳机场运营不佳,2001年7月停航,成为华东地区唯一没有航班的机场。2002年10月,新疆航空公司使用ATR72中型飞机执行阜阳—上海航班,结束了阜阳机场停航15个月的局面,3个月营运航班25个。① 2003年春节后,阜阳—上海航线停航。8月,海南航空公司使用多尼尔328执飞的阜阳—上海的航线开通,11月,南方航空公司汕头分公司使用波音737-300执飞阜阳—合肥—上海的航线开通,阜阳—上海的航班每周增至4个班次,4个月营运航班148个。② 2006年,华宇航空有限公司、南翱通用航空有限公司、南方通用航空有限公司等多家通用航空公司在阜阳机场进行驻场飞行。③ 自阜阳机场通航以来,先后开通近10条航线。其中,维持时间最长的是阜阳—合肥—广州航线,从1999年通航到2001年7月停航,运行了28个月;维持时间最短的是黄山—阜阳—北京航线,仅通航2个月。2009年4月和10月分别开通阜阳—广州和阜阳—北京航线。④

1998—2009年,阜阳机场的主要航线航班有:① 阜阳—武汉,1998年12月首航,武汉航空公司使用波音737飞机执行首航任务后,采用运7飞机执行阜阳—武汉航线,该线1999年4月停飞,运行10个月。② 阜阳—合肥—广州,1999年3月开通,南方航运公司采用波音737-300型飞机执飞,每周有2班,2001年7月停飞,运行28个月。③ 阜阳—九江—厦门,1999年6月开通,山西航空公司采用48座的运7飞机执飞,每周有3班,10月停航,运行4个月。④ 黄山—阜阳—北京,2000年7月开通,东方航空公司采用ATR型飞机执飞,每周有3班,当年9月停飞,运行2个月。⑤ 阜阳—上海虹桥,2002年10月开通,由新疆航空公司采用ART型飞机执飞,每周有2班,2003年3月停飞,运行6个月。2003年8月复航,海南航空公司采用CRJ200型飞机执飞,每周有2班,2004年3月停飞,运行8个月。2004年3月东航云南分公司采用CRJ200型飞机执飞,每周有3班,11月停航,执行8个月。⑥ 阜阳—合肥—上海虹桥,2003年11月开通,南航汕头公司采用波音737-300型飞机执飞,每周有2班,2004年3月停飞,运行4个月。2007年11月,东航安徽公司采用麦道M-90型飞机复航,每周有4班,2009年3月停飞,运行14个半月。⑦ 阜阳—广州,2009年4月开通,南方航空公司采用ERJ-145型飞机执飞,每周有3班。⑧ 阜阳—北京,2009年10月开通,中国联合航空公司采用波音B700-800型飞机执飞,每周有4班。⑤

三、航空运输

航空运输,简称"空运",它是利用飞机作为运输工具进行运输的一种方式。它包括运送人员、货物、邮件等,具有快速、机动的特点。航空运输虽然在淮河流域运输中,运量占比较小,但随着社会经济的快速发展,航空运输的作用越来越大。

(一)郑州机场的航空运输

郑州机场的规模和航班航线数量决定其主营业务在淮河流域内占据重要位置。1956

---

① 阜阳市地方志办公室.阜阳年鉴:2003[Z].阜阳市地方志办公室,2003:80.
② 阜阳市地方志办公室.阜阳年鉴:2004[Z].阜阳市地方志办公室,2004:136.
③ 阜阳市地方志办公室.阜阳年鉴:2007[Z].阜阳市地方志办公室,2007:148.
④ 阜阳市地方志办公室.阜阳年鉴:2010[Z].阜阳市地方志办公室,2010:145.
⑤ 阜阳市地方志编纂委员会.阜阳市志:1986—2010[M].合肥:黄山书社,2014:216-217.

年6月,开封航空站迁至郑州,改名为郑州航空站,8月正式开航,年旅客发运量为12人次,货邮发运量为0.793吨。1960年,年旅客发运量为438人次,货邮发运量为228吨。1978年,旅客发运量为25 166人次,货邮发运量为1 125吨。① 1994年,郑州机场共完成旅客周转量75.93万人次,货邮吞吐量8 611吨。② 1997年8月,郑州新郑机场正式通航。1998年是郑州新郑机场转场运营后的第一个空运生产年度,全年共完成旅客吞吐量145.92万人次,货邮吞吐量1.97万吨。③ 2003年,郑州新郑国际机场共保障本场飞行24 340架次,其中运输飞行23 738架次,完成旅客吞吐量186.9万人次,同比增长12.04%;货邮吞吐量2.99万吨,增长7.43%。④ 2006年,郑州新郑机场共安全保障飞行43 408架次,完成旅客吞吐量388万人次,货邮吞吐量50 827吨。⑤ 2009年,郑州新郑机场共保障飞行75 749架次,完成旅客吞吐量734.25万人次,货邮吞吐量7.05万吨。其中国际客运量增加52%,进出境旅客首次突破10万人次大关。⑥ 根据《河南年鉴》和《郑州统计年鉴》数据,郑州民航客货运输量如表4.18所示。

表4.18 1978—2009年郑州民航客货运输量一览表

年份	客运量(人)	货运量(吨)	客运周转量(万人千米)	货运周转量(万吨千米)
1978	19 921	1 092	—	—
1979	21 312	1 033	—	—
1980	19 084	670	—	—
1981	21 512	616	—	—
1982	19 610	530	—	—
1983	13 176	695	—	—
1984	18 054	777	—	—
1985	29 735	737	—	—
1986	43 010	705	—	—
1987	56 294	917	—	—
1988	18 091	245	—	—
1989	59 886	1 143	—	—
1990	95 154	1 566	—	—
1991	113 725	1 575	—	—

---

① 河南年鉴编辑部.河南年鉴:1984[Z].河南年鉴编辑部,1984:389.
② 河南年鉴编辑部.河南年鉴:1995[Z].河南年鉴社,1995:216.
③ 郑州年鉴编辑部.郑州年鉴:1999[M].郑州:中州古籍出版社,1999:209.
④ 河南年鉴社.河南年鉴:2004[Z].河南年鉴社,2004:216.
⑤ 河南年鉴社.河南年鉴:2007[Z].河南年鉴社,2007:183.
⑥ 河南年鉴社.河南年鉴:2010[Z].河南年鉴社,2010:167.

续表

年份	客运量(人)	货运量(吨)	客运周转量 (万人千米)	货运周转量 (万吨千米)
1992	138 097	1 275	—	—
1993	221 000	1 983	—	—
1994	381 890	3 182	—	—
1995	575 000	6 000	—	—
1996	720 000	6 000	—	—
1997	740 000	6 000	—	—
1998	740 000	7 000	—	—
1999	740 000	10 000	79 425	1 069
2000	820 000	10 000	87 606	1 281
2001	740 000	10 000	159 285	2 369
2002	820 000	10 000	184 096	2 506
2003	790 000	10 000	87 897	1 134
2004	2 180 000	20 000	252 438	3 135
2005	2 400 000	30 000	269 033	3 385
2006	2 970 000	40 000	336 132	4 818
2007	3 520 000	50 000	408 381	5 678
2008	3 560 000	40 000	412 014	5 080
2009	3 950 000	40 000	466 565	5 034

资料来源：郑州市统计局.郑州统计年鉴：1999[M].北京：中国统计出版社，1999：191；郑州市统计局.郑州统计年鉴：2000[M].北京：中国统计出版社，2000：330；郑州市统计局.郑州统计年鉴：2001[M].北京：中国统计出版社，2001：330；郑州市统计局.郑州统计年鉴：2002[M].北京：中国统计出版社，2002：320；郑州市统计局.郑州统计年鉴：2003[M].北京：中国统计出版社，2003：322；郑州市统计局.郑州统计年鉴：2004[M].北京：中国统计出版社，2004：316；郑州市统计局.郑州统计年鉴：2005[M].北京：中国统计出版社，2005：308；郑州市统计局.郑州统计年鉴：2006[M].北京：中国统计出版社，2006：310；郑州市统计局.郑州统计年鉴：2007[M].北京：中国统计出版社，2007：308；郑州市统计局.郑州统计年鉴：2008[M].北京：中国统计出版社，2008：312；郑州市统计局，国家统计局郑州调查队.郑州统计年鉴：2009[M].北京：中国统计出版社，2009：294；郑州市统计局，国家统计局郑州调查队.郑州统计年鉴：2010[M].北京：中国统计出版社，2010：292.

由表4.18数据可知，在客运量方面，1988年以前，郑州民航在13 176~56 294人区间来回波动；1989年后扶摇直上，1991年客运量首次突破10万人，1995年突破50万人，2004年突破200万人。1978—1987年，客运量的年均增长率为12.23%；1988—1997年，年均增长率为51.04%；1998—2007年，年均增长率为18.92%。在货运量方面，1988年以前，整体呈下降趋势，从1978年的1 092吨，下降到1988年的245吨。1989年以后增长的势头有加无已。1999 年首次突破 10 000 吨,2004—2007 年每年增加 10 000 吨,2007 年增至 50 000 吨。1978—1987 年,货运量的年均增长率为 -1.91%;1988—1997 年,年均增长率为 42.66%;1998—2007 年,年均增长率为 24.41%。

(二)连云港机场和徐州机场的航空运输

1984 年 7 月,连云港机场军民合用。1990 年,连云港航站旅客吞吐量为 2.2 万人次。① 1993 年,旅客吞吐量为 15 731 人次,货邮吞吐量为 156.2 吨。② 1996 年,旅客吞吐量为 108 413 人次,其中进港为 53 504 人次,出港为 54 909 人次;货邮吞吐量为 1 172.9 吨,出港货物为 542.7 吨。③ 1999 年,旅客吞吐量为 41 257 人次,货邮吞吐量为 801.6 吨。④ 2001 年,旅客吞吐量为 39 742 人次,货邮吞吐量为 707.8 吨。⑤ 2003 年,旅客吞吐量为 45 020 人次,货邮吞吐量为 662.7 吨。⑥ 2005 年,旅客吞吐量为 95 975 人次,货邮吞吐量为 933.5 吨。⑦ 2007 年,旅客吞吐量为 19.95 万人次,货邮吞吐量为 788.8 吨。⑧

1997 年 11 月,徐州观音机场首航。年底,徐州观音机场旅客吞吐量为 3 971 人次,货邮吞吐量为 20.2 吨。⑨ 2009 年,旅客吞吐量为 511 466 人次,货邮吞吐量为 3 251 吨。⑩ 1998—2008 年徐州观音机场航站客货吞吐量如表 4.19 所示。

表 4.19　1998—2008 年徐州观音机场航站客货吞吐量统计表

年份	运输架次	旅客(人)	过站旅客(人)	行邮货(吨)	行李(吨)	货物(吨)	客座率	载运率
1998	1 610	69 245	12 615	694.5	305.1	388.8	—	—
1999	1 552	78 637	8 821	894.1	331.3	562.8	46.3%	34.6%
2000	2 168	99 491	11 877	1 365.1	417.3	947.1	—	—
2001	1 836	71 166	14 273	1 242.9	334.0	908.9		
2002	2 822	88 294	15 514	1 268.3	409.9	858.4	47.3%	37.2%
2003	1 942	78 864	8 406	1 042.7	386.7	656.0	52.3%	42.5%
2004	3 042	135 250	14 147	1 734.2	629.7	1 104.4	59.4%	47.3%
2005	3 624	193 237	23 385	2 063.4	769.7	1 293.7	57.6%	44.9%
2007	5 988	414 057	54 090	4 196.7	7 503.4	2 693.3	61.6%	56.5%

---

① 江苏年鉴编纂委员会.江苏年鉴:1991[M].南京:南京大学出版社,1991:341.
② 江苏省人民政府.江苏年鉴:1994[Z].江苏年鉴杂志社,1994:206.
③ 江苏省人民政府.江苏年鉴:1997[Z].江苏年鉴杂志社,1997:288.
④ 江苏省人民政府.江苏年鉴:2000[Z].江苏年鉴杂志社,2000:206.
⑤ 江苏省人民政府.江苏年鉴:2002[Z].江苏年鉴杂志社,2002:233.
⑥ 江苏省地方志办公室.江苏年鉴:2004[Z].江苏年鉴杂志社,2004:264.
⑦ 江苏省地方志办公室.江苏年鉴:2006[Z].江苏年鉴杂志社,2006:325.
⑧ 江苏省地方志办公室.江苏年鉴:2008[Z].江苏年鉴杂志社,2008:253.
⑨ 徐州年鉴编纂委员会.徐州年鉴:1998[M].徐州:中国矿业大学出版社,1999:190.
⑩ 徐州市史志办公室.徐州年鉴:2010[M].南京:江苏人民出版社,2010:184.

续表

年份	运输架次	旅客（人）	过站旅客（人）	行邮货（吨）	行李（吨）	货物（吨）	客座率	载运率
2008	5 816	401 046	52 185	4 492.3	1 931.1	2 561.2	59.0%	53.8%

资料来源:徐州年鉴编纂委员会.徐州年鉴:1999[M].徐州:中国矿业大学出版社,1999:171;徐州年鉴编纂委员会.徐州年鉴:2000[M].徐州:中国矿业大学出版社,2000:173;徐州年鉴编纂委员会.徐州年鉴:2001[M].徐州:中国矿业大学出版社,2001:204;徐州年鉴编纂委员会.徐州年鉴:2002[M].南京:江苏古籍出版社,2002:176;徐州年鉴编纂委员会.徐州年鉴:2003[M].北京:中华书局,2003:169;徐州地方志编纂委员会.徐州年鉴:2004[M].北京:方志出版社,2004:145;徐州地方志编纂委员会.徐州年鉴:2005[M].北京:方志出版社,2005:196;徐州市史志办公室.徐州年鉴:2006[M].北京:方志出版社,2006:223;徐州市史志办公室.徐州年鉴:2008[M].北京:方志出版社,2008:195;徐州市史志办公室.徐州年鉴:2009[M].南京:江苏人民出版社,2009:198.

由表4.19可知,在客运方面,1998—2008年,徐州航站旅客吞吐量呈平稳上升态势。2003年以前,增减速度比较缓慢,2004年和2007年增加幅度最大,2004年首次突破10万人。这11年间,旅客吞吐量的年均增长率是19.20%。在货运方面,1998—2008年,邮货吞吐量整体呈现出先增后减再增的态势。2005年以前,邮货增减的幅度不大,2007年是增幅最大的一年。其中2000年首次超过1 000吨。这11年间,邮货吞吐量的年均增长率是20.52%。

（三）临沂机场和临沂机场的航空运输

临沂机场比徐州机场的客货运载能力稍逊一些,但在20世纪90年代末后一直保持两位数的增速。1958年10月建成民用航空临沂站,11月济南至临沂航线通航。1970年,临沂站旅客发运量仅有13人,货邮发运量为1.4吨;1976年,旅客发运量为991人,货邮发运量为4.9吨;1977年,旅客发运量为1 483人,货邮发运量为9.8吨,旅客发运量首次突破千人;1980年,旅客发运量为1 713人,货邮发运量为10.1吨。[1] 次年,临沂站停航。1998年11月,临沂机场恢复通航。1999年,临沂沭埠岭机场旅客吞吐量为2.3万人次,货邮吞吐量为420吨[2];2000年,旅客吞吐量为4.1万人次,货邮吞吐量为607.8吨[3];2003年,旅客吞吐量为4.5万人次,货邮吞吐量为604吨[4];2004年,旅客吞吐量为52 523人次,增长16.5%,货邮吞吐量为639.7吨,增长5.9%[5];2005年,旅客吞吐量为117 890人次,增长124.5%,货邮吞吐量为324吨,增长率为-49.4%[6];2006年,旅客吞吐量为159 301人次,增长35.1%,货邮吞吐量为489吨,增长50.1%[7];2007年,旅客吞吐量为217 627人次,增长

---

[1] 山东省地方史志编纂委员会.山东省志:交通志[M].济南:山东人民出版社,1996:696-697.
[2] 山东年鉴编辑部.山东年鉴:2000[Z].山东年鉴社,2000:191.
[3] 山东年鉴编辑部.山东年鉴:2001[Z].山东年鉴社,2001:201-202.
[4] 山东年鉴编辑部.山东年鉴:2004[Z].山东年鉴社,2004:305.
[5] 山东年鉴编辑部.山东年鉴:2005[Z].山东年鉴社,2005:288.
[6] 山东年鉴编辑部.山东年鉴:2006[Z].山东年鉴社,2006:299.
[7] 山东年鉴编辑部.山东年鉴:2007[Z].山东年鉴社,2007:286.

36.6%,货邮吞吐量为 510.5 吨,增长 4.4%①;2008 年,旅客吞吐量为 230 577 人次,增长 6.0%,货邮吞吐量为 703.2 吨,增长 37.7%②。2009 年,旅客吞吐量为 301 341 人次,增长 30.7%,货邮吞吐量为 1 163.4 吨,增长 65.4%。③

1992 年,济宁民航站旅客运送量为 12 143 人次④;1993 年,旅客运送量为 14 179 人次⑤;2009 年,旅客吞吐量为 119 332 人次,货邮吞吐量为 413.5 吨⑥。

(四)阜阳机场的航空运输

阜阳机场与淮河流域其他机场相比,客货的运载能力较低。1958 年 3 月,阜阳至合肥航线正式通航。1994 年,经民航华东管理局批准,阜阳西关机场关闭。其间 1992 年择址重建阜阳机场,1998 年 12 月完成首航的阜阳机场承担起航空运输工作。2000 年,阜阳机场的旅客发运量为 3 500 人,旅客吞吐量为 6 700 人。⑦ 2001 年,旅客发运量为 1 200 人,旅客吞吐量为 2 600 人;货物发运量为 10 吨,货物吞吐量为 30 吨。⑧ 2002 年,旅客发运量为 542 人,旅客吞吐量为 926 人。⑨ 2003 年,旅客发运量为 1 219 人,旅客吞吐量为 2 180 人。⑩ 2004 年,旅客发运量为 4 950 人,旅客吞吐量为 8 538 人;货物发运量为 13.5 吨,货物吞吐量为 26.0 吨。⑪ 2007 年,旅客发运量为 815 人,旅客吞吐量为 1 186 人;货物发运量为 0.5 吨,货物吞吐量为 0.8 吨。⑫ 2008 年,旅客发运量为 2 704 人,旅客吞吐量为 4 271 人。⑬ 2009 年,旅客发运量为 9 392 人,旅客吞吐量为 17 406 人;货物吞吐量为 0.4 吨。⑭ 可以看出,2009 年是阜阳机场旅客发运量、吞吐量最多的一年,2002 年是旅客发运量、吞吐量最少的一年。2000—2009 年,旅客发运量的年均增长率为 11.59%,旅客吞吐量的年均增长率为 11.19%。

总之,新中国成立初,淮河流域经济基础相当薄弱,农业、工业、商业百业待兴,航空运输业在此背景下步履维艰地发展起来。但在 20 世纪六七十年代,由于政治、经济、社会等方面原因,淮河流域航空运输业遭到阻碍和打击,发展无从谈起。改革开放后,航空运输业重回正轨,随着社会主义市场经济体制的确立,航空运输业迅速发展,逐渐与公路、铁路、航运成为流域交通运输体系中不可缺少的一部分,成为推动流域经济发展的重要因素。

---

① 山东年鉴编辑部.山东年鉴:2008[Z].山东年鉴社,2008:249.
② 山东年鉴编辑部.山东年鉴:2009[Z].山东年鉴社,2009:271.
③⑥ 山东年鉴编辑部.山东年鉴:2010[Z].山东年鉴社,2010:295.
④ 山东省济宁市统计局.济宁统计年鉴:1992[Z].山东省济宁市统计局,1993:159.
⑤ 山东省济宁市统计局.济宁统计年鉴:1993[Z].山东省济宁市统计局,1994:185.
⑦ 安徽省统计局.安徽统计年鉴:2001[M].北京:中国统计出版社,2001:498.
⑧ 安徽省统计局.安徽统计年鉴:2002[M].北京:中国统计出版社,2002:446.
⑨ 安徽省统计局.安徽统计年鉴:2003[M].北京:中国统计出版社,2003:451.
⑩ 安徽省统计局.安徽统计年鉴:2004[M].北京:中国统计出版社,2004:443.
⑪ 安徽省统计局.安徽统计年鉴:2005[M].北京:中国统计出版社,2005:449.
⑫ 安徽省统计局,国家统计局安徽调查总队.安徽统计年鉴:2008[M].北京:中国统计出版社,2008:469.
⑬ 安徽省统计局,国家统计局安徽调查总队.安徽统计年鉴:2009[M].北京:中国统计出版社,2009:441.
⑭ 安徽省统计局,国家统计局安徽调查总队.安徽统计年鉴:2010[M].北京:中国统计出版社,2010:453.

第五章
当代淮河流域的商业、城市与财政金融

中华人民共和国成立后,淮河流域商业、城市和财政金融经历了几番波折式的发展。从商业来看,短暂的新民主主义社会使得淮河流域商业经济主体保持多元化和多样性,个体商业、国营商业和集体商业等多种经济类型并存。"三大改造"后,个体商业急剧萎缩,国营商业和集体商业快速发展。"文革"期间,个体商业遭到极大摧残,国营与集体商业缓慢地发展着。改革开放后,淮河流域个体商业迅猛发展,更为多元化的商业类型铺展开来。从城市来看,淮河流域市政建设步伐加快,市容面貌得到改观,公共交通事业逐步发展起来。尤其是改革开放后,淮河流域的城市建设进入快车道。从财政金融业来看,淮河流域财政金融政策对促进经济发展起到了积极作用。改革开放后,淮河流域财政金融体系日趋完善,财政支出更多投向民生,金融业加大对各行业的支持力度,财政金融业在推进经济建设中的重要性更加凸显。

第一节
当代淮河流域商业的变迁

新中国成立后,经过社会主义"三大改造",淮河流域国营商业的主导地位得到确立和巩固,供销合作社等集体商业迅速扩大,个体商业体量骤降以至几乎灭迹,其他各种商业形态也渐至凋零。淮河流域各个地市的各种商业主体的数量和地位也相应地发生了很大的变化。改革开放后,淮河流域多种商业主体再现之前难以比拟的竞争和繁荣局面,尤其是个体商业如雨后春笋,其量可观,外商和港澳台经济也进入商业领域;各商业机构和人员逐年增加;城乡市场布局日趋合理和完善,市场个数和交易额增量可观;社会消费品零售总额也逐年增长,人均消费品价值趋增,高科技商品、电器和电子消费品、高价值的耐用工业品等进入淮河流域的寻常人家;对外商业贸易范围扩至许多国家和地区,淮河流域生产的各种商品也同时流入了国际市场。

一、商业体制的变迁

淮河流域商业体制的变迁经历新中国成立初期的政府轻松管控、五大经济主体的共存,至20世纪50年代中期,公有制商业主体占绝对统治地位,计划管制机制建立,至"大跃进""反右倾""大饥荒"阶段,公有商业主体动荡波折,个体商业继续萎缩,再至"文革"时期,在全国性政治动荡中公有制商业主体呈曲折发展态势,管理混乱,体量有所上升,个体等"非社会主义"商业主体几无立足之地,发挥国计民生的作用微乎其微。

(一)国营商业主导地位的确立和巩固

1949—1952年,全国经济领域特别是私营工商界经历了从观望到服从的过程。私营工商业者开始按照国家意图,在新环境中追求生存和发展。1953—1957年,国家完成了对资本主义工商业的社会主义改造,国营商业的主导地位完全确立。1958—1978年,国营商业也相应出现波折,但规模、体量还是在缓慢增大,其在商业领域的主导地位没有改变,集体合作商业则受到极大的冲击。

淮河流域的范围是一个完整的地理单元,但从行政区域来看,则分属于豫、皖、苏、鲁等省,且在改革开放前的近30年间,全国各地的商业体制具有同质性。1949—1978年,淮河流域河南、江苏、安徽三省的商业类型变动巨大,其中1952—1957年是变化的关键时期。1952年国营商业机构的社会商品零售总额,涉淮的河南和江苏只有0.02亿元,1957年骤升至8.17亿元和9.74亿元,1965年又进一步升至16.55亿元和18.52亿元,1975年河南、安徽、江苏的数字分别达到45.84亿元、20.28亿元和36.53亿元,1978年又增至50.02亿元、22.90亿元和44.98亿元。除了逐步确立垄断地位的国营商业外,集体所有制商业的社会商品零售总额也毫不逊色,甚至在某些年份还超过了国营商业。如1957年江苏的集体商业零售总额是12.57亿元,超过同年国营商业的9.74亿元;1965年是24.13亿元,超过同年国营商业的18.52亿元;1978年是59.50亿元,超过同年国营商业的44.98亿元。而经过社会主义改造后,1957年,其他各种经济类型中,河南是1.47亿元,江苏是5.55亿元;个体经济中,河南是0.37亿元,江苏是1.32亿元。① 可见,国营和集体两种所有制商业得到重视和发展,其他各种经济类型和个体经济在商业领域中处于边缘化的位置。

下面以淮河流域的宿州地区、淮南市、阜阳地区等为例,说明改革开放前淮河流域国营商业体制的发展历程以及其中的诸多问题。

1. 宿州地区

1953年下半年开始,开始加强对私营批发商的限制。1954年7月,根据私营批发商的复杂情况,分不同行业、不同情况,有计划地代替私营批发商。到1955年,宿州地区基本完成对私营批发商的社会主义改造。在改造私营批发商的同时,对私营零售商也进行了社会主义改造。私营零售商户数多,从业人数多,同广大人民的生活十分密切。对私营零售商的改造,大致可分为两种类型:一是对商业资本家的改造,主要是通过国家资本主义的经济形式逐步完成的;二是对小商小贩的改造,改造的基本途径是合作化,分别纳入三种形式:约15%的小商店参加定息形式的公私合营,约25%的小商店组成合作商店,约60%的小商店组成合作小组。

1958年,在"大跃进"的影响下,宿州地区对商业工作进行大合大并,小合作转为大集体,部分厂、店过渡为国营或地方国营,一些购销流动商贩和供应网点撤销,并入国营的小商小贩有吃"大锅饭"的思想,出现了服务态度差、营业时间短等问题。1961年,根据中央"调整、巩固、充实、提高"的八字方针,改革商业管理体制,调整合营合作商店(组)的组织机构,把一些不符合条件的小商小贩人员,从合营企业中调出,分别纳入各行业体的合作商店(组)。仅宿州一地,就从合营企业中把244人分别纳入各行业体的合作店(组),把原来8个合作商店改划为47个。

"文革"时期,宿州地区集体商业的经营管理陷于混乱之中,集体商店公私方经理被视为"走资派",一些带有民族艺术色彩的龙凤仕女、民间传说图案的商品,皆被视为"四旧"而被毁。1971年起,除烟酒、饮食服务行业保留一部分集体制之外,其余全部转为全民所有制,以国营企业取代集体小行业,同时明确规定"除国营商业外,合作社和组、小商贩都被取消,几条渠道变成单一渠道的独立自主经营"②。

2. 淮南市

新中国成立初期,淮南市仅有酒类专卖处一家公营单位从事白酒经营业务。1950年5月,皖北百货及粮食分公司在淮南设立经营机构。此后,煤建、土产、盐业等公司相继成立,

---

① 河南省统计局.河南经济年鉴:1994[M].北京:中国统计出版社,1994:299;安徽省统计局.安徽经济年鉴:1994[M].北京:中国统计出版社,1994:278-279;江苏省统计局.江苏经济年鉴:1994[M].北京:中国统计出版社,1994:204.
② 安徽省地方志编纂委员会.宿州地区志[M].北京:方志出版社,1996:273-274.

酒类专卖处也于 1951 年组建烟酒专卖公司。1952 年,淮南市建立国营专业公司 5 家,商业及门市部 23 个,国营商业商品零售额比 1950 年增长 6.5 倍。国营商业逐步取得了领导市场的主动权。

"一五"期间,淮南市国营商业在经营规模上有较大突破。商品销售持续增长。1957 年,全市国营商业系统已成立专业公司 16 家,经营网点 98 个。国营商业在社会商品零售总额中的占比迅速扩大,由 1951 年的 34% 上升到 1957 年的 63.3%(如包括公私合营和合作社则为 99.68%)。批发销售除手工业产品自销外,已全部为国营、供销社商业所代替。

1958 年,淮南市国营商业机构几经调整,经营门类由生活消费资料扩大到生产资料,工矿生产建设需要的工具材料以至机电设备,以及农业生产需要的农机具、药械、肥料等均有经营。据统计,1958 年全年供应钢材 21 万公斤、生铁 14.5 万公斤、铅丝 21.4 万公斤、元钉 35 万公斤,农药和化肥超 100 万公斤。"文革"期间,日用工业品、大部分农副产品乃至蔬菜统由国营和集体商业经营,商品流通渠道单一,市场物资匮乏,商品购销勉强维持在低水平的平衡中。改革开放后,国营商业进行全面改革,商业网点建设有了较大的发展。到 1990 年,除已划出商业系统的纺织、煤炭、医药、水产、蔬菜等公司外,全市共有国营专业公司 8 家,已形成一个营业设施完善、服务功能齐全、经营门类繁多、网点遍布全市的国营商业体系。[①]

3. 阜阳地区

1950 年,原皖北贸易公司阜阳分公司划分组建百货、土产、花纱布和盐业 4 家专业公司,并在各县、市设立分支机构。1951 年成立阜阳煤炭经营处和畜产品办事处。1953 年成立阜阳食品、油脂、石油、中药材分公司,并在有关县设立相应专营机构。1955 年又按经济区划在全地区主要集镇设立工业品分销处和食品收购站。到 1957 年底,阜阳地区国营商业机构网点已发展到 2 332 个。1958 年,商业管理上实行国、合商业合并、政企合一的体制,把合作店、组转为国营,关闭集市贸易。1962 年前后,国、合商业分开设置,机构网点由 1960 年的 3 449 个减少到 2 553 个。1963 年,恢复原有专业公司和集体、个体商业,开放集市贸易,调整购销政策。国营商业采取对日用必需品平价定量供应,部分商品高价供应,农副产品实行物资奖售和换购政策。1965 年农副产品购进总值比 1962 年增长 86.7%,商业网点从 1962 年的 2 553 个增加到 3 014 个。

"文革"期间,阜阳地区商业遭遇严重的挫折和损失。1970 年前后,国、合商业再次合并,各县商业机构精简撤并,网点减少,经营管理职能大大削弱。与此同时,集体商业被砍掉,个体商贩被取缔,集市贸易被关闭。直到 1976 年前后,国、合商业再次分开,逐步恢复原有商业体系。改革开放后,对商业经济体制和管理体制进行改革,扶植集体商业的发展,并适当发展个体商业,逐步建立起以国营商业为主导的多种经济成分、多种经营方式、多条流通渠道、少环节、开放式的商品流通新体制。[②]

(二) 供销合作商业体制的建立和发展

新中国成立后,淮河流域各地市相继建立了合作总社及其基层供销合作社。1950 年,

---

① 淮南市地方志编纂委员会. 淮南市志[M]. 合肥:黄山书社,1998:963.
② 阜阳市地方志编纂委员会. 阜阳地区志[M]. 北京:方志出版社,1996:101.

淮河流域皖北地区有基层供销合作社 1 083 个,社员 630 209 人,基层专业供销社 51 个,社员 68 389 人。① 1953 年,计划经济体制逐步得到加强,国营商业和供销社商业进行了明确分工。1954 年,对私营工商业进行了社会主义改造;1955 年,加快了私营工商业向公私合营的步伐,并对高度集中统一的商品流通管理体制做了适时调整和充实。1957 年,随着淮河流域社会主义改造的基本完成,以国营商业和供销合作社为主体的国营经济、合作经济和合营经济多种经济成分并存的市场体系在淮河流域各地市初步建立起来。

1958 年开始的"大跃进",加之 1960—1962 年的"自然灾害",以及在"一五"计划实施中存在的基本建设冒进,社会主义改造过急过快,国家财政紧张等不利于商品经济发展的问题逐步显露,导致国民经济比例大失调,并造成严重的经济困难。其间,淮河流域各地市商业发展也受到较大冲击,商业机构、流通渠道被多次大并大撤大调整,特别是政企不分、"公有"当头日趋严重。集体所有制的供销社变成了"二官商",合作商店、合作小组和个体商业"一步登天"升为国营商业,经营上采取"大购大销"政策。虽统购统销政策的提出,对发展经济保证供给、稳定物价起到了积极作用,但从长远来看,它作为计划经济体制的重要组成部分,一定程度上限制了价值规律在农业生产和农产品经营中的作用,抑制了农业和农村商品经济的发展,导致市场购销出现大起大落,也使社会商业、饮食服务业网点大幅减少。②

此外以淮河流域淮南市为个案,对淮河流域供销合作体制的具体情况及其发展演变作一梳理,以窥斑见豹。

淮南市供销合作商业随着矿区政府的成立而诞生,1949 年相继创建了 6 个矿区职工消费合作社。1950 年 9 月,淮南市人民政府成立后,建立了蔡家岗、洞山、洛河和上窑 4 个基层供销合作社。1951 年 9 月,淮南市合作总社成立,由市政府和皖北合作总社双重领导,统一管理城市消费合作社、手工业生产合作社和农村基层供销合作社。

1954 年,随着国家对粮、棉、油等重要物资实行统购统销,淮南市供销合作社基本上控制了农村市场,负责对私营企业与手工业产品的加工、订货、收购、批发,退出工业品批发业务环节,基层供销社零售所需要的工业品从国营商业进货。这是国营合作商业第一次分工。

1955 年,按照国合商业城乡分工的原则,撤销淮南市合作总社,分别成立淮南市消费合作社、淮南市供销合作社和手工业生产合作社,淮南市供销合作社隶属淮南市人民政府,承担农村私营商业的社会主义改造任务,经营重心转移到农村,主要负责农村生产生活资料的供应和农副产品、废旧物资的收购,并参加集市贸易。这是国营合作商业第二次分工。

1956 年,按照"商品分工与地区分工相结合"的原则,国营合作商业进行了第三次分工,供销社退出干鲜蔬菜经营,接收了干鲜瓜果、茶、麻、陶瓷器经营业务。至此,供销合作商业的经营范围大体确定。

1958 年,淮南供销合作社机构并入商业局,1962 年恢复重建,三年经济调整时期,供销合作商业发挥了独特作用。

"文革"期间,淮南市供销社经营生产处于半停顿状态。1969 年 1 月,淮南市商业局、粮

---

① 1951 年皖北地区全区基层合作社社务综合计划表　档案号:J033-1-3[Z].安徽省档案馆.
② 河南省人民政府.河南六十年[M].北京:中国统计出版社,2009:108.

食局、供销社合并,成立淮南市生活资料供应站和生产资料购销站。供销社集体所有制性质被改为全民所有制。

1976年1月,淮南市供销合作社再次恢复成立,经营管理活动基本恢复正常,根据"以队建店,普及农村商业"的方针,淮南市供销社将农村生产大队的"双代店"增加到139个,次年发展到248个。该年,随着国家合作商店(组)政策的落实,少数合作商店(组)恢复经营。20世纪80年代起,"双代店"基本脱离供销社。至1983年,合作商店(组)脱离基层供销社的归口管理,实现自主经营,民主管理。①

总之,新中国成立初期,淮河流域建立供销合作商业体制,由地市级合作社及基层合作社组建其组织体系,并与国营商业分工有别,控制了农村重要物资的购销市场。随着社会主义改造的完成,以供销合作为主要成分的集体商业成为社会主义商业的主要组成部分。随着"大跃进"、人民公社、总路线的"三面红旗"运动及三年"自然灾害"的发生,在"公"字当头的旗帜下,供销合作商业政企严重不分,但对国计民生还是发挥了重要作用,也对自己的业务经营有了明确的范围界定。"文革"时期供销合作社商业处于半停顿的状态,集体所有制又被改为全民所有制。改革开放后,供销合作社和集体所有制等性质得到恢复,"双代店"业务得到增强,其承担的经济职能有所扩展,市场经济的规则在供销合作体制内逐步得到贯彻执行,取得了较好的经济效益。

(三) 个体和私营商业的衰落

个体和私营商业经过新中国成立初期短暂的繁荣以后,因社会主义改造的推进,在社会主义公有制的旗号下,走向衰落甚至灭迹势所必然。

1949年涉淮的河南省和江苏省的个体商业的社会商品零售总额分别为4.15亿元和7.59亿元,"三大改造"结束后的1957年骤降为0.37亿元和1.32亿元,"文革"发动前的1965年分别为0.80亿元和0.67亿元,"文革"结束前夕的1975年仅为0.19亿元和0.25亿元,安徽则为0.17亿元;改革开放开始的1978年,河南、安徽、江苏的个体商业社会商品零售额再滑至0.17亿元、0.18亿元和0.18亿元②,这对国民经济的贡献率达到几乎可以忽略不计的地步。

以下从阜阳地区、淮南市、宿迁地区的情况来进行具体分析。

1. 阜阳地区

1949年,阜阳地区私营商业有50 578户,从业人员有61 457人,资金为493.46万元,社会商品零售额为9 816.8万元,社会商品批发额为3 141万元。1952年2月,在全区工商界开展"五反"运动,该年全区私营商业降至30 985户,从业人员降到48 018人,资金急剧下降为62.7万元,销售额也仅为49.61万元,仅占1949年的0.5%;私营饮食服务业也是如此,从业户有1 008户,从业人员有2 349人,资金为23.41万元,销售额为44.01万元。在各种经济成分国民收入中的比例,私营合营经济占0.7%,个体经济占71.8%。1952年起实行对

---

① 淮南市地方志编纂委员会.淮南市志[M].合肥:黄山书社,1998:976-977.
② 河南省统计局.河南经济年鉴:1994[M].北京:中国统计出版社,1994:299;安徽省统计局.安徽经济年鉴:1994[M].北京:中国统计出版社,1994:278-279;江苏省统计局.江苏经济年鉴:1994[M].北京:中国统计出版社,1994:204.

资本主义工商业的社会主义改造。至1956年底,除个别户外,阜阳全区已有27 907户私营企业实现了全行业公私合营,私有商业转变为社会主义性质的商业。

1956年资本主义工商业社会主义改造高潮时,阜阳地区90%左右的小商贩组成了合作商店、合作小组。"文革"期间,城市个体商贩大部分以"无职业居民"下放到农村安家落户;农村个体商贩绝大部分被取缔。改革开放后,个体商业又逐步发展起来,下放农村的个体商贩大都回城劳动就业或重操旧业,城市闲散居民也找到了就业门路,农村富余劳动力走进集镇、城市摆摊设点。1985年,经过工商部门批准登记,持有营业执照的个体商业户有50 781户,从业人员有93 368人,注册资金为8 234万元;饮食业有12 408户,从业人员有25 257人,注册资金有789万元;服务业有7 251户,从业人员有15 776人,注册资金为627万元。①

2. 淮南市

1949年,淮南市政府在大力发展国(公)营、合作社商业的同时,积极引导和扶助个体私营商业的发展。1950年,市人民银行发放对私贷款138 362元。当年水灾后,国营公司主动扩大商品批零差价,提高批发起点,以解决私商经营困难。1952年末,全市个体私营商业(含饮食服务业)总户数已由1949年的1 145户发展到3 426户,营业额也由55.59万元上升到682.53万元,分别增长199.21%和1 127.79%。

1953年,采取代购代销、批购经销、加工订货、并店联营、互助合作等形式,把私营商业逐步纳入国家计划轨道。1955年9月,该市有私营商业764户(不含饮食服务业)纳入各种形式的国家资本主义范畴,占纯商业总户数1 635户的46.73%。1955年底,淮南市的私营工商业改造高潮迅速兴起。1956年,私营工商业社会主义改造任务完成以后,全市仅有个体商贩202户继续维持自营。在"大跃进"及"文革"期间,淮南市对私营经济采取排挤、代替、限制、取缔等手段,迫使多数商贩停业转业,至1976年全市仅有个体户226户。②

3. 宿迁地区

新中国成立初期,宿迁地区约有各种类型商店520个,个体摊贩有4 150个,从业人员为8 500人,年营业额为3 400万元。1958年以前,国家对个体私营商业实行社会主义改造,所有制结构发生重大变化。接下来因三年"自然灾害"以及"文革"时期"割资本主义尾巴"的影响,该市个体私营商业几乎销声匿迹,供销、物资、粮食等部门成为流通领域主角。③

二、市场主体多元与扩展

改革开放后,流域市场主体日趋多样化,除了国营(有)经济、集体经济外,私营经济、个体经济、股份制经济由小变大,外商投资和港澳台投资从无到有。商业网点的广泛布局,城乡集贸市场的繁荣,主体体量增大,说明市场主体规模不断扩展。

---

① 阜阳市地方志编纂委员会.阜阳地区志[M].北京:方志出版社,1996:434.
② 淮南市地方志编纂委员会.淮南市志[M].合肥:黄山书社,1998:961.
③ 江苏省统计局.数据见证辉煌:江苏60年[M].北京:中国统计出版社,2009:324.

（一）市场主体日趋多元

改革开放后，淮河流域商业流通领域开始进行变革，主要有开放城乡集市贸易，建立小商品批发市场，调整商品经营机制，改革商品购销政策，改革商贸流通企业的经营方式等。在 1984 年中央颁布《关于经济体制改革的决定》后，淮河流域逐步放开商品价格，在商贸流通领域尝试实行政企分开，推进各种形式的国营商业企业承包责任制，坚持给企业松绑、搞活的原则，充分调动企业的积极性，改革的效益成果显著。如信阳地区商城县，县商业局对所属公司、厂、经营处采取超利提成、利润包干、原店承包三种形式，企业对门店采取五种承包形式，即超利润分成、超利润全留、联销计酬奖、原店承包、离店经营。① 20 世纪 90 年代，国营商业继续完成承包责任制，继续引入竞争机制、风险机制，实行经理、厂长负责制等，发挥国营商业的主渠道作用。② 与此同时，随着我国社会主义市场经济体制的逐步确立，淮河流域开展了以企业产权关系为核心、股份合作制为主要形式的国有商业企业改革。进入 21 世纪，我国加入世界贸易组织以来，淮河流域商业经济领域改革的步伐进一步加快，市场主体相互促进，公平竞争。

淮河流域商贸业的经济类型从原先的国营（有）经济、集体经济一枝独秀，逐渐生发出多样化的趋势，私营经济、个体经济、股份制经济发展较快，尤其是个体经济、股份制经济，外商投资和港澳台投资也从无变有，由小变大。从淮河流域河南各地市的各所有制商业机构和人员来看，主要是全民所有制、集体所有制（包括供销合作社）、个体等，尤其是前两者占主体地位。淮河流域河南各地市各所有制商业机构和人员数如表 5.1 所示。

表 5.1　1990 年淮河流域河南各地市各所有制商业机构和人员数表

地市名称	全民所有制		供销合作社		其他经济类型		个体有证商业	
	机构数	人员数	机构数	人员数	机构数	人员数	机构数	人员数
郑州市	2 190	41 925	2 435	18 058	6 686	58 270	25 772	39 290
开封市	1 368	25 948	1 825	15 857	2 368	18 766	21 914	28 648
平顶山市	1 752	27 008	2 422	12 073	1 931	11 412	28 397	39 672
许昌市	1 140	22 473	1 358	10 198	3 033	16 152	14 439	22 229
漯河地区	801	16 542	968	7 045	1 139	4 245	11 878	17 502
商丘地区	1 979	31 847	3 764	25 843	1 902	11 925	31 542	46 012
周口地区	2 172	36 335	3 899	26 023	2 105	12 676	28 112	41 177
驻马店地区	2 437	38 471	4 233	22 116	2 663	17 360	28 813	37 597
信阳地区	3 248	46 137	5 778	28 207	2 963	21 950	26 133	35 302

注：机构数和人员数包括管理机构和经营机构。
资料来源：河南省统计局.河南经济年鉴：1991[M].北京：中国统计出版社，1991：475-477.

---

① 商城县商业局 1984 年度工作总结　案卷号：534[Z].商城县档案馆.
② 商城县商业局 1990 年度工作总结　案卷号：636[Z].商城县档案馆.

如果按经济类型来分,在淮河流域社会商品零售总额中,市场主体发生很大变化。淮河流域若干地市的社会商品零售总额如表5.2、表5.3所示。

表 5.2 1988—1991年淮河流域若干地市社会商品零售总额表

单位:亿元

年份	地市名称	社会商品零售总额	全民所有制	集体所有制	供销合作社	合 营	个 体	农民对非农居民
1988	蚌埠市	17.56	6.90	6.65	2.64	—	2.31	1.70
	淮南市	11.77	5.04	3.17	0.95	—	1.33	2.23
	淮北市	7.70	2.92	2.75	0.86		1.46	0.57
	阜阳地区	30.22	10.30	12.18	6.04	0.02	5.92	1.80
	宿县地区	19.49	7.13	7.74	3.73	0.004 6	3.15	1.42
	徐州市	44.32	16.53	18.76	8.94	0.01	6.23	2.79
	连云港市	22.19	7.78	9.42	4.25	0.03	3.40	1.56
	淮阴市	45.51	16.63	20.92	10.91	0.02	5.34	2.60
	盐城市	42.97	13.68	21.29	11.17	0.04	5.61	2.35
1989	蚌埠市	19.59	7.04	6.67	2.88	—	3.89	1.99
	淮南市	13.51	5.33	3.62	1.10	—	1.57	3.00
	淮北市	8.83	3.66	3.21	1.09	—	1.36	0.60
	阜阳地区	33.51	11.21	13.83	7.67	0.006 6	6.32	2.14
	宿县地区	21.35	7.92	8.88	4.83	60	2.97	1.57
	徐州市	50.70	19.59	21.09	11.03	—	6.49	3.53
	连云港市	23.55	8.30	10.00	4.92	0.02	3.34	1.89
	淮阴市	48.94	17.27	22.19	12.06	0.02	6.42	3.04
	盐城市	49.87	16.85	23.07	13.32	0.01	6.95	2.99
1990	蚌埠市	19.33	7.03	6.92	2.38	—	3.36	2.03
	淮南市	13.97	5.60	3.57	0.91	—	1.68	3.12
	淮北市	8.91	4.10	2.63	0.85	—	1.51	0.67
	阜阳地区	34.22	11.85	12.71	6.80	0.02	7.38	2.27
	宿县地区	20.99	7.95	8.51	4.05	—	2.95	1.57
	平顶山市	23.33	8.77	6.40	3.65	—	5.94	2.22
	许昌市	17.65	6.57	5.92	2.73	0.05	4.20	0.91
	漯河市	11.35	4.68	3.11	1.64	—	2.86	0.70
	商丘市	20.96	9.03	8.08	5.42	—	3.23	0.63
	周口市	26.84	10.36	9.83	6.50	—	5.52	1.12

续表

年份	地市名称	社会商品零售总额	全民所有制	集体所有制	供销合作社	合营	个体	农民对非农居民
1990	驻马店市	24.36	10.38	9.43	6.32	—	3.19	1.37
	信阳地区	25.22	8.89	9.21	5.01	—	5.50	1.85
1991	蚌埠市	19.71	7.60	6.47	2.12	—	3.50	2.13
	淮南市	15.05	6.17	3.61	0.81	—	1.86	3.41
	淮北市	9.94	4.59	2.81	0.81	—	1.79	0.76
	阜阳地区	36.54	14.13	12.40	6.53	0.02	7.63	2.37
	宿县地区	23.13	9.04	9.10	4.05	—	3.23	1.75
	徐州市	55.04	21.35	21.20	10.17	—	7.34	5.16
	连云港市	26.16	10.05	9.57	4.54	0.03	4.10	2.42
	淮阴市	51.60	18.37	22.03	12.18	—	7.52	3.68
	盐城市	54.35	19.70	22.14	12.93	—	8.96	3.56

表 5.3　1993—1997 年淮河流域若干地市社会商品零售总额表

单位：亿元

年份	地市名称	国有	集体	私营	个体	联合	股份制	外商投资	港澳台投资	其他
1993	蚌埠市	7.05	5.38	—	5.58	0.003 4	0.42	—	—	2.98
	淮南市	6.17	3.79	0.02	2.74	—	0.17	—	0.024 2	4.82
	淮北市	5.29	2.56	—	2.92	—	—	—	—	1.08
	阜阳地区	10.92	9.44	0.28	13.72	0.32	0.50	0.014 7	0.000 2	3.35
	宿县地区	8.72	5.68	—	5.00	—	—	—	—	2.54
1994	蚌埠市	7.32	8.33	—	8.35	—	1.00	—	—	6.29
	淮南市	7.46	4.50	0.01	3.42	—	—	—	0.29	6.31
	淮北市	5.52	3.82	0.06	3.23	0.05	0.29	—	—	1.77
	阜阳地区	14.14	10.51	0.02	24.38	0.08	0.52	—	—	3.74
	宿县地区	9.65	8.05	—	7.48	—	—	—	—	3.22
1997	蚌埠市	13.70	15.81	1.46	17.24	—	2.22	—	—	7.38
	淮南市	6.90	7.05	0.34	7.48	—	3.36	—	0.12	13.49
	淮北市	7.60	6.29	0.19	7.25	0.15	1.11	—	—	3.79
	阜阳市	29.69	24.51	1.35	64.80	0.20	5.06	0.73	0.19	9.13
	宿县地区	12.47	9.49	0.03	17.54	—	0.22	—	—	8.32
	平顶山市	20.03	8.56	0.24	26.19	0.003 2	0.05	0.01		8.81

续表

年份	地市名称	国有	集体	私营	个体	联合	股份制	外商投资	港澳台投资	其他
1997	许昌市	12.02	10.16	0.61	34.37	0.14	1.13	0.20	3.64	
	漯河市	5.42	5.88	0.92	26.76	0.08	0.48	0.04	4.73	
	商丘市	10.78	5.81	0.32	53.13	0.30	0.38	0.005 1	6.37	
	周口地区	11.01	8.98	0.17	53.15	0.01	0.27	0.039 8	2.90	
	驻马店地区	11.34	14.29	3.13	32.10		1.97		8.35	
	信阳地区	18.22	17.16	0.14	27.55	0.05	0.64	0.013	12.39	

注：阜阳市的数据包括新成立的亳州市在内。

表5.2、表5.3资料来源：安徽省统计局.安徽统计年鉴：1989[M].北京：中国统计出版社，1989：429；安徽省统计局.安徽统计年鉴：1990[M].北京：中国统计出版社，1990：455；安徽省统计局.安徽统计年鉴：1991[M].北京：中国统计出版社，1991：412；安徽省统计局.安徽统计年鉴：1992[M].北京：中国统计出版社，1992：347；安徽省统计局.安徽统计年鉴：1994[M].北京：中国统计出版社，1994：283-284；安徽省统计局.安徽统计年鉴：1995[M].北京：中国统计出版社，1995：311-312；安徽省统计局.安徽统计年鉴：1998[M].北京：中国统计出版社，1998：390；江苏省统计局.江苏经济年鉴：1989[M].北京：中国统计出版社，1989：255；江苏省统计局.江苏经济年鉴：1990[M].北京：中国统计出版社，1990：317；江苏省统计局.江苏经济年鉴：1992[M].北京：中国统计出版社，1992：255；河南省统计局.河南经济年鉴：1991[M].北京：中国统计出版社，1991：490；河南省统计局.河南经济年鉴：1998[M].北京：中国统计出版社，1998：438.

由表5.2、表5.3可以总结出以下特点：

(1) 全民和集体所有制所占各地市商品零售总额的比例总体呈缓慢下降的趋势，个体商业经济则显著上升。1988年，蚌埠市、淮南市、淮北市、阜阳地区、宿县地区的全民和集体两种所有制的零售总额就各占所在地市社会商品零售总额的77.16%、69.75%、73.63%、74.39%、76.30%。1990年，五地市的相关比例分别为72.17%、65.64%、75.53%、71.77%、78.42%。1991年，五地市的各商业所有制零售总额的占比也在微调，其分别为71.39%、64.99%、74.45%、72.60%、78.43%。而五地市的个体商业零售额对总额的占比从1988年的16.34%，到1991年增至32.95%，增长了一倍。徐州市、连云港市、淮阴市、盐城市、平顶山市、许昌市、漯河市、信阳地区、周口市、驻马店市、商丘市等淮河流域各地市的商业类型也呈现出类似的变化趋势。

(2) 淮河流域社会商业经济的类型更趋多样化，而外商和港澳台零售总额不断增加，发展却极不均衡。在社会消费品零售总额中，外商投资、港澳台投资在淮河流域有的地市开始出现，如1993年，阜阳外商投资和港澳台投资分别为147万元和2万元；1997年，阜阳外商和港澳台投资达7 298万元和1 926万元。1993年，淮南港澳台的商品零售总额为242万元，1994年，淮南港澳台的商品零售总额达2 900万元。平顶山市、许昌市、漯河市、周口市、驻马店市、信阳地区的外商与港澳台商业商品零售总额也有数百万元至2 000万元不等。各地市商业的外商和港澳台投资发展极不均衡，如1993年蚌埠市、淮北市、宿县地区则为零；1997年蚌埠市、淮北市、宿县地区也仍阙如，淮南市的港澳台投资为1 245万元，但外商投资经济亦是空白。

以2004年淮河流域安徽的淮北、亳州、宿州等六个地市为例,个体户数营业收支等状况如表5.4所示。

表5.4 2004年淮河流域安徽地市个体经营户经营状况表

地 市	户数合计	从业人员数(人)	营业收入（亿元）	营业支出			固定资产原价(亿元)
				总计（亿元）	其中：雇员报酬（亿元）	其中：缴纳税费（亿元）	
淮北市	43 525	77 078	65.11	42.95	1.78	1.67	9.41
亳州市	116 375	267 180	208.68	149.57	9.81	2.69	43.09
宿州市	104 916	290 158	132.58	105.76	5.10	2.65	30.47
蚌埠市	77 916	203 033	195.87	14.32	6.45	3.28	103.74
阜阳市	209 768	357 412	224.93	174.27	7.77	9.34	62.77
淮南市	60 760	176 168	102.16	79.76	3.96	2.34	27.06
合 计	613 260	1 371 029	929.33	566.63	34.87	21.97	276.54

注:亳州市的数据从原阜阳地区中另列出来。
资料来源:安徽省统计局.安徽统计年鉴:2005[M].北京:中国统计出版社,2005:489.

由表5.4可知,2004年,淮河流域的淮北、亳州、宿州等六个地市平均个体户数为102 210个,营业收入为929.33亿元,去除营业总支出566.63亿元,平均每一个个体户营业纯收入约为5.9万元,经营收入尚好。

(二)市场主体规模扩展

改革开放前,受多重因素的影响,淮河流域商品市场发展滞缓,商品市场主体少、规模小、布局分散零落,加之僵化的管理体制,总体供应能力十分有限,品种也较单一。改革开放后,淮河流域国有商业经过改革,实行政企分开、结构调整,商业服务业呈恢复性较快发展,市场商品供应总量持续扩大,逐渐实现商品供应由短缺向总量基本平衡的根本性转变,买方市场特征日益明显。特别是在一系列扩大内需、促进消费的宏观调控措施的作用下,消费市场繁荣活跃。淮河流域社会消费品零售总额除短暂时间的波动外,呈快速增长之势,如淮河流域安徽由1949年的5.1亿元增加到2008年的2 965.5亿元,增长580.5倍,年均增长11.4%,其中改革开放后年均增长14.8%,比1950年至1978年间年均增幅高6.8%。[①]

1. 商业网点布局

新中国成立后,淮河流域商业网点十分稀少,城市仅有国营商业机构百货大楼等少数商业场所,乡村则是延伸下来的供销社代销点,一般一个生产大队(相当于现在的行政村)才有一个代销点。改革开放后,淮河流域各地市的商业网点逐年增多,人气渐旺。如淮南市,

---

① 安徽省人民政府.安徽60年[M].北京:中国统计出版社,2009:8.

1980—1983年，新建商业、服务业网点38个，相当于原有营业面积的1/3。这些新网点建成后，大大方便了群众，特别是大型百货商场，品种大量增加，可以将全部经营商品陈列出来让顾客挑选。其中，蔡家岗百货商场于1983年"五一"节开业，上柜台的商品有15 300多个，顾客盈门，生意兴隆，仅一个月就销售78.36万元，一年可期1 000万元。① 进入20世纪90年代以来，淮河流域的商贸业发展快速，批发和零售贸易业的机构、网点和人员都在快速增长，县及县以下的网点数增长迅速，极大方便了乡、镇、村广大人民的生活。1997年淮河流域批发零售业、餐饮机构及网点的布局情况如表5.5、表5.6、表5.7所示。

表5.5 1997年淮河流域若干地市批发业法人机构、网点、人员数量

地市	批发业（合计）			市			县			县以下		
	法人机构	网点	人员	法人机构	网点	人员	法人机构	网点	人员	法人机构	网点	人员
蚌埠市	889	4 907	53 611	633	2 703	32 369	110	873	9 596	146	1 331	11 646
淮南市	201	1 229	14 768	142	837	11 641	22	120	1 461	37	272	1 666
淮北市	136	2 198	11 094	57	969	5 187	30	571	3 232	49	658	2 675
阜阳市	1 463	30 304	125 610	380	7 697	25 345	388	9 700	51 354	695	12 907	48 911
宿县地区	377	18 459	58 263	82	4 250	10 917	129	3 708	18 054	166	10 501	29 282

表5.6 1997年淮河流域若干地市零售业法人机构、网点、人员数量

地市	零售业（合计）			市			县			县以下		
	法人机构	网点	人员	法人机构	网点	人员	法人机构	网点	人员	法人机构	网点	人员
蚌埠市	963	33 814	116 551	894	14 529	62 749	60	6 908	22 117	9	12 377	31 685
淮南市	672	16 847	45 768	501	14 272	38 789	90	1 192	3 857	81	1 383	3 122
淮北市	226	16 265	40 243	155	8 539	25 775	38	2 905	5 708	33	4 821	8 760
阜阳市	478	106 858	277 819	112	13 761	36 950	158	25 287	78 880	208	67 810	161 989
宿县地区	144	40 721	90 801	33	5 402	12 976	70	6 878	26 554	41	28 441	51 271
平顶山市	314	2 960	26 394	146	930	11 858	92	825	9 092	76	1 205	5 444
许昌市	175	1 587	14 711	65	312	5 770	1	14	117	109	1 261	8 706
漯河市	113	395	6 861	68	230	4 442	30	75	1 563	15	90	856
周口地区	472	4 148	32 938	84	221	3 854	159	1 238	13 238	229	2 689	15 846

---

① 淮南市采取多种办法兴建商业网点　档案号：J104-4-94[Z].安徽省档案馆.

续表

地市	零售业（合计）			市			县			县以下		
	法人机构	网点	人员	法人机构	网点	人员	法人机构	网点	人员	法人机构	网点	人员
驻马店地区	420	4 481	30 135	42	194	4 295	166	1 410	15 235	212	2 877	10 605
信阳地区	347	4 139	24 009	26	154	2 452	110	697	7 893	211	3 288	13 664
商丘地区	408	2 505	21 008	14	114	2 305	103	784	8 204	291	1 607	10 499

表 5.7　1997 年淮河流域若干地市餐饮业法人机构、网点、人员数量

地市	餐饮业（合计）			市			县			县以下		
	法人机构	网点	人员	法人机构	网点	人员	法人机构	网点	人员	法人机构	网点	人员
蚌埠市	613	9 286	33 876	576	5 356	21 631	18	1 390	5 197	19	2 540	7 048
淮南市	273	6 171	18 129	242	4 976	14 565	19	620	1 598	12	575	1 966
淮北市	60	5 205	13 385	40	3 618	10 070	8	594	1 342	12	993	1 973
阜阳市	112	29 721	73 583	69	6 001	14 248	27	8 026	23 164	16	15 694	36 171
宿县地区	17	11 514	24 426	8	3 235	6 270	9	2 176	5 119		6 103	13 037
平顶山市	21	207	2 104	13	39	680	8	54	485		114	939
许昌市	8	34	480	5	19	297						
漯河市	7	22	257	5	6	193	2	16	64			
商丘地区	11	12	711	3	6	605	8	6	106			
周口地区	9	73	679				9	45	418			
驻马店地区	12	80	484	5	11	105	7	34	170		35	209
信阳地区	11	163	840	1	1	27	8	72	310	2	90	503

注：表5.5、表5.6、表5.7中阜阳市的数据包括亳州市在内。因郑州市、开封市只有约一半的国土面积在淮河流域范围内，表5.5、表5.6、表5.7未列入。表5.5、表5.6、表5.7中河南的淮河流域7地市不含乡镇企业局管理的商业和个体商业、餐饮业和个体餐饮业，含副营商业、副营餐饮业。

表5.5、表5.6、表5.7资料来源：安徽省统计局.安徽经济年鉴：1998[M].北京：中国统计出版社，1998：375-379；河南省统计局.河南经济年鉴：1994[M].北京：中国统计出版社，1994：298.

由表 5.5、表 5.6、表 5.7 可以看出,1997 年淮河流域相关地市的批零贸易业、餐饮机构及网点的布局情况更为清晰,如蚌埠市的批发业网点,市区为 2 703 个,县为 873 个,县以下过 1 331 个;零售业网点,市区为 33 814 个,县为 6 908 个,县以下达 12 377 个。阜阳市批发业网点,市区为 7 697 个,县为 9 700 个,县以下有 12 907;零售业网点,市区为 13 761 个,县为 25 287 个,县以下有 67 810 个,县以下在全市占比为 63.46%。阜阳市辖面积广大,人口众多,尤其是农村人口多,其商业网点数也多,布局也较合理,满足广大农村地区人们的购物需求。在餐饮业网点方面,1997 年,淮河流域安徽网点较多,蚌埠市区为 5 356 个,县为 1 390 个,县以下为 2 540 个,县以下占全市的 27.35%;阜阳市区为 6 001 个,县为 8 026 个,县以下为 15 694 个,县以下占全市的 52.80%。淮河流域山东网点也较多,1995 年,临沂市餐饮业网点为 22 175 个,市区为 1 786 个,县为 4 043 个,县以下达 16 346 个。[①] 淮河流域河南各地市的餐饮网点建设虽不如淮河流域皖北的阜阳市、蚌埠市等,但都在从无到有、从少到多地发展,如驻马店地区 1997 年餐饮业网点仅有 80 个,市区网点有 11 个,余下 69 个皆在县及县以下,布局趋向合理的走向十分明显。2006 年,信阳市商城县实施"万村千乡市场工程",近一年时间就建成乡镇"农家店"14 家、村级店 170 家、县级配送企业 1 个。[②]

2. 城乡集贸市场

改革开放后,淮河流域推行一系列政策措施,畅通流通渠道,活跃城乡市场。尤其是 2000 年后,实施工业反哺农业、城乡统筹发展、"万村千乡工程"、"双百市场工程"和"村村通公路工程"、电网改造等多项措施,加快工业品进入农村市场的步伐。淮河流域城乡集贸市场的个数和交易额逐年增长,商品种类也逐年多样化。

20 世纪 80 年代,淮河流域城乡集贸市场的交易品主要有粮食类、油脂油料、水产品类、蔬菜类、干鲜果类、日用杂品、大牲畜类、工业品类、农业生产资料等,具体来说有茶叶、棉布、化纤布、棉化混纺布、呢绒、绸缎、汗衫背心、毛线、皮鞋、胶鞋、火柴、肥皂、洗衣粉、保温瓶、缝纫机、手表、自行车、电子管收音机、半导体收音机、显像管电视机、录音机、煤油、煤炭等。90 年代又增加肉食禽蛋类、饲料农具种苗类、家禽牲畜类、废品类等。从改革开放后至 21 世纪初期,淮河流域城乡集贸市场的个数和成交额从缓慢增长至跃进式增长的发展态势。1987—2003 年部分年份淮河流域集贸市场的个数和成交额如表 5.8 所示。

表 5.8 淮河流域各地市若干年份城乡集贸市场个数和成交额表

年份	地 市	市 场 数			成 交 额		
		总数(个)	城市(个)	乡村(个)	总额(亿元)	城市(亿元)	乡村(亿元)
1987	枣庄市				3.06	0.94	2.12
	济宁市				6.04	1.12	4.92
	临沂地区				12.45	3.32	9.13
	菏泽地区				4.19	0.45	3.74

---

① 临沂市统计局.临沂统计年鉴:1996[M].济南:齐鲁书社,1996:173.
② 商城县商务局 2006 年工作总结 案卷号:389[Z].商城县档案馆.

续表

年份	地市	市场数			成交额		
		总数(个)	城市(个)	乡村(个)	总额(亿元)	城市(亿元)	乡村(亿元)
1995	枣庄市	216			45.24		
	济宁市	595			75.09		
	日照市	249			18.88		
	临沂市	932			185.70		
	菏泽地区	469			23.28		
	平顶山市	265	57	208	23.80	8.55	15.25
	许昌市	275	49	226	29.73	8.30	21.43
	漯河市	138	27	111	14.08	5.68	8.40
	商丘地区	517	33	484	24.65	9.82	14.83
	周口地区	638	23	615	22.38	7.91	14.47
	驻马店地区	421	24	397	23.10	4.21	18.89
	信阳地区	446	36	410	21.02	3.41	17.61
2000	平顶山市	255	74	181	31.35	18.31	13.04
	许昌市	202	59	143	49.15	33.46	15.69
	漯河市	183	13	170	20.99	12.57	8.42
	商丘市	596	107	489	91.09	50.18	40.91
	周口市	638	45	593	38.56	26.67	11.89
	驻马店市	412	39	373	51.71	17.59	34.12
	信阳市	461	59	402	45.72	3.69	42.03
2003	平顶山市	139	52	87	32.27	18.00	14.27
	许昌市	179	49	130	30.19	21.14	9.05
	漯河市	134	23	111	19.10	9.53	9.57
	商丘市	578	98	480	42.98	14.33	28.65
	周口市	349	76	273	53.77	31.13	22.64
	驻马店市	387	45	342	59.44	21.29	38.15
	信阳市	491	85	406	31.85	15.92	15.93
	淮北市	123	52	71	42.60	26.00	16.60
	亳州市	249	86	163	84.70	67.50	17.20
	宿州市	442	49	393	54.10	12.70	41.40

续表

年份	地市	市场数			成交额		
		总数(个)	城市(个)	乡村(个)	总额(亿元)	城市(亿元)	乡村(亿元)
2003	阜阳市	467	82	385	89.50	26.70	62.80
	淮南市	195	138	57	87.80	73.00	14.80

资料来源:山东省统计局.山东经济年鉴:1988[M].北京:中国统计出版社,1988:364;山东省统计局.山东经济年鉴:1996[M].北京:中国统计出版社,1996:466;河南省统计局.河南经济年鉴:1996[M].北京:中国统计出版社,1996:462;河南省统计局.河南经济年鉴:2001[M].北京:中国统计出版社,2001:428;河南省统计局.河南经济年鉴:2004[M].北京:中国统计出版社,2004:432;安徽省统计局.安徽经济年鉴:2004[M].北京:中国统计出版社,2004:467.

由表5.8可知,1987年、1995年、2000年和2003年,淮河流域各地市城乡集贸市场个数和交易额在急剧的变动之中。如临沂市1995年市场个数为932个,但各地市集贸市场个数有逐步下降的趋势。平顶山市1995年市场个数为265个,2000年为255个,2003年降至139个;驻马店地区(市)1995年市场个数为421个,2000年为412个,2003年降至387个。当然也并非完全如此变动,如漯河市1995年市场个数为138个,2000年增至183个,2003年又降到134个。无论怎么变动,城乡集贸市场的交易额却在显著增长。如枣庄市1987年的成交额为3.06亿元,1995年增至45.24亿元;菏泽地区1987年的成交额为4.19亿元,1995年增至23.28亿元;临沂地区(市)1987年的成交额为12.45亿元,1995年增至185.70亿元;商丘地区(市)1995年的成交额为24.65亿元,2000年增至91.09亿元。

20世纪90年代,淮河流域年交易额亿元以上的集贸市场也纷纷出现,如1995年枣庄市和济宁市各有7个,日照市有5个,临沂市有13个,菏泽地区有1个。[①] 1997年,临沂批发城成交额为177.7亿元,临沂河东五金市场成交额为14.6亿元,日照市岚山安东卫海货城成交额为15亿元,菏泽地区花都商埠成交额为12亿元。[②] 进入21世纪以来,淮河流域城乡集贸市场的个数和交易额虽也是农村大于城市,但城市与乡村每个市场的平均交易额差异悬殊,与20世纪80年代的情况迥异,反映了城市人口快速增长,社会财富在向城市快速集中。

3. 主体体量增大且向买方市场转化

改革开放前,由于受传统计划经济体制的约束和影响,生产力发展受到束缚,市场供应贫乏,从粮、棉、油、糖、肉、禽、蛋、菜、鱼到各种烟、酒,从自行车、手表、缝纫机到各种化工日用品,都曾不同程度地按人或按户凭票、券、证、本和条子购买。改革开放后,淮河流域经济体制的变革带来生产力的巨大发展,社会经济建设逐步恢复,适应市场经济发展需要的新型工农业生产与消费协调机制逐渐形成。同时,国家积极扩大进出口规模,利用国际市场平衡国内市场供求,有效供给能力得以增强,消费品供给结构水平加快提升。20世纪90年代后期,淮河流域商品市场在全面告别匮乏和供应短缺后,即由卖方市场开始向买方市场转化,一般性消费品和生产资料普遍供不应求的状况基本结束。2008年,受国际金融危机冲击,

---

① 山东省统计局.山东经济年鉴:1996[M].北京:中国统计出版社,1996:466.
② 山东省统计局.山东经济年鉴:1998[M].北京:中国统计出版社,1998:279-280.

国际重要商品物价出现大幅波动,淮河流域商品市场供给能力在复杂动荡中渡过难关,除猪肉、成品油等个别商品出现供应偏紧,其他社会商品供求基本平衡或供大于求。[①] 2005 年和 2009 年淮河流域若干地市亿元以上交易市场情况如表 5.9 所示。

表 5.9　2005 年和 2009 年淮河流域若干地市亿元以上交易市场情况表

年份	地　区	市场数(个)	营业面积(万平方米)	摊位数(个)	成交额(亿元)
2005	枣庄市	18	44.20	12 024	50.40
	济宁市	16	57.31	4 739	62.07
	日照市	7	38.55	9 592	51.85
	临沂市	36	127.12	19 981	400.20
	菏泽市	6	33.91	4 646	32.69
	淮北市	9		4 207	20.38
	亳州市	3		3 151	52.16
	蚌埠市	7		3 168	18.51
	阜阳市	16		7 080	24.12
	淮南市	4		1 224	5.19
2009	枣庄市	22	139.07	18 303	191.73
	济宁市	22	139.01	14 500	122.03
	日照市	12	176.50	18 370	198.32
	临沂市	56	355.15	32 203	629.29
	菏泽市	43	107.88	17 630	134.14
	淮北市	7	35.99	5 049	30.00
	亳州市	2	4.20	4 700	94.62
	蚌埠市	7	50.22	3 634	16.34
	阜阳市	20	84.00	10 206	104.79
	淮南市	6	57.15	3 311	75.48

资料来源:山东省统计局.山东经济年鉴:2006[M].北京:中国统计出版社,2006:414;山东省统计局.山东经济年鉴:2010[M].北京:中国统计出版社,2010:573;安徽省统计局.安徽经济年鉴:2006[M].北京:中国统计出版社,2006:517;安徽省统计局.安徽经济年鉴:2010[M].北京:中国统计出版社,2010:489.

由表 5.9 可以看出,淮河流域各地市的商品交易市场出现了年亿元交易额,亿元交易额市场不断增多。2005 年,淮河流域山东和安徽 10 地市的亿元市场个数、营业面积、摊位数、成交额等情况可观,临沂市的亿元市场数为 36 个,摊位数为 19 981 个,成交额为 400.20 亿元,平均每个市场交易额为 11.12 亿元,平均每个摊位交易额为 200 余万元。至 2009 年,10

[①] 河南省人民政府.河南六十年[M].北京:中国统计出版社,2009:113.

地市的亿元市场个数不同程度地增加,如济宁市由16个增至22个,枣庄市由18个增至22个,阜阳市由16个增至20个,菏泽市由6个增至43个,临沂市升至56个;成交额相应增量,如临沂市为629.29亿元,平均每个市场交易额为11.24亿元,日照市平均每个市场交易额为16.53亿元,亳州市虽亿元市场仅有2个,但每个市场交易额高达47.31亿元。

三、消费需求增长与结构升级

一般来说,商品市场进入成熟时期,商品种类繁多,功能强、品质高的耐用消费品涌入市场,就能促进社会购买力的增加、需求欲望的强盛,在可支配收入明显增长的势头面前,供给侧对于提升人们的消费欲望作用显著,也可以优化消费结构、促进有效消费。改革开放前,淮河流域消费需求缓慢;改革开放后,伴随着国民经济的快速发展,城乡居民收入稳步提高,淮河流域的消费需求逐渐增长,消费结构升级呈现递进发展趋势。

(一)消费需求增长动力逐渐强劲

1949年至1978年,淮河流域零售总额增幅缓慢,社会消费动力严重不足。其中1958年的"大跃进"运动使得总额有了一个明显的提升,1959年继续提升,1961年骤然下降,1962年以后开始稳定下来。"文革"时期虽社会动荡,但在"抓革命、促生产"的号召下,零售总额不降反升,且增幅可观;当然人口的迅速增长却使这种增长成了"虚像"。1949—1978年阜阳地区、蚌埠市商品零售额如表5.10所示。

表5.10　1949—1978年阜阳和蚌埠商品零售总额表

单位:万元

年 份	阜阳地区	蚌埠市	年 份	阜阳地区	蚌埠市
1949	6 281		1964	25 518	8 401
1950	6 676		1965	24 324	7 809
1951	7 508		1966	30 598	8 391
1952	9 115	3 342	1967	30 061	8 231
1953	11 901	4 614	1968	29 712	8 536
1954	15 334	4 836	1969	34 573	9 480
1955	16 720	5 256	1970	40 627	9 580
1956	18 988	5 967	1971	43 464	11 082
1957	19 674	6 331	1972	51 460	11 961
1958	26 661	6 378	1973	57 709	12 837
1959	33 484	9 753	1974	63 662	13 044
1960	29 965	10 425	1975	66 254	14 365
1961	23 635	9 642	1976	72 390	14 876

续表

年 份	阜阳地区	蚌埠市	年 份	阜阳地区	蚌埠市
1962	24 748	8 973	1977	71 848	15 666
1963	25 990	8 925	1978	78 880	15 917

资料来源：阜阳市地方志编纂委员会.阜阳地区志[M].北京：方志出版社，1996：174；蚌埠市地方志编纂委员会.蚌埠市志[M].北京：方志出版社，1995：413.

改革开放后，淮河流域的消费需求增长逐渐强劲。以苏北28个县市的社会消费品零售为例，1949—1978年，28个县市的社会消费品零售总额数值极低，每个县市长期徘徊在几百万元的幅度，1978年只有宝应、铜山、东台、高邮、兴化、沭阳6个县市勉强超过1亿元。改革开放后的1980年超过亿元的县市达到14个，1985年没有超过亿元的只有响水、洪泽两个县市，兴化达到4.48亿元，2000年除5个县市在10亿元以下，其余23个县市普遍在十几亿元，大丰达到33.93亿元。进入21世纪，28个县市的社会消费品零售总额稳中趋升，特别是后期增长较为显著。2008年，28个县市的平均数近52亿元，其中大丰竟高达110.79亿元，零售总额为28个县市最大。①

20世纪80年代，淮河流域主要零售消费品分为8个大类，主要包括：食品类有粮食、食用植物油、肥猪、"折猪肉"、牛和牛肉、羊和羊肉、鲜蛋、水产品、食盐、食糖、酒、茶叶等；衣着类有棉布、棉花化纤混纺布、化纤布、呢绒、绸缎、汗衫背心、棉毛衫裤、卫生衫裤、各种服装、毛线、皮鞋、胶鞋等；日用品类有火柴、肥皂、洗衣粉、保温瓶、缝纫机、手表、自行车、电风扇、洗衣机、电冰箱等；房屋和建筑材料类；文化娱乐用品类有半导体收音机、电视机、彩色电视机、录音机等；燃料类有煤油、煤炭等，这些商品的贸易量大，总体呈快速上升趋势。但80年代末至90年代初出现波动现象，这与80年代末出现的全国大范围的抢购风密切相关。其中，彩色电视机这种家庭稀罕物，深受淮河流域人们的青睐，在80年代中后期相关零售量逐年上升。1988年，蚌埠市、淮南市、淮北市、阜阳地区、宿县地区的彩色电视机的零售量为20 140台，1989年为34 446台，1990年为43 299台，1991年为37 829台。② 愈至后来，淮河流域社会零售商品种类愈是丰富，如1992年的相关统计年鉴中出现了书报杂志类、药和医疗用品类等，反映了淮河流域城乡居民文化生活消费开始多样化，并关注医疗卫生等身心健康问题，显示人们在温饱问题基本解决的基础上，开始关心生活的质量，当然亦说明人们消费购买力的逐渐提升。

1989年，淮河流域商业市场由"过热"转为"疲软"，其中蚌埠市、淮南市、淮北市、阜阳地区和宿县地区的贸易粮、食用植物油、卷烟、酒、棉布、食糖、呢绒、汗衫背心、各种服装、毛线、皮鞋、自行车、手表、录音机、电风扇、洗衣机、电冰箱等商品零售量均较1988年大幅下降，甚至在1990年、1991年这些商品的交易量也起色不大。③

---

① 江苏省统计局，国家统计局江苏调查总队.数据见证辉煌：江苏60年[M].北京：中国统计出版社，2009：538-541.
②③ 安徽省统计局.安徽统计年鉴：1989[M].北京：中国统计出版社，1989：436-439；安徽省统计局.安徽统计年鉴：1990[M].北京：中国统计出版社，1990：462-465；安徽省统计局.安徽统计年鉴：1991[M].北京：中国统计出版社，1991：415-418；安徽省统计局.安徽统计年鉴：1992[M].北京：中国统计出版社，1992：350-353.

淮河流域在商业市场治理整顿、深化改革中,经历了由"乱"到"治",由"热"趋"冷"的过程。过热发展的消费需求开始降温,通货膨胀的猛增势头得到遏制,商品流通的正常秩序日渐恢复,市场"过热"降温,经济过热发展导致消费需求迅速膨胀,商业市场连续超常兴旺。与往年相比,市场商品销售由"过热"趋向"疲软",吃、穿、用、烧类多数商品销售下降,吃、穿、用、烧各大类虽呈增长,若扣除物价上涨因素,呈不同幅度的下降。大件耐用商品零售量明显转疲,黑白电视机、录音机、电风扇、洗衣机、电冰箱、自行车、缝纫机等商品也有不同程度的下降。① 其因主要有:其一,贯彻治理整顿,需求受到较大遏制,消费基金增长过快势头明显减弱。其二,物价涨幅逐月回落,市场秩序明显好转,居民消费心理稳定。其三,购买力分流。随着消费热的降温,商品购买力开始由以往单一投向零售市场转向多渠道分流,主要表现为储蓄存款大幅度增加、社会集资入股和购买公债等方面。②

1993年,除零售业外,商品批发业则大力发展起来,表明淮河流域社会对多种商品的需求再次迅速增长,批发零售贸易业(国内贸易)囊括商品更为丰富庞杂。其中,批发业有食品、饮料、烟草、棉、麻、土畜产品、纺织品、服装、鞋帽、日用百货、日用杂品、五金、交电、化工、药品、医疗器械、能源、化工材料、木料、建筑材料、矿产品、金属材料、机械、电子设备、汽车、摩托车及零配件、再生物资回收,零售业有食品、饮料、烟草、日用百货、纺织品、服装、鞋帽、日用杂品、五金、交电、化工、农业生产资料、药品、医疗器械、图书报刊等。1994年,淮河流域批零商品名称又多了黄金饰品、照相机、家用洗衣机、家用电冰箱、房间空调器、抽油烟机、化学肥料、化学农药、农用塑薄膜、农用动力机械、载货汽车、生铁、钢材(铁道用钢材、普通大中小型钢材、钢带、线材、特厚钢板、中厚钢板、薄钢板、硅钢片、优质钢型材、无缝钢管、焊接钢管)、铜、铝、铅、锌、锡、铜材、铝材、硫酸、烧碱、纯碱、天然橡胶、合成橡胶、水泥、平板玻璃、原木、锯材、润滑油、烧炭、焦炭、原油、汽油、柴油、燃料油等。

进入21世纪后,淮河流域社会消费品零售总额增长快速,发展势头十分强劲。1980—2009年淮河流域各地市社会消费品零售总额如表5.11所示。

表5.11 1980—2009年淮河流域各地市社会消费品零售总额表

单位:亿元

地 市	1980年	1985年	1990年	1995年	2000年	2005年	2009年
淮北市	2.19	4.06	7.97	18.63	29.95	54.38	105.93
亳州市	3.17	8.97	5.68	26.40	65.59	99.73	190.82
宿州市	3.99	7.71	14.66	22.98	53.44	85.39	167.65
蚌埠市	4.13	8.51	15.74	38.54	70.79	116.90	226.98
阜阳市	5.54	8.92	15.13	44.40	102.20	146.08	282.16
淮南市	3.20	6.16	12.57	28.28	44.50	81.21	159.10

---

① 安徽省统计局. 安徽统计年鉴:1990[M]. 北京:中国统计出版社,1990:462-465.
② 安徽省统计局. 安徽统计年鉴:1990[M]. 北京:中国统计出版社,1990:451-452.

续表

地　市	1980 年	1985 年	1990 年	1995 年	2000 年	2005 年	2009 年
徐州市	—	—	50.73	230.31	268.44	577.64	1 173.45
连云港市	—	—	24.32	124.59	146.96	290.11	577.29
淮阴(安)市		—	49.21	179.36	164.29	273.58	540.30
盐城市	—	—	50.86	223.52	312.25	446.99	1 078.69
宿迁市		—		—	115.08	179.37	389.59
平顶山市		12.31	19.41	—	—		
许昌市		9.95	13.58				
漯河市	—	5.90	8.21	—	—		
商丘市	—	13.05	14.57				
周口市		16.90	19.21				
驻马店市		13.65	16.94				
信阳市		14.87	20.07				
枣庄市		13.13	21.95		85.39	176.30	358.97
济宁市		21.57	39.80		166.41	429.76	845.95
日照市			6.51		57.88	125.10	264.43
临沂市		28.38	41.45		174.78	476.57	924.12
菏泽市		16.07	23.43		75.23	236.65	567.70

注:① 各地市包括市辖区、县(县级市)及其以下;② 列表中 1990 年和 1995 年因宿迁不是地级市,其数字包括在盐城市的总额里;③ 1998 年信阳地区改为地级信阳市,2000 年周口地区改为地级周口市,2000 年驻马店地区改为地级驻马店市;④ 郑州市、开封市因位居淮河流域的边缘,其数据未计入表中;⑤ 1985 年淮河流域河南七市数字为社会商品零售总额,其数目要大于社会消费品零售总额。

资料来源:安徽省统计局.安徽经济年鉴[M].北京:中国统计出版社,2001:512;安徽省统计局.安徽经济年鉴[M].北京:中国统计出版社,2006:514;安徽省统计局.安徽经济年鉴[M].北京:中国统计出版社,2010:490;江苏省统计局.江苏经济年鉴:1991[M].北京:中国统计出版社,1991:436-438;江苏省统计局.江苏经济年鉴:2001[M].北京:中国统计出版社,2001:456-458;江苏省统计局.江苏经济年鉴:2006[M].北京:中国统计出版社,2006:603-605;江苏省统计局.江苏经济年鉴:2010[M].北京:中国统计出版社,2010:779-781;河南省统计局.河南经济年鉴:1985[M].北京:中国统计出版社,1985:224;河南省统计局.河南经济年鉴:1991[M].北京:中国统计出版社,1991:491;山东省统计局.山东经济年鉴:1986[M].北京:中国统计出版社,1986:236;山东省统计局.山东经济年鉴:1991[M].北京:中国统计出版社,1991:420;山东省统计局.山东经济年鉴:2001[M].北京:中国统计出版社,2001:329;山东省统计局.山东经济年鉴:2006[M].北京:中国统计出版社,2006:412;山东省统计局.山东经济年鉴:2010[M].北京:中国统计出版社,2010:640.

由表5.11可知,淮北市2000年的社会消费品零售总额为29.95亿元,2009年则升至105.93亿元;阜阳市2000年为102.20亿元,2009年增至282.16亿元;临沂市2000年为

174.48亿元,而2009年则骤升为924.12亿元。

从纵向比较来看,2008年,郑州市社会消费品零售总额达到1 206.3亿元,比1949年增长2 598倍,年均增长14.3%;住宿餐饮业迅速崛起,居民服务业有了长足进步;金融市场体系初步建成,金融产品逐渐丰富。① 同年,漯河市社会消费品零售总额达到157.1亿元,是1985年的34.9倍,1986—2008年年均增长16.7%。其中"七五""八五""九五""十五"时期年均分别增长12.9%、28.5%、14.7%和12.4%。② 商丘市社会消费品零售总额达到287.55亿元,比1952年增长410.3倍,比1978年增长61.6倍,年均增长14.8%。商品交易市场(不含农村集贸市场)有60多个,年成交额超亿元的市场有15个,其中310农副产品中心批发市场年交易额超百亿元。③ 信阳市社会消费品零售总额达到312.42亿元,分别是1949年的804倍、1978年的63倍。其中,城市零售额为90.99亿元,县及县以下零售额为221.44亿元,分别是1978年的107.6倍和53.7倍。④

从横向比较来看,淮河流域各地市与所在省份的其他地市相比较有时也不逊色。如皖北阜阳、蚌埠、淮南、淮北、亳州、宿州六市,2005年,皖北六市的社会消费品零售总额比滁州市(95.53亿元)、马鞍山市(64.29亿元)、巢湖市(90.62亿元)、宣城市(85.90亿元)、铜陵市(42.24亿元)、池州市(39.72亿元)、黄山市(53.85亿元)大体高得多,仅比合肥市(324.39亿元)、芜湖市(120.74亿元)相对低一些。⑤ 当然,其中还涉及一些诸如国土面积、人口数量等因素,如池州、铜陵这两市面积小、人口也少,不过淮河流域的淮南、淮北仅辖一县,其面积和人口数目也不大。再如苏北徐州市、连云港市、淮阴市、盐城市、宿迁市五市,2000年,苏北五市的社会消费品零售总额比非淮河流域的南京市(1 144.44亿元)、无锡市(578.70亿元)、常州市(324.88亿元)、南通市(245.84亿元)、镇江市(199.68亿元)总体相对逊色,但也不是绝对的,如盐城市和徐州市的总额数要高于南通市、镇江市的总额数。与皖北情形一样,苏北五市的社会消费品零售总额还与其人口数量、国土面积、地理位置、交通状况等因素相关联。如2000年徐州市、连云港市、淮阴市、盐城市、宿迁市的人口分别是1 632.29万人、848.63万人、965.88万人、1 528.18万人、968.04万人⑥,这与五市的社会消费品零售总额数大小基本能够对应,只是徐州市和盐城市的情况略稍不同。

21世纪初,淮河流域各地市限额以上批零贸易企业的年销售额总体呈上升趋势。尤其是2006年与2008年比较,各地市呈现跳跃性的增长,如周口市的批零贸易企业商品销售额增长2.44倍,平顶山市则增长3.31倍。即便考虑物价上升因素,淮河流域的各类商品流通量和消费势头较大,市场经济较为活跃。2001—2008年淮河流域若干地市限额以上批发零售贸易企业商品销售情况如表5.12所示。

---

① 河南省人民政府. 河南六十年[M]. 北京:中国统计出版社,2009:200.
② 河南省人民政府. 河南六十年[M]. 北京:中国统计出版社,2009:265.
③ 河南省人民政府. 河南六十年[M]. 北京:中国统计出版社,2009:283.
④ 河南省人民政府. 河南六十年[M]. 北京:中国统计出版社,2009:290.
⑤ 安徽省统计局. 安徽经济年鉴:2001[M]. 北京:中国统计出版社,2001:512;安徽省统计局. 安徽经济年鉴:2006[M]. 北京:中国统计出版社,2006.
⑥ 江苏省统计局. 江苏经济年鉴:2001[M]. 北京:中国统计出版社,2001:411-413.

表 5.12　2001—2008 年淮河流域若干地市限额以上批发零售贸易企业商品销售情况表

单位：亿元

地　市	2001 年	2004 年	2006 年	2008 年
淮北市	9.22	23.59	27.94	54.93
亳州市	14.72	27.36	32.44	36.16
宿州市	23.30	32.94	39.03	68.83
蚌埠市	40.20	43.67	56.17	116.59
阜阳市	35.58	142.48	183.83	294.97
淮南市	17.34	25.58	37.52	73.80
平顶山市	45.81	60.44	111.97	370.76
许昌市	43.75	38.36	85.78	170.55
漯河市	22.74	22.33	62.09	143.57
商丘市	42.03	51.03	149.19	155.25
信阳市	31.68	34.47	84.55	164.72
周口市	52.80	37.27	66.08	161.51
驻马店市	42.07	50.92	89.99	165.77
枣庄市	94.57	140.34	204.42	297.60
济宁市	185.88	293.82	499.60	728.34
日照市	66.02	104.50	145.06	212.36
临沂市	194.00	309.90	554.71	816.94
菏泽市	84.19	177.40	275.25	404.85

注：① 各市数据包括所属县；② 枣庄市、济宁市、日照市、临沂市、菏泽市的数据是非限额以上企业情况，即各市社会消费品零售总额数。

资料来源：安徽省统计局.安徽经济年鉴：2002[M].北京：中国统计出版社，2002：468；安徽省统计局.安徽经济年鉴：2005[M].北京：中国统计出版社，2005：472；安徽省统计局.安徽经济年鉴：2007[M].北京：中国统计出版社，2007：517；安徽省统计局.安徽经济年鉴：2009[M].北京：中国统计出版社，2009：475；河南省统计局.河南经济年鉴：2002[M].北京：中国统计出版社，2002：406；河南省统计局.河南经济年鉴：2005[M].北京：中国统计出版社，2005：409；河南省统计局.河南经济年鉴：2007[M].北京：中国统计出版社，2007：438；河南省统计局.河南经济年鉴：2009[M].北京：中国统计出版社，2009：500；山东省统计局.山东经济年鉴：2002[M].北京：中国统计出版社，2002：345；山东省统计局.山东经济年鉴：2005[M].北京：中国统计出版社，2005：373；山东省统计局.山东经济年鉴：2007[M].北京：中国统计出版社，2007：514；山东省统计局.山东经济年鉴：2009[M].北京：中国统计出版社，2009：482.

（二）消费结构升级不断加快

改革开放前，由于生产发展水平低，经济基础薄弱，淮河流域居民消费主要集中在吃饱穿暖上,对大部分居民来说,家庭出行能有自行车、精神享受能有台收音机即已知足。改革开放以来,伴随着国民经济的快速发展,城乡居民收入稳步提高,消费品供需结构大幅改善,城乡居民消费升级呈现出阶梯式递进发展趋势。

纵观新中国成立以来的发展历程,淮河流域各地市的居民消费结构大致经历4次升级:第一次是1949年至20世纪80年代初,以自行车、手表、缝纫机等"老三件"为代表的消费结构升级;第二次是从20世纪80年代中期开始,以电视机、冰箱、洗衣机等"新三件"为代表的消费结构升级;第三次是从20世纪90年代中后期转向以摩托车、电话、空调器为代表的消费结构升级;第四次是从21世纪初开始的以汽车、住房、通信为主导的消费升级,同时文化教育、休闲旅游、服务消费大幅度增长。1991年,临沂市的社会消费品零售量中,自行车零售量为170 578辆,照相机为2 219架,电视机为126 331台(其中彩电为16 583台),家用洗衣机为11 585台,家用电冰箱为8 953台。① 1999年,临沂市大中型批零贸易业销售的摩托车为36 255辆,照相机为3 563架,自行车为118 037辆,彩电为61 080台,家用电脑为407台,家用洗衣机为37 427台,家用电冰箱为41 265台,房屋空调机为3 056台,微波炉为2 033台,抽烟烟机为6 355台,轿车为1 151辆。②

改革开放以来,淮河流域徐州市的消费结构升级是拉动其经济增长的重要因素。伴随着工业化和现代化建设进程的加快,需求结构日趋多样化,消费结构从20世纪80年代初期的自行车、手表、缝纫机等"老三件",到80年代中期的电视机、冰箱、洗衣机等"新三件",再从20世纪末开始到21世纪初的汽车、住房、通信为主导的消费升级,带动相关产业的发展,对经济增长的拉动作用十分明显。以徐州市为例,将其城镇家庭平均每百户年末耐用品拥有量列表如表5.13所示。

表5.13 徐州市城镇家庭平均每百户年末耐用品拥有量表

项　　目	1990年	1995年	2000年	2007年
自行车(辆)	244.0	251.0	226.5	—
洗衣机(台)	84.5	90.5	92.5	95.4
电冰箱(台)	47.5	73.5	87.0	95.4
彩色电视机(台)	49.0	93.5	115.0	129.7
空调器(台)	—	12.0	54.5	121.8
家用电脑(台)	—	—	12.5	58.1
移动电话(部)	—	—	15.0	175.6

资料来源:徐州市统计局.数字看徐州30年巨变[M].北京:中国统计出版社,2009:16-18.

由表5.13可知,短短十几年,徐州高档商品消费的种类日益增多,数量不断增加。从城镇家庭耐用消费品拥有量来看,2007年,电话、手机等已成为徐州每个家庭的必需品,其他普及较高的主要有空调、热水器、家用电脑、电动车、摩托车等,其中每百户家庭拥有私家车

---

① 临沂地区统计局.临沂统计年鉴:1991[M].济南:齐鲁书社,1991:443.
② 临沂地区统计局.临沂统计年鉴:1999[M].济南:齐鲁书社,1999:380-381.

4.29辆。这表明,徐州市在20世纪90年代至21世纪初城乡居民消费结构发生了显著变化,居民对技术含量高、彰显个性的商品倍加青睐,空调、彩电、洗衣机等耐用消费品拥有量持续增加,家用电脑、移动电话、家用轿车等呈现时代特征的消费品持续热销,满足人们基本生活需要的一般性吃、穿、用商品销售占比逐年下降,文化、通信、娱乐、保健等精神享受方面的商品销售占比逐年上升,居民消费水平和消费结构实现了由"量变"到"质变"的转移。

四、进出口贸易增速趋强

新中国成立后,政局趋于稳定,"一穷二白"的经济面貌在艰难的环境中逐渐好转,其后虽有政治运动的严重干扰,特别是意识形态和全球两大阵营对立的影响,使得中国与西方发达国家少有往来,发展经济采取独立自主原则,但基于商品需求、创汇及国际交往原则,进出口贸易初有成绩。出口商品以前期的初级农畜产品为主,兼及轻工业品,至20世纪70年代后期,工业制成品及半制成品占比上升明显。进出口贸易值也在波动中增长。

1949年,蚌埠出口商品由市商业机构收购,不久,皖北贸易总公司成立。1956年下半年由省商业厅外贸处派人前来收购,包括整个皖北地区。20世纪50年代前期,蚌埠收购出口的商品基本上是土产和畜产品,后期少量收购轻工业品、工艺品和纺织品以及机械、化工产品。1951年,该市收购值为189万元(折合新版人民币),皆为畜产品。1953年,收购值为1 452万元,土产品占86.1%,畜产品占13.9%。1958年,收购总值达到50年代最高水平,为6 099万元,是1951年的32.3倍,其中,粮油占65.6%,土产畜产占34.4%。1959年,因经济困难,收购值减少到5 067万元,但品类增加,有轻工业品、工艺品、纺织品、五金矿山、机械设备,合计占总值的10%,粮油、土畜产品仍占90%。20世纪60年底代初期,因仍处于经济困难时期,收购额连年下降。1961年,收购总值为504万元,为此时期最低值,仅为1958年的8.3%。从1962年起,外贸出口收购总值逐年上升,商品也开始分土产、畜产、轻工、机械4类。从1966年下半年起,因"文革"干扰,出口商品收购又一次出现连续三年下降。20世纪70年代,出口商品收购值保持稳定增长,其中,1973年收购总值为8 044万元,为70年代最高值,收购总值中,粮油食品占72.8%,土畜产品占16%,轻工业品占5.1%。从1974年起,年收购总值基本上徘徊在5 000万元。"文革"后期,收购的轻工、化工和纺织品增长较快,到1976年,工业制成品的占比已上升到63%,半制成品占28%,原料性农副产品仅占9%。[1]

新中国成立初,郑州市还没有专门的外贸机构,1959年成立对外贸易公司,负责组织出口货源,收购本市出口产品,当年出口收购值达2 400万元,比1950年增长76倍;其后受"大饥荒"和"文革"的影响,1960年至1976年,该市的收购出口业务增长缓慢,1976年该市外贸收购值虽仅为3 762万元,但比1959年增长56.8%,年均增长2.8%。[2]

规模小的地市,如宿迁,在20世纪五六十年代还没有一家具有外贸资质的企业,主要出口的山羊板皮、蜂蜜、薄荷油、白厂丝、手绣真丝被面均交由省进出口公司代为出口,商品总

---

[1] 蚌埠市地方志编纂委员会. 蚌埠市志[M]. 北京:方志出版社,1995:461-462.
[2] 河南省人民政府. 河南六十年[M]. 北京:中国统计出版社,2009:200-201.

值也很小。①

改革开放后，中国的对外贸易才有了很大的变化。对外贸易成为中国经济最为活跃、增长最快的部分之一，中国也成为跻身世界前列的贸易大国。2001年中国加入世界贸易组织，由此带来进出口壁垒的大幅降低，使中国迅速成长为一个贸易大国。进出口贸易体制也由国家统制走向开放、多元的市场体制。淮河流域的对外贸易就是这种情形的缩微版。

20世纪80年代以来，淮河流域各地市的进出口贸易逐步发展起来，贸易商品种类繁多。据1992年的相关资料，淮河流域出口商品主要为农产品及日常初级工业品，如大米、黄大豆、芝麻、油菜籽、鲜蛋、冻猪肉、水产品、大蒜、罐头、茶叶、黄红麻、麻袋、蜂蜜、猪鬃、羽毛、兔毛、羽绒被、棉花、棉纱、棉布、棉涤纶纱、服装、桑蚕丝、绸缎、球鞋、热水瓶、皮劳保手套、床单、毛巾、汗衫背心、山羊板皮、陶瓷类、铁丝、钢材、煤、成品油、农工具、机床、分马力电机等，反映当时淮河流域经济起步阶段的社会经济状况：经济活力不强，商品品种单一，丰富度欠缺，因而出口商品以简加工农副产品为大宗，工业品较少，且技术含量总体也不高。出口对象国相应多为经济欠发达的国家。与此同时，淮河流域的连云港海关(1980年1月1日)、日照海关(1986年6月19日)、盐城海关(1992年5月8日)、临沂海关(1994年6月28日)、济宁海关(1994年)、徐州海关(1995年12月18日)、青岛海关驻菏泽办事处(1996年12月26日)、蚌埠海关(1997年4月28日)、阜阳海关(1997年8月18日)、淮安海关(1997年6月18日)、宿迁海关(2010年11月6日)、周口海关(2006年1月23日)、信阳海关(2011年2月10日)等相继开关，对外办理业务。

到21世纪，出口商品则更趋多样化，高新技术产品赫然在列。据对2000年的相关资料的检索，进口商品主要有活猪、猪肉、冻鸡、水海产品、谷物及谷物粉、蔬菜、水果及坚果、食用油籽、食用植物油、烘焙花生、辣椒干、猪肉罐头、啤酒、猪鬃、肠衣、填充用羽毛和羽绒、药材、锯材、生丝、兔毛、氧化铝、焦炭、成品油、电流、氧化锌、合成有机染料、医药品、美容化妆品及护肤品、空腔清洁剂、初级聚氯乙烯、纸及纸板、纺织纱线及制品、棉机织物、合成纤维及棉混纺机织物、地毯、针织台布、平板玻璃、玻璃制品、家用陶瓷制品、装饰用陶瓷制品、生铁、钢材、锁、电扇、纺织机械、缝纫机、电子计算器、数据处理设备、轴承、电动机及发电机、变压器、蓄电池、手电筒、电话机、扬声器、激光唱机、录音机、收音机、录放像机、电容器、印刷电路、二极管及半导体器件、集成电路及微电子组件、电线和电缆、摩托车、自行车、船舶、照相机、手表、医疗器械、日用钟、家具、寝具及用品、鞋类、塑料制品、玩具、游戏机、铅笔、伞、足球和篮球等、竹编结品、藤编结品、草编结品、鬃刷、热水瓶、人造花、机电产品、高新技术产品(生命技术、生命科学技术、光电技术、计算机与通信技术、电子技术、计算机集成制造技术、材料技术、航空航天技术)等。这表明，至21世纪，应域内外和国内外的市场需求，淮河流域出口商品更趋丰富多样，除初加工农副产品和工业品制成品的品种更为丰富外，各种高精尖技术含量的产品也赫然在列，成为受进口国和地区欢迎的新宠，反映了淮河流域科学技术、研制或生产科技产品的水平有了巨大的进步。

淮河流域的进口商品种类，以1989年为例，主要有天然橡胶、碳酸钠或硫酸盐化学木

---

① 江苏省统计局.数据见证辉煌：江苏60年[M].北京：中国统计出版社，2009：328.

浆、聚酯纤维、聚丙烯腈纤维、二醋酸纤维丝束、羊毛、铜矿砂及精矿、原油、棕榈油、聚氨酯、聚乙烯、聚丙烯、玻璃外壳、普通钢板、矽钢片、镀锌铁皮、铝钢板及带材、天然或人工纤维加工机器、无梭织机、制革机器、装订机械、塑料工业用机械、制冷压缩机、电子元件、电子仪表及器具等。可见,改革开放以来中国各种轻工业、化工业、建筑业及部分重工业的发展对国外相关工业原料、半成品、元件配件及机器设备等的大量需求,以满足域内市场的需求。

21世纪初,以2006年为例,淮河流域进口的1 000万美元以上的主要商品有乳蛋肉及活动物、蔬菜及水果、饲料、油籽及含有果实、生橡胶、纸浆及废纸、纺织纤维及原料、金属矿砂及金属废料、煤炭焦炭及煤砖、石油与石油产品及有关原料、动物油脂、植物油脂、有机化学品、无机化学品、精油与香料及盥洗光洁制品、初级形状的塑料、其他化学原料及产品、橡胶制品、纸及纸板制品、纺织物及有关产品、钢铁、有色金属、金属制品、动力机械及设备、特种工业专用机械、金工机械、通用工业机械设备及零件、办公用机械自动数据处理设备、电力机械与器具及电气零件、陆路车辆、专业与科学及控制用仪器设备、其他杂项制品等,与20世纪80年代相比,淮河流域进口商品的类别发生了明显变化,对国外、境外的高质量食品、文化用品原料、工业品燃料、工业品原料、工业品生产机器及配件等需求较高。

从对外贸易额来看,改革开放后,淮河流域进出口贸易额增长快速。20世纪90年代,淮河流域各地市进出口贸易的相关数据比较全面,现选择淮河流域23个地市的1998年、2002年、2006年、2009年的相关数据进行分析(如表5.14所示)。表5.14显示,淮河流域各地市外贸发展势头强劲,呈持续增长之势,其中蚌埠市、徐州市、连云港市、淮阴(安)市、盐城市、周口市、济宁市、日照市、枣庄市、许昌市等较为凸显。2006年淮河流域多个地市的进出口商品总额比2002年增长了3~4倍。从出口与进口的总值来说,少数地市的进口大于出口,如日照市1998年、2006年、2009年的进口值均大于出口值,余则皆出口超过进口,其特点与改革开放前的情况是大体一致的,但内容和数量则有很大的变化。

当然,淮河流域各地市外贸的发展也不均衡,这与该地市拥有的资源、面积大小、人口数量、地理位置、交通情况,特别是所在省份的整体经济实力呈正相关的关系。

现就改革开放以来,淮河流域若干地市的外贸情况作一个案述略。郑州的外贸体制发生了一系列变革,部分市属外贸企业逐步取得进出口经营权,对外经济全面发展。1979年外贸收购值突破亿元,到1988年达到3.5亿元,比1976年增长8.2倍,比1978年增长3.4倍,十年间年均增长15.9%。中国加入世界贸易组织以后,郑州初步形成了全方位、宽领域、多层次的对外开放格局。2008年,该市进出口总额达42.7亿美元,比1997年增长11.5倍,年均增长25.5%。其中出口额达29.5亿美元,比1989年增长375倍,年均增长36.6%。外贸经营主体也迅速壮大,由1978年的全市仅有的10余家专业外贸公司,扩大到2008年底具有外贸经营出口权的企业700多家,贸易关系涉及的国家和地区由改革开放初期的空白发展到2008年的170余个。[1]

---

[1] 河南省人民政府.河南60年[M].北京:中国统计出版社,2009:200,202.

表 5.14 淮域地市若干年份各地市商品进出口贸易情况

单位:万美元

地市名称	1998年			2002年			2006年			2009年		
	进出口总额	出口	进口	进出口总额	出口	进口	进出口总额	出口	进口	进出口总额	出口	进口
蚌埠市	10 144	7 611	2 533	15 744	12 627	3 117	27 439	24 913	2 526	38 470	33 385	5 085
淮南市	2 478	1 846	632	2 794	1 740	1 054	7 858	3 626	4 232	12 126	2 952	9 174
淮北市	3 233	2 820	413	3 416	2 885	531	5 362	4 734	628	11 083	9 580	1 503
阜阳市	3 938	3 109	829	5 052	3 868	1 184	11 235	8 441	2 794	20 829	14 119	6 710
宿州市	397	255	142	3 000	2 771	229	4 136	3 346	790	8 339	6 589	1 810
亳州市	104	104	0	1 289	1 267	22	4 118	3 383	735	16 256	14 400	1 856
徐州市	22 030	14 632	7 398	45 400	23 800	21 600	185 300	125 300	60 100	230 000	151 500	78 500
连云港市	32 814	26 523	6 291	74 700	50 300	24 400	27 2600	145 700	126 900	385 700	195 000	190 700
淮(阴)安市	14 029	10 058	3 971	28 300	20 600	7 700	102 200	65 900	36 200	144 500	104 100	40 500
盐城市	26 925	19 622	7 303	52 900	38 100	14 800	180 300	106 100	74 200	286 200	186 400	99 800
宿迁市	2 121	1 549	572	6 200	5 400	800	23 000	19 400	3 600	62 300	53 500	8 800
平顶山市	2 674	—	—	8 613	—	—	44 461	27 250	17 211	69 870	26 245	43 625
许昌市	9 723	—	—	18 758	—	—	57 242	45 796	11 446	110 800	85 957	24 843
漯河市	958	—	—	3 132	—	—	17 183	9 804	7 379	28 082	11 605	16 477
商丘市	3 984	—	—	2 025	—	—	10 704	9 648	1 056	8 011	6 410	1 601
信阳市	682	—	—	1 424	—	—	8 700	3 854	4 846	25 031	5 597	19 434

续表

地市名称	1998年			2002年			2006年			2009年		
	进出口总额	出口	进口	进出口总额	出口	进口	进出口总额	出口	进口	进出口总额	出口	进口
周口市	3 797	—	—	6 098	—	—	27 188	13 578	13 610	32 417	13 695	18 722
驻马店市	843	—	—	2 770	—	—	9 581	8 067	1 514	13 968	12 911	1 057
枣庄市	10 045	7 167	2 878	18 429	14 062	4 367	47 405	41 570	5 835	59 492	48 925	10 567
济宁市	25 370	15 326	10 044	63 390	35 657	27 733	234 463	149 937	84 526	285 052	156 771	128 281
日照市	35 846	11 784	24 062	92 333	67 252	25 081	391 494	183 819	207 675	857 045	162 672	694 373
临沂市	18 947	13 761	5 186	66 671	46 811	19 860	227 879	167 805	60 074	341 915	218 801	123 114
菏泽市	4 385	3 799	586	16 851	15 587	1 264	65 213	55 936	9 277	125 779	87 050	38 749

资料来源:安徽省统计局.安徽经济年鉴:2000[M].北京:中国统计出版社,2000:487;安徽省统计局.安徽经济年鉴:2003[M].北京:中国统计出版社,2003:510;安徽省统计局.安徽经济年鉴:2008[M].北京:中国统计出版社,2008:536;安徽省统计局.安徽经济年鉴:2010[M].北京:中国统计出版社,2010:51;江苏省统计局.江苏经济年鉴:2000[M].北京:中国统计出版社,2000:253;江苏省统计局.江苏经济年鉴:2003[M].北京:中国统计出版社,2003:497;江苏省统计局.江苏经济年鉴:2008[M].北京:中国统计出版社,2008:493;江苏省统计局.江苏经济年鉴:2010[M].北京:中国统计出版社,2010:693;河南省统计局.河南经济年鉴:2000[M].北京:中国统计出版社,2000:404;河南省统计局.河南经济年鉴:2003[M].北京:中国统计出版社,2003:452;河南省统计局.河南经济年鉴:2008[M].北京:中国统计出版社,2008:467;河南省统计局.河南经济年鉴:2010[M].北京:中国统计出版社,2010:229;山东省统计局.山东经济年鉴:2000[M].北京:中国统计出版社,2000:326;山东省统计局.山东经济年鉴:2003[M].北京:中国统计出版社,2003:376-377;山东省统计局.山东经济年鉴:2008[M].北京:中国统计出版社,2008:550-551;山东省统计局.山东经济年鉴:2010[M].北京:中国统计出版社,2010:177-178.

信阳采取了分步骤、多层次、逐步推进的战略,经历了不断扩大和深化的过程,逐步形成了全方位、多层次、有重点、多渠道、宽领域的对外开放格局。特别是加入世界贸易组织后,该市以"信阳茶叶节""东盟博览会""郑交会""中博会"等经贸活动为牵引,充分利用区位交通、自然资源和丰富的劳动力优势,大力实施"引进来""走出去"战略,外贸经济发展的步伐逐年加大。2008年,外贸进出口总额达26 754万美元,是1978年的216倍。其中出口总额达5 571万美元,是1978年的94倍。出口商品由以农副产品为主向附加值较高的商品转变,涉及机械、医药、纺织、工艺、食品等34类100多个品种,与美国、俄罗斯、加拿大、日本、韩国、西欧等40多个国家和地区有贸易往来。利用外资水平加快提升。1986年,信阳设立第一家外商投资企业,到2008年,外商投资企业达到200多家,实际利用外商直接投资达7 841万美元,是1986年的91倍。①

宿州积极实施"走出去"战略,不断拓展外贸范围,与世界70多个国家和地区建立了贸易往来关系。2008年,该市外贸进出口总额达8 627万美元,比1999年增长3.8倍,年均增长19%。出口队伍不断壮大,有各类自营进出口权的企业达212家,建成果汁、罐头、蔬菜、畜产品加工等4个省级农产品出口基地。出口商品结构优化,果蔬、食品、板材等地方特色产品出口规模得到巩固,服装、纺织等出口稳步增长。出口对宿州经济增长的拉动作用逐步提升。②

1978年前,盐城只有少量的农副产品外贸收购。改革开放以来,特别是1988年被列为沿海开放城市以来,盐城完全敞开了对外开放的大门,逐步形成了全方位、多层次对外开放格局,外向型经济取得长足进步。对外贸易高速增长。2008年,盐城产品出口口岸发展到50多个,出口供货企业发展到2 000多家,出口的国家和地区达100多个。全市外商投资领域不断扩大,由生产性项目投资逐步扩大到房地产开发、餐饮、娱乐等服务性领域。③

1978年以来,淮安外贸体制改革不断深化,对外经济贸易稳定发展。特别是1992年全市获得自营进出口经营权以来,对外贸易额迅速上升。2008年,全市自营进出口总额达17.8亿美元,比上年增长23%。其中,出口为11.9亿美元,增长29.7%;进口为5.9亿美元,增长11.3%。全年实际利用外资总额为4.5亿美元,比上年增长37.1%。全年新签外商直接投资协议138个,协议外资金额为11.5亿美元,比上年增长65.8%。对外经济合作取得新进展。全年新签对外承包劳务合同额1.8亿美元,比上年增长12%;完成营业额2.1亿美元,比上年增长17.8%;新派海外人数7 266人,增长17.2%。④

徐州的对外贸易起步较晚,但发展速度较快。该市进出口总额从1988年的787万美元增加到2008年的34.5亿美元,增长437.37倍,年均增长35.6%。其中,出口总额从1988年的567万美元增加到2008年的22.5亿美元,增长395.8倍,年均增长34.9%。2008年,外贸依存度达历史最高点,为11.8%,对GDP的增长贡献率达12.5%,拉动GDP增长达1.8%。从重点产品出口情况看,2008年,工程机械、光伏、农产品、板材及木制品、钢铁制

---

① 河南省人民政府.河南60年[M].北京:中国统计出版社,2009:291.
② 安徽省人民政府.安徽60年[M].北京:中国统计出版社,2009:335-336.
③ 江苏省统计局.数据见证辉煌:江苏60年[M].北京:中国统计出版社,2009:299.
④ 江苏省统计局.数据见证辉煌:江苏60年[M].北京:中国统计出版社,2009:291.

品、纺织服装、农药七大类产品出口超亿美元,出口值占全市出口总值的87%以上。①

1976年,国家批准扬州为全国首批十大出口商品基地之一。1978年改革开放以来,扬州的对外贸易才真正得到迅速发展。1990年进出口总额超过5 000万美元,2000年突破10亿美元,2008年达61.8亿美元,其中出口45.7亿美元,分别为1990年的123.6倍和112倍。多元化市场格局初步形成,贸易涉及的国家和地区遍布五大洲。出口产品结构持续优化,出口商品的品种由1978年的8大类245个,发展到纺织、丝绸、轻工、工艺、五金、机械、设备、电子、化工、医药、粮油、土产、畜产、汽车及配件等门类较为齐全的14大类500多个品种,远销140多个国家和地区。机电产品和高新技术产品成为推动扬州出口商品结构调整的新亮点。2008年,机电产品和高新技术产品出口比例分别为48.7%和21.8%。②

第二节
当代淮河流域城市的发展

新中国成立后,淮河流域的城市进入和平稳定的发展时期,城市面貌逐步得到改善,城市规划开始编制并落实,道路、楼房、供排水、照明、绿化等市政建设有了起色;交通网络发展起来,市民出行条件得到较大改善;城市建筑业不断发展,楼房数量显著增多,其中也不乏一些设计考究、较具特色的经典建筑;邮电通信事业逐步改善,信件流通量、电话机数及后来的移动电话、网络等增扩明显;城市商业经历了从新中国成立初期的多种所有制共存局面、社会主义改造时期和20世纪六七十年代的单一僵化体制,到改革开放后的高质量发展等一系列过程。淮河流域各地市人民生活状况也发生与此相应的变迁。

一、市政建设与市貌

1949年后,淮河流域城市面貌处于新旧格局的变迁之中,道路拓宽延长,质量提升;照明设施从无到有,或从少到多,照明范围扩大;供水由改善井水、河水向自来水转变;雨污排水得到改善;城市道路广植树木,绿化面积增大;公园也开始出现。城市建筑的格局、设置、建材、装饰等变化明显,趋简、趋省、简单易行是大趋势,其中既有勤俭节约的现实考量,也有政治、经济、审美等因素的影响。

改革开放后,城市面貌改善进入一个新时期,科学规划得到逐步落实,先进的科学技术

---

① 江苏省统计局.数据见证辉煌:江苏60年[M].北京:中国统计出版社,2009:252-253.
② 江苏省统计局.数据见证辉煌:江苏60年[M].北京:中国统计出版社,2009:306-307.

被广泛运用,各种硬件设施质量改善显著,建筑物越来越美,城市规划越来越齐整,"快、亮、美、新、高"是新时期淮河流域城市面貌变化的显著特征。

(一)城市规划

城市规划是城市发展的一张蓝图,规模大小、位置选择、功能布局、人口数量、设施建筑等都是考量的关键因素,且也要随着时代的变化而不断予以调整修正,若急功近利或设计非科学,将会带来极大风险和隐患及资源的过度浪费,破坏城市的历史信息和时代风貌。

新中国成立后的城市规划其实是承载着计划经济体制的一种理想而构建的,服从和服务于计划经济的制度安排和功能设计,并且与当时的政治和经济环境等因素密切关联。1964年3月31日,安徽省建筑厅在给省人民委员会的报告中提出:城市规划是建设社会主义城市的战略布局。城市规划工作做得好坏,直接关系到城市建设能否多快好省地进行。报告指出:"我省过去的城市规划,一般把城市规模搞得过大,占地过多,建设标准定得过高,有不符合勤俭建国的偏向,必须尽快根据中央指示精神,修改原有的规划。"①这种贪大求多的城市规划思想在当时具有普遍性,也不符合各地的实际情况。如阜阳地区,1958年,阜阳县城正式制定城区规划,受"大跃进"影响,盲目贪大,把阜阳城规划成面积100平方千米,主干路的宽度定为60米,因不切合实际,加上1959—1961年的大饥荒,这个规划遂不了了之。

改革开放后,淮河流域各地市大都编制城市总体规划,有计划地建设新区,更新老区,城市建设和开发逐步走向科学合理。"对国务院颁布的《城市规划条例》,大多数城市都能认真执行。尊重规划,顾全大局,按规划进行地址定点,开发建设。"②即便是市(地区)下辖的县也成立了研究与设计机构,如信阳地区的商城县,1982年成立建筑学会,共有成员106人,多为技术员、助理工程师、技师,开展技术培训、学会讨论、技术人员资格审查等工作。③ 20世纪80年代初,阜阳地区和下辖的临泉、涡阳、太和、亳县、利辛、蒙城、阜南、界首、颍上9个县,对市县政府所在地的城市建设作了总体规划。根据规划,阜阳全区开展详细的编制工作,各规划中的房屋,由平房、简易楼房发展成为形式多样、建筑新颖、布局合理、设施完备的新型住宅楼。④

(1)蚌埠市。1949年6月,该市建设局发布《蚌埠市建筑管理暂行办法》,规定沿街建房一律沿街道边后退3米。1952年,道路规划宽度确定后,沿街新的建筑均按照设计道路线退让。1956年,总体规划、专业规划、单项规划制定。1962—1963年,主要对城市规划的实施进行宣传和监督,对严重影响城市规划、市容和侵占城市道路、下水道和公用设施的违章建筑,坚决拆除。"文革"期间,私房建设无人过问,违章棚屋增多。1979—1982年,拆除一批严重影响主干道和公共场所的违章建筑,使乱搭乱建违章建筑的现象有所减少。1983—1984年,又先后拆除1 660余户违章建筑。1985年7月,该市管理监察大队成立,主要负责维护城市规划,整顿市容。⑤

---

① 安徽省建筑厅关于成立城市规划工作机构的报告 档案号:J105-1-885[Z].安徽省档案馆.
② 全省城市规划工作座谈会纪要 档案号:J105-5-2226[Z].安徽省档案馆.
③ 商城县志:城乡建设篇 案卷号:22[Z].商城县档案馆.
④ 阜阳市地方志编纂委员会.阜阳地区志[M].北京:方志出版社,1996:651.
⑤ 蚌埠市地方志编纂委员会.蚌埠市志[M].北京:方志出版社,1995:225-226.

(2) 淮北市。1959 年 7 月,濉溪市编制第一次总体规划,将城市主城选址于濉溪县三堤口。由于 1963 年的洪涝灾害,三堤口地区被淹没,遂决定将主城迁移到相山地区,此次总体规划未付诸实施。1963 年,濉溪市政府编制第二次总体规划,将相城确定为主城,并编制相城、濉溪、三堤口地区的规划。1979 年 9 月,该市政府编制《淮北市总体规划》,1982 年《淮北市总体规划》正式批准实施。根据规划,淮北市是以煤炭工业为主的工矿城市,城市发展以中等城市为宜。整个城市分为两大片,北部相山地区以全市行政、经济、文化中心相城为主,南部临涣地区以临涣工业区和李槽坊煤矿主镇为中心。随着城市建设的飞速发展,原总体规划中的部分内容已不能满足城市建设的要求,1991 年开始对《淮北市总体规划》的修订和充实,将淮北确定为以煤炭、电力为主的能源工业城市,是苏、豫、皖 3 省交界地区商务、流通中心和陇兰经济带重要的工业城市。①

(3) 周口市。改革开放后,随着商品经济的发展加快,城市规模迅速扩大。1983 年,周口市规划建成以发展轻纺工业、农副产品加工业为主的城市。城市规模 1985 年规划 11 万人,2000 年规划 16 万人;城市面积近期为 11.8 平方千米,远期控制在 17 平方千米以内。1989 年,周口市总体规划调整为:近期(1995 年)29 万人,面积 15.5 平方千米;远期(2000 年)32 万人,面积 18 平方千米。规划内容包括人口、城建区域、布局、交通道路、生活居住用地及公用设施建设等。②

20 世纪 80 年代,各淮河流域地市的城市规划开始复归其正常地位,因刚从计划经济时代走过来,难免存在诸多的问题和不足,如规划的地方立法不够或执法不严,不按规划办事,或随意改动规划;规划和工作计划处于"两张皮"状态;规划机构尚不健全,人员不齐;规划技术人员和规划经费缺乏,工作难以开展;有些规划质量有待提高等。

进入 21 世纪以来,淮河流域的城市重视规划设计,大体能够根据地理环境、人文特色、经济发展状况,讲求定位明确、布局合理、功能协调。如临沂市,2009 年,编制文化教育、医疗卫生、农贸市场、公共服务设施等专业专项民生规划,用规划引领大规模的城市基础设施、公共服务设施建设。坚持城市建设新区开发与旧城改造并举,在搞好新区开发的同时,对老城区进行综合整治。北城新区规划坚持集约用地、综合开发,城市基础设施和绿化景观工程同步进行。临沂市还制定城市规划的相关管理办法,对规划实施全过程监控,建立网络巡查制、群众举报制、区域负责制等。该市利用水资源优势,打造"以水为魂、以绿为美、文化底蕴丰富、商城物流繁荣"的城市特色。③

2000 年以来,淮安市原有《淮安市城市总体规划》的规模、内涵等都不能适应量和质并重发展的需要。2009 年,编制《淮安市城市总体规划(2008—2030 年)》,涉及"长三角"发展战略与淮安中心城市职能定位、淮安市产业发展与空间布局的关系、城市总体规划实施机制等。同时,编制《城市综合交通规划》和《历史文化名城保护规划》,注重"构筑大交通、培育大产业、发展大流通、繁荣大文化、开发大旅游"五大建设目标。④

---

① 安徽省淮北市地方志编纂委员会.淮北市志[M].北京:方志出版社,1999:129-131.
② 周口地区地方史志编纂办公室.周口地区志[M].郑州:中州古籍出版社,1993:488.
③ 临沂年鉴编辑部.临沂年鉴:2010[M].北京:中华书局,2010:261-262.
④ 淮安市地方志办公室.淮安年鉴:2010[M].北京:方志出版社,2010:101-102.

(二)市政建设

新中国成立后,淮河流域的市政建设得到较快的发展。城区道路、供排水、路灯照明、园林绿化、环境卫生等方面在数量和质量上都有了极大的改观和提升。但"大跃进"和"文革"等对其也产生了一些不利的影响。

1. 城区道路

(1) 淮南市。1949年1月淮南解放并建市,市政建设公司开始道路建设。1949—1952年,实有城市道路长度为7.3千米,1953—1957年实有长度为29.5千米,1966—1976年实有长度为72.54千米,1977—1984年实有长度为101.3千米,成绩显著。① 但问题也较突出,如1957年前,淮南作为煤矿城市,居民点分散,所需道路管线长度长,新建城区没有基础,通过扩大投资面,增加投资额和因陋就简发展低级路面等办法,缓和了道路紧张局面,满足了基本建设中的材料运输等需要。而1958—1960年的"大跃进"时期对城市发展规模估计太大,各种建设的预留地过多,道路的规划也过宽,不符合实际情况。②

(2) 阜阳地区。新中国成立初期,城市建设主要是开通、延长、拓宽道路,先后铺成煤渣、砖渣、白灰三合土路面。1958年,颍河闸桥建成并通车,结束了阜阳城河东、河西分割的历史。1965年,沥青路面开始进入阜阳城区,这是阜阳地区首次使用沥青铺设路面。接着各县城先后在主要街道铺筑沥青路面。1978年后,市区原有道路得以拓宽,新修道路不断增加。至1984年,先后完成人民东路、人民西路、颍州南路、颍州北路、颍上路等道路配套工程,道路总长为56千米,沥青路面为36千米,面积为54.9万平方米。1985年,整个地区城市道路长度为339千米,面积为326万平方米。其中,配套齐全的道路长度为255千米,道路面积为326万平方米。③

(3) 周口市。新中国成立初期,城市道路均为狭窄弯曲土路,路旁植树稀少,无相配公用设施。1953年,各县职工和市民参加义务劳动,加高路基,整修路面。此后,各县市还先后拨专款拓宽改造城市道路,试铺砖渣、砂礓,道路初步硬化。1957年,北寨磨盘街被铺成柏油路面,是区内第一条柏油路。1966年,310、311及09战备公路穿越鹿邑、扶沟、项城等县,各县借机把主要街道铺成柏油路面。至1977年底,城市道路总长为195千米,面积为164.6万平方米。其中,柏油路面为102.5千米,占52.6%。1978年后,城市道路主要是养护维修,打通道路卡口、堵头,拓宽交通拥挤干道。1980年后,各县市对旧城街道分期分批改造。在规划区新建一批城市主干道,为沥青、混凝土路面。1990年,城市道路总长为258千米,面积为373万平方米。其中混凝土路面为6万平方米,沥青路面为311万平方米,砖渣、砂礓路面为15万平方米,土路面仅占11%。④

(4) 蚌埠市。新中国成立后,蚌埠先后延伸、拓宽和翻建17条主要道路,计长为13.24千米,面积为13.5万平方米。1952年3月,设有道路养护班,重点养护碎石路面。"一五"期

---

① 淮南市的城市建设 档案号:0085-001-0195-001[Z].淮南市档案馆.
② 淮南市城市建设情况 档案号:0085-001-0084[Z].淮南市档案馆.
③ 安徽省人民政府.安徽60年[M].北京:中国统计出版社,2009:345.
④ 周口市地方史志编纂委员会.周口市志[M].郑州:中州古籍出版社,1994:119.

间,新建、改建路面长 34.91 千米,面积为 31.01 万平方米。1957 年,城市道路长 46.25 千米,是 1949 年的 3.34 倍;总面积为 42.73 万平方米,是 1949 年的 5.68 倍。"二五"计划的头三年,修建各种路面长 29.58 千米,面积为 25.40 万平方米。1958 年开始,在建设干道的同时,兼顾小街小巷的建设,共修里巷砖、砂、石路 806 条。20 世纪 70 年代中期,沥青路面已占城市道路总面积的 70%。1976—1978 年,新建解放四路南段、燕山路东段、燕山路西段和大庆路南段道路,对胜利路延伸工程和凤阳路东段等主次干道沥青路面进行铺筑。三年间铺筑路面长 21.29 千米,面积为 22.44 万平方米。1985 年底,全市路、街有 100 多条,长 162 千米,面积为 143 万平方米。其中,沙石、沥青、混凝土路面占总长度的 84.5%,占总面积的 90%。小街小巷道路共有 600 多条,其中,水泥混凝土路面和铺设水泥混凝土面板的有 411 条。①

(5)信阳地区。1949 年,开始整修街道。1958—1959 年,先后拓宽并延伸信阳市的东方红大道和潢川县城关北城的跃进道、航空路等。1964 年,信阳市首次在民权路铺设柏油,改普通路面为高级、次高级路面。一些城镇根据过境公路的建设情况,相应改造路面,增建永久性桥梁。20 世纪 80 年代后,绝大部分街道被拓宽、硬化,主要街道采用整体复浇的办法摊铺柏油。到 1987 年底,城镇街道总长为 212.5 千米,面积为 194.8 万平方米。②

2. 供水

新中国成立初期,淮河流域城市将部分水井封闭,改装为手压井,河水用明矾沉淀后饮用,较以前卫生。随着工业生产和城市的发展,部分工厂、机关和企事业单位打深井、建水塔,用以解决本单位的生产生活用水问题。改革开放后,淮河流域城市的自来水供应管道长度、日生产能力、用水单位或户数及用水人口处于较快的增长态势。

(1)阜阳地区。1973 年 3 月,蒙城县新建 1 个地面水厂,这是阜阳地区最早建成的水厂。1976 年 7 月,阜阳市建成自来水厂于 12 月正式供水,日产自来水 0.17 万吨。1980 年 10 月,界首县水厂建成并正式供水。到 1981 年底,全区有水厂 4 个,日产水 0.4 万吨,全年供水量为 75 万吨。到 1986 年底,全区 10 个市县城市水厂全部建成供水,自来水管道长度为 200 千米,日产自来水 4.64 万吨,全年供水量为 893.8 万吨。③

(2)周口市。新中国成立后,在沿河码头和井点设立消毒点,加高井台,水井加盖,防止污染。一些县清淘老水井,开凿深水井。1961 年,淮阳县在自由街东段路北打成深井。1963 年,周口镇在沙河南岸老桥西侧建高位蓄水池 1 座。1968 年,筹建自来水厂,当年冬在镇医院打成深井。1969 年 5 月,沙北区部分居民开始用自来水。1970 年后,各县相继筹建自来水厂,利用民建公助等办法开挖深井。1978 年,全区供水管道长 34 千米,日供水 1.8 万吨。压水井得到普及,可供 25% 的城市居民用水。1990 年,该市有水厂 11 个,供水主管道长 190 千米,日供水 5 万吨,城市居民供水普及率达 45%。④

(3)信阳地区。1954 年,信阳步兵学校修建抽水站,日产水 1 500 吨,供校内使用。

---

① 蚌埠市地方志编纂委员会.蚌埠市志[M].北京:方志出版社,1995:142-143.
② 信阳地区地方志编纂委员会.信阳地区志[M].北京:三联书店,1992:528.
③ 信阳地区地方志编纂委员会.信阳地区志[M].北京:三联书店,1992:527.
④ 周口市地方志编纂委员会.周口市志[M].郑州:中州古籍出版社,1994:112-113.

1959年10月,市自来水厂建成,铺设管道4.6千米,日抽浉河水300吨,1960年日供水800吨,1963年达到2 500吨,1973年提高至2.2万吨。1974年,在南湾水库大坝西侧修建新水厂,设计能力为日供水4.5万吨,1978年实际为5.1万吨。各县城在20世纪50年代多为挖井建塔供水。平桥镇于1963年建自来水厂,其他县城和明港镇自20世纪70年代初陆续兴建自来水厂,20世纪70年代末全部投产使用。到1987年底,全区共有自来水厂11个,日供水能力为13.7万吨,各城镇厂矿企业和机关单位的自备水源日供水能力为22.1万吨。该年供水总量为4 955万吨,其中生产用水为2 260万吨,占45.61%;生活用水为2 695万吨,占54.39%。城镇居民供水普及率达67.3%。① 其下辖的商城县,1996年完成年供水180万吨②,2001年国家计委批准该县日供水6万吨、总投资为6 600万元的城市供水项目。③

(4) 临沂市。1999年,临沂城区自来水供水管道长543千米,日综合生产能力为35.82立方米,用水人口为71.10万人。④ 至2008年,供水管道长增至1 193.5千米,日综合生产能力增至53.5万立方米,用水人口达143.38万人。⑤

3. 排水

(1) 阜阳市。新中国成立后,城市的排水问题逐渐受到重视。阜阳城区1965年修建人民西路下水道471米,后因淤塞而报废。1972年,亳县开始铺修亳城东路,在路的北侧修下水道,北起北门口,东至东关护城河,长980米,宽、深各1米。1975年前,界首县城区结合修路也沿主要街道铺设了一些明排水沟。1978年开始,市区陆续修建人民路、颍州路等排水干管。至1993年底,铺设合流制排水管道51千米,建成排涝泵站10个,总装机为672千瓦。2009年,老城区排水和防洪排涝系统得到改造,新城道路埋设地下排水管线,地下排水网络基本形成。2000年,该市开始建设污水处理厂,埋设污水管道,城市排水进入雨污分流过渡阶段。2001年底,城市污水管渠为161千米,排涝泵站有9座。⑥

(2) 周口市。新中国成立初期,周口市有下水道9条,全长不足1千米,为砖砌石盖板,其他城市均无排水管道,每遇雨季,污水横流,一片泥泞。"大跃进"时期,部分城市清理积水坑塘,开挖排水明沟,城市排水有所改善。20世纪六七十年代,城市道路建设未能与排水工程同步配套。多数城市先修路面再修下水道,有些则先修排水沟,再修下水道,形成两次工程,造成不同程度的浪费。至1976年,全区排水管道长47千米,日排水能力为9 450吨。1978年后,根据城市规划要求,排水设施迅速发展。各县市先后在主要干道两侧埋设陶瓷、混凝土预制管道或砌筑砖拱道,在几个排水集中的关键部位,修建提升站。1990年底,全区城市排水主干道总长为178千米,建排水防洪涵沟30多条,节制闸15座,日排水能力为23 527吨。⑦

---

① 信阳地区地方志编纂委员会.信阳地区志[M].北京:三联书店,1992:526.
② 商城县城建局1996年工作要点 案卷号:129[Z].商城县档案馆.
③ 商城县城建局2001年工作总结 档案号:(2001)23[Z].商城县档案馆.
④ 临沂市统计局.临沂统计年鉴:2000[M].北京:中国统计出版社,2000:167.
⑤ 临沂市统计局.临沂统计年鉴:2009[M].北京:中国统计出版社,2009:205.
⑥ 阜阳市地方志编纂委员会.阜阳市志:1986—2010[M].合肥:黄山书社,2014:146-147.
⑦ 周口市地方志编纂委员会.周口市志[M].郑州:中州古籍出版社,1994:114-115.

(3) 信阳市。20 世纪 70 年代以前,信阳地区城镇排水沿用旧有的沟渠,常遭水淹。此后,着手兴建排水和防洪设施,在主要街道和居民区,修建宽 0.5～1 米、深 1～1.5 米、上加盖板的排水沟,疏浚市内 3 条河沟,并对居民区和工业区按区域定流向,采取明沟、暗道和排水管等 3 种方式,排水管网建设和建房施工同时进行。1958 年,商城县城拓宽街道,4 条主街铺设排水沟,1960 年因附近水库决口,主水沟阻塞,雨期街巷起水,交通受阻,1977 年后陆续修建排水道。[①] 1982 年,商城县砌筑贯穿县城的陶家河堤岸条石护坡,高 2.8 米,长 2 500 米,并修建排水沟 2 000 多米。1983—1985 年,潢川县修建长 3 300 米、顶宽 6 米的南城防洪堤和 1 座排涝泄洪闸,修建水沟 3 000 多米。淮滨县在加固淮河大堤的同时,着重加强城内排涝设施建设,提排站排水能力达 7 300 立方米/时。到 1987 年底,信阳地区各城镇共修筑下水道 159.1 千米,筑修防洪堤 44.2 千米。[②]

4. 路灯照明

(1) 周口市。1950 年 10 月,淮阳县城发电厂正式发电。除供应机关照明外,还架设区内第一条城市照明线路,安灯十余盏。此后,周口市磨盘街—胡家集也架设照明线路。1964 年,周口镇安装发电机组,主要街道安装 200 余盏白炽灯。1965 年,周口镇七一路安装高压汞灯。1978 年,周口全区照明线路长 12.8 千米,安装路灯 1 773 盏。1979 年后,照明灯种更新,普遍使用高压汞灯和钠灯。1985 年,周口架空线路改为地下电缆,长达 34 千米,专用照明线路发展到 34 条。1990 年,全区城市照明线路有 162 条,总长为 174 千米,其中地下电缆为 51 千米。装灯 3 351 盏,其中钠、汞灯有 1 780 盏。[③]

(2) 蚌埠市。新中国成立后,路灯建设步伐加快,至 1953 年 12 月,路灯线路长 21.6 千米,路灯有 480 盏。1955 年,路灯改人工控制送电为定时钟控制送电,实现路灯自动控制启闭。同时,将短灯臂改换为长灯臂,将 15 瓦灯泡改换为 60 瓦和 100 瓦灯泡。1958 年,全市路灯增至 1 025 盏。1965 年,路灯线路已达 49.5 千米,路灯 1 100 盏。后因"文革"动乱影响,有些线路和灯具遭破坏,新增路灯也很少。1985 年底,该市路灯线路长 128 千米,路灯有 2 520 盏,分别是 1949 年的 7.11 倍和 10.04 倍。[④]

(3) 淮阴市。新中国成立后,光华化学厂发电车间供电,城内西大街也装上路灯。1957 年后,淮阴发电厂建成,乐四大街、河北路、博古路同时装上路灯。1963 年,路灯有 300 余盏,全为白炽灯。1964 年,在水门桥头安装四管荧光灯二组,光照度较好,但因冬冷起动困难,未能推广。1965 年国庆节,在博古路(淮海南路)路口安装第一盏高压汞灯,光效好,寿命长。1966—1967 年,在东西大街、河北路、淮海路、人民路等主要干道,共改装高压汞灯 1 190 盏,路线长 47.6 千米。1976 年,在健康西路首先安装高压钠灯 11 盏,至 1987 年,此种灯已安装 560 盏。同年,市区有各种路灯 2 876 盏。[⑤]

(4) 临沂市。1951 年华丰油厂安装 1 台容量为 120 千瓦的柴油发电机组,供本单位及

[①] 商城县建设志(初稿) 案卷号:29[Z]. 商城县档案馆.
[②] 信阳地区地方志编纂委员会. 信阳地区志[M]. 北京:三联书店,1992:527.
[③] 周口市地方志编纂委员会. 周口市志[M]. 郑州:中州古籍出版社,1994:115.
[④] 蚌埠市地方志编纂委员会. 蚌埠市志[M]. 北京:方志出版社,1995:156.
[⑤] 淮阴市地方志编纂委员会. 淮阴市志[M]. 上海:上海社会科学院出版社,1995:295.

机关照明使用。另在城区重要路口安装路灯,至1956年有路灯18盏。至1965年8条主干路共有路灯196盏。1970年并入网电后,路灯也逐年增加。1983年,采用配装汞灯、钠灯,该年底城区11条主干路有路灯462盏,照明线总长为15千米。1994年,市区30余条主要道路共安装路灯1 617盏,照明线长55千米。①

(5) 徐州市。1949年初,路灯数为354盏,线路长度近10千米。1950年有425盏路灯,次年增加到644盏。1958年,城区公共照明纳入市政规划,专项拨款,发展加快。1966年,城区路灯发展到2 275盏,主次干道和1/3以上的街巷都有了路灯。1976年城区路灯总数为2 951盏。1985年底,该市路灯总数为4 545盏,线路长度发展到234千米。②

(6) 阜阳市。1955年,阜阳城始建电厂。电厂建成后,在满足工业生产用电的基础上,对城内机关、居民开始提供电力用于照明。直至1957年,阜阳城区解放路、民主路路灯开始用电,路灯线路长3 118米,安装32盏白炽灯泡,此为全区县城首次路灯用电。同年,蒙城县城内主要街道安装路灯40只。1978年,阜阳市区不断向外伸展,路灯相应增加,并更换上新一代光源高压汞灯。1983年,蒙城县开始将第二代光源更换第三代光源高压钠灯,这一年蒙城共安装高压钠灯66只,路灯线路全长为2 801米。1985年,全区共有路灯3 982盏,线路也逐步从空中改为地下电缆。③ 1987年,阜阳城区路灯为645盏,以白炽灯为主。其后20年间,阜阳城区路灯照明设施投资力度加大,增添道路路灯和广场、景点路灯,有高压汞灯、钠灯等类型。1995年,阜城路灯总量为3 000盏,2004年增至11 000盏,亮化率达95%以上。④

5. 供气供暖

新中国成立后,为改变城区千家万户用柴草、煤炭烧饭取暖的落后状况,淮河流域进行新式供气供暖建设。

(1) 1981年2月,徐州煤气筹备处成立,隶属于徐州热电公司。同年11月,徐州煤气工程获得批准,1982年7月动工,1984年安装试调,1985年1月管道通气到户。于1982年创办石油液化气供应站,1984年灌瓶销售。1985年4月,徐州煤气公司成立。同年11月液化气站并入煤气公司。煤气供应以徐州西关城外卧牛山炼焦厂焦炉煤气作为气源。1984年12月建成煤气输配系统,1985年1月供气,至该年底有用户7 312户,日供气4 260立方米。1985年底,铺设各种管径铸铁中低压管道13.5千米,建高38.5米、直径39米、容量2万立方米湿式低压螺旋式储气柜1座、调压器11台。液化石油气由液化气供应站经营,液化气源依靠与外地炼油厂协作议价购进,经灌场注入钢瓶后,送供应站按计划售给用户。1985年末,煤气公司计有用户15 622户,其中液化气供应户数为8 310户(郊区和单位自营液化气供应户约6 000户未计入)。全年销售液化气681.2吨,焦炉煤气145.5万立方米。⑤

(2) 淮阴市区管道煤气是利用清江焦化厂的富余煤气为气源,在该厂建设煤气净化与储备设施,构成城市煤气系统。管道煤气于1986年2月开始置换通气,经清江合成纤维厂

---

① 临沂市地方史志编纂委员会. 临沂市志[M]. 济南:齐鲁书社,1999:551-552.
② 徐州市地方志编纂委员会. 徐州市志[M]. 北京:中华书局,1994:728-729.
③ 阜阳市地方志编纂委员会. 阜阳地区志[M]. 北京:方志出版社,1996:652.
④ 阜阳市地方志编纂委员会. 阜阳市志:1986—2010[M]. 合肥:黄山书社,2014:146.
⑤ 徐州市地方志编纂委员会. 徐州市志[M]. 北京:中华书局,1994:726-727.

百日试烧后,于 5 月正式投产供气。清江焦化厂日产煤气量为 58 700 立方米,每天外供气量为 18 000 立方米。开始供气时,只有清江合成纤维厂居民用户 310 户,1986 年底居民用户有 3 650 户,1987 年用户 4 701 户,销售气量为 256 342 立方米。该市液化石油气供应始于 1979 年。从南京炼油厂每月购进 4 吨液化天然气,仅供应居民 200 户,远远不能满足人民群众的生活需要。1982 年,清江石化厂建立分离车间,生产液化气代用品,以弥补部分缺口。1983 年石化厂筹建催化裂解装置,1986 年 3 月投入生产,年产液化气 3 000 吨。其后,建液化气站 2 处,1986 年供应居民约 1 万户,1987 年底约 1.3 万户。①

(3) 连云港市内供热始于 1981 年,新海发电厂因用煤紧张将一台 AK-6 型机组改制成抽汽供热机组,向周围 2 千米范围内的红旗化工厂、农药厂、树脂厂供热;1983 年 4 月向发酵厂供热。1987 年 9 月,新浦热电厂一期工程建成投产,向周围 1 千米范围内的造纸厂、罐头厂、色织一厂、变压器厂等单位供热。1989 年,市炼糖厂供热管道建成,为附近单位供热。②

(4) 1982 年 12 月,枣庄市成立热力公司,负责全市集中供热及经营管理。1983 年 6 月,热力公司利用原枣庄发电厂改造汽轮发电机组,向十里泉工业区的部分企业供热。1984 年,在电力厂厂区分界处建成热力中心站,次年正式向第一棉纺织厂供热;1985 年向橡胶厂、印染厂供热。枣庄市集中供热一期工程建成后,形成年供热 17 万百万大卡的生产能力。③

(5) 新中国成立初期,临沂市机关、企事业单位采用煤炉取暖,居民垒砌简易炉灶,燃木柴、木炭和少量煤取暖。20 世纪 50 年代中期,机关、企事业单位陆续安装锅炉。冬季集体输热单位逐渐增多,居民开始用煤炉取暖,少数居民于 20 世纪 80 年代初自制简易土暖气取暖。至 1989 年,市区单位采暖锅炉有 23 台,居民仍主要采用煤炉取暖。1991 年,兴建热电厂,为城区工业生产供热和单位取暖。1993 年完成一期工程,年供热气 30 万吨,集中供暖单位有 25 个。1994 年,城区单位采暖锅炉有 200 余台,市热电厂集中供暖(热)29 户,大部分居民靠煤炉、土暖气或电暖气取暖。④ 1999 年,临沂市区煤气和液化石油气普及率为 70.21%。后来天然气发展起来。2008 年,城区天然气用户总数为 100 160 户,用气总人口为 31.77 万人;液化石油气用气总户为 313 730 户,用气人口为 111.48 万人。⑤

进入 21 世纪以来,淮河流域各地市的城区都用上了价廉物美的天然气,替代了煤气。淮河流域北部地市的冬季供暖已经由专门的市供热公司负责。只要管道敷设到位、缴费到位,每到冬冷季节即应时供暖,家里热气荡漾,室内穿着单衣也觉不寒反热。

6. 园林绿化

(1) 1949 年底,信阳全区城镇绿地总面积不足 5 公顷,人均公共绿地面积不足 0.2 平方米。1956 年开始大规模植树,信阳市绿化谭山包、贤山、马鞍山和浉河的河滩地带。1958 年,信阳市绿化东方红大道、中山路、胜利路和民权路等,潢川县城绿化跃进道、航空路,其他

---

① 淮阴市地方志编纂委员会.淮阴市志[M].上海:上海社会科学院出版社,1995:294-295.
② 连云港市地方志编纂委员会.连云港市志[M].北京:方志出版社,2000:318-319.
③ 枣庄市地方史志编纂委员会.枣庄市志[M].北京:中华书局,1993:216.
④ 临沂市志编辑委员会.临沂市志[M].济南:齐鲁社,1999:553-554.
⑤ 临沂市统计局.临沂统计年鉴:2000[M].北京:中国统计出版社,2000:167;临沂市统计局.临沂统计年鉴:2009[M].北京:中国统计出版社,2009:206.

城镇也都绿化各自的主要街道。1978年10月,信阳市兴建占地24公顷的浉河公园,1982年5月正式开放。到1987年底,园林绿化面积达529.6公顷,苗圃面积达5.3公顷,当年植树19万株。①

(2) 20世纪50年代,周口城市街道开始植树,但无统一规划,树种混杂。60年代,城市街道广植树木。1963—1964年,淮阳县在城墙上栽植刺槐、桃树、楝树、核桃树等。1965年,周口镇在七一路、八一路两旁种植法桐、桧柏、毛白杨。1970年后,以北京杨、法桐、国槐、泡桐、毛白杨为街道绿化树种。1976年,全区绿化道路34条,植树1.78万棵。1978年后,绿化树种增加黄杨、千头柏、棕榈等。各县市培植苗圃,在主要街道建花池、花坛和小型街心花园。至1990年,全区城市街道植树4.6万多棵,花园和大型花池达780多个,苗圃有6处,公园有3处,城市绿化覆盖率达20%以上,人均公共绿地为1.4平方米。②

(3) 新中国成立后,连云港市区植树造林运动兴起,城区绿化得到发展。1956年,新浦公园建成,并筹建海滨公园。1964年,连云港市园林管理处成立,1984年改为市园林管理局,统一管理城区绿化。1990年底,花果山景区10余处古建筑景点得到恢复重建,面积达4 000平方米,并有区级公园5处,各类游园、绿地14处,绿化广场5处,绿化道路60条。城市绿地总面积达625.99万平方米,人均公共绿地为2.26平方米,绿化覆盖率达16.44%。③

20世纪90年代至21世纪初期,淮河流域各地市的园林绿化随着城市的发展、增容,公园绿地面积越来越大,绿化覆盖率越来越高,居民有了更多的休闲去处,既美化了城市环境,也提升了人民生活的质量。如2006年蚌埠市、淮南市、淮北市、阜阳市、宿州市和亳州市的建成区覆盖率分别达到27.97%、38.64%、39.31%、25.32%、29.70%和35.58%;人均公园绿地面积分别为7.91平方米、10.88平方米、11.39平方米、4.34平方米、2.87平方米和14.39平方米。④

(三) 市容管理

(1) 周口市。1951年,淮阳县城拆除有碍公共卫生的简陋厕所,在城市四门各新建厕所1~2处。1953年,周口市把100多名个体淘粪工人组织起来成立粪业大队,1957年改为城市清洁大队。1958年,淮阳等县城改粪坑式厕所为漏斗式厕所,对污水源喷洒药物。周口市建全封闭厕所,不少县城街道建砖砌垃圾箱。1970年,周口镇抽选32名清洁工清扫主要街道,各县把道路清洁任务分配到街道办事处管理。至1975年,全区有环卫人员270人,日清扫面积43万平方米。1980年,有城市环卫人员420人,环境卫生实行分片包干,各负其责。1984年,推行"门前三包"制度(包绿化、包卫生、包秩序),取缔露天厕所,设置砖砌垃圾箱,有些县市主要街道设置铁制、陶制垃圾箱桶。1985年,周口、鹿邑等县市购置吸污车、洒水车。至1990年,全区共有环卫工人626人,城市公厕380个,垃圾池、箱800多个,洒水车4辆,垃圾清运车辆28辆。道路保洁率达80%以上,庭院保洁率达95%以上。⑤

(2) 信阳市。1949年11月,信阳地区城区成立清洁队,招收工人12人。1950—1952年

---

① 信阳市地方志编纂委员会.信阳地区志[M].北京:三联书店,1992:528.
② 周口市地方志编纂委员会.周口市志[M].郑州:中州古籍出版社,1994:116-117.
③ 连云港市地方志编纂委员会.连云港市志[M].北京:方志出版社,2000:323-324.
④ 安徽省建设厅,安徽省统计局.安徽建设统计年鉴:2007[M].北京:中国统计出版社,2007:5.
⑤ 周口市地方志编纂委员会.周口市志[M].郑州:中州古籍出版社,1994:120.

间,各县市动员驻军、机关单位和居民清沟、填坑、清运垃圾、修建简易厕所。20 世纪 60 年代后,信阳地区的环卫队伍扩大,其他城镇也陆续组建专业队伍。进入 80 年代后,环卫队伍得到充实,并增添垃圾桶和车辆,增建公共厕所。到 1987 年底,全区有环卫职工 654 人,日清扫面积 154.9 万平方米,年清运垃圾 20.8 万吨、粪便 4.4 万吨,拥有洒水车 3 辆、真空吸粪车 3 辆、垃圾车 33 辆、公共厕所 371 座。①

(3) 阜阳市。1952 年,阜阳县政府在城关镇建立全区第一个卫生组织——阜阳县城关积肥大队。1954 年交给县联社管理。1965 年,正式成立城关镇清洁卫生站,有环卫工 80 人,对城区主要街道进行清扫。1949—1978 年,各县市都成立环境卫生管理处,在各城市统一建立整洁、美观的公共厕所,增设垃圾箱、粪场、垃圾转运站。厕所由专人看管,打扫卫生、掏除粪便。各主要街道边置有垃圾箱、果皮箱,由单一型变为多种类型。1986 年,阜阳地区城市有环卫机械 91 台、公共厕所 667 座、环卫职工 1 234 人。②

(4) 淮南市。1950 年,有清洁工 9 人,初属公安卫生民警管理。1953 年,市卫生防疫站成立,接管环境卫生工作,清洁工增至 35 人,并配置大胶轮平板垃圾专运车 1 辆。1956 年各区先后成立清洁队,环境卫生工人增至 54 人,至 1958 年,人数增至 77 人。1973 年,各区清洁队改为清洁管理站,至 1978 年,清洁工增加到 230 人。清洁队主要从事道路保洁、垃圾清理、公厕管理等工作。1978 年末,淮南市环境卫生管理处成立,对环境卫生实行统一管理。1979 年,市环境卫生管理处拥有运输汽车 5 辆,清运垃圾开始走向机械化。1980 年和 1984 年先后两次招收全民工 320 人。至 1990 年,该市(不含企事业单位)有环卫职工 1 038 人(其中临时工 528 名),各种专业车辆、机械 41 台,清扫道路面积达 240 万平方米,设置垃圾中转站 14 座、垃圾积储场 7 处、公共厕所 153 座。③

(5) 蚌埠市。新中国成立以来,环境卫生人员增多,各种环卫设施增加,机械装备能力提高,卫生面貌迅速改观。1985 年底,市环卫专业队伍已有 625 人,道路清扫保洁面积达 49 万平方米(不含人行道)。市容管理工作主要包括以下三个方面:

① 清扫保洁。新中国成立初,组建市清洁大队,主要对闹市区的路面保持清洁。1952 年,道路清扫改为门前负责制。1958 年,该市招收临时工 75 人,专门负责市区 25 条路段的清扫。1970 年 12 月,道路除每日清扫 2 次外,还有专人在间隔期内巡回保洁。1972 年,新招雇民办公助清扫员 150 人,主要负责小街小巷清扫工作。1980—1982 年,市环卫处新招清洁工人 200 人,东、中、西区也成立环卫所。1985 年底,有专业清扫保洁人员 249 名,清扫主干道 23 条、面积 49 万平方米。另有民办公助清扫员 135 人,负责清扫小街 200 余条;有民办清扫员 300 名,负责清扫里巷 500 余条。这两类人员清扫总面积 30 万平方米。此外,先后多次购置洒水车。1985 年,道路洒水面积为 49.6 万平方米,占全市主干道面积的 93.6%,年洒水量为 3.7 万吨。

② 垃圾消纳。新中国成立初,蚌埠市生活垃圾收集由清洁大队负责,运垃圾的木轮板车增加到 50 部,日收集量约为 40 吨。1953 年 8 月,改用胶轮板车定点摇铃收集居民生活垃

---

① 信阳市地方志编纂委员会.信阳地区志[M].北京:三联书店,1992:528.
② 阜阳市地方志编纂委员会.阜阳地区志[M].北京:方志出版社,1996:653.
③ 淮南市地方志编纂委员会.淮南市志[M].合肥:黄山书社,1998:145-146.

圾,随收随运,减少二次污染。全市设收集点 210 个,日收集量约为 50 吨。1978 年后,垃圾收集工具增多。到 1980 年,蚌埠市小板车摇铃收集生活垃圾点、站增至 350 个,垃圾日收集量为 164 吨。1981 年 8 月,市区主干道两旁全部改设活动式垃圾桶,由专用车辆收集生活垃圾。1984 年,生活垃圾收集范围占垃圾收集面的 85%;楼筒垃圾收集点增至 695 个。垃圾日收集量达 215 吨。1985 年,全市垃圾日收集量达 250 吨,收集面达 95%。

③ 公厕管理。1951 年 7 月,蚌埠市政府决定对旧厕进行改造。1952—1954 年,新建公共厕所 48 座,均为砖墙瓦顶,水泥蹲位,并安装照明设备。经过陆续兴建,到 1960 年,全市有公共厕所 121 座。1965—1973 年,市郊社队为积粪肥,组织农民在市区建一批公共厕所,自建自管自受益。1978 年 3 月,蚌埠市环卫处成立公共厕所维修队。1981 年,对全市公共厕所进行全面修缮。1982—1985 年,新建、改建水冲式公共厕所 41 座。1985 年,全市有公共厕所 231 座。粪便清除也是公厕管理的重要内容。1951 年 7 月,蚌埠市政府将一部分无业市民和原清洁工人组织起来,成立粪便管理所,建立起第一支由 50 名工人组成的清除粪便专业队伍,日清粪便 50 吨。1958 年,成立东、中、西区 3 个清粪大队,日清除粪便 100 吨,基本做到粪便日产日清。1973 年,清除工作全部改由街道办事处负责,日清除量达 200 吨。1982 年起,市区内逐步兴建一批水冲式公共厕所,粪便由市环卫处配备的专用真空吸粪车清除,使部分粪便清除实现机械化。是年,日清除粪便平均为 250 吨,清除机械化程度已达 25%。①

(四) 城市面貌

新中国成立前,除徐州、蚌埠等少数城市较具规模外,大多数地市城区面积狭小,房屋简陋,道路布满灰土,雨天泥泞不堪,各种基础设施极为落后。新中国成立后,淮河流域各地市的城市面貌的改善较为显著,经历从无到有、从小到大、从少到多、从差到好的变迁过程,尤其是改革开放后城市面貌的改进有了质的飞跃。

(1) 淮南市。解放前,淮南是个典型的煤矿城市,城区狭小且分散,人口仅有 5 万人。除九龙岗、大通有一部分砖墙瓦顶的"高级职员"住宅外,90%以上的建筑是土墙草顶,矮小漏雨,空气污浊。道路除九龙岗煤矿住宅区内有一条很窄的泥结碎石路面外,无铺砌完整的路面,下雨时路泞泥滑,污水乱流。新中国成立后,城市建设规模不断扩大,建设步伐不断加快,至 1957 年,城市人口增至 22 万人,新建房屋 71.5 万平方米,新修道路 60.1 千米、下水道 16.6 千米、桥梁和涵洞 22 座,安装路灯 204 盏,培植行道树 2.2 万株,开通了公交车 4 辆。② 1984 年以来,启动商品房住宅开发建设,对老城区"三无房"进行成片改造。2001 年以来启动 93 个旧城改造项目,占地面积为 1 404.2 公顷。至 2008 年,淮南城区面积比 1949 年扩大 529 倍,比 1978 年扩大 1.65 倍。1978 年,城市道路长度为 71 千米,1998 年达 557 千米,道路面积为 558 万平方米;2008 年,道路面积为 1 017 万平方米,人均道路面积为 9.86 平方米。公共营运车辆由 1978 年的 90 辆增加到 2008 年的 818 辆,公交营运线路由 1957 年的 1 条,到 1978 年的 8 条,再到 2008 年的 28 条。③

---

① 蚌埠市地方志编纂委员会. 蚌埠市志[M]. 北京:方志出版社,1995:196-197.
② 淮南市解放以来城市建设情况　档案号:0085-001-004[Z]. 淮南市档案馆.
③ 安徽省人民政府. 安徽 60 年[M]. 北京:中国统计出版社,2009:355.

(2) 阜阳市。改革开放初期,阜阳城仅限于老城区,建成区面积为 14 平方千米。至 20 世纪 80 年代后期,通过不断加大投入,相继建成一大批以水、路、气、园林等为重点的工程。原来零落破旧的老房被整齐壮观、拔地而起的高楼大厦所替代;原来狭窄不平的土路变成快车道、慢车道、人行道并行的宽阔平坦的柏油大道;原来风吹尘屑飞扬,雨落污水遍地,夏天浊臭难闻,夜晚黑暗笼罩,变成街道垃圾及时清运,公厕、卫生箱设施齐全,夜晚街道灯火辉煌。2008 年末,阜阳市建成区面积为 68.6 平方千米,2008 年城镇化率为 30.6%,较 1978 年提高 26.1%。①

(3) 宿州市。新中国成立后的较长时期内城市规模一直狭小,改革开放后市区建成区面积增幅较大,1999 年为 25 平方千米,至 2008 年发展到 50 平方千米,建成了拂晓大道、迎宾大道等 50 余条城市主次干道。加快公用服务设施建设,城市日供水能力、用水普及率分别达 15.14 万吨、98.9%。建成污水处理厂 1 座,污水处理率达 75%;各县污水处理厂均投入使用。垃圾日产日清,垃圾清运率和无害化处理率均达 100%。先后实施沱河景观带、雪枫公园、科技广场、银河公园等一批公用设施和园林绿化工程,竣工绿化面积 650 万平方米,人均绿地面积达 735 平方米,市博物馆等项目建成投入使用,现代化滨河生态城市初具规模,建设一批大型高档居住小区。②

(4) 连云港。新中国成立初期,由于连年的自然灾害和政治运动影响,城市建设发展滞后。1958 年 5 月,动工兴建的百货公司大楼是个标志性建筑,"红旗村"是高档民宅,而市区第一条柏油马路——新浦民主路于 1962 年 9 月开始铺设。改革开放后,建设步伐开始加速,2008 年,城市化水平达 42%,为 1953 年的 4.2 倍,为 1990 年的 2.4 倍。建成区园林绿地面积达 3 442 公顷,是 1984 年的 47.8 倍,人均公共绿地面积达 10.98 平方米,是 1984 年的 12.6 倍。③

(5) 许昌市。2000 年以来,市区环境明显改善。2008 年,市区建成区面积为 69.2 平方千米,比 1982 年的 15.1 平方千米增加 54.1 平方千米;市区人均道路面积为 11.5 平方米,比 1982 年的 2.7 平方米增加 8.8 平方米;城市绿地面积为 1 227 公顷,城市森林覆盖率为 33.5%,城市建成区绿化覆盖率为 42.6%,绿地率为 37.9%,人均公共绿地面积为 11.3 平方米。④

(6) 亳州市。亳州建市较晚,1986 年亳县改为县级亳州市,2000 年才设立地级市。该市历史悠久,文化遗存丰厚,城市面貌变化较大。21 世纪初,完成魏武大道、和平西路、汤王大道、希夷大道等城市主干道综合改造和新建工程,道路长度近 20 千米;实施管道燃气工程、城市供水主干网改造工程;完成污水处理厂建设工程、城市垃圾处理厂建设工程并投入使用;加强历史街区综合整治,对 31 条老街实施了基础设施建设改造和老街立面整治工程;新建古井丰水源、富荣花园、天润花园等一批环境优美、功能完善、品位较高的居住小区;改造建设魏武广场、花戏楼广场、魏武小游园等一批游园、广场。2008 年底,人均绿地面积为 7.59 平方米,建成区绿化覆盖率为 38.38%,建成区绿地率为 20.94%。⑤

---

① 安徽省人民政府. 安徽 60 年[M]. 北京:中国统计出版社,2009:349.
② 安徽省人民政府. 安徽 60 年[M]. 北京:中国统计出版社,2009:335.
③ 江苏省统计局. 数据见证辉煌:江苏 60 年[M]. 北京:中国统计出版社,2009:286.
④ 河南省人民政府. 河南六十年[M]. 北京:中国统计出版社,2009:260-261.
⑤ 安徽省人民政府. 安徽 60 年[M]. 北京:中国统计出版社,2009:329-330.

二、楼房建设

城市的发展离不开房地产业。城市的机关办公用房、各种商业用房、民用住宅用房、公共事业用房、工业生产用房等,构成了城市道路两侧的风景线,是城市的外在表征。房地产业的状况也能反映一地一区城市化的水平。

新中国成立以来,淮河流域的城市房屋建筑,从软件和硬件上都存在从无到有、从少到多、从弱到强、从简陋到成熟的发展特征。其间,因政治运动的冲击而遭受曲折。

（一）建筑设计

自古以来,高端建筑和主要建筑非常讲求设计风格,容纳其时代和传统相关精神理念。退一步说,建筑无设计、无图纸,也不成方圆。一般平民房屋虽无详细的图纸和精到的风格设计,但也凭着建设者既有"心中丘壑"的经验和简陋的工具作一大体规划。淮河流域各地市因历史文化、社会经济等多种因素影响,建筑设计参差不齐,精陋不一。其中以蚌埠市等较为优良。

1. 工业建筑设计

20 世纪 50 年代,在工业厂房设计中,设计标准较低,多采用砖混结构。60 年代至 70 年代,工业厂房设计标准提高,柱网尺寸普遍增大,多采用钢筋混凝土三角屋架,屋面板上面用矿渣棉作保温层。1980 年后,适应大跨度、大荷载增多的需要,大量采用框架结构,柱网尺寸普遍加大,一部分厂房设计向空间发展,厂房内配置空调、暖通。当然,就具体设计而言,纺织工业厂房、化工轻工厂房、肉类联合加工厂房、酒精厂房、医药厂房等的设计也有差异。

2. 民用建筑设计

20 世纪 50 年代,职工住宅建筑设计标准较低,大多为平房及低层砖木结构房,瓦屋面。居室为一家一户单门,前面或后面配厨房;住宅群房屋排列比较整齐。60 年代中期,住宅结构设计发生变化,砖混结构逐步代替砖木结构,楼层多为三至四层,但无卫生间。70 年代起,住宅建筑多设计为四至五层的砖混结构,少部分住宅已采用底框结构。1978 年改革开放后,在大面积开发的一些住宅区中,每户有单用卫生间和厨房,外墙是清水墙勾缝。后根据使用的不同标准,又设计不同的户型,每户均设阳台、厨房、卫生间,部分住宅有小厅。1980 年后设计的砖混结构住宅,多改集中供水、供电为分户供水、供电。

3. 商业建筑设计

1954 年第一百货商店设计兴建,结构为三层的内框架,外装修采用回形花纹,外墙用斩假石粉刷。20 世纪 60 年代初期,陆续兴建的一些商业建筑均设计为一至二层的砖混结构,店面装修简单。70 年代的商业建筑,普遍设计为框架和砖混结构,外装修属中低档,没有内部装修。进入 80 年代,大型商场对房屋空间及装修、灯光照明等设计都有诸多改进。此期,对过去所建设的商场门面,在维修装修中都提高了设计标准,一般加设空调,地面重做水磨石,外墙采用大理石贴面,内墙面采用涂料或贴墙纸、墙布等。

4. 旅馆业建筑设计

20 世纪 50 年代中期,兴建的旅馆设计为砖混结构,按楼层配备集中盥洗室和公用厕所,客房内装修是低标准的粉刷,灯光照明为普通白炽灯。进入80年代,设计大型、高档旅馆增多,多采用框架和框剪结构体系;布局为外面晒台、中间客房、临近走廊壁橱和卫生间;房间内设空调和各种灯具,有的还铺设地毯。

5. 学校建筑设计

20世纪50年代,学校教学楼多为一至三层砖混结构,瓦屋面,外粉比较简单。60年代设计的一批两层小学教室,均为砖混结构。70年代末和80年代初,陆续在一批中学建筑中设计增添实验楼、科学馆、图书馆等。多数仍是砖混结构,少数是框架结构。如新建财贸学院新校舍,设有图书馆、主教学楼、小办公楼、学生集体宿舍、教师宿舍、操场、游泳池、运动场、食堂和礼堂等。①

(二) 施工安装队伍

(1) 周口地区。新中国成立后,所属各县市政府将木、泥、石、画、油等个体手工匠人组织起来,成立建筑基层工会,后改为建筑公司。1952年,周口全区建筑施工企业有9个,职工有400人,1958年发展到12个,职工有934人。1961年,部分县建筑公司撤销,全民施工企业转为集体企业。1969年,各县镇建筑公司随之恢复,全区有施工企业12个,职工有1500人。1979年,建筑安装队发展到13个,职工有5000人。此后,联营建筑企业和个体建筑企业大量涌现。1984年,全区共有乙级队269个、丙级队273个,职工人数26 260人。至1990年,共有施工企业管理机构11个、建筑安装施工企业230个,其中有2级企业3个、3级企业25个、4级企业111个、5级企业91个,职工10余万人。②

(2) 蚌埠市。1950年前后,成立合作建造公司和公营建筑公司,1952年后公营建筑公司发展壮大,有固定职工近800人。1956年社会主义改造后,蚌埠市私营建筑业有的并到公营建筑企业,固定职工增加到3 728人。"大跃进"中,蚌埠市建筑公司分批在农村招收一部分建筑工人;社会上的闲散劳动力和部分分散在社会上的建筑工人也由各街道组织起来,成立街道修缮队。1964年,蚌埠市各区建筑队和市劳动局建筑队合并,成立蚌埠市建筑联社,属集体企业,有2 421人,加上市建筑公司职工,共有3 593人。1970年开始,市建筑施工企业从城镇初中毕业生、下放知青、农村社员及老工人的子女中招收新工人,一部分临时工也转固定工,至1979年底,共招收新职工2 380人。1980年以后,蚌埠本地建筑队伍平均每年增加1 500余人。1985年底,从事建筑施工安装的单位,包括中央、省、市属和区属计15个,外地进驻施工单位约有60个,总人数为30 621人。其中,本地(包括驻蚌单位)职工有22 614人,占73.9%;外地职工占26.1%。③ 2005年,不含外地建筑企业,蚌埠全市有各类建筑施工企业143个,全部从业人员(不含辅助劳务工)有4.43万人。④

(3) 阜阳地区。1955年4月,阜阳专区建筑工程公司成立,系全民所有制建筑施工企业,有职工550人。1956年,地区建筑公司有运输队、木工加工车间等固定职工542人。

---

① 蚌埠市地方志编纂委员会.蚌埠市志[M].北京:方志出版社,1995:555-557.
② 周口地区地方史志编纂委员会.周口地区志[M].郑州:中州古籍出版社,1993:156-157.
③ 蚌埠市地方志编纂委员会.蚌埠市志[M].北京:方志出版社,1995:567.
④ 安徽省人民政府.安徽60年[M].北京:中国统计出版社,2009:341.

1958年,在"大跃进"影响下职工人数增至1 264人。1961年,大批工人下放农村,到1963年职工数为345人。1976年,招收亦工亦农工人200人,职工总数为825人。至1985年,全区有建筑职工10 608人,专业技术人员760人。具体如表5.15所示。

表5.15 1985年阜阳市建筑施工队伍统计情况表

	地、县、市建筑工程公司			乡镇建筑队		
	总人数	其 中		个数(个)	人数(人)	机械设备(台)
		职工人数	技术人员			
地建公司	2 592	2 354	238			560
阜阳市	2 060	1 912	148	2	243	459
界首县	600	600		7	1 039	144
亳县	475	450	25	12	1 564	122
阜南县	734	685	49	7	704	127
涡阳县	793	743	50	7	663	110
蒙城县	643	627	16	7	1 716	21
利辛县	319	300	19	10	1 678	121
太和县	385	346	39	5	1 017	77
阜阳县	832	757	75	14	3 630	133
临泉县	604	561	43	7	826	102
颍上县	571	513	58	22	2 964	144
合 计	10 608	9 848	760	100	16 044	2 120

资料来源:阜阳市地方志编纂委员会.阜阳地区志[M].北京:方志出版社,1996:660-661.

20世纪90年代以来,淮河流域城市房地产业快速发展,各地市的建筑业规模扩大,职工数增多,总产值提升,创造的产值也在同时攀升,各建筑企业自有的建筑设备台数增加明显,具体如表5.16所示。

表5.16 20世纪90年代以来淮河流域若干地市建筑企业规模情况表

年份	地市名称	企业数(个)	职工数(万人)	总产值(亿元)	房屋建筑施工面积(万平方米)	自有机械设备	
						总数(台)	净值(亿元)
1990	蚌埠市	9	0.91				
	淮南市	13	4.23				
	淮北市	11	3.42				
	阜阳地区	13	0.64				
	宿县地区	3	0.20				

续表

年份	地市名称	企业数（个）	职工数（万人）	总产值（亿元）	房屋建筑施工面积(万平方米)	自有机械设备	
						总数(台)	净值(亿元)
1994	蚌埠市	18	1.37	1.21	89.60	2 508	0.43
	淮南市	21	5.13	6.42	140.52	9 441	1.78
	淮北市	7	2.82	1.91	36.05	6 731	1.06
	阜阳地区	18	0.68	0.42	39.02	2 388	0.17
	宿县地区	6	0.28	0.13	15.20	598	0.04
1999	蚌埠市	68	3.05	15.61	374.39	11 061	1.52
	淮南市	89	5.73	28.61	295.99	15 687	3.07
	淮北市	43	3.61	13.04	187.23	12 973	2.38
	阜阳市	91	3.15	9.29	279.97	10 989	1.03
	宿州市	70	5.23	11.40	168.90	12 217	1.38
	亳州市	12	0.28	0.65	13.78	1 202	0.03
2005	蚌埠市	113	3.84	40.70	428.00	14 117	3.83
	淮南市	77	5.23	53.83	514.00	14 693	2.79
	淮北市	48	2.78	17.96	150.00	8 716	3.32
	阜阳市	89	3.34	23.12	354.00	17 723	3.11
	宿州市	74	5.52	3.612	252.00	22 879	4.29
	亳州市	34	1.13	6.09	89.00	5 250	0.72
2009	蚌埠市	128	5.39	90.93	638.76	7 394	2.67
	淮南市	71	5.08	112.79	1 216.55	13 876	4.21
	淮北市	57	3.48	41.47	216.91	12 596	5.45
	阜阳市	109	4.72	57.20	738.04	26 404	4.68
	宿州市	72	6.11	54.56	434.46	10 455	3.17
	亳州市	34	1.51	13.40	155.09	8 111	1.33

注：① 1994年"总产值"项下数字是"建筑业增加值"数；② 2000年以后"总产值"项下数字是"建筑施工企业施工产值"数。

资料来源：安徽省统计局.安徽经济年鉴：1989[M].北京：中国统计出版社，1989：383；安徽省统计局.安徽经济年鉴：1995[M].北京：中国统计出版社，1995：267-269；安徽省统计局.安徽经济年鉴：2000[M].北京：中国统计出版社，2000：394-396；安徽省统计局.安徽经济年鉴：2005[M].北京：中国统计出版社，2005：425；安徽省统计局.安徽经济年鉴：2010[M].北京：中国统计出版社，2010：431-433.

由表5.16可见，1990—2009年，淮河流域中部6个地市建筑业发展势头良好，建筑企业个数、职工人数、总产值、房屋建筑施工面积及自有机械设备情况走势向上，其中建筑企业个数、总产值和施工面积增幅最为显著。如淮南市，1990年企业数为13个；1994年为21个，总产值为 6.42 亿元,房屋建筑施工面积为 140.52 万平方米;1999 年企业数为 89 个,总产值为 28.61 亿元,施工面积为 295.99 万平方米;2005 年企业数为 77 个,总产值为 53.83 亿元,施工面积为 514.00 万平方米;2009 年企业数为 71 个,总产值为 112.79 亿元,施工面积为 1 216.55 万平方米。

(三) 房屋建设成效

新中国成立前夕,信阳地区 8 个城镇和鸡公山的房屋总数不足 10 万间,总面积不足 200 万平方米,其中一半以上为阴暗潮湿、低矮破旧的草房。信阳县城有官房 5 660 间 9.6 万平方米;民房 3 350 间 5.69 万平方米,其中有 80%亟待维修。另有约 7 万平方米的草棚,遍及城内外街区。其余各城镇的房屋状况与信阳市大致相同。到 1987 年底,这批房屋保存下来的还有 70.3 万平方米,为 1987 年城镇房屋总面积的 5.24%。新中国成立后,房屋建设规模较大、时间较集中的有两次:一次是 1958 年前后以工业厂房为主的生产性建房,一次是 1978 年以后兴起的非生产性建房。到 1987 年底,全区城镇房屋总面积达 1 342.2 万平方米,其中新建房屋 1 400 万平方米中保存下来的还有 1 271.9 万平方米,占现有房屋总面积的 94.76%。在现有房屋总面积中,住宅用房占 50%,工业、交通和仓库用房占 25%,商业和服务业用房占 13%,教育、医疗和科研用房占 6%,办公用房占 5%,文化和其他用房占 1%[①]。

周口地区在新中国成立前城镇房屋 90%以上是私房,约有 180 万平方米,公房约 20 万平方米被政府接管、没收和代管。随着经济和建设的发展,职工、居民住宅条件有了初步改善,1966 年,全市住宅房 34 534 间,人均住房面积为 2.9 平方米。1978 年,十一届三中全会后,党和政府十分关注人民生活,除扩大住宅建设投资外,还动员社会各方面集资兴建职工居民住宅,提倡私人自筹建房,逐步缓和了住房困难的状况。1982 年该市投资 381 万元,建设住宅面积为 59.6 万平方米,人均住宅面积增加到 3.5 平方米。1985 年该市住宅面积增加到 155.9 万平方米,住房使用面积为 108.6 万平方米,人均住房面积为 10.05 平方米。在建筑布局上,也有很大进展。20 世纪 80 年代后,私人住宅多为一户一院,正房为三间或五间,一厅两室或一厅四室;公房住宅向高空发展,多以楼幢为单元,布局有一梯两户或三户,有一户一室一厅或三室一厅,均有厨房和卫生间,居住面积一般为 40 平方米左右[②]。进入 90 年代,周口住房制度改革逐渐起步并不断深化,各项配套政策相继出台,住房商品化进程不断加快。1991—2005 年,中心城区房地产累计开发建设 132 万平方米,城镇人均住房面积为 23.7 平方米。[③]

新中国成立后,淮南市房屋兴建增长迅速,1950—1960 年,该市建成房屋面积 187 万平方米,其中住宅 80 万平方米,年均建住宅 7.27 万平方米;1961—1965 年,建成房屋面积 60.7 万平方米,其中住宅 31.4 万平方米,年均建住宅 6.3 万平方米;1966—1975 年,"文革"期间建设体量则较少;1976—1990 年,建成房屋面积 568.6 万平方米,其中住宅 347.6 万平

---

① 信阳地区史志编纂委员会.信阳地区志[M].北京:三联书店,1992:526-527.
② 周口市地方史志编纂委员会.周口市志[M].郑州:中州古籍出版社,1994:126.
③ 周口市地方史志编纂委员会.周口市志:1991—2005[M].郑州:中州古籍出版社,2014:455-456.

方米,年均建住宅 23.17 万平方米。①

1986 年,蚌埠市建筑施工房屋面积 92.6 万平方米,竣工房屋面积 48.8 万平方米。1992—1995 年,随着基本建设规模的扩大,年均施工房屋面积 165.2 万平方米,年均竣工面积 63 万平方米。1998 年起,房地产开发持续升温,2005 年施工房屋面积升至 519.5 万平方米,竣工面积升至 221.5 万平方米。②

淮北市全面实施住房制度改革后,逐渐停止住房实物分配,建立起住房货币化分配制度,房地产开发业逐步发展起来。2004—2008 年,房地产开发面积从 151 万平方米增长到 318.8 万平方米。③ 淮北市的保障性住房有经济适用房、廉租住房、棚户区改造和公共租赁住房及集资建房等类型。经济适用房始于 1996 年,黎苑新村是淮北市政府实施的第一个安居工程项目,总建筑面积为 27 万平方米,住房建筑面积为 23.8 万平方米。2006—2010 年,全市开工建设经济适用房为 61.36 万平方米。2009 年,该市开工建设廉租房 6 312 套,建筑面积为 31.56 万平方米。棚户区改造始于 2008 年,包括城区棚户区改造和工矿棚户区改造两部分。规划建设 12 个住宅小区,建筑总面积为 241.23 万平方米,其后陆续开工建成。④

菏泽市在 2009 年共施工建设经济适用住房 25 万平方米,竣工 7 万平方米。全市开发施工面积 623.11 万平方米,商品房销售面积为 240.33 万平方米,其中住宅销售面积 181.69 万平方米,同比增长 15%。⑤

三、邮电通信

新中国成立以来,淮河流域的邮电通信事业得到进一步的发展,有的地市则从无到有,电报线和电话线不断增设,里程逐渐延伸,电话机不断扩容,邮电局、所布点扩展开来,邮电业务量在波动中呈明显增长趋势,方便了信息的快速联络和物品的长距离寄送等需求。至 21 世纪前后,淮河流域的邮电通信因移动电话和互联网等新型通信交通工具的出现和普遍应用而出现了新的变化,传统的电报、邮政信件、汇票、固定电话、报刊订阅等业务受到很大的挤压。有的业务被迫取消,有的则转变业务方式,有的则艰难地支撑着。以网络为载体的新型通信极大地改变和方便了人们的生活。总之,新时期淮河流域各地市已形成邮政、电信、移动、联通为主体的综合服务体系。

在淮河流域河南,新中国成立初期,周口无市内邮路,只有投递段道。1952 年后开始有市内邮路,除少数赶班邮件使用自行车带运外,多数使用人力架子车运输,投递频次为每天 1~2 次。1958 年,市内邮路增多,邮路长 172.5 千米。投递普遍使用自行车,投递频次增加,甚至随到随投。1961 年经过调整和整顿,市内邮路压缩,至 1962 年减少至 12.2 千米,投递恢复每天 1~2 次。1965 年,市内邮路总长为 16.2 千米,1976 年降为 7.5 千米,1978 年增至 10 千米。1979 年后,市内邮路和投递段道稳步发展。1985 年底,全区市内邮路长 22 千

---

① 淮南市地方志编纂委员会.淮南市志[M].合肥:黄山书社,1998:137-138.
② 蚌埠市地方志编纂委员会.蚌埠市志[M].合肥:黄山书社,2008:217.
③ 淮北市地方志编纂委员会.淮北市志[M].北京:方志出版社,2014:1079.
④ 淮北市地方志编纂委员会.淮北市志[M].北京:方志出版社,2014:1073-1075.
⑤ 菏泽市地方史志办公室.菏泽年鉴:2010[M].北京:长城出版社,2010:161-162.

米,投递段道 57 段,投递总行程为 1 222 千米,投递总户数为 40 691 户,投递频次每天 1 次的有 40 个段,每天 2 次的有 17 个段。1990 年底,市内邮路总长的 23 千米,较 1978 年增长 130%。其中自办汽车邮路为 19 千米,占市内邮路总长为 82.6%;自行车邮路为 4 千米,占 17.4%。① 1996 年,全区邮路 45 条,总长度 2 502 千米,市内邮路 53 千米,农村邮路 2 279 千米。自办汽车邮路达 2 039 千米,委办汽车邮路 32 千米,其他邮路 431 千米。② 自 1949 年以来,周口市邮政业发展良好,无论是函件、包件、汇票,还是报刊投送及机要通信等业务,均呈增长之势,且数量不少。尤其是改革开放以来,增长势头更是显著。当然,随着其后网络阅读和网络通信的发展,邮政原有业务走向下坡也是必然趋势。

信阳地区邮电事业发展迅速。1951 年成立信阳邮电局。1959 年,电报通信开始使用电传发报机,长途电话安装单路载波终端机。邮电网南通武汉,北连郑州,全区邮电局、所有 248 处。1960 年,安装 6 路载波电报终端机,用于郑州电路。1961 年,增设长途电话载波机。1970 年,邮电局、所有 189 处,电报电路有 35 路,长话电路有 69 路。1976 年,各县市安装电传收发报机,实行电报双工作报,电报电路实现电传化。1979 年,配备过戳机,缩短邮件的处理时间。1984 年 11 月,京汉广 1 800 路中同轴载波电缆工程信阳枢纽站割接,为信阳提供长话电路 180 路,其中至郑州、驻马店和武汉各 60 路,为信阳实现长话自动拨号和半自动拨号奠定基础。同年 12 月,开通信阳至郑州的 64 路自动转报机,平均每份电报缩短 2~3 分钟。1987 年,整个地区邮电局、所有 240 处,其中邮电局 10 处,邮电支局和邮电所有 203 处,邮政代办所有 27 处。1949 年,信阳地区市话交换机总容量为 50 门,安装话机 85 部。1956 年,交换机总容量发展到 1 470 门,安装话机 1 228 部。1965 年,交换机总容量为 2 580 门,安装话机 1 716 部。1973 年,交换机总容量达 2 920 门,安装话机 2 108 部(以上均不含接入用户交换机的话机)。1985 年 11 月,开始兴建 5 000 门自动电话工程,1988 年 10 月 8 日正式开通,到年底,市话交换机总容量为 10 440 门,已装机容量为 10 040 门,实占容量为 5 689 门,接入邮电局交换机的话机有 4 734 部;用户交换机容量为 6 908 门,接入话机 3 731 部。1987 年末,市内电话户数达 4 315 户。③

21 世纪以来,淮河流域邮电通信业技术设备不断升级,成为基础设施中增长最快、变化最大的领域之一。平顶山市邮政业务种类齐全、网点分布广泛;移动电话从无到有,市内电话机部数由 1949 年的 8 部、1957 年的 573 部增至 2008 年的 77.2 万户;邮政业务总量从 256.2 万元增加到 441 113 万元,增长 1 720 倍,邮政网点有 137 个,邮政总里程为 2 282 千米。④ 驻马店市 2008 年邮电业务总量为 56.3 亿元,为 1978 年的 1 384 倍,1978—2008 年,年均增长 28.5%。电话普及率由 1978 年的 0.13 部/百户提高到 2008 年的 141 部/百户,2008 年移动电话达到 106 部/百户。⑤ 许昌市的固定电话交换机容量由 1980 年的 0.24 万门升至 2008 年的 42.15 万门,增长 174.6 倍。2008 年,固定电话用户为 44.83 万户,移动电

---

① 周口市地方志编纂委员会.周口市志[M].郑州:中州古籍出版社,1994:223-226.
② 周口市地方志编纂委员会.周口市志:1991—2005[M].郑州:中州古籍出版社,2014:540.
③ 信阳地区史志编纂委员会.信阳地区志[M].北京:三联书店,1992:576.
④ 河南省人民政府.河南六十年[M].北京:中国统计出版社,2009:221.
⑤ 河南省人民政府.河南六十年[M].北京:中国统计出版社,2009:303.

话用户为 164.32 万户,计算机互联网用户为 22.31 万户。①

在淮河流域江苏,21 世纪以来,连云港邮政快递与长三角各地隔天即达,移动通信、图像通信及光纤光载通信等发展迅猛,2008 年全市邮电通信业务总量为 22 亿元,相当于 1978 年的 878 倍。该年末,全市固定电话总数为 137.3 万户,小灵通电话用户为 27.2 万户,移动电话用户为 181.6 万户,城乡居民家庭电话及移动电话综合普及率为 100%。② 徐州市邮路总长度由 1985 年的 4 227 千米增加到 2008 年的 7 184 千米,是原来的 1.7 倍。2008 年底,该市固定电话由 1985 年的 3.8 万部增加到 238.9 万部,移动电话由 1993 年的 1 031 部增加到 368.8 万部。数据通信网络初具规模,2008 年,国际互联网用户为 48.8 万户,局用交换机容量为 1 185.1 万门,电话、传真、电子邮件、视频等多种交流方式更为普遍。③

在淮河流域安徽,阜阳地区的邮电业也有较大改观。1978 年有邮电局、所 30 多处,邮路 100 多条,邮运汽车 17 辆。与 1949 年相比,信函邮件增长近 10 倍,汇兑增长 10 多倍,报刊发行份数增长 120 多倍,长途电路增至 130 条,增长 9.8 倍。市内电话总容量为 4 350 门,话机总数为 3 477 部,分别是 1949 年的 23.5 倍和 33.1 倍。④ 蚌埠市话 2008 年交换机容量为 246.4 万门,是 1978 年的 467 倍,城乡电话用户均是改革开放前的数倍;移动通信从无到有,发展迅速,2008 年移动用户为 109.5 万户,互联网用户为 16 万户;邮政业务范围扩大,业务种类增多,2008 年完成邮政业务总量 1.48 亿元,是 1978 年的 415 倍。⑤

四、商业市场

城市的发展和繁荣离不开商业。新中国成立后,特别是改革开放以来,淮河流域各地市商业繁荣,各种商业所有制并存,商业网点密集,市场容量扩展,商业业态多样化,如百货店、超级市场、大型综合超市、便利店、专业市场(主题商城)、专卖店、购物中心等。城市商业业态的发展与城市化进程息息相关。传统商业业态以随工业革命而兴起的百货商场及稍后出现的杂货店、小百货等为代表。随着城市化的大规模快速发展,现代生活节奏的加快与生活方式的改变,超级市场、购物中心与巨型市场、仓储式市场等业态应运而生。

在淮河流域安徽,经过社会主义改造,商业恢复发展。"大跃进"和"文革"时期,取消个体商业,关闭集贸市场。改革开放后,先后建成许多大型商业市场,国内外大型连锁超市纷纷进驻,个体工商户逐步得以恢复和发展,城乡市场日渐活跃,呈现购销两旺的局面。如阜阳市,1949 年仅有商业网点 267 个,从业人员为 1 117 人,商品零售额为 4 102 万元;1978 年,社会消费品零售额为 3.8 亿元,是 1949 年的 95 倍⑥,2008 年,社会消费品零售额为 237.6 亿元,比 1978 年增长 61.5 倍,有各类商贸流通企业、网点 15 万多个,是改革开放初期的 18.8 倍;限额以上批零贸易企业有 150 余家,年购销总额有 550 多亿元;年销售额超亿元的大型流通

---

① 河南省人民政府. 河南六十年[M]. 北京:中国统计出版社,2009:259.
② 江苏省统计局. 数据见证辉煌:江苏 60 年[M]. 北京:中国统计出版社,2009:284.
③ 江苏省统计局. 数据见证辉煌:江苏 60 年[M]. 北京:中国统计出版社,2009:254.
④ 安徽省人民政府. 安徽 60 年[M]. 北京:中国统计出版社,2009:345-346.
⑤ 安徽省人民政府. 安徽 60 年[M]. 北京:中国统计出版社,2009:340.
⑥ 安徽省人民政府. 安徽 60 年[M]. 北京:中国统计出版社,2009:346.

企业有 20 多家,超亿元的各类商品市场有 16 个。① 淮南市,1979 年 9 月至 1980 年,个体商贩有 541 户。至 1990 年底,个体商贩有 15 464 户,从业人员有 25 716 人,集贸市场有 148 个,位于田家庵的东城市场和位于谢家集的西城大市场是个体私营商业最为集中的集贸市场。东城市场总面积为 12 480 平方米。市场内经营铺面有 166 个,固定摊位有 550 个,经营品种有服装、鞋帽、布匹、毛线、家电、五金、食品、小百货等 8 大类 1 000 余品种,日均客流量为 13 万人次,节假日达 20 余万人次。西城大市场占地 14.5 万平方米,固定摊位有 1 119 个,由小商品市场和农副产品市场组成,日均客流量为 5 万人次,节假日达 10 万至 15 万人次。② 至 2008 年,商贸营业面积超过 200 万平方米。③ 蚌埠市,2008 年,5 000 平方米以上的商业网点有 10 家,建筑面积为 90 余万平方米,年营业额为 33 亿元;237 个批发交易市场中具有规模的有 56 家,占地面积 60 余万平方米,摊位有 1.66 万个。④

在淮河流域河南,改革开放后,各种经营业态不断涌现,流通网络构建加快推进,先后建成一批贸易市场,涌现一批贸易连锁企业,社会消费品市场总额持续增长,市场规模不断扩大。如信阳市,2008 年,社会消费品零售额为 312.42 亿元,分别是 1949 年的 804 倍、1978 年的 63 倍。其中,城市零售额为 90.99 亿元,县及县以下零售额为 221.44 亿元,分别是 1978 年的 107.6 倍和 53.7 倍。⑤ 周口市,2008 年,社会消费品零售额为 344.1 万元,比 1950 年增长 653 倍,比 1978 年增长 67 倍,年均增长 15%。其中荷花市场发展为豫东南最大的综合批发市场,占地 200 余亩,日客流量为 10 余万人次,日成交额为 1 000 多万元。⑥ 平顶山市,2008 年,有各种亿元以上商品交易市场 12 个,批发和零售业企业 2 286 个;住宿和餐饮业企业 774 个,批发和零售业、住宿和餐饮业个体户 6.5 万户,从业人员 14.22 万人,其中,县及县以下个体批发零售业、餐饮业户数 41 869 户,占总户数的 64.7%。⑦

在淮河流域江苏,改革开放以来,各种经济类型商业竞相发展,国内外知名商家纷纷入驻,商业网点布局日趋合理,商品市场日益丰富。如连云港市,2008 年,规模以上各类商品经营网点有 640 个,全部商业服务从业人员有 22 万人,社会商品零售额为 310.44 亿元,为 1949 年的 1 109 倍,为 1978 年的 83.5 倍。⑧ 徐州市,2008 年,亿元以上商品交易市场有 26 个,成交额为 414.7 亿元,限额以上连锁零售业和餐饮业零售额占社会消费品零售额的比例由 1978 年的空白提高到 2007 年的 16.5%。⑨ 淮安市,2008 年,有成交额超亿元的大型骨干市场 15 家,实现成交额 89.5 亿元。⑩

---

① 安徽省人民政府. 安徽 60 年[M]. 北京:中国统计出版社,2009:347.
② 淮南市地方志编纂委员会. 淮南市志[M]. 合肥:黄山书社,1998:961.
③ 安徽省人民政府. 安徽 60 年[M]. 北京:中国统计出版社,2009:354.
④ 安徽省人民政府. 安徽 60 年[M]. 北京:中国统计出版社,2009:340.
⑤ 河南省人民政府. 河南六十年[M]. 北京:中国统计出版社,2009:290.
⑥ 河南省人民政府. 河南六十年[M]. 北京:中国统计出版社,2009:297.
⑦ 河南省人民政府. 河南六十年[M]. 北京:中国统计出版社,2009:221.
⑧ 江苏省统计局. 数据见证辉煌:江苏 60 年[M]. 北京:中国统计出版社,2009:284.
⑨ 江苏省统计局. 数据见证辉煌:江苏 60 年[M]. 北京:中国统计出版社,2009:249,252-253.
⑩ 江苏省统计局. 数据见证辉煌:江苏 60 年[M]. 北京:中国统计出版社,2009:290.

第三节
当代淮河流域的财政金融与经济发展

新中国成立以来,淮河流域的财政金融体制发生巨大变化,财政方面,如"税收统支"、财政收入挂钩、三级财政管理、"划税分成"、"以收定支"、"固定分成"、"调剂分成"、"增收分成"、"分级包干"、分税制、所得税分享等。改革开放前,用于经济建设的占比大约维持在60%的水平,甚至更高。改革开放后,财政支出用于经济建设的占比逐步下降。财政支出投向更多趋于均等化,如教育、医疗、养老、社会保障等民生事业。金融方面,改革开放前,实行集中统一的管理体制。改革开放后,金融宏观调控体系和机制进行改革,并数次对经济过热势头实施有效的宏观调控。进入21世纪,金融体系成熟,产品丰富,业务能力提升,对地方经济社会发展贡献显著。

一、财政金融体制的演变

新中国成立以来,国家财政和金融体制经历多次变迁,尤其是改革开放后,财政和金融体制变化更大。在财政上,推行包干制,实施分税制、所得税分享制等;在金融上,实行"统一计划、分级管理、存贷挂钩、差额包干"体制,建立以地市人民银行为调节中心的信贷资金管理模式,强化中央银行的宏观调控职能,对贷款规模实行"管上不管下,管粗不管细"的监控办法。淮河流域的财政金融体制应中央政府的要求进行了一系列改革。

(一)财政体制的演变

在国家的财政体制演变的影响下,淮河流域的财政体制变迁大致以改革开放作为分界线,分为前后两个阶段。

1. 改革开放前

1950年,实行"税收统支"的财政体制,即国家人员编制、供给标准、收支制度、收支程序、收支项目,均由中央统一规定,统筹统支。地方上小宗收入可抵地方财政的不足,大宗收入则一律解缴中央。1951年,实行财政收入挂钩的管理体制,乡村财政收入来自各种附加税。1952年,实行省、地方分级编制年度预算、决算的财政管理体制。地方支出来自各项附加税、契税和上年结余。1953年,实行中央、省、县三级财政管理体制,乡镇财政并入县级财政,"统一领导,分级管理"。地方税、公产、规费和罚没款等杂项收入划归地方财政。收入按规定项目和比例留县,支出由省核定指标。年终省、县结算,差额由省拨补。1954年,实行"划税分成,固定比例,支出包干"的管理体制。县级财政收入分为地方固定收入、固定比例分成收入、调节收入。县级预算由中央核定,预算中的支出部分由地方固定收入和固定比例分成收入支付，不足的差额由中央划给的调剂收入弥补。这一体制延续到1957年，虽每年都有变化，但大体相同。

如阜阳地区，1952年7月，遵照中央提出的"包、禁、筹"的方针，把乡村行政经费、教育经费全包下来，公粮、地方粮合并征收，取消所有附加税，严禁一切摊派。地方建设方面的必须筹款，报省批准后方可执行。[①] 蚌埠市，1950年，将征收的公粮、税费等一律解缴中央金库，所需开支编制预算上报核批。1953年4月，建立总预算制度，原乡镇财政收支并入市预算内。1954年，中央与地方固定比例分成收入包括农业税、工商营业税和工商所得税；中央对地方的调剂分成收入包括商品流通税和货物税，两项分成收入均确定相应的分成比例。到1956年，各税具体分成比例每年一定。1957年，将所有税收和其他各项收入都划分成固定比例，蚌埠市分得各税和其他各项收入的总比例为18%，支出按市的管理范围相应确定，即市属企业、事业和行政单位的支出列入市级预算。[②] 徐州市，1950年，收入统一上缴中央，支出统一由中央拨款。地方的预算收入同预算支出不发生直接联系，年终结余全部上缴中央。1954年，将工商营业税、工商所得税作为地方与中央共享的比例分成收入，全市分成比例为30%。1956年，除地方固定收入，全部由市支配外，商品流通税、货物税、工商营业税和工商所得税4项收入按8%分成；农业税按30%分成；增加债务收入，按40%分成。1957年，商品流通税、货物税、工商营业税和工商所得税等4项收入，分成比例调为15%，农业税分成比例调为60%，债务收入分成比例仍为40%。[③]

1958年，中央财政管理权限下放，实行"以收定支，固定分成，调剂分成，五年不变"的体制。1959年，实行"收支下放，计划包干，地区调剂，总额分成，一年一变"的管理体制。1961年起，继续实行"总额分成，一年一定"的办法，安排预算，注意收支平衡。1966年，徐州市实行"总额分成"，分成比例为13%，超收分成比例为10%。1967—1970年，市财政收入的总额分成比例调为12%，同时取消超收分成。[④] 1971—1973年，阜阳地区实行财政收支包干体制，即"定收定支，收支包干，保证上交，超支分成，结余留用，一年一定"。1974—1975年，又改为"收入按比例留成，超收分成，支出包干"。[⑤] 蚌埠市属收大于支的城市，1971年按支出总额核定，市收入留成比例为7%，超收部分可提成90%。1972年，在大包干中，又具体明确为"定收定支，保证上交，超收提成，结余留用，一年一定"的办法。1973年，原随同工商税统一税征收的1%地方附加，改为从新的工商税收入中按月提取1%的留成；原随同工商所得税征收的1%地方附加，仍由纳税单位随正税缴纳。是年，核定蚌埠市超收提成的比例由90%降为40%。[⑥]

2. 改革开放后

1978年至1993年，推行包干制，在划分中央和地方收支范围的基础上，核定财政收支基

---

① 阜阳市地方志编纂委员会.阜阳地区志[M].北京:方志出版社,1996:532-533.
② 蚌埠市地方志编纂委员会.蚌埠市志[M].北京:方志出版社,1995:606-607.
③ 徐州市地方志编纂委员会.徐州市志[M].北京:中华书局,1994:1254-1255.
④ 徐州市地方志编纂委员会.徐州市志[M].北京:中华书局,1994:1255.
⑤ 阜阳市地方志编纂委员会.阜阳地区志[M].北京:方志出版社,1996:533.
⑥ 蚌埠市地方志编纂委员会.蚌埠市志[M].北京:方志出版社,1995:608.

数。经历"增收分成""划分收支,分级包干"和"划分税种,核定收支,分级包干"过程。1994年以来,实施分税制、所得税分享制等多项改革。

(1) 1978 年至 1993 年

1978年后,实行"收支挂钩,总额分成,增收分成"。阜阳地区实行固定比例留成作为地方机动财力,固定收入包括城市房地产税、屠宰税、牲畜交易税,用于支农和维修城镇房屋等项开支;将社队企业工商所得税的 50% 留归地方,用于发展农村社队企业和其他支农性支出;其余各项收入均作为总额分成收入。① 蚌埠市核定总额分成比例为 8%,超收分成比例为 30%。当年实际收入比上年实际收入增长,按上年实际收入数计算;如当年实际收入比上年实际收入减少,按当年实际收入数计算。增收分成改按收入项目确定不同的比例分成,即工商税增收仍按 26% 分成,企业收入、农业税、其他收入三项增收分成比例核定为 60%。当年收入比上年实绩增加的部分,按 26% 的比例分成;同时,以上年实绩为基数,留成 1%;如当年收入数达不到基数,则按当年收入数留成 1%。② 徐州市继续实行"收入按固定比例留成和增收分成"的财政管理办法,固定留成比例为 0.8%,增收分成比例为 25%。③

1982 年起,实行"划分收支,分级包干"的体制,阜阳地区以 1980 年财政收支决算数为基础,作为包干基数的依据,扣除上交中央的企业基本折旧基金和其他工商税后,按总额的 23% 上划中央,其余 77% 作为地方财政收入包干基数。包干收入超过包干基数部分,地方分成 55%,其余上缴省财政。1983 年起,将卷烟、酒类产品的工商税划为中央预算收入。每年烟酒税收的增长部分,上交中央 60%,上交省 10%,年终单独结算。④ 蚌埠市在划分收支范围后,按市 1980 年财政决算数并经适当调整,确定市的收支包干基数。收入扣除上缴中央的企业折旧基金和其他工商税后,77% 作为市收入包干基数。同时,因市收入包干基数大于支出包干基数,超出的部分实行按比例分成,核定市分成比例为 40%。⑤ 徐州市财政收入的留成比例为 13%,包干范围内的当年收入比上年决算收入增长的部分,按 1980 年确定的增收分成比例扣除留成比例部分,核定增收补差分成为 12%。⑥

1985 年起,省对县实行"划分税种,核定收支,分级包干"的体制;县对乡财政所实行"定收定支,收入上交,支出下拨,超收分成,结余留用,超支不补,一年一变"的办法。蚌埠市划归市财政收入,除上缴中央部分外,80% 作为收入包干基数,超出基数的留成比例核定为 30%;另定超收总额提奖比例为 4%;烟酒税比上年增收的部分,按增收总额留成 20%。⑦

(2) 1994 年以来

1994年,实施分税制财政管理体制改革。根据中央和地方政府事权范围,将税种划分为中央税、地方税与地方共享税,分设中央与地方两套税务机构。1996年,预算外资金实行收支两条线,纳入财政管理。2000年,农村税费改革试点工作全面展开。2002年,实施所得税分享改革,中央和地方分享比例为 5∶5,2003 年为 6∶4。2004 年,实施"省直管县"财政体制改革,将省财政对市、县相对固定的补助纳入省对县体制补助或上解基数,同时增加省对县体制补助基数。2004 年,在"预算管理权不变、资金所有权和使用权不变、财务审批权

---

① ④ 阜阳市地方志编纂委员会. 阜阳地区志[M]. 北京:方志出版社,1996:533.
② ⑤ ⑦ 蚌埠市地方志编纂委员会. 蚌埠市志[M]. 北京:方志出版社,1995:608.
③ ⑥ 徐州市地方志编纂委员会. 徐州市志[M]. 北京:中华书局,1994:1255.

不变"的情况下,阜阳市开展"乡财县管"的管理方式改革,加强对乡镇财政监督管理。2005年,阜阳市加大县级财政的支持力度,扶持一批县域经济主体和财政支柱。①

(二)金融体制的演变

新中国成立后,适应国民经济恢复和大规模经济建设的需要,淮河流域金融业实行集中统一的管理体制。以人民银行为主体,在总行领导下,实施金融计划管理,在信贷规模、利率调整、结算方式等方面均执行上级指令。专业银行在其主管行的领导下,开展各项银行业务,后向商业银行发展。新的商业银行也不断建立起来。

第一,实行"统存统贷"的信贷资金管理体制。该管理体制的特点是以高度集中的指令性计划为轴心,自上而下调节和分配资金。1952年9月,中国人民银行确定建立和加强银行系统计划管理体制。1953年起,各级银行普遍建立信贷计划管理机构,对存贷款业务实行计划控制。各级银行吸收的存款全部上交人民银行总行,发放贷款由总行统一核定计划指标,逐级分配下达。1959年起,金融调控体制随国家经济管理体制进行改革,划分中央和地方管理信贷权限,实行"存款下放,计划包干,差额管理,统一调度"的办法。要求除中央财政存款和中央企业贷款仍由中国人民银行总行管理外,其余存贷款的管理权都下放给地方,实行差额包干。1962年10月,中央发布《关于切实加强银行工作的集中统一,严格控制货币发行的决定》,强化"统存统贷"的调控体制。这种体制一直实行至1980年。这一时期的银行信贷工作,重点是遵守计划,控制货币发行,控制信贷,促使关停并转企业尽快得到调整,收回被挤占挪用的贷款,迫使计划外的基建项目下马,协助企业清理资金,处理积压物资,加速企业资金周转。

第二,实行"差额包干"的信贷计划管理体制。1978年,随着改革开放政策的贯彻执行和经济体制改革的推进,金融宏观调控体系和机制进行了相应的变革。经过1979年试点和1980年扩大试点,1981年实行"统一计划,分级管理,存贷挂钩,差领包干"的计划管理体制,这种管理体制延续至1984年底。

第三,实行"实贷实存"的信贷资金管理体制。为适应以中央银行为领导、专业银行为主体、多种金融机构并存的金融体系,1985年起,中央银行对专业银行实行"实贷实存"的信贷资金管理体制,基本内容是"统一计划,划分资金,实贷实存,相互融通"。人民银行开始运用存款准备金、再贷款、再贴现、存贷款利率等经济手段调控金融活动,形成直接调控与间接调控相结合的金融宏观调控体系。

在"实贷实存"的管理体制下,宏观调控改革方面不同年度各有侧重。1986年,侧重加强资金纵向调度和横向融通,加强专业银行之间临时性资金的相互拆借。1987年,着重建立纵横结合、以横为主,以地市人民银行为调节中心的信贷资金管理模式。1988年,人民银行对专业银行贷款实行期限管理,到期归还,周转使用,在期限内专业银行可以跨年度使用。1989年,对信贷计划实行限额控制、双线管理,对非银行金融机构的贷款实行最高贷款限额与比例管理双向控制。1990年,严格控制信贷规模和货币发行。1991年,侧重搞活金融,对贷款规模实行"管上不管下,管粗不管细"的监控办法。各专业银行省分行对下达给市地行

---

① 阜阳市地方志编纂委员会.阜阳市志:1986—2010[M].合肥:黄山书社,2014:479-480.

的贷款规模可以根据情况随时抽多补少,进行余缺调剂。1992年,对票据贴现市场积极培育,实行"优先""优惠"的政策。1993年,国务院发布的《关于金融体制改革的决定》指出,要"确立强有力的中央银行宏观调控体系",明确中国人民银行的主要职能是:制定和实施货币政策,保持货币的稳定,对金融机构实行严格的监管,保证金融体系安全、有效地运行。[①] 省人民银行对再贷款的管理办法,不再分长期和短期贷款,统一实行贷款限额管理。1994—1997年,各专业银行增加对国有大中型支柱企业的有效供给,工业流动资金贷款稳步增长。1998年,改革国有商业银行信贷资金管理办法,由限额管理改为全部实行资产负债比例管理,国有商业银行经营自主权扩大,各项贷款大幅度增加。

但是,由于专业银行缺乏自主经营的权利和自我约束的动机,资产质量差且流动性不强,经营安全程度低,投资易失控,引起较大幅度周期性经济波动,长期存在通货膨胀压力。1994年,国家开发银行、中国进出口银行和中国农业发展银行三家政策性银行组建的同时,专业银行开始向商业银行转轨。同时,加快建立新商业银行的进程。保险业正在走向商业化,一批新的商业性保险公司陆续开业。农村合作金融、商业性金融和政策性金融均有不同程度的发展。[②]

21世纪初,淮河流域金融机构健全,体制理顺,结构调整,产品丰富,业务能力提升。如2004年,人民银行济宁市中心支行调整信贷结构,坚持适时适度、有保有压、区别对待的信贷政策,缓解部分企业流动资金短缺问题。针对国家宏观调控背景下出现的存贷款增长速度趋缓、短期贷款和票据融资急剧少增、部分企业流动资金周转困难等问题,人民银行济宁市中心支行组织各市级金融机构对67家企业进行现场考察,促成银企合作。10月,8家金融机构与46家企业达成贷款意向,贷款意向金额为24.18亿元,截至11月末,落实贷款意向10.5亿元。[③] 2008年,由于受金融危机的影响,淮河流域各地市商业性流动贷款较之前有所下降。2009年,受宽松货币政策作用,淮河流域各金融机构继续加大对地方经济的资金支持力度,推动地方经济发展,并引导金融机构加大对小微企业、下岗失业人员等薄弱环节的信贷支持。

二、财政与经济发展

新中国成立后,淮河流域各地市财政收入在动荡中增长,尤其是改革开放后,各地市财力呈阶梯式的上升,支持经济建设的力度较大。但随着经济体制改革的深入推行,经济建设中的财政支出费用占比快速下降,其中有企业的盈利自有资金,也有银行贷款以及其他多种渠道的融资。财政支出结构在持续优化,公共服务支出不断加大。

(一) 财政收入增加

改革开放前,受当时政治、经济、意识形态等多种因素的影响,淮河流域各地市的财政收入增幅缓慢,甚至还有波折。改革开放后,随着经济的不断发展,财政体制改革的不断深入,

---

[①] 河南金融年鉴编辑部. 河南金融年鉴:1995[M]. 郑州:中州古籍出版社,1995:149-152.
[②] 国家统计局. 大跨越:1992—1996年中国经济[M]. 北京:中国统计出版社,1997:169-174.
[③] 李亚新. 山东金融年鉴:2005年[M]. 北京:中国财政经济出版社,2015:410.

淮河流域各地市的财政收入快速增长。

(1) 在淮河流域河南。商丘市,1950 年,财政收入为 1 865 万元,1978 年上升至 8 141 万元,到 2008 年达 31.56 亿元,比 1950 年增长 168.2 倍,比 1978 年增长 37.8 倍。[①] 周口市,1978 年,财政收入仅为 1.01 亿元,1999 年增至 11.26 亿元,2006 年升至 20.48 亿元,2008 年达 35 亿元,是 1978 年的 34.65 倍。[②] 信阳市,1987 年,财政收入达 15 061.5 万元,比 1949 年增长 8.3 倍,年均增长 6%。[③]

(2) 在淮河流域江苏。宿迁市工商业极不发达,财政收入的主要来源是农业。1949 年,该市财政收入为 540 万元,其中农业税为 481 万元,占全部收入的 89.1%。随着地区经济实力的不断增强,财政收入状况逐年好转。尤其是 1987 年以后,财政收入步入快速增长时期,增幅持续走高,民生保障支出明显增多。2008 年,该市实现财政收入 92.1 亿元,相当于 1949 年到 2000 年 52 年间的累计收入之和,是 1949 年的 1 706 倍,年递增 13.4%。[④] 徐州市,1952 年,财政收入仅为 0.3 亿元,1978 年财政收入达 3.27 亿元,1990 年首次跨上 10 亿元台阶,2004 年越过百亿元,2008 年仅用 4 年时间在百亿元的台阶上增长 2 倍多,达 359.7 亿元,是 1978 年的 110 倍。[⑤] 2008 年,连云港市财政收入达 180.6 亿元,相当于 1952 年的 194 倍,为 1978 年的 97 倍。[⑥]

(3) 在淮河流域安徽。阜阳市,1986 年财政收入为 17 242 万元,1994 年为 72 820 万元,2004 年为 222 799 万元,2006 年为 321 582 亿元,2007 年突破 40 亿元,2008 年突破 50 亿元,2009 年突破 60 亿元。[⑦] 蚌埠市,1986 年财政收入为 5.42 亿元,1990 年为 6.51 亿元,1994 年为 11.4 亿元,1998 年突破 20 亿元,2004 年突破 30 亿元,2005 年为 39.54 亿元,为 1985 年的 8.1 倍,20 年平均递增 11%。[⑧] 淮北市,1978 年财政收入为 7 911.6 万元,1992 年为 1.52 亿元[⑨],1999 年为 11.73 亿元[⑩],2009 年为 52 亿元。[⑪]

(4) 在淮河流域山东。枣庄市,1953—1957 年,财政收入为 7 538.6 万元,年均财政收入为 1 507.7 万元;1958—1962 年,财政收入为 19 446.4 万元,较"一五"计划增长 1.6 倍,年均收入为 3 889.3 万元;1963—1965 年,财政收入为 10 956.8 万元,年均收入为 3 652.3 万元,低于"二五"计划平均数;1981—1985 年,财政收入为 102 198.2 万元,年均收入为 20 439.6 万元。[⑫] 1986—1990 年,该市一般预算收入完成 10.89 亿元,平均年收入为 2.18 亿元,其中 1986 年为 1.38 亿元。1991—1995 年完成 21.71 亿元,平均年收入为 4.34 亿元,

---

① 河南省人民政府. 河南六十年[M]. 北京:中国统计出版社,2009:282.
② 河南省人民政府. 河南六十年[M]. 北京:中国统计出版社,2009:297.
③ 信阳地区史志编纂委员会. 信阳地区志[M]. 北京:三联书店,1992:636.
④ 江苏省统计局. 数据见证辉煌. 江苏 60 年[M]. 北京:中国统计出版社,2009:328.
⑤ 江苏省统计局. 数据见证辉煌. 江苏 60 年[M]. 北京:中国统计出版社,2009:250.
⑥ 江苏省统计局. 数据见证辉煌. 江苏 60 年[M]. 北京:中国统计出版社,2009:281.
⑦ 阜阳市地方志编纂委员会. 阜阳市志:1986—2010[M]. 合肥:黄山书社,2014:480-481.
⑧ 蚌埠市地方志编纂委员会. 蚌埠市志[M]. 合肥:黄山书社,2008:1242-1243.
⑨ 淮北市地方志编纂委员会. 淮北市志[M]. 北京:方志出版社,1999:574-575.
⑩ 淮北市地方志编纂委员会. 淮北年鉴:2000[M]. 北京:中国致公出版社,2000:140.
⑪ 淮北市地方志编纂委员会. 淮北年鉴:2010[M]. 合肥:黄山书社,2010:76.
⑫ 枣庄市地方志编纂委员会. 枣庄市志[M]. 北京:中华书局,1993:1242.

较"七五"期间翻一番。1996—2000年完成47.82亿元,平均年收入为9.56亿元,较"八五"期间增长120.3%。2001—2005年完成91.97亿元,平均年收入为18.39亿元,较"九五"期间增长92.3%。其中,2005年达到28.17亿元。①

(二)财政支持经济发展

淮河流域财政收入的不断增长,财政实力的日益增强,反映出流域经济发展的质量明显提高,同时也为流域经济的发展提供有力的资金保障。

(1)在淮河流域河南。驻马店市,为支持和促进农业生产的发展,财政用于支援农业的资金不断上升,1965—1992年,财政支出用于支援农业达106 515.3万元,为同期农业税收入的1.32倍,占同期财政总支出的17.7%。1965年财政用于支农支出只有1 345.8万元,1992年达8 764万元,净增7 418.2万元,增长5.5倍,平均每年递增7.2%。1992年,财政预算内用于企业挖潜及科技三项费用资金2 808万元,用于支援农业生产资金4 044万元,用于基本建设投资992万元。1992年财政预算外利用间歇资金扶持短平快生产经营项目163个,融通间歇资金3 374万元。同时,财政利用农业开发资金支援农业2 600万元。为加速地区经济建设,还大力发展财政信用,多渠道筹集资金,1988—1992年,筹集投放资金24 295万元,为企业安排技改项目188个。②

许昌市,新中国成立初期,由于财力有限,财政支出主要用于国家机关行政管理、文教卫生事业和社会福利救济,很少用于经济建设。随着国民经济的发展和财政收入的增加,财政支出不断扩大,保证各个时期各项资金的支出,支持工农业生产和建设事业的发展。1953年,财政支出为544万元,至1958年增至2 302万元。1960年,财政支持经济建设的支出为3 112万元,占财政支出的62.25%,1962年则降低455万元,占比34.56%。1968年,用于经济建设的财政支出升至2 513万元,在总支出中占比78.88%。1972年,用于经济建设的财政支出为3 420万元,占比65.64%。1974年,用于经济建设的财政支出为3 860万元,占比61.23%。1978年,用于经济建设的财政支出为5 257万元,占比59.84%。1987年,财政支出为20 672.7万元,其中,用于经济建设的占比为32.3%。该年财政支出与1953年相比,基本建设支出增长50.3倍,工交商、简易建筑事业费支出增长666倍,支援农业支出增长491倍。③

商丘市,新中国成立后至1957年,财政支出主要包括行政管理费、文教卫生费、农业生产投资和优抚救济等。1958—1962年,由于经济建设规模扩大,基本建设投资增加,各项经济建设支出占财政各项费用支出的54.16%。1963—1965年,各项经济建设费在财政支出中的占比为36.15%。1966—1970年,新建一些工业企业,基本建设投资增加,各项经济建设支出比"二五"时期增长2.27倍。1971—1975年,经济建设费用支出比"三五"时期下降23.96%。1976—1980年,增建一批工业企业,基本建设投资增加,各项经济建设费用支出比"四五"时期增长1.72倍。1981—1985年,各项经济建设费用支出减少,比"五五"时期下

---

① 枣庄市地方史志编纂委员会.枣庄市志:1986—2005 财政税收[M].北京:中华书局,2016:698.
② 驻马店地区地方史志编纂办公室.驻马店地区年鉴:1993[M].郑州:河南人民出版社,1994:100.
③ 许昌市地方志编纂委员会.许昌市志[M].天津:南开大学出版社,1993:406-407.

降 47.07%。①

(2) 在淮河流域安徽。1952—1957 年,淮南市为加强社会主义建设,支援"三大改造",该期间财政投资逐年增加,如与 1952 年作比较,1953 年增加投资 42.37%,1954 年增加投资 60.48%,1955 年增加投资 144.09%,1956 年增加投资 217.02%,1957 年增加投资 243.62%,年均递增 19.00%。在这些投资中,用于经济建设和文教卫生方面的比例也逐年扩大,如 1953 年占比 58.96%,1954 年占比 66.95%,1957 年占比 68.57%(其中每年的文教事业费占比颇高)。五年间,财政支出对淮南市的经济建设"有相当收获的",在工业方面,新建食品、练丝、被服、陶瓷、油厂等工厂,新建建筑公司、乳牛厂、缸厂、面米厂和肥皂厂;在农田水利方面,新建和整修中小型水利工程 547 处,完成土方 962 598 土石公方,增加和改善灌溉面积 128 660 亩;在城市交通方面,新建马路 60 千米左右。② 改革开放后,为促进经济发展,淮南市财政局配合有关部门,"本着先生产后基建,先简单再生产,先挖改革后新建的原则",使工业内部结构趋向合理化;注意处理农、轻、重的关系,对于投资少,收效快,有利于人民生产的轻纺工业,集中财力大力支持。③ 1984 年,淮南市财政局抓改革,向改革要效益,对企业部分放权;支持乡镇工副业发展,如集中 55 万元支农资金,支持 23 个小井煤开发;帮助企业解决一些遗留问题,如对核实的 1 255 万元的产品削价损失,"在确保财政收入的前提下,分别作了处理,给企业卸了包袱,增添了活力";对禽、鱼、蛋业实行财政定额补贴,促进饲养业的发展。④ 淮南市财政对工业企业的支持力度较大,该市国家化肥重点建设项目、安徽省和淮南市重点确保建设项目安徽淮化集团"1830 工程",1998 年市财政即向其投入资本金 1 亿元。⑤ 该市财政支持对工业企业的技术改造,1997 年安排 600 万元的资金,支持企业扭亏增盈和技术改造,同时对新集煤矿采取所得税先征后返办法,全年返还 5 500 万元的所得税,支持该煤矿的进一步发展。1999 年,市财政加大对重点企业、重点产品的技术改造投入,促进行业结构调整和压缩生产能力,落实补助资金 399 万元,使企业减负增效;落实淮南矿业集团和煤炭局申报关闭布局不合理小煤矿财政补贴资金 3 344.5 万元;拨付技改资金 400 万元,支持二药厂"升白能"项目建设;通过地方税"先征后返",为新集纺织公司解决资金 400 万元,再向其投入技改资金 549 万元,促进该企业产品结构调整。⑥

从 1988 年开始,淮南市财政局和市农业综合开发领导小组组织和实施淮南市农业综合开发,改善农业生产条件,提高农业增收效益。如 1998 年项目累计完成投资 820 万元:植树 29.3 万株,开挖疏浚渠道 181.7 千米,衬砌渠道 16.3 千米,修建电管站 7 座,修建桥涵闸渡槽 717 座,架设输变电线 12 千米,修建机耕路 47.9 千米,改良土壤 2.3 万亩,建良种基地 0.2 万亩,购置农机 21 台套,技术培训 3.6 万人次,农业科技示范推广 7.8 万亩,建麦芽厂 1 个。⑦ 改革对农口企业亏损补贴单位定额分配形式,将亏损补贴改为发展生产扭亏增盈的

---

① 商丘市志编纂委员会. 商丘市志[M]. 北京:三联书店,1994:329-330.
② 淮南市 1953—1957 年财政工作报告　档案号:0045-001-0008-006[Z]. 淮南市档案馆.
③ 1981 年上半年财政工作总结　档案号:0045-001-0098-001[Z]. 淮南市档案馆.
④ 淮南市财政局 1984 年工作总结　档案号:0045-001-0118-001[Z]. 淮南市档案馆.
⑤ 关于向淮化集团有限公司"1830 工程"投入资本金的函　档案号:0045-002-0979-002[Z]. 淮南市档案馆.
⑥ 1999 年财政工作总结及 2000 年财政工作初步安排　档案号:0045-001-0219-001[Z]. 淮南市档案馆.
⑦ 淮南市农业综合开发办公室 1999 年工作总结　档案号:0045-002-1117-001[Z]. 淮南市档案馆.

"项目资金"。如 1997 年对长期亏损的窑河渔场给予财政扶持,一举扭亏为盈。① 淮南市财政局以财政支农专项资金方式,促进农业(科技)产业化发展。2000 年,市财政局对下属各县区发出《关于建立财政支农专项资金项目库的通知》,重点支持开展农业科技产业化项目、农业社会化服务体系、农技推广示范基地建设。将淮南市河蟹产业化项目、凤台县肉鸡生产产业区项目、江淮地区"两系"杂交稻研究开发建设项目、淮南市大通区蔬菜科技推广示范项目、凤台县优质稻良种繁育体系建设项目等 9 个项目列为重点支持对象。②

新中国成立初,宿州市由于财力有限,用于发展国民经济的资金较少。之后,用于经济建设的资金所占比例有波动,但总体呈上升趋势。1953—1957 年,财政支出为 4 842 万元,其中用于经济建设为 512 万元,占 10.57%;1958—1962 年,财政支出为 11 930 万元,其中用于经济建设为 3 966 万元,占 33.24%;1963—1965 年,财政支出为 12 703 万元,其中用于经济建设为 3 010 万元,占 23.7%;1976—1980,财政支出为 36 560 万元,经济建设占总额支出的比例,由"四五"时期的 27.19%升至 43.38%;1981—1985 年,财政支出为 50 893 万元,经济建设占总额支出的比例,由"五五"时期的 43.38%降到 25.93%。③

改革开放后,淮北市对财政管理体制进行调整和改革,促进财税大幅度增长和财政运行质量的提高,财政支出结构持续优化。2008 年,财政总支出为 41 亿元,是 1978 年的 85 倍。④ 2009 年,整合工业经济发展专项资金、技术创新资金等财政专项资金 1 亿多元,重点支持中小工业企业节能减排、自主创新和技术改造;为经营困难的企业发放岗位补贴和培训补贴 1 亿元,减轻社保费负担 1.2 亿元,安排资金返还工业企业城镇土地使用税、煤炭骨干企业资源税 7 000 万元;推进家电汽车下乡工程,兑付补贴资金 2 350 万元;争取政府转贷资金和资源枯竭城市财力转移资金 5 亿元左右,支持经济结构转型;加大向"三农"投入倾斜力度,累计拨付资金 1.3 亿元;筹集资金 6 000 多万元,支持建设高稳产基本农田,重点扶持 10 个农业产业化经营项目。⑤

(3) 在淮河流域江苏。1952 年,徐州市财政收入为 0.3 亿元,1978 年财政收入为 3.27 亿元,1990 年首次跨上 10 亿元的台阶,2004 年越过百亿元,2008 年仅用 4 年时间在百亿元的台阶上增长 2 倍多,达到 359.7 亿元,是 1978 年的 110 倍。企业效益明显提升,1978 年,全市独立核算工业企业实现利税只有 4.20 亿元,到 2007 年,规模以上工业企业实现利税达到 281.06 亿元,增长 65.9 倍,年均增长 15.6%。财政收入占 GDP 的比例由 1996 年的 6.2%提高到 2008 年的 17.9%。⑥

(4) 在淮河流域山东。菏泽市财政大力支持企业发展,1998 年筹集 2 亿元封闭运行资金,扶持 32 家企业,增加销售收入 3.8 亿元,实现利税 2 680 万元;加大对农业的支持力度,财政支农预算安排 1.22 亿元;重点扶持起龙头带动作用的农业产业化项目,投放资金 1 800

---

① 淮南市财政局 1997 年工作总结和 1998 年工作计划　档案号:0045-001-0211-001[Z].淮南市档案馆.
② 关于上报财政支农专项资金项目的报告　档案号:0045-002-1173-001[Z].淮南市档案馆.
③ 宿县地区地方志编纂委员会.宿县地区志[M].北京:方志出版社,1995:317-318.
④ 安徽省人民政府.安徽 60 年[M].北京:中国统计出版社,2009:323-324.
⑤ 淮北市地方志编纂委员会.淮北年鉴:2010[M].合肥:黄山书社,2010:76-77.
⑥ 江苏省统计局.数据见证辉煌:江苏 60 年[M].北京:中国统计出版社,2009:250.

多万元;加大对高新技术产品和项目的投入,投资规模为2.57亿元;加大对基础设施项目建设的支持力度,争取地矿项目资金420万元、基建专款3 928万元。①

当然,随着社会主义市场经济的确立,政府的经济管理职能逐步弱化,社会管理职能日益加强,更加注重市场在资源配置中的基础性作用,体现在财政支出结构上,就是用于经济建设的支出不断减少,财政支出将更多投向民生事业。

三、金融与经济发展

新中国成立以来,淮河流域的经济建设离不开金融业支持。随着社会主义市场经济体制的确立,财政支出逐步退出对竞争性经营领域的投入,淮河流域金融业加大对各项经济建设的资金支持,金融业在推进经济建设中的作用日益重要。

(一) 金融体系日趋完善

改革开放前,我国的金融体系是一种高度集中的、以行政管理办法为主的单一的国家银行体系。在金融机构的设置上,全国只有中国人民银行一家银行,中国人民银行执行双重职能,它既是具有货币发行权、负责管理全国金融事业的金融机构,发挥中央银行的职能,又要办理普通银行的信贷业务,中国人民银行内部实行高度集中的资金管理体制。这种体制有利于金融宏观控制,统一调拨资金,但不利于调动地方各级银行的积极性,影响银行资金的融通,难以适应商品经济发展的需要。

改革开放后,我国金融体制进一步完善。1979年,恢复中国农业银行,成立中国银行,中国建设银行从财政部分设,1984年中国工商银行与原人民银行分家,四大国有专业银行形成。同时,各种投资信托公司成立,农村信用合作社与城市信用合作社得到恢复与发展,1986年股份制的商业银行交通银行成立。其后,成立多家股份制商业银行,专业银行也向国有商业银行转化。20世纪90年代,中国开发银行、中国进出口银行、中国农业开发银行三家政策性银行宣告成立。我国金融业形成了国有商业银行、地方性商业银行、股份制商业银行及城市合作银行、城市信用社等金融体系的多元化和竞争机制。

随着我国金融体制的改革与调整,淮河流域的金融体系也不断完善。

在淮南市,人行淮南市中心支行自1949年成立以来,历经1980年农业银行分设、1984年工商银行分设、1996年东区等4家农村信用联社从农业银行分离、1997年证券公司分设、2003年银监分局分设,以及徽商银行和通商农村合作银行先后成立等重大金融改革,该市金融业已发展成为机构种类齐全、存贷款规模位居全省前列的新兴行业。1978年,城区金融机构只有5个办事处、5个营业所、18个储蓄所,职工有449人,城镇储蓄余额为1 475万元,工商贷款余额为20 585万元;2008年,共有12家银行业金融机构,银行业金融机构营业网点343个,从业人员为4 181人,金融机构各项存款余额为559.2亿元,各项贷款余额为380.4亿元。②

在阜阳市,1978年,金融机构由1949年的11家发展到300多家,职工人数由1949年的

---

① 菏泽地区地方志办公室.菏泽地区年鉴:1999[M].济南:齐鲁书社,1999:310.
② 安徽省人民政府.安徽60年[M].北京:中国统计出版社,2009:356.

300 多人发展到 6 000 多人。该年货币投放总额为 41 883 万元,回笼总额为 42 350 万元,分别是 1950 年的 17 倍和 18 倍;贷款余额为 45 087 万元,存款余额为 13 466 万元,是 1949 年的 3 468.2 倍和 1 923.7 倍。① 1987 年,设有人民银行、工商银行、农业银行、中国银行、建设银行、保险公司和农村信用社分支机构及网点 1 195 家,其中银行机构 451 家,城市信用社 13 家,农村信用社 724 家,乡镇企业金融社 3 家,信托投资公司 4 家,初步形成以人民银行为领导、国家银行为主体、多种金融机构并存和分工协作的金融体系。1998 年,该市拥有金融机构及网点 1 962 家,其中银行机构有 700 家,城乡信用社有 919 家,邮政储蓄机构有 283 家,从业人员为 12 648 人。②

在淮北市,改革开放后,相继恢复设立专业银行,同时建立和完善地方中小金融机构管理体制。从单一的存取款业务发展到存款、贷款、个人理财、基金买卖、代理黄金、网上银行等业务。到 2008 年,金融机构各项存款余额为 445 亿元,各项贷款余额为 219 亿元,分别是改革开放前 1977 年的 1 048 倍和 171 倍。③

在蚌埠市,2008 年,拥有银行类金融营业机构 457 个,资产规模为 993 亿元,金融机构各项存款余额为 482.4 亿元,其中城乡居民储蓄存款余额为 290.79 亿元,金融机构各项贷款余额为 296.91 亿元。④

在商丘市,1985 年,基本形成工行、农行、建行、中国银行、信托公司、农村信用社和城市信用社等多种金融机构共存的金融体系。

在许昌市,形成以中央银行为领导、政策性银行和商业银行分离、国家商业银行为主体、多种金融机构并存的金融组织体系。2008 年,金融机构各项存款为 523.08 亿元,比 1978 年增长 422.4 倍,各项贷款余额为 378.65 亿元,比 1978 年增长 79.4 倍。⑤

(二) 金融支持经济发展

新中国成立初期,淮河流域金融市场混乱,物价上涨。为加强金融管理,一方面禁止金银、外币流通,另一方面大力开展储蓄业务,广泛组织资金,向国营工商企业发放贷款。国民经济调整时期,银行压缩货币投放,对关停并转的企业停止贷款,抽出资金支持农业生产。"文革"时期,银行贷款仍在不断上升。如商丘市,1953—1956 年社会主义改造期间,向农业发放贷款 37.7 万元,向工商业发放贷款 9 371.5 万元。1965 年,工业贷款比 1961 年减少 28.7%,农业贷款增加 1.58 倍。1975 年,商业贷款余额为 10 778.9 万元,比 1965 年增加 2.49 倍;工业贷款为 3 684 万元,比 1965 年增加 5.3 倍。⑥ 再如枣庄、济宁、菏泽、临沂四市,1965 年,工业放款 1.35 亿元,比 1962 年减少 2.4 亿元;商业放款 10.72 亿元,减少 2.64 亿元;农业放款 9.2 亿元,增加 0.74 亿元。1977 年,工业贷款为 4.56 亿元,商业贷款为 13.69

---

① 安徽省人民政府. 安徽 60 年[M]. 北京:中国统计出版社,2009:346.
② 阜阳市地方志编纂委员会. 阜阳市志:1986—2010[M]. 合肥:黄山书社,2014:505.
③ 安徽省人民政府. 安徽 60 年[M]. 北京:中国统计出版社,2009:324.
④ 安徽省人民政府. 安徽 60 年[M]. 北京:中国统计出版社,2009:340.
⑤ 河南省人民政府. 河南六十年[M]. 北京:中国统计出版社,2009:257-258.
⑥ 商丘市地方史志编纂委员会. 商丘市志[M]. 北京:三联书店,1994:344.

亿元，社队农业贷款为2.59亿元，比1972年分别增加2.31亿元、4.62亿元、0.98亿元。①

改革开放后，金融机构对工业、农业、商业、交通、城市建设等贷款量呈逐年增加趋势，愈至后期增幅愈大。以济宁、日照、临沂、菏泽、枣庄五市为例，1979—2008年，五市金融机构对各业经济的贷款余额，济宁市增长93.27倍，日照市增长291.28倍，临沂市增长116.11倍，菏泽市增长73.68倍，枣庄市增长126.64倍。②

以下从工商业贷款、基本建设和技术改造贷款、外汇信贷、农村农业贷款等方面，具体论述淮河流域若干地市金融支持经济发展的重要作用。

1. 工商业贷款

金融业对淮河流域各地市的国营（有）工商业流动资金贷款，对促进国营（有）工商业的发展作用明显，尤其是改革开放后的时期。

1962年，人行阜阳中心支行积极贯彻1961年中央关于国民经济"调整、巩固、充实、提高"的方针，对工业贷款则严格掌握，该年工业放款余额为1 789万元，较1961年压缩1 525万元，手工业放款余额比1961年反增了349万元，"积极支持企业的正常资金需要，特别是重点支持了为农业服务的工业、手工业，其生产各种农具635万余件，市场日用工业品生产产值完成5 195万元，从而扩大了市场物资供应能力"。对一些产品质次价高亏损的企业，严格控制贷放；对撤停企业停止发放新的贷款，收回旧欠贷款。信贷管理的加强，"促进了企业经济核算，劳动生产率大大提高，成本下降，亏损减少"。同时积极支持商业、供销部门组织生产资料和日用工业品进货的资金需要，增加市场商品供应。据该年11月底的统计，阜阳地区商品零售额达22 767万元，其中生产资料供应3 108万元，如为保证夏收夏种生产资料供应，阜阳人行支持商业、供销部门购进木杈、竹扫等午收农具和农药等，总值达236万元，"通过组织供应，支持了夏收夏种和防治农作物病虫害等工作"。③

淮北市，建市初期，煤炭工业贷款占工业贷款总额的90%以上，1963—1964年升至99%以上，1965年降至87%，1976年降至54%。改革开放后，银行积极支持轻纺工业的发展，同时注意促进轻、重工业的协调发展。到1985年，轻纺工业贷款比1980年增长7.5倍，轻工业产值比1978年增长5.2倍；轻、重工业产值占比，1978年为7.15%和92.85%，1985年为17.82%和82.18%。1986年，银行对煤炭、纺织、印染及酿造等6家大企业累计发放贷款11 102万元。1987年，在工行开户的37家工业企业实现产值69 211万元，利润增长69.3%。1991年，贷款的重点放在能源工业和轻纺工业等大中型企业上，工业流动资金累放76 057万元，其中，13家国营大中型企业贷款累放49 815万元，占总投量的65%。④ 1992年，各银行工业流动资金贷款余额为72 505万元，10家大中型企业新增贷款8 000万元，主要工业产品均超额完成生产计划，销售收入增长超过产值增幅15%，利税增长40%。1999年和2000年，全市工业流动资金贷款余额分别为208 046万元、210 885万元，分别增长

---

① 金鹏辉.山东金融统计：1949—1978[M].北京：中国财政经济出版社，2016：50-51，176-177，343-344，478-479.
② 山东省统计局.辉煌山东60年[M].北京：中国统计出版社，2009：355-357.
③ 中国人民银行阜阳专区中心支行1962年度工作总结 档案号：J48-2-13[Z].亳州市谯城区档案馆.
④ 淮北市地方志编纂委员会.淮北市志[M].北京：方志出版社，1999：541-543.

7.39%、1.36%。2005年底,工业流动资金贷款余额为287 615万元,较2000年增长36.38%,金融支持经济发展作用进一步增强。①

同时,淮北市金融机构对国营商业流动资金贷款也由弱变强。对商业企业发放流动资金贷款,开办商业企业固定资产贷款,对服务性行业也发放固定资产贷款;对全民所有制企业、集体商业和个体商业也适当开办贷款业务。1990年,银行商业信贷支持国营大中型商业企业发挥主渠道和"蓄水池"的作用,确保重点,兼顾一般,继续调整信贷结构,清收不合理贷款。该年全市128家国营商业企业总销售额达53 879万元,实现利润532万元。② 1992年,各银行支持商业企业增购扩销,充分发挥国营商业企业的主渠道作用。该年商业流动资金贷款余额为55 557万元,较上年增长28.67%。1996年,商业流动资金贷款余额为112 856万元,重点支持石油公司、商业集团公司等国营商业企业以及粮食购销企业。1997年,商业流动资金贷款余额为126 009万元,重点支持国有商业部门组织货源,购进农业生产资料。另对农副产品收购贷款支持力度加大,年内新增11 231万元,确保粮棉油收购资金需求。2005年,商业银行对商业零售企业的贷款投入加大,商业流动资金贷款余额为133 755万元。③

商丘市,工业贷款方面,新中国成立初期,银行对基础薄弱的国营工业和合资工业给予贷款扶持,使其恢复和发展生产。1951—1955年,工业较少,发展较慢,工业贷款仅为10.6万元。1958年,18家合作工厂转为地方国营,致使国营工业贷款余额大增,该年国营工业贷款为230.1万元,为1956年的5倍。1959年,对地方国营工业实行全额信贷,将企业原有国拨流动资金转为银行贷款,是年工业贷款为752.9万元。1960年,工业贷款大幅度增加,工业贷款为1 287.9万元,比1958年增加4.6倍。1976年,工业贷款为4 391.7万元,比1966年增加5.27倍。1980—1985年,工业贷款分别为4 864.8万元、6 556.8万元、4 069万元、4 442.8万元、8 522.1万元和9 212.6万元,总体呈逐年上升趋势,6年间增加89%。④ 商业贷款方面,1950年,银行对国营商业和供销合作社发放商品流通贷款。1952年,国营、合作商业贷款为54.8万元。1953年,国营和合作社商业贷款为1 453.7万元,比1952年增长25.5倍。1956年,国营、合作企业贷款为3 104.4万元。1960—1963年,银行对商业企业贷款的重点是支持粮食、供销商业组织采购,仅1962年粮食系统贷款为497.4万元,比1959年增加1.7倍。1976年,商业企业贷款为9 328.6万元,比1965年的3 090.5万元增加2倍。改革开放后,对商业企业实行"以销定购,以销定贷"的办法,按经济合同发放商品流转贷款。1985年,全部国营、合作商业贷款余额为24 145万元,是1978年的1.67倍。⑤

连云港市,工业贷款方面,新中国成立初期,10多家小厂大多数处于瘫痪状态,银行对部分重要工业企业发放贷款。1949年国营工业贷款余额为2.3万元,1952年为57.8万元。1953年,贷款余额为108.6万元。1957年,国营工业贷款余额为231.1万元,占工业贷款余

---

① 淮北市地方志编纂委员会.淮北市志[M].北京:方志出版社,2014:1155-1156.
② 淮北市地方志编纂委员会.淮北市志[M].北京:方志出版社,1999:543.
③ 淮北市地方志编纂委员会.淮北市志[M].北京:方志出版社,2014:1156-1157.
④ 商丘市地方史志编纂委员会.商丘市志[M].北京:三联书店,1994:358-359.
⑤ 商丘市地方史志编纂委员会.商丘市志[M].北京:三联书店,1994:357.

额的71.7%。1958年,城区国营工业贷款余额为626万元。1959—1960年,银行贷款余额为2 058.4万元,为1957年的7.9倍。1976年工业贷款余额为3 667.3万元,比1965年增长45%。1985年,工业企业补充流动资金为17 734万元。① 商业贷款方面,1950年,供销合作商业贷款为0.18亿元。1952年,国营商业和供销合作贷款增加到38.9万元。1953年商业贷款余额上升到137万元,1955年贷款余额为820.5万元。1957年,市区已有国营商业、公私合营商业网点231个,贷款余额达1 129.5万元。1978年后,银行不仅发放商业流动资金贷款,还提供商业网点设施贷款。1985年商业贷款余额为730.92万元,1990年达149 199万元。②

蚌埠市,1949—1952年,对私营工商业累计发放贷款1 100万元。1957年末,放出商业贷款余额7 588万元。1958年,银行对工商业贷款直线上升,达1.04亿元,1960年上升到2.05亿元。1961年,国民经济进行调整,放款额陆续减少,1963年减少到7 065万元。1964年至1965年,工业生产正常发展,贷款增长适度。1976年贷款总额达2.27亿元。1979—1985年,工业贷款平均每年净增约6 000万元,并重点投向轻纺食品工业。1984年,对147家工厂累计放出贷款4.4亿元,其中轻纺、食品工业占67.25%。1985年,工商业贷款10.44亿元,其中工业占48.9%,商业占39.5%,固定资产占11.6%。③

关于对个体工商户的贷款。如蚌埠市,至1955年,放出贷款2.84万元。1956年后,该项贷款逐步收缩和停办。1980年开始,个体户开办工商业重新增多,至1984年,放出贷款1.5万元。④ 淮北市,1981年,对个体工商业贷款余额为6.4万元,比1980年增长6倍。1985年,个体工商业贷款余额为165万元,个体有证商业户发展到5 043户。到1992年,个体工商户贷款余额为257万元。⑤

关于对集体企业的贷款。如商丘市,1956年,银行对手工业生产合作社(厂)发放贷款19.2万元。当年手工业产值为612万元,较1955年增长1.5倍。1957年,集体企业贷款为32.2万元,比上年增加67.7%。1962年,集体企业贷款为65.6万元,为1956年的3.4倍。1974年,集体企业贷款为316.1万元,为1965年的29.3倍。1985年,集体企业贷款为1 674.6万元,其中生产贷款为1 488.8万元,比1980年增长52.3%。⑥ 淮北市,在建市之初,集体工业发展缓慢,所占工业比例极小。直至1966年,仅有少数集体企业贷款,年均余额不过一两万元。20世纪70年代后,集体企业年均贷款余额不过百万元。80年代后,集体企业信贷规模有所上升,最高时达2 000万元。1992年,银行集体工业贷款余额为1 585万元。⑦ 连云港市,1952年,铁皮、针织、油坊、鞋业等13个合作社贷款余额为7万元,1957年增加到18.5万元,1963年集体工业贷款余额为30.7万元,1978年贷款余额为1 169.2万

---

① 连云港市地方志编纂委员会.连云港市志[M].北京:方志出版社,2000:1663-1664.
② 连云港市地方志编纂委员会.连云港市志[M].北京:方志出版社,2000:1666.
③ 蚌埠市地方志编纂委员会.蚌埠市志[M].北京:方志出版社,1996:650-651.
④ 蚌埠市地方志编纂委员会.蚌埠市志[M].北京:方志出版社,1996:651.
⑤ 淮北市地方志编纂委员会.淮北市志[M].北京:方志出版社,1999:544.
⑥ 商丘市地方史志编纂委员会.商丘市志[M].北京:三联书店,1994:356.
⑦ 淮北市地方志编纂委员会.淮北市志[M].北京:方志出版社,1999:544.

元,1990年,集体工业贷款为1.75亿元,占工业贷款的17.23%。①

2. 基本建设和技术改造贷款

淮河流域各地市基本建设的贷款是金融业资金投向的重要领域,包括城市基础设施建设、工业企业基础设施建设和设备安装维护等。

淮北市,1958—1966年,基本建设拨款主要用于煤矿建设。至1966年累计拨款支出22 558万元,累计完成投资额32 194万元。1967—1976年,累计基建拨款支出52 494万元,累计完成投资额52 099万元,投向行业占比最大的是煤炭业,依次是电力业、化工业、建材业等。芦岭、朔里、石台3对矿井,淮北选煤厂、淮北发电厂、淮北焦化厂、淮北水泥厂、前常铁矿、陈庄铁矿等一批项目先后建成投产。1977—1984年,累计拨(贷)款支出91 795万元,是1958—1976年累计拨款的1.2倍。投向占比最大的是煤炭业,其后依次是电力业、纺织业、酿酒业、冶金业等,刘桥一矿、朱仙庄矿、纺织印染厂、淮北发电厂和城市煤气工程等项目逐渐建成。1985—1992年,累计基建拨(贷)款支出为203 229万元,累计完成投资额为203 451万元,超过建市以来前27年的总和,投向占比依次是煤炭业、电力业、酿酒业、纺织业、机械业、化学工业、建材业等,电厂四期工程、口子酒厂扩建工程、市橡胶管带厂、濉溪县蔡山煤矿、濉溪县高压电瓷厂等先后建成。② 1993—1994年,基本建设贷款余额分别为35 930万元、36 680万元,重点支持淮北矿业集团的一批矿井建设及淮北发电厂建设。1995—1999年,基本建设贷款重点支持国安电力公司以及烈山煤矸石电厂的建设。1999年底,基本建设贷款余额为46 593万元。2000年,加大对基础产业、支柱产业等重点项的贷款投放,基本建设贷款增加较多,基本建设贷款余额为52 093万元,重点支持啤酒厂的扩建以及公路道路建设。次年,随着一些重点项目的建成投产,基本建设贷款出现较大幅度下降。2002—2005年,加大对新建矿井、发电机组的投资力度,基本建设贷款快速上升。2005年底,基本建设贷款余额为139 926万元,较2002年增加56 740万元,增长68.21%。2006年,临涣煤焦化项目、杨柳矿、刘店矿等新建矿井进度加快,资金需求大,采矿业贷款一直是各银行贷款投放的重点,基本建设贷款大幅增加,基本建设贷款增加9.9亿元,增长70.53%。2007年,加大对临涣煤化盐化一体化项目等煤炭深加工项目的重点投入,基本建设贷款余额为20.7亿元。2008年,淮北矿业、皖北煤电两大矿业集团因矿井建设对基本建设贷款需求较大,致使基本建设贷款增幅较大,该年基本建设贷款余额为35.05亿元。③

蚌埠市,1951年,银行将治淮水利工程的建设拨款监督列为业务管理范围。1956年,银行对基本建设拨款开始实施全面监督,至1957年办理基建拨款3 591.4万元。1980年开始,国家对基本建设拨款改为贷款,至1985年累计发放基本建设贷款1.73亿元。1980年起,还对企业更新改造、土地开发及商品房开发等发放贷款,至1985年,累计发放1.12亿元。④

---

① 连云港市地方志编纂委员会.连云港市志[M].北京:方志出版社,2000:1664.
② 淮北市地方志编纂委员会.淮北市志[M].北京:方志出版社,1999:547.
③ 淮北市地方志编纂委员会.淮北市志[M].北京:方志出版社,2014:1158.
④ 蚌埠市地方志编纂委员会.蚌埠市志[M].北京:方志出版社,1996:654.

商丘市，1980年，向手帕厂发放贷款28万元，购置丝光机1台，当年安装投产，增加出口手帕200万条。1981年，因省第三毛纺织厂设备工艺不配套，达不到原设计能力，向该厂发放贷款169万元，当年生产精纺毛呢131万米，产值为1 500万元。1984年，试办城市商品房和城市综合开发贷款，并将国家预算拨款改为有偿使用基本建设贷款。1980—1985年，共发放各种基本建设贷款2 682万元，其中1985年发放1 481.9万元，占55.3%。①

徐州市，1951—1985年，银行拨付61亿元建设资金，主要投向煤炭工业、火电工业、水利建设、铁路建设、输油管道、航运交通、建材工业等重要产业。1980年后，开办基本建设贷款、技术改造贷款、引进技术周转资金贷款和引进国外设备国内配套款贷款、商品房贷款等。1980—1985年共发放各种固定资产贷款13多亿元。②

技术改造贷款是银行对企业进行固定资产技术改造、设备更新的资金需要而发放的贷款，具有折旧基金的垫支和增加投资双重性质。1979年开始发放"中短期设备贷款"，1983年改称为"技术改造贷款"。技术改造贷款对于促进国民经济调整，缓和企业设备陈旧、技术落后与资金不足的矛盾，挖掘企业潜力，发展短线产品，满足市场需要，提高投资效益，增加财政收入等方面具有重要意义。

商丘市，1979年开办中短期设备贷款。1980—1985年，共发放中短期设备贷款1 004.4万元，支持企业完成挖潜、革新、改造项目28个。1980年，给予卷烟厂设备贷款60万元，该年生产卷烟1 128万箱，较上年增长35.7%，完成产值5 420.8万元，较上年增长61.7%。同年，向集体工业发放中短期设备贷款412.5万元，重点扶植企业完成更新改造项目41个。其中对皮革厂设备贷款10万元，当年完成产值388.2万元，比上年增长53.4%。1985年，共发放中短期设备贷款722万元，其中轻纺工业贷款占38.36%，机械工业贷款占8.86%，集体工业贷款占39.75%，其他工业贷款约占13%。③

淮南市，1979—1980年，累计发放技术改造贷款14 422万元，改造革新项目456个，在增产增利前提下，累计收回贷款8 603万元，至1990年底，技术改造贷款达13 720万元。除煤电外，改造革新新增生产能力相当于1978年生产水平。④ 1987—1988年，对印刷厂、毛巾厂、球拍厂、粮油进出口公司等生产加工出口产品企业发放技术改造贷款225万元，支持新增年产70万副球拍、390万条印花浴巾的生产能力，增添一套年产能力32万平方米的新型皮革生产设备。1990年技改贷款余额为771万元。⑤

淮北市，1991年，各银行加大对技术改造贷款投入，促进产业结构和产品结构的调整。该年，技术改造贷款余额为17 821万元，重点支持纺织一厂、濉溪农机厂以及市县口子酒厂、纺织二厂、印染厂的设备更新建设。1992年，技术改造贷款余额为21 722万元，重点支持电力开发公司、服装集团以及淮纺二厂等项目的建设。1993年，技术改造贷款余额为30 838万元，重点支持淮北矿务局三产专项技术改造、水泥厂生产线改造以及县口子酒厂的

---

① 商丘市地方史志编纂委员会.商丘市志[M].北京：三联书店，1994：361-362.
② 徐州市地方志编纂委员会.徐州市志[M].北京：中华书局，1994：1328-1329.
③ 商丘市地方史志编纂委员会.商丘市志[M].北京：三联书店，1994：360.
④ 淮南市地方志编纂委员会.淮南市志[M].北京：方志出版社，1998：1133.
⑤ 淮南市地方志编纂委员会.淮南市志[M].北京：方志出版社，1998：1146.

技术改造。1994年,技术改造贷款余额为39 023万元,继续增加对淮北矿务局三产专项贷款支持外,重点支持县铝厂及市口子酒厂、邮电局、啤酒厂、无线电厂等项目的技术改造。1995年,技术改造贷款余额为49 842万元,重点支持红方集团、焦化厂、邮电局的技术改造。1996年,技术改造贷款余额为62 551万元,在继续对淮北矿务局、印染厂、红方集团等支持基础上,增加对淮北发电厂的技术改造投入。1997年,技术改造贷款余额为67 785万元,重点支持淮北矿务局水泥厂、淮纺二厂2.5万纱锭设备更新改造、百善矿选煤厂技改等技术改造项目。1998年技术改造贷款余额为87 118万元,重点支持海孜矿西部井、焦化厂二期焦炉改造、热电厂1.2万千瓦汽轮机、开关厂真空断路器等项目等技术改造。之后,受行业等因素影响,淮北市金融业对技术改造的贷款进入忽高忽低的波动期。1999年及2000年,技术改造贷款余额分别为80 677万元、66 595万元。2001年,技术改造贷款余额为88 878万元。2002年,技术改造贷款余额为39 852万元。2004年及2005年,改造贷款余额分别为65 160万元、87 460万元。[①]

3. 外汇信贷

外汇信贷亦称"外汇贷款"。外汇信贷主要分为两种:一是短期现汇贷款,是指国内银行向直接、间接创造外汇收入的企业发放的外币贷款,用于扩大出口商品的生产能力,引进先进技术、设备、原材料,发展交通运输、旅游产业、对外承包工程等。二是进口买方信贷,是指出口方银行向中国国内企业提供的信贷,是利用外资的一种方式。

蚌埠市于1975年开办外汇贷款业务。1980年,中国银行蚌埠支行成立,作为办理外汇业务的专业银行,其业务有四种:其一,外汇及配套人民币贷款。当年,市人行首次向皮革厂贷放外汇贷款5 000美元。1985年,中行蚌埠支行贷款余额为2 237万美元。1981—1985年,全市累计放出外汇贷款4 528万美元,支持引进设备项目56项。出口创汇企业借用外汇引进设备,需在国内购置配套设备、从事设备安装或进行厂房改建,银行还提供配套人民币贷款。1980—1985年,累计发放配套人民币贷款2 058万元,支持项目26个。其二,中短期设备贷款。1980年,对出口创汇企业,中行蚌埠支行首次发放固定资产贷款(中短期设备贷款),当年贷放86万元。1985年,贷款余额为2 463万元。5年间累计贷放2 845万元,支持企业完成设备更新项目72项。其三,"三资"企业贷款。1984年,中国银行蚌埠支行与无线电六厂、美国中外发展公司,与第二造纸厂、香港加路美公司,共办起两家三资企业,由该行投资76万美元,发放外汇贷款147万美元。1985年,对三资企业贷款余额为240万美元。其四,外贸企业贷款。1980年,中行蚌埠支行开始对外贸企业办理贷款业务,至1985年,累计发放贷款11亿元。1985年,贷款余额为4 831万元。[②] 1986年,市中行外汇存款余额为300多万美元,各类贷款余额约为3 000万美元;同时开展配套人民币的存贷款业务。市中行在从事外汇业务中,积极扶持企业走向国际市场,扩大对外贸易,引进国外先进技术和设备。1990年,市工行开始介入外汇业务,为企业提供出口押汇、进口押汇、出口贴现、打包放款等系列服务。其后,市建行、交行、农行也陆续介入外汇业务。2005年,该市金融机构外

---

① 淮北市地方志编纂委员会.淮北市志[M].北京:方志出版社,2014:1159-1160.
② 蚌埠市地方志编纂委员会.蚌埠市志[M].北京:方志出版社,1996:654.

汇收支总额为3.48亿美元,结售汇总量为3.13亿美元。①

淮北市在1987年以前只有少量的外汇兑换券和折为人民币的侨汇储蓄存款业务,由市人行、工行相继代办。1987年10月,中国银行淮北支行开始办理外汇贷款业务,到1992年,共发放浮动利率贷款388.69万美元。特种外汇贷款为141万美元,原为中国银行合肥分行发放,1988年下放淮北支行管理。1988年9月,市中行向淮北纺织一厂发放流动资金贷款(浮动利率贷款)25万美元,用于购进涤纶短纤材料。1990年12月,向纺织二厂发放外汇固定资产贷款36万美元,用于引进2台自动络筒机。② 1992年,市外贸企业流动资金贷款余额增加到10 985万元,主要是支持淮北煤炭、两纱(全棉纱、涤棉纱)和两布(全棉坯布、涤棉坯布)的生产出口。③

淮南市的外贸贷款始于1963年,初时贷款对象为公盛皮毛号,后转向市外贸公司,1974年后转为市外贸公司所属土畜产品进出口公司、出口产品包装公司、粮油产品进出口公司和五金化工产品进出口公司。人行和工行办理时,实行化工产品先出口、后结算办法,贷款在200万元上下波动。1987年划归中行淮南支行后,出口产品实行收购付款,至1988年贷款增至712万元。1987—1988年支持收购出口产品1.1亿元。1990年出口收购贷款745万元。为支持引进光纤、光缆和玻封二极管等技术,1987年发放外汇贷款400万美元,支持8家生产出口产品企业更新设备。1987—1988年,中行淮南支行累计发放浮动利率贷款181.5万元,给予光纤公司、淮南酒厂等企业进口设备人民币配套贷款287.77万元,支持引进瓶装汽水灌装线、聚丙烯膜编袋生产线、光纤光缆生产线和进口设备。④

连云港于1985年开始办理外汇贷款。1986年,市有机化工厂利用贴息外汇贷款从日本引进年产4 000吨EVA热熔复合胶带、年产1 000吨EVA多用途热熔胶设备,1988年正式投产,1989年盈利60万元,1990年利税超过百万元。1990年共新批外汇固定资产贷款项目3个,贷款金额为460万美元。为江苏连云港氨纶公司外汇贷款315万美元,解决项目资金缺口问题,保证工程按期执行。1983年开办特种外汇贷款,用于出口商品的开发和扩大再生产,盐务局获得130万美元贷款,用于开发滩涂对虾养殖,提供出口创汇能力。1985年,特种外汇贷款余额为466万美元,1990年贷款本息全部收回。⑤

4. 农村农业贷款

农村农业贷款是指农业银行和其他农村金融机构对农村与农业生产所需资金发放贷款的总称。贷款对象是国营农业企业、集体农业企业和农户。国营农业企业贷款包括国营农业企业流动资金贷款、国营农业企业投资性贷款、农办工商企业技术改造贷款和家庭农场贷款。集体农业企业贷款包括集体农业生产费用贷款、集体农业生产设备贷款、乡镇企业贷款、信用合作社贷款和农民个人贷款。

其一,国营农业企业贷款。

---

① 蚌埠市地方志编纂委员会.蚌埠市志[M].合肥:黄山书社,2008:524.
② 淮北市地方志编纂委员会.淮北市志[M].北京:方志出版社,1999:561.
③ 淮北市地方志编纂委员会.淮北市志[M].北京:方志出版社,1999:544.
④ 淮南市地方志编纂委员会.淮南市志[M].北京:方志出版社,1998:1145.
⑤ 连云港市地方志编纂委员会.连云港市志[M].北京:方志出版社,2000:1675-1676.

20世纪50年代前期,农业贷款实行按规定用途专款专用。实行农业合作化和人民公社化运动后,贷款结构逐渐改变,收缩个体贷款,增加社队贷款;收缩生活贷款,增加生产性贷款,种类相应精简为社队生产设备和生产费用贷款两种。农业信贷体制改革后,贷款种类增加,有个体农民贷款、社队集体贷款、乡镇企业贷款、国营农业企业贷款、工商业贷款、技术改造贷款和其他贷款。①

1949年后,连云港市银行对国营农业企业只发放临时性、生产流动资金需要的超定额短期贷款,定额流动资金由国家核定拨足。1979年后,银行开始对国营农业企业发放设备贷款。1984—1987年信贷重点支持种植、养殖业开发,先后贷款250万元帮助新浦农场开挖1 200亩鱼塘,年产量为900吨,产值为510万元;贷款170万元帮助该场新建牛奶场一座,饲养奶牛287头。先后贷款7 105万元,帮助公司新建对虾池4.6万亩。1987年底贷款余额为4 138万元,当年产虾3 078吨。1988—1990年,发放养殖业投产性贷款,支持新浦农场新建肉鸡代种鸡场—商品鸡场—加工冷藏出口,以及饲料供应等一条龙生产线,设计年饲养能力120万只。重点支持农垦系统国营东风制药厂改进工艺、更新产品,累计发放技术改造贷款480万元,其他贷款410万元,使该厂产值由1984年的403万元提高到1990年的6 933万元。②

1965年,蚌埠市有国营农业企业21个。其资金来源主要是财政拨款,银行给予少量贷款。1979年后,国营农业企业在饲料、良种、加工、饮食、商业、服务等方面扩大经营业务,银行提供必要的生产资金和设备资金贷款。1981—1985年,累计放出贷款433.8万元。③ 1980年以后,淮北市农村贷款的重点逐渐转移到乡镇企业、联办企业、大型村办企业专业大户。1985—1987年,农业贷款的重点转到种植、养殖农户上,而向国营、集体农业放出贷款很少。1988年,该市的农业贷款则重点支持国营、集体农业进行良种及科学技术的运用推广,共向国营、集体企业发放贷款677万元。④

其二,集体农业贷款。

在阜阳地区,1952年,人行阜阳中心支行甫成立,即制定为农副业生产服务的计划,拟于2月份贷放亳县8亿元(旧币,下同)、涡阳9亿元、蒙城8亿元、太和15亿元、阜阳4亿元,计44亿元。9月份贷放农具,拟涡阳1.7亿元、蒙城1.3亿元,计3亿元。10月份于亳县贷放麦种1亿元。2月份发放副业贷款,以贷实折现收现方式,计阜阳、太和、临泉各142 450公斤,涡阳、蒙城各218 500公斤,亳县201 525.5公斤,界首5 000公斤,颍上344 000公斤,凤台434 500公斤,阜南412 000公斤,合计2 261 375.5公斤。⑤ 1962年,人行阜阳中心支行共发放农业贷款872.3万元,帮助生产队购买耕畜11 531头,添置与修理各种中型农具30 958件,添置各种小农具31.1万件、抽水机54部、化肥37.3万公斤、农药120.5万公斤、种子536.6万公斤、水利机件3 450件、烤烟炕房材料126件、煤122.5万公斤、鱼苗94万

---

① 淮南市地方志编纂委员会.淮南市志[M].北京:方志出版社,1998:1140.
② 连云港市地方志编纂委员会.连云港市志[M].北京:方志出版社,2000:1668.
③ 蚌埠市地方志编纂委员会.蚌埠市志[M].北京:方志出版社,1996:654.
④ 淮北市地方志编纂委员会.淮北市志[M].北京:方志出版社,1999:546.
⑤ 华东区行、皖南北分行、阜阳中支行1952年文件 档案号:J48-2-3[Z].亳州市谯城区档案馆.

尾,机耕土地 11.6 万亩,同时支持信用贷款 82.9 万元,对促进生产收到了良好的效果。① 1964 年,农行阜阳中心支行共发放各种农业贷款 2 417.5 万元,其中生产设备贷款 685.5 万元(耕畜占 83%,大中型农具和发展桑权、杞柳、烤烟等占 17%),生产费用贷款 1 329.9 万元(农药、化肥、种子、小农具、机耕等占 50%,保畜占 34%,副业生产等占 16%),灾区口粮贷款 345.8 万元,贫下中农贷款 61.3 万元。②

在蚌埠市,1956 年起,农贷对象转向以生产队为主,当年发放贷款 80 万元,以后逐年上升。1959—1961 年,累计放款 260.7 万元。"文革"前期,社队贷款逐年减少;"文革"后期支持农村"大寨田""样板田",农业贷款随之增加。"文革"期间,贷款增加 60.8 万元,平均年增长 10%。改革开放后,该市农业银行对农业集体贷款实行"存贷挂钩,差额包干"的管理办法,至 1985 年,贷款余额为 720 万元,占全部农村贷款的 55.5%。③

在淮南市,1952 年,农贷重点开始转向扶助互助组和合作社。1956 年春,银行发放贫农合作基金贷款 11 万元。1961 年社队生产费用贷款为 198.8 万元,生产设备贷款为 75.7 万元。1976 年,社队贷款累计 359.7 万元。④

在连云港市,1953 年,对农村铁木业手工工场发放生产周转贷款,支持工场购买原材料,修理和制造小农具。1962 年手工业贷款余额为 64.3 万元,1968 年降到 30.7 万元。1975 年,根据"就地取材,就地化产,就地销售"的信贷原则,积极支持社队办企业,贷款余额逐年上升。1980 年累计发放贷款 410 万元,社队企业产值为 2 550 万元。1983 年,在农行开户的市郊企业增幅较大,贷款余额为 465.9 万元。⑤ 农业合作化前,信用社发放贷款恢复农业土产,促进农民走向互助合作道路。"人民公社化"期间,对社员发放副业贷款,增加社员收入。1971 年,人民公社大办社队企业,信用社开始为社队企业发放生产贷款,但金额小、期限短,主要用于购买原材料和简单设备。1978 年,信用社对原材料有来源、产品有销路、经济效益好、能按期归还贷款的社队企业发放设备贷款,支持企业添置必要的生产设备,提高产品的质量和产量。⑥ 1980—1981 年,银行积极支持多种经营和"菜篮子"工程,发放贷款 3 万元支持新坝公社 5 个大队扩种大白菜 500 亩,当年上市量为 30 万公斤。1982 年,为支持滩涂对虾养殖,该市累计发放贷款 392 万元,购买对虾苗 4.3 万尾、饵料 1 700 吨,新建三座 1 200 吨冷库,新建、扩建对虾塘 5 300 亩,养殖面积达到 28 331 亩,提供对虾 652.4 吨,总产值达 801.4 万元。⑦

其三,乡镇企业贷款。

蚌埠市,1979 年后,乡镇企业大量增多,贷款额相应增多。1985 年,发放乡镇企业贷款 620.1 万元。⑧ 淮北市,1980 年,乡镇企业贷款余额仅为 170 万元。1981—1985 年,银行加

---

① 中国人民银行阜阳专区中心支行 1962 年度工作总结　档案号:J48-2-13[Z].亳州市谯城区档案馆.
② 中国农业银行阜阳专区中心支行 1964 年度总结报告　档案号:J48-2-21[Z].亳州市谯城区档案馆.
③ 蚌埠市地方志编纂委员会.蚌埠市志[M].北京:方志出版社,1996:653.
④ 淮南市地方志编纂委员会.淮南市志[M].北京:方志出版社,1998:1139-1140.
⑤ 连云港市地方志编纂委员会.连云港市志[M].北京:方志出版社,2000:1671.
⑥ 连云港市地方志编纂委员会.连云港市志[M].北京:方志出版社,2000:1674.
⑦ 连云港市地方志编纂委员会.连云港市志[M].北京:方志出版社,2000:1668.
⑧ 蚌埠市地方志编纂委员会.蚌埠市志[M].北京:方志出版社,1996:654.

大乡镇企业的信贷投入,累计发放贷款 6 317.1 万元。1986—1992 年,发放乡镇企业贷款 28 898 万元。乡镇企业贷款除继续大力支持煤炭、建材业的发展外,还特别注重通过信贷结构调整,引导乡镇产业结构改善,加大对轻纺、化工等行业的投入,发展高技术、高附加值的产业。① 随着乡镇企业的快速发展,辖区各银行贷款投入逐渐加大,到 1998 年,该市贷款余额为 49 817 万元。② 商丘市,1978 年,农业贷款转向支持发展乡镇企业,扩大商品生产,活跃农村经济。1979—1984 年,发放乡镇企业贷款 651 万元,占农业贷款的 73.9%。1985 年,发放乡镇企业贷款余额 304.9 万元,占农业贷款余额的 89.7%。③ 日照市,乡镇企业贷款用于购置原料和新建、扩建所需机械设备。1978 年乡镇企业为 115 处,产值为 1 297 万元,贷款余额为 306 万元。1979 年后,乡镇企业发展迅速,贷款增加。1988 年,该市乡镇企业实现产值 1.30 亿元,贷款余额为 9 805 万元,增加对出口创汇企业资金的投入,支持新建、扩建转产出口创汇产品的企业有 42 处。④ 连云港市,1984—1986 年,乡镇企业发展较快,银行贷款增长较快,1986 年贷款余额为 1 959 万元。⑤

其四,农村工商业贷款。

农村工商业贷款主要包括供销社系统贷款、农副产品收购贷款和农村集体个体工商业贷款。

1964 年,连云港市开始发放预购定金专项贷款,当年贷款 62 万元,1969 年停放,1973 年开始恢复发放预购定金贷款。1983—1984 年,该市共发放粮棉油定金 1 500 万元,1990 年,发放粮棉油定金贷款 1 200 万元。1984 年,该市银行还发放农副产品采购贷款,1990 年底,该市农副产品收购贷款余额为 6.48 亿元,占全市行社总规模 16.5 亿元的 39.27%。⑥ 淮北市,1980 年底,农村工商业贷款余额为 3 019 万元。1981—1985 年,淮北农行发放农村工商业贷款 33 712.7 万元,其中对供销社发放 32 865.3 万元,对农机公司发放 468.5 万元,对农村集体、个体工商业发放 378.9 万元。1986—1992 年,淮北农行共发放农村工商业贷款 256 500 万元。⑦ 阜阳市,1996 年,市农业发展银行贷款余额为 40.0 亿元。1998 年,粮棉油收购贷款余额为 45.8 亿元。1999 年,发放粮棉油收购贷款 14.1 亿元。2005 年,投放粮食贷款 12.0 亿元,年末贷款余额为 60.6 亿元。2008 年,投放粮食收购贷款 30.0 亿元,收购粮食 182 万吨。⑧ 蚌埠市,1998 年起,市农业发展银行重点承担粮棉油收购资金封闭运行管理职能。至 2005 年,农发行投入粮棉油购销贷款 10 亿元,支持企业收购粮食 4.6 亿公斤、油脂 1 000 万公斤、棉花 1 350 万公斤;蚌埠农行全年发放各项农业贷款 4.36 亿元。⑨

其五,农村个体贷款。

---

① 淮北市地方志编纂委员会. 淮北市志[M]. 北京:方志出版社,1999:546.
② 淮北市地方志编纂委员会. 淮北市志[M]. 北京:方志出版社,2014:1158.
③ 商丘市地方史志编纂委员会. 商丘市志[M]. 北京:三联书店,1994:361.
④ 日照市地方史志编纂委员会. 日照市志[M]. 济南:齐鲁书社,1994:406.
⑤ 连云港市地方志编纂委员会. 连云港市志[M]. 北京:方志出版社,2000:1671.
⑥ 连云港市地方志编纂委员会. 连云港市志[M]. 北京:方志出版社,2000:1669.
⑦ 淮北市地方志编纂委员会. 淮北市志[M]. 北京:方志出版社,1999:546.
⑧ 阜阳市地方志编纂委员会. 阜阳市志:1986—2010[M]. 合肥:黄山书社,2014:513.
⑨ 蚌埠市地方志编纂委员会. 蚌埠市志[M]. 合肥:黄山书社,2008:522.

为支持农民开展生产自救,恢复农业生产,在不同的历史阶段,淮河流域都举办过农村个体贷款,发挥着不同程度的社会经济效益。

蚌埠市,1949—1952年,累计发放各种贷款34.4万元。此期,曾采用以粮代金形式放贷,计贷放小麦25万公斤,黄豆5万公斤。1955—1956年,农民走向互助合作道路,银行对入社有困难的农民,发放期限长、利率低、条件宽的贫农合作基金贷款,计8.66万元;对初步组织起来的信用合作社也发放业务资金贷款。1980年后,农村各种专业户、承包户大量涌现,至1985年,共向5400多个专业户发放贷款577万元。① 连云港市,为对贫困农民发放生产生活贷款,帮助农民恢复生产,1950年贷款余额为10万元,1951年贷款余额为8万元,1952年贷款余额为13万元,1953年贷款余额为21万元,1954年贷款余额为22万元,1955年贷款余额为18万元。1982年,银行对承包户和各种专业户发放农业生产多种经营贷款81.3万元。1983年,个体贷款余额升至134.4万元。② 淮北市,1985—1987年,农业贷款的重点转到种植、养殖农户上,共向农户发放贷款3152万元。1992年,发放农业贷款余额7280万元,其中,个体农户3471万元,占比较高,为47.68%。③ 2005年,全市农业贷款余额为115972万元,其中农村信用社农业贷款余额为100890万元,占全部农业贷款的87%。人民银行发放农村信用社支农再贷款余额达13350万元,农村信用社发放小额农产贷款129432户,有力地支持了农村经济发展。2001—2005年,淮北市农村信用社改革力度逐年加大,并随着农村信用社小额农户贷款业务的顺利开展,人民银行支农再贷款的使用逐年增加,农业贷款大幅度增加,农村信用社成为支农主力军。2006年,农村信用联社继续加大对"三农"贷款的投入,各项贷款余额为18.43亿元。④

其六,农业综合开发贷款。

农业综合贷款的基本任务是在国家总体部署下,以增强农业发展后劲为主要目标,支持农业优势资源的开发,改善农业基本生产条件,提高主要农产品的综合生产能力,实现农产品系列开发和多层次增值,促进农村经济持续、快速、健康发展。

蚌埠市,1986年,市农行大力支持农业发展,发放各类支农贷款、水利建设贷款和乡镇企业贷款,对"星火"计划、"丰收"计划重点项目给予倾斜。1988年,蚌埠被列入黄淮海平原综合开发项目区,至1991年贷款1226万元,治理小区达到41个,计8万亩农田。1993年起,蚌埠农行贷款扶持发展"两高一优"农业和奔小康"千村工程"。1996年起,为适应农业发展产业化需求,贷款支持产业化龙头企业建设。该年,市农行发放农业贷款2.88亿元。1997年,蚌埠农发行着重承担发放扶贫和农业综合开发贷款的业务。⑤ 阜阳市,2008年,市农发行贷款余额为4.7亿元,主要支持农村基础设施建设。2009年贷款余额为13.5亿元,新增5.0亿元农业综合开发贷款。⑥ 淮北市,1991年底,农业贷款余额为15214万元。1992

---

① 蚌埠市地方志编纂委员会.蚌埠市志[M].北京:方志出版社,1996:652-653.
② 连云港市地方志编纂委员会.连云港市志[M].北京:方志出版社,2000:1669.
③ 淮北市地方志编纂委员会.淮北市志[M].北京:方志出版社,1999:546.
④ 淮北市地方志编纂委员会.淮北市志[M].北京:方志出版社,2014:1158.
⑤ 蚌埠市地方志编纂委员会.蚌埠市志[M].合肥:黄山书社,2008:522.
⑥ 阜阳市地方志编纂委员会.阜阳市志:1986—2010[M].合肥:黄山书社,2014:513.

年,发放科技兴农贷款1 800万元,农业贷款余额为18 956万元。① 1993年,农业贷款余额增至23 546万元。1999年和2000年,农业贷款余额分别增至50 413万元和50 860万元。2006年,农村信用联社加大对"三农"贷款的投入,各项贷款余额为18.43亿元。②

此外,进入21世纪,个人消费也成为淮河流域各地市信贷投放的新亮点。如济宁市,个人消费贷款余额,截至2004年底达53.32亿元,其中,个人中长期消费贷款余额为50.15亿元,同比增加17.28亿元,占贷款新增额的23.73%;个人住房、个人住房装修贷款合计36.67亿元,占个人消费贷款总量的68.77%。③ 个人信贷较好地满足了济宁等淮河流域各地居民在其住房、汽车、教育等方面的资金需求。

总之,淮河流域财政金融机构的资金流向工商企业、农业和服务业等主要经济领域,为流域经济的发展作出了重要的贡献。当然,淮河流域各地市都属于所在省份原本经济相对落后的地区。只有郑州市、徐州市、蚌埠市、连云港市等少数地市情况相对较好。淮河流域各地市无论是财政拨款还是金融贷款,与所在各自省份的其他地市相比总体还是逊色一筹。现以非淮河流域山东济南、青岛、淄博、烟台、威海、潍坊等六市与淮河流域山东枣庄、临沂、菏泽、济宁、日照等五市为例,选择1979年、1984年、1993年、2000年、2002年、2008年等六个年份进行比较,可以看出,非淮河流域金融机构贷款余额分别是淮河流域金融机构贷款余额的2.4倍、2.4倍、2.6倍、2.9倍、3.4倍、3.2倍,其中,2008年济南市的金融机构贷款余额是枣庄市的10倍、临沂市的4倍、菏泽市的8.6倍、济宁市的4.8倍、日照市的7.7倍。④ 说明山东淮河流域五市的金融机构的同期贷款余额较低。但无论如何,淮河流域财政金融在流域经济发展中的作用巨大。

---

① 淮北市地方志编纂委员会.淮北市志[M].北京:方志出版社,1999:546.
② 淮北市地方志编纂委员会.淮北市志[M].北京:方志出版社,2014:1158.
③ 李亚新.山东金融年鉴:2005年[M].北京:中国财政经济出版社,2015:412.
④ 山东省统计局.辉煌山东60年[M].北京:中国统计出版社,2009:355-357.

余 论

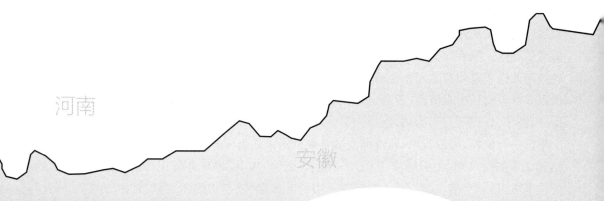

淮河流域地跨河南、安徽、山东、江苏、湖北五省,在中华文明的形成和发展过程中发挥着十分重要的作用。淮河流域地理位置优越、交通便利、文化底蕴深厚、市场潜力巨大,在全国改革发展大局中具有重要的战略地位。2018年10月6日,国务院发布《关于淮河生态经济带发展规划的批复》(国函〔2018〕126号),2018年11月2日,国家发展改革委公布《关于印发〈淮河生态经济带发展规划〉的通知》(发改地区〔2018〕1588号),标志着淮河生态经济带正式上升为国家战略。为实现淮河流域经济社会的协调和可持续发展,深入探讨淮河流域经济开发与变迁具有重要的学术价值和现实意义。

一、淮河流域经济变迁的时空特征

(一) 时间特征

从时间上看,大致以南宋时 1194 年黄河夺淮①作为分界线,淮河流域呈现前后两种截然不同的景象。

时间特征一:黄河夺淮前,淮河是一条独流入海的河流,有自己的入海水道,干支流水系较为稳定,河道宽阔,水流通畅。沂、沭、泗河是淮河的下游支流。其间,黄河与淮河大抵相安无事,黄河虽有决溢南泛入淮,但决口不久即被堵塞。

淮河是我国一条古老而又独具地域特色的河流,与我国长江、黄河、济水齐名于世,并称"四渎"。淮河流域是中华文明的主要发源地之一。根据考古发现,早在旧石器时代,淮河流域就有人类活动。出土的文物证明,数千年以前,淮河流域就已经有了农业、手工业和畜牧业。我国历史上第一个王朝——夏就是在颍河上游的登封建都。淮河流域早期十分富饶,"江淮熟,天下足"。自从邗沟、鸿沟、汴渠和京杭运河先后开凿,这里成为国家的经济命脉地带。

时间特征二:黄河夺淮后,淮河不再独流入海,改由三江营汇入长江。直至 1855 年,黄河在河南兰考县境内向北决口,经山东利津入渤海。1938 年,南京国民政府为阻止日军西进,在郑州附近的花园口炸开黄河南堤,黄河主流自颍河入淮,直到 1947 年花园口复堵止,黄河又泛淮达 9 年之久。

受黄河长期侵淮夺淮的影响,淮河水系十分紊乱,排水不畅或水无出路,入海通道被淤塞,中游的水下不来,下游的水又流不出,淮河成了一条难治的河。淮河流域的地形地貌发生了巨大变化,古济河、巨野泽和梁山泊逐步消失,河床普遍淤高,且留下了废黄河河床,形成洪泽湖、南四湖和骆马湖等新的湖泊。南宋以来,淮河流域变成了"大雨大灾,小雨小灾,无雨旱灾"的灾害频发区。淮河流域在全国的经济地位不断下降。

(二) 空间特征

从空间上看,主要表现为区域的过渡与区域的不同,淮河流域经济地位由高到低,变成经济"塌陷区"。

空间特征一:经济重心由黄淮地区向长江流域转移。

由于战乱频发、政治中心南移及北方民众南迁,国家的经济重心发生变动,即自北向南从黄河流域、淮河流域转移到长江流域和江南一带,由内地向沿海逐渐转移。经济重心的南移反映了我国古代南北经济发展的巨大变化。黄淮地区是我国开发最早的地区,人口集中,经济文化发达,成为早期的经济重心。到了唐宋时期,随着南方经济的持续、快速发展,长江流域成为经济发达的地区,我国的经济重心开始迁移南方,即由黄淮地区向长江流域移动。

空间特征二:淮河流域成了夹在长三角经济区与京津冀经济区间的"经济谷地"。

淮河流域濒临长三角和华北地区,是我国沟通南北、连接东西的重要区域。近代以来,

---

① 关于黄河夺淮之始的时间,还有观点认为是 1128 年,当时为阻止金兵南下,东京(今开封)守将杜充决开黄河大堤,造成黄河水自泗水分流入淮。

随着对外开放不断加大,我国逐步被纳入世界经济体系之中。上海、天津等口岸开埠后,在区域经济发展中辐射带动作用日益凸显,以其为中心形成长三角经济区与华北经济区。

淮河流域开埠城市数量较少,时间较晚,开放程度低。最早是清末开放的连云港,民国时期徐州、郑州、蚌埠陆续开埠。连云港作为流域内唯一开放的沿海口岸,并未如上海、天津那样在流域经济发展中扮演龙头角色。在外向型经济的冲击下,以大运河为动力的流域传统经济发展模式已难以适应形势变化的需求,昔日辉煌夺目的运河沿线城市,如扬州、淮安、济宁等日趋衰落。时至今日,处于长江流域和黄河流域之间的淮河流域,仍是夹在长三角经济区与京津冀经济区间的"经济谷地"。

空间特征三:淮河流域处于流域省份间的一个欠发达地区。

淮河流域跨越河南、安徽、江苏、山东等省,不仅各省之间经济发展很不平衡,而且各省内部的流域内与流域外之间的经济发展也很不平衡。流域内的豫东南、皖北、苏北、鲁西南的经济在所属省份比较滞后。长期以来,各省政府作为淮河流域经济建设的决策主体,在进行省域经济开发时,基于各种因素考量,多侧重于本省省会和经济发达的地区,从政策上予以资金、技术等方面的倾斜扶持。这种资源优先配置发达地区的开发模式,无疑加剧了各省流域内与流域外之间经济发展的不平衡程度。由安徽、江苏、山东等省落后的被边缘化地区构成的淮河流域,自然成了经济发展的欠发达地区。

二、淮河流域经济开发的制约因素

淮河流域经济开发与变迁呈现多重面相或不同类型,既有自然的因素,也有社会或人为的因素,更有自然因素和人为因素共同作用的结果。

(一)黄河夺淮的影响

目前,有关淮河流域史分期,一般以淮河流域水系变迁来划分,即独流入海时期、黄河夺淮时期、黄河北徙以后。由此可见,黄河夺淮对淮河流域的巨大影响。学界在论述淮河流域社会经济变迁时,往往会列出黄河夺淮作为其重要条件。黄河夺淮对淮河流域所产生的重要影响,我们毋庸置疑。可以说,黄河夺淮是影响流域社会经济最重要的因素之一。但是,我们也要看到,在不同地区、不同时期,黄河夺淮因素所显示出来的影响力却有很大的不同,厘清其中的主导性和非主导性因素、直接性和间接性因素、本源性和触发性因素及其相互间的关系,对于认识淮河流域经济开发和变迁十分重要。也就是说,在不同的时空条件下,黄河夺淮这一自然因素影响的程度也有所不同。同时,在考察淮河流域经济开发与变迁时,我们不仅要考虑自然因素的影响程度,还要审视人文社会因素的具体影响。

(二)战乱不断

淮河流域地处中原地带、南北交汇之地,自古以来便是兵家必争之地。春秋战国时期,邗沟、鸿沟先后开凿,这里成为经济命脉地带。淮河流域成为大国角逐和争霸的重要地区。如春秋时宋楚两国发生的泓水之战,秦末刘邦与项羽率领楚汉两军发生的垓下之战,东汉末年曹操率军击溃袁绍主力的官渡之战,南北朝时期东晋谢玄与前秦苻坚之间的淝水之战,南宋时宋金对峙以淮河为界,元末朱元璋于凤阳起兵反元。一直延续到近现代,各种战争不断在淮河流域上演。如抗日战争相持阶段的四大会战之一——徐州会战,解放战争时期发生最大规模的战略决战——淮海战役。历史上的重要农民战争大多发起于淮河流域,如秦末陈胜、吴广大泽乡起义,西汉赤眉起义,唐末黄巢起义,北宋宋江梁山起义,元末刘福通、郭子兴红巾军起义,清末张洛行捻军起义等。总之,历史上发生的一系列重要战争,对淮河流域经济开发与变迁产生了巨大的影响。但我们不能忽略一个现实,由于我国历史分合交错,在大一统进程中,战火纷飞,战乱频发,是常见的现象,除淮河流域外,其他一些重要地区战争也时常发生。东部沿海地区在近现代史上经济得到快速发展,但也是各种战争的交汇场所。

(三) 开发过度与人口压力

淮河流域作为早期中华文明最发达的地区之一。这里气候温暖,雨量充沛,土地肥沃,河湖密布,植被繁盛,加上交通便利,适宜于居住和农业经营,于是淮河流域便成为国家重要的粮食生产中心,也是当时人口密度集中的地区。然而,一方面,经过持续不断的开发,淮河流域沟壑纵横,河湖淤塞,水土流失严重,水旱频仍,农业衰退,尽管历朝历代为改善生态环境作出努力,但只能治标不能治本,也只是延缓生态环境恶化的进程。有时因治理不善,反而会加剧生态环境的进一步恶化。

另一方面,人口压力也是对淮河流域经济开发影响的重要因素,主要表现为人口的不断增长与环境承载能力之间的矛盾对立。人口压力突破资源的承载力,导致淮河流域生态退化,如果叠加大气、水文等自然因素的异常,或者政治腐败、战争等人为因素的破坏,就会引起资源承载力的剧烈下降,甚至导致流域灾难性的后果。我国历史上的人口迁移,一定程度上反映出人口压力递增与生态环境破坏的变化。

当我们感叹于淮河流域的美丽富足时,生态环境悲剧的警钟已经开始敲响。随着淮河流域经济的发展,流域开发过度现象日趋严重,因人口剧增而占水围垦、伐木垦山等不当行为,使得水资源供需矛盾日益突出,水污染形势日益严重,淮河流域的生态环境遭到严重破坏。

(四) 沧海桑田的变化与过渡地带的特性

斗转星移完全是自然界的造化。沧海桑田也是大自然的造化,虽然人类自身活动也施加了重要的影响。从历史上看,我国南方与北方生态条件的优劣地位发生逆转。经济重心的转移与地理环境的变化密切相关。由于气候变迁,暖温带南移,南方自然条件优越,阳光充足,降水充裕,河流较多。这些条件变化有利于农作物的生长,有利于农耕经济的发展。淮河流域处在我国南北的过渡地带,环境变化的频率高,对于外力抵抗能力弱,容易导致生态系统不稳定性强,脆弱度高,一旦某一环境要素出现波动,各种要素相互交错叠加,整个系统就会随之发生变化。

同样,淮河流域处在长江和黄河两大流域之间的过渡地区。黄河与长江都将淮河看作本流域的自然延伸部分。这一过渡性质决定了淮河流域面临两种不同的发展水平,即一种处于洼地,一种处在高地。而处在两大发达区域的淮河流域,一定程度上决定其"经济谷地"的地位。

三、淮河流域经济开发的历史省思

(一) 灾害治理与经济建设相结合

灾害治理是淮河流域经济建设不可或缺的重要组成部分。黄河夺淮使原本畅通的淮河水系发生重大变动,以致入海无路,入江不畅,到处泛滥。由于降雨量集中,雨季洪涝灾害较为严重,非汛期则严重缺水,淮河流域逐渐成了"无年不灾,无灾不酷"的重灾区。据统计,仅1901年至1948年的48年间,淮河流域先后遭遇42次水灾和23次旱灾。① 频发的灾害给淮河流域人民的生命财产造成巨大损失,如1931年发生的大水灾,涉及豫、苏、皖、浙、陕、鲁、鄂、冀等省,尤以"淮河区域罹灾最重"。② "人民无粟可食,乃剥树皮,磨成粗粉,掺以水藻、草根、树叶各物,蒸而食之,虽难以下咽,聊胜枵腹"③,即灾后皖北人民生活状况的真实写照。每次大灾过后,都要恢复与重建,如此反反复复,形成"恢复—毁坏—再恢复—再毁坏"的恶性周期循环,严重束缚着流域的经济建设。在社会多方关注下,各种导淮方案应运而生。从晚清苏北绅士丁显的"复淮"主张,到民国时期柏文尉、费礼门、张謇及导淮委员会等提出的"导淮"方案,可谓异彩纷呈,各具特色,彰显了不同的导淮理念与思路。受战争、资金、技术等因素制约,多数方案仅停留于文本上而未能付诸实施。

1949年新中国刚刚成立,中央就作出治理淮河的重大决策。1950年政务院制定了"蓄泄兼筹"的治淮方针、治淮原则和治淮工程实施计划,作出《关于治理淮河的决定》,并成立了治淮专职机构——治淮委员会。1951年,毛泽东发出"一定要把淮河修好"的号召,掀起新中国大规模治理淮河的建设高潮。此后,国务院多次召开治淮工作会议,建设了一大批水利工程。尤其是1991年,国务院治淮治太会议作出《关于进一步治理淮河和太湖的决定》,确定实施治淮19项骨干工程,至2007年底基本建成治淮19项骨干工程。目前,淮河干流上中游河道整治及堤防加固、临淮岗洪水和控制工程、入海水道近期工程、沂沭泗河洪水东调南下续建等19项骨干工程已全面建成。

虽然国家花大力气对淮河进行治理,但是,淮河的水患并未真正消除。新中国成立以来,1954年、1963年、1991年、2003年和2007年等年份淮河流域均发生特大洪水。治淮是一个复杂的系统工程,仅仅按照"蓄泄兼筹"的治淮方针,忽视综合开发利用,不可能达到标本兼治的目的。实践证明,当流域灾害较少,流域经济就会得到较快发展;反之,则发展缓慢,甚至停滞不前。可见,治淮与流域经济建设休戚相关。采取防洪、灌溉、航运相结合,合理统筹调配水资源,加强淮河的综合治理,是促进流域经济持续发展的有效途径。

(二)流域经济整体开发与各省开发相统一

从水系来看,淮河流域同属一个地理单元;但从行政区划来看,淮河流域又分属江苏、安徽、河南、山东、湖北五省。淮河流域在河流管理上既有行政区域的管理,也有分属水系的管理,两者虽有交叉,但又是分离的。可见,淮河流域经济作为一块区域经济,只是经济地理上的概念,而不是运行和管理上的实体经济区域。

长期以来,淮河流域未被划作一个完整的经济板块,也没有统一的经济管理机构。1929年设立的导淮委员会(1947年改名淮河水利工程总局),仅是一个治淮组织,旨在依据淮河流域的地形、河道及水文资料,研究制定导淮计划与方案。依据水系设立的导淮委员会,主

---

① 水利部淮河水利委员会《淮河水利简史》编写组.淮河水利简史[M].北京:水利电力出版社,1990:290.
② 邓云特.中国救荒史[M].北京:三联书店,1961:31.
③ 佚名.皖北春荒惨况[N].申报,1932-04-17(9).

要致力于水利建设和水灾防治工作,尚不具备经济建设功能。淮河流域经济建设实际上是以各省政府为决策主体和管理主体的省域性经济建设。各省在进行经济开发时,往往优先开发本省经济比较发达的地区。如苏南地区即当时江苏省公路建设的重点,1935年时人指出:"本省公路,在江南已可勉称完备,虽尚有一二县未能联络,而铁道公路,平行齐驱者已复不少,但江北部分,则迄无正式公路。"①这种资源优先配置发达地区的开发模式,无疑加剧了各省内部经济发展的不平衡程度。以山东为例,近代工业主要集中于青岛、济南、烟台等东中部城市,鲁西南一带则相对开发较晚,虽有少量近代工业,但基础设施落后,发展规模与上述地区不可同日而语。同时,各省政府多从本省利益出发,热衷于构建自成体系的生产格局,缺乏必要的沟通协调与整体发展规划。各省独自为政的建设,往往导致工作重复和资源浪费,经济建设的绩效大打折扣。

新中国成立后,淮河流域的水利机构经历了1950年的治淮委员会、1971年的治淮规划领导小组办公室、1977年的水利电力部治淮委员会,直到1990年才正式定名为水利部淮河水利委员会。淮河水利委员会主要负责流域水资源的开发利用及保护,统一管理主要河流和枢纽工程,负责水质监测工作等。它的职能决定了其无法承担流域经济开发和建设的重任。就水利建设而言,淮河水利委员会也受多种因素的掣肘。淮河流域水系复杂,水事纠纷和矛盾由来已久,由于各地利益取向不同,建设协调难度很大,严重影响治淮工程建设进程。因此,流域经济开发应包含整体开发与各省开发两个层面,需要探索各省开发需求与流域整体规划相统一的新机制。如建立淮河流域五省磋商协调机制,统筹协调淮河流域经济开发中的重大事项,规划农业、工业、城镇化布局,促进区域间的经济合作。中央和淮河流域各省政府在政策上给予扶持和激励。如中央设立专项资金,重点支持淮河航道疏通工程、沿淮地区基础设施、重点产业和重大项目建设;各省给予淮河治理和基础设施建设专项补助资金,实行差别化税收政策等。

(三)流域经济开发与周边区域经济开发相协调

近代以降,随着中国被纳入世界经济体系程度的不断加深,外向型经济的重要性日益凸显,对外开放口岸也越来越多,这些口岸成为中国与外部世界接触和联系的主要窗口。如上海、天津开埠后,凭借优越的地理条件,在区域进出口贸易中居于枢纽地位,在其辐射带动下,分别形成长三角经济区与华北经济区。而作为淮河流域内唯一处于沿海地区的开放口岸——连云港,介于北方大港与东方大港之间,又是陇海铁路的终点,加之内地水运交通便利,将"迅速崛起于黄海之滨,令世人刮目相看"②。事实上,连云港并未在淮河流域经济发展中发挥辐射带动作用。纵观1936年统计的国内埠际贸易运销线路,主要输出与输入商埠没有一个位于淮河流域。在国内各地区间的商品流通中,上海、天津等口岸城市仍是主导。③而淮河由于没有自己的出海港口,外向型经济占比小,整体对外开放层次低,流域商品无法直接出海。淮河流域经济发展与长三角区域、华北区域形成的差别格局,诱发流域内人才、

---

① 吴时霖.江苏省公路建设之过程[J].江苏建设月刊,1935(9):1-9.
② 孙中山.孙中山全集:第6卷[M].北京:中华书局,1985:326-327.
③ 章有义.明清及近代农业史论集[M].北京:中国农业出版社,1997:227.

资金、信息等向上述两个区域单向流动。

因此,淮河流域经济开发应扬长避短,在发挥自身优势的同时,不断加强与周边区域的衔接互动、协作配合。淮河流域与长三角地区空间距离较近,拥有丰富的土地、矿产等资源禀赋,拥有充裕的劳动力,具有广阔的内地市场等,这无疑是长三角地区分工合作与市场拓展的重要基地。同时,流域东部的江苏沿海地区、南部的皖江城市带、西北的中原经济区等周边三大区域先后上升为国家战略,淮河流域自然成为三大区域的连接纽带、重要结合点。应打造淮河黄金水道,扩大淮河黄金水道对周边区域的辐射范围,解决淮河流域大宗商品的直接进出问题,从而加速流域内资源和要素的外引内联。通过对外开放和合作,改变流域发展较为封闭的状态,变单纯的内部循环为内外部的互动循环,实现流域经济开发与周边区域经济开发的相互协调。

(四) 利用自然与尊重自然相一致

自然界是人类生存和发展的基础。没有自然界,人类社会就成了无源之水,无本之木。科技的进步和经济的发展,极大地增强了人们改造自然与抗御灾害的能力,给社会带来了空前的繁荣。同时,在利用与改造自然中,正是由于人们的无知和错误的行为,反而付出沉重的代价,遭受大自然的惩罚。恩格斯曾经指出:"我们不要过分陶醉于我们对自然界的胜利。对于每一次这样的胜利,自然界都报复了我们。每一次胜利,在第一步都确实取得了我们预期的结果,但是在第二步和第三步却有了完全不同的、出乎预料的影响,常常把第一个结果又取消了。"[1]淮河流域同样由于不当行为,使得环境变坏,自身受损。随着流域经济的发展、人口的不断增加、城市化进程的加快,淮河流域水污染形势十分严峻。水污染使部分水体功能下降甚至丧失,进一步加剧了流域水资源短缺的矛盾。加上流域水资源开发利用程度高,生态用水被挤占,导致水生态系统破坏严重,水资源保护亟待加强。

淮河流域的环境治理任重道远。我们要尊重自然、善待自然、爱护自然,与自然和谐相处,而不能以牺牲环境为代价。良好的生态环境对于社会经济的发展至关重要。在这个生态环境系统中,各种要素之间存在着休戚相关、共生共存的"命运共同体"关系。因此,我们必须要按照客观规律办事,要注意防止我们对环境的侵害。环境的承载能力是有限的,我们应在环境所能承受的范围内,保证环境自身的发展需要,尽量避免人类活动给环境带来的负面影响。只有树立尊重自然、顺应自然、保护自然的生态文明理念,加强生态环境的保护,建设淮河生态经济带,才能推动流域经济的持续健康发展。

总之,淮河流域虽是我国中东部欠发达区域,但生产潜力巨大,发展基础良好,区位条件优越,面临难得的发展机遇。随着淮河生态经济带正式上升为国家战略,不仅策应了国家的"一带一路"发展战略,而且填补了淮河流域区域发展的战略空白。应通过淮河生态经济带的建设,与长三角一体化、江苏沿海开发、皖江城市带产业转移区、中原经济区等国家战略共存叠加,发挥后发优势,实现流域经济的快速、协调、绿色发展,推动淮河流域的全面崛起。

---

[1] 马克思,恩格斯.马克思恩格斯全集:第 20 卷[M].北京:人民出版社,1973:519.

参 考 文 献

一、档案

《安徽工业通讯》合订本：二[Z].安徽省档案馆.
《安徽工业通讯》合订本：四[Z].安徽省档案馆.
全省城市规划工作座谈会纪要[Z].安徽省档案馆.
淮南市采取多种办法兴建商业网点[Z].安徽省档案馆.
工业厅计划处榨油、面粉工业历史资料[Z].安徽省档案馆.
安徽省建筑厅关于成立城市规划工作机构的报告[Z].安徽省档案馆.
1951年皖北地区全区基层合作社社务综合计划表[Z].安徽省档案馆.
安徽省机械厅机械工业生产、管理方面的文件、统计资料[Z].安徽省档案馆.
安徽省机械厅伞联、火柴梗片、造纸印刷业关于私营工业的调查表[Z].安徽省档案馆.
关于"淮北市城市总体规划(2003—2020年)意见"的函[Z].水利部淮河水利委员会档案馆.
阜阳地区革命委员会工业局关于安徽省革命委员会机械局、基本建设局、电子工业局文件[Z].阜阳市档案馆.
阜阳行署工业局关于轻、纺、化工业企业遭受洪涝灾害损失和恢复生产所需材料、资金的报告[Z].阜阳市档案馆.
对完善我市农村税费改革政策的几点建议[Z].蚌埠市档案馆.
安徽省固镇县积极推行农村税费改革，减轻农民负担2 285万元[Z].蚌埠市档案馆.
手工业管理局：本局(包括生产联社)关于1956年至1967年手工业系统远景规划和1952年至1956年手工业工作综合报告[Z].蚌埠市档案馆.
淮南市的城市建设[Z].淮南市档案馆.
淮南市城市建设情况[Z].淮南市档案馆.
关于公路路政情况的汇报[Z].淮南市档案馆.
淮南市粮食生产现状剖析[Z].淮南市档案馆.
关于农作物受涝情况的报告[Z].淮南市档案馆.
干线公路、县公路绿化规划表[Z].淮南市档案馆.
淮南市解放以来城市建设情况[Z].淮南市档案馆.
关于公路运输市场改革开放的意见[Z].淮南市档案馆.
关于上报财政支农专项资金项目的报告[Z].淮南市档案馆.
关于改进公路运输管理几个问题的通知[Z].淮南市档案馆.
淮南市农业受灾及灾后恢复情况的汇报[Z].淮南市档案馆.

关于认真做好水稻选留种工作的联合通知[Z].淮南市档案馆.

关于整修江淮地区六条干线公路的会议纪要[Z].淮南市档案馆.

关于呈报我局1998年度疏浚工程决算的报告[Z].淮南市档案馆.

淮南市农业综合开发办公室1999年工作总结[Z].淮南市档案馆.

淮南市航运管理局2000年目标管理工作总结[Z].淮南市档案馆.

淮南市午季粮油生产总结及今年秋种工作打算[Z].淮南市档案馆.

1999年财政工作总结及2000年财政工作初步安排[Z].淮南市档案馆.

关于我市公路建设管理情况和今后工作意见的报告[Z].淮南市档案馆.

淮南市航运局关于1977年扭亏增盈工作开展情况的汇报[Z].淮南市档案馆.

淮南市交通局关于田家庵港木帆船实现半机械化的经验介绍[Z].淮南市档案馆.

关于淮南市航运管理局1996年基本工作和1997年工作要点的报告[Z].淮南市档案馆.

市县搬运费率标注[Z].亳州市谯城区档案馆.

关于加快公路建设的意见[Z].亳州市谯城区档案馆.

关于当前互助合作的指示[Z].亳州市谯城区档案馆.

关于补种晚秋的总结报告[Z].亳州市谯城区档案馆.

亳县修建公路施工进度情况[Z].亳州市谯城区档案馆.

对革新农村运输工具的意见[Z].亳州市谯城区档案馆.

亳县解放前后交通运输情况[Z].亳州市谯城区档案馆.

对大豆生产情况的调查报告[Z].亳州市谯城区档案馆.

关于互助合作会议情况的报告[Z].亳州市谯城区档案馆.

关于秋耕秋种各种的总结报告[Z].亳州市谯城区档案馆.

关于目前几个工作情况的简报[Z].亳州市谯城区档案馆.

亳县交通运输工作情况和意见[Z].亳州市谯城区档案馆.

请批准我站清除浅滩预算的报告[Z].亳州市谯城区档案馆.

关于秋收作物受灾减产情况的报告[Z].亳州市谯城区档案馆.

对目前农业生产互助合作工作的指示[Z].亳州市谯城区档案馆.

关于春季生产和救灾工作的综合报告[Z].亳州市谯城区档案馆.

关于风灾受害情况和挽救措施的报告[Z].亳州市谯城区档案馆.

关于午季作物遭受霜冻灾害情况的报告[Z].亳州市谯城区档案馆.

关于维护水域环境保护水产资源的通知[Z].亳州市谯城区档案馆.

土法上马、土洋结合、大胆试制、不断革新[Z].亳州市谯城区档案馆.

关于颁发《亳州市乡镇运输船舶安全管理实施细则》的报告[Z].亳州市谯城区档案馆.

关于继续贯彻"社养公助"全面开展小河支流航道养护工作的意见[Z].亳州市谯城区档案馆.

萧县农业局1982年工作总结[Z].萧县档案馆.

关于春季农具推广工作的总结[Z].萧县档案馆.

1980年农业技术推广工作总结[Z].萧县档案馆.

萧县1954年农林业生产工作总结[Z].萧县档案馆.

关于印发1982年工作总结和1983年工作意见[Z].萧县档案馆.

关于1956年上半年推行"三改"工作总结的报告[Z].萧县档案馆.

关于结束土改及争取1951年年底全部完成土改的指示[Z].萧县档案馆.
皖北生产救灾工作报告[Z].濉溪县档案馆.
关于检查华东土地改革工作的决议[Z].濉溪县档案馆.
濉溪县第五届各界人民代表会议对今冬本县各项工作的决议(草案)[Z].濉溪县档案馆.
涡阳县新兴镇人民政府布告[Z].涡阳县档案馆.
关于要求解决洪涝灾害救灾款物的请示[Z].涡阳县档案馆.
关于我县午季生产遭受冰雹灾害情况的报告[Z].涡阳县档案馆.
2000年工作总结及2001年工作安排[Z].怀远县档案馆.
关于太和县1994年农业税费改革试点工作的总结报告[Z].太和县档案馆.
关于我县农业税费改革情况和继续完善改革的设想的报告[Z].太和县档案馆.
商城县城建局1996年工作要点[Z].商城县档案馆.
商城县城建局2001年工作总结[Z].商城县档案馆.
商城县商业局1990年工作总结[Z].商城县档案馆.
商城县商务局2006年工作总结[Z].商城县档案馆.
商城县商业局1984年度工作总结[Z].商城县档案馆.
三年来生产救灾工作[Z].商水县档案馆.
总路线贯彻以来的经济工作[Z].商水县档案馆.
关于三秋工作会议的总结报告[Z].商水县档案馆.
商水县关于霜灾以来生产救灾工作情况的综合报告[Z].商水县档案馆.
中国共产党河南省第一次代表大会文件(大会发言)[Z].商水县档案馆.
1954年春季生产总结及布置夏收夏种小麦参观评比和选种工作的报告[Z].商水县档案馆.

二、报纸

《人民日报》《光明日报》《经济日报》《河南日报》《大众日报》《新华日报》《安徽日报》《安徽经济报》《安徽政报》《皖北日报》《皖南日报》《淮南日报》等。

三、方志

(一)省志

河南省地方史志编纂委员会.河南省志:邮电志[M].郑州:河南人民出版社,1991.
河南省地方史志编纂委员会.河南省志:煤炭工业志[M].郑州:河南人民出版社,1991.
河南省地方史志编纂委员会.河南省志:电力工业志[M].郑州:河南人民出版社,1991.
河南省地方史志编纂委员会.河南省志:铁路交通志、民用航空志[M].郑州:河南人民出版社,1991.
河南省地方史志编纂委员会.河南省志:公路交通志、内河航空志[M].郑州:河南人民出版社,1991.
河南省地方史志编纂委员会.河南省志:金融志[M].郑州:河南人民出版社,1992.
河南省地方史志编纂委员会.河南省志:建筑材料工业志[M].郑州:河南人民出版社,1992.
河南省地方史志编纂委员会.河南省志:农业志[M].郑州:河南人民出版社,1993.
河南省地方史志编纂委员会.河南省志:商业志[M].郑州:河南人民出版社,1993.
河南省地方史志编纂委员会.河南省志:纺织工业志[M].郑州:河南人民出版社,1993.

河南省地方史志编纂委员会.河南省志:供销合作社志[M].郑州:河南人民出版社,1993.
河南省地方史志编纂委员会.河南省志:气象志、地震志[M].郑州:河南人民出版社,1993.
河南省地方史志编纂委员会.河南省志:城乡建设志、环境保护志[M].郑州:河南人民出版社,1993.
河南省地方史志编纂委员会.河南省志:水利志[M].郑州:河南人民出版社,1994.
河南省地方史志编纂委员会.河南省志:地貌山河志[M].郑州:河南人民出版社,1994.
河南省地方史志编纂委员会.河南省志:工艺美术品、文化体育用品工业志[M].郑州:河南人民出版社,1994.
河南省地方史志编纂委员会.河南省志:食品工业志[M].郑州:河南人民出版社,1995.
河南省地方史志编纂委员会.河南省志:烟草工业志[M].郑州:河南人民出版社,1995.
河南省地方史志编纂委员会.河南省志:机械工业志[M].郑州:河南人民出版社,1995.
河南省地方史志编纂委员会.河南省志:电子工业志[M].郑州:河南人民出版社,1995.
河南省地方史志编纂委员会.河南省志:石油工业志[M].郑州:河南人民出版社,1997.
河南省地方史志编纂委员会.河南省志:化学工业志[M].郑州:河南人民出版社,1997.
安徽省地方志编纂委员会.安徽省志:气象志[M].合肥:安徽人民出版社,1990.
安徽省地方志编纂委员会.安徽省志:石油化工志[M].合肥:安徽人民出版社,1992.
安徽省地方志编纂委员会.安徽省志:纺织工业志[M].北京:方志出版社,1993.
安徽省地方志编纂委员会.安徽省志:邮电志[M].合肥:安徽人民出版社,1993.
安徽省地方志编纂委员会.安徽省志:煤炭工业志[M].合肥:安徽人民出版社,1993.
安徽省地方志编纂委员会.安徽省志:电力工业志[M].合肥:安徽人民出版社,1993.
安徽省地方志编纂委员会.安徽省志:商业志[M].合肥:安徽人民出版社,1995.
安徽省地方志编纂委员会.安徽省志:机械工业志[M].合肥:安徽人民出版社,1996.
安徽省地方志编纂委员会.安徽省志:建材工业志[M].合肥:安徽人民出版社,1996.
安徽省地方志编纂委员会.安徽省志:军事工业志[M].合肥:安徽人民出版社,1996.
安徽省地方志编纂委员会.安徽省志:农业志[M].北京:方志出版社,1998.
安徽省地方志编纂委员会.安徽省志:烟草志[M].北京:方志出版社,1998.
安徽省地方志编纂委员会.安徽省志:交通志[M].北京:方志出版社,1998.
安徽省地方志编纂委员会.安徽省志:轻工业志[M].北京:方志出版社,1998.
安徽省地方志编纂委员会.安徽省志:冶金工业志[M].北京:方志出版社,1998.
安徽省地方志编纂委员会.安徽省志:城乡建设志[M].北京:方志出版社,1998.
安徽省地方志编纂委员会.安徽省志:人物志[M].北京:方志出版社,1999.
安徽省地方志编纂委员会.安徽省志:水利志[M].北京:方志出版社,1999.
安徽省地方志编纂委员会.安徽省志:金融志[M].北京:方志出版社,1999.
安徽省地方志编纂委员会.安徽省志:自然环境志[M].北京:方志出版社,1999.
安徽省地方志编纂委员会.安徽省志:电子工业志[M].北京:方志出版社,1999.
安徽省地方志编纂委员会.安徽省志:淮河志 1986—2005[M].北京:方志出版社,2016.
江苏省地方志编纂委员会.江苏省志:冶金工业志[M].南京:江苏古籍出版社,1994.
江苏省地方志编纂委员会.江苏省志:电力工业志[M].南京:江苏科技出版社,1994.
江苏省地方志编纂委员会.江苏省志:供销合作社志[M].南京:江苏人民出版社,1994.
江苏省地方志编纂委员会.江苏省志:轻工业志[M].南京:江苏科技出版社,1996.

江苏省地方志编纂委员会.江苏省志:交通志 铁路篇[M].北京:方志出版社,1996.
江苏省地方志编纂委员会.江苏省志:气象事业志[M].南京:江苏科学技术出版社,1996.
江苏省地方志编纂委员会.江苏省志:农业志[M].南京:江苏古籍出版社,1997.
江苏省地方志编纂委员会.江苏省志:邮电志[M].南京:江苏人民出版社,1997.
江苏省地方志编纂委员会.江苏省志:纺织工业志[M].南京:江苏古籍出版社,1997.
江苏省地方志编纂委员会.江苏省志:机械工业志[M].南京:江苏人民出版社,1998.
江苏省地方志编纂委员会.江苏省志:地理志[M].南京:江苏古籍出版社,1999.
江苏省地方志编纂委员会.江苏省志:商业志[M].南京:江苏人民出版社,1999.
江苏省地方志编纂委员会.江苏省志:化学工业志[M].北京:方志出版社,1999.
江苏省地方志编纂委员会.江苏省志:农机具志[M].南京:江苏古籍出版社,1999.
江苏省地方志编纂委员会.江苏省志:煤炭工业志[M].南京:江苏科技出版社,1999.
江苏省地方志编纂委员会.江苏省志:电子工业志[M].南京:江苏古籍出版社,1999.
江苏省地方志编纂委员会.江苏省志:石油工业志[M].北京:方志出版社,2000.
江苏省地方志编纂委员会.江苏省志:乡镇工业志[M].北京:方志出版社,2000.
江苏省地方志编纂委员会.江苏省志:金融志[M].南京:江苏人民出版社,2000.
江苏省地方志编纂委员会.江苏省志:水利志[M].南京:江苏古籍出版社,2001.
江苏省地方志编纂委员会.江苏省志:环境保护志[M].南京:江苏古籍出版社,2001.
江苏省地方志编纂委员会.江苏省志:交通志 公路篇[M].南京:江苏古籍出版社,2001.
江苏省地方志编纂委员会.江苏省志:交通志 航运篇[M].南京:江苏古籍出版社,2001.
江苏省地方志编纂委员会.江苏省志:建材工业志[M].北京:方志出版社,2002.
江苏省地方志编纂委员会.江苏省志:城乡建设志[M].南京:江苏人民出版社,2008.
江苏省地方志编纂委员会.江苏省志:水利志[M].南京:江苏凤凰教育出版社,2017.
山东省地方史志编纂委员会.山东省志:电力工业志[M].济南:山东人民出版社,1991.
山东省地方史志编纂委员会.山东省志:烟草志[M].济南:山东人民出版社,1993.
山东省地方史志编纂委员会.山东省志:铁路志[M].济南:山东人民出版社,1993.
山东省地方史志编纂委员会.山东省志:水利志[M].济南:山东人民出版社,1993.
山东省地方史志编纂委员会.山东省志:农机志[M].济南:山东人民出版社,1993.
山东省地方史志编纂委员会.山东省志:轻工业志[M].济南:山东人民出版社,1993.
山东省地方史志编纂委员会.山东省志:化学工业志[M].济南:山东人民出版社,1993.
山东省地方史志编纂委员会.山东省志:建材工业志[M].济南:齐鲁书社,1994.
山东省地方史志编纂委员会.山东省志:机械工业志[M].济南:山东人民出版社,1994.
山东省地方史志编纂委员会.山东省志:纺织工业志[M].济南:山东人民出版社,1995.
山东省地方史志编纂委员会.山东省志:电子工业志[M].济南:山东人民出版社,1995.
山东省地方史志编纂委员会.山东省志:交通志[M].济南:山东人民出版社,1996.
山东省地方史志编纂委员会.山东省志:金融志[M].济南:山东人民出版社,1996.
山东省地方史志编纂委员会.山东省志:石油工业志[M].济南:山东人民出版社,1996.
山东省地方史志编纂委员会.山东省志:自然地理志[M].济南:山东人民出版社,1996.
山东省地方史志编纂委员会.山东省志:商业志[M].济南:山东人民出版社,1997.
山东省地方史志编纂委员会.山东省志:煤炭工业志[M].济南:山东人民出版社,1997.

山东省地方史志编纂委员会.山东省志:二轻工业志[M].济南:山东人民出版社,1997.
山东省地方史志编纂委员会.山东省志:冶金工业志[M].济南:山东人民出版社,1998.
山东省地方史志编纂委员会.山东省志:工业综合管理志[M].济南:山东人民出版社,1999.
山东省地方史志编纂委员会.山东省志:农业志[M].济南:山东人民出版社,2000.

(二) 市志

开封市地方史志编纂委员会.开封简志[M].郑州:河南人民出版社,1988.
信阳地区地方史志编纂委员会.信阳地区志[M].北京:三联书店,1992.
周口地区地方史志编纂办公室.周口地区志[M].郑州:中州古籍出版社,1993.
许昌市地方志编纂委员会.许昌市志[M].天津:南开大学出版社,1993.
平顶山市地方史志编纂委员会.平顶山市志[M].郑州:河南人民出版社,1994.
商丘地区地方志编纂委员会.商丘地区志[M].北京:三联书店,1996.
郑州市地方史志编纂委员会.郑州市志[M].郑州:中州古籍出版社,1998.
漯河市地方史志编纂委员会.漯河市志[M].北京:方志出版社,1999.
驻马店市地方史志编纂委员会.驻马店地区志[M].郑州:中州古籍出版社,2001.
开封市地方史志编纂委员会.开封市志[M].北京:北京燕山出版社,2004.
蚌埠市地方志编纂委员会.蚌埠市志[M].北京:方志出版社,1995.
宿县地区地方志编纂委员会.宿县地区志[M].北京:中国人民大学出版社,1995.
阜阳市地方志编纂委员会.阜阳地区志[M].北京:方志出版社,1996.
淮南市地方志编纂委员会.淮南市志[M].合肥:黄山书社,1998.
淮北市地方志编纂委员会.淮北市志[M].北京:方志出版社,1999.
阜阳市地方志编纂委员会.阜阳市志:1986—2010[M].合肥:黄山书社,2014.
徐州市地方志编纂委员会.徐州市志[M].北京:中华书局,1994.
淮阴市地方志编纂委员会.淮阴市志[M].上海:上海社会科学出版社,1995.
宿迁市地方志编纂委员会.宿迁市志[M].南京:江苏人民出版社,1996.
扬州市地方志编纂委员会.扬州市志[M].上海:中国大百科全书出版社上海分社,1997.
盐城市地方志编纂委员会.盐城市志[M].南京:江苏科学技术出版社,1998.
连云港市地方志编纂委员会.连云港市志[M].北京:方志出版社,2000.
枣庄市地方史志编纂委员会.枣庄市志[M].北京:中华书局,1993.
日照市地方史志编纂委员会.日照市志[M].济南:齐鲁书社,1994.
菏泽地区地方史志编纂委员会.菏泽地区志[M].济南:齐鲁书社,1998.
临沂市地方史志编纂委员会.临沂地区志[M].北京:中华书局,2001.
济宁市地方志编纂委员会.济宁市志[M].北京:中华书局,2002.

(三) 专志

曲阜二轻工业志办公室.曲阜二轻工业志[Z].曲阜二轻工业志办公室,1987.
淮北矿务局史志办公室.淮北矿务局志[M].北京:工人出版社,1988.
蚌埠市工商行政管理志编纂委员会.蚌埠工商行政管理志[M].合肥:黄山书社,1994.
淮北市公路志编纂办公室.淮北市公路志[M].北京:方志出版社,1999.
郑州市交通志编纂委员会.郑州市交通志[M].北京:方志出版社,1999.

阜阳地区交通志编纂委员会.阜阳地区交通志[Z].阜阳地区交通志编纂委员会,1999.
淮南市公路志编纂办公室.淮南市公路志[M].合肥:安徽人民出版社,2000.
蚌埠铁路分局路志办公室.蚌埠铁路分局志[M].北京:中国铁道出版社,2003.
郑州市交通志编纂委员会.郑州市交通志:1995—2000[M].郑州:中州古籍出版社,2003.
开封市公路管理局公路史志编纂委员会.开封市公路志[M].北京:中国广播电视出版社,2003.
盐城市交通运输志编纂委员会.盐城市交通运输志[M].北京:方志出版社,2015.
山东省地方史志编纂委员会.山东省志:交通 1986—2005[M].济南:山东人民出版社,2015.
水利部淮河水利委员会.淮河志:淮河综述志[M].北京:科学出版社,2000.
水利部淮河水利委员会.淮河志:淮河治理与开发志[M].北京:科学出版社,2004.
水利部淮河水利委员会.淮河志:淮河规划志[M].北京:科学出版社,2005.
水利部淮河水利委员会.淮河志:淮河水利管理志[M].北京:科学出版社,2007.

四、年鉴

(一)一般年鉴

河南年鉴编辑部.河南年鉴:1984—2010[Z].河南年鉴社.
郑州年鉴编辑部.郑州年鉴:1985—2010[Z].郑州年鉴编辑部.
开封年鉴编纂委员会.开封年鉴:1993—2010[Z].开封年鉴编纂委员会.
驻马店地方史志办公室.驻马店年鉴:1994—2010[Z].驻马店地方史志办公室.
漯河市史志档案局.漯河年鉴:1999—2010[Z].漯河市史志档案局.
商丘市地方史志办公室.商丘年鉴:1999—2010[Z].商丘市地方史志办公室.
平顶山市地方史志办公室.平顶山年鉴:2000—2010[Z].平顶山市地方史志办公室.
舞钢市地方史志办公室.舞钢年鉴:1991—2010[Z].舞钢市地方史志办公室.
宝丰县地方史志办公室.宝丰年鉴:1997—2010[Z].宝丰县地方史志办公室.
许昌县地方史志办公室.许昌县年鉴:2002—2010[Z].许昌县地方史志办公室.
长葛市地方史志办公室.长葛年鉴:2005—2010[Z].长葛市地方史志办公室.
新密市委史志办公室.新密年鉴:2007—2010[Z].新密市委史志办公室.
安徽经济年鉴编辑部.安徽经济年鉴:1984—1988[Z].安徽经济年鉴编辑部.
安徽年鉴编辑部.安徽年鉴:1989—2010[Z].安徽年鉴编辑部.
阜阳市地方志办公室.阜阳年鉴:1998—2010[Z].阜阳市地方志办公室.
淮南年鉴编委会.淮南年鉴:1999—2010[Z].淮南年鉴编委会.
宿州市地方志办公室.宿州年鉴:1999—2010[Z].宿州市地方志办公室.
淮北市地方志编纂委员会.淮北年鉴:2000—2010[Z].淮北地方志编纂委员会.
亳州市地方志办公室.亳州年鉴:2002—2010[Z].亳州市地方志办公室.
蚌埠市地方志办公室.蚌埠年鉴:2005—2010[Z].蚌埠市地方志办公室.
濉溪县地方志办公室.濉溪年鉴:2001—2012[Z].濉溪县地方志办公室.
宿州市埇桥区地方志办公室.宿州市埇桥年鉴:2005—2012[Z].宿州市埇桥区地方志办公室.
江苏经济年鉴编辑部.江苏经济年鉴:1986—1991[Z].江苏经济年鉴编辑部.
江苏年鉴编辑部.江苏年鉴:1992—2010[Z].江苏年鉴编辑部.

扬州市地方志编纂委员会.扬州年鉴:1991—2010[Z].扬州市地方志编纂委员会.
淮阴年鉴编纂委员会.淮阴年鉴:1995—2000[Z].淮阴年鉴编纂委员会.
淮安市志办公室.淮安年鉴:2001—2010[Z].淮安市志办公室.
盐城市地方志办公室.盐城年鉴:1998—2010[Z].盐城市地方志办公室.
徐州市史志办公室.徐州年鉴:1999—2010[Z].徐州市史志办公室.
宿迁年鉴编纂委员会.宿迁年鉴:1999—2010[Z].宿迁年鉴编纂委员会.
连云港市地方志办公室.连云港年鉴:1999—2010[Z].连云港市地方志办公室.
响水县地方志编纂委员会办公室.响水年鉴:2001—2010[Z].响水县地方志编纂委员会办公室.
新沂市史志办公室.新沂年鉴:2006—2010[Z].新沂市史志办公室.
姜堰年鉴编纂委员会.姜堰年鉴:2000—2010[Z].姜堰年鉴编纂委员会.
高邮市地方志年鉴编纂委员会.高邮年鉴:1991—2010[Z].高邮市地方志年鉴编纂委员会.
金湖县地方志办公室.金湖年鉴:1996—2010[Z].金湖县地方志办公室.
灌南县地方志办公室.灌南年鉴:1997—2010[Z].灌南县地方志办公室.
盐都年鉴编纂委员会.盐都年鉴:1998—2010[Z].盐都年鉴编纂委员会.
涟水县地方志办公室.涟水年鉴:1998—2010[Z].涟水县地方志办公室.
建湖县地方志办公室.建湖年鉴:1999—2010[Z].建湖县地方志办公室.
大丰年鉴编纂委员会.大丰年鉴:2000—2010[Z].大丰年鉴编纂委员会.
如东年鉴编纂委员会.如东年鉴:2000—2011[Z].如东年鉴编纂委员会.
连云港市海州区地方志编纂委员会.海州年鉴:2000—2011[Z].连云港市海州区地方志编纂委员会.
扬州市江都区地方志编纂委员会.江都年鉴:2000—2010[Z].扬州市江都区地方志编纂委员会.
滨海县地方志办公室.滨海年鉴:2001—2010[Z].滨海县地方志办公室.
兴化年鉴编纂委员会.兴化年鉴:2002—2010[Z].兴化年鉴编纂委员会.
宝应年鉴编纂委员会.宝应年鉴:2002—2010[Z].宝应年鉴编纂委员会.
宿迁市宿豫区地方志编纂委员会办公室.宿豫年鉴:2002—2010[Z].宿迁市宿豫区地方志编纂委员会办公室.
东台市党史地方志办公室.东台年鉴:2004—2010[Z].东台市党史地方志办公室.
连云港市赣榆区党史地方志办公室.赣榆年鉴:2004—2010[Z].连云港市赣榆区党史地方志办公室.
扬州市邗江区地方志编纂委员会.邗江年鉴:2004—2010[Z].扬州市邗江区地方志编纂委员会.
扬州市广陵区档案局.广陵年鉴:2005—2010[Z].扬州市广陵区档案局.
射阳县地方志办公室.射阳年鉴:2006—2010[Z].射阳县地方志办公室.
山东年鉴编辑部.山东年鉴:1987—2010[Z].山东年鉴编辑部.
枣庄市地方史志办公室.枣庄年鉴:1993—2010[Z].枣庄市地方史志办公室.
临沂市地方史志办公室.临沂年鉴:1997—2010[Z].临沂市地方史志办公室.
菏泽市地方史志办公室.菏泽年鉴:1999—2010[Z].菏泽市地方史志办公室.
泗水县地方史志编纂委员会.泗水年鉴:1992—2010[Z].泗水县地方史志编纂委员会.
兰山区地方史志办公室.兰山年鉴:1996—2010[Z].兰山区地方史志办公室.
鄄城县史志办公室.鄄城年鉴:1997—2010[Z].鄄城县史志办公室.
滕州市地方史志办公室.滕州年鉴:1997—2010[Z].滕州市地方史志办公室.
郓城县史志办公室.郓城年鉴:1999—2010[Z].郓城县史志办公室.

莒南县地方史志编纂委员会办公室.莒南年鉴:2000—2010[Z].莒南县地方史志编纂委员会办公室.
沂水县史志办公室.沂水年鉴:2007—2010[Z].沂水县史志办公室.

(二)统计年鉴

河南省统计局,国家统计局河南调查队.河南统计年鉴:1986—2010[M].北京:中国统计出版社.
平顶山市统计局.平顶山统计年鉴:1989—2010[M].北京:中国统计出版社.
漯河市统计局,国家统计局漯河调查队.漯河统计年鉴:1994—2010[M].北京:中国统计出版社.
开封市统计局.开封统计年鉴:1997—2010[Z].开封市统计局.
郑州市统计局,国家统计局郑州调查队.郑州统计年鉴:1999—2010[M].北京:中国统计出版社.
安徽省统计局,国家统计局安徽调查队.安徽统计年鉴:1989—2010[M].北京:中国统计出版社.
淮北市统计局.淮北统计年鉴:1993—2010[Z].淮北市统计局.
阜阳市统计局.阜阳统计年鉴:1993—2010[Z].阜阳统计局.
淮南市统计局.淮南统计年鉴:2002—2010[Z].淮南市统计局.
江苏省统计局.江苏统计年鉴:1986—2010[M].北京:中国统计出版社.
盐城市统计局,国家统计局盐城调查队.盐城统计年鉴:1991—2010[M].北京:中国统计出版社.
徐州市统计局,国家统计局徐州调查队.徐州统计年鉴:1996—2010[M].北京:中国统计出版社.
连云港市统计,国家统计局连云港调查队.连云港统计年鉴:1998—2010[Z].连云港市统计局,国家统计局连云港调查队.
山东省统计局,国家统计局山东调查队.山东统计年鉴:1984—2010[M].北京:中国统计出版社.
济宁市统计局,国家统计局济宁调查队.济宁统计年鉴:1984—2010[Z].济宁市统计局.
临沂市统计局.临沂统计年鉴:1989—2010[Z].临沂市统计局.
日照市统计局.日照统计年鉴:1991—2010[Z].日照市统计局.
菏泽市统计局.菏泽统计年鉴:1994—2010[Z].菏泽市统计局.

(三)专业年鉴

中国城市建设年鉴编委会.中国城市建设年鉴[M].北京:中国建筑工业出版社,1989.
中国城市经济社会发展研究会,中国行政管理学会.中国城市经济年社会年鉴:1990[M].北京:中国城市出版社,1990.
河南省农村社会经济调查队.河南农村统计年鉴:1991—2005[M].北京:中国统计出版社.
安徽省农业委员会,安徽省统计局.安徽农村经济统计年鉴:2005—2007[M].北京:中国统计出版社.
山东省统计局,山东省农业厅.山东农业统计年鉴:1992—1998[Z].山东省统计局,山东省农业厅.
江苏省统计局,江苏省农林厅.江苏农业统计年鉴:1995—2000[Z].江苏省统计局,江苏省农林厅.
安徽省经济委员会,安徽省统计局.安徽工业经济统计年鉴:2004—2008[Z].安徽省经济委员会,安徽省统计局.
河南省工业经济联合会.河南工业年鉴2008[M].河南:科学技术出版社,2009.
山东省统计局.山东工业统计年鉴:1991—2004[Z].山东省统计局.
江苏交通年鉴编辑部.江苏交通年鉴:2001—2010[Z].江苏年鉴杂志社.
郑州铁路局史志编纂委员会.郑州铁路年鉴:1985—2010[M].北京:中国铁道出版社.
连云港港年鉴编辑委员会.连云港港年鉴:1991—2010[Z].连云港港年鉴编辑委员会.

河南省城市社会经济调查队.河南城市统计年鉴:1990—2001[M].北京:中国统计出版社.

山东省统计局,山东省城市社会经济调查队.山东城市统计年鉴:1987—2003[M].北京:中国统计出版社.

山东金融年鉴编委会.山东金融年鉴:1949—2010[M].北京:中国财政经济出版社.

河南金融年鉴编委会.河南金融年鉴:1995—2009[M].郑州:中州古籍出版社.

河南水利年鉴编辑部.河南水利年鉴:1996—2010[Z].河南水利年鉴编辑部.

安徽水利年鉴编辑委员会.安徽水利年鉴:2000—2010[M].合肥:合肥工业大学出版社.

水利部淮河水利委员会.治淮汇刊(年鉴):1982—2010[Z].《治淮汇刊(年鉴)》编辑部.

五、资料汇编

中国科学院经济研究所.手工业资料汇编:1950—1953[Z].中国科学院经济研究所,1954.

河南省统计局.河南省国民经济统计资料提要:1949—1957[Z].郑州:河南省统计局,1958.

中国社会科学院工业经济研究所企业管理研究室.中国工业管理部分条例汇编[M].北京:地质出版社,1980.

中共中央文献研究室.三中全会以来重要文献选编[M].上海:人民出版社,1982.

安徽省人民政府办公厅.安徽省情:1985—1993[M].合肥:安徽人民出版社.

中共山东省委研究室.山东省情[M].济南:山东人民出版社,1986.

安徽省档案局.安徽经济建设文献资料:第1辑[M].合肥:安徽省档案局,1986.

中共中央文献研究室.十一届三中全会以来重要文献选读:下册[M].上海:人民出版社,1987.

江苏省统计局.江苏四十年[M].北京:中国统计出版社,1989.

河南省统计局.奋进的中州[M].北京:中国统计出版社,1989.

山东省统计局.奋进的四十年:山东分册[M].北京:中国统计出版社,1989.

中共阜阳地委党史工作委员会办公室.阜阳四十年[M].合肥:安徽人民出版社,1991.

中共中央文献研究室.建国以来重要文献选编[M].北京:中央文献出版社,1992.

江苏省档案馆,等.苏北行政区:1949—1952[Z].江苏省档案局,1994.

安徽省档案馆,等.中共皖北皖南区委文件选编:1949—1951[Z].安徽省档案局,1994.

安徽省档案馆,等.中共安徽省委文件选编:1952—1965[Z].安徽省档案局,1994—2004.

中华人民共和国统计局,中华人民共和国民政部.中国灾情报告:1949—1995[M].北京:中国统计出版社,1995.

中共中央文献研究室.十四大以来重要文献选编[M].北京:人民出版社,1996.

宿州市人民政府.宿州五十年[M].北京:中国统计出版社,1999.

安徽省人民政府.安徽五十年[M].北京:中国统计出版社,1999.

江苏五十年编辑委员会.江苏五十年[M].北京:中国统计出版社,1999.

山东省统计局.新中国五十年:山东卷[M].北京:中国统计出版社,1999.

江苏农村经济50年编辑委员会.江苏农村经济50年:1949—1999[M].北京:中国统计出版社,2000.

中共中央文献研究室.十五大以来重要文献选编:上[M].北京:人民出版社,2000.

中共中央文献研究室.十五大以来重要文献选编:下[M].北京:人民出版社,2003.

中共安徽省委办公厅,中共安徽省委党史工委,安徽省档案馆.中共安徽省委文件选编:1958—1962[Z].安徽省档案馆,2004.

中共中央文献研究室.十六大以来重要文献选编:上[M].北京:中央文献出版社,2005.
中共中央文献研究室.十六大以来重要文献选编:中[M].北京:中央文献出版社,2006.
中共中央文献研究室.十六大以来重要文献选编:下[M].北京:中央文献出版社,2008.
中共中央文献研究室.改革开放三十年重要文献选编[M].北京:中央文献出版社,2008.
河南省统计局,国家统计局河南调查总队.河南改革开放30年[M].北京:中国统计出版社,2008.
江苏省统计局,国家统计局江苏调查总队.巨大的变化,辉煌的成就:江苏改革开放30年[M].北京:中国统计出版社,2008.
山东省统计局.奋进的历程,辉煌的成就:山东改革开放30年[M].北京:中国统计出版社,2008.
河南省档案馆,等.中共河南省委、河南省人民政府重要文件选编:1949—1954[Z].河南省档案馆,2008—2011.
河南省统计局,国家统计局河南调查总队.河南六十年:1949—2009[M].北京:中国统计出版社,2009.
安徽省人民政府.安徽60年[M].北京:中国统计出版社,2009.
安徽省历史学会.安徽六十年:1949—2009[M].合肥:合肥工业大学出版社,2009.
江苏省统计局,国家统计局江苏调查总队.数据见证辉煌:江苏60年[M].北京:中国统计出版社,2009.
山东省统计局.辉煌山东60年[M].北京:中国统计出版社,2009.
徐州市统计局,国家统计局徐州调查队.数字看徐州30年巨变[M].北京:中国统计出版社,2009.
中共中央文献研究室.十七大以来重要文献选编:上[M].北京:中央文献出版社,2009.
中共中央文献研究室.十七大以来重要文献选编:中[M].北京:中央文献出版社,2011.
中共山东省委政策研究室.山东改革三十五年[M].济南:山东人民出版社,2014.
全国人大常委会办公厅,中共中央文献研究室.人民代表大会制度重要文献选编[M].北京:中国民主法制出版社,2015.

六、著作

吕炯,等.淮河流域的水灾和旱灾[Z].中国科学院地球物理研究所,1951.
陈桥驿.淮河流域[M].上海:春明出版社,1952.
胡焕庸.淮河[M].上海:开明书店,1952.
胡焕庸.淮河的改造[M].上海:新知识出版社,1954.
列宁.列宁全集[M].北京:人民出版社,1959.
安徽省中苏友好协会.中苏友谊在安徽[M].合肥:安徽人民出版社,1960.
马克思,恩格斯.马克思恩格斯全集[M].北京:人民出版社,1973.
王祖烈.淮河流域治理综述[Z].水利部治淮委员会淮河志编纂办公室,1987.
王国华.山东经济40年透视[M].济南:山东人民出版社,1989.
《当代中国》丛书编辑部.当代中国的基本建设[M].北京:中国社会科学出版社,1989.
霍利斯·钱纳里,莫尔塞斯·塞尔昆.发展的格局:1950—1970[M].李小青,等译.北京:中国财政经济出版社,1989.
国家"七五"期间中国私营经济研究课题组.中国的私营经济:现状·问题·前景[M].北京:中国社会科学出版社,1989.
《当代中国》丛书编辑部.当代中国的河南[M].北京:中国社会科学出版社,1990.

毛泽东.毛泽东选集[M].北京:人民出版社,1991.
张培刚.农业国工业化问题[M].长沙:湖南出版社,1991.
郭万清.中国地区比较优势分析[M].北京:中国计划出版社,1992.
《当代中国》丛书编辑部.当代中国的安徽[M].北京:当代中国出版社,1992.
程子良,李清银.开封城市史[M].北京:社会科学文献出版社,1993.
陈远生,何希吾.淮河流域洪涝灾害与对策[M].北京:中国科学技术出版社,1995.
杜诚,季家宏.中国发展全书:安徽卷[M].北京:国家行政学院出版社,1997.
逄振镐,江奔东.山东经济史:现代卷[M].济南:济南出版社,1998.
毛泽东.毛泽东文集[M].北京:人民出版社,1999.
刘定汉.当代江苏简史[M].北京:当代中国出版社,1999.
胡悌云.当代河南经济史纲[M].北京:当代中国出版社,1999.
谭崇台.发展经济学[M].武汉:武汉大学出版社,2001.
侯永.当代安徽简史[M].北京:当代中国出版社,2001.
王鑫义.淮河流域经济开发史[M].合肥:黄山书社,2001.
中共上海市委党委研究室.艰难探索:1956—1965[M].上海:上海书店出版社,2001.
中共河南省委党史研究室.中国共产党在河南八十年[M].郑州:河南人民出版社,2001.
中共安徽省委党史研究室."大跃进"运动和60年代国民经济调整[M].合肥:安徽人民出版社,2001.
宋豫秦,等.淮河流域可持续发展战略初论[M].北京:化学工业出版社,2003.
黄岳忠.当代安徽经济概论[M].合肥:安徽人民出版社,2004.
董志凯,吴江.新中国工业的奠基石:156项建设研究 1950—2000[M].广州:广东经济出版社,2004.
毛信康.淮河流域水资源可持续利用[M].北京:科学出版社,2006.
汪斌.淮河流域及山东半岛水资源评价[M].南京:河海大学出版社,2006.
张大卫.中原崛起之路:河南省60年发展回顾[M].郑州:河南人民出版社,2006.
孙自铎.从失衡走向协调:安徽崛起重大经济问题研究[M].合肥:安徽人民出版社,2006.
宋国君,谭炳卿,等.中国淮河流域水环境保护政策评估[M].北京:中国人民大学出版社,2007.
赵来军.我国流域跨界水污染纠纷协调机制研究:以淮河流域为例[M].上海:复旦大学出版社,2007.
李云生,王东,张晶.淮河流域"十一五"水污染防治规划研究报告[M].北京:中国环境科学出版社,2007.
张培刚.农业与工业化[M].武汉:华中科技大学出版社,2009.
道格拉斯·C.诺思.经济史上的结构和变革[M].厉以平,译.北京:商务印书馆,2009.
储东涛,刘兴远,等.当代江苏经济史:1949—2009[M].南京:江苏人民出版社,2009.
山东省发展和改革委员会.山东省区域经济发展研究[M].济南:山东大学出版社,2009.
夏军,程绪水,左其亭.淮河流域水环境综合承载能力及调控对策[M].北京:科学出版社,2009.
王文举,等.淮河流域水污染治理与水资源可持续利用研究[M].合肥:合肥工业大学出版社,2009.
厉以宁.工业化和制度调整:西欧经济史研究[M].北京:商务印书馆,2010.
水利部淮河水利委员会.新中国治淮60年[M].北京:中国水利水电出版社,2010.
吴春梅,张崇旺,朱正业,等.近代淮河流域经济开发史[M].北京:科学出版社,2010.
黄传新,等.安徽通史:新中国卷[M].合肥:安徽人民出版社,2011.
加藤弘之,吴柏均.城市化与区域经济发展研究[M].上海:华东理工大学出版社,2011.

林毅夫.解读中国经济[M].北京:北京大学出版社,2012.

杨颖奇,等.江苏通史:中华人民共和国卷[M].南京:凤凰出版社,2012.

万伦来.淮河流域矿产资源开发、生态环境演变与新型工业化道路研究[M].北京:经济管理出版社,2013.

中国工程院.淮河流域环境与发展[M].北京:高等教育出版社,2014.

徐邦斌,王式成.淮河流域节水型社会建设与制度体系研究[M].合肥:合肥工业大学出版社,2014.

王友贞.淮河流域涝渍灾害及其治理[M].北京:科学出版社,2015.

中国工程院淮河流域环境与发展问题研究项目组.淮河流域环境与发展问题研究:综合卷[M].北京:中国水利水电出版社,2016.

七、论文

李伯兴.淮河流域综合开发的探讨[J].治淮,1985(5):6-9.

向茂森.关于淮河流域农业开发问题[J].治淮,1990(2):24-25.

徐乾清.淮河特点与治淮战略[J].中国水利,1991(2):5-7.

向茂森.抓住时机 综合治理:再谈淮河的农业问题[J].治淮,1992(3):21-22.

朱来常.解放后淮河中游的治理[J].安徽史学,1995(1):81-89.

徐宗道,崇梅.淮河流域乡镇工业水污染与防治对策[J].治淮,1995(9):6-8.

李鸿昌,高万青.对淮河流域工业发展的思考[J].经济经纬,2000(1):36-43.

程必定,林斐,俞世伟.淮河流域经济发展与社会、资源、环境相协调的战略模式[J].管理世界,2000(1):201-202,211.

林斐.淮河流域资源型工业的发展战略[J].地域研究与开发,2000(3):40-43.

肖斐,王艳.淮河治理与开发[J].水利发展研究,2001(1):32-35.

高峻.论建国初期对淮河的全面治理[J].当代中国史研究,2003(5):78-88.

孙瑛.对淮河流域工业可持续发展的思考[J].治淮,2004(4):24-25.

王学鹏,刘朝臣.淮河流域整体开发战略的考察[J].改革,2005(9):53-57.

马永辉.1949—1966年苏北农村集市贸易变迁[D].北京:中共中央党校,2005.

万伦来,胡志华,昂小刚.安徽淮河流域工业化实证研究[J].华东经济管理,2007(7):9-14.

万伦来,麻晓芳,方宝.淮河流域农业可持续发展的研究:基于安徽淮河流域的经验证据[J].生态经济,2008(3):84-87.

施立业,刘长生.建国初期(1949—1957)淮河流域水灾救治研究[J].安徽大学学报(哲社版),2008(6):132-137.

贾滕.解放初期国家对农业生产的介入与推动:以淮河流域商水县为例[J].郑州大学学报(哲社版),2009(6):168-172.

胡志道.对进一步治理淮河的探讨[J].治淮,2011(9):12-14.

王义民,高军波,颜俊.论淮河流域城镇体系空间结构的演变[J].信阳师范学院学报(自然科学版),2013(2):254-258.

郇恒飞.淮河流域新型城镇化水平的空间差异及其影响因素分析[J].资源开发与市场,2014(2):1429-1433,1412.

赵胜.1949年、1950年皖北农村的灾荒与副业生产[J].农业考古,2014(4):167-170.

任志安,徐业明.大气环境、工业能源消费与工业结构优化:来自淮河流域 38 个地级市的经验证据[J].工业技术经济,2014(6):3-16.

王成.当代安徽淮河流域工业发展研究:以年鉴、方志等史料为中心[D].合肥:安徽大学,2014.

高军波,刘彦随,张永显.1990—2012 年淮河流域粮食生产的时空演进及驱动机制[J].水土保持通报,2016(3):179-185.

王瑞芳.从点到面:新中国成立初期的淮河治理[J].中共党史研究,2016(9):44-54.

马会.河南省综合交通运输体系规划研究[D].北京:中央民族大学,2016.

孙语圣.改革开放以来淮河流域的商业市场与消费研究[J].安徽农业大学学报(社科版),2019(3):61-69.

孙语圣.新中国成立 60 年来淮河流域城市的市政建设:以若干地市为代表的考察[J].阜阳师范学院学报(社科版),2019(3):1-9.

杨金客.淮河流域航空运输业的发展与变迁:1949—2009[J].中国石油大学学报(社科版),2020(4):87-94.

朱正业,杨立红.1949—1978 年淮河流域农作物产区与新品种引育推广[J].阜阳师范大学学报(社科版),2021(6):1-10.

吴春梅,程春晖.新中国治淮方略演进研究[J].当代中国史研究,2022(1):79-96.

朱正业.1949—2009 年淮河流域农业自然灾害分布与影响[J].阜阳师范大学学报(社科版),2022(5):1-8.

后　　记

本书是国家社科基金重点项目"淮河流域经济开发与变迁研究（1949—2009）"的结项成果。

淮河流域地处我国东中部，具有自然和社会的多重过渡性特征，在中华民族的文明史上具有无可替代的地位。历史上淮河流域美丽富饶，"走千走万，不如淮河两岸"。受南宋时黄河夺淮等因素的影响，淮河流域灾害频发，成为经济发展较为落后的地区。当今，淮河流域作为我国重要的粮油棉产区与能源基地，在我国经济发展全局中占有十分显著的位置。2018年10月，国务院发布《淮河生态经济带发展规划》，淮河流域经济发展正式上升为国家战略，淮河流域实现由治理到生态经济带发展的思路转变。如何在发展经济的同时更好地保护生态，实现人与自然的协调可持续发展，值得深入思考和探索。

中华人民共和国成立后，尤其是改革开放以来，淮河流域在农业、工业、交通、商业、金融、城市等方面实现了跨越式发展，取得了巨大的成就。关注区域时空特征对于环境变迁的巨大影响，多维地思考淮河流域经济开发的发展路径，不仅具有重要的学术价值，同时也具有现实意义，将为淮河生态经济带建设提供有益的借鉴，体现出史学研究服务现实的社会功能。

我对淮河流域的关注，源于年少时曾在淮河岸边生活和成长的经历。我对淮河流域经济史的研究，得益于安徽大学有一支长期从事淮河文化研究的强大团队。早在改革开放初，一些学者开始涉足淮河流域相关问题的研究。1992年，"淮河流域经济开发史（古代）"获批国家社科基金项目；2002年，"淮河流域经济开发史（1840—1949）"获批国家社科基金项目；2011年，"淮河流域经济开发与变迁研究（1949—2009）"获批国家社科基金重点项目。淮河流域经济开发的研究从古代到近代，再延伸到当代。在淮河流域整体史研究领域，研究团队成功获批第一个国家社科基金一般项目"淮河流域经济开发史（古代）"（1992年）、第一个国家社科基金重点项目"淮河流域经济开发与变迁研究（1949—2009）"（2011年）、第一个国家社科基金重大项目"民国时期淮河流域灾害文献搜集、整理与数据库建设"（2018年），国家社科基金由一般项目到重点项目，再到重大项目。以项目研究为依托的结项成果多次荣获奖励,如《淮河流域经济开发史(古代)》获安徽省社会科学优秀成果奖一等奖,《近代淮河流域经济开发史》再次获安徽省社会科学优秀成果奖一等奖,并获教育部第六届高校人文社会科学优秀成果奖三等奖。可以说,在安徽大学几代学者的共同努力下,研究团队承担重大项目的能力日益增强,高水平的科研成果不断涌现,服务于地方经济社会的水平逐步提升。

2002年,我有幸成为吴春梅教授主持的国家社科基金项目"淮河流域经济开发史(1840—1949)"课题组成员;2003年,首次参加了由安徽省社会科学界联合会在宿州市主办的第二届淮河文化研讨会。此后,我先后主持并完成与淮河流域相关的安徽省社会科学规划项目、安徽省社会科学创新发展研究课题、安徽省教育厅人文社科项目,主持并完成国家社科基金一般项目"近代中原地区水患与荒政研究"、国家社科基金重点项目"淮河流域经济开发与变迁研究(1949—2009)",现正在主持国家社科基金重大项目"民国时期淮河流域灾害文献搜集、整理与数据库建设"。围绕上述项目的研究,我发表或出版了一系列有关淮河文化的成果。随着研究的深入,我不仅对淮河流域经济开发有了更深的理解,同时也拓宽了对流域其他问题的认识与思考。今后,我将继续关注淮河文化的研究,为流域经济社会的发展贡献绵薄之力。

本项目原为导师吴春梅教授主持,后因工作变动,经全国哲学社会科学工作办公室审核批复,同意变更负责人为我。由于时间非常紧,加上前期积累不够,我内心的压力还是挺大的,必须要全力以赴,全身心地投入研究。为此,我全面查阅、搜集、整理了当代淮河流域有关农业、工业、交通运输业、商业城市、财政金融方面的方志、年鉴以及部分档案资料。特别感谢课题组成员对项目的大力支持和辛勤付出,正是大家的精诚团结与齐心协力,才保障了项目的顺利完成。本书分工大致如下:朱正业负责绪论、第一章、第二章、余论的写作;广西师范大学王成副教授负责第三章的写作,朱正业补充了淮河流域河南、淮河流域江苏、淮河流域山东等工业方面的内容;安徽中医药大学杨立红教授负责第四章第一节、第三节的写作,江苏理工学院杨金客博士负责第四章第二节、第四节的写作;安徽大学孙语圣教授负责第五章的写作。全书由朱正业统稿和定稿。

本书的完成离不开同行专家的支持和帮助。感谢团队成员、安徽大学张崇旺教授给予的支持,感谢团队成员、安徽大学王成兴教授在项目申报论证过程中所付出的努力,感谢安徽大学贾艳敏教授、陈勇教授提供的资料。感谢中国人民大学夏明方教授、苏州大学池子华教授、南京大学马俊亚教授、上海交通大学陈业新教授、阜阳师范大学吴海涛教授等,他们对项目研究成果贡献了诸多真知灼见。感谢各位评审专家在项目结项过程中提出的中肯意见和建议,对于书稿的修改与完善颇有帮助。

本书的出版得到了国家出版基金的资助。全国哲学社会科学工作办公室、安徽省哲学社会科学规划办公室、安徽大学文科处、安徽大学历史学院、安徽大学淮河流域环境与经济社会发展研究中心等部门在项目立项和管理上给予了大力支持;安徽省档案馆、淮南市档案馆、蚌埠市档案馆、阜阳市档案馆、亳州市谯城区档案馆、萧县档案馆、涡阳县档案馆、濉溪县档案馆、太和县档案馆、怀远县档案馆、商城县档案馆、商水县档案馆以及水利部淮河水利委员会档案馆等为课题组查阅档案提供了诸多便利;研究生郭子初、程立中、王凯、方乾坤、杨丽倩、刘帅等也帮助查找及核对一些资料。在此,一并表示感谢。

虽然课题组一直尽心竭力地开展研究,但由于当代淮河流域经济开发史关联问题较多,受限于资料,有些问题涉及较少,有些问题甚至未能纳入,加上精力、时间与学识水平有限,缺失与疏漏在所难免,敬请专家学者批评指正。

朱正业
2022 年 9 月 10 日